JN493981

MANAGEMENT OF TECHNOLOGICAL INNOVATION

Models and Methods

기술혁신 경영

모형과 기법 개정3판

서울대학교 공과대학
박 용 태
기술경영연구실

생능출판

저자 소개

박용태 교수는 현재 서울대학교 공과대학 산업공학과에 재직하고 있으며, 동 대학의 기술경영 연합전공과 기술경영 대학원의 주임교수를 역임하였다. 경기고등학교와 서울대학교 산업공학과를 졸업한 후, 미국 University of Wisconsin Madison 경영대학원에서 Operations Management 전공으로 경영학 석사 및 박사학위를 취득하였다. 대학원에 진학하기 전에는 삼성물산(주)에서 국제영업 실무에 종사하였고, 대학원을 졸업하고 서울대학교에 부임하기 전까지는 과학기술정책연구원에서 산업혁신 연구실장과 국제협력 연구실장을 역임하였으며, 과학기술부 장관자문관으로 실물정책에 참여한 바도 있다. 따라서 학력으로는 공학과 경영학을 함께 공부하고, 경력으로는 산–학–연–관을 두루 경험한 특이한 이력을 보유하고 있다.

저자는 서울대학교 산업공학과의 기술경영 연구실과 공과대학의 기술경영 대학원 운영을 주도하면서 IEEE on Engineering Management, IEEE Intelligent Systems, R&D Management, Decision Sciences, Technological Forecasting and Social Change, Technovation, Expert Systems with Applications, Concurrent Engineering, Scientometrics, Information Economics and Policy, Technology Analysis and Strategic Management, Industrial Marketing Management, Computers in Industry, Journal of the Operational Research Society, Industrial Management & Data Systems, Industrial Marketing Management 등의 저명한 국제학술지에 수십 편의 연구논문을 발표한 연구자로서, 기술경영경제학회 회장으로 학계와 산업계를 연결하는 조정자로서, 세 건의 특허와 십여 건의 소프트웨어를 등록한 개발자로서, 기술경영 교과목을 개발하고 관련 교과서를 저술한 강의자로서, 많은 기업에 기술경영 실무를 확산시키는 컨설턴트로서 활발한 활동을 하고 있다.

기술혁신 경영: 모형과 기법

초판발행 2007년 2월 1일
제3판1쇄 2020년 8월 5일

지은이 박용태
펴낸이 김승기
펴낸곳 생능출판사 / **주소** 경기도 파주시 광인사길 143
출판사 등록일 2014년 1월 8일 / **신고번호** 제406-2014-000003호
대표전화 (031)955-0761 / **팩스** (031)955-0768
홈페이지 www.booksr.co.kr

책임편집 권소정 / **편집** 신성민, 김민보, 유제훈 / **디자인** 유준범
마케팅 최복락, 김민수, 심수경, 차종필, 백수정, 최태웅, 명하나, 김범용, 김민정
인쇄 성광인쇄(주) / **제본** 은정문화사

ISBN 978-89-7050-443-8 93320
정가 32,000원

- 이 도서의 국립중앙도서관 출판예정도서목록(CIP)은 서지정보유통지원시스템 홈페이지(http://seoji.nl.go.kr)와 국가자료공동목록시스템(http://www.nl.go.kr/kolisnet)에서 이용하실 수 있습니다.
(CIP제어번호: CIP2020029947)
- 이 책의 저작권은 (주)생능출판사와 지은이에게 있습니다. 무단 복제 및 전재를 금합니다.
- 잘못된 책은 구입한 서점에서 교환해 드립니다.

개정3판 머리말

책의 완성도에 끝이 있을 수는 없지만 끝을 향해 앞으로 나아갈 수는 있다. 이번에 개정3판을 준비할 때의 마음이 그러했다. 처음 초판을 발간한 후에 살펴보니 아직도 한참 더 가야 하는구나 하는 생각이 저절로 들었고, 개정판을 내고 나서도 여전히 갈 길이 멀다는 느낌을 떨칠 수가 없어서 또 한번 길을 나서 보자는 의지를 다져 본 것이다.

먼저 책의 제목부터 원래의 기술지식 경영에서 '기술혁신 경영'으로 바꾸었다. 앞으로의 기술경영(MOT)이 지식과 정보의 관리를 강조해야 한다는 믿음은 변함없지만 책 전체의 범위와 내용에 비추어볼 때 역시 기술지식의 경영보다는 기술혁신의 경영이 더 적절한 제목이라는 판단이 들었기 때문이다. 또 이론적 기반과 실무적 응용을 모두 담기 위해 '모형과 기법'이라는 부제를 달았다.

또한 책의 구성도 손을 보았다. 초판 때부터 전반부의 기술혁신 이론을 너무 좁고 짧게 다루었다는 아쉬움이 늘 남았었는데 이번에 이 부분을 많이 확장하면서 두 개의 장(chapter)으로 구성된 부(part)로 만들었다. 그러면서 책의 구조도 1부의 '기술혁신 모형'과 2부의 '기술혁신 기법'이 어느 정도 균형을 이루는 모양으로 바뀌게 되었다.

이어서 최근에 MOT의 미래로 떠오르고 있는 유망 주제와 기법들을 발굴하고 소개하는 부분을 추가하였다. 아직은 이론적, 실무적으로 충분한 검증이 이루어지지 않은 주제와 기법들이어서 그 원리나 과정을 깊이 있게 다루지는 않았지만 앞으로 더 많은 관심을 끌어 모으는 계기가 되기를 기대한다.

마지막으로 책 전반에 걸쳐 설명이 모자란 부분을 보완하고 표현이 어색한 부분을 수정하는 작업을 하였다. 그동안 여러 번 보완과 교정의 과정을 거쳤지만 아직도 여러 군데에서 손볼 것들이 발견되었다. 또한 오래 된 예제의 시점을 바꾸거나 아예 새로운 예제로 교체하는 일도 하였다.

그러다 보니 책의 분량이 늘어나서 이 책을 강의용으로 쓸 경우 한 학기에 모든 내용을 소화하기 어려운 문제가 생길 것으로 보인다. 하지만 개정판에서도 언급한 것처럼, 처음부터 분량을 줄이는 것보다는 일단 포함시키고 나서 나중에 취사를 선택하는 것이 낫겠다고 판단하였다.

늘 드는 생각이지만, 이제 새로운 시대의 MOT를 진지하게 논의할 때가 되었다. 물론 오래된 주제와 기법들을 제대로 이해하고 활용하는 것이 우선이지만 기술의 본질이 달라지고 고객의 속성이 변하고 시장의 구조가 바뀌는 상황에서 MOT의 방향과 초점이 그러한 변화에 유연하게 대처하는 것도 못지않게 중요한 과제이다. 아무쪼록 개정3판이 그러한 변화를 적극적으로 수용하고 신축적으로 대응하는 과정에 작으나마 도움이 되기를 기원한다.

이번에도 자료를 검색하고 내용을 정리하는 과정에서 도움을 준 서울대학교 기술경영연구실의 대학원생들에 고마운 마음을 전하고, 책의 기획에서부터 제작에 이르기까지 시간과 노력을 아끼지 않은 생능출판사의 관계자 여러분께도 깊은 감사를 드린다.

2020년 7월

저자 씀

개정판 머리말

초판을 출간한 지 어느새 4년의 시간이 흘렀다. 독자층이 넓진 않지만 그래도 이 분야의 대표적 교과서로 자리잡게 된 것은 더없이 즐거운 일이고 또 고마운 일이다. 하지만 미흡한 부분을 지적하는 독자도 있었고 그 사이에 떠오른 새로운 주제들도 있었다. 부족한 것을 채우고 새로운 것을 소개하는 작업이 필요하게 된 것이다.

초판과 비교하여 책의 전체적인 구성과 핵심적인 내용이 바뀐 것은 없다. 가장 먼저 한 일은, 책 전반에 걸쳐 설명이 모자란 부분을 보완하고 표현이 어색한 부분을 교정한 것이다. 초판을 준비할 때 여러 번 보완과 교정의 과정을 거쳤지만 다시 읽어보니 역시 손볼 데가 적지 않았다. 또한 필요한 부분마다 내용에 대한 설명을 좀 더 자세히 하고 적절한 예제도 추가하였다.

다음에 한 작업은 자료와 정보를 최근의 것으로 바꾼 것이다. 특히 통계치나 조사결과는 가능하면 새로운 값으로 교체하였다. 또한 값이 바뀌면서 함께 달라지는 그 값의 의미와 시사점도 제시하려고 노력하였다.

아예 새로 추가한 주제도 있다. 예를 들어 네트워크 분석이나 성공-실패 분석은 초판에는 없던 주제들이다. 책의 분량이 늘어나서 한 학기에 모두 소화하기 어려운 문제가 생기기는 하겠지만 그래도 일단 포함시키고 나서 나중에 취사를 선택하는 것이 낫겠다는 판단에서 싣기로 하였다.

초판이 나온 이후에, 기술경영에 대한 관심은 더욱 높아지고 이해는 더욱 깊어지는 추세이다. 어느덧 새로운 시대의 기술경영을 논의할 때가 된 것 같다. 이 시점에서 필자는 역시 차세대 기술경영의 중심은 기술지식의 경영, 기술지능의 활용, 기술데이터의 분석 등과 같은 지식경영(knowledge management)이 될 것으로 믿고 있다. 아무쪼록 본서가 그러한 흐름의 자연스러운 진행에 공헌할 수 있기를 기원한다.

초판과 마찬가지로 서울대학교 기술경영연구실의 많은 대학원생들이 2판을 준비하는 과정에 도움을 주었다. 자료를 검색하고 분석하는 과정에서 그들이 보여준 뛰어난 자질이 늘 자랑스럽다. 특히 박사과정의 한우리 양, 이소라 양, 송보미 양, 금영정

양은 원고의 정리와 교정에 큰 역할을 담당하였다. 늘 그렇지만, 기획에서부터 제작에 이르기까지 시간과 노력을 아끼지 않은 생능출판사의 관계자 여러분께도 깊은 감사를 드린다. 이 많은 분들의 도움에도 불구하고 책의 내용과 구성에 잘못되거나 미흡한 부분이 있다면 그것은 전적으로 저자의 책임이다.

2011년 11월
저자 씀

머리말

기술경영이라는 학문분야를 연구하고 강의하는 것을 본업으로 삼아온 저자로서는, 이 분야의 전문 교과서를 만들고 싶다는 욕심과 또 만들어야 한다는 책임감을 늘 간직하여 왔다. 여기서 말하는 전문 교과서의 의미는, 기술경영에 관한 다양한 주제를 정리하고 각 주제의 분석에 적합한 방법론을 제시함으로써, 주제와 방법을 종합적으로 연계시킨 해설서를 가리킨다.

일반인들을 위한 교양서, 실무자를 위한 매뉴얼, 정책입안자를 위한 보고서 등은 이미 적잖게 출간되어 있다. 또 이 분야에서 선도적인 위상을 점하고 있는 서구에도 나름대로 교과서라고 할 수 있는 관련서적들이 많이 있다. 그러나 저자가 과문한 탓인지는 모르나, 종합적인 전문 교과서는 아직 찾을 수 없다. 주제 중심의 교과서는 방법론에 대한 설명이 거의 없고, 방법론 중심의 교과서는 주제를 폭넓게 다루지 않고 있다. 더구나 기본적인 사전지식이나 약간의 실무경험이 있는 독자라면 별다른 어려움 없이 접근하고 이해할 수 있는 방법론의 해설서를 찾기는 어려운 실정이다.

전문 교과서를 만드는 일은 저자 개인이 혼자 감당하기에는 너무 방대한 작업이어서 쉽게 엄두를 못 내고 있었다. 하지만, 참으로 다행스럽게, 저자의 옆에는 청람의 준재들이 많이 있어서 지난 세월 이들과 함께 축적한 내공이 이제는 어지간한 수준이 되었다. 실제로 이 책에 수록된 모든 주제와 방법론은 남의 저작을 원용한 것이 아니라 저자와 서울대학교 기술경영연구실이 직접적 또는 간접적으로 다룬 것들이다. 감히 단언하거니와 기술경영 분야의 단일 연구실에서 이 정도로 다양한 주제와 방법론을 다루어본 데는 세계 어디에도 없다고 믿는다. 크나큰 자긍심과 행복감이 이 책의 곳곳에 묻어 있다.

저자는 현재 서울대학교 대학원에서 이 책을 교과서로 쓰고 있다. 그러나 한 학기에 이 책의 내용을 모두 소화하기는 벅차다. 더구나 기술경영 분야의 특성상 수리적, 통계적 방법론에 대한 지식이 부족한 수강생들이 많기 때문에 어려움은 더 크다. 따라서 외부에서 이 책을 교과서로 쓰는 경우라면 강의하는 분이나 수강하는 학생들의 전문성과 관심도에 따라 내용과 범위를 적절히 취사선택해야 할 것으로 생각한다. 무릇 책이 어려운 이유는 책을 쓴 사람이 잘 모르기 때문이다. 어떻게든 쉽게 전달하려고 애를 썼지만 지면의 제약 때문에 방법론을 자세하게 설명하기는 어려웠다. 실제로 어떤 방법론을 직접 활용할 일이 생긴다면 아무래도 관련 서적이나 자료를 보완적으로 참고해야 할 것이다.

이 책은 많이 팔릴 책은 아니다. 독자층이 제한적이라는 사실을 잘 알고 있다. 그러나 이 책이 많이 그리고 꾸준히 팔리기를 기원한다. 이 책으로 돈을 벌 기대는 애당초 없지만 이 책을 읽는 독자들이 늘어나면서 우리나라 기술경영 연구와 실무의 전문성이 높아지는 것을 바라는 마음은 간절하기 때문이다. 진실로 기대하기로는, 기업의 연구개발 현장에 있는 분들이 이 책을 통해 이제는 기술경영이 곧 지식경영의 시대가 되었다는 사실을 깨닫기를 바란다.

혼자만의 저작이 아니기 때문에 저자 본인과 기술경영연구실을 공저자로 하였다. 집필에 관련된 사람들을 일일이 거명할 수는 없지만, 기술경영연구실에서 연구한 졸업생들과 이 책의 집필 과정에 직접 참여한 재학생들은 모두 공저자의 명단에 이름을 올리기에 부족함이 없다. 특히 신준석 군은 편집과 교정 과정에서 참으로 많은 수고를 해주었다. 이들에게 깊은 애정과 신뢰를 보낸다. 또 팔릴 것 같지도 않은 책의 출판을 맡아서 처음부터 마지막까지 노력을 아끼지 않은 생능출판사 여러분께도 감사를 드린다.

이 많은 분들의 도움에도 불구하고 책의 내용에 오류가 있거나 미흡한 부분이 있으면 그것은 전적으로 저자의 책임이다. 또 이론, 자료, 정보를 인용하는 과정에서 원전을 일일이 그리고 명확하게 밝히지 못한 것이 있다면 널리 양해해 주시기를 부탁드린다.

2007년 1월

저자 씀

책의 구성

모든 책이 그렇지만, 기술경영(MOT) 교과서의 내용과 구조를 정하는 기준은 저자의 전문성이나 독자층의 성격에 따라 달라진다. 실제로 이미 접할 수 있는 교과서나 전문서적들을 살펴보면, 기본 구조가 아예 다르거나 비슷하더라도 세부 내용은 매우 상이한 경우가 대부분이다. 이 책의 전체적 구조를 정한 기준은 기술혁신(technological innovation)의 단계적이고 순차적인 관리이다. 특히 기술혁신을 위한 기술지식이 만들어지고 퍼져나가는 수명주기(knowledge life cycle)를 따라 세부적인 내용을 구성하였다.

기술혁신 중에서도 특히 기술지식의 경영을 강조하는 이유는, 기술경영이라는 학문분야와 실무주제의 전반적인 흐름으로 볼 때 기술혁신 경영이 오늘날의 특성과 조류를 가장 잘 반영한다고 보기 때문이다. 본문에서 자세히 기술하겠지만, MOT의 범위와 초점은 크게 세 단계를 거치면서 변화 내지 확대되어 왔다. 첫 번째 단계는, 기술개발의 경영(management of technological development)이다. 여기에서는 기술경영을 가장 좁게 파악하여 연구개발 관리 또는 엔지니어링 관리로 해석한다. 두 번째 단계는, 기술혁신의 경영(management of technological innovation)으로 보는 관점이다. 이것은 기술경영의 범위를 기술혁신이 이루어지는 전 과정으로 파악하는 접근으로, 연구개발의 전단계인 아이디어의 창출이나 시장수요의 인식으로부터 상업화 이후의 단계인 신기술의 활용 및 확산과정을 모두 포함한다.

1990년 후반부터 현재까지 진행되고 있는 세 번째 단계의 기술경영은 한마디로 기술지식의 경영(management of technological knowledge)으로 표현할 수 있다. 첫 번째 단계나 두 번째 단계의 기술경영은 연구개발에 관련된 데이터나 정보의 기록과 정리를 통해 주로 기술혁신의 효율성과 경제성을 제고하는데 초점을 맞춘다. 한 단계 더 나간다면 기업전체의 경영전략을 고려한 기술경영, 시장의 수요를 반영한 기술경영이 강조되는 정도이다. 그러나 이러한 접근은 연속적인 기술혁신의 관리에는 적합할지 모르지만 불연속적인 기술혁신을 창출하기에는 한계가 있다. 획기적으로 새로운 것을 만든다는 것은 체계적인 분석방법과 과학적인 알고리즘을 통해 데이터와 정보를 가공하여 이를 창의적 지식(creative knowledge)으로 전환시킬 수 있어야 가능해지는 것이다.

이러한 문제의식을 토대로, 이 책에서는 기술혁신의 경영과 기술지식의 경영이라는 두 관점을 묶어서 전체적인 구조를 설계하였다. 우선 크게 1부와 2부로 나누어 1부는 기술혁신 모형, 그리고 2부는 기술혁신 기법이라는 표제를 달았다. 아래의 [그림 0]에서 보듯이, 나무로 말하면 1부는 아래 쪽에 있는 뿌리에 해당되고 2부는 위 쪽에 있는 줄기와 가지에 해당된다. 1부의 기술경영 배경과 기술혁신 기본이론을 밑바탕으로 깔고, 그 위에 기술혁신의 수명주기를 따라 이루어지는 주요한 기술혁신 분석 및 관리기법들을 2부에 배열한 것이다. 이 기법들은 기술지식의 계획(planning), 창출(generation), 평가(evaluation), 확산(diffusion), 활용(utilization)의 순서로 연결되어 있다.

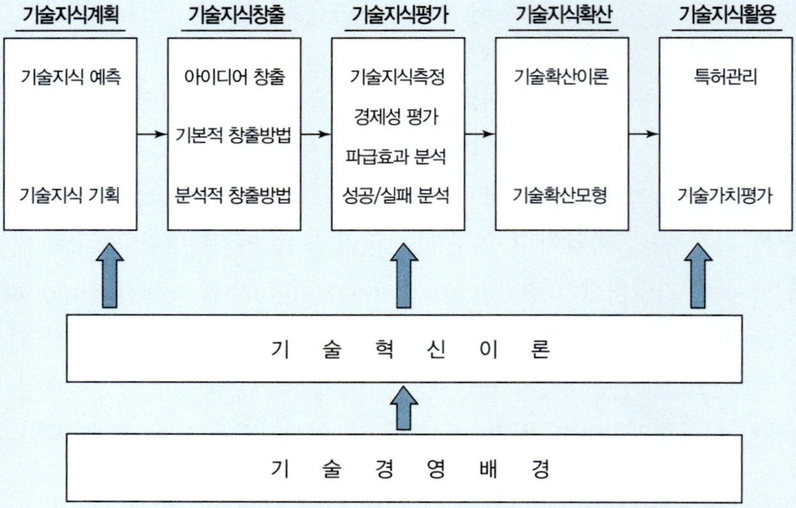

[그림 0] 책의 전체적 구조

● 1부(Part Ⅰ): 기술혁신 모형

1부의 기술혁신 모형(models of technological innovation)은 크게 두 개의 장(chapter)으로 구성된다. 먼저 1장에서 기술경영의 배경(background of technology management), 다음의 2장에서 기술혁신의 기본모형(basic models of technological innovation)을 소개하고 정리한다.

● 2부(Part II): 기술혁신 기법

2부의 기술혁신 기법(methods of technological innovation)은 는 크게 네 개의 장(chapter)으로 이루어져 있다. 먼저 3장에서 MOT 활동의 출발점인 기술지식의 예측(forecasting)과 기술혁신의 계획(planning)이라는 두 개의 세부 주제를 다룬다.

이어지는 4장은 기술지식의 창출(generation)로서 다양한 아이디어 창출(ideation)의 원리와 기법들을 설명하고 있다. 다음의 5장은 앞 장의 기법들을 통해 만들어진 기술지식의 평가(evaluation)로서 기술지식의 측정(measurement), 프로젝트 경제성 평가(evaluation), 기술파급효과 분석(impact analysis), 성공/실패 분석(success/failure analysis)의 네 가지 주제로 구성된다.

그 다음의 6장은 기술성과의 확산(diffusion)으로서 신기술과 신제품이 시장으로 퍼져나가는 원리와 양상을 다룬다. 구체적으로는 기술확산의 기본이론(fundamentals)과 기술확산의 분석기법(analysis methods)의 두 주제로 이루어진다. 마지막의 7장은 기술지식의 활용(utilization)으로서 특허와 같은 기술혁신 성과물의 기술지식 분석(knowledge analysis)과 기술가치 평가(technology valuation)를 주요 주제로 한다.

차례

PART Ⅰ 기술혁신 모형

CHAPTER 01 기술혁신 경영의 배경

CHAPTER 02 기술혁신 모형

CHAPTER 07 기술지식의 활용

PART I

기술혁신 모형

배경과 요약(Background & Summary)

기술경영(MOT)은 공학, 자연과학 및 경영학의 원리를 결합하여 기업의 전략적이고 실무적인 목표를 수립하고 달성하기 위한 기술 능력을 계획, 개발, 실현하는 것에 관한 학문이다. 따라서 주제와 내용은 방대하고 사용되는 이론과 기법도 다양하다.

MOT가 새로운 학제로 인식되고 있는 가장 큰 이유는 전통적인 경영학 이론 또는 공학 이론이 다루지 못한 기술혁신(technological innovation)을 연구의 주제로 하기 때문이다. 19세기 말에 기술혁신이라는 개념이 등장한 후 1970년대와 80년대를 거치면서 기술혁신에 대한 연구(study of technological innovation)는 현장중심의 실용주의를 따라 급속한 성장을 이루었다. 또 기술의 진보와 시장환경의 변화에 대응하여 기술혁신 패러다임도 여러 세대를 거치면서 동태적 변화를 거듭해 왔다.

하지만 이러한 성장과 발전은 정체성 즉 학문의 뿌리에 대한 혼란으로 이어지는 부작용을 낳았다. MOT는 단지 실용적 기법들을 모아놓은 것이지 하나의 학제(discipline)로 보기에는 이론적 기반이 취약하다는 것이다. 이 문제에 대한 해답을 제공하는 것 즉 실무기법들의 뿌리이자 바탕의 역할을 하는 것이 기술혁신 이론(theory of technological innovation)이다. 따라서 기술혁신 이론은 MOT가 학제적 정체성과 객관성을 세워나가는 과정에서 단단한 주춧돌이 된다.

기술혁신 모형(model)은 기술혁신 이론의 축소형이다. 대부분의 기술혁신 이론에서는 먼저 모형화를 통해 크고 복잡한 문제를 작고 단순한 문제로 줄인 후 본격적인 분석작업으로 들어가게 된다. 1부에서는 MOT의 기반이 되는 기술혁신 이론과 기술혁신 모형에 대한 내용을 다룬다. 2부에서 실질적이고 구체적인 기술혁신 경영기법을 알아보기 전에 그 기법들의 기본원리이자 개념적 틀인 기술혁신 이론과 모형을 이해하고 넘어가는 것이 반드시 필요하기 때문이다.

CHAPTER 01

기술혁신 경영의 배경

MANAGEMENT OF TECHNOLOGICAL INNOVATION: MODELS AND METHODS

contents

이 장(Chapter)의 배경과 내용 ...

갈수록 기술자체가 첨단화 · 대형화 · 융합화되고, 기술진보의 속도는 예측이 어려울 정도로 빨라지고 있으며, 기술혁신이 기업조직과 시장구조를 근본적으로 변화시키는 현상이 나타나고 있다. 이에 따라 학문체계와 경영실무에서 기술경영(MOT)이라는 학문 분야와 기술혁신이라는 실무 주제의 필요성과 중요성에 대한 인식이 높아지고 있다. 이러한 변화는 교육과 연구의 관점에서 학문의 순환과정 내지 상호작용이라는 역사적 관점에서 그 의미를 살펴볼 수도 있고, 실무와 응용의 관점에서 기업 경쟁력과 중장기 성장동력이라는 실용적인 측면에서 그 이유와 배경을 찾아볼 수도 있다.

기술경영의 생성과 발전은 연구개발 기능과 불가분의 관계를 맺고 있다. 기술혁신의 원천은 연구개발에 있기 때문이다. 따라서 기술경영의 발전과정을 이해하기 위해서는 연구개발시스템의 진화과정이 몇 단계를 거치면서 어떻게 변해왔는가를 살펴보아야 한다. 또 다양한 주제들로 구성되는 MOT라는 분야를 어떤 기준으로 체계화할 것인가에 대한 논의도 필요하다.

오늘날 MOT의 가장 중요한 특성은 지식경영 또는 창의성 경영을 강조하는 점이다. 전통적 MOT가 프로젝트 선정의 경제성, 프로젝트 관리의 효율성, 프로젝트 성과의 사업성 등에 초점을 맞추었다면 최근의 기술경영은 여기에 더하여 창의적 프로젝트의 발굴, 오픈 이노베이션을 통한 지식의 outsourcing, 방대한 빅 데이터의 활용을 새로운 목표로 제시하고 있다. 획기적이고 혁신적인 아이디어를 과학적인 방법으로 찾고 그 타당성을 체계적으로 검증하기 위해서는 기술경영 조직 자체가 새로운 기준에서 재설계되고 새로운 방식으로 운영되어야 한다. 평면적이고 순차적인 연구조직이 아니라 다원적이고 유기적인 혁신조직의 구조와 특성에 대해서도 알아보자.

CHAPTER
01
기술혁신 경영의 배경

제1절 기술경영의 의의

하나의 새로운 학문분야, 즉 학제(discipline)가 만들어지기 위해서는 기존의 학제가 다루지 않은 새로운 연구주제에 초점을 맞추어야 한다. 기술경영, 영문으로는 Management of Technology(MOT) 또는 Technology Management(TM)라고 하는 분야가 독자적인 학제로 인식되고 있는 이유는 전통적인 경영학 이론 또는 공학 이론이 다루지 못한 '기술혁신(technological innovation'을 핵심적인 연구주제로 다루기 때문이다. 따라서 기술경영이라는 새로운 분야를 기술혁신 경영(Management of Technological Innovation)이라고 불러도 이상하거나 어색할 이유가 없다. 그렇다면 오늘날 기술혁신이 경영 관리의 주요 주제로 떠오르게 된 배경은 무엇일까? 그것은 크게 실무적 관점과 학문적 관점으로 나누어 살펴볼 수 있다.

1.1 실무적 관점

기술력이 곧 기업경쟁력이며 기술자산이 곧 기업자산이라는 인식이 확산되면서 기술활동의 범위와 내용이 갈수록 넓어지고 있다. 이러한 추세에 따라 전통적이고 제한적인 의미의 '연구개발 관리'라는 개념을 넘어 보다 새롭고 폭넓은 개념인 기술경영

(MOT)이라는 용어의 사용이 보편화되고 있다. 연구개발 활동과 그 활동을 통해 창출되는 기술 자체의 관리뿐 아니라 기술의 창출을 위한 투입–전환–산출의 전 과정에 관련된 다양한 자원, 조직, 행위 등을 전략적, 체계적으로 관리해야 한다는 인식이 높아지고 있는 것이다.

이러한 현상의 배경에는 기술요소를 경영활동의 보조적 수단으로 받아들였던 기존의 사고 틀에서 벗어나 자본 및 노동과 마찬가지로 기업의 중요한 자산(assets)으로 해석해야 한다는 새로운 사고가 깔려있다. 모든 자산에는 그것을 창출하고 활용하는 과정을 경영해야(manage) 하는 문제가 발생하고, 이를 위한 실무적 원리와 방법의 필요성이 곧 새로운 학문분야와 실무기능의 출현으로 연결되고 있는 것이다. 특히 경영실무의 관점에서 기술경영이라는 분야의 필요성과 중요성이 인식되기 시작한 요인은 크게 기술관리의 측면, 기술지식의 관점, 그리고 기업경영의 관점으로 나누어 볼 수 있다.

먼저 기술관리의 측면에서 보면, 기술의 대형화·첨단화·융합화 현상으로 인해 개별 연구조직의 자원과 능력만으로는 독자적인 기술개발이 불가능할 정도로 기술의 내용과 범위가 확대되고 있다. 기술개발에서 최종생산에 이르기까지 개별 기업이 수행해야 하는 기술활동이 너무 복잡해지고 확보해야 하는 기술자산도 너무 다양해진 것이다. 더구나 기술자산의 획득에 쓸 수 있는 연구개발 투자(R&D investment)의 예산은 갈수록 제한되는 반면 필요한 투자의 규모는 갈수록 커지고 있고 투자의 위험성(R&D risk)도 더욱 높아지고 있다. 따라서 기술활동과 기술자산의 체계적이고 효율적인 관리가 기업경영의 필수적인 기능으로 인식되는 현실이다.

기술지식의 관점에서 보면, 기술진보의 속도는 예측이 어려울 정도로 빠르고 복잡한 양상을 보이고 동시에 제품의 수명주기는 더욱 짧아지고 있는 사실을 들 수 있다. 이러한 추세 속에서 기업이 생존하기 위해서는 적절한 시점에 적절한 기술을 확보해야 한다. 특히 내부에서 모든 기술지식을 만들어내는 폐쇄형 혁신(closed innovation)을 넘어 외부에서도 기술지식을 획득하는 개방형 혁신(open innovation)이 확산되면서 기술지식의 원천은 갈수록 다변화되고 있다. 또한 빅 데이터 시대가 열리면서 데이터 내부에 숨어있는 잠재적 기술지식을 찾아내는 작업도 활발히 이루어지고 있다. 새로운 기술 주제와 영역을 탐색하고, 기술변화의 방향과 추세를 예측하며, 다양하고 방대한 기술정보를 활용할 수 있는 지식경영의 중요성이 부각되고 있는 것이다.

기업경영의 관점에서 보면, 기술의 진보와 확산이 경영 기업조직과 시장구조에 근본적인 변화를 가져오고 있는 점을 지적할 수 있다. 신생기업(new firm), 서비스 기업(service firm), 전자상거래 기업(e-commerce firm), 모바일 서비스 기업(mobile service firm) 등 새로운 형태의 기업들이 생겨나고, 정보(information), 지식(knowledge), 특허(patent)와 같이 만질 수도 없고 그 가치를 측정하기도 어려운 무형자산(intangible assets)의 중요성이 강조되고 있다. 또한 기존시장과 상반되는 거래방식을 사용하는 역시장(reverse market)과 오프라인 방식과 전혀 다른 온라인 방식 내지 모바일 방식의 비즈니스 모델(business model)이 출현하고 있다. 기업들이 이러한 새로운 시장형태와 경영방식에 대응하기 위해서는 먼저 변화의 근본적인 요인인 기술혁신에 대한 이해가 필수적으로 요구된다.

1.2 학문적 관점

(1) 학제의 분화

기술경영과 같은 실용적이고 현실적인 분야에 대해 학문적이고 개념적인 논의는 큰 의미가 없을 수도 있다. 특히 기업현장에 있는 실무자의 입장에서는 모든 문제의 배경을 경영환경이나 내부조직의 변화에서 찾지 연구주제나 교육체계의 변화에서 찾지는 않는다. 그러나 현실과 이론, 실무와 학문은 서로 보완적이고 동반적인 관계를 가지고 있기 때문에 실무적 관심에 앞서 학문적 배경에 대한 이해가 필요하다.

[그림 1-1]에 도시되어 있는 것처럼 학제의 구조는 일체(통합) → 분리(독립) → 확대(신설) → 연계(융합)의 과정을 따라 진화론적(evolutionary)인 상호관계를 보여왔다. 5세기 로마제국이 멸망한 이후부터 15세기에 이르는 1000년 동안의 중세는 흔히 암흑시대라고 불릴 정도로 기독교 중심의 사상이 지배하였다. 모든 현상은 신의 섭리로서 설명되고 모든 학문은 신학의 범주 내에서 연구되었기 때문에 과학적 사고와 방법은 무시되었다. 중세의 봉건적 전통과 속박에서 해방되어 새로운 문화를 건설하려는 인문주의 운동으로 시작된 르네상스(Renaissance)도 과학과는 거리가 멀었다. 14세기와 15세기에 걸쳐 시작되어 16세기에 절정을 이룬 르네상스 시대에서도 르네상스 휴머니스트들은 대부분 과학에 무관심하거나 무지하였던 것이다. 레오나르도 다 빈치 같은 몇 명의 과학 천재가 존재하긴 했지만 이들은 역사 속에서 과학자에 앞서 예술가로 기억되고 있다.

본격적인 의미의 학제는 16세기 말에서 17세기 초에 일어난 과학혁명(Scientific Revolution)으로부터 태동되었다. 르네상스 시대의 인문주의에 대한 비판적 사고에서 출발하여 사람들은 비로소 자연을 과학적으로 이해하기 시작하였고, 코페르니쿠스와 갈릴레이의 지동설을 바탕으로 하여 17세기 뉴턴에 의해 완성된 근대과학(modern science)이 형성되었다. 학문이라는 분야가 종교로부터 결별하고 인간에 의한 '보편적 지식'을 추구하는 하나의 독자적인 체계이자 구조로 자리잡게 된 것이다.

근대과학은 18세기를 거쳐 19세기 초에 이르러서는 실험적, 경험적 근거를 강조하는 자연과학(natural science)과 선험적 개념을 중시하는 인문과학(letters, arts)으로 분리되었다. 이어서 자연과학은 수학, 물리학, 화학, 생물학 등으로 세분되고, 인문과학도 철학, 문학, 역사학 등으로 나뉘어졌다.

19세기 후반에는 산업자본주의와 자유민주주의의 확산과 함께 자연과학의 산업적 응용을 위한 다양한 공학(engineering)과 인문과학의 사회적 연계를 지향하는 사회과학(social science)이 생겨났다. 18세기부터 군사공학(military engineering)과 대비되는 뜻으로 민간공학(civil engineering)이라는 명칭으로 시작된 초기의 공학은 19세기말에 토목공학, 기계공학, 전기공학, 화학공학 등의 분야로 세분화되었다.

이러한 분화과정을 거치면서 넓은 의미의 과학기술과 인문사회과학, 좁은 의미의 공학과 경영학은 서로 독립적인 영역을 다루어왔다. 왕조시대의 유교적 가치관과 봉건적 사회제도는 문과가 이과를 지배하는 이중구조를 당연한 것으로 받아들였다. 또한 근대의 교육제도에서도 고교시절에는 문과와 이과로 나누어 서로 다른 길을 가도록 설계되어 있고, 대학에서도 두 분야간의 학문적 교류가 거의 없으며, 사회에 진출해서도 업무의 연계나 인력의 이동이 매우 제한적으로 이루어져 왔다.

과학기술과 사회과학이 떨어지게 근본 원인은 다음 두 가지로 요약할 수 있다. 첫째, 두 분야가 다루는 지식 자체의 성격이 근본적으로 다르다는 인식론적 전통이다. 서구의 근대과학은 이른바 데카르트적 이원주의(Cartesian Dualism)에 뿌리를 두고 있다. 다시 말해 '자연과 인간', '물질과 정신', '자연계와 사회계'는 엄격히 구분할 수 있고 서로의 지식 자체가 본질적으로 다르다는 사고 방식을 유지하여 왔다. 동양 철학에도 유사한 이론의 뿌리는 깊이 존재하여 왔다. 따라서 동서양을 막론하고 과학기술을 hard science, 인문사회과학을 soft science라는 두 개의 거대한 영역(super-domain)으로 분리하는 사고가 지배적이었던 것이다.

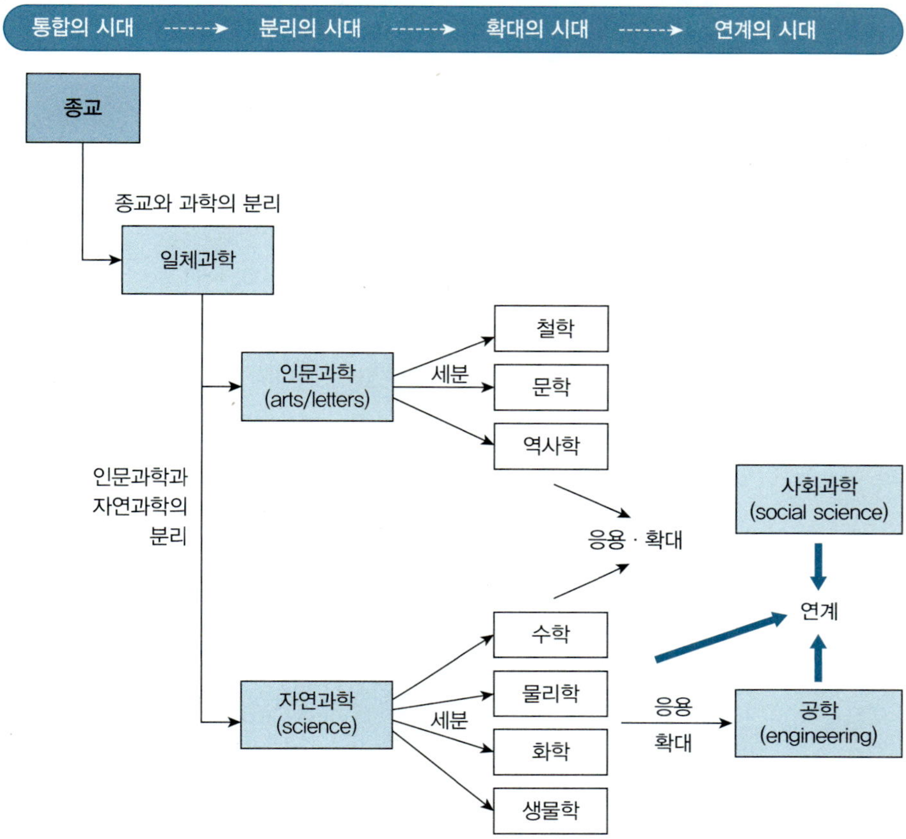

[그림 1-1] 학제의 진화 과정

둘째, 두 분야의 지식 체계와 접근 방법의 차이를 들 수 있다. 공학의 연구 활동이나 공학적 실험은 폐쇄 시스템(closed system) 내에서 이루어진다. 과학기술 시스템은 먼저 자연현상(사회현상이 아닌)을 분석대상으로 하여 과학적 발견이 이루어지면, 다음 단계로 새로운 자연현상 또는 관련된 자연현상에 대한 분석(즉, 새로운 과학활동)으로 돌아가거나 아니면 실용적 체계화를 거쳐 기술로 진화된다. 그러나 기술로 진화한 후의 다음 단계는 전혀 다른 외부의 세계인 사회현상을 분석하는 방향으로 옮겨가는 것이 아니라 신기술을 이용하여 새로운 과학 활동을 수행하는 원래의 방향으로 되돌아 간다. 따라서 과학기술 시스템은 내부에서 과학 → 기술 → 과학으로 순환하는 폐쇄회로의 성격을 지닌다. 반면에 사회과학 시스템은 본질적으로 개방 시스템(open system)이다. 분석대상도 내부와 외부의 다양한 주체들이 서로 유기적으로 작용(interaction)하는 사회현상이며 접근방법도 불안정하고 복잡한 사회현상을 안정화, 단순화의 틀로 설명하는 속성을 지닌다.

이러한 의식의 차이를 가장 간명하게 설명하는 이론으로는 이른바 'black box 이론(Rosenberg, 1982)'을 들 수 있다. [그림 1-2]에서 볼 수 있는 것처럼 이 이론의 핵심은 어떤 시스템의 변화를 투입(input) → 변환(transformation) → 산출(output)의 세 단계로 이루어지는 과정으로 파악할 때, 경제학자(경영학자)와 공학자의 관심이 각 단계에서 서로 다르다는 것이다. 즉 경제학자(경영학자)는 가시적으로 그 수준과 성과가 나타나고 따라서 정량적으로 그 크기를 측정할 수 있는 투입과 산출 과정의 분석에 초점을 맞추는데 반해, 공학자는 겉으로 드러나지 않는 내부의 변환 과정 즉 black box를 다룸으로써 둘 사이에는 사고방식과 의식체계의 차이뿐 아니라 학문의 내용과 방법의 차이가 존재해 왔다는 주장이다.

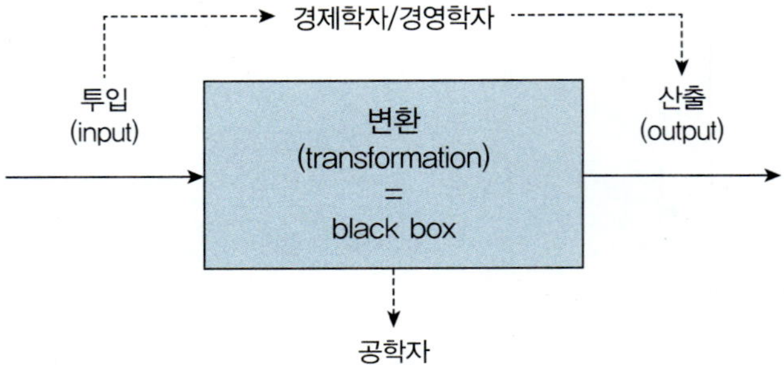

[그림 1-2] Black Box 이론의 구조

(2) 학제의 연계

그러나 20세기 중반까지 세분화 내지 독립화의 과정과 전통을 유지하던 과학기술과 사회과학은 20세기 후반에 접어들면서 학제간의 연계를 모색하는 양상을 보이고 있다. 장기적으로 학제의 변화가 하나의 주기(cycle)를 갖는다고 한다면 오랫동안 이어져왔던 분화의 기간이 지나고 바야흐로 연결의 기간이 시작되고 있는 것이다.

이러한 움직임은 다양한 분야와 주제 사이에서 일어나고 있지만 새로운 학제의 가능성이 가장 구체적으로 나타나고 있는 영역이 바로 공학과 경영학이 연계되는 기술경영(MOT)이다. 공학이 자연과학의 실용적 응용을 위해 생겨났고 또한 현대경영학의 출발이 과학적 관리에서 비롯되었다는 사실을 생각하면, 다양한 분야 가운데 공학과 경영학이 가장 먼저 접합점을 찾는 것은 매우 자연스러운 현상이라고 할 수 있다.

물론 과학기술과 인문사회과학이 분리되어 있던 시기에도 과학의 의미와 성격에 대한 철학적·역사적 해석을 시도한 노력은 지속적으로 존재해 왔다. 이러한 시도는 보다 확대되어 이른바 'Science Greats'라는 명제 하에 자연과학과 인문과학을 통합하는 교육원리로 제안되기도 하고(예를 들어 Oxford 대학의 경우와 같이), Science and Technology Studies(STS) 또는 Science, Technology and Society(STS)라는 이름 하에 인문과학·사회과학·자연과학·공학을 포괄하는 유사학제(quasi-discipline)의 형성으로 연결되기도 하였다.

그런가 하면 과학기술이나 사회과학의 기본이론이나 개념이 다른 분야의 학문체계와 방법론에 간접적으로 영향을 미친 사례도 많다. 물리학의 거두인 뉴튼(Newton)과 생물학의 거두인 다윈(Darwin)의 이론을 예로 생각해 보자. 근대의 사회과학이 경제와 사회변화의 본질을 정태적·기계적 균형(static equilibrium)의 입장에서 해석하는 뉴튼주의적(Newtonian) 관점을 가지느냐, 아니면 동태적·진화적 불균형(dynamic disequilibrium)의 입장에서 해석하는 다윈주의적(Darwinian) 관점을 가지느냐의 차이는 과학기술의 인식론적 틀이 사회과학의 성격과 범위를 규정하는 데 얼마나 지대한 영향을 미쳤는가를 보여주는 상징적 예라고 할 수 있다.

또한 미국의 과학사학자인 쿤(Kuhn)이 패러다임(paradigm)이라는 개념으로 설명하는 과학혁명(scientific revolution)은 사회과학의 근본적인 변화 과정을 자연과학적 관점에 적용한 중요한 개념이다. Kuhn 자신이 설명한대로 사회적 혁명(social revolution)이 기존제도가 환경의 변화에 적절히 대응하지 못할 때 일어나는 것처럼 과학적 혁명도 기존의 패러다임이 자연현상의 탐구에 적절한 방법론이 되지 못하는 시점에서 일어난다고 볼 수 있다. 그러한 관점에서 보면 사회적 발전과 과학적 발전 사이에는 본질적인 유사성(analogy)이 존재하는 것이다. 또한 과학기술에 있어 새로운 패러다임의 출현은 필연적으로 외부에 대한 파급효과로 연결되면서 사회적·경제적인 변화를 초래한다. 이러한 변화는 당연히 사회과학의 관심대상이 되며 그 과정에서 사회과학자들은 변화의 근원지인 과학기술 패러다임의 배경 및 사회와의 인과관계를 분석하게 된다.

산업혁명으로 인해 공업사회가 정착되기 시작한 19세기의 사회 및 경제체제의 변화, 기업가정신에 의해 본격적으로 경제의 성장이 이루어지기 시작한 20세기 초반, 거대기업의 등장으로 조직구조와 행위의 큰 변화가 야기된 1930~40년대, 국방기술이 민간부문으로 상용화되기 시작한 2차 대전 이후, 지식기반경제로 이행하는 전환기적 현상이 부각되는 20세기 말 등은 과학기술 패러다임의 변화가 가져오는 외부효과를 사회과학적 관점과 방법론을 통해 분석하고 설명하려는 시도가 활발히 일어난 대표적인 경우로 들 수 있다.

(3) 지식의 이전

지식 자체의 속성도 학제간 연계를 촉진시키는 매개체의 역할을 한다. 지식은 외부로 펴져나가는 본질적 성격을 지니고 있기 때문에 최초에 독립적으로 생성되고 발전한 학문분야라 하더라도 시간의 흐름에 따라 다른 분야와 진화론적(evolutionary) 연계를 맺을 수 밖에 없다.

당연히 과학기술과 사회과학간에도 이 관계가 존재한다. 먼저 자연현상에 대한 과학적 지식이 만들어지면 이는 일차적으로 철학, 심리학, 역사학 등의 인문과학으로 이전되고 궁극적으로는 하나의 사회현상으로 인식되면서 사회과학으로 확산된다. 이러한 과정을 Ziman(1984)은 [그림 1-3]에 도시된 이른바 발견의 고리(chain of discovery)라는 틀을 중심으로 설명하고 있다.

최초에는 개인적인 연구(research)를 통해 과학적 지식이 생성되며 이것은 심리학이나 철학과 같은 인문과학과 연결된다. 이러한 개인적 지식들이 공식적으로 발표되고 시간의 흐름을 통해 축적되면 역사의 형태로 바뀌게 된다. 다음으로 과학적 지식은 실질적인 활용과 문제해결의 과정을 거쳐 하나의 기술체계로 발전하며 이는 나아가 경제학과 연계된다. 마지막으로 기술의 광범위한 응용은 사회발전이나 변화로 연결되면서 정치적 판단이나 의사결정을 다루는 정치학의 영역으로 연결된다.

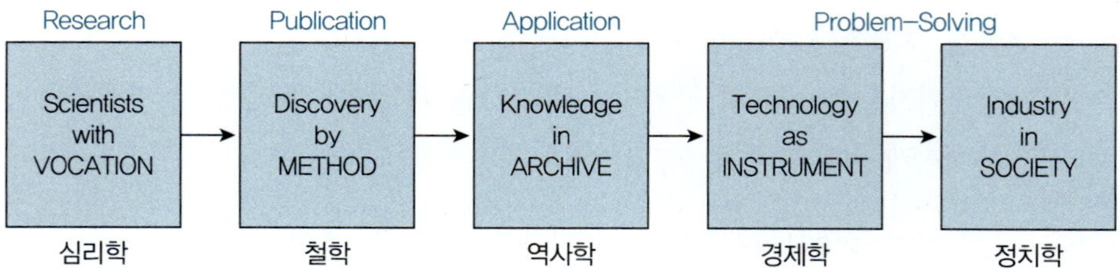

[그림 1-3] 발견의 고리(Chain of Discovery)

(4) 학제의 융합

최근에 이르러 학제간의 연계는 단순한 학문의 순환과정 내지 상호작용의 수준을 넘어 사회과학과 공학이 결합되는 융합형 학제 또는 신생 학제의 출현으로 심화되고 있다. 느슨한 연계의 수준을 넘어 단단한 결합 나아가 실질적 융합의 가능성을 찾고 있는 것이다. 물론 아직은 교육실험의 수준에 머무르고 있지만 새로운 시도의 영역은 점점 넓어지고 있다.

이러한 현상의 원인과 배경은 다음의 세 가지로 요약할 수 있다. 첫째, 지식의 창출과 재생산 능력의 정체 현상이다. 지난 수세기를 거쳐 일어난 학제의 분화는 지식의 분업을 통해 지식창출 능력이 극대화된다는 가정에서 출발하였다. 그러나 오랫동안의 분화 과정에서 이미 분업의 효율성은 감소하고 새로운 지식창출의 능력은 거의 소진되었다. 특히 개별학문의 분업으로 만들어낸 전통적 지식으로는 다양성과 복합성으로 대변되는 오늘날의 사회나 기업의 특성과 행태를 설명할 수 없다는 문제의식도 제기되고 있다. 또한 오늘날의 신기술과 신제품이 그 속성상 다양한 분야의 지식과 기술의 융합이나 연계를 통해서 생겨난다는 사실도 매우 중요한 의미를 지닌다.

둘째, 국제화 추세와 정보통신기술(ICT)의 발전을 들 수 있다. 과거에는 지리적 한계로 인해 지식창출의 원천과 지식사용의 주체가 특정 국가사회(state) 내에 존재하는 교육기관이나 기업조직으로 제한되었고 새로운 지식을 획득하는데도 오랜 시간과 많은 비용이 소요되었다. 그러나 국제화의 조류와 정보통신기술의 활용을 통해 접근 가능한 지식의 범위와 소재는 거의 무한대로 넓어지고 지식의 전달 및 확산도 거의 실시간으로 이루어지고 있다. 이러한 변화는 매우 자연스럽게 학문 분야간의 지식 공유와 확산으로 연결되는 것이다.

셋째, 학문 분야의 지원에 관한 외부 환경과 여건의 변화이다. 앞에서 살펴본 것처럼, 학제의 분화는 주로 전세계적인 경제팽창과 고성장의 시대에 이루어졌으며 따라서 다양한 학제에 대한 외부의 풍부한 재정 지원이 가능하였다. 그러나 이미 경제시스템은 저성장 시대로 진입하고 사회시스템은 다양한 이익집단이 공존하는 형태로 전환된 최근에는 학문분야를 지원할 수 있는 외부의 자원과 예산이 제한될 수 밖에 없고, 그 결과 모든 분야에 대한 균형적 지원보다는 통합과 연계를 통해 임계규모(critical mass)를 구성한 분야에 대한 선별적 지원이 강조되고 있다.

제2절 기술경영의 정의와 범위

그렇다면 기술경영이라는 학제는 어떻게 정의할 수 있을까? 기술경영의 정의는 1987년 미국의 National Research Council(NRC)이 구성한 기술경영 연구팀(Task Force on MOT)이 발간한 보고서에 잘 나타나 있다. 이 보고서에서는 MOT가 하나의 산업활동이자 교육과 연구의 새로운 분야로 부각되고 있으나 아직 보편적인 정의가 이루어지지 못하고 있다는 전제하에 '기술경영은 공학, 자연과학 및 경영학의 원리를 결합하여 기업의 전략적이고 실무적인 목표를 수립하고 달성하기 위한 기술 능력을 계획, 개발, 실현하는 것에 관한 학문(MOT links engineering, science, and management disciplines to address the planning, development, and implementing of technological capabilities to shape and accomplish the strategic and operational objective of an organization)'이라고 정의하고 있다. 이 외에도 다양한 전문가나 조직에서 기술경영의 정의를 제시하였으나 그 내용이나 기준이 특별히 다른 것은 없다.

위의 정의에서 나타난 것처럼 기술경영은 기술 능력을 계획, 개발, 실현하는 일, 즉 기술혁신을 핵심목표로 하고 있다. 하지만 기술혁신을 위해 기술경영에서 실제로 다룰 수 있고 또 다루어야 하는 주제와 내용은 일일이 열거하기 어려울 정도로 다양하고 방대하다. 지난 수십 년간 기술경영 전문학술지에 게재된 수많은 논문의 주제를 분석하여 정리한 논문들을 보면, 기술예측, 기술전략과 기획, 연구개발 인력 및 조직관리, 생산 및 운영관리, 시장분석과 고객관리, 프로젝트 관리, 경제성 평가, 아이디어 발굴과 신제품 개발, 상업화와 사업화, 기술이전과 확산, 기술자산 관리, 산학협력, 벤처경영 등 폭넓은 주제를 망라하고 있다.

물론 시대와 환경의 변화에 따라 주제의 중요도나 선호도는 바뀌게 마련이다. 또 하나 주목할 점은 최근에 기술경영의 새로운 주제들에 대한 관심이 커지고 있다는 사실이다. 서비스 분야의 기술혁신, 모바일 비즈니스 모델의 개발, 빅 데이터의 분석과 활용, 인공지능(AI)이나 기계학습(machine learning) 기법의 활용 등에 대한 연구가 늘어나고 있는 것이다. 이러한 변화에 따라 기술경영의 전체적 범위는 지속적으로 확대되는 추세이다.

2.1 주제의 구성

학문적인 근거가 아니라 다분히 주관적인 편의에 의해 기술경영의 주제를 나눈다면 크게 (1) 기술자체의 경영(management of technology), (2) 기술에 의한 경영(management by technology), (3) 기술을 위한 경영(management for technology)의 세 가지 영역을 들 수 있다.

먼저 기술자체의 경영은 기업이 보유하고 있는 기술적 자산을 기술적·전략적으로 관리하는 주제와 기법에 관한 영역으로 구체적으로는 특허관리, 지식경영, 정보시스템 운영 등을 포함한다. 다음으로 기술에 의한 경영은 기술경쟁력을 이용한 기업전략의 수립이나 경영방식의 개선에 관한 주제와 기법에 관한 영역으로 구체적으로는 기술전략, 기술기획, 비즈니스 모델링, 벤처경영 등이 여기에 해당된다. 마지막으로 기술을 위한 경영은 새로운 기술과 제품의 개발을 위한 활동과 과정을 관리하는 주제와 기법에 관한 영역으로 신제품 아이디어 도출, 프로젝트 경제성 분석, 프로젝트 일정 관리, 연구인력과 조직 관리, 상업화, 기술도입과 이전 등의 전통적인 연구개발 관리 등을 포함한다.

2.2 운영의 주체

기술경영의 성격이나 방향을 결정하는 또 하나의 관점은 기술자/공학도를 위한 기술경영(MOT for engineers)과 관리자/경영학도를 위한 기술경영(MOT for managers)의 차별성 문제이다. 전자의 경우, 교육과 연구의 주체는 공과대학이 되며 기본방향은 경영학에 대한 지식과 경험이 부족한 기술자/공학도를 위한 사회과학 교육을 지향한다. 이에 반해 후자의 경우, 교육과 연구의 주체는 경영대학이 되며 기본방향은 기술적 전문성과 실험 경험이 부족한 관리자/경영학도를 위한 공학교육을 지향한다. 어느 방향이 더 적합한 방향인가 하는 문제는 다분히 기술경영 교육의 목적과 상황에 따라 달라진다. 그러나 두 방향을 서로 배타적으로 보기보다는 보완적으로 보는 시각이 필요한 것은 분명하다.

제3절 기술경영의 태동과 진화

3.1 기술경영의 태동

넓은 의미의 기술경영은 말 그대로 공학과 경영학이 접목되는 모든 주제와 영역을 포괄하는 개념이다. 그러나 구체적이고 실질적인 의미에서 기술경영의 뿌리는 역시 연구개발 관리(R&D management)에서 찾을 수 있다. 19세기 말의 유럽과 20세기 초의 미국에서 민간기업 연구소가 설립되면서 가장 원시적이고 기본적인 의미의 기술경영이 생겨났다고 할 수 있는 것이다.

연구개발 조직의 출발은 1800년대 중반, 주로 화학을 중심으로한 과학기반(science-based)분야와 금속가공의 생산기술 분야에서 설치된 소규모의 실험실(laboratory) 형태이다. 특히 1870년대 독일의 화학기업들인 BASF, Hoechst 등이 기존 염료를 대체하는 새로운 물질 개발을 위해 설치한 실험실은 연구개발 조직의 초기 모형을 대표하는 것들이다. 이후 20세기 초반에 획기적인(disruptive)인 신기술을 개발하기 위해 만들어진 미국 GE 연구소(1900), Bell 연구소(1911), Kodak 연구소(1913) 등은 본격적인 연구개발 조직의 기반을 마련하였다고 할 수 있다.

그 이후 20세기 전반을 통해 기업의 기능이 확대되면서 연구개발 부문의 중요성도 인식되기 시작하였고 2차 대전을 계기로 프로젝트의 숫자와 규모가 크게 증가하면서 다양한 프로젝트 관리기법이 개발되었다. 미국에서 이 분야의 최초의 학술지라고 할 수 있는 IEEE Transactions on Engineering Management가 발행되기 시작한 것이 1954년의 일이었다. 그러나 70년대 초반까지만 해도 연구와 실무의 주류를 차지하면서 학술지에 대부분의 논문을 게재한 사람들은 민간기업의 실무자들이나 공공부문의 정책전문가들이었지 대학교수나 연구자들이 아니었다. 물론 50년대 후반에 미국 MIT 대학의 일부 선도적인 교수들이 중심이 되어 'R&D Management'에 대한 교육과 연구의 가능성을 모색하기는 했지만 가시적인 성과를 거두지는 못하고 곧 흐지부지되었다.

연구개발 관리(R&D Management), 프로젝트 관리(Project Management), 엔지니어링 관리(Engineering Management) 등의 용어가 본격적으로 사용되기 시작하고 실무적인 활용이 가시화된 것은 70년대 중반 이후라고 할 수 있다. 70년대 중반에 조사한 관련 학술지의 논문 게재 통계를 보면 이 때 비로소 대학의 비중이 기업과 정부의 비중보다 높아지기 시작했으며, 대학 안에서도 경영대학에서 나온 논문의 비중과 공과대학에서 나온 비중이 균형을 이루게 되었다. 그러나 여전히 기술경영 분야에 대한 전문적 교육 및 연구 프로그램이나 조직이 마련되지는 않은 실정이었다.

MOT 또는 TM으로 불리는 용어가 공식적으로 제시된 것은 80년대 이후 미국의 MIT 대학이나 Stanford 대학 등의 교육 실험에서 출발했다고 보는 것이 정설이다. 이 대학들은 80년대 중반부터 'MOT'라는 이름 하에 기술경영 교육 프로그램을 설계하고 관련 교과목을 개발하는 실험적인 시도를 하기 시작했다. 이 실험은 대학자체의 선도적 의식이나 자발적 노력에서 출발하였다기 보다 그 당시 미국 경제가 안고 있던 국제경쟁력의 구조적 취약점을 진단하고 해결해야 한다는 외부 수요와 압력에 대응하기 위해 시작되었다.

비슷한 시기에 유럽의 일부 대학과 연구기관들도 미국과 유사한 배경과 동기에 의해 기술혁신의 특성, 요인, 과정에 대한 체계적인 연구를 시작하였다. 그러나 나중에 다시 언급이 되겠지만 실용적이고 정량적인 기법의 개발에 초점을 맞춘 미국의 연구와 달리 유럽의 연구는 주로 개념적이고 정성적인 원리의 분석에 초점을 맞추는 특성을 보였다. 유럽식 연구의 성과는 오늘날 기술경영의 중요한 기반을 형성하는 기술혁신 이론(theory of technological innovation)이라는 분야의 발전으로 연결되었다. 따라서 80년대는 미국식 실용주의(American pragmatism)와 유럽식 개념주의(European conceptualism)가 혼합되어 기술경영의 기본적 구조가 마련된 시기로 평가할 수 있다.

90년대 이후 기술경영은 교육, 연구, 실무의 모든 측면에서 폭넓게 확산되고 있다. 또한 모바일 혁신과 빅데이터 물결에 대응하여 새로운 주제들도 생겨나고 있다. 앞으로 기술경영이 독자적인 학문영역으로 자리를 잡을 수 있을지 아니면 경영학이나 산업공학의 일부라는 제한적인 모습에 그칠지는 알 수 없지만 그 위상이나 역할이 확대될 것은 분명하다. 이 과정에서 연구개발관리(R&D management) 중심의 전통적인 기술경영은 기술혁신의 경영 (management of technological innovation)으로 그 범위가 넓어지는가 하면, 나아가 최근에는 기술지식의 경영(management of technological knowledge)으로 그 내용이 고도화되고 있다.

3.2 기술경영의 진화

지금까지 살펴본 것처럼 기술경영은 초기에는 연구개발 관리나 엔지니어링 관리에서 출발하여 기술혁신 경영을 지나 최근에는 기술지식 경영으로 진화하여 왔다. 그러나 이러한 변화과정 속에서도 기술경영은 개념적으로나 실무적으로나 연구개발과 밀접한 관계에 있다. 따라서 기술경영의 변화과정의 배경과 방향을 이해하기 위해서는 기술경영의 출발점이자 가장 핵심적인 주체인 연구개발시스템의 진화 과정을 살펴보는 것이 필요하고 또 중요하다.

(1) 연구개발시스템의 세대별 진화

연구개발시스템(R&D system)은 내부조건과 외부환경의 변화에 따라 동태적으로 진화하는 양상을 보인다. 앞에서 설명한대로 19세기 말 내지 20세기 초에 민간 연구소가 설립되기 시작한 이후 지난 100여년간 연구개발시스템은 양적, 질적으로 끊임없는 성장과 변화를 거듭하여 왔다.

20세기 초반은 한마디로 연구(research: R)의 시대였다. 순수(pure) 자연과학을 대상으로 기초(basic) 연구와 응용(applied) 연구로 나누는 인식이 지배적이었던 것이다. 1930년대 이후에 비로소 개발(development: D)이라는 용어가 사용되기 시작하면서 공학(engineering) 기술을 이용하여 신제품을 설계하고 시제품을 제작하는 활동들이 이루어지고 실험실(lab)로 부르던 조직을 개발조직으로 부르는 현상들이 나타나게 되었다. 그러나 여전히 개발(D)은 기초연구-응용연구에서 이어지는 연구(R)의 일부분으로 간주되었다.

연구나 개발을 통합한 R&D라는 용어가 등장하게 된 것은 1940년대 후반에 이르러서이다. 이때부터 비로소 개발은 연구에서 분리된 독립적 영역으로 인식되고 기업 내부에서도 연구조직외에 개발조직이 따로 설치되기 시작하였다. 나아가 20세기 후반부터는 다양한 유형의 조직들이 신설되거나 변형되는 과정이 이어지고 있다.

이 성장과 변화의 과정은 연대별로 나눌 수도 있지만 세대(generation)별로 나누어 살펴보는 것이 더 의미 있는 접근이다. 어떤 기준에 의해 몇 개의 세대로 나눌 것이냐 하는 문제에 대해서는 아래의 표에서 보는 것처럼 연구자마다 의견이 다를 수 있다.

예를 들어 Roussel 등(1991)과 같이 기술전략 개념의 변화를 따라 3세대로 나누기도 한다. 또는 Rothwell(1994)과 같이 기술혁신의 구조가 어떻게 달라지느냐를 기준으로 단순한 선형 모형의 1세대에서 출발하여 복잡한 시스템 모형의 5세대까지로 나눌 수도 있다. Amidon(1996)과 같이 경영의 자산(asset)을 기준으로 기술자체를 자산으로 하는 1세대, 연구개발 프로젝트를 자산으로 하는 2세대, 기업전체를 자산으로 하는 3세대, 고객을 자산으로 하는 4세대, 그리고 지식을 자산으로 하는 5세대로 나누기도 한다.

〈표 1-1〉 기술전략 개념의 3세대 분류체계: Roussel 등

세대	기간	핵심 특성
1세대	1950~1960년대	• R&D 중심의 초보적 기술전략 • 간접비 개념의 연구개발비용, 연구조직의 cost center 개념 • 단순화, 독립적 조직 구조 • 평가시스템의 부재
2세대	1970~1980년대	• 기술전략 개념의 부분적 도입 • 수요중심적, 위험분산적 연구개발 투자 • 매트릭스 형태의 조직 구조 • peer-review 평가시스템
3세대	1990년대~	• 전사적 전략개념의 도입 • 연구개발투자의 포트폴리오 • Partnership 중심의 조직 구조 • 정기적, 객관적 평가시스템

〈표 1-2〉 기술혁신의 구조의 5세대 분류체계: Rothwell

세대	기간	핵심 특성
1세대	1950~1960년대 전반	• 기술주도(technology-push) 모형 • 선형(linear) 기술혁신
2세대	1960년대 후반	• 수요견인(need-pull) 모형 • 시장지향적(market-oriented) 기술혁신
3세대	1970년대	• 연계(coupling) 모형 • 체인-링크(chain-linked) 기술혁신
4세대	1980년대	• 통합적(integrated) 모형 • 병렬/동시(parallel and concurrent) 기술혁신
5세대	1990년대~	• 시스템 네트워크(systems and networking) 모형 • 신축적(lean and flexible) 기술혁신

〈표 1-3〉 자산 관점의 5세대 분류체계: Amidon

세대	기간	핵심 특성
1세대	1950~1960년대 전반	• 기술이 자산(technology as asset) • 계층구조 • 지식기반의 부재
2세대	1960년대 후반	• 프로젝트가 자산(project as asset) • 매트릭스 조직 • 자료중심의 지식기반
3세대	1970년대	• 기업이 자산(enterprise as asset) • 분산형 조직 • 자료/정보중심의 지식기반
4세대	1980년대	• 고객이 자산(customer as asset) • 협업형 조직 • 정보중심의 지식기반
5세대	1990년대~	• 지식이 자산(knowledge as asset) • 네트워크 조직 • 지능형 지식기반

그러나 가장 자주 인용되는 분류는 〈표 1-4〉와 같이 4세대로 나누는 접근이다(Miller, 1999). 우선 1세대의 특성은 단순하고 분명하다. 20세기 초부터 2차 대전까지의 1세대의 연구개발은 독립적 경영(independent management)이라는 표현으로 요약할 수 있다. 연구개발 시스템은 기업 전체의 구조 및 전략과 분리되어 독자적인 실험실 형태로 운영되었다. 따라서 연구소의 구성원들도 과학자(scientist) 중심으로 제한되었으며 연구개발 투자의 성격도 단순한 간접비(overhead cost)로 인식되었다. 이러한 독립적인 연구개발 과정에서 우연히 획기적인 발명이나 혁신적인 제품이 만들어지면 연구개발의 가치와 효용이 인정되는 것으로 이해되었다.

2차 대전 이후부터 1970년대의 기간을 대표하는 2세대 연구개발 시스템의 요체는 한마디로 프로젝트 관리(project management)라고 할 수 있다. 이 기간 동안 연구개발의 규모가 크게 증가하였고 범위도 넓어졌다. 따라서 과학적이고 정량적인 방식을 통해 어떻게 프로젝트를 효율적, 경제적으로 운영하고 관리할 것인가 하는 문제가 중요한 과제로 떠오르게 되었다. 연구개발의 경제성 분석, 프로젝트의 일정 관리, 연구결과의 성과 분석 등을 위한 다양한 기법들이 개발되고 활용된 것이 바로 이 시기이다. 동시에 연구개발의 영역과 주제를 수요중심적으로 조정해야 한다는 주장이 제기된 것도 이 기간 동안의 일이다.

1980년대에서 1990년도 전반을 통한 3세대 연구개발의 핵심은 전략적 관리(strategic management)로 요약할 수 있다. 80년대로 접어들면서 연구개발 조직은 더 이상 독립적인 별도 조직이 아니라 기업전체의 일부로서 다른 경영조직과 유기적인 연계를 맺어야 하며 연구개발 전략도 상위의 기업전략을 뒷받침하는 방향과 기준으로 수립되어야 한다는 주장이 제기되었다. 이러한 배경과 목적 하에 위상(position) 분석, 포트폴리오(portfolio) 분석, 로드맵(roadmap) 작성 등의 전략적 접근의 중요성이 강조되었다. 또 다른 목표는 연구개발과 시장의 연계를 강화하는 일이었다. 신제품의 원천은 시장에 있다는 인식 하에 내부의 연구부문이나 생산부문이 아니라 마케팅 부문 내지 외부의 공급자, 구매자, 고객 등으로부터 새로운 아이디어나 기술정보를 수집하고 분석해야 한다는 인식이 높아졌고 또 실질적인 방법론이 적극적으로 개발되었다.

1990년 후반 이후 현재까지 진행되고 있는 4세대 연구개발의 가장 중요한 특성이자 목표는 기술경영을 곧 지식경영(knowledge management) 또는 기술지능(technology intelligence)으로 해석하는 점이다. 3세대 연구개발은 기술혁신의 원천을 시장과 고객으로부터 찾으려고 노력하였다. 그러나 오늘날의 첨단기술이나 미래의 신기술 아이디어는 기존기술과는 근본적으로 다른 불연속적 기술혁신(discontinuous innovation)을 통해서만 얻을 수 있고 따라서 이러한 획기적 아이디어를 고객으로부터 발굴한다는 것이 거의 불가능하다는 사실을 인식하게 되었다.

〈표 1-4〉 4세대 분류체계(Miller)

세대	기간	핵심 특성
1세대	2차 대전 이전	– 독립적 연구실 조직(R&D-alone organizational system) – 과학자/연구자 중심의 발명(scientist-based invention) – 연구개발의 간접비용 개념(R&D as overhead and cost center)
2세대	2차 대전 ~ 1970년대	– 연구개발 프로젝트 관리(emphasis on project management) – 수요중심의 연구개발 투자(need-based funding) – 프로젝트 경제성 분석(cost-benefit evaluation)
3세대	1980년대 ~ 1990년대 전반부	– 전략적 위상 분석(emphasis on strategic planning) – 마케팅, 생산부분과의 연계(linkage with marketing, production) – 기술로드맵, 포트폴리오 등의 수립(technology roadmap, portfolio)
4세대	1990년대 후반부 ~ 현재	– 불연속적 기술혁신 강조(emphasis on discontinuous innovation) – 조직구조와 핵심역량 강조(architecture and capability) – 차세대 신제품의 설계(next-generation dominant design)

이러한 인식 하에 혁신적인 새로운 아이디어를 과학적인 방법으로 찾고 그 타당성을 체계적으로 검증하기 위해서 단순한 자료(data)나 정보(information)를 가공하고 분석하여 창의적 지식(knowledge)으로 전환하는 방법을 개발하기 시작하였다. 또 기법의 도입과 개발을 넘어 연구개발시스템의 전체적 구조를 지식경영에 적합한 형태로 재설계하는 작업도 수행되고 있다.

(2) 기술경영 초점의 변화

지금까지 살펴본 연구개발 시스템의 진화과정을 기술경영의 발전과정과 연결하여 정리해 보면 크게 세 단계로 나눌 수 있다.

첫 번째 단계는 기술경영의 범위를 가장 좁게 파악하여 연구개발 관리(R&D management), 프로젝트 관리(project management) 또는 엔지니어링 관리(engineering management)로 해석하는 입장이다. 이 견해는 원론적인 의미에서 기술경영이 포함하는 범위는 매우 넓지만 실무적인 관점에서의 초점은 연구개발의 관리에 있고 효과적인 연구개발의 관리는 곧 R&D 활동, 엔지니어링 활동, 프로젝트의 관리에 달려있다는 논리에 기초하고 있다. 기술경영의 연구대상 가운데 이 분야는 가장 오래된 주제이자 동시에 가장 확고한 체계를 갖추고 있는 부분이다. 실제로 기술경영에 대한 현재까지의 연구는 주로 개별기업이나 기업협회 등의 단기적 교육훈련을 위한 교재의 개발이나 기업의 기술전략 수립을 위한 지침의 제공이 중심을 이루어 왔으며 이러한 연구들은 매우 실용적이고 구체적인 관점에서 주로 연구개발 관리에 초점을 맞춘 것이 사실이다.

두 번째 단계는 기술경영을 혁신관리(innovation management)로 보는 관점이다. 즉 경영의 대상을 기술활동의 대상 또는 결과물인 기술자체보다는 기술혁신의 전과정으로 파악하는 접근으로 기술활동의 범위를 보다 넓은 의미로 해석하는 입장이다. 앞 단계의 연구개발 관리에서는 전통적으로 기술혁신이라는 용어가 의미하는 활동의 범위를 주로 연구개발과 그 결과물의 상업적 활용까지로 제한하였다. 그러나 두 번째 단계에서 해석하는 기술혁신의 범위는 연구개발의 전단계인 아이디어의 창출이나 시장 니즈(needs)의 인식으로부터 상업화 이후의 단계인 신기술의 활용 및 확산과정을 모두 포함한다. 또한 신기술의 창출뿐만 아니라, 기존기술의 사용을 통해 얻어지는 점진적이고 축적적인 개선 및 학습효과(incremental innovation and learning effect)도 기술혁신의 대상으로 해석하고 있다.

실제로 첫 번째 단계의 시발점인 1971년에 OECD가 발간한 보고서에서는(OECD, 1971) 기술혁신은 '과학기술을 새로운 방법을 통해 최초로 응용하여 상업적 성공을 거둔 것(the first application of science and technology in a new way, with commercial success)'으로 정의하고 있으나 두 번째 단계로 전환하는 시점인 1992년에 발간한 보고서에서는(OECD, 1992), '기술활동을 발견(discovery)–발명(invention)–혁신(innovation)–확산(diffusion) 등으로 구분하는 것이 더 이상 무의미하며 기술혁신 자체보다는 혁신과정 또는 혁신활동이라는 용어의 사용과 함께 통합적인 관점에서 이해하여야 한다'고 강조하고 있다. 따라서 기술혁신 경영이라는 용어는 기술경영의 대상을 신기술의 창출과 응용이라는 협의의 개념에서 전주기적 기술활동을 모두 포함하는 넓은 의미의 개념으로 파악하는 추세를 반영한다. 또한 기술혁신의 경영은 전략적 관리(strategic management)라는 개념도 담고 있다. 기술경영이 연구개발의 기능적 관리만을 의미하는 것이 아니라 전사적인 경영전략과 연계한 기술전략을 토대로 설계되고 기획되어야 한다는 점을 강조하는 것이다.

1990년 후반부터 현재까지 진행되고 있는 세 번째 단계의 기술경영은 한마디로 기술지식의 경영(management of technological knowledge)으로 정리할 수 있다. 기술지식 경영의 기본원리와 핵심과제가 제시된 것은 오늘날 주요 산업의 주력제품들이 대부분 수명주기상에서 성숙기로 접어들고 있는데 반해 아직 차세대를 대표할 새로운 혁신제품(dominant design)들을 창출하지 못하고 있는 현실 인식에 기반하고 있다. 첫 번째 단계나 두 번째 단계의 기술경영은 연구개발에 관련된 데이터나 정보의 기록과 분석을 통해 연구개발의 효율성과 경제성을 제고하는데 초점을 맞춘다. 그러나 이러한 접근으로는 획기적이고 불연속적인 기술혁신을 이룰 수 없다. 따라서 세 번째 단계의 기술경영은 과학적인 알고리즘을 통해 기술정보, 시장정보 및 사용자정보를 분석, 가공하여 창의적 지식(creative knowledge)을 창출하는 것을 핵심적인 목표로 하고 있다.

3.3 창의적 기술지식 경영

앞에서 설명한대로 오늘날 기술경영의 가장 중요한 특성은 지식경영 또는 창의성

(creativity) 경영을 강조하는 점이다. 전통적 기술경영이 프로젝트 선정의 경제성, 프로젝트 관리의 효율성, 프로젝트 성과의 사업성 등에 초점을 맞추었다면 최근의 기술경영은 여기에 더하여 창의적 프로젝트의 발굴을 새로운 목표로 제시하고 있다.

획기적이고 혁신적인 아이디어를 과학적인 방법으로 찾고 그 타당성을 체계적으로 검증하기 위해서는 기술경영 조직 자체가 새로운 기준에서 재설계되고 새로운 방식으로 운영되어야 한다. 따라서 창의적 지식경영을 강조하는 조직은 평면적이고 순차적인 연구조직이 아니라 다원적이고 유기적인 혁신조직의 필요성을 주장한다.

(1) T자형 조직

실제로 오늘날의 4세대 연구개발시스템은 전통적인 연구개발시스템과 비교하여 여러 면에서 근본적이고 본질적인 차이가 있다. 가장 큰 차이점은 조직 설계에 있어 기존의 연구개발 조직만을 대상으로 하는 것이 아니라 신제품의 기술기획을 전담하는 기술혁신 조직과 시장기획을 전담하는 기술응용 조직을 별도로 설치하는 점이다. 따라서 전체적인 연구개발시스템은 기존의 연구개발 조직 및 추가된 기술혁신 조직과 기술응용 조직의 세 조직이 결합되어 [그림 1-4]에서 볼 수 있는 T자형으로 구성된다.

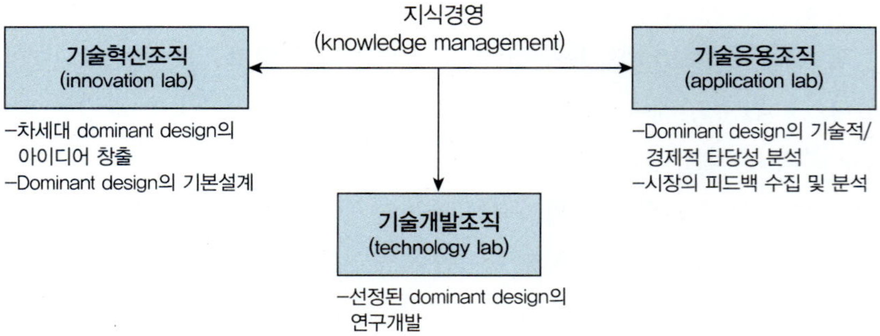

[그림 1-4] T자형 연구개발시스템의 기본구조

T자형 조직을 만든 배경은 3세대 이전의 연구개발시스템에 대한 비판에서 출발한다. 우선 1세대와 2세대의 전통적인 연구개발시스템에서는 신제품 아이디어의 원천을 연구자나 기술자 즉 연구개발 영역이나 생산 영역에서 찾았다. 그러나 시장과 소

비자를 이해하지 못하고 자기가 잘 할 수 있고 재미있게 할 수 있는 연구만을 선호하는 연구자들로부터 획기적인 신제품의 아이디어를 수집하는 것이 어렵다는 사실을 깨닫게 되면서 3세대 시스템은 마케팅 영역에서 아이디어를 찾게 되었다. 이러한 배경 하에 잠재적인 시장과 고객을 대상으로 하는 대규모의 과학적 시장조사 방법들이 활발히 이용되었다. 하지만 기술적 전문성이 없는 소비자들이 제공하는 아이디어의 한계가 드러나면서 근본적으로 새로운 방법과 원천을 모색하는 4세대 시스템이 제시된 것이다.

그 해답으로 제시된 것이 기술혁신 조직과 기술응용 조직이다. 먼저 기술혁신 조직은 기술적 전문성, 풍부한 경험, 창의적 사고를 지닌 혁신적 기술전문가(innovator)들을 선별하여 급진적(radical)이고 불연속적(discontinuous)인 기술혁신을 통해 차세대 주력제품이 될 수 있는 신제품(신서비스) 아이디어와 설계도를 창출하는 작업을 전담하게 한다.

기술혁신 조직에서 창출된 아이디어와 작성된 설계도는 기술응용 조직으로 넘겨진다. 기술응용 조직에는 기술적 전문성과 시장에 대한 이해를 모두 갖춘 전문인력들이 배치되어 새로운 아이디어가 과연 기술적 가능성과 시장적 경제성이 있는지를 검증하는 역할을 하게 된다. 따라서 이 조직에서는 공학적 실험과 상업성 검토가 동시에 이루어진다.

왼쪽에 배치되어 있는 기술혁신 조직에서 창출된 새로운 아이디어가 오른쪽에 배치되어 있는 기술응용 조직의 검증과정을 통과하게 되면 비로소 중앙에 위치한 기술개발 조직으로 넘겨져 본격적인 연구개발 활동이 시작된다. 따라서 연구개발의 목적이 처음부터 전략적으로 설정되고 주제와 내용도 명확하게 제시된다.

물론 전통적인 연구개발 시스템에서도 이러한 과정과 절차가 부분적으로 존재해 왔다. 그러나 4세대 연구개발시스템에서는 전담조직의 설치를 통해 훨씬 더 체계적이며 조직적인 운영을 한다는 것이 획기적인 변화라고 할 수 있다. 아직까지는 4세대 연구개발시스템의 설계와 운영이 보편화된 것은 아니고 일부 선도기업에 의해 실험적으로 이루어지고 있다. 그러나 4세대 연구개발의 근본적이고 본질적인 장점과 효과가 인식되면 머지않아 많은 기업으로 폭넓게 확산될 것으로 예상된다.

(2) 양손잡이 조직

T자형 조직을 좀더 단순화시킨 형태로 양손잡이형 조직(ambidextrous organization)을 들 수 있다. 이 조직의 설계는 인간의 뇌 구성을 기본원리로 한다. 의학적 근거가 분명한 것은 아니지만 좌뇌는 주로 논리적 사고능력과 수리적 계산능력에 뛰어나서 주로 규칙적이고 계획적인 활동에 사용되는 반면에 우뇌는 감성과 통찰력 등에 강하기 때문에 창의적이고 직관적인 활동에 사용된다고 한다. 또한 오른손잡이는 좌뇌가 발달하여 기계적 계산에 능하고 왼손잡이는 우뇌가 발달하여 예술적 감각이 뛰어나다고 한다.

연구개발 활동에서는 단기적인 효율성와 장기적인 창의성이 모두 필요하고 중요하다. 따라서 인간이 좌뇌와 우뇌를 모두 사용하는 것처럼 전체조직을 효율성 제고를 위한 조직과 창의성 제고를 위한 조직으로 구성할 수 있다. [그림 1-5]에서 보듯이 오른손잡이형의 기계적(mechanistic) 조직과 왼손잡이형의 유기적(organic) 조직으로 나누어 설계할 수 있는 것이다.

[그림 1-5] 양손잡이형 조직의 기본구조

(3) 오픈 이노베이션 조직

한편 4세대 연구개발과 관련된 개념으로 오픈 이노베이션(open innovation)이라는 용어도 자주 인용되고 있다(Chesbrough, 2004). 이 용어는 기술전략에서 기존의 아웃소싱(outsourcing) 개념을 더 확대한 개념이다.

모든 기술지식을 내부의 연구개발(in-house R&D)을 통해 획득하는 폐쇄적 혁신(closed innovation)에서 한 걸음 나아가 외부의 기술을 사오거나 빌리는 것으로 넓힌 개념이 outsourcing이라면, 이것을 더 확대하여 필요로 하는 기술을 이미 개발하여 보유하고 있는 외부의 파트너와 유기적으로 연계하는(connect) 개념이 오픈 이노베이션의 핵심이라고 할 수 있다. 즉 굳이 외부의 기술을 사거나 조직을 합병하여 닫힌 네트워크(closed network)로 만들지 말고 외부의 파트너를 그대로 둔 상태에서 그때그때 필요한 것을 활용하는 열린 네트워크(open network)를 지향하는 것이다.

[그림 1-6]에서 보듯이 오픈 이노베이션 조직은 R&D 조직, A&D 조직, C&D 조직으로 구성된다. 즉 자체의 연구개발을 가리키는 R&D(research and development)에서, 다른 사람이나 기업이 이미 연구한 것을 사서 개발만 내부에서 하는 A&D(acquisition and development)를 넘어, 연구를 마친 외부의 개인이나 기업과 유연하게 파트너십을 유지하면서 개발하는 C&D(connect and development) 개념으로 확장되는 것이다.

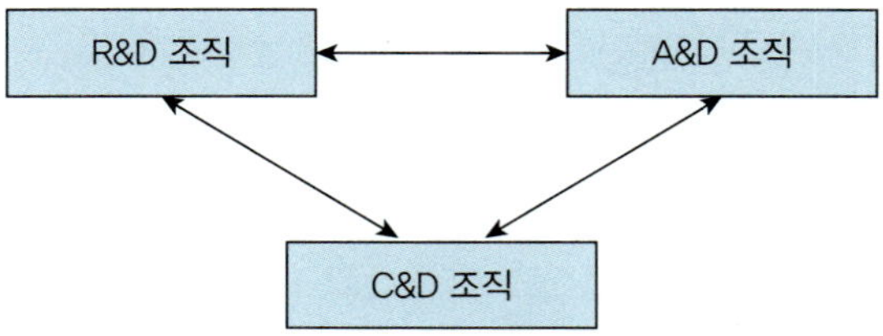

[그림 1-6] 오픈 이노베이션 조직의 기본구조

3.4 통합적 기술혁신 경영

연구개발 시스템의 세대별 진화는 오늘날의 MOT가 통합성을 향해 나아가고 있음을 보여준다. 시간이 지나면서 기술지식을 만들어내는 방식이 계속 다변화되는 것이지 교체되는 것은 아니라는 것이다. 따라서 MOT의 흐름을 이해하는 과정에서 다음 두 가지 점에 주의를 기울여야 한다.

첫째, 새로운 세대의 등장이 곧 지난 세대의 퇴화를 의미하는 것은 아니라는 사실이다. 여기서 말하는 진화는 기술혁신의 축적성을 가리키는 개념이다. 과거의 장점을 지키면서 그 위에 새로운 장점을 얹어가는 식인 것이다. 그러므로 창의성을 추구하는 4세대의 패러다임 속에서도 효율성을 강조하는 2세대의 관리기법이나 시장을 중시하는 3세대의 조사기법은 여전히 유효하다.

둘째, 창의성을 강조하는 것이 곧 시장성의 경시를 뜻하는 것은 아니라는 점이다. 한편으로는 연구(R)와 개발(D) 사이에 시장과 사업화(business: B)를 미리 염두에 두는 R&BD(Research and Business Development)를 추구하면서, 다른 한편으로는 연구가 시작되기 이전에 창의적이고 불연속적인 아이디어를 찾아내는 CR&D(Creative Research and Development)를 추구하는 이중구조, 즉 Dual R&D를 지향하는 것이다.

CHAPTER

02

기술혁신 모형

MANAGEMENT OF TECHNOLOGICAL INNOVATION: MODELS AND METHODS

contents

이 장(Chapter)의 배경과 내용

오늘날 말하는 기술혁신이라는 용어가 등장한 것은 2차대전 이후라고 할 수 있다. 이때부터 기술혁신을 발명과 기술의 실용적 응용(application)으로 정의하면서 기술혁신에 대한 학문적, 이론적 연구가 이루어지기 시작하였다. 이 연구들은 70년대 이후 80년대를 거치면서 개념주의(conceptualism)와 실용주의(pragmatism)의 두 갈래로 나뉘어 급속한 성장을 보이면서 MOT라는 새로운 학제로 부각되고 있다.

그러나 MOT라는 새로운 분야가 학제적 정체성과 객관성을 확보하기 위해서는 실무적 기법의 뿌리와 바탕이 되는 기술혁신 이론(theory of technological innovation)에 대한 이해가 매우 중요하다. 기술혁신이 일어나는 양상의 공통적 특성과 차별적 특성은 무엇인가, 기술혁신이 어디에서 발생하며 기술혁신의 원천이 달라지면 기술혁신의 양상은 어떻게 달라지는가, 기술혁신은 어떤 과정을 거치면서 일어나며 그 과정은 어떤 요소와 단계로 구성되는가, 기술혁신에 유리한 조직과 불리한 조직의 특성은 무엇이며 기술혁신을 촉진하거나 저해하는 제도는 무엇인가, 기술혁신이 경제사회시스템에 미치는 영향은 어느 정도이며 기업의 경영성과와 어떤 관계를 지니고 있는가 등의 주제가 여기에 포함된다.

또한 기술혁신이론에서 제시된 기본모형(models of technological innovation)들을 정리하는 일도 의미 있는 작업이다. 일반적으로 이론은 복잡한 시스템의 원리를 설명하는 주장을 뜻한다. 기술혁신 모형은 크고 복잡한 문제를 분석이 가능한 수준의 단순한 형태로 바꾼 것을 가리킨다. 이것을 MOT 연구에 적용하면, 기술혁신 이론은 MOT 시스템의 원리를 설명하는 일반적 지식을 가리키고 기술혁신 모형은 그 이론의 내용을 분석 내지 검증이 가능한 수준으로 단순화시킨 것을 뜻한다. MOT의 대표적 모형들에는 어떤 것들이 있으며 그 내용과 의미는 무엇인지를 알아보자.

CHAPTER
02

기술혁신 모형

제1절 기술혁신 연구

앞 장에서 설명한 것처럼 기술경영이 새로운 학제로 인식되고 있는 가장 큰 이유는 전통적인 경영학 이론 또는 공학 이론이 다루지 못한 기술혁신(technological innovation)을 연구의 주제로 하기 때문이다. 그렇다면 기술혁신에 대한 학문적 연구(studies)는 언제 시작된 것일까?

사실 혁신(innovation)이라는 용어 자체는 과학기술과 무관하게 만들어진 말이다. 이 단어가 등장하기 시작한 18세기로 돌아가 보면, 그 당시에 혁신이라는 말은 주로 종교나 정치 분야에서 기존의 사회 질서와 제도에 대한 비판과 반항을 의미하였다. 따라서 19세기에 이르기까지 혁신은 혁명(revolution)이나 갱신(renewing)과 같은 단어와 함께 사용되면서 주로 부정적(negative) 인상을 주는 단어로 인식되었다(Godin, 2016).

혁신이라는 용어의 의미와 개념이 달라지기 시작한 것은 19세기말에 이르러서이다. 이때부터 비로소 혁신의 주체가 사회개혁가 또는 정치가를 넘어 발명가(inventor)를 포함하게 되고, 혁신이라는 단어의 정의도 실용적 효용(utility)의 창출 또는 과학적 방법(scientific method)의 개발로 바뀌기 시작하였다. 그러면서 다양한 형태의 혁신 가운데 신기술의 발명에 의한 혁신 즉 기술혁신이 대표적인 혁신의 하나로 인식되고, 자연스럽게 혁신이라는 단어의 어감도 점차 부정적 느낌에서 긍정적 느낌으로 변하게 되었다.

그러나 이 당시만 해도 기술혁신은 새로운 기술의 발명 내지 새로운 효용의 창출이라는 사건(event)을 가리키는 수준에 그쳤다. 기술과 시장의 연결고리, 즉 신기술의 출현이 시장과 경제에 미치는 실질적인 영향과 파급효과에 논의는 거의 없었던 것이다. 물론 20세기 전반에도 슘페터(Schumpeter)와 같은 선구자들이 기술혁신의 의미와 효과를 경제시스템의 변화와 연결시키는 통찰력을 보여주기는 했지만 학제 수준에서의 체계적 연구로 발전하지는 못하였다. 또한 슘페터는 경제시스템의 동적 변화를 가져오는 동인으로 기업가정신(entrepreneurship)에 주목하였다. 기업가정신에 의해 혁신이 일어나고 혁신의 결과가 경제시스템의 성장으로 이어진다고 설명하기는 하였지만 기술혁신 자체보다는 기업가정신에 초점을 맞추었던 것이다.

오늘날 말하는 기술혁신이라는 용어가 등장한 것은 2차대전 이후라고 할 수 있다. 이 때부터 기술혁신을 발명과 기술의 실용적 응용(application)으로 정의하면서 기술혁신에 대한 학문적, 이론적 연구가 이루어지기 시작하였다. 앞 장에서 설명한 것처럼, 이 연구들은 70년대 이후 80년대를 거치면서 유럽식 개념주의(European conceptualism)와 미국식 실용주의(American pragmatism)의 두 갈래로 나뉘어 급속한 성장을 보이게 된다.

하나의 갈래는 주로 유럽을 중심으로 이른바 혁신경제학(innovation economics)이라는 이름으로 성장한 분야이다. 이 분야는 경제학에서 파생되어 기술혁신의 본질적 의미와 과정을 학문적으로 분석하는 작업에 초점을 맞추었다. 다른 갈래는 경영학과 공학에서 파생된 분야로서 주로 미국을 중심으로 연구개발 관리(R&D management) 또는 엔지니어링 관리(engineering management) 등의 이름으로 발전한 분야이다. 이 분야는 연구개발의 실용성과 기술혁신의 생산성을 제고하기 위한 실무적 기법의 개발에 초점을 맞추었다.

그 이후 점차 연구의 범위가 넓어지고 연구의 방법론도 다양화되면서 이론적 연구와 실용적 연구가 통합되고 공학–경영학–경제학이 연계되는 추세를 보이게 된다. 즉 실용주의 연구와 개념주의 연구가 혼합되면서 기술혁신이라는 용어 자체의 본질적 성격을 규명하는 작업에서 시작하여 기술혁신이 일어나는 과정과 구조의 특성을 찾아보는 작업, 기술혁신의 효과와 영향을 측정하는 작업, 기술혁신이 확산되는 패턴을 알아보는 작업, 기술혁신의 경제성과 효율성을 제고하는 작업, 기술혁신의 상업화 작업 등으로 이어지는 새로운 다학제(multi-disciplinary) 학문분야로 자리잡게 된 것이다.

초창기부터 오늘날에 이르기까지 기술혁신에 관한 모든 연구를 묶어서 기술혁신 연구(study of technological innovation 또는 innovation study)라고 부른다. 여기에는 이론적 내용도 들어있고 실무적 내용도 들어있다. 또 1970년대에 나온 것도 있고 최근에 나온 것도 있다. 따라서 기술혁신 연구는 시간으로 보면 가장 오랜 기간에 걸쳐있고, 범위로 보면 가장 넓은 영역을 아우르며, 내용으로 보면 가장 다양한 주제를 포함하는 용어이자 개념이다.

제2절 기술혁신 이론

2.1 기본 개념

학문의 세계에서 이론(theory)이라는 용어는 분야와 상황에 따라 그 의미가 달라지기도 하고 법칙(law)과 같은 단어와 혼용되기도 하기 때문에 한마디로 정의하기가 어렵다. 여기에서는 '복잡한 자연현상이나 사회현상의 원리와 과정 즉 '왜(why)'와 '어떻게(how)'를 설명하는 주장'이라는 가장 일반적인 정의를 사용하기로 한다. 물론 단순한 주장만으로 곧 이론이 되는 것은 아니다. 이론이 되기 위해서는 우선 많은 경우에 적용될 수 있는 일반화(generalization)가 가능하고, 사실 여부에 대한 검증(verification)이 가능하며, 그 주장을 근거로 미래에 대한 예측(prediction)이 가능하다는 조건들이 만족되어야 한다.

그렇다면 기술혁신 연구에서 '이론'이 갖는 의미는 무엇일까? 기술혁신 연구의 역사가 길어진다고 해서 곧 기술경영 내지 기술혁신경영이라는 새로운 학제가 생겨나는 것은 아니다. 또한 실무현장에서 아무리 다양한 기법들이 개발된다고 해도 그것이 곧 학문적 발판으로 이어지는 것은 아니다. 새로운 지식의 집합체가 하나의 독자적인 학문 영역으로 자리매김하기 위해서는 다음 두 가지 요건이 만족되어야 한다.

첫째, 기법(methods)과 이론(theory)의 균형이다. 기술경영은 전형적인 응용과학(applied science)이므로 완전한 해답을 구할 수 없는 현장의 문제를 주로 다룬다. 하지만 답을 찾아가는 원리와 과정이 과학적이고 논리적이어야 한다. 둘째, 그 밑바탕에 개념적 체계와 기반(conceptual framework)을 제대로 갖추어야 한다. 만일 이 체계와 기반이 없거나 약하면 그 분야는 하나의 불분명한 유사학제(quasi-discipline)로 남거나 단순한 실무기법으로 간주될 수 밖에 없다.

컴퓨터 소프트웨어의 예를 들어보자. 소프트웨어는 복잡하고 어려운 문제를 쉽고 빠르게 풀기 위해 만드는 것이다. 여기서 주어진 문제를 풀어서 답을 얻는 원리에 해당되는 것이 알고리즘(algorithm)이다. 그리고 그 원리를 이용하여 실제로 답을 찾을 수 있는 기능에 해당되는 것이 코딩(coding)이다. 소프트웨어가 하나의 완성품이 되기 위해서는 먼저 알고리즘이라는 원리가 만들어지고 그 위에 코딩이라는 실무기능이 얹어져야 하는 것이다.

기술경영에서 알고리즘의 역할을 하는 것 즉 기본원리의 의미를 지니는 것이 바로 기술혁신 이론(theory of technological innovation)이다. 기술경영이라는 새로운 분야가 학제적 정체성과 객관성을 세워나가는 과정에서 가장 중요한 바탕의 역할을 하는 것이다. 또한 기술경영의 현장에서 실용적 기법들을 개발할 때 그 기법들의 과학적 원리를 제공하는 것이기도 하다. 예를 들어, 신기술이 시장에서 퍼져나가는 시점과 수량을 미리 알아내기 위해서는 실용적인 예측기법(method)을 사용해야 한다. 하지만 예측기법을 개발하기 위해서는 먼저 신기술이 퍼져나가는 양상을 설명하는 일반적이고 과학적인 원리가 제시되어야 한다. 이 원리의 역할을 하는 것이 기술혁신 이론 그 중에서도 특히 기술확산 이론(diffusion theory)이다.

앞에서 여러 번 언급한 것처럼 기술경영은 전통적인 경영학 이론 또는 공학 이론이 다루지 못한 기술혁신을 연구주제로 한다. 문제는 기술혁신이 일어나는 공간이 실제의 경영현장이고 기술혁신이 이루어지는 양상이 매우 다양하고 복잡하다는데 있다. 기업마다 다르고 제품별로 다르고 산업별로도 다르다. 더 나아가 국가별 심지어 시기별로도 상이하다. 따라서 기술혁신의 원천, 특성, 과정을 명확하고 간결하게 분석할 수 있는 보편적 지식과 다양하고 복잡한 기술혁신의 양상을 모두 아우를 수 있는 일반적 원리가 필요하다. 이러한 역할을 하는 지식의 집합체(set of knowledge)를 통칭하여 기술혁신 이론이라고 하는 것이다.

[그림 2-1]을 보면서 기술혁신 연구(study)에서 기술혁신 이론(theory)이 갖는 의미와 위상을 다시 정리해 보자. 기술혁신 연구는 이론과 기법을 모두 아우르는 집합체이다. 이것을 계층적(hierarchical) 관점에서 보면, 상위에 있는 것들이 기술경영 현장에서 필요한 실무기법(methods)이다. 이 기법들은 기술혁신의 계획, 기술지식의 창출, 기술지식의 평가, 기술성과의 확산, 기술성과의 활용에 사용되는 현장의 방법들을 가리킨다. 다음으로 하위에 있는 것들이 바로 기술혁신 이론이다. 현장의 실무기법들은 바로 기술경영의 지식으로 이어지는 것은 아니다. 개념적인 체계를 바탕으로 이론적이고 과학적인 원리와 과정을 거쳐야만 비로소 학문적 지식이 되고, 그 지식들이 쌓여서 하나의 학제를 구성하게 되는 것이다. 그러므로 기술혁신 이론은 기술혁신 기법의 기반이 되는 동시에 기술경영이라는 학제의 배경을 이루게 된다.

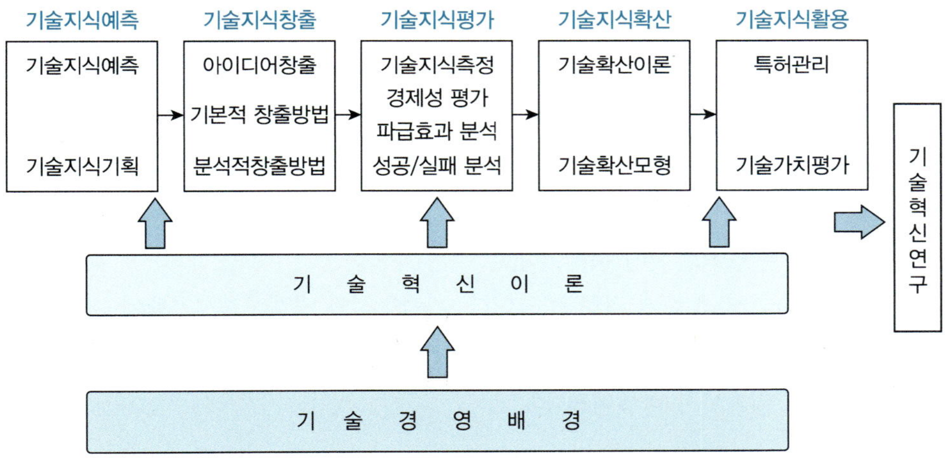

[그림 2-1] 기술혁신 이론과 기술경영 기법의 계층적 연계

2.2 주요 내용

기술혁신 이론(theories)의 역사는 기술혁신 연구(studies) 자체의 역사와 궤를 같이 한다. 기술혁신에 대한 연구가 시작되면서 동시에 이론적 기반들이 만들어지기 시작하였기 때문이다. 따라서 기술혁신 이론의 가장 오래된 주제는 20세기 초반에서 중반에 이르는 기간에 이루어진 과학(science)과 기술(technology)간의 관계에 대한 논의라고 할 수 있다. 과학과 기술의 역사에 대한 고찰을 바탕으로 두 분야의 본질이 어떻게 다르며 서로에게 어떤 영향을 미쳤는지에 대한 토론이 진행되었던 것이다.

하지만 앞에서 이미 언급한대로 본격적인 기술혁신 이론은 70년대 유럽을 중심으로 발전하기 시작한 혁신경제학(innovation economics)에 기반을 두고 있다. 따라서 기술경영이라는 학제는 실무적 관점에서는 경영학과 공학에 근거를 두고 있지만 개념적 기반은 경제학에서 도입하였다고 할 수 있다.

그러면 기술혁신 이론의 핵심적인 내용은 어떠한 주제로 구성될까? 다시 말해 방대한 기술혁신이론을 어떻게 분류할 수 있을까? 이 질문에 대한 답은 연구자에 따라 상이하겠지만 대체로 아래의 다섯 가지 주제로 요약할 수 있다.

- 첫째, 위에서 언급한 기술혁신 유형에 관한 이론이다. 기술혁신이 일어나는 양상의 공통적 특성과 차별적 특성을 찾아 그것을 정형화하는 것이 연구의 초점이 된다.
- 둘째, 기술혁신 원천에 관한 이론이다. 기술혁신이 어디에서 발생하는가, 기술혁신의 원천이 달라지면 기술혁신의 양상은 어떻게 달라지는가 등이 연구주제가 된다.
- 셋째, 기술혁신 과정에 관한 이론이다. 기술혁신은 어떤 과정을 거치면서 일어나는가, 그 과정은 어떤 요소와 단계로 구성되는가 등이 연구의 관심사가 된다.
- 넷째, 기술혁신 조직과 제도에 관한 이론이다. 기술혁신에 유리한 조직과 불리한 조직의 특성은 무엇인가, 기술혁신을 촉진하거나 저해하는 제도는 무엇인가, 등이 여기서 다루는 중요한 연구주제이다.
- 다섯째, 기술혁신 효과에 관한 이론이다. 기술혁신이 경제사회시스템에 미치는 영향은 어느 정도인가, 기술혁신은 기업의 경영성과와 어떤 관계를 지니고 있는가 등의 주제가 여기에서 다루어진다.

제3절 기술혁신 모형

3.1 기본 개념

기술혁신 이론에서 기술혁신 모형(model)이라는 용어는 어떤 의미를 지니고 있을까? 모형에 관한 논의를 하기 위해서는 먼저 시스템(system)이라는 말의 의미부터 이해해야 한다. 시스템은 통합이나 전체를 의미하는 그리스어 'systema'에서 유래한 용어로 다양한 구성요소들이 서로 상호관계를 가지면서 연결되는 전체를 뜻한다. 즉 현실에서 발견되는 현상들 또 사실로 믿고 있는 것들의 집합(set of facts and observations)이다. 시스템은 크게는 산업이나 경영조직 전반에 존재하고 작게는 연구개발 현장이나 생산 공장에도 존재한다.

문제는 이 시스템이 너무 크고 복잡할 때 생겨난다. 당연히 기술혁신 이론은 MOT 시스템에 관한 지식을 모아놓은 것이다. 하지만 엄밀히 말하면 시스템 자체에 대한 지식이 아니라 시스템과 유사한 어떤 대상에 대한 지식을 가리킨다. 많은 경우 지식을 직접 얻어내기에는 시스템이 너무 크고 복잡하기 때문에 먼저 시스템을 작고 단순한 형태의 대상으로 바꾼 후 그 대상에 대한 분석을 통해 지식을 얻어내기 때문이다. 여기서 모형(model)이라는 개념이 도입된다. [그림 2-2]에서 보는 것처럼 크고 복잡한 시스템을 분석이 가능한 수준과 범위로 단순화시킨 것이 바로 모형이다. 그리고 시스템을 모델로 바꾸는 작업을 모형화(modeling)라고 한다.

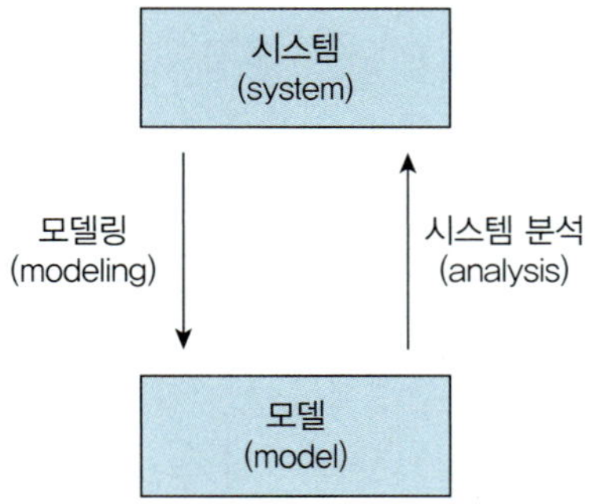

[그림 2-2] 시스템과 모형의 관계

이어서 이론과 모형의 관계에 대해 알아보자. 앞에서 서술한대로 이론은 복잡한 시스템의 원리를 설명하는 주장을 뜻한다. 시스템 자체는 너무 크고 복잡하기 때문에 흔히 단순한 형태로 바꾼 모형을 대상으로 분석을 수행한다. 이 방식을 MOT 연구에 적용하면, 기술혁신 이론은 MOT 시스템의 원리를 설명하는 일반적 지식을 가리키고 기술혁신 모형은 그 이론의 내용을 분석 내지 검증이 가능한 수준으로 단순화시킨 것을 뜻한다. 따라서 하나의 기술혁신 이론에 대해서 여러 개의 서로 다른 기술혁신 모형이 만들어질 수 있다.

앞에서 예를 들었던 기술확산(diffusion)에 대한 연구를 생각해보자. 먼저 기술확산 이론은 기술혁신의 성과물이 시간의 경과에 따라 사회체계의 구성원들 사이에 퍼져나가는 기본적이고 일반적인 원리를 제시한다. 즉 기술의 확산은 매스미디어와 같은 외부의 채널과 입소문과 같은 내부의 채널을 통해 일어난다는 식의 주장 또는 설명들을 모두 모아놓은 것이다. 이제 하나의 확산이론에 대해 여러 개의 서로 다른 기술확산 모형들이 제시될 수 있다. 예를 들어, 외부의 매스미디어 채널을 통해 확산이 일어난다는 외부채널 모형, 이미 그 기술을 사용하고 있는 사람들의 입소문으로 확산이 일어난다는 내부채널 모형, 내부와 외부채널 모두의 영향에 의해 확산이 일어난다는 복합채널 모형 등이 만들어질 수 있는 것이다.

3.2 내용과 구성

이 책에서는 기술혁신 이론의 기본 모형을 소개하는데 초점을 맞추려고 한다. 기술혁신 이론의 다양한 주제를 모두 설명하고 논의하기 위해서는 그 자체만으로 하나의 교과서나 전문서적이 필요하다. 그러나 본서의 목적은 이론적 배경에 대한 심층적 이해보다는 실무에 필요한 방법론의 해설에 있기 때문에 기술혁신 이론에서 대표적으로 사용되는 기본모형에 대한 간략한 소개로 충분할 것으로 판단된다.

그러면 수많은 기술혁신 모형 가운데 어떤 모형들을 소개할 것인가? 이 질문은 결국 기술혁신 이론 가운데 어떤 연구주제를 소개할 것인가와 같은 질문이다. 왜냐하면 기술혁신 모형들은 모두 기술혁신의 이론의 주요주제들과 직접 연결되어 있기 때문에 먼저 주제를 선정하면 그에 관한 모형들을 소개하는 식으로 이루어지기 때문이다.

여기서 주제들을 선정하고 배열하는 기준도 여러 가지를 생각할 수 있다. 주제의 구성에서 보면 기술혁신 유형에 관한 이론, 기술혁신의 원천에 관한 이론, 기술혁신의 과정에 관한 이론, 기술혁신의 조직과 제도에 관한 이론, 기술혁신의 효과에 관한 이론 등으로 나눌 수 있다. 주제의 계층에서 보면, 거시(macro) 차원에서 국가차원의 기술혁신을 다룰 수 있고, 반대로 미시(micro) 차원에서 개인이나 개별기업이나 프로그램/프로젝트의 기술혁신에 초점을 맞출 수도 있고, 중간(meso) 차원에서 산업 및 시장 수준의 기술혁신을 대상으로 할 수도 있다. 주제의 시점에서 보면, 오래전에 제시된 전통적 주제도 있고 최근에 떠오르고 있는 새로운 주제도 있다. 여기에서는 목적이나 기능보다는 형태와 성격을 기준으로 크게 기술혁신 본질 모형, 기술혁신 구조 모형, 기술혁신 과정 모형, 기술혁신 조직 모형, 기술혁신 확산 모형, 서비스 혁신 모형으로 나눈 후, 각 모형의 구체적 내용에 대해 간략히 살펴보기로 한다.

제4절 기술혁신 본질 모형

4.1 기술지식 속성 모형

기술혁신에 대한 연구는 기술 자체에 대한 논의에서 출발할 수 밖에 없다. 왜냐하면 말 그대로 기술혁신은 기술(technology)이라는 명사와 혁신(innovation)이라는 동사의 결합으로 이루어진 단어여서 명사에 대한 이해 없이 동사에 대한 연구를 수행할 수 없기 때문이다. 여기서 기술은 혁신의 대상이기도 하고 도구이기도 하다. 즉 한편으로는 기술이라는 대상의 성능이나 수준을 올리는 것이 혁신이기도 하고 다른 한편으로는 기술이라는 도구를 사용하여 경영활동의 생산성이나 수익성을 올리는 것이 혁신이기도 한 것이다.

실제로 기술혁신 연구의 초창기에서 오늘날에 이르기까지 기술의 본질(fundamentals)에 대한 논의는 오래 동안 이어져 왔다. 기술을 어느 기준에서 이해하느냐에 따라 기술의 정의도 달라지고 어느 관점에서 바라보느냐에 따라 기술의 성격도 달라지기 때문에 서로 다른 견해들이 대립되고 서로 다른 이론들이 제시되어 온 것이다. 하지만 방대한 연구 내용을 자세히 살펴볼 수는 없고 여기서는 가장 핵심적 주제인 기술지식의 속성에 대해서만 간략히 알아보도록 한다.

(1) 과학-기술 관계모형

기술의 본질에 대한 논의 가운데 가장 오랜 뿌리를 갖고 있는 주제는 기술과 과학(science) 간의 관계를 설정하는 문제이다. 특히 과학과 마찬가지로 기술도 하나의 지식이기 때문에 과학지식과 기술지식의 본질을 비교하는 문제는 기술혁신 연구의 주요한 주제로 인식되어 왔다. 이 과정에서 제시된 대표적인 모형들을 요약하면 다음과 같다. 여기서 각 모형의 이름은 이 책에서 편의상 붙인 것이며 공식적인 용어는 아니다.

가. 선형결합 모형

이 모형은 과학지식과 기술지식이 선후의 선형(linear) 관계로 이어져 있다고 보는 관점이다. 먼저 자연현상에 대한 이론적, 보편적 지식으로서의 자연과학(natural science)이 만들어진 후 이 지식의 응용과정에서 실용적, 경험적 지식으로서의 기술이 만들어지므로 기술은 응용과학(applied science)으로 정의된다. 따라서 이 모형에서는 과학이라는 원자재 투입과 기술이라는 완제품 산출이 하나의 생산라인(assembly line)을 이룬다고 본다.

나. 이분화 모형

이 모형에서는 과학과 기술을 서로 다른 두 가지의 지식으로 분리한다. 즉 과학이 자연현상에 대한 보편적 지식을 뜻하는데 반해 기술은 현실문제를 해결하기 위한 실용적 도구나 기계를 사용하는 지식을 가리킨다. 따라서 과학과 기술은 본질적으로 서로 다른 속성을 지니는 지식이며 과학자와 기술자도 사고체계와 가치관이 상이한 집단에 속한다고 본다. 과학과의 관계에서도 기술은 독립적인 영역을 이루고 있고 나아가 사회과학과도 다른 독자적 성격을 지니고 있다.

다. 상호작용 모형

여기에서는 과학지식과 기술지식이 서로 독립성을 유지하고 있지만 동시에 상호의존적이라고 본다. 이 모형은 20세기 후반 이후에 발생한 거대 문제들을 해결해 나가는 과정에서 제시되었다. 크고 복잡한 문제를 풀어나가기 위해 과학자들은 기술 영역의 장비와 정보를 활용하게 되고, 동시에 기술자들은 과학 영역의 이론과 지식을 필요로 하게 되면서 둘 사이에 결합과 연계의 범위가 넓어지게 된 것이다. 따라서 새로운 과학지식의 발견은 신기술의 출현을 촉진하고 새로운 기술지식은 다시 과학적 발견을 유인하는 과학과 기술의 공명화 현상이 나타나게 된다.

(2) 기술지식 속성 모형

기술지식 자체의 본질적 속성에 대한 논의도 주요한 주제이다. 이 주제가 중요한 의미를 갖는 이유는 기술지식의 성격과 형태가 달라지면서 그것을 발굴하는 방법, 획득하는 방법, 관리하는 방법, 평가하는 방법 등이 달라지기 때문이다.

가. 기술지식 형태 모형

가장 자주 인용되는 모형은 지식의 형태에 따라 암묵적 지식(tacit knowledge)와 형식적 지식(explicit knowledge)으로 구분하는 모형이다(Polanyi, 1966). 암묵적 지식은 문자나 언어와 같은 방식으로 표현되지는 않지만 경험과 학습을 통해 몸으로 익힌 주관적 지식을 뜻한다. 예를 들어 장인들이 보유하고 있는 노하우(know-how)나 생산현장의 엔지니어들이 보유하고 있는 기능(skill)은 대표적인 암묵적 지식이다. 이에 반해 형식적 지식은 명시적인 형태를 통해 표현된 객관적 지식을 뜻한다. 문서형태의 논문이나 특허자료 등은 형식적 지식의 대표적 예라고 할 수 있다.

하지만 지식들은 분리되어 있는 것이 아니라 다양한 방식과 경로를 통해 이어지면서 새로운 지식의 창출 과정에 중요한 요소로 작용하기도 한다(Nonaka, 1994). 우선 같은 형태의 지식 내에서 지식의 확산이 일어난다. 예를 들어 생산과 연구개발 현장의 암묵지는 겉으로 드러나지는 않으면서 학습을 통해 다른 암묵지로 이전된다. 논문과 같은 형식지도 인용을 통해 서로 연결되면서 새로운 기술지식을 만들어낸다. 나아가 다른 형태의 지식으로 넘어가기도 한다. 예를 들어 노하우의 암묵지는 매뉴얼과 같은 공식 문서 형태의 형식지로 바뀌기도 하는 것이다.

나. 기술지식 매체 모형

이 모형에서는 지식을 전달하는 매체(carrier)의 차이에 따라 체화 지식(embodied knowledge)과 비체화 지식(disembodied knowledge)으로 나눈다. 먼저 체화 지식은 자본재(capital)나 인력(human)에 체화되어 있는 지식, 즉 지식 매체 안에 암묵지 형태로 녹아 들어 있는 지식을 가리킨다. 자본재가 매체가 되는 경우를 보면, 새로운 기계설비를 도입하거나 중간재 형태의 부품을 구매할 경우에 그 설비나 부품의 사용과 제조 과정에서 쌓인 노하우는 대표적인 체화 지식이 된다. 이에 반해 비체화 지식은 다른 매체에 녹아있지 않고 그 자체로서 명확하게 겉으로 드러나는 지식을 뜻한다. 예를 들어 특허, 논문, 설계도, 사용매뉴얼 등에 형식지 형태로 나타나 있는 지식은 대표적인 비체화 지식이다.

기술지식의 매체가 달라지면서 기술지식이 기술혁신에 미치는 효과도 달라지게 된다. 우선 자본재에 체화된 지식을 바탕으로 이루어진 기술혁신을 체화 기술진보(embodied technological progress)라고 부른다. 이에 비해 자본재 이외의 매체를 기반으로 이루어진 기술혁신은 비체화 기술진보(disembodied technological progress)이 된다.

4.2 슘페터 모형

기술이라는 명사에 대한 이해를 바탕으로 다음에는 혁신이라는 동사에 대한 연구로 이어진다. 기술혁신을 어떻게 정의할 수 있으며 본질적 속성이 무엇인가에 대한 논의가 시작되는 것이다. 기술혁신 이론의 역사가 오래된 만큼 기술혁신의 본질과 속성에 대한 모형도 다양하게 제시되어 있다. 하지만 많은 모형들을 모두 살펴볼 수는 없고 여기서는 가장 대표적인 모형이자 기술혁신 연구에 큰 영향을 미친 슘페터 모형을 먼저 살펴보고 이어서 패러다임 모형에 대해 알아보기로 한다.

(1) 기본모형

여러 번 언급한대로 오늘날의 기술혁신 이론은 70년대 유럽을 중심으로 발전하기 시작한 혁신경제학(innovation economics)을 기반으로 한다. 그러나 기술혁신 이론의 근원은 그보다 훨씬 앞서 20세기 전반의 경제학자인 슘페터(Schumpeter)로 돌아가게 된다. 물론 슘페터 자신은 본인의 이론이나 주장을 기술혁신 이론이라는 용어로 부르지도 않았고 그것이 전통경제학의 영역을 넘어 다학제적인 연구주제로 확대될 것을 예견하지도 않았지만 그의 선도적 연구가 기술혁신 이론의 출발점이 되었다는 사실에 대해서는 대부분의 연구자들이 동의하고 있다.

슘페터를 기술혁신 연구의 선구자로 부르는 이유는 무엇보다 기술혁신을 기술시스템 안의 좁은 문제가 아니라 경제시스템 전체의 넓은 문제로 확장시킴으로써 기술혁신 연구의 위상을 크게 올려놓았기 때문이다. 즉 기술혁신을 단순한 지식과 효용의 창출이 아니라 경제시스템의 근본적이고 구조적인 변화를 이끌어내는 동인(agent)으로 해석한 것이다.

이 사실은 다음 두 가지 측면에서 보다 구체화된다. 첫째, 경제시스템이 구조적으로 변화 내지 성장하는 과정에 초점을 맞춘 점이다. 그 때까지의 전통경제학은 정태적 균형(static equilibrium)의 경제시스템을 분석의 대상으로 하였다. 주어진 특정 시점에서 경제시스템이 안정적인 상태를 유지할 수 있는 균형의 문제를 주로 다루었던 것이다. 그러한 상황에서, 슘페터가 경제시스템은 본질적으로 불안정한 것이라는 주장과 함께 변화와 성장이라는 동태적 불균형(dynamic disequilibrium) 문제를 제기한 것은 중요한 의미를 지닌다. 둘째, 경제시스템의 변화와 성장을 가져오는 다양한 요인 가운데 기술혁신이라는 요인을 중시한 점이다. 그 때까지의 경제학이 기술이라는 요인을 단지 외생적인 간접변수로 해석한 것과 비교하면 이러한 주장은 매우 획기적인 시각이었다.

가. 기업가정신

슘페터는 어느 상황에서 어떤 요인에 의해 경제시스템의 동태적 변화가 일어나는지에 관심을 가지면서 19세기 말 유럽에 출현한 자본가의 특성과 역할에 주목하였다. 전통적인 인식에 의하면 경제시스템은 토지(land), 노동(labor), 자본(capital)이라는 생산 요소로 구성된다. 이 가운데 토지와 노동은 정태적(static) 상태의 생산에만 기여할 뿐 경제의 동태적(dynamic) 변화나 발전에는 아무 영향도 미치지 못한다. 남아있는 요소인 자본의 역할도 만일 돈을 빌려주고 이자를 받는 소극적 의미에 그치고 따라서 자본가도 단순히 생산공장의 고용주(employer)이거나 돈을 빌려주는 사채업자(owner of capital)에 불과하다면 별다른 영향을 줄 수 없다.

결국 자본이 경제의 변화와 발전을 견인하는 요인이자 원동력이 된다는 것은, 자본의 역할이 단순한 생산요소에 그치는 것이 아니라 생산활동을 지배하는 하나의 정치적(political) 요소가 된다는 것을 시사한다. 즉 기존의 생산시스템에 투입되는 하나의 생산요소가 아니라 전혀 다른 새로운 생산시스템을 만들기 위한 종자돈(fund)으로 사용됨으로써 경제시스템의 근본적인 변화를 이끌어낸다는 것이다.

슘페터는 이러한 정신을 지니고 있고 또 그러한 역할을 수행하는 자본가를 혁신적 기업가(entrepreneur)라고 명명하였고 그들이 지니고 있던 철학과 의지를 기업가정신(entrepreneurship)으로 표현하였다. 따라서 혁신적 기업가는 그 자신이 자본을 보유하고 있는지에 의해 결정되는 것이 아니라 기술혁신에 사용되는 자본을 조달하고 투입할 수 있는 기능(function)을 수행하는지에 의해 결정된다. 물론 슘페터 자신이 나중의 저술에서 지적한 것처럼, 20세기 이후 미국을 중심으로 혁신적 기업가는 개인을 넘어 대기업의 혁신적 조직이나 집단을 포함하게 되었지만 자본이라는 요소와 자본가라는 주체의 본질적 의미는 달라지지 않았다.

나. 창조적 파괴

그렇다면 왜 기술혁신이 변화와 성장의 동인이 되는 것일까? 슘페터는 경제시스템의 변화를 가져오는 동력으로 자본의 성장(growth of capital), 인구의 성장(growth of population), 시장의 변화(changes in market taste), 기술의 변화(changes in technology), 생산조직의 변화(changes in production organization)의 다섯 가지 요소를 제시하였다. 이 가운데 처음 두 가지는 그 자체로서는 시스템의 변화를 뜻하는 것은 아니며 세 번째 요소도 진정한 의미의 변화를 가져오는 동인이 아니라고 주장하면서 이들을 변화 요소가 아니라 혼란(disturbance) 요소라고 불렀다.

이에 반해 네 번째 요소와 다섯 번째 요소 즉 기술의 변화와 생산조직의 변화야말로 경제시스템의 구조적 변화를 가져오는 동인이며 따라서 이들을 혁신(innovation) 요소라고 불렀다. 그 이유는 이 두 가지 요소에 의해 새로운 제품(new product), 새로운 공정(new production method), 새로운 시장(new market), 새로운 재료(new material), 새로운 산업조직(new industry organization)이 창출되면서 결국 경제시스템이 근본적으로 바뀌기 때문이다. 이러한 변화를 슘페터는 '창조적 파괴(creative destruction)'라고 불렀고 창조적 파괴의 주체가 바로 혁신적 기업가라는 것이다. 그런 의미에서 보면 슘페터 모형은 곧 기업가정신 모형(entrepreneurship model)이라고 볼 수도 있다.

다. 기업과 시장

기술혁신에 대한 슘페터의 관심은 나중에 기업과 시장 문제로 확대된다. 구체적으로 '슘페터의 가설(hypothesis)'이라는 명제하에 대기업이 기술혁신에 유리한지, 반대로 중소기업이 유리한지에 대한 실증연구로 이어지고, 나아가 산업조직의 관점에서 독점시장이 기술혁신에 유리한지, 거꾸로 경쟁시장이 유리한지에 대한 비교연구로 연결된다. 이러한 이슈들은 기술경제학의 가장 핵심적인 연구주제로 자리 잡으면서 기술혁신 이론의 영역을 넓히는데 지대한 공헌을 하였다.

(2) 발전과정

초창기 연구에서 슘페터가 주목한 시점이 19세기 말의 유럽이었다면 본격적 의미의 기술혁신이 일어나고 그 파급효과가 가시화된 것은 20세기 전반 산업자본주의에 의한 근대식 기업조직과 생산시스템이 등장한 미국이라고 할 수 있다. 실제로 슘페터 자신도 유럽에서 미국으로 연구활동의 근거지를 옮긴 이후 초기 모형의 방향과 내용을 수정하기도 하였다.

특히 1930년대에 일어난 포드자동차의 생산혁명(Fordism)은 기계화, 자동화를 통한 대량생산 방식의 출현을 알리는 상징적 사건이었다. 이 당시 발간된 테일러(Taylor)의 '과학적 관리의 원칙(Principles of Scientific Management)'은 기술혁신은 곧 생산 및 작업방식의 혁신을 의미한다는 당시의 인식을 대변하고 있다. 또 기업의 규모가 확대되고 기능이 다양해지면서 혁신의 주제는 기술자체의 혁신보다는 보다 넓은 의미의 경영시스템 혁신으로 바뀌었다. 생산방식과 경영조직의 변화는 이후에도 지속되었고 기술혁신 연구의 주제도 주로 계량적인 시스템 분석방법의 개발과 활용에 집중되었다. 이러한 추세에 따라 기술혁신 연구의 주체는 경제학으로부터 산업공학이나 경영학으로, 유럽 중심에서 미국 중심으로 자연스럽게 전환되었다.

더구나 경제학 내에서도 슘페터 모형에 기반한 기술혁신 이론은 오랫동안 학계의 관심에서 멀어진 채 매몰되어 있었다. 우선 슘페터 자신은 민간부문의 개인이나 기업의 혁신에 초점을 맞추었기 때문에 거시경제 전반의 혁신에 대한 관심은 거의 없었다. 그 대신 거시경제 전반의 정책적 기조는 오랫동안 케인즈 식(Keynesian)의 이론과 철학에 대한 논의가 주류를 이루었다. 슘페터와 케인즈 모두 경제시스템의 변화와 진보라는 문제에 주목하였다는 면에서 공통점을 보이지만, 슘페터가 변화의 주체는 혁신적 기업가(entrepreneur)라고 주장한 데 반해 케인즈는 정부 내지 공공조직(state)이라고 주장한 것이 핵심적인 차이점이다. 따라서 거시경제 시스템에 대한 정부의 적극적 역할이 강조되던 시절에는 케인즈 이론(Keynesian theory)이 슘페터 이론(Schumpeterian theory)을 압도하였다.

슘페터 식의 기술혁신 이론이 부활한 것은 1970년대에 케인즈 식 경제정책의 유효성이 근본적으로 흔들리면서이다. 우선 이 시점은 세계경제 전반에 걸쳐 심각한 경기침체가 나타난 때이다. 또 주요 국가나 지역마다 국제경쟁력의 저하라는 구조적 문제를 안고 있는 때이기도 하였다. 미국은 일본으로부터 경쟁력의 위협을 받고 있었고, 특히 유럽은 일본의 부상은 물론 미국과의 기술력 격차(technology gap)를 절감하고 있었다. 이러한 상황에서 잊혀졌던 슘페터의 통찰력으로부터 문제의 본질을 진단하고 해결의 실마리를 찾으려는 시도가 미국과 유럽을 중심으로 시작된 것은 어쩌면 매우 자연스러운 일인지도 모른다.

배경과 관점은 매우 다르지만, 비슷한 시기에 기술혁신 이론의 발전에 또 다른 공헌을 한 중요한 사건으로는 신기술창업(venturing)을 들 수 있다. 역사적으로 볼 때 신기술창업이라는 주제는 기술혁신 이론과 같은 뿌리를 공유하고 있다. 벤처기업의 설립이 하나의 경제현상이자 사회현상으로 부각된 것은 이미 20세기 초로 근대적인 의미의 기업 즉 주식회사들이 생겨난 시점이다. 자동화 생산이라는 획기적인 기술혁신을 토대로 주식회사 형태의 기업들이 생겨난 것이 벤처기업의 원형이며 따라서 그 당시의 포드(Ford)나 카네기(Carnegie) 같은 창업자들은 곧 슘페터가 말한 혁신적 기업가의 전형인 것이다.

하지만 본격적인 신기술 창업이 시작된 시점과 장소는 1970년대 미국의 실리콘 밸리(Silicon Valley)이다. 이 지역에 신기술 혁신기업들이 들어서면서 부흥한 벤처 붐은 곧이어 많은 국가와 지역으로 확산되었다. 그러면서 신생기업의 기술혁신, 산학협력과 기술혁신, 지역특성과 기술혁신 등의 이슈들이 기술혁신 이론의 중요한 연구 주제로 부각되었다. 이 과정에서 이루어진 연구들은 기본적으로 슘페터 모형의 기업가정신에 바탕을 두고 있지만 entrepreneur가 갖는 의미는 달라졌다고 할 수 있다. 슘페터 당시의 entrepreneur는 기술지식의 발명가보다는 기술혁신에 투자되는 자본의 조달자를 의미하였지만 이 시대의 entrepreneur는 자본가보다는 신기술과 아이디어로 무장한 창업가를 가리키는 것으로 바뀐 것이다.

1980년대 이후 꾸준히 연구영역을 넓혀온 슘페터 모형은 최근에 이르러 또 다른 전기를 맞고 있다. 산업구조의 변화와 정보통신기술(ICT)의 확산으로 기술혁신의 원천이 달라지고 있기 때문이다. 전통적인 오프라인 방식이 아닌 온라인과 모바일 방식의 디지털 혁신(digital innovation), 제조업 분야가 아니라 서비스 분야에 대한 혁신(service innovation), 자본과 노동과 같은 유형적 요소가 아니라 정보와 지식 같은 무형적 요소에 의한 혁신(digital innovation) 등이 새로운 패러다임을 만들어내는 동력들이다. 이러한 변화 속에서 혼란(disturbance) 요소와 혁신(innovation) 요소도 달라지고 이 두 요소에 의해 만들어지는 기술혁신의 속성도 바뀌고 있다. 또한 시장과 산업의 성격이 변하면서 혁신적 기업가의 의미도 달라지고 경제시스템이 변화하는 양상도 달라지고 있다.

그러나 이러한 변화에도 불구하고 슘페터 모형의 유효성이 사라지거나 줄어드는 것은 아니다. 기술혁신의 형태와 과정이 달라진다고 해도 여전히 경제시스템의 변화를 가져오는 핵심 요인이 기술혁신이라는 사실은 달라지지 않을 것이며 그 과정에서 혁신적 기업가의 역할은 줄어지지 않을 것이기 때문이다.

4.3 패러다임 모형

(1) 기본모형

슘페터 모형과 더불어 기술혁신 연구에서 중요한 의미를 지니는 또 하나의 모형은 패러다임 모형이다. 패러다임(paradigm)이라는 개념은 원래는 하나의 사회나 조직이 어떻게 생겨나는가를 분석하는 존재학(ontology)에서 사용되는 학술용어이다. 따라서 과학의 관점에서 보면, 패러다임은 과학 사회(scientific community)가 어떻게 생겨나는가를 설명할 수 있는 이론적 기반과 개념적 틀을 의미한다. 하지만 패러다임이라는 개념이 여러 사람들에게 폭넓게 알려지게 된 계기는 앞 절에서 이미 언급한대로 미국의 과학철학자인 쿤(Kuhn)이 '과학혁명의 구조(The Structure of Scientific Revolution)'라는 저술에서 이 용어를 사용한 것에서 출발한다.

쿤은 하나의 새로운 과학 사회가 생겨나는 것을 과학혁명(scientific revolution)이라고 명명하였다. 여기서 말하는 과학혁명은 16세기 중엽 코페르니쿠스의 지동설에서 출발하여 17세기말 뉴턴의 물리학으로 종결되면서 근대과학을 태동시킨 유럽의 과학혁명(Scientific Revolution)과는 다른 용어이다. 쿤의 과학혁명은 일반적인 사건들을 뜻하므로 보통명사의 소문자로 표기하지만, 영국의 근대사학자 Butterfield가 명명한 유럽의 과학혁명은 역사적 사건을 가리키므로 고유명사의 대문자로 표기한다.

[그림 2-3]을 바탕으로 과학혁명이 일어나는 과정을 살펴보자. 현재의 과학(또는 사회) 현상을 사람들은 기존의 패러다임으로 설명한다. 여기서 패러다임이라는 용어는 어떤 현상을 설명할 수 있는 이론적 지식(theory), 해결과정과 기법(method), 전형적 사례(exemplar)의 집합(set)을 뜻한다.

이제 사람들이 기존의 패러다임으로는 이해하거나 설명하기 어려운 새로운 현상(anomaly)이 일어났다고 하자. 그러면 전통적 패러다임의 설명력은 사라지게 된다. 새로운 현상을 하나의 수수께끼(puzzle 또는 enigma)라고 하면, 이 수수께끼를 설명하기 위해 여러 개의 새로운 패러다임들이 경쟁적으로 등장하게 된다. 어느 정도 시간이 경과하면 다수의 경쟁 패러다임들 가운데 하나의 패러다임만이 살아남아 새로운 현상을 설명하는 보편적 체계로 자리를 잡게 된다. 이러한 사건의 발생이 곧 과학혁명이고 그 결과로 생겨난 주도적 패러다임(dominant paradigm)을 정상과학(normal science)이라고 한다.

하지만 정상과학은 영원히 지속되는 것이 아니다. 일정한 시간이 지난 후 또 새로운 이상현상이 나타나면 기존의 패러다임(existing paradigm)으로는 그 현상의 원리와 과정을 설명할 수 없게 된다. 그러면 낡은 패러다임을 대신하는 새로운 패러다임(new paradigm)이 나타나면서 또 다른 과학혁명이 일어나게 된다. 이러한 과정이 반복되면서 궁극적으로 과학의 발전이 이루어진다는 것이다.

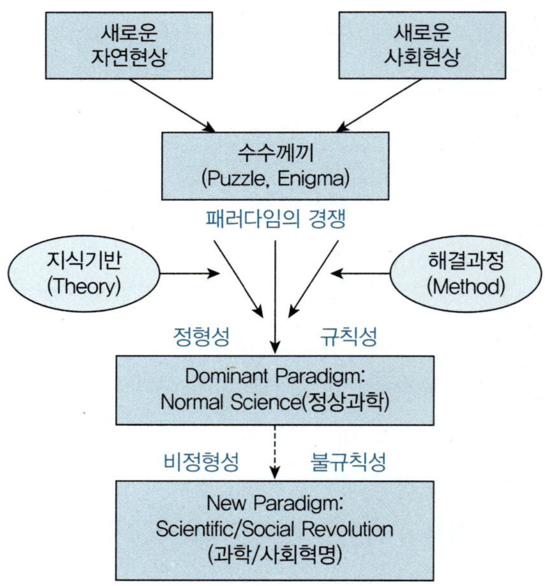

[그림 2-3] 패러다임 모형의 기본 구조

(2) 기술혁신 패러다임

과학혁명의 원리와 개념은 그 이후 자연과학 분야를 넘어 인문사회과학의 여러 분야에 지대한 영향을 미쳤고 또한 수많은 논쟁을 불러일으켰다. 특히 패러다임이라는 용어는 그 의미의 모호성에 대한 비판에도 불구하고 오늘날에도 전세계적으로 가장 많이 남용되는 단어 중 하나가 되고 있다.

그러면 MOT 분야에서 패러다임 모형은 어떤 영향을 미쳤을까? 즉 과학분야의 변화를 설명하기 위해 제시된 패러다임 모형이 어떻게 기술혁신 이론의 모형으로 연결될 수 있을까? 기술혁신 이론에서 패러다임 모형이 가장 널리 그리고 자주 적용된 사례로는 기술혁신의 체계와 과정을 패러다임으로 설명하는 시도를 들 수 있다. 과학분야의 과학혁명을 설명하는 원래의 패러다임 개념을 기술분야의 기술혁신 과정에 대입시켜 기술혁신 패러다임(technological paradigm)이라는 개념으로 확대시킨 것이다. 따라서 기술혁신 패러다임은 새롭게 주어진 기술적 문제를 해결하는데 사용되는 지식(knowledge)과 절차(procedure)의 집합을 뜻한다.

Nelson and Winter(1982)와 Dosi(1982) 등이 제시한 기술혁신 패러다임은 다음 두 가지의 서로 다른 개념간의 유사성에 기초한다. 첫째, 과학혁명과 기술혁신간의 유사성이다. 기술혁신을 하나의 문제해결(problem-solving) 과정으로 해석하면, 과학혁명에서 수수께끼(puzzle)를 푸는 과정에서 새로운 패러다임이 출현하는 과정과 기술혁신을 통해 기술혁명(technological revolution)이 일어나는 과정 사이에는 공통점이 존재한다. 둘째, 생물학적 진화(biological evolution)와 기술혁신간의 유사성이다. 생물학적 진화과정에 존재하는 선택 메커니즘(selective mechanism)은 기술혁신 과정에서 다양한 기술 대안 가운데 최적의 대안을 선택하는 메커니즘과 매우 유사하다.

기술혁신 패러다임에서 기술궤적(technological trajectory) 또는 기술표지(technological guidepost)라는 용어와 개념은 중요한 의미를 지닌다. 먼저 기술궤적은 주어진 패러다임 안에서 기술이 진보하는 방향(direction of advance)을 뜻한다. 이론적으로 보면 하나의 패러다임에 안에서 기술이 나아갈 수 있는 방향과 표지는 무수히 많을 수 있다. 또한 각각의 방향은 장점과 단점을 동시에 가지고 있다. 여기서 기술혁신은 임의의 방향으로 진행하는 것이 아니라 기술적 요인과 경제적 요인의 상충(trade-off) 속에서 최적의 방향과 표지를 선택하면서 나아가게 된다. 이때 만들어지는 경로(path)가 바로 기술궤적이자 혁신도로(innovation avenue)이다. 따라서 각각의 패러다임은 기술변화의 비율과 방향을 결정하는 핵심요인이자 제약조건이 된다.

또한 기술궤적을 따라 만들어지는 경로상에서 일어나는 혁신들은 대부분 누적적(cumulative)이고 점진적(incremental)인 특성을 지닌다. 즉 각각이 독립적으로 발생하는 것이 아니라 과거에 일어난 소규모의 혁신들이 현재와 미래의 새로운 혁신들에 누적적인 영향을 미치면서 일어나게 되는 것이다. 이 속성을 기술혁신의 경로의존성(path-dependence)이라고 한다. 이에 반해 경로를 이탈하여 새로운 방식과 지식으로 주어진 문제를 해결하거나 시장의 수요에 대응하는 것은 급진적(radical) 혁신이 된다.

기술혁신 패러다임 모형을 이용하여 연속적(continuous) 기술혁신과 불연속적(discontinuous) 기술혁신도 설명할 수 있다. 먼저 하나의 패러다임이 자리를 잡게 되면 그 패러다임 안에서 이루어지는 혁신은 연속적 혁신이 된다. 그리고 연속적 혁신들은 해당 패러다임에 의해 결정되는 기술궤적을 따라 나타난다. 이에 반해 불연속적 혁신은 새로운 패러다임의 출현을 가리킨다. 마치 과학혁명이 일어나는 것처럼, 기존의 패러다임을 대체하는 새로운 패러다임을 바탕으로 만들어지는 혁신이 바로 불연속적 혁신이 되는 것이다. 이것을 생물학적 진화로 표현하면 불연속적 혁신은 곧 돌연변이(mutation)라고 할 수 있다.

제5절 기술혁신 구조 모형

이어서 기술혁신 구조 모형에 대해 알아보자. 구조 모형(structure model)은 크게 다음 두 가지의 의미를 지니고 있다. 첫째, 순서 모형(sequence model)의 의미이다. 기술혁신은 어떤 순서로 일어나고 진행되는가, 그 과정에서 각각의 단계는 어디에 위치하며 역할은 무엇인가 등을 설명하기 위해 제시된 모형을 뜻한다. 그러나 순서 모형이라는 이름은 이 책에서 단지 편의상 명명한 것이며 학문적으로 공식화된 용어는 아니다. 둘째, 기술혁신의 원천 모형(source model)의 의미이다. 처음 기술혁신이 일어나는 공간과 조직이 어디인지, 즉 기술혁신이 기술 자체의 태생적 변화과정으로 일어나는지 아니면 소비자나 시장과 같은 외부의 수요에 대응하는 과정에서 만들어지는지를 설명하기 위한 모형을 가리킨다.

5.1 선형 모형

(1) 기본모형

선형 모형(linear model)은 가장 오래 되고 또 가장 많이 알려진 기술혁신 순서의 기본 모형이다. 이 모형은 2차 대전 이후 역사적으로 중요한 기술혁신 사례들을 실증적으로 관찰한 결과를 토대로 기술혁신은 순차적(sequential) 절차를 따라 이루어진다고 주장한다. 여기서 순차적이라고 하는 의미는 두 가지 뜻을 담고 있다. 첫째, 각각의 과정과 단계 사이에 순서상의 선후관계가 존재하여 앞 단계는 다음 단계에 선행한다는 뜻이다. 둘째, 각각의 과정과 단계는 서로 연결고리로 이어져 있어 앞의 과정이나 단계가 있어야만 다음 과정이나 단계가 있을 수 있다는 뜻이다. 따라서 이 모형을 파이프라인 모형(pipe-line model)으로 부르기도 한다.

선형 모형은 순차적인 선형의 고리가 어느 단계에서 시작되어 어느 단계에서 끝나느냐에 따라 두 개의 상반된 모양으로 나뉘어진다. 하나는 [그림 2-4]와 같이 기술혁신은 기술의 개발에서 출발하여 시장의 수요로 연결된다는 기술주도(technology-push) 모형이다. 다른 하나는 [그림 2-5]와 같이 기술혁신은 시장의 수요에서 출발하여 기술의 개발로 이어진다는 수요견인(demand-pull) 모형이다. 실제로 두 모형의 비교는 기술혁신 연구에서 오래된 논쟁의 주제이기도 하다. 그러나 두 모형의 타당성은 이론적으로 증명할 수 있는 문제가 아니라 실증적으로 검증해야 할 문제이기 때문에 이론(theory)이라기보다는 가설(hypothesis)이라고 부르는 것이 더 적합할 수 있다.

[그림 2-4] 기술주도(Technology-Push) 모형의 기본 구조

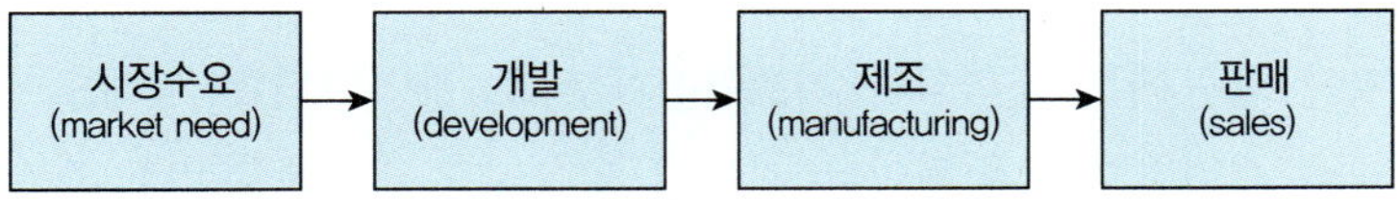

[그림 2-5] 수요견인(Demand-Pull) 모형의 기본 구조

두 모형의 차이를 기술혁신의 원천(source)의 관점에서 대비시키면, 기술주도 모형은 혁신의 원천이 과학적 발견(scientific discovery)에 있다고 보는 반면 수요견인 모형은 혁신의 원천이 시장의 요구(market demand)에 있다고 본다.

20세기 전반에 제시되어 전통적으로 많이 받아들여진 기술주도 모형은 기술혁신이 기초과학(R)에서 출발하여 마지막 단계인 시장에서의 제품 판매까지 순차적으로 일어난다고 주장한다. 먼저 실험실에서 만들어진 과학지식의 씨앗에서 신기술의 아이디어가 태동하고 이것이 개발(D)과 설계를 거쳐 실용적인 신제품으로 완성된다는 것이다. 그러므로 과학이 없으면 기술도 없고 기술이 없으면 시장도 없다고 본다. 20세기 초에서 1960년대에 이르는 시기에 이루어진 많은 연구들은 기술주도 모형을 강조하였다. 실제로 근대의 수많은 성공적 기술혁신은 주로 이 모형이 말하는 순서를 따라 이루어진 것이다. 또한 이 모형은 기초과학의 기반이 탄탄한 국가에서 기술혁신이 더 효과적으로 일어난다는 실증적 관찰을 보여주면서 기초과학의 독립성과 선도성을 강조한다.

이에 반해 1960년대 후반에 제시된 수요견인 모형은 기술혁신의 출발점은 시장의 수요에 있으며 그 수요를 만족시키기 위해 기초연구를 수행하거나 기술개발을 하게 된다는 주장이다(Schmookler, 1966). 또 새로운 아이디어는 소비자와 사용자가 던지는 불만을 해결하거나 질문에 응답하는 것에서 시작되어 기술개발과 상업화로 이어진다고 보기도 한다. 즉 시장의 수요가 없으면 신기술과 신제품도 없으며 따라서 시장의 잠재력과 확장성이 기술혁신의 속도와 방향을 결정하는 핵심요인이 된다. 이 모형의 실증적 근거는 시장수요가 급속히 증가하는 성장산업이나 매출 확대를 통해 이윤을 추구하는 기업에서 기술혁신이 더 활발하게 일어난다는 관찰에 있다.

(2) 발전과정

앞에서 언급한대로 기술주도 모형과 수요견인 모형의 대립은 기술혁신 연구에서 가장 뿌리깊은 논쟁의 주제라고 할 수 있다. 일반적으로 기술혁신이 단계적으로 일어나기는 하지만 최근에는 실험실의 기초연구가 바로 상업화되는 사례도 있고, 여러 단계가 동시에 병렬적으로 수행되는 경우도 있다. 또 개별제품이나 관련산업의 특성에 따라 각 단계의 순서나 비중이 달라질 수도 있다. 따라서 최근의 인식은 기술혁신이 기술주도나 수요견인의 한 가지 요인에 의해 한 방향으로 일어나는 것이 아니라 두 가지 요인의 복합적이고 균형적인 결합에 의해 일어난다는 견해로 수렴하고 있으며, 기술혁신이 활발히 일어나기 위해서는 과학의 기반과 시장의 수요가 모두 필요하다는 사실을 강조하는 추세이다.

5.2 비선형 모형

(1) 기본배경

비선형 모형(non-linear model)은 전통적인 선형 모형에 대한 비판을 토대로 제시된 모형이다. 선형 모형에 대한 비판은 다음 몇 가지로 요약된다. 첫째, 선형 모형은 피드백 경로(feedback loop)를 반영하지 못한다는 점이다. 대부분의 혁신은 앞에서 뒤로 가는 방향으로 일어나지만 경우에 따라서는 뒤에서 앞으로 되돌아가는 경로도 존재하는데 이 부분을 고려하지 못하는 것이다. 둘째, 상당수의 중요한 기술혁신은 기초과학이 아니라 디자인(design)에서 나온다는 점이다. 즉 제품이나 공정을 설계하는 과정에서 많은 혁신적 성과가 도출된다는 것이다. 셋째, 기술혁신의 실용적 효과는 초기 설계보다는 시장출시를 앞둔 후반의 설계 과정에서 발생한다는 점이다. 넷째, 최근의 사례들을 보면 과학적 기반이 전혀 없는 경우에도 기술혁신이 일어나는 사례들이 늘어나고 있다는 점이다.

(2) 주요 모형

선형모형에 대한 비판으로부터 다양한 비선형 모형이 제시되었다. 이 모형들은 기본적으로 기술혁신을 기술과 시장의 결합 과정으로 파악한다. 따라서 기술주도 선형 모형과 수요견인 선형 모형의 단점을 보완하면서 동시에 장점을 활용하는 결합 모형(coupling model)의 형태를 띠고 있다.

가. 체인-링크 모형

비선형 모형에서 자주 인용되는 체인-링크 모형(chain-link model)을 간략히 살펴보자. 이 모형은 기술혁신이 기본적으로는 선형적인 순서로 이루어진다는 사실을 인정하면서도 그 과정에 존재하는 다양한 요소들의 연계와 상호작용의 중요성을 강조하고 있다(Kline & Rosenberg, 1986). 이 때 다양한 요소들과 과정의 연계들을 체인(chain)과 링크(link)로 표현할 수 있으며 그러한 의미에서 이 모형을 체인-링크(chain-link) 모형 또는 상호작용(interactive) 모형으로 부른다. 또 기술혁신이 일어나는 절차를 선형 관계보다는 비선형 관계로 보기 때문에 비선형(non-linear) 모형으로 불리기도 한다. 선형 모형과 마찬가지로 이 모형도 그 성격상 모형이라기보다 비선형 또는 상호작용 가설(hypothesis)이라고 부르는 것이 타당할 수 있다.

[그림 2-6]에 체인-링크(chain-link) 모형의 기본구조가 그려져 있다. 그림에서 보는 것처럼, 상자 가운데의 화살표는 선형의 순서 구조를 보이지만 상자 외부에 존재하는 다양한 연구 지식과의 링크 및 상자 내부의 다양한 피드백들은 순서와 상관없거나 순서에 역행하여 상호작용을 하고 있다. 이러한 현상을 전체적인 관점에서 살펴보면 기술혁신은 선형 모형과 비선형 모형이 연계되어 있는 상호작용 모형으로 설명하는 것이 더 적절하다.

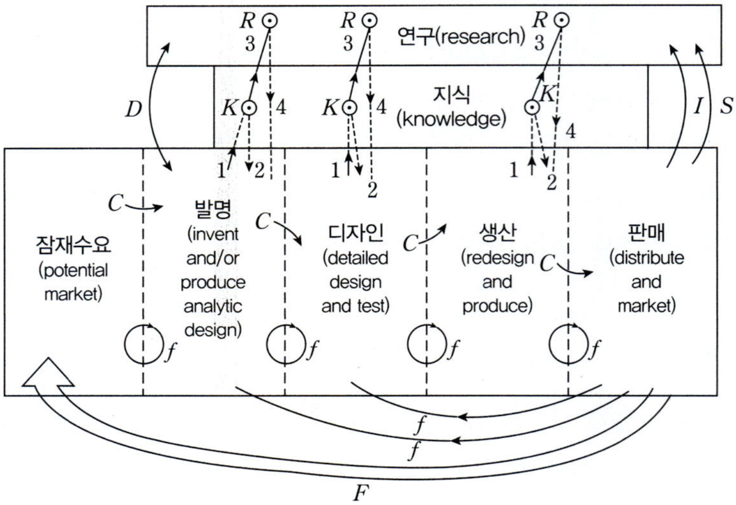

C: 혁신의 주요 체인
f: 피드백 루프
F: 특히 중요한 피드백
K−*R*: 지식을 통한 연구와의 링크
D: 연구와 발명/설계 사이의 직접 링크
I: 기구, 설비, 도구 등을 사용하는 과학적인 연구 보조
S: 제품에 내재되어 있는 원리를 활용하는 연구 보조

[그림 2-6] 체인-링크(chain-link) 모형의 기본 구조

선형 모형과 비교할 때 체인-링크 모형의 장점은 다음 두 가지를 들 수 있다. 첫째, 이 모형이 지니는 예측기능을 이용하여 기술개발의 불확실성(uncertainty)을 줄이고 기술기획의 효율성을 높일 수 있다는 점이다. 둘째, 동시병렬적(concurrent and parallel) 연구개발 설계를 통해 시간을 줄일 수 있다는 점이다. 실제로 체인-링크 모형은 연구개발 기획과 관리 실무의 효과성과 효율성을 제고하는데 큰 기여를 한 것으로 평가된다.

나. 시스템-네트워크 모형

체인-링크 형태의 비선형 모형을 더욱 확대시킨 모형으로는 시스템-네트워크 모형(system-network model)을 들 수 있다(Rothwell, 19994). 이 모형은 기존의 비선형 모형에서 한 걸음 더 나아가 기술혁신의 내부 시스템과 경영전반의 외부 시스템을 연계시켜 기술혁신을 설명하는 모형이다. 〈표 2-1〉에 정리되어 있는 것처럼, 이 모형은 전체적으로 내부-고객-공급자-사용자의 구성요소들로 이루어지는 시스템(system) 구조로 설계되고 구성요소들의 관계는 정보와 지식 네트워크(network) 형태로 연결된다.

〈표 2-1〉 시스템-네트워크 모형의 기술전략과 핵심내용

구분	내용
기술전략	• 신속한(time-based) 신기술/신제품 개발 • 고객중심(customer-driven) 전략 • 공급자/사용자(supplier/user)와의 연계
핵심내용	• 시스템 결합(system integration)의 조직 – 기능간 연계(cross-functional) 조직 – 평면적이고 신축적(flatter, flexible)인 조직 – 생산-디자인 연계 시스템 – 공급자(supplier) 및 외부 R&D 조직과의 연계조직 – 사용자(user)와의 연계조직 • 데이터중심(data-driven) 정보 및 지식 관리 – 지식경영(KM) 시스템 및 전사적 자원관리(ERP) 시스템 – 신제품개발(NPD) 정보 관리 시스템

기존의 선형 모형이나 비선형 모형의 초점이 기술혁신의 순차성과 구조성을 설명하는 문제에 제한되어 있는데 반해 시스템 모형은 기술전략의 수립부터 시장 출시까지

의 전 과정을 어떻게 유연하게 운영하고 또 신속하게 완료할 것인가 하는 시간성을 고려하고 있다는 것이 중요한 차이점이다. 이 모형의 또 다른 특징은 고객중심의 전략, 공급자/사용자와의 연계 강화 등을 포함시켜 전체적인 기술혁신 구조를 네트워크로 파악한 점이다. 따라서 전통적인 선형 모형이나 비선형 모형보다 분석의 틀이 확대되고 동시에 분석의 차원이 다양해진 양상을 보인다.

(3) 발전과정

체인-링크 모형과 시스템-네트워크 모형의 확산과 함께 오늘날 연구개발 및 기술혁신의 구조와 과정은 전통적인 모형과 비교하여 보다 복잡해지면서 동시에 유연해지고 있다. 우선 [그림 2-7]에서 볼 수 있듯이, 전략-개발-출시로 이어지는 다양한 과정이 순차적 형태에서 동시적(concurrent) 및 병렬적(parallel) 형태로 바뀌고 있다. 한편 구조적으로는 내부 중심의 폐쇄형(closed) 혁신에서 외부의 다양한 경영주체와 데이터베이스를 네트워크로 연결하는 개방형(open) 혁신으로 바뀌고 있다. 이러한 추세는 기술의 진보와 시장의 변화가 더욱 빨라지고 또 짧아지는 경향을 반영한다고 할 수 있다.

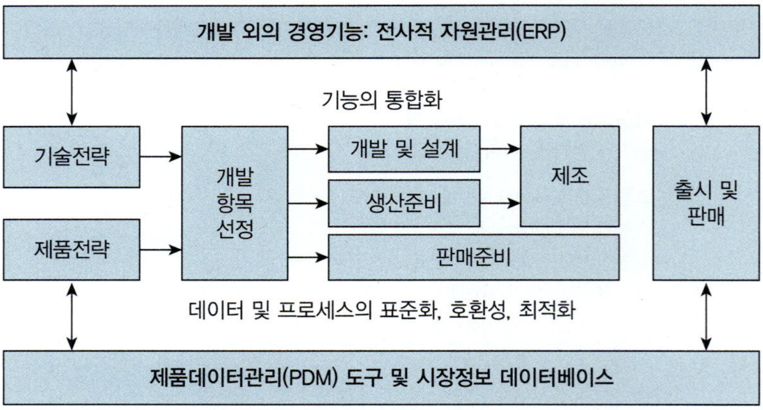

[그림 2-7] 새로운 기술개발 과정의 구조

제6절 기술혁신 과정 모형

이번에는 기술혁신의 과정모형(process model)에 대해 알아보자. 사실 과정 모형은 앞에서 설명한 구조 모형과 엄격하게 구분하기 어려운 성격을 지닌다. 어떤 사건이 일어나는 전체적 모양을 하나의 구조로 설명할 수도 있지만 하나의 과정으로 표현할 수도 있기 때문이다. 둘 사이의 가장 큰 차이는 구조 모형이 기술혁신을 거시적 관점에서 조망하는데 반해 과정 모형은 기술혁신이 시작되고 끝나는 전체 과정을 구체적이고 세부적인 단계(stage) 또는 상태(phase)로 나누어 분석하는데 있다. 따라서 과정 모형은 단계 모형(stage model) 또는 동태적 모형(dynamic model)으로 부를 수도 있다.

과정 모형의 핵심적인 연구 주제로는 다음 몇 가지를 들 수 있다. 첫째, 기술혁신의 전체 과정을 어떤 기준으로 몇 개의 단계로 나눌 것인가를 정하는 일이다. 물론 이 결정은 분석의 대상과 목적에 따라 달라지게 된다. 둘째, 각 단계마다 기술혁신의 원천과 유인이 무엇이며 시간의 흐름을 따라 어떻게 달라지는가를 알아보는 일이다. 셋째, 각 단계의 차별적 특성을 결정하는 요인과 변수는 무엇인지를 찾아내는 일이다. 넷째, 각 단계의 차이에 맞추어 기술혁신의 전략방향과 관리기준을 어떻게 설정할 것인가를 제시하는 일이다.

6.1 수명주기 모형

(1) 기본모형

기술혁신의 수명주기 모형(life cycle model)은 경제학의 무역이론(trade theory)이나 마케팅 분야의 제품 수명주기(product life cycle) 모형을 뿌리로 하고 있다. 잘 알려진 대로 제품의 수명주기 모형에서는 하나의 제품이 처음 생겨나고 소멸되기까지의 과정을 크게 도입기(introductory stage), 성장기(growth stage), 성숙기(mature stage), 쇠퇴기(declining stage)로 나눈다.

Utterback과 Abernathy(1975)는 제품의 수명주기 모형을 기술혁신 이론에 적용하여 기술혁신주기(technology innovation cycle) 또는 역동적 기술혁신 모형

(dynamic innovation model)을 제시하였다. 이 모형은 다양한 사례에 대한 분석을 토대로 시간의 흐름에 따른 기술혁신과 산업조직의 변화관계를 잘 보여주고 있다.

이 모형의 내용을 좀더 자세히 살펴보자. 이 모형에서는 먼저 기술혁신을 제품혁신(product innovation)과 공정혁신(process innovation)으로 나눈다. 즉 기술은 '무엇'을 만들 것인가에 대한 혁신과 '어떻게' 만들 것인가에 대한 혁신으로 구성된다고 보는 것이다. 이렇게 하면 기술혁신 모형은 제품혁신주기 모형(product innovation cycle model)과 공정혁신주기 모형(process innovation cycle model)의 결합으로 설명할 수 있다.

시간의 흐름을 하나의 주기(cycle)로 설정하여 그 주기 안에서 단계적인 변화가 어떻게 일어나는 지를 살펴보자. 먼저 제품혁신의 주기를 보면, 혁신의 목적과 동기에 따라 초기에는 성능 극대화를 위한 혁신 단계(performance-maximizing stage), 중기에는 매출 극대화를 위한 혁신 단계(sales-maximizing stage), 후기에는 비용 최소화를 위한 혁신 단계(cost-minimizing stage)로 구성된다. 한편 공정혁신 주기를 보면, 초기에는 공정이 아직 전체적으로 조정되지 못한 단계(uncoordinated stage), 중기에는 여러 부분으로 분화된 단계(segmental stage), 후기에는 시스템적으로 통합된 단계(systemic stage)로 구성된다.

[그림 2-8]에 도시되어 있는 것처럼 제품혁신 모형과 공정혁신 모형이 어떻게 결합되느냐에 따라 기술혁신이 처음 일어나고 진행되어 나가는 과정은 크게 세 단계로 이루어지는 기술혁신 주기를 구성한다. 첫 번째 단계는 유동기(fluid stage)이다. 이때는 아직 제품의 사양이 안정되지 못한 상황이므로 전반적으로 기술혁신은 불안정한 형태를 보인다. 기술혁신은 주로 제품 디자인이나 성능 개선을 위한 제품혁신의 빈도(frequency)가 매우 높은 반면 아직 시장규모가 매우 작기 때문에 공정혁신의 빈도는 미미한 수준에 머무르고 있다. 또한 신제품이 활발하게 출시되고 있지만 그렇다고 아직 어느 제품도 압도적인 경쟁우위를 점하지는 못하고 있는 상황이다.

두 번째 단계는 과도기(transitional stage)이다. 이 단계로 접어들면 이른바 지배제품(dominant design)이 나타나게 된다. 앞 단계에서 서로 경쟁하던 여러 제품 가운데 어느 하나가 기술적 우위나 시장적 우위를 바탕으로 시장을 주도하게 되는 것이다. 지배제품의 출현과 함께 제품의 표준화가 일어나면서 제품혁신의 빈도가 대폭 줄어든다. 하지만 시장이 폭발적으로 확대되면서 생산능력 확대를 위한 공정혁신의 빈도가 정점에 다다르게 된다.

마지막 단계는 경화기(specific stage)이다. 이 단계에서는 기술혁신의 동력이 크게 떨어지게 된다. 이미 제품은 성숙기로 접어들었으므로 제품혁신은 거의 일어나지 않고 비용 절감이나 생산효율성 제고를 위한 부분적인 공정혁신만 이루어지게 되는 것이다.

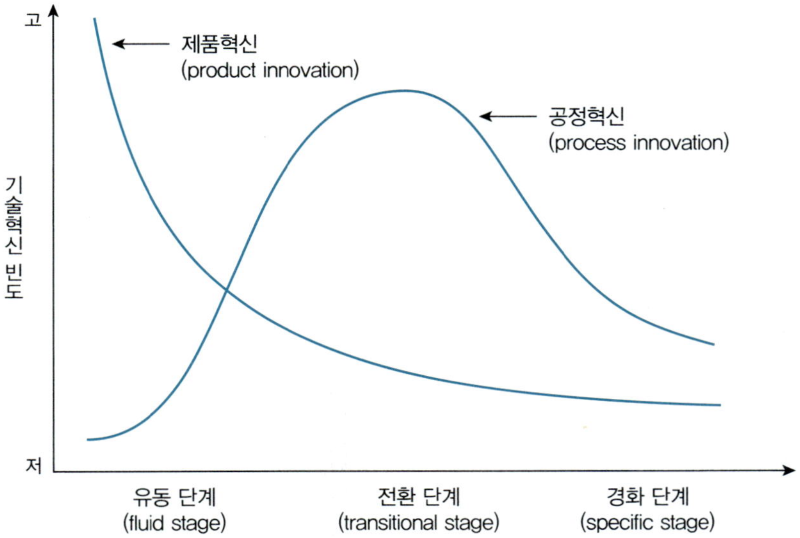

[그림 2-8] 기술혁신주기 모형의 기본 구조

(2) 발전과정

기술혁신주기 모형이 큰 주목을 끌면서 이 모형의 일반화 또는 차별화에 대한 연구도 활발히 진행되었다. 기술적 속성과 시장적 조건의 차이가 이 모형에 미치는 영향을 비교하는 연구로 이어진 것이다. 일반적으로 수명주기의 구체적인 형태가 모든 기술분야와 산업분야에 동일하게 나타나는 것은 아니다. 기술분야와 산업분야의 차별적 특성에 따라 각 단계의 길이나 높이가 달라질 수 있기 때문이다. 그러나 기본 형태는 기술과 산업의 차이와 상관없이 일반화될 수 있다. 예를 들어 [그림 2-9]에 조립제품과 비조립제품의 기술혁신 주기가 도시되어 있다. 그림에서 보듯이 세부적인 관점에서는 차이가 존재하지만 거시적인 관점에서는 유사한 형태를 보이고 있다.

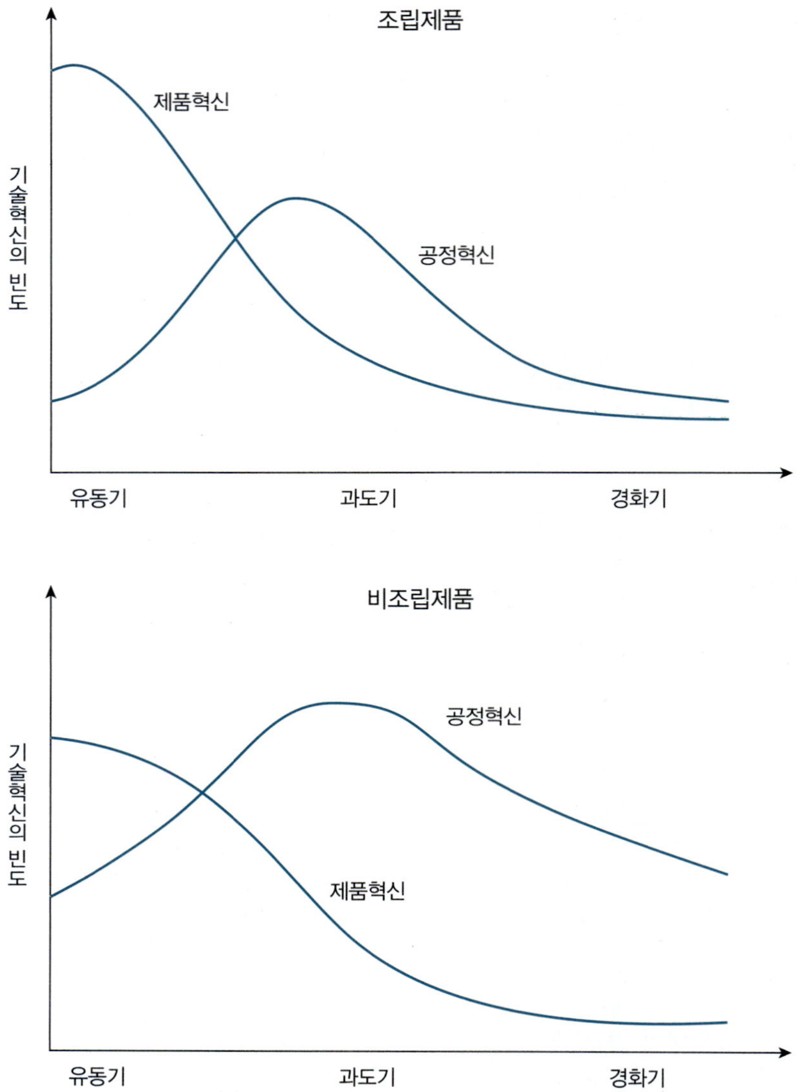

[그림 2-9] 제품혁신과 공정혁신의 결합도: 조립제품과 비조립제품의 비교

또 다른 연구주제는 역동적 기술혁신 모형이 경영전략이나 관리방식과 어떻게 연결되는지를 살펴보는 것이다. 기술혁신의 단계가 바뀌면서 시장의 모양, 즉 산업조직이나 기업조직도 바뀌게 되고 그에 따라 대응전략도 달라져야 하기 때문이다. 초기의 유동기에는 아직 시장규모가 작고 연구개발 및 상업화 비용도 크지 않기 때문에 많은 소규모 기업들이 치열한 제품혁신 경쟁을 하는 모습을 보인다. 경영전략에 있어서도 창의성과 유연성에 경영관리의 초점을 맞추어야 하고 조직관리와 인력관리

도 신축적인 방식을 선택해야 한다. 하지만 과도기로 접어들면 산업조직이 크게 바뀌게 된다. 지배제품이 출현하고 기술표준이 정립되면서 경쟁기업의 수가 급속하게 줄어드는 것이다. 우선 지배제품의 싸움에서 밀려난 기업이나 기술표준을 맞추지 못한 기업들은 시장에서 퇴출된다. 시장규모가 커지면서 대량생산 능력과 마케팅 네트워크가 경쟁력의 핵심이 되고 이러한 체제를 갖추기 어려운 소기업들도 사라지게 된다. 결국 대기업 중심의 과점체제로 바뀌게 되는 것이다. 더구나 새로운 기업이 시장에 진입하기도 갈수록 어려워진다. 경화기로 넘어가면 이러한 양상은 더욱 두드러지게 나타난다. 이제는 가격, 비용, 품질, 유통 등이 경쟁의 토대가 되기 때문에 소수의 대기업이 시장을 지배하게 된다. 또 기업 안에서도 원자재–부품–완제품–유통으로 이어지는 수직적 통합이 활발해진다.

오랫동안 기술혁신주기 모형은 대표적인 과정 모형으로 자리잡고 있다. 그러나 최근 들어 수명주기가 매우 짧은 최근의 하이테크 기술혁신에도 여전히 이 모형이 적용될 수 있는지에 대한 비판적 시각도 커지고 있다. 전통적인 모형은 기술혁신이 충분히 긴 주기(long cycle)를 가지기 때문에 그 안에서 제품혁신과 공정혁신이 순차적으로 모두 일어난다고 가정한다. 하지만 매우 짧은 주기(short cycle)로 바뀌게 되면 제품혁신이 공정혁신으로 이어지지 못하고 바로 또 다른 제품혁신이 출현하는 현상도 나타날 수 있다. 그런 경우에는 당연히 전통적 기술혁신주기 모형의 유효성은 떨어지게 된다. 실제로 그러한 상황에서의 기술혁신 과정을 설명할 수 있는 새로운 모형들도 제시되고 있다.

6.2 성장곡선 모형

(1) 기본모형

수명주기 모형과 밀접하게 관련된 또 하나의 과정 모형으로 성장곡선 모형(growth curve model)을 들 수 있다. 이 모형은 기술진보의 예측(forecasting)과 확산(diffusion)을 설명하는 이론에서 가장 대표적으로 사용되는 모형이다. 또한 앞에서 설명한 대부분의 모형들이 기술의 변화과정을 직관적 내지 정성적으로 나타내는데 반해 이 모형은 정량적 내지 수리적으로 표현한다는 면에서 중요한 의미를 지니고 있다.

이 모형은 기본구조가 S자의 곡선으로 나타나기 때문에 흔히 S-curve 모형(sigmoid model)이라고 부르기도 한다. [그림 2-10]에 도시되어 있는 것처럼 어느 기술의 수준(성능)이 변화하고 진보하는 양상을 시간의 흐름에 따라 누적된 형태로 나타내면 S 자 형태의 곡선으로 나타난다.

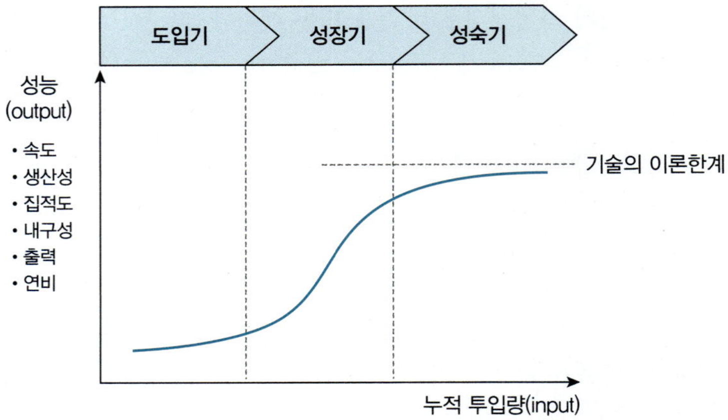

[그림 2-10] 성장곡선 모형의 기본 구조

S-curve 모형이 수명주기 모형과 연계되어 있다고 하는 이유는 S-curve 모형이 앞에서 설명한 제품 수명주기(product life cycle) 또는 기술수명 주기(technology life cycle) 이론에 근거하기 때문이다. 시간의 흐름에 따라 기술이 진보하는 양상은 제품 주기나 기술혁신 주기와 궤를 같이 하는 하나의 과정 모형으로 설명할 수 있는 것이다.

그렇다면 왜 기술이 여러 단계를 거치면서 S-curve로 성장하는 모습을 보일까? 대부분의 경우 새로 개발된 기술이나 출시된 제품은 도입기인 초기 단계에는 잠재적 수요자가 많지 않고 기술정보도 별로 알려지지 않아서 기술혁신이 활발히 일어나기 어렵고 혁신의 내용도 주로 제품혁신으로만 이루어진다. 따라서 기술성능의 진보도 점진적 형태로 나타난다. 그러나 일단 시장에서 받아들여져 성장기로 넘어가면 본격적인 연구개발과 폭넓은 실용화를 통해 제품과 공정혁신 모두 급속하게 발생하면서 기술성능도 급진적 형태로 올라가게 된다. 다음의 성숙기로 접어들면 기술진보의 속도가 현저하게 둔화된다. 더구나 대부분의 기술은 더 이상 뛰어넘을 수 없는 이론적 한계(theoretical limit)가 존재한다. 따라서 시간이 흐를수록 기술은 이론적 한계에 부딪쳐 정체 상태에 빠지게 되며 혁신의 내용도 공정혁신으로 제한된다. 이러한 변화와 발전과정을 곡선으로 표시하면 전형적인 S-curve가 되는 것이다.

(2) 발전과정

S-curve의 성장곡선 모형은 기술확산 연구에서 가장 기본이 되는 모형이다. 즉 이 모형의 뿌리는 확산 이론(diffusion theory)에 있다. 예를 들어 인간이나 동물 사이에 전염병이 퍼져나가는 모습, 신기술과 신제품이 시장에서 채택되는 양상, 사회적 현상이 구성원들 사이에 퍼져 나가는 현상 등을 설명하는 모형으로 개발된 것이다. 실제로 신기술과 신제품이 확산되는 양상을 그려보면 대부분의 경우 S-curve로 나타난다. 따라서 시간의 변화를 따라 확산의 비율이 어떻게 달라지는지를 측정하여 미래의 확산 추세를 예측할 수 있다.

이 모형은 기술예측(technology forecasting) 연구에도 자주 사용된다. 기술이 확산되는 패턴과 기술성능이 변화하고 진보하는 양상 사이에는 많은 공통점이 있기 때문이다. 대부분의 경우에 시간을 따라 기술의 성능이 진보하는 모양을 살펴보면 S-curve의 형태로 나타난다. 따라서 성장곡선 모형은 기술확산 분석은 물론 기술예측의 기본 모형으로도 폭넓게 이용되고 있다.

6.3 장기파동 모형

(1) 기본모형

앞에서 설명한 수명주기 모형은 제품이나 기업과 같은 미시적(micro) 차원의 기술혁신을 설명하기 위한 모형이었다. 이에 비해 기술혁신의 양상이나 효과를 거시적(macro) 경제시스템 수준으로 확대하고 또 그 기간을 중장기로 확장시킨 모형으로 장기파동 모형(long wave model)을 들 수 있다. 시각적 관점에서 보면, 앞의 모형들이 하나의 주기(세대) 안에서 빈도나 수준이 변화하는 패턴을 나타낸다면 이 모형은 복수의 주기가 반복되는 파동(wave)의 양상을 표현하고 있다.

[그림 2-11]에서 보듯이 장기파동 모형의 원형은 기술혁신 이론보다는 경제학의 경기변동 이론(business cycle theory)에 있다고 할 수 있다. 이 모형을 처음 제시

한 연구자는 러시아의 경제학자 콘트라티에프(Kondratiev)이다. 그는 1780년부터 1920년에 이르는 기간 동안 세계경제의 순환은 약 25년의 상승기(upswing)와 같은 기간의 하강기(downswing)로 구성되는 50년 주기의 장기파동(long wave)으로 이루어졌다는 주장을 제기하였다. 하지만 Kondratiev 자신은 장기파동이라는 실증적 현상을 찾아내기만 했을 뿐 그 현상이 일어나는 배경과 원인에 대한 분석을 하지는 않았다.

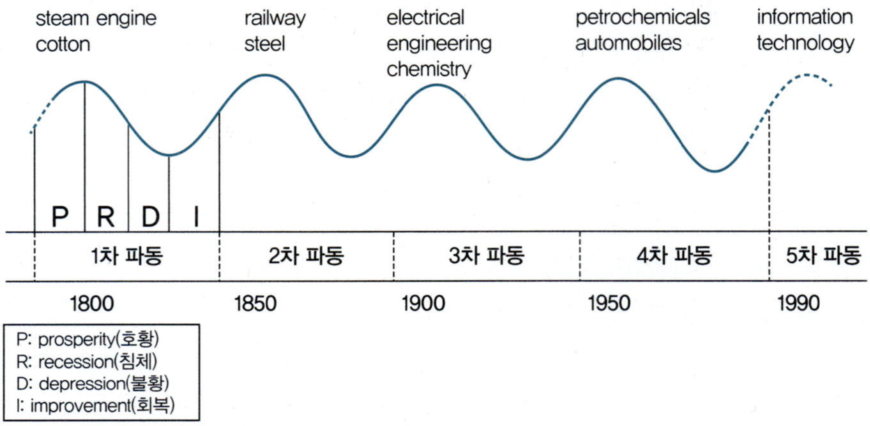

[그림 2-11] 장기파동 모형의 기본 구조

(2) 발전과정

Kondratiev 이후에 장기파동의 원인과 과정을 밝혀낸 사람들은 슘페터를 중심으로 한 진보적 경제학자들이었다. 그들은 이러한 파동이 만들어지는 배경에는 대규모의 기술혁신(breakthrough innovation)이 있었다고 주장하였다. [그림 2-11]과 〈표 2-2〉에 요약되어 있는 것처럼 새로운 파동을 일으킬 수 있는 정도의 거대한 기술혁신으로 인해 새로운 산업이 형성되고, 그 기술과 산업을 토대로 경제구조를 변화시킨 국가가 그 파동이 지속되는 동안 세계경제를 주도한다는 설명인 것이다.

이러한 맥락에서 보면, 산업혁명의 초기단계에서 방직기술과 증기기관의 혁신으로 섬유산업과 조강산업을 일으킨 나라가 세계경제를 주도하였던 제1차 파동을 시발점으로 하여 2차, 3차, 4차 파동을 지나 오늘날은 5차 파동의 중간에 위치하고 있는 것으로 파악된다. 장기파동 모형은 이론적 근거가 취약함에도 불구하고 지속적인 수정과 변형을 통해 오늘날에는 중요한 경기변동 이론의 하나로 자리매김하고 있다.

〈표 2-2〉 장기파동의 요약표

파동(cycle)	기술혁신	신생산업	주도국가
1차 파동 (1780~1839)	증기기관, 주조기술	섬유산업, 조강산업	영국, 프랑스, 벨기에
2차 파동 (1840~1889)	철도기술	광산업, 공작기계, 철도장비산업	영국, 프랑스, 독일, 미국
3차 파동 (1890~1949)	전기기술	철강산업, 전기산업, 중화학산업	독일, 미국, 프랑스,영국
4차 파동 (1950~1989)	자동차기술, 석유화학기술	자동차-항공기 산업, 석유화학산업	미국, 독일, 일본, 러시아
5차 파동 (1990~)	정보통신기술, 바이오기술	정보통신산업, 생명제약산업, 신소재산업	미국, 일본, EU, 중국

자료: Freeman and Perez, 1988.

장기파동 모형이 기술혁신 이론의 한 부분을 차지하게 된 근본적인 이유는 과연 파동을 일으키는 결정요인이 경제시스템의 내생적 요인인지 아니면 외부환경 요인인지에 대한 논쟁 때문이다. 장기파동 모형의 발전에 결정적 기여를 한 슘페터 등은 이 요인이 내생적 요인 곧 기술혁신이라고 주장하였고 그 주장은 상당히 설득력 있는 것으로 받아들여지고 있다. 이 주장을 요약하면, 호황(prosperity)-침체(recession)-불황(depression)-회복(improvement 또는 recovery)의 4단계로 구성되는 경기변동 주기에서 불황국면의 후반기에 거대한 기술혁신(major innovation)이 일어나고, 이어지는 회복 국면에서 기술혁신의 광범위한 확산이 이루어지며, 호황국면으로 접어들면 소규모 기술혁신(minor innovation)만이 나타나면서 파동의 동력이 사라진다는 것이다.

이 과정을 좀더 자세히 살펴보자. 먼저 새로운 과학현상의 발견이나 과학지식의 창출은 획기적인 신기술의 출현으로 연결되고 이는 신제품이나 새로운 서비스의 출시로 이어진다. 새로운 제품과 서비스가 나오면 이를 상용화하려는 기존기업이 늘어나고 동시에 많은 신생기업들이 생겨나면서 새로운 시장과 산업이 형성된다. 시장의 확대와 산업의 성장은 곧 경기의 호황국면으로 나타난다. 하지만 이러한 호황이 계속 이어질 수는 없다. 왜냐하면 너무 많은 기업이 생산설비에 투자하면서 공급과잉이 일어나고 기업들의 수익성이 떨어지면서 결국 실업도 늘어나기 때문이다. 이렇게 되면 경기는 침체 내지 불황국면에 빠지게 된다. 그러나 불황이 오래 이어지면 기업들은 탈출 방안을 찾게 된다. 그것이 곧 획기적 기술혁신이다. 신기술과 신제품의 출시를 통해 새로운 시장과 산업을 만들어내면서 산업은 성장의 동력을 되찾게 되고 경기는 다시 회복과 호황의 상승국면으로 돌아서게 되는 것이다. 결국 이 과정이 반복되면서 경기는 장기파동을 만들어낸다.

엄격한 경제이론의 관점에서 보았을 때 이 모형의 이론적 근거는 취약하다. 실제로 많은 경제학자들은 이 파동의 존재 자체를 인정하지 않고 있고, 설사 부분적으로 인정한다고 해도 파동의 원인과 주기의 구성에 대해 이견을 보이고 있다. 그러나 기술혁신 이론에서 이 모형이 지니는 의미는 작지 않다. 우선 경제시스템의 변화와 기술혁신 현상의 구조적 연계성을 연구주제로 제기한 것 자체가 기술혁신 연구의 시각과 범위를 확대시켰다는 의미를 갖는다. 또한 기술혁신의 패턴을 반복적인 파동(wave) 형태로 모형화한 것도 새로운 접근으로 평가할 수 있다.

제7절 기술혁신 조직 모형

앞의 순서 모형이나 단계 모형이 주로 기술혁신의 동태적 변화 과정을 분석하는 모형이라면, 조직 모형(organization model)은 정태적 구조를 분석하는 모형이다. 실제로 기술혁신이 일어나는 공간은 어디이며, 그 공간 내에서 활동하는 주체들은 누구이며, 그 공간 안에서 구성원들은 어떤 상호작용을 하는지가 관심의 대상이 되는 것이다. 그러므로 기술혁신의 조직 모형은 한편으로는 기술혁신의 체제 모형(governance model)으로 볼 수도 있고 다른 한편으로는 기술혁신의 주체 모형(actor model)의 의미도 담고 있다.

물론 조직 모형이라는 단어는 공식적인 용어는 아니고 이 책에서 편의상 붙인 것이다. 따라서 어느 기준과 관점으로 조직을 보느냐에 따라 다양한 모형들이 제시될 수 있다. 여기에서는 계층적 관점에서 가장 작은 조직인 기업 차원의 기술혁신 조직 모형에서 출발하여, 산업(시장) 차원의 기술혁신 조직 모형을 거쳐, 가장 큰 조직인 지역과 국가 차원의 기술혁신 조직 모형까지 차례대로 알아보기로 한다.

7.1 기업차원 조직 모형

(1) 규모 모형

기술혁신이 일어나는 공간은 매우 다양하지만 그 중에서도 가장 중심적인 공간은 당연히 민간기업 부문이다. 신기술을 창출하는 주체도 기업이지만 동시에 신기술을 사용하는 주체도 기업이기 때문이다. 그러나 묶어서 기업이라고 해도 개별기업 각각의 특성과 구조는 다를 수 밖에 없다. 그렇다면 기업의 혁신체제를 결정하는 요소들은 무엇일까? 다양한 요소 가운데 가장 먼저 알아보아야 할 요소는 기업의 규모(scale)이다.

가. 슘페터 가설

기술혁신 이론에서 기업규모에 관한 대표적 연구 주제는 기업규모와 기술혁신간의 상관성이다. 다시 말해 대기업이 기술혁신에 유리한지, 아니면 중소기업이 유리한지에 관한 논란이다. 앞에서 언급한 것처럼, 이른바 슘페터의 가설(Schumpeterian hypothesis)이라고 불리는 이 문제는 오랫동안 기술혁신 이론에서 중요한 주제의 하나로 자리잡고 있다. 이 가설에서는 대기업이 기술혁신에 더 유리하다는 주장을 하고 있지만 대기업과 중소기업 모두 각각의 장점과 단점이 있기 때문에 여전히 논란이 지속되고 있다.

대기업이 기술혁신에 유리하다는 가설의 근거는 단순하고도 분명하다. 우선 대기업은 중소기업에 비해 기술개발 투자의 규모가 크고 또 투자 대비 효과도 더 높은 경향을 보인다. 대기업은 자금력이 풍부하기 때문에 당연히 더 많은 연구개발 투자를 할 수 있고 더 많은 기술혁신 프로젝트를 수행할 수 있다. 기술인력도 많고 연구개발 인프라도 충분하다. 연구개발 관리체제도 잘되어 있어 투자의 효율성도 높다. 뿐만 아니라 대기업은 연구개발 투자가 본질적으로 안고 있는 불확실과 위험을 흡수할 수 있는 여유가 있다. 물론 이 가설에 대한 반론도 만만치 않다. 대기업은 연구개발의 의사결정과 운영관리에서 신축성과 순발력이 떨어지는 반면 작은 기업은 아이디어의 창의성과 조직의 유연성을 앞세워 더 새로운 것을 더 빨리 만들어낼 수 있다고 주장한다.

앞에서 언급한대로, 슘페터 가설에 대해 지금까지 수많은 실증 분석들이 이루어졌지만 연구에 따라 다른 결론이 나타나고 있다. 우선 선진국과 후발국 사이에 상이한 결과가 도출되기도 하고 분석대상이 되는 산업이나 시장조직에 따라 결과가 민감하게 달라지기도 한다. 또한 기업규모와 기술혁신활동 간의 관계를 표현하는 함수 모형에 따라서 가설이 기각되기도 하고 유지되기도 한다.

나. 규모의 경제

기업의 규모에 관한 또 하나의 주제는 기술혁신과 규모의 경제(economies of scale) 간의 상관성이다. 규모의 경제라는 개념의 정성적 의미는 기업의 규모가 커지면서 얻을 수 있는 비용의 절감효과나 생산의 확대효과를 말한다. 정량적으로는 생산활동에서 발생하는 평균비용(average cost: AC)과 한계비용(marginal cost: MC)의 크기를 토대로 설명할 수 있다. 평균비용은 총비용을 총산출량으로 나눈 값, 즉 생산한 모든 단위에 대해 한 단위에 평균적으로 들어간 비용이다. 한계비용은 어느 시점에서 추가로 한 단위를 생산하는데 들어가는 비용이다. 따라서 한계비용은 생산량이 바뀌면 그에 따라 값도 바뀐다.

아래 [그림 2-12]에 나타나 있는 것처럼 생산량의 변화에 따라 평균비용(AC) 곡선과 한계비용(MC) 곡선은 서로 떨어져 있다가 어느 점에서는 만나고, 또 그 점을 벗어나서는 다시 떨어지게 된다. 산출량이 Q_1인 지점에서는 평균비용이 한계비용보다

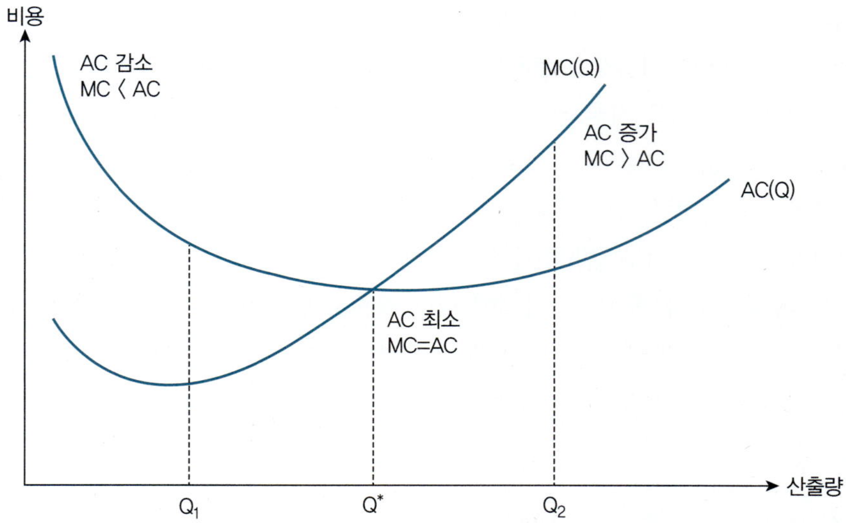

[그림 2-12] 평균비용 곡선과 한계비용 곡선

높고, 반대로 Q_2인 지점에서는 한계비용이 평균비용보다 높다. Q*인 지점은 평균비용이 최소가 되는 점이자 동시에 평균비용과 한계비용이 일치하는 점이다. 규모의 경제와 관련하여서는 한계비용이 평균비용보다 작으면 즉 MC<AC 이면 규모의 경제가 존재한다고 하고, 반대로 한계비용이 평균비용보다 크면 즉 MC>AC 이면 규모의 불경제(diseconomies of scale)가 존재한다고 한다.
기술혁신 이론에서 규모의 경제를 다룰 때는, 규모의 경제를 발생시키는 과정에서 기술혁신의 역할은 무엇이며 그 원인은 무엇인가 하는 문제가 분석의 초점이 된다. 상반된 관점에서 보면, 기술혁신의 양상과 효과를 분석할 때 규모의 경제가 미치는 영향이 어느 정도인가를 분석하는 것이 주제가 되기도 한다.

(2) 범위 모형

기업의 혁신체제를 결정하는 두 번째 요소는 기업의 범위(scope)이다. 기업의 범위라는 개념은 그 기업이 수행하고 있는 경영활동의 다양성, 생산 내지 판매하고 있는 제품과 서비스의 다양성 등을 의미한다. 이와 관련하여 자주 사용되는 용어가 범위의 경제(economies of scope)이다. 범위의 경제라는 개념은, 하나의 재화를 따로 생산하는데 드는 비용과 비교할 때 여러 재화를 묶어서 함께 생산하는데 드는 비용이 줄어드는 효과를 뜻한다.

범위의 경제에 관한 정량적인 정의를 살펴보자. X, Y 두 재화를 Q_X와 Q_Y씩 생산하는 기업이 있다고 하자. 각각의 재화를 따로 생산할 때 드는 총비용(TC)을 $TC(Q_X)$, $TC(Q_Y)$라고 하고, 둘을 같이 생산하는 데 드는 총비용을 $TC(Q_X, Q_Y)$라고 하자. 그러면 범위의 경제는 다음과 같이 정의된다. 각각의 재화를 따로 생산할 때의 총비용에 비해 함께 생산할 때의 총비용이 더 작다면 제품라인의 범위를 늘리는 것이 더 경제적이라는 것이다.

$$TC(Q_X, Q_Y) < TC(Q_X, 0) + TC(0, Q_Y)\text{이면, 범위의 경제가 존재}$$

기술혁신 이론에서 기업의 범위를 다룰 때는 범위의 경제와 기술혁신간에 구조적인 상관관계가 있는가의 분석에 초점을 맞춘다. 보다 구체적으로는 다음의 질문들이 핵심적인 연구주제가 된다. 첫째, 다양한 기술 포트폴리오를 유지하는 복수기술(multi-tech) 기업과 한 가지 기술에 특화하는 단일기술(single-tech) 기업 가운데 어느 쪽이 더 기술혁신에 유리한지에 대한 분석이다. 둘째, 사업 범위를 넓히는 다각화(diversification)와 좁히는 집중화(concentration) 가운데 어느 것이 더 기술혁신에 유리한지에 대한 분석이다. 셋째, 제품라인을 다양화하는 수평적 통합(horizontal integration)과 원자재–생산–판매를 포괄하는 수직적 통합(vertical integration) 중에 어느 것이 기술혁신에 더 유리한지에 대한 분석이다.

(3) 연령 모형

기업의 혁신체제를 결정하는 세 번째 요소는 기업의 연령(age)이다. 기업의 연령은 그 기업이 언제 설립되어 얼마나 오랜 기간 경영활동을 수행해 왔는지, 그에 따라 신생기업으로서의 잠재력과 신축성을 아직도 유지하고 있는지 아니면 반대로 전통기업으로서 많은 경험과 자기통제 능력을 축적하고 있는지 등을 의미한다.

기업의 연령과 기술혁신 이론의 관계는 다음 두 가지 연구 주제로 요약할 수 있다. 첫째, 신생기업 또는 벤처기업과 기술혁신의 상관성 문제이다. 흔히 벤처 경영(venture management)이라고 불리는 이 주제는 대기업 내지 전통기업과 비교하여 신생기업의 혁신성과가 어떻게 다른지, 신생기업의 기술혁신 성공/실패 요인은 무엇인지 등을 중점적으로 다룬다.

둘째, 이른바 학습효과(learning effect)와 기술혁신 효과의 관계이다. 기업은 생산경험이나 연구개발 경험이 축적되면서 평균비용이나 노동시간이 점진적으로 줄어드는 학습효과를 누릴 수 있다. 학습효과를 정량적으로 살펴보기 위해서는 흔히 학습곡선(learning curve, experience curve)을 이용한다. 아래의 [그림 2–13]에서 보는 것처럼 제품의 생산을 처음 시작한 때부터 어느 시점까지의 누적생산량(Q)을 Q_1이라 하고, 그것의 두 배가 되는 누적생산량을 Q_2라고 하자. 또 각각의 점에서 평균비용(AC)을 각각 AC_1과 AC_2로 하자. 그리고 진보율(progress ratio)=AC_2/AC_1로 정의하자. 그러면 학습의 경제는 다음과 같이 정의된다.

– progress ratio $<$ 1이면, 학습의 경제가 존재
– progress ratio $>$ 1이면, 학습의 불경제가 존재

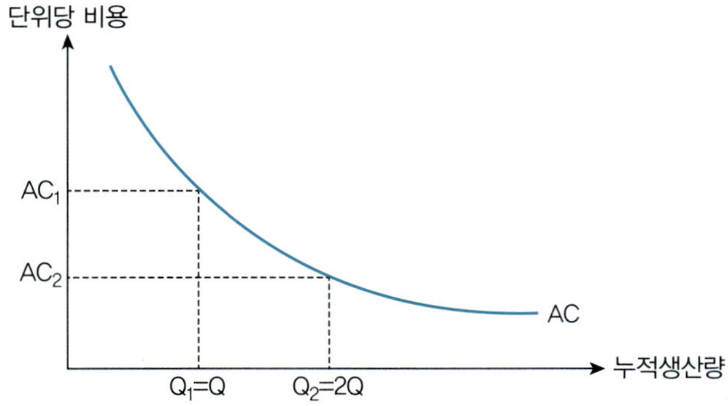

[그림 2-13] 학습효과 곡선

기술혁신 이론에서 학습효과에 관한 주요 연구주제는 다음의 두 가지로 요약할 수 있다. 첫째, 학습효과를 발생시키는 핵심 요인으로 기술혁신이 포함되는지의 여부이다. 둘째, 기술혁신 요인이 포함된다면 어느 정도의 효과를 가져오는지가 관심의 대상이 된다.

(4) 생산자-사용자 주도 모형

위에서 살펴본 모형들은 기본적으로 기술혁신의 주체를 생산자(producer) 기업 또는 공급자(supplier) 기업으로 가정하고 있다. 즉 제조업 분야의 생산기업들이 연구개발을 통해 이루어내는 제품혁신 또는 제조과정을 통해 만들어내는 공정혁신을 기술혁신으로 해석하는 생산자주도 모형을 기반으로 한 것이다. 그러나 최근에는 사용자(user)를 기술혁신의 중요한 주체로 보는 사용자주도 모형이 제시되고 있다.

기술혁신 과정에서 사용자들의 역할이 중요하다는 주장은 이미 오래 전에 제기되었다. 사용자들은 생산자가 공급하는 기술을 단순히 수용하는 수준을 넘어 시장의 새로운 니즈를 사전에 파악하고 그 정보를 기술혁신 과정에 적극적으로 반영한다는 것이다(von Hippel, 1988). 그러나 최근에 고객의 니즈는 다양화, 세분화되는데 반해 생산자는 수익성의 한계 때문에 여전히 시장 전체를 대상으로 하는 기술혁신에 머무를 수 밖에 없는 문제가 부각되면서 사용자주도 모형에 대한 관심이 높아지고 있다.

사용자주도 모형은 다시 사용자혁신(user innovation) 모형으로 진화하고 있다. 생산자가 수집하기 어려운 시장정보를 제공한다는 수준을 넘어 기술혁신 과정에 직접 참여하는 수준까지 시용자의 역할이 확대되고 있는 것이다. 또한 사용자를 단순히 외부의 고객으로 보지 않고 넓은 의미에서 기업조직의 일부로 끌어들이는 개방형 혁신(open innovation)의 수단으로 활용되고 있다.

7.2 산업차원 조직 모형

(1) 산업조직 모형

산업 차원의 연구를 위해서는 먼저 산업구조(industrial structure)라는 용어와 산업조직(industry organization)이라는 용어를 구분해야 한다. 산업구조는 한마디로 산업간 구성(industrial portfolio)을 의미한다. 전체적인 국가경제 시스템 안에서 개별산업의 상대적 비중을 뜻하는 것이다. 즉 중공업 부문과 경공업 부문의 구성비율, 제조분야와 서비스분야의 구성비율, 기계산업, 전자산업, 화학산업의 GDP 비교 등이 주제가 된다. 이에 반해 산업조직은 특정산업 내의 기업 분포(distribution of firms)를 의미한다. 즉 그 산업이 독과점시장이냐 경쟁시장이냐 하는 문제, 대기업과 중소기업간의 구성이 어떻게 이루어져 있는가 하는 문제, 상위 소수 기업의 비중이 어느 정도인가 하는 시장집중도 문제 등을 가리키는 것이다.

그 중에 기술혁신과 밀접하게 관련된 주제는 산업조직에 관한 문제이다. 특히 시장구조와 관련하여 독점시장이 기술혁신에 유리한지 아니면 경쟁시장이 유리한지에 관한 논쟁이 중심적 주제가 되어 왔다. 이 주제는 넓은 의미로는 앞에서 말한 슘페터의 가설에 포함되는 것으로 보기도 한다.

여기에도 두 가지 주장이 대립하고 있다. 하나는 독점우위론이다. 독점기업은 기술투자의 수익성을 확보할 수 있고 기술개발의 위험성도 상대적으로 낮다. 기술표준의 선점효과도 누릴 수 있다. 이에 반하는 주장은 경쟁우위론이다. 독점기업은 이미 기존기술로 시장을 지배하고 있기 때문에 굳이 기술혁신을 통해 신기술을 개발한 인센티브가 별로 없지만 경쟁시장에서는 많은 기업들이 경쟁우위를 확보하기 위해 기술혁신에 나서게 된다. 또 기술혁신을 통해 얻을 수 있는 잠재적 이익의 크기도 경쟁시장이 더 크다.

(2) 산업혁신시스템 모형

가. 기본개념

기업차원의 연구가 산업차원으로 확대되면서 자연스럽게 등장하는 용어가 시스템(system)이다. 앞에서 이미 설명한 것처럼 크고 복잡한 시스템을 작고 단순한 형태로 바꾼 것이 모형이다. 하지만 분석의 대상이 되는 문제가 점점 커지게 되면 시스템에 가까울 정도로 규모와 범위가 확대된 모형이 필요하게 된다. 이 과정에서 만들어지는 모형을 시스템 모형이라고 한다. 따라서 시스템 모형은 매우 포괄적인 개념의 용어이다.

기술혁신 이론에서 시스템 모형이 제시된 것은 단계(stage) 모형, 곡선(curve) 모형, 수명주기(life cycle) 모형 등과 같은 기존 모형들의 유용성과 설명력이 한계에 이르렀기 때문이다. 기술혁신의 양상과 과정은 갈수록 복잡해지고 있으며 시간에 따른 동태적 변화도 커지고 있다. 이러한 복잡성(complexity)과 동태성(dynamism)을 단순한 모형으로 설명하는 것이 어려워지면서 그 대안으로 제시된 것이 시스템 접근이다. 따라서 시스템 모형은 분석의 설계에 있어 가장 포괄적이고(comprehensive), 분석의 방법에 있어 가장 신축적(flexible)인 모형이 된다.

시스템 모형은 기술혁신 연구에서 매우 범용적으로 활용할 수 있는 모형이다. 엄밀히 말하면 모든 단순 모형들은 시스템 모형의 축소형이나 특수형이라고 할 수 있다. 그러나 보통 기술혁신 이론에서 시스템 모형이라고 할 때는 산업(기술분야) 차원에서 기술혁신의 차이를 비교하는 산업혁신시스템 모형, 국가차원에서 기술혁신의 차이를 비교하는 국가혁신시스템 모형, 그리고 지역차원에서 기술혁신의 특성을 분석하는 지역혁신시스템 모형을 가리킨다.

나. 산업혁신시스템 모형

산업혁신시스템 모형(sectoral innovation system: SIS)은 산업간에 나타나는 기술혁신의 차별적 특성을 시스템 관점에서 비교하기 위한 모형이다. 예를 들어 기계산업과 화학산업, 하드웨어 산업과 소프트웨어 산업을 비교하면 두 산업간에 기술혁신의 패턴이 크게 다르다는 사실을 알 수 있다. SIS 모형은 산업간에 기술혁신이 일어나는 양상이 어떻게 다른지, 그러한 차이를 유인하는 요소와 조건은 무엇인지를 분석하기 위해 제시된 모형이다. 개인이나 기업 수준을 넘어 산업 차원의 분석을 위해서는 시스템적 접근이 필요하기 때문에 시스템 모형이 도입되는 것이다.

이 모형은 [그림 2-14]에 도시되어 있는 산업별 기술혁신 패턴(sectoral pattern of innovation)이라는 개념을 토대로 하고 있다. 그림에서 알 수 있듯이 각 산업의 기술혁신 양상은 기술자체의 본질적 성격, 기술혁신 주체의 특성, 산업구조의 특성 등의 요인에 의해 상이하게 나타난다. 따라서 이 패턴의 차이를 시스템 관점에서 분석하여 각 산업의 특성에 맞는 기술혁신 전략이나 정책을 수립하는 것을 궁극적인 목적으로 한다.

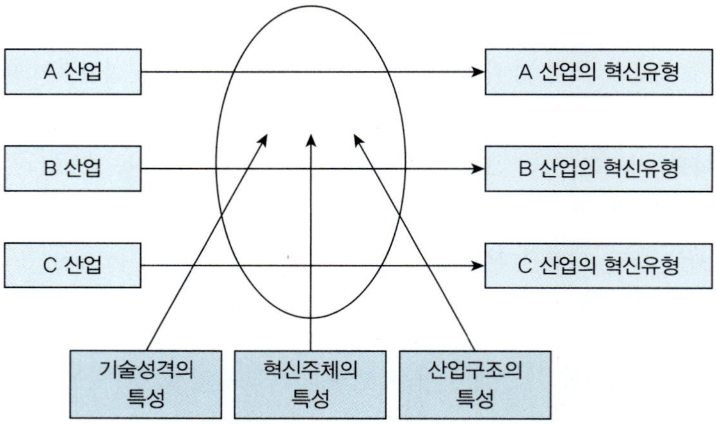

[그림 2-14] 산업혁신시스템 모형의 기본 구조

이 모형은 다음 두 가지를 핵심적인 연구 주제로 한다. 첫째, 산업별로 기술혁신 패턴이 어떻게 다르게 나타나는가 하는 문제이다. 급진적 혁신 중심인지 점진적 혁신 중심인지, 제품혁신 중심인지 공정혁신 중심인지, 기초연구 중심인지 산업기술 중심인지, 대기업 중심인지 중소기업 중심인지 등의 다양한 측면에서 차이를 설명할 수 있다. 둘째, 산업별 기술혁신 패턴의 차이를 가져오는 결정요인이 무엇인가에 관한 문제이다. 앞에서 언급한대로 해당산업의 기술이 지니는 본질적 속성, 해당산업의 기술혁신을 주도하는 주체들의 차별적 특성, 해당산업의 시장구조나 경쟁형태의 특성, 기술자산을 관리하는 전유체제의 차이 등의 요인이 포함될 수 있다.

나아가 기술혁신 패턴의 차이에 따라 산업을 분류하는 시도도 할 수 있다. 산업을 분류하는 기준은 다양하지만 가장 공식적이고 보편적인 체계는 표준산업분류

(Standard Industry Classification: SIC)이다. 표준산업분류는 산업관련 자료의 수집, 정리, 분석 등 주로 통계적 목적을 위하여 작성된 것으로 통계적 목적 외에 정책적 목적에도 이용된다. 표준산업분류는 한편으로는 소비자의 관점에서 재화 또는 서비스의 특성이 얼마나 유사한지, 다른 한편에서는 생산자의 관점에서 산출물의 물리적 구성 및 가공단계가 얼마나 유사하며 생산에 사용된 투입물(원자재)이 얼마나 비슷한지를 모두 고려하여 산업을 나누게 된다.

그러나 전통적이고 표준적인 분류는 통계적 목적에서는 적합할지 모르지만 기술혁신 연구의 관점에서는 그 유용성이 제한적일 수 밖에 없다. 따라서 기술혁신 양상의 차별적 특성을 기준으로 산업을 나누는 시도들이 이루어졌다. 그 가운데 자주 인용되는 Pavitt(1984)의 분류체계가 〈표 2-3〉에 요약되어 있다. 표에서 보듯이 이 분류체계에서는 산업을 크게 자원집약형 산업, 공급자주도형 산업, 규모집약형 산업, 전문공급자형 산업, 과학기반형 산업으로 나누고 있다. 각각의 산업은 기술혁신의 원천도 다르고, 시장조직의 형태도 다르고, 지적 재산의 관리방식도 다른 것을 알 수 있다. 따라서 이러한 차별적 특성을 토대로 각 산업별로 가장 적합한 기술혁신 정책과 전략을 도출하는 것이 이러한 연구의 목적이 된다.

〈표 2-3〉 기술혁신 패턴의 차이에 의한 산업분류체계

산업분류	대표산업	기술원천	사용자	전유체제	기업규모
자원 집약형 (resource-intensive)	가구, 정유	-	중간 소비자	-	대기업
공급자 주도형 (supplier-Dominated)	섬유, 의복, 인쇄, 출판	타산업의 자본재, 원재료 공급자	최종수요자 개인소비자	상표, 노하우	중소기업
규모 집약형 (scale-intensive)	자동차, 가전, 철강, 식품	엔지니어링 연구개발	중간소비자 최종소비자	특허, 노하우	대기업
전문 공급자형 specialized-supplier)	공작기계, 정밀기기	설계, 사용자와의 관계	제조업체	노하우, 영업비밀	중소기업
과학 기반형 (science-based)	항공, 컴퓨터, 의약품	연구개발, 엔지니어링	제조업체	특허	대기업 벤처기업

(3) 기술혁신시스템 모형

산업혁신시스템 모형과 유사한 모형으로 기술혁신시스템(technology innovation system: TIS)을 들 수 있다. 이 모형은 산업별 분류가 아니라 기술분야 분류를 토

대로 각 기술분야간 기술혁신 패턴의 차이를 비교분석한다. 〈표 2-4〉에 제시되어 있는 것처럼, 각 기술 영역별로 기술혁신 패턴의 차이를 결정하는 요인을 찾는 작업을 하는 것이다.

〈표 2-4〉 기술혁신시스템(TIS)의 비교분석표

요인 (factor)	기술 영역(technology area)			
	A 기술	B 기술	C 기술	D 기술
요인 1				
요인 2				
요인 3				

7.3 국가차원 조직 모형

(1) 선진국과 개도국 모형

가. 격차 모형

산업차원의 분석을 확장하면 국가차원의 분석으로 이어진다. 실제로 국가(내지는 국제) 차원에서 기술혁신 문제를 다룬 역사는 매우 길다. 그러나 기술혁신 이론에서 본격적인 연구주제로 부상한 것은 국가간에 경쟁력의 차이가 나타나는 원인과 특성에 대한 질문, 즉 왜 국가간에 경제성장 능력과 경제성장률이 다른가(why growth performances and growth rates differ)라는 문제가 국제적 관심을 끌기 시작하면서부터이다. 또한 아시아의 일부 개도국 내지 후발국들의 눈부신 기술혁신 사례들이 서구에 알려지면서 선진국의 혁신 모형과 후발국의 혁신 모형이 어떻게 다른지를 심층적으로 분석하면서부터이다.

국가차원 연구의 핵심적 주제 중의 하나는 이른바 선진국(developed country: DC)과 개도국(less developed country: LDC)간의 경쟁력 격차(gap)에 대한 논쟁이다. 이 논쟁은 다음 두 개의 상반된 가설(hypothesis)에 대한 실증적 검증이 분석의 중심이 된다. 하나의 가설(모형)은 선진국과 개도국의 기술력의 격차가 클수록 개도국의 경제성장이 가속화되어 양자간의 간격이 점점 좁아진다는 주장이다. 그 이유는 후발국의 경우 선진국과 기술력의 격차가 클수록 모방 능력(imitative capacity)과

확산 효과가 크게 나타나기 때문이다.

이에 반하는 다른 가설(모형)은 양자간의 기술력의 격차가 클수록 경제성장률의 차이가 더 커지면서 결국 간격이 더욱 넓어진다는 주장이다. 그 이유는 선진국의 기술력이 앞설수록 혁신 능력(innovative capacity)이 배가되어 후발국의 추격이 불가능할 정도로 계속해서 앞서가기 때문이다.

이 모형은 우리나라가 모방 능력을 바탕으로 단기간에 선진국 수준으로 성장하면서 국내외적으로 큰 관심을 끈 주제이기도 하다. 구체적으로는 다음 세 가지의 세부주제에 연구의 초점을 맞추고 있다. 첫째, 우리나라의 성공적인 압축성장 과정에서 연구개발 정책과 기술혁신 전략이 어떤 역할을 해왔는지를 분석하는 주제이다. 둘째, 후발국에서 출발하여 선진국 수준으로 발전해 온 과정을 추격형(catch-up) 기술혁신 전략의 대표적 성공 모델로 정형화하는 주제이다. 셋째, 선진국으로 진입하는 단계에서 과거의 빠른 추종자(fast follower) 전략을 대체할 수 있는 새로운 선도자((first-mover) 전략을 제시하는 주제이다.

나. 무역수명주기 모형

또 다른 주제 중의 하나는 선진국과 후발국 사이에 제품(기술) 수명주기의 순환(cycle)이 존재하는지에 대한 연구이다. 사실 이 주제의 뿌리는 기술혁신 이론보다는 무역이론(trade theory)에 있다. 즉 국가간에 상품의 교역이 일어나는 요인이 무엇인지를 설명하기 위해 제시된 이론인 것이다.

근대의 대표적 무역이론은 헥셔-오린 모형(Heckscher-Ohlin model)에 기반을 두고 있다고 할 수 있다. 이 모형에서는 국제무역을 유인하는 상대적 비교우위(comparative advantage)가 교역 당사자들 사이의 요소부존도(factor endowments)의 차이에 있다고 주장한다. 즉 국가 사이에는 생산요소의 부존량의 차이가 있고 제품마다 생산요소의 집약도가 다르기 때문에 생산비용의 차이가 발생하게 되고, 이에 따라 상대적으로 노동이 풍부한 나라는 노동집약적 제품을 수출하고 반대로 상대적으로 자본이 풍부한 나라는 자본집약적 제품을 수출하면서 교역이 이루어진다고 설명한다.

이 모형은 오랫동안 대표적인 무역이론으로 자리잡고 있었지만 실증연구를 통해 이 이론과 상반되는 사례들이 나타나면서 유효성에 대한 비판이 제기되었다. 즉 노동요소가 풍부한 나라가 오히려 자본집약적 상품을 수출하거나 자본요소가 풍부한 나라가 거꾸로 노동집약적 상품을 수출하는 경우들이 발견된 것이다.

헥셔-오린 모형에 대한 비판적 시각에서 국제교역의 원리를 설명하기 위해 제시된 새로운 이론이 Vernon(1966)의 제품수명주기 이론(product life cycle theory)이다. 이 이론에서는 앞에서 설명한 요소부존도 즉 상대적 비교우위가 처음부터 그리고 항상 고정되어 있는 것이 아니라 제품의 수명주기를 따라 변화하면서 동태적 비교우위(dynamic comparative advantage)가 나타난다고 주장한다. 산업이나 제품은 하나의 생명체처럼 도입-성장-성숙-쇠퇴의 단계를 거치면서 기술혁신, 경쟁형태, 가격 등이 바뀌고 이 과정에서 선진국과 후진국 사이의 교역 형태도 변하게 된다는 것이다.

먼저 도입기에는 선진국(선도기업) 내에서 신기술을 바탕으로 고가의 신제품이 출시되고 생산과 소비도 모두 선진국 안에서 이루어진다. 이어서 성장기로 진입하면 일부 선진국 시장을 대상으로 부분적인 기술이전과 수출이 발생한다. 다음으로 성숙기로 접어들면 본격적인 기술이전과 확산을 통해 생산기지가 후진국으로 이전되고 가격도 크게 낮아지면서 선진국과 후진국 사이의 쌍방 교역이 일어나게 된다. 마지막으로 쇠퇴기로 넘어가면 대부분의 기술과 생산기지가 후발개도국으로 이전되면서 오히려 개도국에서 선진국으로 역수출이 나타나게 된다. 대표적인 예로 미국에서 발명된 PC의 생산과 교역의 과정을 분석하면 수명주기 이론이 잘 적용되는 것을 발견할 수 있다.

(3) 국가혁신시스템 모형

가. 기본개념

국가간 혁신능력의 차이에 대한 일반화 모형이 바로 국가혁신 시스템 모형, 영어로 NIS(national innovation system) 또는 NSI(national systems of innovation) 모형이다. 이 모형의 기본개념은 1980년대 중반 Lundvall(1992), Nelson(1993) 등과 같은 연구자들에 의해 제시되었다. 그 당시 이 모형이 관심을 끌게 된 이유는 미국과 일본의 혁신시스템의 차이 즉 이른바 포드식 혁신시스템(American Fordism)과 도요타식 혁신시스템(Japanese Toyotism)의 차이와 서구의 혁신시스템(Western system)과 아시아의 신흥개도국 혁신시스템(Asian NICs system)의 차이가 국제적 관심의 대상이 되었기 때문이다. 그 후 두 시스템의 비교에 대한 문제가 모든 국가간의 차이에 대한 문제로 일반화되면서 국가혁신 시스템 모형으로 넓어지게 되었다.

국가혁신 시스템은 앞에서 설명한 산업혁신 시스템을 확장한 모형이기도 하다. 산업간에 기술혁신에 관한 차별적 특성이 존재하듯이 국가혁신시스템 모형은 국가간의 혁신능력은 한편으로는 개별국가가 지니는 특수 요인(national specificity)과 다른 한편으로는 모든 국가가 지니는 공통 요인(commonality)에 의해 결정된다고 가정한다. 특히 특수 요인의 차이가 어떻게 국가간 혁신성과(performance)의 차이로 연결되는지가 연구의 초점이 된다. 따라서 분석의 주제는 특수 요인과 공통 요인이 과연 무엇이며 각 요인의 효과는 어느 정도인지에 있다. 또한 분석의 목적은 가장 최적의 국가혁신시스템(best-practice system)은 무엇인가를 규범적으로 제시하는데 있다.

나. 모형설계

국가혁신시스템 모형의 구성은 다음 두 가지 작업으로 이루어진다. 첫째, 모형에 포함될 변수(variable)의 선택이다. 변수는 다시 투입변수(input variables)와 산출변수(output variables)로 나뉘어 진다. 일반적으로 투입변수로는 한 국가를 설명하는 프로파일(예를 들어, 면적, 인구, 지역, 산업구조, 노동구조 등), 주요 주체(예를 들어, 정부, 기업, 대학 등), 주요 기능(예를 들어, 연구개발 투자, 유인제도 등) 등이 사용된다. 한편 산출변수로는 경제성장률이나 국민소득과 같은 경제적 성과와 특허, 기술무역수지와 같은 기술적 성과가 사용된다.

둘째, 모형의 구조(configuration)를 결정하는 문제이다. 국가혁신체제라는 개념은 매우 방대하고 포괄적이어서 그 범위와 경계를 정하기가 어렵다. 따라서 분석의 목적과 조건에 따라 가장 적합한 시스템의 구조를 결정해야 한다. 한편으로는 아주 작지만 명확한 미시적(micro) 모형으로 제시할 수도 있고, 다른 한편으로는 가능한 한 모든 요소를 망라하는 거시적(macro) 모형으로 제시할 수도 있는 것이다. [그림 2-15]에 예시되어 있는 미시적 모형은 국가혁신시스템을 연구개발 주체인 정부, 기업, 대학만으로 구성하고 있다. 반면에 [그림 2-16]에 나타나 있는 거시적 모형에는 소비자, 경쟁기업, 금융시스템, 협회 등 다양한 주체들이 모두 포함되어 있다.

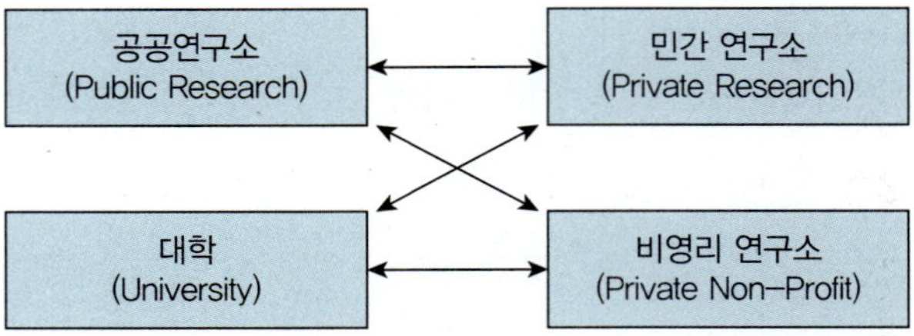

[그림 2-15] 미시적 국가혁신시스템 모형의 기본 구조

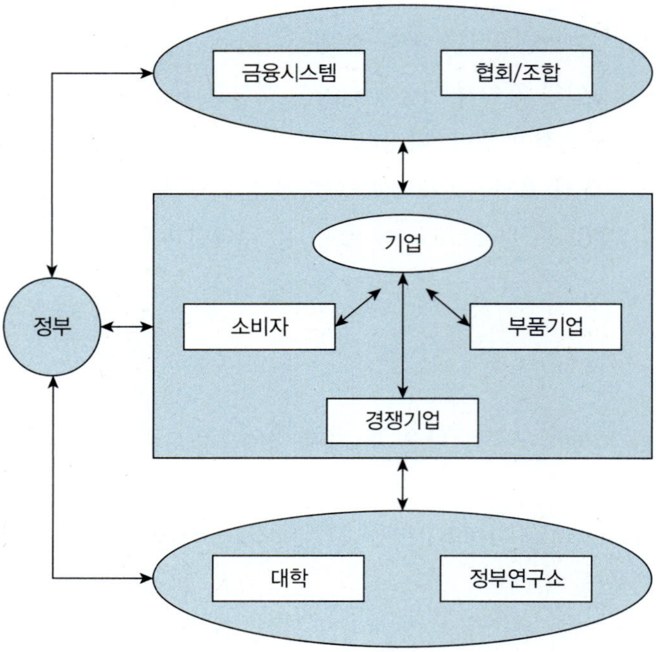

[그림 2-16] 거시적 국가혁신시스템 모형의 기본 구조

국가혁신시스템 모형의 장점은 그것이 규모나 범위의 기준에서 가장 포괄적인 개념적 틀(comprehensive framework)을 제시하고 있다는 점이다. 그러나 이 장점은 동시에 단점이 되기도 한다. 우선 국가간에 비교가 가능한 공통적이고 표준적인 구조를 만들기 어려운 문제를 안고 있다. 또 데이터의 수집이나 분석방법론의 선택도 어렵다. 따라서 분석 자체가 어려울 뿐만 아니라 분석결과를 일반화하는데도 무리가 뒤따를 수 있다.

(4) 지역혁신시스템 모형

지역혁신시스템(regional innovation system: RIS)은 국가혁신시스템의 축소 모형이라고 할 수 있다. 국가혁신시스템 모형에서 다루는 시스템이 너무 크고 넓다는 문제의식에서 출발하여, 대안으로서 동일 내지 유사한 기능을 갖는 지역(regions with same(similar) functions)이나 특정산업에 특화된 지역(regions for specialized industries)으로 시스템의 범위를 제한한 것이 바로 지역혁신시스템이라는 개념이다.

지역혁신시스템 모형이 기술혁신 연구에서 큰 관심을 끌게 된 계기는 역시 미국의 실리콘밸리와 같은 대규모의 첨단산업 단지가 성공을 거두면서 이를 벤치마킹(benchmarking)하는 노력이 활발히 진행되면서부터이다. 이 모형의 내부 요소는 국가혁신시스템 모형과 유사하다. 물론 국가와 지역이라는 지리적 범위의 차이는 있지만 본질적으로 시스템의 구성요소가 다르지는 않은 것이다. 그러나 반드시 들어가야 하는 변수는 해당지역만의 특성을 나타내는 차별적 요소들이다. 다른 지역과 비교한 교육과 연구의 인프라 요소, 자금조달의 금융 요소, 인구지정학적 요소 등이 반영되어야 하는 것이다. 또 외부 요소도 다양하게 포함되어야 한다. 예를 들어 중앙정부의 지원과 규제제도, 전국적 하부구조(infrastructure), 외부 시장 등이 시스템 구조에 들어가야 한다.

RIS와 유사한 모형으로는 지역산업 클러스터를 들 수 있다. 클러스터(cluster) 즉 집적단지라는 개념은 지리적으로 제한된 범위 안에 산업 요소와 기술 요소가 함께 존재하면서 그 단지의 특화산업을 육성하는 시스템을 뜻한다. 산업 요소로는 생산업체, 수요업체, 판매업체, 중개업체 등이 포함되고 기술 요소로는 연구조직, 교육기관, 연계조직 등이 포함된다. 이 모형의 핵심은 시장적 네트워크에 의한 규모의 경제와 범위의 경제, 기술적 네트워크에 의한 지식창출 능력과 지식 확산효과의 확대에 있다.

제8절 기술혁신 확산 모형

8.1 기본 개념

기술혁신 이론에서 기술확산은 매우 중요한 의미를 지닌다. 기술확산은 전체적인 기술혁신 과정에서 단순히 기술개발 이후의 단계에 위치하는 하나의 구성요소에 그치는 것이 아니라 외부의 사용자들에 의해 채택(adoption)됨으로써 기술혁신이 지니는 잠재적 경제효과를 사회 전체적으로 극대화시키는 활동과 과정(OECD, 1996)이기 때문이다. 또한 확산과정을 통해 신기술 창출 과정에서 미처 발견하지 못했던 문제나 결함들이 수정 및 보완되면서 기술확산은 그 자체로서 또 하나의 혁신활동이기도 하다. 따라서 기술확산 모형도 넓은 의미의 기술혁신 모형에 포함된다.

기술확산 모형을 수립하기 위해서는 확산을 결정하는 핵심적 요인과 변수를 도출해야 한다. 기술적 속성이나 사회적 제도 등도 확산에 영향을 미치지만 기술채택자의 특성은 가장 핵심적인 요인이 된다. 가장 미시적 차원에서 새로운 기술혁신을 채택하는 사람들의 개인적 특성, 특히 혁신적 성향(innovativeness)은 확산에 큰 영향을 미치기 때문이다. 따라서 각 개인이 새로운 기술의 채택 여부를 결정하는 기준이나 요소는 무엇인지, 채택의 행위가 이루어지는 과정은 어떻게 구성되는지가 중요한 연구주제가 되는 것이다.

사회 전체로 보면, 기술혁신에 대한 경험이나 사전지식을 갖고 있는 구성원들과 그렇지 않은 구성원들 간의 구성비율도 중요한 요인이 된다. 특히 기술혁신의 확산은 개인 네트워크에 속한 사람들의 행동에서 큰 영향을 받으며 개인들의 모방적인 행동이 확산을 설명하는 핵심적 변수로 작용한다. 따라서 기존의 기술혁신에 대해 사전지식이나 경험을 가진 구성원의 비율이 확산의 방향과 속도에 미치는 영향도 의미 있는 연구주제가 된다.

커뮤니케이션 채널 요인도 매우 중요한 확산 요인이다. 확산의 본질은 구성원들 사이에 정보를 교환하는 커뮤니케이션에 있기 때문이다. 기술확산 연구에서 커뮤니케이션 채널은 크게 외부의 매스미디어 채널(mass media channel)과 내부의 대인 채널(interpersonal channel)의 두 가지 방식으로 구분한다. 따라서 어느 방식에 의해 기술확산이 이루어지는지에 따라 확산의 모형도 달라지게 된다.

8.2 기술수용 모형

(1) 기본모형

기술수용 모형(technology acceptance model: TAM)은 개인 차원에서 새로운 기술의 확산을 분석하는데 사용되는 기본 모형이다(Davis, 1989). 사회 전체의 기술 확산은 결국 각 개인의 선택이 모여서 이루어지는 것이기 때문에 개인 차원에서 신기술을 수용하는(accept) 행태를 이해하는 것은 중요한 의미를 지닌다. 이 모형은 70년대 이후 ICT 분야를 중심으로 급속하게 신기술이 쏟아져 나오는데 비해 실제로 개인이나 기업이 신기술을 받아들이는 속도는 늦어지면서 신기술의 수용이 어떤 요인에 의해 어떤 과정으로 진행되는지를 분석하기 위해 제시된 개념적 틀(construct)이다.

[그림 2-17]에서 보듯이 이 모형에서는 신기술을 언제 어떻게 수용(구매)할 것인지를 결정하는데 영향을 미치는 두 가지 요인으로 인지된 유용성(perceived usefulness)과 인지된 사용 용이성(perceived ease of use)을 설정한다. 이 두 요인을 바탕으로 기술의 수용과정은 다음의 세 단계로 구성된다. 첫째, '이 기술을 사용할 경우 내 일의 성과가 어느 정도 좋아질 것인지'의 유용성에 대한 믿음과 '별다른 노력이나 어려움 없이 이 기술을 사용할 수 있는지'의 용이성에 대한 믿음에 따라 신기술에 대한 태도(attitude)가 달라진다. 둘째, 그 태도에 따라 행동의 의도(behavioral intention)가 정해진다. 셋째, 의도의 결과가 실제의 사용(actual use) 여부로 이어진다. 따라서 TAM 모형에 기반한 연구들은 실증 데이터와 통계적 기법을 이용하여 이 모형이 현실에서 제대로 작용하는지를 확인하는 문제를 다루게 된다.

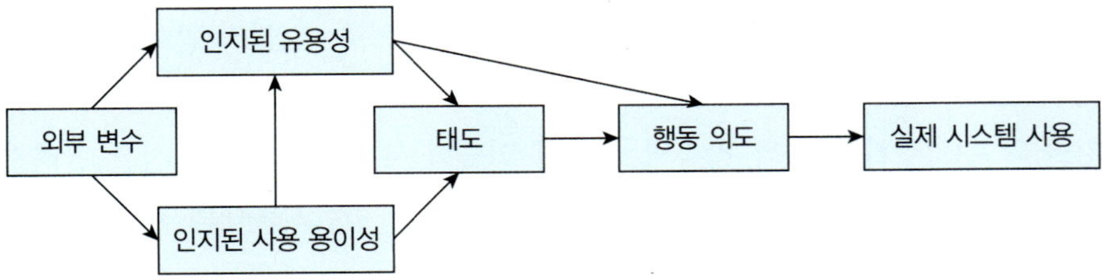

[그림 2-17] 기술수용 모형(TAM)의 기본구조

(2) 발전과정

보는 것처럼 초기의 기술수용 모형은 매우 단순한 구조로 되어 있다. 따라서 처음 모형이 제시된 이후 다음 몇 가지 주제를 중심으로 보완 내지 확장이 이루어지고 있다. 첫째, 태도-의도-행동으로 이어지는 과정을 좀더 정교하게 만드는 것이다. 각각이 과연 순차적 관계로 되어 있는지 아니면 상호작용 관계로 되어 있는지, 이 과정에 다른 단계가 추가되어야 하는지 등을 알아보는 것이다. 둘째, 인지된 유용성이나 용이성에 영향을 미치는 외부 변수(external variables)가 무엇이냐를 찾는 작업이다. 당연한 말이지만 사용자에게 주어지는 다양한 외부 변수들의 종류나 수준에 따라서 유용성이나 용이성에 대한 인식은 달라질 수 밖에 없다. 셋째, 기술수용 모형이 잘 적용되는 신기술은 어떤 것들이 있으며 반대로 잘 적용되지 않는 신기술은 어떤 것들이 있는지를 알아보는 일이다. 특히 온라인 시대를 넘어 모바일 시대로 접어들면서 TAM 모형이 어느 정도 유효한지를 분석하는 것도 흥미로운 연구주제가 된다.

8.3 기술채택 수명주기 모형

(1) 기본모형

기술수용 모형(TAM)이 개인차원 의사결정과 행동양식을 설명하는 모형인데 반해, 기술채택 수명주기(technology adoption life cycle model: TALC) 모형은 사회 또는 시장 차원에서 새로운 기술의 확산을 분석하는데 사용되는 기본 모형이다(Rogers, 1962).

이 모형에서는 먼저 사회(시장) 전체를 구성하는 개인들의 혁신적 성향(innovativeness) 즉 특정 구성원이 다른 구성원에 비해 혁신을 상대적으로 더 빨리 받아들이는 정도에 따라 잠재채택자(고객집단)는 여러 개의 그룹으로 나뉜다고 가정한다. 따라서 제품(기술)의 수명주기를 따라 각각의 그룹이 기술혁신을 수용하는 시점은 달라지게 된다. 또한 집단적 영향도 채택의 중요한 요인이 된다. 각 그룹 내의 개인들은 기본적으로 이미 그 제품(기술)을 채택한 그룹의 개인들이 하는 행위를 따라가는 모방자(imitator)로 보기 때문이다. 그러므로 시간이 흐르면서 점차적으로 뒤의 그룹이 앞의 채택자 집단을 따라가는 속도의 차이에 따라 기술의 확산 패턴이 달라진다.

[그림 2-18]에서 보듯이 잠재태책자(고객집단)는 크게 다섯 개의 소그룹으로 나뉘어지면서, 전체적으로는 종모양(bell-shaped)의 구성 분포를 나타낸다. 가장 앞의 혁신자(innovator)는 기술혁신의 창출과 거의 동시에 이를 수용하는 집단이다. 이어지는 초기수용자(early adopter)는 기술혁신의 유용한 성능과 차별적 특성이 알려지면서 이를 수용하는 집단이다. 다음으로 전기다수(early majority)는 기술혁신이 초기수용자들로부터 유용성을 인정받고 규격과 품질이 표준화되면 이를 수용하는 다수의 사람들이다. 그 뒤의 후기다수(late majority)는 기술혁신이 상당히 확산되고 이미 과반수의 구성원이 사용함으로써 신뢰도를 충분히 인식하는 시점에서 이를 수용하는 사람들이다. 마지막으로 비수용자(laggards)는 기술확산이 거의 포화상태에 이르러 압도적인 다수가 수용하고 있음에도 여전히 수용을 거부하는 사람들이다.

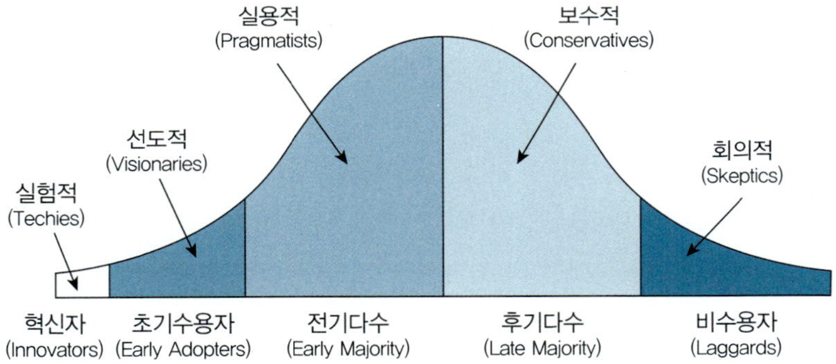

[그림 2-18] 기술채택 수명주기(TALC) 모형의 기본구조

(2) 캐즘 모형

오늘날까지도 TALC 모형은 기술확산을 설명하는 기본 모형으로 폭넓게 받아들여지고 있다. 그러나 이 모형은 전통적인 제품(기술)의 확산 과정을 설명할 수는 있지만 하이테크 제품(기술)의 확산을 설명하기에는 한계가 있다는 주장이 나오게 되었다. 특히 실리콘 밸리와 같은 첨단기술 시장은 기존 시장과는 본질적으로 다른 특성을 지니고 있다는 것이다. 이러한 배경에서 나온 새로운 확산모형이 캐즘 모형(Chasm model)이다(Moore, 1991).

[그림 2-19]에 도시되어 있는 것처럼 이 모형에서도 사회(시장) 전체는 다섯 개의 그룹으로 구성된다고 가정한다. 그러나 개인들은 더 이상 동질적 성격의 개체가 아

니라 서로 다른 속성을 지니는 이질적 개체로 바뀐다. 또한 각 개인은 단순한 모방자에 그치는 것이 아니라 스스로 신기술에 대한 이해도와 관심도가 높은 혁신자(innovator)가 되기도 한다. 그러면서 각 그룹의 본질적 특성, 즉 기술혁신을 받아들이는 동기와 목적도 달라지고 필요로 하는 기술의 속성과 용도도 달라진다.

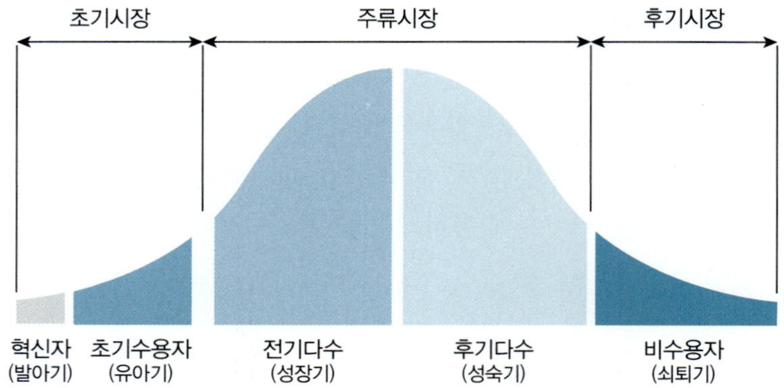

[그림 2-19] 캐즘 모형(Chasm model)의 기본구조

이렇게 되면 고객집단들은 더 이상 연결되지 않으면서 집단 사이에는 다음과 같이 세 개의 단층(crack)이 나타나게 된다. 첫 번째 단층(first crack)은 혁신자와 초기수용자 사이에서 신기술(신제품)의 잠재적 가치가 실질적 효용으로 나타나지 않으면서 생겨난다. 두 번째의 가장 큰 단층(second crack) 즉 캐즘(chasm)은 초기수용자와 전기다수 사이에서 신기술 수용의 목적과 성격의 차이 때문에 발생하게 된다. 세 번째 단층(third crack)은 전기다수와 후기다수 사이에서 비용과 유통의 혁신이 일어나지 못하면서 만들어진다. 나아가 이러한 단층들로 인해 기술확산의 패턴도 달라지게 된다. 시간이 흐른다고 해서 두 그룹이 자연스럽게 이어지는 것이 아니라 캐즘을 사이에 두고 각각의 그룹이 섬처럼 떨어져 있는 모습으로 나타나는 것이다.

캐즘 모형에서 기술확산이 일어나기 위해서는 각 그룹의 차별적 특성에 맞추어 확산의 전략과 방식이 달라져야 한다. 결국 캐즘 모형의 궁극적 목적은 신기술의 확산과정에 존재하는 단층들을 어떻게 극복하여 지속적인 성장을 이룰 수 있는가에 대한 전략적 해답을 찾는데 있다. 각각의 틈이 생기는 원인과 배경은 무엇이며 그 장벽을 해소할 수 있는 기술혁신 주제와 시장침투 전략을 제시하는 것이 연구의 초점이 되는 것이다.

(3) 급진적 모형

오늘날의 불연속적(discontinuous) 혁신에서는, 기술과 제품의 수명주기가 달라지면서 좀더 급진적(radical)인 확산 모형도 제시되고 있다. 이 모형들은 기술혁신의 주기와 과정이 짧아지면서 기존의 기술확산 모형으로 설명하기 어려운 새로운 패턴의 제시에 초점을 맞춘다. 예를 들어, 기술혁신의 수명주기가 개발(development)–확산(deployment)–대체(replacement)의 세 단계로 단축되면서 기술의 확산도 급격한 성장 단계와 급속한 쇠퇴 단계로만 구성된다는 것이다. 이렇게 되면 시장의 고객집단도 기존 모형에서 설정한 다섯 개 그룹이 아니라 실험적 사용자 그룹(trial user)와 절대 다수(vast majority)의 두 개 그룹으로 줄어든다. 나아가 기술확산 곡선도 기존 모형에 비해 넓이(width)는 좁고 높이(height)는 높은 모양으로 변하게 된다(Downes and Nunes, 2013).

8.4 확산채널 모형

(1) 단수기술의 확산 모형

확산채널 모형(diffusion channel model) 또는 커뮤니케이션 모형(communication model)은 어떤 기술의 확산이 기본적으로 커뮤니케이션 채널을 통해 이루어진다는 가정을 토대로 한다. 이 채널은 다시 외부의 매스미디어 채널과 내부의 대인 채널이라는 두 가지 채널로 구성된다. 즉 잠재적 채택자는 한편으로는 스스로 관련정보를 수집하여 의사결정에 필요한 지식을 얻기도 하고 다른 한편으로는 이미 구매한 사람들의 입소문(word of mouth: WOM)을 듣고 판단을 하기도 한다. 전자가 외부 매스미디어 채널이고 후자가 내부의 대인 채널이 된다. 이 두 가지 채널이 확산 과정에 어떤 영향을 미치는지를 바탕으로 크게 내부 채널만을 통해 확산되는 모형, 외부 채널만을 통해 확산되는 모형, 내부와 외부 채널 모두를 통해 확산되는 모형 등이 제시될 수 있다.

외부채널 모형

이 모형에서는 기술확산이 외부 채널만을 통해 일어난다고 본다. 즉 외부에서 얻을 수 있는 정보만을 가지고 본인 스스로 채택 여부를 결정한다고 가정하는 것이다. 따라서 전체 모집단 안에서 얼마나 많은 기업이나 개인이 이미 그 기술을 채택하였는가는 확산에 아무런 영향을 미치지 않는다.

내부채널 모형

이 모형에서는 기술확산이 내부 채널만을 통해 일어난다고 본다. 즉 외부에서 얻을 수 있는 객관적 정보는 전혀 영향을 미치지 않고 이미 사용하고 있는 사람이나 기업의 입소문을 통해서만 채택 여부가 결정된다고 가정한다. 따라서 전체 모집단에서 그 기술을 채택한 구성원들의 크기가 아직 채택하지 않은 구성원들의 의사 결정에 직접적인 영향을 미친다.

복합채널 모형

이 모형에서는 기술확산이 외부와 내부 채널 모두의 영향을 받아 일어난다고 본다. 즉 [그림 2-20]에서 보듯이, 매스미디어 채널에 의한 확산과 대인 채널에 의한 확산이 합쳐져서 전체의 확산을 결정한다는 것이다. 따라서 가장 현실적이고 균형적인 모형이라고 할 수 있다.

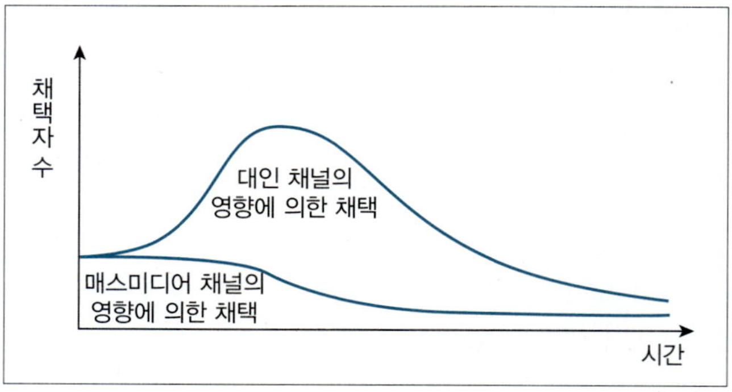

[그림 2-20] 복합채널 모형의 기본 구조

(2) 복수기술의 확산 모형

최근에는 단일기술이나 제품의 확산을 넘어, 신기술이 기존기술을 대체하면서 확산되는 현상이나 서로 다른 두 기술이 같은 시대에 동시에 창출되어 서로 경쟁하며 확산되는 현상 등이 관심을 끌고 있다. 즉 복수의 기술이나 제품이 경쟁하거나 상호작용하는 현상을 설명할 수 있는 경쟁확산 모형(competition model)도 활발히 사용되고 있다. 이 모형에서는 서로 다른 기술 사이에 긍정적인 커뮤니케이션 채널과 부정적인 커뮤니케이션 채널이 동시에 존재하게 된다.

당연한 말이지만 경쟁확산 모형은 단일기술의 확산모형에 비해 모형의 원리와 구조가 더 복잡해진다. 기존의 커뮤니케이션 요소에 더하여 경쟁요소를 핵심변수로 반영해야 하기 때문이다. 이 모형은 원래 생물학에서 나온 공진화(co-evolution)라는 개념을 바탕으로 한다. 공진화는 생태계 내의 각 개체들이 진화하는 과정은 자신의 행위는 물론 다른 개체들의 행동에 영향을 받는다는 사실을 가리킨다. 따라서 기술혁신의 채택 여부를 결정하는 의사결정도 각 개인의 합리적 선택으로만 이루어지는 것이 아니라 다른 구성원들의 행동과 개인의 행위가 복합적으로 작용한 결과로 파악한다.

(3) 하이프 사이클 모형

유망기술(emerging technology)이 처음 출현하여 사회와 시장의 관심을 끌면서 퍼져나가는 양상도 확산의 주제가 된다. 일반적인 확산은 실제로 신기술을 채택하거나 신제품을 구매하는 것을 의미한다. 하지만 시장의 확산이 일어나기 이전에, 대중들 사이에 유망기술에 대한 인지도와 기대감이 확산되는 양상도 분석의 대상이 되는 것이다. 새로 등장한 신기술이 마치 세상을 바꿀 것 같은(game-changing) 기대 속에 큰 흥미를 끌다가 갑자기 관심 밖으로 멀어지는 현상이 좋은 예가 될 수 있다.

앞에서 살펴본 확산 모형과 비교하여 여기서 말하는 확산 패턴은 근본적으로 다른 성격을 지닌다. 기존의 확산 모형은 처음 출시된 이후 어느 시점까지의 누적적(cumulative) 채택 또는 구매 패턴을 나타내는 반면에, 여기서의 확산 모형은 특정 시점에서의 일시적인 유행 내지 관심도를 나타내기 때문이다. 따라서 시점이 바뀌면서 관심도도 오르락내리락 하는 형태로 표현된다. 이런 패턴의 곡선(curve)은 그에 적합한 함수(function)를 찾기 어렵기 때문에 그때그때의 수준을 직관적으로 연결하여(plotting) 그릴 수 밖에 없다. 이러한 시각적 방식을 사용한 대표적 모형으로 하이프 사이클(hype cycle) 모형을 들 수 있다. 이 모형은 IT 조사기관인 Gartner 사가 제시한 것으로 여기서 Hype라는 용어는 대중의 선풍적 관심을 뜻하는 말이다. 따라서 하이프 사이클은 신기술에 대한 사람들의 관심이나 열기가 시간의 흐름을 따라 변화하는 패턴을 보여주는 곡선이다.

[그림 2-21]에서 보는 것처럼 하이프 사이클은 크게 5단계로 이루어진다. 각 단계의 특성을 간략하게 설명하면 아래와 같다.

- 기술 촉발(innovation trigger) 단계: 새로 출현한 기술이 시장(전문가)의 관심을 받기 시작하는 시기로서 대중의 긍정적(positive) 관심이 커지는 상태이다.
- 기대의 정점(peak of inflated expectations) 단계: 과장된 성공 사례가 알려지면서 시장과 대중의 지나친 기대와 비현실적인 낙관론이 최고조에 다다르는 시기이다.
- 실망(trough of disillusionment) 단계: 실험적 시도와 상품화 노력이 뚜렷한 성과를 만들어내지 못함에 따라 대중의 관심이 급격히 감소하고 실망감이 확산되는 시기이다.
- 계몽(slope of enlightenment) 단계: 신기술/신제품의 가시적인 성공 사례들이 늘어나면서 사람들의 관심이 서서히 회복되는 시기이다.
- 안정화(plateau of productivity) 단계: 시장에 지배제품(dominant design)이 나타나면서 안정적인 정착 단계로 진입하는 시기이다.

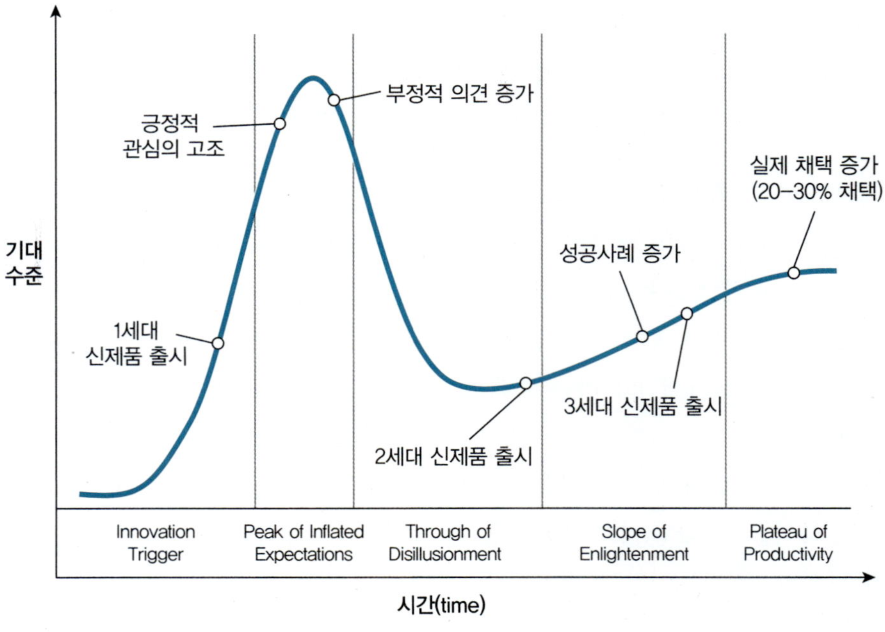

[그림 2-21] Hype Cycle 모형의 기본 구조

앞에서 언급한 것처럼 이 모형은 단순히 시장이나 고객의 관심도를 가리키는 것이지 실질적인 구매나 채택을 뜻하는 것은 아니다. 위의 그림에서 Y축은 실제 판매량이나 채택자 수가 아니라 관심도 내지 기대치(expectation)를 가리키는 것이다. 따라서 기존의 확산 모형과 여기서 설명한 하이프 사이클 모형을 시점의 차이로 비교하면, 대중들 사이의 단순한 입소문(WOM) 단계를 가리키는 하이프 사이클 모형이 먼저 나타나고 이어서 상용화 이후에 실제 시장에서의 채택(구매) 단계를 가리키는 확산 모형이 나타나게 된다.

하이프 사이클은 단지 눈에 보이는 현상을 시각화한 것에 불과하기 때문에 과학적 근거나 이론적 설명이 부족하다는 비판도 받고 있다. 또한 기술의 특성과 환경의 차이에 따라 사이클의 구체적 모양이 달라지기 때문에 일반화가 어렵다는 문제도 지적된다. 하지만 이 모형은 유망기술의 현재 단계를 진단하는 도구나 유망기술의 미래 단계를 예측하는 도구로서 유용하게 활용될 수 있다.

제9절 서비스 혁신 모형

9.1 기본 배경

지금까지 살펴본 기술혁신 모형들은 기본적으로 제조혁신(manufacturing innovation)을 대상으로 하였다. 이에 비해 지금부터 다루는 모형은 서비스혁신(service innovation)을 대상으로 한다. 서비스혁신은 경제체제와 산업구조의 변화와 밀접하게 관련되어 있다. 국가경제에서 서비스 산업이 차지하는 비중이 증가하고 제조분야의 서비스화(servitization)가 심화되면서 서비스 분야의 기술혁신이 중요한 주제로 떠오르게 된 것이다. 따라서 제조혁신에 대한 연구는 오랜 역사를 지니고 있는 반면 서비스혁신에 대한 연구는 비교적 최근에 활발히 진행되고 있는 추세이다.

서비스혁신의 핵심 주제로는 다음 두 가지를 들 수 있다. 첫째, 서비스혁신의 공통성과 차별성 문제이다. 제조시스템은 오랫동안 생산성 제고를 위해 다양한 기법들을 개발하고 많은 투자를 해 온 반면에 서비스시스템의 기술혁신은 미미한 정도에 그

쳤고 생산성은 낮은 수준에 머물러왔다. 따라서 제조혁신(제품혁신)과 서비스혁신의 본질적 속성에 대한 비교를 바탕으로, 제조혁신의 이론과 기법을 서비스혁신에 이전시키거나 서비스혁신만의 차별적 방식을 개발하는 것들이 중요한 연구 주제가 된다. 실제로 이 주제는 서비스혁신 연구에서 가장 오래된 주제이기도 하다.

둘째, 서비스 비즈니스의 개발과 설계 문제이다. 온라인(디지털) 기술혁신을 바탕으로 전통적인 오프라인과 전혀 다른 서비스 방식이 만들어지고 이를 통해 새로운 시장 형태와 사업 기회가 창출되고 있다. 서비스분야가 제조분야에 대한 지원 서비스(supporting service) 수준에 머무르던 단계를 지나 이제는 본격적인 서비스 비즈니스(service business)로 자리잡게 된 것이다. 이러한 변화에 대응하여 새로운 서비스 컨셉을 찾아내는 일, 새로운 서비스를 제공할 수 있는 시스템을 설계하는 일, 서비스가 수익으로 연결될 수 있는 비즈니스 모델(business model)을 만들어내는 일 등이 서비스혁신의 유망한 주제로 등장하고 있다.

9.2 역수명주기 모형

제조혁신과 비교하여 서비스혁신의 본질적 차이를 보여주는 대표적 모형은 역수명주기 모형(reverse cycle model)이다. 앞에서 설명한대로 수명주기 모형은 대부분 제조 분야에서 일어나는 기술혁신을 가정하고 있다. 그러나 서비스 분야의 기술혁신은 제조업의 혁신과 비교하여 상반된 양상을 보일 수 있다. 비슷한 개념으로 자본재 시장(capital goods sector)의 기술혁신과 소비재 시장(consumer sector)의 기술혁신 사이에도 서로 다른 특성이 존재한다.

특히 기술혁신의 과정을 수명주기(life cycle)로 나타낼 때 두 분야의 차이가 분명하게 드러난다. 앞에서 설명한대로, 제조업의 기술혁신에서는 먼저 새로운 시장을 만들어내기 위한 제품혁신이 일어나고 뒤이어 시장의 확대에 대응하여 공정혁신이 일어나게 된다. 이러한 주기를 정상주기(normal cycle)라고 하면, 서비스의 기술혁신에서는 이와 반대로 공정혁신이 먼저 일어나고 제품혁신이 뒤를 잇는 역주기(reverse cycle)가 나타난다. 이 차이를 설명하기 위해 제시된 모형이 바로 역수명주기 모형이다(Barras, 1986).

〈표 2-5〉에 요약되어 있는 것처럼 서비스 분야의 역수명주기 모형은 크게 3개의 단

계(phase)로 구성된다. 첫 번째 단계는 효율성 향상(improved efficiency) 단계이다. 이 단계에서는 하드웨어 도구를 활용하여 기존 서비스의 생산성을 올리거나 비용을 줄이는 서비스의 공정혁신에 초점을 맞추게 된다. 두 번째 단계는 품질 향상(improved quality) 단계이다. 여기에서도 혁신의 대상은 기존 서비스이지만 혁신의 방향은 서비스의 효율성보다는 효과성, 양적 성과보다는 질적 성과, 점진적 개선보다는 급진적 변화를 추구하게 된다. 세 번째 단계는 새로운 서비스(new service)를 창출하는 제품혁신의 단계이다. 기존 서비스 시장이 성숙기로 접어들면서 비용절감이나 품질향상의 공정혁신을 넘어 새로운 서비스 시장을 개척하거나 새로운 서비스 기회를 선점하기 위한 제품혁신이 필요해지는 것이다. 결국 기존 서비스의 점진적 공정혁신이 먼저 일어나고, 급진적인 공정혁신으로 이어진 후, 마지막에 신서비스를 창출하는 제품혁신이 일어나는 역수명주기가 만들어지는 것이다.

〈표 2-5〉 역수명주기 모형의 기본 구조

단계	1단계	2단계	3단계
성격	점진적 공정혁신	급진적 공정혁신	제품혁신
초점	기존 서비스 효율성 제고	기존 서비스 효과성, 품질 향상	신 서비스 창출
기술	메인프레임 컴퓨터	온라인 시스템	네트워크

위에서 설명한 요인 외에 제조업과 서비스업 사이에 기술혁신이 상반된 패턴으로 일어나는 이유는 제조업과 서비스업이 서로 공급자-사용자(supplier-user)의 관계를 형성하기 때문이다. 일반적으로 제조업에서 만들어진 제품혁신은 서비스업의 공정혁신으로 연결된다. 예를 들어 새로운 IT기기의 혁신은 곧 금융서비스의 혁신으로 이어진다. 그러나 한 분야의 혁신이 다른 분야의 혁신으로 이전(transmission)되는 과정에는 항상 시간적 지연(delay)이 발생한다. 즉, 한 분야가 다른 분야의 혁신을 받아들이는 단계에 존재하는 지연(adoption delay)과 일단 받아들인 후 그것을 실제로 적용하는 과정에 존재하는 지연(implementation delay)이 생기는 것이다. 이러한 지연 현상이 제조업과 서비스업의 기술혁신이 같은 주기로 나타나지 않는 원인이 될 수 있다.

9.3 제품-서비스 연계 모형

기술혁신의 역사로 보면, 제조분야의 기술혁신이 오래 동안 이어진 후 최근에 이르러 서비스분야의 기술혁신이 그 뒤를 따르는 양상으로 나타나고 있다. 따라서 서비스혁신 모형은 이미 제시되어 있는 제조혁신 내지 제품혁신 모형과 선후관계로 연결될 수 밖에 없다. 이 때 둘 사이가 어떤 기준과 원리에 의해 연결되는가에 따라 크게 다음 세 가지 형태의 서비스혁신 모형들이 만들어진다.

(1) 유사성 모형

가장 오래된 연결 모형은 유사성(assimilation) 모형이다. 이 모형은 말 그대로 서비스혁신과 제조혁신의 본질적 속성은 유사하다고 보는 관점을 기반으로 한다. 즉 분야 또는 시스템을 막론하고 기술혁신의 본질은 차이가 없기 때문에 어느 한 분야의 혁신은 다른 분야에도 적용할 수 있다고 보는 것이다. 따라서 이 모형에서는 주로 오프라인 서비스시스템을 대상으로, 시기적으로 먼저 이루어진 제조혁신의 이론과 기법을 서비스혁신으로 이식하여 효율성과 생산성을 올리는 것이 핵심 주제가 된다.

특히 제조혁신 중에서도 제품혁신보다는 공정혁신에 초점을 맞추게 된다. 이미 오랜 기간 공정혁신을 통해 효율성을 제고해 온 제조분야의 설계원리와 운영기법을 서비스 분야에 이전시키는 작업이 기술혁신의 중심이 되는 것이다. 생산라인 접근(production-line approach)을 통해 서비스 시스템을 마치 제조 시스템과 유사한 형태로 설계하고 관리하는 것이 혁신의 원리와 목표가 된다.

(2) 차별성 모형

또 다른 주요 모형은 차별성(differentiation) 모형이다. 용어가 의미하는 것처럼 이 모형은 서비스 시스템과 제조 시스템은 본질적으로 다른 시스템이라는 인식을 바탕으로 한다. 우선 제품과 비교하여 서비스는 태생적으로 다른 특성을 지니고 있다. 더구나 온라인 서비스나 모바일 서비스의 경우에는 제조분야에서는 아예 존재하지 않았던 원리나 방식을 사용하고 있다. 이러한 차별성을 기반으로 제조혁신과는 다른 서비스혁신만의 이론과 기법을 개발하는데 초점을 맞추게 된다.

가. 서비스 자체의 속성

서비스혁신의 가장 큰 차이는 제품과 대비한 서비스 자체의 본질적 특성에 있다. 서비스의 속성 자체가 다르기 때문에 혁신의 원리와 방식도 제조혁신과는 근본적으로 달라져야 한다는 것이다. 흔히 서비스의 차별적 특성으로는 무형성(intangibility), 동시성(simultaneity), 소멸성(perishability), 이질성(heterogeneity), 고객 참여(customer participation) 등을 든다. 이러한 특성 때문에 서비스 시스템의 운영과 통제가 어렵고, 효과적인 유통관리와 재고관리도 힘들게 되며, 표준화를 통한 대량생산 및 반복생산도 불가능해지고, 나아가 서비스 제공자와 서비스 사용자간의 상호작용으로 인한 갈등이 일어날 가능성도 커진다.

따라서 서비스의 차별적 속성을 반영할 수 있는 기술혁신의 원리와 방식을 제시하는 것이 중요해진다. 특히 생산라인 접근으로 시스템 성능의 효율성이나 생산성을 올리기보다는 서비스라인 접근(service-line approach)으로 시스템의 효과성과 고객의 만족도를 높이는 것이 혁신의 핵심적 기준으로 작용한다.

나. 서비스시스템 설계

또 다른 차이는 기술혁신이 이루어지는 시스템의 구성요소가 다르다는 점이다. 앞에서 살펴본 것처럼 제조시스템은 제품과 공정으로 구성된다. 따라서 제조 시스템의 설계는 어떤(what) 제품을 만드느냐에 관한 제품혁신과 어디서 어떻게(how) 만들어 내느냐에 관한 공정혁신으로 이루어진다.

그러나 서비스 시스템의 경우에는 구성요소도 다르고 시스템 설계의 원리와 내용도 달라지게 된다. 일반적으로 서비스 시스템의 설계는 다음의 세 가지 요소를 어떻게 조합하느냐에 관한 문제가 된다. 첫째, 서비스 컨셉(service concept)이다. 이것은 서비스 자체의 내용과 기능을 가리키는 요소로 제조혁신에 대비시키면 제품혁신에 해당되는 것이다. 둘째, 고객접촉 인터페이스(interface)이다. 서비스는 그 서비스를 사용하는 고객과의 접촉을 필요로 하기 때문에 서비스 제공자와 사용자가 만나는 영역과 공간을 어떻게 설계하느냐가 중요한 요소가 된다. 셋째, 서비스 전달(service delivery)이다. 만들어진 서비스가 최종적으로 사용자(고객)에게 제공되기 위해서는 전달경로를 거쳐야 하기 때문에 어떤 매체를 통해 어떤 단계로 경로를 구성할지도 설계요소의 하나가 된다.

이 주제는 특히 온라인 서비스 시스템의 설계에서 그 중요성이 더욱 부각되고 있다. 온라인 서비스 시스템과 오프라인 서비스 시스템은 공통 요소를 가지기도 하지만 동시에 본질적으로 상이한 특성을 지니기도 한다. 예를 들어, 오프라인 시스템에서 물리적 채널을 통해 제공되던 서비스가 온라인 시스템에서는 통신 채널을 통해 전달되면서 서비스의 접점, 운영 시간, 접속 지점 등도 달라진다. 따라서 이러한 근본적 차이를 시스템 설계와 운영에 반영하는 것이 기술혁신의 중요한 주제가 된다.

(3) 통합 모형

마지막 모형은 통합(integration) 모형이다. 이 모형은 용어가 뜻하는 것처럼 제조혁신과 서비스혁신을 동시에 추구하는 것을 가리킨다. 전통적인 기술혁신 모형들이 제조(제품)와 서비스를 둘로 나누어 각각의 혁신에 초점을 맞추었다면 통합 모형에서는 둘 모두를 동시에 고려하는 혁신을 강조한다. 특히 다음 두 가지 형태의 통합이 통합 모형의 핵심적 주제가 된다.

가. 서비스시스템 혼합 모형

이 모형은 제조 분야의 생산라인 접근과 서비스 분야의 서비스라인 접근 방식을 혼합하여 시스템을 설계하는 기준과 방식을 다룬다. 즉 각각이 지니는 장점을 하나의 시스템 안에 균형적으로 배분하는 원리를 제시하는 것이다. 예를 들어, 고객과의 접촉(contact) 정도에 따라 설계와 운영의 원리를 차별화는 모형을 제안할 수 있다. 시스템 내에서 고객과의 접촉이 낮은(low-contact) 부분은 주로 시스템의 후면(back office)에 배치하고 제조혁신의 생산라인 접근으로 설계하는 반면, 접촉이 높은(high-contact) 부분은 전면(front office)에 배치하고 서비스혁신의 서비스라인 접근으로 설계하는 식이다(Chase, 1981).

나. 제품-서비스 통합 모형

통합 모형의 또 다른 주제는 제품-서비스 시스템(product-service system; PSS) 또는 제품-서비스 통합(integrated product-service; IPS)이다. 제품과 서비스를 따로 볼 것이 아니라 초기의 개발과 설계부터 제품혁신과 서비스혁신을 신축적으로 연계하는 전략을 모색하는 것이다. 따라서 앞의 혼합 모형이 서비스를 제공하는 물리적 시스템의 설계에 관한 것이라면 여기서의 통합 모형은 서비스 자체의 개발에 관한 것이다.

PSS 모형이 부각되고 있는 배경에는 비즈니스 경쟁력의 변화라는 근본적 요인이 자리잡고 있다. 과거에는 대부분의 부가가치와 수익이 제품에서 만들어졌고 따라서 제품의 품질과 성능이 비즈니스 경쟁력의 핵심이었다. 그러나 가치의 창출이 서비스 부분으로 이동하고 동시에 기업의 목표가 단기적인 수익창출에서 장기적인 고객만족으로 바뀌면서 서비스가 경쟁력의 새로운 원천으로 떠오르고 있다. 제품의 경쟁력은 제품 자체의 성능은 물론 그 제품이 고객이 원하는 서비스를 제공할 수 있는 능력에 따라 결정된다는 인식이 커지고 있는 것이다.

PSS 혁신의 세부주제는 다음 몇 가지로 나눌 수 있다. 먼저 가장 소극적인 의미의 통합으로, 제품 자체의 판매를 촉진시키기 위해 관련 서비스를 혁신하는 주제를 들 수 있다. 다음으로 보다 적극적인 의미의 통합으로, 단순한 제품의 판매가 아니라 제품이 제공할 수 있는 기능(function)을 판매하기 위한 서비스혁신이 주제가 될 수 있다. 또 다른 의미의 통합으로, 제품이나 기능의 판매가 아니라 그 제품으로부터 만들어질 수 있는 새로운 서비스를 판매하는 것도 혁신의 대상이 될 수 있다.

9.4 비즈니스 모델 모형

(1) 기본 배경

앞에서 살펴본 것처럼 서비스혁신의 많은 주제들은 제조혁신과 연계되어 있다. 그러나 제조혁신과 대비하여 서비스혁신만의 독자적인 주제로 부각되는 것이 바로 비즈니스 모델(business model: BM)이다. BM은 '기업이 매출을 발생시키는 비즈니스의 방식'이라는 포괄적 정의에서부터 '다양한 비즈니스 구성원들의 역할, 비즈니스 프로세스의 단계와 구조, 수익의 원천과 내용'이라는 구체적 정의로 나타낼 수 있다.

사실 BM 자체는 새로운 주제가 아니다. 이미 모든 기업은 비즈니스의 목표와 방식을 가지고 있고 그 안에서 나름의 비즈니스 프로세스를 운영해 왔기 때문이다. 하지만 BM이라는 개념이 본격적인 연구의 대상으로 인식되기 시작한 배경에는 온라인(디지털) 기술의 확산이 자리잡고 있다. 이를 통해 전통적인 오프라인 시장과 다른 새로운 시장 영역이 창출되고, 그에 대응하는 새로운 비즈니스 방식과 프로세스가 개발되면서 BM의 의미와 내용도 근본적으로 바뀌게 된 것이다.

그러나 그러한 변화만으로 BM이 곧 기술혁신의 주제가 되는 것은 아니다. 오늘날 BM을 기술혁신의 중요한 주제로 다루게 된 배경에는 BM의 필요조건에 상업적 타당성(commercial viability)이라는 요소와 함께 기술적 가능성(technical feasibility)이라는 요소가 포함되기 때문이다. 즉 BM으로 인정 받기 위해서는 거래를 통해 필요한 수익을 창출할 수 있는지에 관한 상업성뿐 아니라 비즈니스 시스템이 제대로 설계되고 원활하게 작동되는지에 관한 기술성도 확인되어야 하는 것이다. 실제로 BM이 특허(patent)의 대상이 되는 이유도 단순한 비즈니스 아이디어를 넘어 기술적 필요조건이 충족되기 때문이다.

(2) 주요 모형

정보통신(ICT) 기술의 진보와 온라인 환경의 확산에 따라 기존의 오프라인 시장에 존재하지 않았던 새로운 비즈니스 모델들이 개발되어 왔고 지금도 개발되고 있다. BM 개발의 역사가 축적되면서 다양한 BM들을 적절한 기준에 의해 분류하거나 모형화하는 시도들도 많이 이루어져 왔다. 또한 새로운 BM의 설계가 어느 원리를 따라 진행되고 어떤 요소에 초점을 맞추는지를 정리한 작업들도 수행되어 왔다. 여기에서는 다양한 BM의 분류 모형이나 설계 모형 가운데에 가장 대표적인 모형들을 간략히 살펴보기로 한다.

가. 원천 모형

먼저 BM이 만들어진 원천이 어디에 있느냐가 BM 분류와 설계의 기준이 될 수 있다. 이 기준은 BM의 태생적 속성을 결정하는 요인이 된다(Bambury, 1998). 여기서는 크게 다음 세 가지의 모형이 제시된다. 첫째, 변환 모형(transformed model)으로 이미 오프라인에 존재하던 BM이 온라인으로 이식된 경우이다. 둘째, 혼합 모형(mixed model)으로 오프라인 비즈니스 방식과 온라인 비즈니스 방식이 혼재되어 있는 형태이다. 셋째, 순수 모형(native model)으로 기존의 오프라인에는 존재하지 않다가 온라인 또는 모바일 상에서 새롭게 창출된 BM을 뜻한다.

나. 비즈니스 프로세스 모형

이 모형은 주로 BM의 설계 원리와 방식에 관한 모형이다. BM은 다양한 설계요소의 선택과 조합의 문제이기 때문에 비즈니스 과정을 어떻게 설계하느냐에 따라 비슷한 성격의 비즈니스에 대해서도 전혀 다른 BM이 개발될 수 있다. 전체적인 프로세스를 어떻게 설정할지, 프로세스 내의 구성요소들을 무엇으로 할지, 구성요소들을 어떤 방식으로 통합 내지 결합할 지, 가치사슬(value chain)을 어떻게 연결할 지의 차이에 따라 BM의 구체적 내용과 방식이 달라질 수 있는 것이다.

다. 수익창출 방식 모형

이 모형은 BM의 기술성보다 상업성에 초점을 맞춘 모형이다(Rappa, 2004). BM의 궁극적인 효용은 수익을 창출하는 것이고 BM이 되기 위한 필수 요건은 상업성을 확보하는 것이다. 따라서 수익이 존재하는 원천을 어디에서 찾을 것이며, 어떤 방식으로 잠재적 수익을 획득할 것인가가 BM의 핵심 요소가 된다. 따라서 수익모형(profit model)으로 불리기도 한다. 이 모형은 기존 BM의 수익성을 개선하거나 새로운 BM을 개발하는 과정에서 유용하게 사용되는 모형이다.

라. 시스템설계 모형

이 모형은 BM이 작동되고 운영되는 시스템의 설계에 관한 모형이다. BM이 완성되기 위해서는 단순히 비즈니스 아이디어를 창출하는 단계를 넘어 실제로 비즈니스가 이루어지는 시스템의 설계(design) 단계까지 나가야 한다. 따라서 이 모형은 비즈니스 개발 단계의 상업성보다 시스템 설계 단계의 기술성에 초점을 맞춘다. BM 시스템의 설계에서는 설계 요소(design element)와 설계 주제(design theme)라는 두 개의 변수가 명확하고 적절하게 반영되어야 한다. 또한 이 두 변수를 어떻게 설정하느냐에 BM 시스템의 구조와 형태가 달라지게 된다. 구체적으로, 비즈니스 아이디어를 실제 사업으로 구현할 수 있는 비즈니스 응용시스템, 비즈니스 인프라기술, 비즈니스 기초기술 등의 기술적 요소들을 선택하고 조합하는 것이 이 모형의 주제가 된다(Zott and Amit, 2010).

토의문제

1. 공학과 경영학의 연계가 앞으로 어떤 방향과 형태로 진행될 지에 대해 토론하시오.

2. 기술경영(MOT)을 전형적인 다학제적 학문으로 바라본다면, 어떤 학문(학제)들이 어떻게 연결되는지에 대해 설명하시오.

3. 오프라인 방식에서 온라인(모바일) 방식으로 경영활동이 확대되면 기술경영(MOT)의 주제와 초점이 어떻게 바뀔 지에 대해 토론하시오.

4. 제조분야 중심에서 서비스분야 중심으로 기술혁신의 초점이 바뀌면 기술경영(MOT)의 목표와 성격은 어떻게 달라질 지에 대해 토론하시오.

5. 유럽의 개념중심적 기술경영과 미국의 실용주의적 기술경영의 상호보완적 역할에 대해 논의하시오.

6. 연구개발시스템의 변화과정을 3세대, 4세대, 5세대로 구분하는 분류체계의 공통점과 상이점을 설명하시오.

7. 기술혁신의 S-곡선 모형에서 기술의 진보를 크게 도입기, 성장기, 성숙기로 구분할 때 각 시기에서 나타나는 기술진보의 특징을 설명하시오.

8. 기술혁신의 선형 모형과 관련하여 오늘날의 기술혁신을 기술주도 가설이나 수요견인 가설만으로 설명하기 어려운 이유를 서술하시오.

9. 국가혁신체제를 구성하는 다양한 주체들은 무엇이며 각 주체의 역할에 대해 토의하시오.

10. 규모의 경제와 범위의 경제가 동시에 존재하는 사례와 독립적으로 존재하는 사례를 각각 하나씩 제시하시오.

11. 기술경영의 초점이 기술정보의 분석과 기술지식의 관리에 맞추어질 때 어떤 주제와 기법들이 강조될 지에 대해 논의하시오.

조사분석 문제

1. 기술혁신의 선형 모형과 관련하여 기술주도 가설과 수요견인 가설을 뒷받침하는 대표적 기술혁신 사례를 하나씩 제시하시오.

2. 슘페터의 창조적 파괴(creative destruction)로 설명할 수 있는 기술혁신의 사례를 하나 발굴하여 그 원리와 과정을 설명하시오.

3. 토마스 쿤이 말하는 과학혁명 패러다임의 원리와 과정을 기술혁신 패러다임으로 설명할 수 있는 사례를 하나 발굴하여 그 원리와 과정을 설명하시오.

4. 혁신성과 창의성 중심의 기술혁신을 위해 기업들이 설치(도입)하는 새로운 R&D 조직의 사례를 발굴하여 조직의 설계 구조와 운영 원리에 대해 설명하시오.

5. 기술진보의 추세를 S-곡선모형으로 설명할 수 있는 사례를 하나 발굴하여 기술발전의 과정과 특성을 설명하시오.

6. 산업별 기술혁신 패턴의 차이와 관련하여, 다음 두 산업(분야)의 패턴을 비교하시오.
   (1) 자동차산업과 반도체산업
   (2) IT 산업과 BT 산업
   (3) 컴퓨터하드웨어와 컴퓨터소프트웨어

7. 산업구조와 발전전략이 대비되는 두 나라를 선정하여(예를 들어 대기업 중심의 국가와 중소기업 중심의 국가) 양국간에 국가혁신체제가 어떻게 다른지에 대해 서술하시오.

PART II

기술혁신 기법

배경과 요약(Background & Summary)

1부에서는 기술혁신 이론과 기술혁신 모형에 대한 내용을 다루었다. 기술혁신 경영의 실무로 들어가기 전에 기술혁신의 원천, 특성, 과정의 기본원리와 개념적 틀에 대해 알아본 것이다.

이제 2부에서는 MOT 현장에서 실제로 다룰 수 있고 또 다루어야 하는 실무적 기법에 대해 살펴볼 차례이다. 기술혁신 기법의 종류와 내용은 일일이 열거하기 어려울 정도로 다양하고 방대하다. MOT 분야에서 발표된 연구의 주제를 정리해보면, 기술예측, 기술전략과 기획, 연구개발 인력 및 조직관리, 생산 및 운영관리, 시장분석과 고객관리, 프로젝트 관리, 경제성 평가, 아이디어 발굴과 신제품 개발, 상업화와 사업화, 기술이전과 확산, 기술자산 관리, 산학협력, 벤처경영 등 폭넓은 주제를 망라하고 있다. 나아가 최근에는 서비스 분야의 기술혁신, 모바일 비즈니스 모델의 개발, 빅 데이터의 분석과 활용, 인공지능(AI)이나 기계학습 기법의 활용 등에 대한 연구도 늘어나고 있다.

이 책에서는 자연스러운 MOT 활동의 과정과 단계를 따라 기술혁신의 계획– 기술지식의 창출–기술지식의 평가–기술성과의 확산–기술지식의 활용이라는 순서로 구성하였다. 먼저 MOT 활동의 사전 작업으로 기술정보를 수집하고, MOT 활동의 대상이 되는 창의적 아이디어를 도출하고, 도출된 아이디어들을 평가 및 선정하고, 활동의 성과를 확산시키고, 창출된 기술지식을 활용하는 흐름을 따라가는 것이다.

여기서 주의할 것은 1부의 기술혁신 이론의 내용(순서)과 2부의 기술혁신 기법의 내용(순서)이 서로 1:1로 연계되는 것은 아니라는 점이다. 기술혁신 이론은 기술혁신 연구 전체와 연결되는 폭넓은 범위를 담고 있는 반면 기술혁신 기법은 현장중심의 실무적 범위에 초점을 맞추기 때문이다.

CHAPTER

03

기술혁신의 계획

MANAGEMENT OF TECHNOLOGICAL INNOVATION: MODELS AND METHODS

contents

이 장(Chapter)의 배경과 내용

본격적인 MOT 활동에 앞서 사전 작업으로 이루어지는 것이 기술의 미래에 대한 예측 정보를 얻는 일이다. 합리적이고 체계적인 기준과 방법을 통해, 기술의 변화 패턴이나 새로운 기술의 출현 가능성에 대한 구체적이고 실용적인 지식을 창출하는 작업이 기술예측(TF)이다. 전통적인 기술예측이 단지 기술 변화에 관한 데이터와 정보의 수집에 그쳤다면, 오늘날의 기술예측은 데이터 수집의 정교함과 더불어 기술정보를 기술지식으로 전환할 수 있는 분석 기능과 가공기능도 제공해야 한다.

자료를 모으고 정리하여 지식으로 만들 수 있는 기반을 세우는 것이 예측이라면, 기술지식의 경영에 있어 기술예측은 가장 첫 단계에 위치하면서 동시에 가장 중요한 기능을 수행한다. 따라서 기술예측의 기본 개념은 무엇이며, 기술예측에 사용되는 대표적인 방법에는 어떤 것들이 있는지를 이해하는 것은 매우 중요하다.

다음으로, 기술예측의 결과를 토대로 필요한 기술지식 활동을 도출하고 그 활동들이 수행되어야 할 순서나 시점을 결정하는 작업이 기술기획이다. 그러므로 기술예측과 기술기획은 서로 보완적인 관계를 맺고 있다고 볼 수 있다. 본질적으로 기획 활동은 정성적이고 직관적인 성격을 지닌다. 따라서 기획 활동을 전적으로 표준화되고 자동화된 프로그램에 의해 수행하는 것은 불가능하다. 그러나 기술과 시장이 변화 속도가 빠르고 범위가 확대되면서 기획 활동을 지원하고 보조하는 기법과 수단의 필요성은 갈수록 커지고 있다.

이러한 필요성에 따라, 넓은 의미로는 기술예측의 일부로 포함되지만 예측 목적보다 기획 목적으로 많이 사용되는 기법과 수단이 기술로드맵(TRM)이다. TRM에는 어떤 유형이 있으며 실제로 TRM을 작성하는 과정은 어떻게 이루어지는지를 알아본다.

CHAPTER 03

기술혁신의 계획

제1절 기술지식의 예측

1.1 기술예측의 배경

기술경영의 출발점은 넓은 의미에서 경영 프로젝트를 개발하기 위한 경영기획, 그리고 좁은 의미에서 기술개발 프로젝트를 개발하기 위한 기술기획에 있다. 새로운 경영 프로젝트와 기술개발 프로젝트의 기획은 시장의 잠재적 수요를 전제로 하며 잠재적 수요를 파악하기 위한 첫걸음은 기술 변화의 추세를 예측하는 작업이다. 산업구조의 변화, 시장환경의 변화, 그리고 소비자 니즈의 변화는 기술 진보와 서로 밀접한 상호관계를 맺고 있기 때문이다.

합리적이고 체계적인 기준과 방법을 통해 현재의 기술이 어느 방향으로 어떠한 속도로 변할 것인가, 또는 어떤 성격과 기능을 보유한 새로운 기술이 어느 시점에 출현할 것인가 등에 관한 구체적이고 실용적인 지식을 창출하는 작업이 바로 기술예측(technology forecasting: TF)이다.

'과학기술은 미래를 향해 진보하는 것이다'라는 문구를 일반인들이 접하기 시작한 것은 19세기 이후의 일이다. 초창기에 공상과학소설이나 과학소설의 형태로 시작된 미래예측은 20세기에 접어들면서 미래학의 이름으로 발전한 후 기술예측이라는 학제의 태동으로 이어졌다. 하지만 기술예측의 중요성이 인식되고 구체적인 방법론이 개발되기 시작한 것은 2차대전 이후이다. 미국 정부를 중심으로 국방기술 분야의 연구개발 정책에 필요한 정보를 얻기 위해 과학적인 기술예측 활동을 시작한 것이다. 특히 50~60년대에 랜드 연구소(RAND Corporation)가 개발한 델파이 기법(Delphi method)은 기술예측의 발전에 중요한 계기를 마련한 것으로 평가된다. 한편 민간분야에서 기술예측 활동에 본격적인 관심을 가지게 된 것은 1970년대부터이다.

최근의 기술경영에서 기술예측이 차지하는 비중과 의미는 매우 크다. 전통적인 기술예측이 단지 기술 변화에 관한 데이터와 정보의 수집에 그쳤다면, 오늘날의 기술예측은 데이터 수집의 정교함과 더불어 기술정보를 기술지식으로 전환할 수 있는 분석기능과 가공기능도 제공해야 하기 때문이다. 즉 자료(data)를 가지고 지식(knowledge)을 만들어내는 것이 지식경영이라면 자료를 모으고 정리하여 지식으로 만들 수 있는 기반을 세우는 것이 예측인 것이다. 따라서 기술지식의 경영에 있어 기술예측은 가장 첫 단계에 위치하면서 동시에 가장 중요한 기능을 수행한다. 기술예측의 기본 개념은 무엇이며 기술예측에 사용되는 대표적인 방법에는 어떤 것들이 있는지를 알아보자.

1.2 기술예측의 기본개념

(1) 기술예측의 정의

넓은 의미의 예측(forecasting)은 '합리적이고 과학적인 방법과 이용 가능한 자료 분석의 결과로서 미래의 사건, 조건 또는 상황을 전망하는 작업'을 뜻한다. 여기서 예측의 의미를 정의하는 핵심적인 개념은 '합리적이고 과학적인 방법'과 '이용 가능한 자료 분석의 결과'라는 표현이다. 즉 예측이 되기 위해서는 정성적이든 정량적이든 명확하고 과학적인 방법론이 있어야 하고, 또한 실증적인 자료를 분석하고 활용해야 하는 것이다. 만일 이러한 필요조건들이 만족되지 못한다면 그것은 예측이 아니라 단순한 짐작(guess)이나 예견(prediction)에 불과하다.

기술예측은 앞에서 제시된 일반적인 예측의 정의에서 예측의 대상이 기술적 사건이나 기술적 속성에 초점을 맞추는 경우를 가리킨다. 보다 구체적으로 '기술과 기능의 미래 특성에 관한 과학적인 전망', 또는 '기술 특성(technical parameter)의 변화

정도와 시기에 대해 합리적이고 과학적인 논리와 기준을 바탕으로 제시한 전망' 등으로 정의할 수 있다.

기술예측과 관련하여 자주 사용되는 유사한 개념으로 기술평가(technology assessment)와 기술 포사이트(technology foresight)를 들 수 있다. 먼저 기술평가의 개념을 알아보자. 기술평가에 대한 논의는 신기술의 출현이나 기존기술의 변화가 사회전반에 초래할 결과에 대한 사전적인 분석과 사후적인 대응을 연구하기 위해 시작되었다. 1960년대 이후 급속한 기술발전과 대형 공공프로젝트의 수행에 의해 사회구조나 환경시스템에 부정적인 영향들이 나타나면서 이 문제에 대한 체계적인 분석과 정책대안의 개발이 필요하게 된 것이다. 따라서 초기의 기술평가는 기술프로그램의 도입이나 수행으로 발생할 수 있는 긍정적 효과, 부정적 효과, 불확실한 효과를 파악하고, 기술과 효과간의 인과관계를 규명하며, 나아가 부정적 효과를 최소화할 수 있는 기술대안을 제시하는 작업을 의미하였다.

미국을 중심으로 시작된 초기의 논의들이 주로 기존기술의 사후적 영향을 분석하는 작업을 강조한 것에 반해 유럽지역은 한 걸음 더 나아가 사전적 평가의 필요성을 제기하였다. 사후적 평가는 기술자체의 존재를 전제하고 그 기술이 안고 있는 부정적 효과와 문제점을 최소화하는 접근인 것에 비해 사전적 평가는 기술개발과 발전과정에 처음부터 적극적으로 개입하여 부정적 효과의 발생을 예방하는 접근이다. 그러나 사후적 평가든 사전적 평가든, 기술평가는 기술영향 평가(impact assessment)에 초점을 맞춘다는 점에서 객관적인 관점에서 기술진보의 방향과 속도를 추측하는 기술예측과는 상당히 다른 개념이라고 할 수 있다.

다음으로 기술 포사이트의 개념을 알아보자. 기술 포사이트는 주로 유럽을 중심으로 80년대에 시작되어 90년대 들어서 본격적으로 논의되기 시작한 개념이다. 기술 포사이트는 국가나 산업 차원에서 최대한의 경제적, 사회적 파급효과를 창출할 수 있는 전략적 연구분야 및 미래유망 기술분야를 발굴하기 위해 과학, 기술, 경제 및 사회의 장기적인 미래를 체계적으로 조사하는 과정을 의미한다. 따라서 기술 포사이트는 기술예측과 기본적인 목적이나 성격은 매우 유사하지만 상대적으로 범위가 더 포괄적이고 방법론적으로도 정성적이고 전략적인 접근을 강조한다.

또한 기술예측의 경우 기술의 진보는 정해진 방향과 속도로 진행된다. 따라서 미래를 정확하게 예상하고 측정할 수 있다고 가정하는 이른바 결정론적 예측을 토대로 하는데 반해 포사이트는 미래는 정확하게 예측할 수 있는 것이 아니라 함께 생각하고, 서로 영향을 끼치면서, 만들어 나갈 수 있을 뿐이라는 전제와 가정에서 출발한다. 따라서 포사이트는 단순히 예측정보를 도출하는 분석적이고 계산적인 작업을 넘어 다양한 이해 당사자 사이에 지식과 기술의 공유를 유도하고 정책적 결정에 대한 합의를 도출하는 작업을 중시한다.

그러나 실제로는 두 용어의 차이를 명확히 구분하지 않고 동의어로 사용하는 경우가 많다. 그 이유는 아직 기술 포사이트만을 위하여 독자적으로 개발된 방법론이 없고 주로 기존의 기술예측 방법론들을 단순히 변형 내지 조합해서 사용해 왔기 때문이다.

한편 기술예측이라는 개념은 기술전략이나 기술혁신이라는 개념과 밀접하게 연결되어 있다. 이 세 가지 용어의 차이나 관련성을 살펴보면, 먼저 기술예측은 원칙적으로 그 활동의 범위가 미래에 대한 객관적 정보와 지식을 얻어내는 작업(anticipating)까지로 제한되어 있다. 이에 비해 기술전략(technology strategy)은 예측 활동과 더불어 계획(planning) 활동까지를 더한 개념이며 나아가 기술혁신(technological innovation)은 예측 활동과 계획 활동을 넘어 신기술의 창출이나 실행(creating/implementing) 활동을 포함하는 개념이다.

(2) 기술예측의 요소

위에서 제시된 기술예측의 정의는 원론적이고 포괄적인 성격을 지닌다. 따라서 실질적으로 기술예측 활동이 수행되어 그 결과가 정보나 지식으로 인정받기 위해서는 다음 네 가지 조건과 요소가 만족되어야 한다.

첫째, 예측시기(time of the forecast)가 구체적으로 제시되어야 한다. '2015년 또는 현재로부터 15년 후'와 같은 표현은 기술예측이 되지만, '먼 미래 또는 2, 30년 후 정도의 시점' 등과 같은 모호한 표현은 기술예측의 조건을 만족시키지 못한다. 둘째, 예측대상 기술(technology being forecast)이 명확하게 제시되어야 한다. 예측하고자 하는 기술이 기술분류 체계의 어디에 속하는 기술이며, 공식적으로 인정되는 기술 명칭이 무엇인지가 설명되어야 한다. 예를 들어 '생명공학에 관한 기술', '차세대 자동차 기술' 등의 기술은 지나치게 포괄적이며 따라서 기술예측이 되기 위해서는 좀 더 세부적인 내용과 명칭으로 그 범위와 영역을 제한해야 한다. 셋째, 기술의 특성

(characteristics of the technology)이 구체적으로 설정되어야 한다. 성능이 무엇이고, 용도가 무엇이며, 구조는 어떻게 되어있는지가 가능한 한 자세하게 밝혀져야 한다. '인류의 행복에 기여하는 기술', '친환경적인 기술' 등과 같은 표현은 기술예측이라고 하기에는 너무 모호한 성격을 보인다. 넷째, 대상기술의 변화 내지 출현 가능성(probability)이 정량적인 확률로 설정되어야 한다. '그렇게 될 확률이 매우 높다' 또는 '그럴 가능성이 희박하다'는 식의 애매한 표현은 기술예측이 될 수 없다.

그러나 최근에는 기술예측의 요건을 신축적으로 적용하는 경향이 커지고 있다. 우선 오늘날의 기술은 어느 특정 분야의 물리적 물질(material)을 가리키는 것이 아니라 다양한 분야의 문제해결에 활용되는 지식(knowledge)을 가리키므로 기술의 특성과 영역을 분명하게 설정하는 것이 어렵고, 기술의 성능도 명확한 단위(metric)로 측정하는 것이 쉽지 않게 되었다. 나아가 동일한 기술이라 하여도 어느 상황에서 어떤 용도로 사용되느냐에 따라 그 성능의 수준이 달라지기도 한다. 따라서 기술 자체의 객관적, 정량적 수준을 예측하는 활동보다 그 기술의 실용적 효용과 시장적 가치를 예측하는 활동을 강조하는 추세이다.

(3) 기술예측의 목적과 기능

기업이 기술예측을 수행하는 목적은 다양하다. 가장 기본적이고 일차적인 목적과 기능은 물론 기술전략의 수립에 필요한 기본 자료를 제공하는 것이지만, 아래에 제시되어 있는 것처럼 그 외에도 여러 가지 목적과 기능을 생각할 수 있다.

- 기존제품의 개선 및 신제품 개발의 영역과 주제를 파악
- 기술대안의 파악과 적절한 신기술 도입시기의 결정
- 기술진보에 따른 경제사회적 영향과 파급효과의 파악
- 기술적 환경과 제약조건하에서의 기회요소와 위협요소의 인식

특히 최근에는 기술예측의 목적이 경영전략이나 기술관리의 측면을 넘어 인력관리의 측면으로 확대되고 있다. 기술의 진보와 시장의 변화가 가속화되면서, 기술예측을 통해 앞으로 어느 분야의 인력을 새로 채용할 것인지에 관한 고용 계획, 그리고 어느 분야를 중심으로 기존 인력의 재교육을 실시할 것인지에 관한 직무 교육 등의 목적으로도 기술예측을 활용하고 있는 것이다.

(4) 기술예측의 방법

기술예측의 역사가 오래된 만큼 기술예측의 기법은 매우 다양하게 개발되어 사용되고 있다. 단순하고 간단한 직관적인 접근이 있는가 하면 매우 복잡하고 정교한 이론과 알고리즘을 필요로 하는 기법도 있다.

기법들을 분류하는 기준도 다양하게 제시될 수 있다. 예측의 목적이나 성격에 따라 나눌 수도 있고, 예측에 사용되는 방법의 차이에 따라 나눌 수도 있다. 방법론에 따라 분류하는 경우에도 탐색적인지 아니면 분석적인지, 정성적인지 아니면 정량적인지, 결정론적인지 아니면 확률론적인지 등 여러 가지의 분류체계가 가능하다. 이 책에서는 기본적으로 예측의 방법론적 차이를 기준으로 크게 정성적(qualitative) 방법, 정량적(quantitative) 방법, 신축적(flexible) 방법으로 나누기로 한다.

1) 정성적 방법

정성적 방법은 주로 전문가들의 지식과 경험에 의존하여 예측하는 다양한 방법을 통틀어 가리키는 용어이다. 주관적인 의견과 직관적인 판단에 기초하기 때문에 예측의 범위가 넓고 예측의 방식도 포괄적인 경우가 많다. 예를 들어 '2010년에 가장 큰 파급효과를 가져올 기술들로는 어떤 기술들을 들 수 있는가?', '어떤 방식의 연구개발이 가장 효과적이라고 생각하는가?', '이러이러한 기술이 상용화될 시기는 언제쯤이라고 보는가?' 등의 질문이 흔히 볼 수 있는 정성적 예측의 주제이다. 단순한 변화의 속도뿐 아니라 기술분야간의 상대적 중요도 결정, 기술개발의 방법의 선택, 연구개발 일정의 계획 등의 전략적이고 규범적인 목적도 강조된다.

2) 정량적 방법

이에 비해 정량적 방법은 데이터에 대한 통계적, 수학적 분석에 의해 예측하는 방법을 의미한다. 따라서 정량적 방법은 예측대상 기술의 변화 추세를 알 수 있는 통계자료(data)가 필요하며 예측의 범위가 좁고 예측의 방식도 구체적이고 객관적인 경향을 보인다. 예를 들어 지금까지의 데이터를 분석해 볼 때 '이러이러한 기술의 이러이러한 성능은 2020년에는 어느 수준까지 오를 것이며, 2030년에는 어느 수준까지 오를 것이다', '현재 이 기술은 지금까지 어떤 경로를 거쳐 기술수명주기의 어느 단계에 진입했으며 앞으로 어떤 양상과 속도로 한계수준까지 발전해 나갈 것이다'라는 식으로 예측 결과를 도출하는 것이 정량적 예측의 전형적인 주제이자 방식이라고 할 수 있다.

3) 신축적 방법

신축적 방법은 예측대상 기술의 성격이 매우 복잡하거나 예측의 외부환경이 매우 가변적인 상황에서, 미래의 상황을 복수의 시나리오로 설정한다든가 시뮬레이션 기법을 이용하여 예측을 수행하는 방법들을 포괄하는 개념이다. '미래의 상황은 어떤 변수와 기준에 의해 서로 다른 복수의 시나리오로 나타낼 수 있는가', '기술의 변화에 영향을 미치는 핵심적인 변수들은 무엇이며, 변수들간의 관계는 어떻게 이루어져 있는가', '각각의 변수가 어느 수준에서 어느 수준으로 바뀔 때 기술수준은 어떻게 변화할 것인가' 하는 문제를 시나리오 기획(scenario planning)이나 시뮬레이션(simulation)을 통해 분석하는 방식이 전형적인 예가 될 수 있다.

기술예측의 목적과 기대수준이 어느 정도인가, 예측대상 기술의 특성이 무엇이며 범위가 어느 정도인가, 예측에 필요한 자료나 지식은 어느 정도 확보할 수 있는가, 예측의 시점과 기간이 어느 정도인가, 예측의 기술적, 사회적 환경이 얼마나 복잡한가 등의 요인에 따라 가장 적합한 예측 방법을 선택하는 것은 매우 중요하고 또 어려운 일이다. 대표적인 기술예측의 기법들을 좀더 자세히 알아 보자.

1.3 정성적 전문가 판단법

(1) 기본개념

기술예측에서 가장 자주 사용되는 방법은 전문가의 판단에 의존하는 것이다. 전통적으로 예측 분야의 주류를 이루고 있는 수요예측(demand forecasting)과 비교하여 기술예측의 활용도와 정확도가 떨어지는 근본적인 이유는 과거의 데이터(historical data)가 부족하기 때문이다. 수요예측의 경우 미래의 시장수요는 과거의 시장수요를 토대로 비교적 안정적이고 일관된 방향과 속도로 변하지만, 미래의 기술은 과거의 추세와 상관없이 매우 불규칙적이고 불안정한 양상으로 변화하고 진보하는 경우가 많다. 더구나 기술예측은 그 성격상 고도의 전문지식과 풍부한 경험을 필요로 한다. 따라서 수요예측이 주로 통계적이고 정량적인 기법을 활용하는데 비해, 기술예측은 전문가들의 지식과 의견을 수렴하는 기법에 많이 의존하게 되는 것이다.

특히 정량적인 데이터를 토대로 예측하기 보다는 전문가의 판단에 기초하여 예측을 하는 경우는 다음 몇 가지를 들 수 있다. 첫째, 정량적인 추세분석(trend analysis)에 필수적인 과거의 실증 데이터가 없거나 데이터의 수집에 지나치게 많은 비용이 드는 경우이다. 둘째, 외부환경 요인이 변화하여 과거 데이터의 의미가 없어지거나 바뀐 경우이다. 셋째, 정치적, 규범적 요인이 기술적, 경제적 요인보다 더 중요하게 작용하는 경우이다. 넷째, 어느 한 가지 요인의 특성이나 영향력보다 여러 요인들 사이의 복합적인 상호관계가 더욱 중요하고 의미가 있는 경우이다.

(2) 구체적 기법

전문가 판단을 이용하는 기술예측의 방법에는 여러 가지가 있다. 특정 개인을 대상으로 일대일로 인터뷰를 하는 방법에서부터, 몇 사람의 전문가들을 모아서 토론을 하도록 유도하는 방법, 대규모 전문가 집단을 구성하여 우편을 통해 간접적으로 의견을 수렴하는 방법, 온라인 방식으로 수집한 전문가들의 빅데이터를 분석하는 방법까지 다양한 접근이 가능하다.

1) 인터뷰 방법

첫 번째 방법은 직접적인 인터뷰 즉 심층면접(in-depth interview)을 이용하는 접근이다. 인터뷰 방법의 장점은 여러 가지가 있다. 첫째, 복잡하고 전문적인 질문을 할 수 있으며 답변도 단순한 사지선다형이나 특정 수치 외에 정성적이고 내면적인 정보까지 얻을 수 있다. 둘째, 거의 100%의 응답률을 확보할 수 있고 응답을 빈칸으로 남겨두는 항목을 최소화할 수 있다. 셋째, 인터뷰 과정에서 질문의 내용이나 범위를 신축적으로 조정할 수 있다. 넷째, 질문자와 응답자가 상대방의 직접적인 태도나 반응을 관찰할 수 있기 때문에 신뢰도와 참여도를 높일 수 있다.

그러나 인터뷰 방법의 단점도 적지 않다. 무엇보다 질문자의 존재 자체가 응답자의 답변에 심리적인 압박감을 줄 수 있다. 또 응답자의 주관적인 견해나 상황적 변수들이 정보의 왜곡(bias)을 가져올 수 있다. 가끔은 응답자의 이해와 관심에 따라 의도적으로 잘못된 정보를 제공(cheating)할 가능성도 있다. 무엇보다 인터뷰 방법은 시간도 가장 오래 걸리고 비용도 많이 든다.

2) 설문조사 방법

두 번째 방법은 많은 전문가들을 대상으로 미리 작성된 설문지를 이용하는 방법이다. 설문조사 방법의 장점은 다음과 같다. 첫째, 비교적 저렴한 비용으로 많은 양의 정보를 획득할 수 있고 이를 토대로 통계적인 처리가 가능하다. 둘째, 응답자의 주관성에 의한 정보의 왜곡을 줄일 수 있다. 셋째, 필요한 경우 조사작업을 반복적으로 수행할 수 있다.

설문조사의 단점은 복잡하고 정교한 질문을 할 수 없고, 응답률도 낮으며, 답변의 의미가 무엇인지를 해석하고 또 그러한 답변이 나오게 된 근본적인 배경을 파악하기 어렵다는 것이다. 또한 시간이 오래 걸리기 때문에 수행과정의 일관성과 신뢰도를 유지하기가 쉽지 않다.

3) 전문가집단 방법

세 번째 방법은 전문가집단을 활용하는 접근이다. 실제로 전문가집단의 의견에 의존하는 접근은 기술예측의 실무에서 가장 자주 사용되는 방법이다. 이 범주에 속하는 대표적 방법으로는 아이디어 창출법(idea-generation technique), 지명집단 이용법(nominal group technique), 델파이법(Delphi method) 등을 들 수 있다.

아이디어 창출법은 보통 10명 내외, 즉 8명 내지 12명 정도의 전문가를 모아서 자유로운 토론을 거쳐 최종적인 공개투표(open voting)의 결과에 의해 기술을 예측하는 방법이다. 이에 비해 지명집단 이용법은 역시 비슷한 숫자의 전문가를 모아서 먼저 차례로 자신의 의견을 제시하게 한 후, 토론을 거쳐 최종적인 비밀투표(closed voting)의 결과에 의해 기술을 예측하는 방법이다. 이때 토론의 핵심은 브레인스토밍(brain-storming) 효과에 있다. 용어가 의미하는 것처럼, 참여자들 서로가 서로의 지식과 의견을 연쇄적으로 도출하고 교환함으로써 예측의 정확성과 신뢰성을 높일 수 있는 것이다. 델파이법은 전문가집단 방법 중에서도 가장 과정이 복잡하고 범위도 넓은 기법으로, 대규모의 전문가집단(panel)에 대한 반복적인 설문조사를 통해 의견을 수렴해나가는 방법이다.

전문가집단 방법의 장점은 전문가들의 적극적인 참여를 유도하여 시너지 효과를 최대로 올릴 수 있다는 점이다. 또 전문가 집단의 발표와 토론을 통해 여러 가지 추가 정보를 수집할 수도 있다. 그러나 단점은 전문가집단을 구성하고 운영하는 것이 어렵다는 점에 있다. 따라서 전문가들의 객관성과 공정성을 확보하고 동시에 높은 참여도를 유지하기 위해서는 경험이 풍부하고 능력이 뛰어난 관리자(moderator)의 역할이 필수적이다.

4) 델파이법

가. 기본개념

전문가집단 방법 가운데 최근에 많이 사용되는 델파이법에 대해 좀더 자세히 살펴보자. 앞에서 언급한대로, 델파이법은 1950년대에 미국의 RAND 연구소에서 처음 개발되어 현재까지 전세계적으로 가장 많이 사용되어 왔으며 구체적인 방법론과 절차에 대해서도 다양한 개선과 발전이 이루어져 오고 있다.

델파이법의 원리와 방법을 한마디로 요약한다면 전문가 집단에 대한 집중적이고 반복적인 설문조사를 통해 신뢰성 있는 합의점(consensus)을 도출하는 과정이라고 할 수 있다. 브레인스토밍 중심의 기존의 전문가집단 기법이 소규모 전문가들을 대상으로 하는 일회성 작업인데 비해, 델파이법의 가장 큰 차이이자 장점은 대규모 전문가 패널을 대상으로 의견수렴 과정을 여러 번 반복(iteration)하는데 있다.

이 원리를 좀더 깊이 알아보자. 먼저 여러 전문가들로부터 기술예측에 관한 의견을 수집하여 과학적, 정량적으로 분석한 후 그 결과를 예측에 참여하였던 전문가들에게 알려준다. 처음에는 전문가들간에 편차가 크지만 이 과정을 반복하면서 전문가들이 자신들의 의견을 수정하도록 유도하면 궁극적으로는 만족할만한 범위의 값으로 모든 의견들이 수렴하게 된다.

따라서 델파이법의 성공을 결정하는 중요한 요소들은 첫째, 참여자들의 익명성(anonymity)을 보장하여 소수의 유력한 전문가에 의해 합의점이 왜곡될 위험을 방지하고, 둘째, 참여자들에 대한 충실한 피드백(controlled feedback)을 통해 자의적 판단이나 정보의 잡음(noise)을 최소화하고, 셋째, 전문가들의 의견을 통계적, 정량적으로 정리하여 정보의 객관성을 확보하는데 있다.

나. 구조와 절차

델파이법의 구성 요소와 절차를 알아 보자. 델파이법은 기술예측 프로젝트를 수행하는 주체로서의 관리자(moderator)와 기술예측에 참여하는 전문가집단 즉 패널(panel)로 구성된다. 여기서 패널은 델파이 프로젝트가 시작될 때부터 종료될 때까지 예측의 전문가로 참여하게 된다. 패널의 규모는 하나의 예측 주제(분야)에 대해 보통 50명 이하로 정해지지만 최적의 크기를 미리 정할 수는 없다. 패널의 크기가 너무 작으면 대표성이 떨어지게 되고, 반대로 너무 크면 패널의 관리가 어려워질뿐더러 패널 내부에서 의견의 쏠림 현상이 일어날 위험도 커진다.

델파이 프로젝트를 수행하는 기본적 프로세스는 아래와 같이 라운드(round)라고 부르는 몇 번의 단계를 반복하면서 이루어진다. 실제로 델파이 프로젝트를 어떤 순서로 하고, 몇 번의 라운드를 반복할 것인가는 기술예측의 성격이나 목적에 따라 달라질 수 있다.

● 라운드 0: 준비

전체 기술분류 상에서 예측 대상 기술의 목록을 선별하고 예측에 참여할 전문가들을 선정하는 단계이다. 얼마나 유용한 예측대상 기술을 도출하고 얼마나 적절한 전문가 집단을 구성하는가에 따라 델파이 프로젝트의 성공 여부가 결정된다는 면에서 사전 준비 단계인 이 라운드는 매우 중요하다. 전문가는 관련 분야의 기존문헌을 바탕으로 찾을 수도 있고, 개인적인 접촉을 통해 참여를 유도할 수도 있다. 일단 전문가들이 선정되면 그들의 전문가적 의견을 토대로 예측대상 기술과 주제를 도출하게 된다.

참여할 전문가의 수를 결정할 때 반드시 고려해야 할 점은 응답률(response rate)이다. 모든 설문조사가 그렇듯이, 델파이 프로젝트에서도 실제로 설문지를 작성하여 제출하는 전문가의 비율 즉 응답률은 낮으면 20% 정도, 높아야 50% 내외로 알려져 있다. 더구나 라운드가 반복될수록 참여자들의 이탈로 인해 누적 응답률은 더욱 낮아지게 된다. 실제로 낮은 응답율은 델파이 법의 중대한 단점으로 지적되기도 한다. 따라서 처음부터 통계적 유의수준을 만족시킬 수 있는 설문결과를 확보하기 위해서는 예상 응답률을 고려하여 패널의 크기를 충분한 수준으로 결정하여야 한다.

전문가집단이 구성되고 예측대상 기술의 목록이 결정되면 개별전문가에게 발송할 설문지를 작성한다. 설문지의 내용은 예측하고자 하는 문제와 직접적으로 관련된 주제여야 한다. 또 예측 주제의 항목이 너무 많아지면 참여율이나 신뢰도가 떨어지게 되므로 적당한 수로 제한하는 것이 중요하다. 그러나 대부분의 델파이 프로젝트는 규모가 크고 시간과 비용이 많이 투입되므로 하나의 설문지로부터 가능한 한 많은 정보를 수집할 수 있어야 한다. 따라서 미래기술의 실현 시점과 같은 직접적인 질문 외에도 전략적, 정책적으로 필요한 보충 질문을 포함시키게 된다.

설문의 방식과 관련하여, 예측 결과를 통계적으로 분석하고 해석하기 위해서는 에세이 형식의 서술형 질문보다는 구체적인 수치로 대답할 수 있는 형식의 질문이 바람직하다. 또한 기존 데이터를 근거로 쉽게 계산이 가능한 사실 질문(factual question)보다는 분석적이고 경험적인 판단과 사고가 필요한 질문이 더 적합하다. 조사의 목적이나 질문의 특성에 따라 다음과 같이 다양한 척도(scale)의 항목을 포함할 수 있다.

- XX 기술을 활용한 제품의 상용화 시점은 언제로 보고 계십니까? (   )년
- XX 기술 관련시장의 연평균 성장률은 어느 정도로 보고 계십니까?
  5% 이내( ), 10% 이내( ), 15% 이내( ), 20% 이내( ), 20% 이상( )
- XX 기술의 전략적 중요도는 어느 정도로 평가하십니까?
  매우 중요함( ), 중요함( ), 보통( ), 중요하지 않음( ), 전혀 중요하지 않음( )

● 라운드 1: 예측

먼저 관리자의 주관 하에 전문가집단의 참여자들에게 작성한 설문지를 발송한다. 다음으로 회수된 설문지를 토대로 평균(mean), 중앙값(median), 분산(deviation), 범위(range) 등을 구하는 기술통계(descriptive statistics) 작업을 수행한다.

델파이 예측의 대표값으로는 평균값과 함께 중앙값도 적절한 통계량으로 활용되고 있다. 그 이유는 대부분의 델파이 프로젝트의 경우 전문가 집단의 수가 크지 않은 반면 전문가 사이의 주관적인 판단에 따른 편차가 커서 소수의 극단적인 예측값이 평균값에 큰 영향을 미칠 수 있기 때문이다. 이에 비해 중앙값은 이러한 요인에 의한 오차의 크기가 상대적으로 작은 장점이 있다. 따라서 예측 데이터의 성격이나 예측 항목의 척도(scale)에 따라 중앙값을 사용하기도 한다.

또 하나의 중요한 통계량은 분산이다. 델파이 예측의 신뢰도는 예측값의 산포도(dispersion), 즉 분산(편차)을 기준으로 판단한다. 분산의 크기가 작을수록 신뢰도가 높은 것으로 판정하는 것이다. 따라서 초기 라운드에서 나온 편차의 크기가 클

수록 다음 라운드의 반복을 통해 편차를 줄여나가야 할 필요성도 커지게 된다.

● 라운드 2: 수정

전문가들에게 라운드 1의 결과를 알려주고, 그것을 토대로 자신의 판단을 수정하여 다시 한번 예측하도록 요청한다. 이때 어느 전문가가 라운드 1에서 제시한 예측값이 전문가 집단 전체의 평균값과 큰 차이가 있음에도 불구하고 라운드 2에서도 동일한 예측값을 제시하는 경우에는 그에 합당한 객관적인 근거를 함께 제시하도록 유도함으로써 무책임한 응답의 가능성을 줄인다.

회수된 설문지를 분석하여 산포도(분산)의 크기를 기준으로 하여 예측의 신뢰도를 다시 판단한다. 특히 라운드 1의 분산의 크기와 비교하여 얼마나 편차가 줄어들었는지를 비교한다. 목표했던 충분한 신뢰도가 얻어지면 예측활동을 종료하고, 그렇지 않으면 다음 라운드로 다시 넘어가서 예측을 반복한다.

지금까지 설명한대로 델파이법은 예측과 수정을 반복함으로써 전문가들간의 의견을 좁은 범위의 값으로 수렴시키게 된다. 과연 어디까지 수렴이 되어야 신뢰성이 있는 것인가 즉 몇 번이나 라운드를 반복할 것인가 하는 문제는 주관적인 판단에 달려 있다. 라운드를 반복할수록 신뢰도는 올라가지만 동시에 비용과 시간이 더 들기 마련이다. 따라서 관리자는 두 가지의 상충 요소들을 고려하여 최종적인 의사 결정을 해야 한다.

여기서 유의할 점은 [그림 3-1]에 나타나 있는 것처럼 라운드를 되풀이할수록 신뢰도의 절대수준은 증가하지만 동시에 신뢰도의 증가율(rate)은 낮아진다는 사실이다. 라운드 1에서 라운드 2로 넘어갈 때는 신뢰도가 크게 좋아지지만, 라운드 2에서 라운드 3으로 넘어갈 때는 신뢰도가 좋아지기는 하나 그 비율은 현저하게 떨어지는 것이 보편적인 현상이다. 따라서 신뢰도가 결정적인 기준이 되는 매우 중요한 예측이 아니라면 라운드를 여러 번 되풀이하면서 발생하는 경제성 문제도 고려해야 한다. 실제로 전통적인 델파이 프로젝트에서는 라운드의 반복을 4회 정도로 제한하고 있으며 실무에서는 2회로 종료하는 경우가 많다.

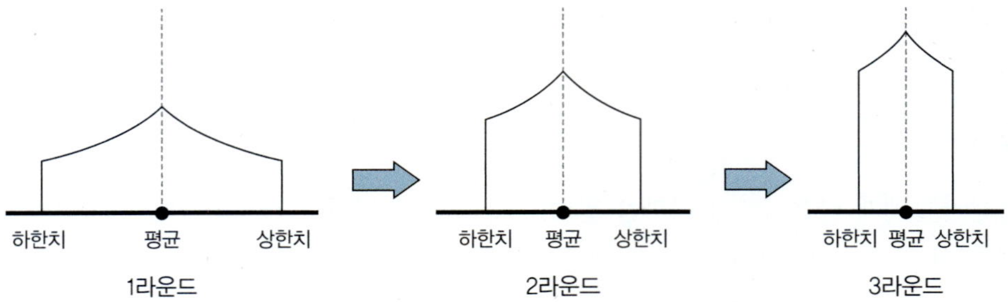

[그림 3-1] 델파이법의 라운드 간 분산 비교

다. 장단점

델파이법을 사용한 예측의 장점으로는 익명성의 보장을 바탕으로 객관적인 판단이 이루어질 수 있다는 점이다. 또한 전문가 집단의 합의된 결과는 개인의 예측보다 정확도와 신뢰도가 더 뛰어나다고 할 수 있다. 하지만 이 견해에 대한 반론도 만만치 않다. 델파이법에서 수렴된 결과는 참여자들에 대한 간접적인 압력의 결과이기 때문에 실제로는 다른 방법들에 비해 그 정확도와 신뢰도가 뛰어나지 않다는 의견도 많은 것이다. 앞에서 설명한대로, 만일 본인의 예측값이 집단 전체의 평균값과 비교하여 큰 차이가 나는 경우에는 예측 의견을 수정할 때 객관적이고 합리적인 근거도 함께 제시해야 한다. 그러나 상당수의 참여자들은 본인의 의견이 다름에도 불구하고 근거를 작성하는 번거로움을 피하기 위해 평균값과 비슷한 수준으로 예측값을 수정하기도 한다. 그럴 경우 이른바 편승효과(bandwagon effect)가 나타나면서 왜곡된 합의가 나타날 수 있다.

현실적으로 델파이법의 가장 큰 단점은 시간과 비용이 많이 소요된다는 점이다. 델파이 프로젝트의 규모에 따라 다르지만 일반적으로 라운드 1회를 실시하는데 소요되는 시간은 3주 정도로서 만일 3라운드의 델파이 프로젝트를 수행한다고 하면 준비시간을 포함하여 3~4개월 정도의 시간과 그에 따른 많은 비용이 필요하다. 따라서 델파이 프로젝트는 예측의 범위와 규모가 충분히 크고 예측의 필요성과 중요성이 확보된 대규모의 중장기 예측의 경우에 수행하게 된다.

라. 예제: 공공부문의 예측조사

델파이법에 의한 대규모 기술예측 사례로 국가수준에서 수행한 과학기술예측조사(2005~2030)를 살펴보자(과학기술부-한국과학기술기획평가원, 2005). 이 조사는 전문분과별 브레인스토밍을 통해 도출된 761개의 기술과제에 대해 델파이법을 사용하여 기술의 중요도를 평가하고, 향후 25년간의 실현(상용화) 시기를 예측한 후 기술중요도와 실현 시기를 바탕으로 기술로드맵을 작성하여, 향후 국가연구개발사업의 추진전략을 제시하기 위해 수행되었다.

첫 라운드에서 응답한 전문가는 5,414명으로 약 16.7%의 응답률을 보였다. 이 응답자를 대상으로 다음 라운드에 다시 전문가 평가를 실시한 결과 3,322명이 응답하여 61.4%의 응답률을 기록하였다.

델파이법을 통해 나온 예측결과 가운데 몇 가지 부분을 살펴보자. 먼저 주요 기술분야에 대한 중요도를 평가한 결과를 아래의 〈표 3-1〉에서 볼 수 있다. 또한 중요기술과제의 실현 시기에 대한 분포는 〈표 3-2〉에서 살펴볼 수 있다.

〈표 3-1〉 기술분야별 기술과제의 중요도 평가

분과명	중요도 평균	중요도가 높은 과제의 비율
우주와 지구	67.3	0.34
소재와 생산	65.5	0.15
정보와 지식	67.6	0.34
식량과 생물자원	66.5	0.21
생명과 건강	67.8	0.40
에너지와 환경	66.3	0.27
안전	53.5	0.25
국토관리 및 사회인프라	66.3	0.23

〈표 3-2〉 기술분야별 실현시기 예측

단위: 과제 수

연도	우주와 지구	소재와 생산	정보와 지식	생물자원	생명과 건강	에너지와 환경	안전	국토관리 및 사회 인프라
2016	9	7	2	9	12	6	3	7
2017	13	7	2	5	7	18	1	3
2018	13	8	2	2	17	6	1	6
2019	9	4	1	1	8	3		2
2020	6	2			12	2		1

2021	9	1		1	2			1
2022	3	1		1	1	2		
2023	6					1		
2024	4				1	1		
2025	4							
2026	2					1		
2027	4							

마. 예제: 민간부문의 전략수립

앞의 예제에서 본 것처럼 공공부문의 기술예측은 기술의 변화 과정과 속도를 객관적으로 추측하는 작업에 초점을 맞춘다. 따라서 좁은 의미의 델파이법은 구체적 기술이나 제품이 어느 시점에 상용화될 것인가를 예측하는 작업을 뜻한다. 그러나 민간기업들이 좀더 전략적 목적에서 델파이 프로젝트를 수행한다면 단순히 실현시기를 예측하는 과제를 넘어 경영전략 수립의 예비 작업으로 이루어지게 된다.

다음의 사례를 살펴보자. S 기업은 세계 곳곳에 생산/판매 법인과 지점을 갖추고 있고, 지역별로 차별화 된 연구개발, 마케팅 및 서비스를 제공하는 글로벌 기업이다. S 기업은 21세기 대비 중장기 R&D 투자 계획을 수립하면서, 2030년까지 기존의 경쟁우위 분야에는 현재의 위치를 확고히 유지하기 위해 기술투자를 늘리고, 미래 유망사업 분야에는 기반기술 경쟁력을 갖추기 위해 기술투자를 확대하기로 하고, 델파이 예측 프로젝트를 통해 앞으로 중점적으로 투자할 기술분야를 선정하는 작업을 수행하기로 하였다.

● 라운드 0: 준비

델파이 프로젝트의 패널은 S 기업 임원진, 연구개발 책임자, 마케팅 책임자, 외부 전문가 등 25 명의 다양한 분야의 전문가들로 구성되었다. 델파이법은 총 4라운드로 이루어졌으며 사전 분석을 통해 약 300개의 개별기술을 예측대상 기술로 선정하였다. 각 기술을 평가할 항목들은 연구개발 위험도, 상업화의 용이성, 개발의 용이성, 기술적 적합성, 시장의 잠재수요 등이 제시되었다. 전문가들은 세부 평가항목에 대해 예측대상 기술의 수준을 '매우 그렇다'에서부터 '전혀 그렇지 않다'까지의 5점 리커트 척도(Likert scale)로 평가하였다.

● 라운드 1: 예측

예측에 참여한 전문가들은, 예측대상 기술에 대해 평가를 실시한 후 그 결과를 관리자에게 제출한다. 관리자는 회수된 평가결과에 대한 통계 분석을 통해 각 평가항목에 대한 중앙값, 응답 중 중앙에 위치한 50%의 응답을 포함하는 IQR(inter quartile range) 등의 정보를 도출한 후 그 결과를 전문가들에게 다시 배포한다.

● 라운드 2: 수정

각 전문가들은 자신이 예측한 값을 다른 전문가들의 예측값과 비교한 후 다시 예측 작업을 수행한다. 만약 라운드 1에서 본인이 제시한 예측치가 IQR에서 벗어난 전문가가 라운드 2에서도 여전히 같은 예측치를 제시하는 경우에는 그 객관적 이유와 근거를 함께 제출하도록 한다. 관리자는 라운드 2에서 얻은 예측 자료를 다시 통계적으로 분석하여 그 결과를 전문가들에게 발송한다.

● 라운드 3: 재수정

전문가들은 라운드 2에서 요약된 통계 결과를 토대로 다시 새로운 예측을 하게 된다. 이 경우에도 자신의 예측이 IQR에서 벗어나게 되면 그 근거를 명확히 제시해야 한다. 대부분의 경우 라운드가 반복될수록 예측값의 범위와 편차는 줄어든다. [그림 3-2]에 나타나 있는 것처럼, 이 예제에서도 어느 평가항목에 대한 결과는 라운드가 되풀이됨에 따라 편차가 줄어들면서 예측의 신뢰도가 올라가는 양상을 보여주고 있다. 5점 척도 예측의 경우, 라운드가 반복되면서 중앙값의 변화는 크지 않지만 편차는 현저히 줄어드는 것을 알 수 있다.

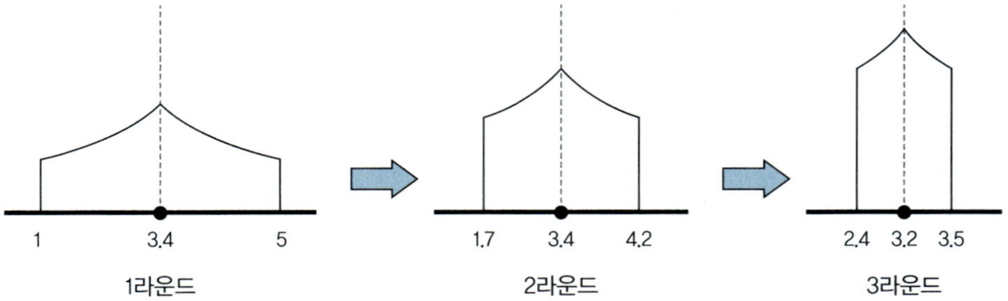

[그림 3-2] 라운드 반복에 따른 IQR의 변화

● 라운드 4: 정리

이제 회수된 설문결과를 토대로 최종적인 예측 결과를 도출하게 된다. 이 예제의 경우, 델파이 프로젝트의 목적은 향후 10년 동안 집중적으로 연구개발 투자를 해야 할 기술분야를 도출하는데 있다. S 기업은 4회의 라운드를 통해, 차세대 디스플레이, 이동통신, 시스템 LSI, 정밀 광학기기, 전자재료 등의 유망기술을 선정하였다. 선정된 기술들은 연구개발 위험도, 상업화의 용이성, 개발의 용이성, 기술적 적합성, 시장의 잠재수요 등의 관점에서 전문가들로 좋은 평가를 받은 기술들이다.

5) 전문가 텍스트 분석

가. 기본개념

지금까지 설명한 것처럼, 일반적인 전문가 판단법은 전문가들을 대상으로 인터뷰, 브레인스토밍, 설문조사 등을 통해 의견을 수렴하는 방식이다. 그러나 최근 빅 데이터의 유용성과 활용도가 부각되면서 집단지성(collective intelligence)을 바탕으로 기술의 미래를 예측하는 방법들이 제안되고 있다. 이 방법들은 foresight 2.0, collaborative foresight, foresight support system 등과 같은 새로운 기술 포사이트 개념들과도 밀접하게 연결되어 있다.

이 방법에서는 소수의 전문가에게 직접적으로 의존하는 방식 대신 다수의 전문가들을 간접적으로 활용하는 방식을 사용한다. 실제로 유망기술(promising technology)의 미래에 대해 각 분야의 전문가들이 예측 의견을 올려놓은 온라인 사이트(site)들이 다수 존재한다. 물론 각각의 의견이 하나의 단편적인 예측 시나리오이므로 그 자체로 기술예측에 사용될 수 있다. 하지만 많은 시나리오들을 묶어서 살펴보면 예측의 범위가 넓어지고 내용도 다양해진다. 이 원리를 바탕으로 여기저기에 흩어져 있는 원천(source)으로부터 수집한 전문가 예측정보들을 종합적으로 분석하여 유망기술의 미래에 대한 예측 시나리오를 도출하는 것이다. 나아가 해당기술 자체의 미래는 물론 그 기술로 인해 나타날 수 있는 미래사회의 다양한 현상도 알아보게 된다. 물론 이러한 예측 방법을 사용하기 위해서는 빅데이터 분석에 관한 전문지식과 경험이 필요하기 때문에 여기에서는 기본개념과 원리에 대해서만 알아보기로 한다.

나. 텍스트 분석

온라인 상에 존재하는 대부분의 전문가 의견은 문서(text) 형태로 되어 있다. 이러한 텍스트 데이터는 읽고 이해하기는 쉬운 장점이 있지만 데이터행렬(data matrix) 형식에 맞추어 정리된 것이 아니므로 비정형 데이터(unstructured data)라는 문제를 안고 있다. 따라서 텍스트 데이터를 컴퓨터 작업에 사용하기 위해서는 먼저 일련의 전처리 과정(preprocessing)을 거쳐야 한다. 예를 들어 품사를 판별한다거나 불필요한 단어를 제거한다거나 하는 작업을 거쳐야 하는 것이다. 또한 각 문서에서 특정 단어(keyword)가 나타나는 빈도(frequency) 등을 측정하여 그 값을 행렬(matrix) 모양의 데이터로 정리하여야 한다.

구조화되지 않은 텍스트 자료를 구조화된 정량적 자료(structured data)로 바꾼 다음에는 자동적으로 유용한 지식이나 의미 있는 패턴을 추출해내는 알고리즘을 사용하게 된다. 이 과정에서 사용되는 기법을 묶어서 텍스트 마이닝(text-mining)이라고 한다. 텍스트 마이닝을 통해 유사한 문서들을 군집으로 묶거나, 텍스트로부터 유의한 정보나 지식을 추출하거나, 문서들 간의 관계를 시각적 형태로 보여주거나, 문서를 구성하는 세부 요소들을 조합하여 새로운 문서를 만들어낼 수 있다.

기술예측을 위한 텍스트 마이닝의 전체 과정은 크게 다음의 세 단계로 요약할 수 있다. 각 단계에서 실제 작업을 수행하기 위해서는 범용 소프트웨어를 사용할 수도 있지만 대부분의 경우 분석의 목적과 조건에 맞추어 직접 프로그래밍을 한다. 따라서 본격적인 텍스트 마이닝을 위해서는 컴퓨터 언어(computer language)에 대한 이해가 필요하다.

- 데이터 수집(crawling) 단계: 여러 곳의 원천에 분산되어 있는 데이터를 폭넓게 탐색하여 작업에 적절한 데이터만 선별한 후 한군데에 모아놓는 작업
- 전처리(preprocessing) 단계: 구조화 되지 않은 비정형(unstructured) 텍스트 데이터를 컴퓨터 작업에 사용할 수 있는 형태로 구조화하는 작업
- 데이터 변환(data transformation) 단계: 다양한 분석 알고리즘을 사용하여 예측 시나리오를 작성하는 작업

다. 예측 시나리오

간단한 예시를 이용하여 텍스트 마이닝 기법으로 기술예측을 수행하는 과정을 살펴보자. 자동차 분야의 미래기술을 예측하는 작업을 수행하기 위해 소수의 전문가들을 직접 인터뷰하거나 설문조사하는 방식 대신 온라인 상의 다양한 전문가 사이

트로부터 관련 정보를 수집하여 분석하는 방식을 사용하기로 하였다. 먼저 예측의 대상이 되는 유망기술의 미래에 대해 많은 전문가들이 제시한 예측 시나리오들을 수집한다. 이제 각각의 개별 시나리오들을 가공하여 더 넓은 범위에서 새로운 의견을 보여주는 종합 시나리오들을 만들어내게 된다. 그러기 위해서는 먼저 각각의 시나리오들을 가장 작은 단위의 요소들로 분해한 후, 시나리오들 사이의 연관성을 바탕으로 작은 요소들을 조합한 중간 단위의 주제를 만들고, 다시 주제들을 조합하여 문장 형태의 새로운 시나리오를 작성하게 된다. 보다 구체적으로 설명하면, 원래의 개별 시나리오로부터 가장 하위 단위의 핵심단어(keyword)를 도출한 후, 단어들간의 묶음인 토픽(topic)을 찾아내고, 토픽-단어의 조합을 통해 미래 시나리오(scenario)를 작성하는 과정으로 진행된다. 물론 여기서 설명하는 것은 하나의 예시이므로 이 방법 외에 다른 방법을 사용할 수도 있다.

먼저 예측대상 기술이나 영역이 정해지면 그 기술의 미래에 관한 전문가 의견 사이트로부터 방대한 텍스트 데이터를 수집한다. 이어서 수집한 모든 문서들에 대해 핵심단어(keyword)들의 빈도수 행렬(matrix)를 만든다. 즉 행(row)에는 각각의 문서를 배치하고 열(column)에는 단어들을 배치한 후 각각의 문서에서 각각의 단어가 나오는 빈도(frequency)를 조사하여 〈표 3-3〉과 같이 문서-단어-빈도 행렬(document-term-frequency matrix)을 구축한다.

〈표 3-3〉 문서-단어-빈도 행렬 예시

	미래/명사	융합/명사	무인/명사	교통/명사	중요하다/형용사	사고/명사
문서 1	8	17	15	0	7	0
문서 2	4	15	16	0	6	0
문서 3	7	0	15	13	6	0
문서 4	8	1	7	20	4	1
…						

이어서 위의 행렬을 바탕으로 다음과 같은 작업들을 차례대로 수행한다. 개별 키워드 각각은 의미있는 예측 정보를 제공하지 못하기 때문에 먼저 키워드간의 관계를 분석하여 주요 토픽(topic)을 찾아내고 각 토픽의 의미를 파악하여 토픽의 이름도 붙여주게 된다. 이어서 각 토픽이 만들어진 연관 키워드를 찾아 토픽-키워드의 연결

나무(tree)를 만든다. 마지막으로 토픽-키워드의 조합을 통해 미래에 관한 예측 시나리오를 작성한다. 즉 예측 정보로 사용될 수 있는 문장(sentence)을 만들어 내는 것이다. 〈표 3-4〉에서는 교통 관련 토픽으로부터 예측 시나리오들을 도출한 결과를 예시적으로 보여주고 있다.

〈표 3-4〉 시나리오 도출 결과 예시

토픽	연관 키워드	예측 시나리오
교통 관련	무인, 자동차, 교통, 혼잡, 줄이다, 사고, 위험	무인자동차를 통한 교통 체증 및 사고 위험 감소
	가상현실, 로드맵, 운전, 원격, 운전, 첨단, 모니터링, 사고, 예방, 손쉽다	원격 운전, 첨단 모니터링 시스템 등 사고 예방 장치 가동
	플라스틱, 웨어러블, 첨단, 제어장치, 이차전지, 동력, 안전, 친환경	입고 벗을 수 있는 웨어러블 자동차의 등장

1.4 정량적 추세 분석

(1) 기본개념

위에서 살펴본 정성적 전문가 판단법은 시간과 비용의 문제는 있지만 방법론적으로 이해가 쉽기 때문에 현장의 실무에서 많이 사용되고 있다. 그러나 해당기술의 역사가 오래되어 기술 변화에 대한 정량적 추세가 잘 알려져 있는 경우라면 정성적 예측보다 정량적 예측의 정확도와 신뢰도가 더 높을 수 있다.

추세 분석(trend analysis)은 말 그대로 기술진보의 추세를 정량적인 값으로 측정한 데이터를 수집한 후 이 데이터를 과학적인 모델에 반영하여 예측하는 기법들을 말한다. 정량적인 추세 분석에는 다양한 기법들이 존재하지만 모든 기법은 일반적으로 다음과 같은 방법과 절차를 통해 이루어진다. 먼저 과거의 자료를 도면 위에 점으로 표시하여 그 점들을 이은 곡선을 그린 후(plotting), 그 곡선에 가장 적합한 함수(function)를 찾고, 데이터를 이용하여 그 함수의 모수(parameter)를 추정한 다음, 마지막으로 그 함수에 미래의 시점을 입력하여 예측값을 도출한다. 이 과정에서는 주로 회귀분석(regression analysis)과 같은 통계기법을 사용하게 된다. 따라서 정량적 추세분석은 곧 통계적 분석(statistical analysis)이라고 해도 큰 틀림이 없다. 통계기법에 대한 기본지식이 부족한 독자의 경우 통계학 교과서를 참조하기 바란다.

또 하나 언급할 개념은 흔히 외삽이라고 번역되는 extrapolation이라는 용어이다.

일반적으로, 이미 알려져 있는 과거의 추세를 아직 알려지지 않은 미래까지 연장하여 예측하는 방법을 외삽법(extrapolation)이라고 한다. 중장기적 기술예측은 이미 데이터가 존재하는 과거의 추세를 아직 데이터가 존재하지 않는 먼 미래까지 투영시켜(projection) 예측하는 방법이기 때문에 기본적으로 외삽법에 토대하고 있다.

(2) 구체적 기법

추세 분석을 수리적 모형의 관점에서 나눈다면 크게 비선형 모형(non-linear model)과 선형 모형(linear model)으로 분류할 수 있다. 비선형 모형은 말 그대로 추세선(trend line)이 곡선 모양의 비선형 함수로 나타나는 경우이고, 선형 모형은 추세선이 직선 모양의 선형 함수인 경우이다.

그러나 기술예측 교과서에서는 흔히 성장곡선(growth curve) 모형과 추세외삽(trend extrapolation) 모형으로 나누어 설명한다. 이러한 양분법은 기술의 진보 과정에 이른바 세대(generation) 개념이 존재하면서, 세대 내의 기술진보와 세대간의 기술진보는 성격과 형태가 다르다는 사실을 바탕으로 한다. 예를 들어 메모리 반도체의 집적도 기술의 경우 최초의 4004 세대에서 출발하여, 286 세대, 386 세대, 486 세대, 펜티엄(Pentium) 세대 하는 식으로 세대 내 진보와 세대 간 진보를 거듭하여 왔다. 이렇게 기술진보 과정에 세대가 존재하는 경우에는, 단기적으로 세대 내에서 기술이 진보하는 패턴과 중장기적으로 세대 간에 진보하는 패턴이 다르게 나타나고 따라서 적합한 예측방법도 달라진다. 일반적으로 하나의 기술세대 안에서의 단기적 진보는 성장곡선을 토대로 예측하는데 반해 여러 세대에 걸쳐 나타나는 장기적 진보는 외삽(extrapolation)을 통해 예측할 수 있다. 따라서 단기예측인지 장기예측인지에 따라 서로 다른 두 가지의 기본모형을 선택적으로 사용하게 된다.

먼저 성장곡선 모형을 보자. 어떤 특정 기술은 단기적으로는 그 기술의 세대 내에서 처음 생겨나고 그 세대 내에서 변화 내지 발전된다. 또한 대부분의 신기술은 출현하는 초기에 이미 이론적으로 발전할 수 있는 한계 수준을 지니고 있다. 따라서 그 기술은 그 세대 내에서는 이론적 한계(theoretical limit)를 향하여 계속 진보하지만 궁극적으로 이론적 한계를 넘어서지는 못한다. 이론적 한계는 그 세대의 기술로 달성할 수 있는 성능의 상한을 가리킨다.

이 경우에 그 세대 내에서 기술이 이론적 한계를 향해 진보하는 속도와 양상을 예측하는 데 적용되는 모형이 성장곡선 모형이다. 위의 메모리 반도체 예를 본다면, 각 세대 안에서 집적도 기술이 진보하는 양상이 이 현상을 설명한다. 수리적 모형의 관점에서 보면, 성장곡선 모형은 일반적으로 비선형 곡선을 가정하기 때문에 비선형 모형에 해당된다.

다음으로 추세외삽 모형을 보자. 일반적으로 기술은 단기적으로는 한 세대 내에서 진보하지만 장기적으로 보면 끝없이 이론적 한계를 뛰어넘으며 진보한다. 즉 한 세대 내에서 이론적 한계에 부딪히게 되면 획기적인 새로운 기술(breakthrough technology)이 출현하면서 다음 세대로 넘어가게 된다. 다시 반도체의 예를 보면, 4004 세대에서 출발하여 세대를 뛰어넘으면서 펜티엄(Pentium) 세대로 진화하는 양상이 이 현상을 보여준다. 이 과정이 반복되면 장기적으로 기술이 진보하는 속도와 양상을 예측하는 데는 앞에서 언급한 성장곡선 모형이 적합하지 않다. 이때 성장곡선의 대안으로 제시되는 예측 모형이 미래의 추세를 장기적으로 외삽시키는(extrapolate) 모형이다. 이 모형은 일반적으로 선형 곡선(또는 선형곡선으로 변환할 수 있는 지수함수 곡선)을 가정하기 때문에 수리적 관점에서는 선형 모형에 해당된다. 이 두 모형을 따로 나누어 자세히 살펴보기로 하자.

1) 성장곡선 모형

가. 기본개념

기술예측에서는 시간의 흐름을 따라 기술의 성능이 진보한다는 것을 가정한다. 즉 기술수준은 퇴보하지는 않는다는 본질적 속성을 기본가정으로 하는 것이다. 따라서 성장곡선(growth curve)들 사이의 차이는 시간의 흐름을 따라 진보하는 비율을 어떻게 설정하느냐에 달려있다.

여기서 다음 두 가지의 원시적인 성장곡선을 살펴보자. 하나의 곡선은 로그함수(logarithmic function)와 같이 시간의 흐름을 따라 기술성능이 진보하기는 하지만 진보율(성장률)은 계속 체감(decreasing rate)하는 곡선이다. 이 곡선은 이론적으로는 가능한 모양이지만 실제로는 나타나기 어려운 형태이다. 왜냐하면 대부분의 기술은 수명주기(life cycle) 동안 기술성능이 비약적으로 진보하는 기간이 존재하기 때문이다. 그러므로 기술의 수명주기 내내 진보율이 계속 줄어든다는 가정은 비현실적이고 따라서 성장곡선으로 사용하기에는 적합하지 않다.

다른 하나의 곡선은 지수함수(exponential functhion)와 같이 시간의 흐름을 따라 기술의 성능이 진보하면서 진보율(성장률)도 계속 체증(increasing rate)하는 곡선이다. 이 곡선도 개념적으로는 가능한 형태이지만 현실성은 떨어지는 모양이다. 왜냐하면 대부분의 기술은 폭발적으로 성장하는 기간이 존재하기는 하지만 그 기간이 수명주기 내내 이어지지는 않기 때문이다.

그렇다면 대부분의 기술진보에서 나타나는 가장 전형적인 형태는 무엇일까? 기술의 수명주기 동안 위의 두 가지 곡선이 동시에 나타나는 모양이라고 할 수 있다. 즉 초기에는 천천히 진보하다가 어느 기간 동안 급속도로 성능이 올라가고 마지막에는 다시 서서히 진보하는 모양으로 바뀌는 속성을 보이는 것이다. 이러한 성장 패턴을 가장 잘 나타내는 곡선이 바로 S자 모양(sigmoid)의 곡선이다.

나. S-curve 곡선

앞에서 설명한 것처럼 성장곡선은 새로운 기술이 개발된 후 수명주기를 따라 어떤 양상으로 기술적 성능이 개선되고 발전하는가를 보여주는 곡선이다. 또한 [그림 3-3]에 도시되어 있는 것처럼 기술의 성장곡선은 일반적으로 S-curve(sigmoid) 형태로 나타난다. 이 그림에서 Y축은 성과(output)로서 기술예측의 대상이 되는 기술 성능을 가리킨다. 따라서 기술 성능은 속도가 될 수도 있고 집적도가 될 수도 있다. X축은 시간(time) 또는 시간의 흐름에 따라 증가하는 누적투입량(input)을 뜻한다.

기술의 진보 양상이 S-curve 형태로 나타나는 이유는 무엇일까? S-curve는 기술수명 주기(technology life cycle) 이론에 근거한 것으로서, 초기에 완만하게 상승한 후 짧은 기간에 급격하게 상승하고 다시 정체하는 양상을 보여준다. 새로 개발된 기술이나 출시된 제품은 도입기인 초기 단계에는 잠재적 수요자가 많지 않고 기술정보도 별로 알려지지 않아서 기술혁신이 활발히 일어나기 어렵고, 따라서 기술 성능도 서서히 올라간다. 그러나 일단 시장에서 받아들여져 성장기로 넘어가면 본격적인 연구개발과 폭넓은 실용화를 통해 급속한 성장과 진보를 하게 된다. 이 단계를 넘어 성숙기로 접어들면 더 이상 넘어설 수 없는 한계에 부딪치면서 정체 상태에 빠지게 된다. 이러한 변화와 발전과정을 곡선으로 표현하면 전형적인 S-curve가 된다.

실제로 기술의 진보가 S-curve 형태로 나타나는 사례는 무수히 많다. S-curve

모형이 많이 이용되는 이유도 이론적 모형이 실증적으로도 잘 맞기 때문이다. 또 S-curve 모형은 이해하기도 쉽고 사용하기도 간편하다. 더구나 비교적 적은 양의 데이터만 있어도 예측이 가능하기 때문에 기술예측의 실무에 자주 활용된다. 그러나 최근에 등장하고 있는 신기술 특히 정보통신(ICT) 기술의 경우는 빠른 시간에 정점에 도달한 후 정체하거나 반대로 오랜 기간 완만하게 상승해 정점에 도달하는 새로운 패턴이 나타나면서 S-curve가 왼쪽 또는 오른쪽으로 치우친(skewed) 경우도 발견되고 있다.

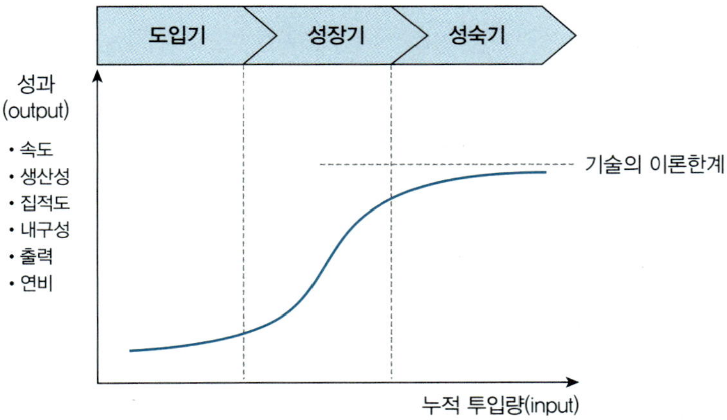

[그림 3-3] 기술진보의 성장곡선: S-curve

다. 구조와 절차

성장곡선에 의한 기술예측은 한마디로 곡선 적합(curve fitting)의 문제라고 할 수 있다. 즉 가장 적합한 곡선의 함수(function) 형태를 선정하고 그 함수의 특성을 나타내는 모수(parameter)를 추정하여 예측을 하는 것이다. 따라서 곡선 적합은 (1) 시계열 자료(time-series data)의 파악, (2) 성장곡선(growth curve) 함수의 선택, (3) 모수(parameter)의 추정, (4) 예측(forecasting), (5) 검증(evaluation)의 순서로 이루어진다.

● 단계 1: 시계열 자료의 파악

시계열 자료는 X축을 시간, Y축을 기술성능의 누적치(cumulative value)로 두고 일정한 시간 간격을 따라 해당 기술의 누적치를 표시한(plotting) 것이다. 자료의 분석에서 반드시 확인해야 할 것은 다음 두 가지이다. 첫째, 수명주기 상에서 예측대상 기술이 어느 위치에 있는가 하는 문제이다. 만일 기술진보의 이론적 한계(upper limit)에 가까운 성숙기 기술이라면 굳이 예측 작업을 수행할 필요가 없다. 반대로 급속한 성장의 초기 단계에 접어든 기술이라면 예측대상으로서 적합하다고 할 수 있다. 둘째, 자료의 형태가 선형(linear)인지 비선형(non-linear)인지를 판단하는 문제이다. 어느 형태냐에 따라 적합한 모형의 선택이 달라진다. 이 경우 시간 간격(time scale)에 주의해야 한다. 왜냐하면 좁은 시간 간격에서는 비선형인 형태도 넓은 간격이 되면 선형으로 근사(approximation)할 수 있는 경우가 많기 때문이다.

● 단계 2: 성장곡선 함수의 선택

성장곡선 함수의 선택은 매우 중요하면서 동시에 어려운 과제이다. 이론적으로 가능한 함수는 다양하지만 곡선의 함수 모형을 잘못 선택한다면 아무리 좋은 자료와 정교한 방법을 사용해도 예측의 정확성이 크게 떨어지기 때문이다. 먼저 가장 단순한 함수 모형으로는 시간의 흐름을 따라 기술성능의 진보율이 계속 올라가는 곡선을 생각할 수 있다. 이 경우에는 성장곡선이 J 모양(J–curve)의 곡선이 된다. 수리적으로 표현하면, t 시점까지 이미 이루어진 기술진보의 누적값 $Y(t)$는 아래 식 (3–1)의 지수함수(exponential function)로 나타난다.

$$Y(t)=\beta e^{\alpha t} \qquad \text{여기서 } \alpha, \beta \text{는 지수함수의 모수} \qquad (3-1)$$

그러나 앞에서 설명한 것처럼 이 곡선은 현실성이 높지 않은 모형이다. 일반적으로 어느 기술이 단기간에 급속한 성장을 할 수는 있지만 그 기간이 수명주기 내내 이어질 수는 없기 때문이다. 따라서 보편적이며 전형적인 형태는, 초기에는 서서히 진보하다가 급속한 성장기를 거쳐 다시 천천히 진보하는 S자 곡선이다.

그러면 S–curve에 적합되는(fitting) 함수는 어떤 것들이 있을까? 성장곡선을 이용한 기술예측에서 사용되는 함수 모형은 다양하지만 가장 오래되고 가장 많이 사용되는 대표적 함수는 로지스틱 함수(logistic function)와 곰페르츠 함수(Gompertz function)를 들 수 있다. 이 두 함수의 성격과 용도에 대해 자세히 알아보자.

① 로지스틱 함수

로지스틱 함수는 이미 19세기에 벨기에의 수학자 Verhulst에 의해 제시되었지만 기술예측과 기술확산 분야에서 널리 알려지게 된 것은 1920년대 미국의 생물통계학자 Pearl에 의해서이다. 따라서 이 모형은 Pearl curve라고 부르기도 한다. 확산 현상의 분석에서 시작된 만큼 초기에는 주로 인구통계의 예측에 활용되었으나 갈수록 적용범위가 확대되었고 최근에는 기술예측 과정에도 자주 이용되고 있다.

로지스틱 함수는 다양한 S-curve의 함수들 가운데 수리적으로 가장 기본적인 함수이다. 실제로 로지스틱 함수의 아이디어는 매우 단순하다. 먼저 확산의 추세를 예측하는 문제를 생각해보자. 어떤 현상이 발생하고 확산되는 전체 공간을 모집단(population)이라고 한다면 이 모집단의 크기가 곧 이 현상이 퍼져나갈 수 있는 상한(upper limit)이 된다. 그러면 어느 시점에서 그 현상이 더 이상 퍼져나갈 수 있는 대상은 당연히 남아있는 공간 즉 아직 그 현상을 접하지 않은 개체들의 크기이다. 따라서 특정 시점에서 이 현상이 확산되는 비율은 전체 모집단 안에서 아직 확산되지 않은 개체의 크기를 기반(base)으로 달라진다고 가정할 수 있다. 그렇게 되면 시간의 흐름을 따라 변화하는 확산율을 추정하여 미래의 확산 추세를 예측할 수 있다.

1960년대 이후 신기술의 진보도 확산 현상과 비슷한 양상으로 나타난다는 사실이 알려지면서 로지스틱 모형은 기술예측의 유용한 모형으로 활용되기 시작하였다. 확산 모형과 마찬가지로, 기술예측의 기본 아이디어도 간단하다. 확산 문제에서 모집단이라는 상한(upper limit)이 존재하는 것처럼 기술의 성장 문제에도 그 기술이 더 이상 넘어설 수 없는 이론적 한계(theoretical limit)가 존재한다. 이 한계는 곧 기술의 진보율을 조정하는(control) 역할을 한다. 즉, 위에서 아래로 눌러주는 작용을 하는 것이다. 만일 한계가 없다면 지수함수의 비율로 끝없이 성장하는 J-curve 모양이 될 수도 있지만, 한계가 존재하기 때문에 진보율이 증가하기도 하고 감소하기도 하는 S-curve 모양으로 나타나게 되는 것이다. 아직 진보할 여지가 많이 남아있을 때는 빠른 속도로 진보하지만 여지가 줄어드는 수준에 오면 느린 속도로 진보하기 때문이다. 따라서 그 시점에서의 진보율은 이론적 한계까지 아직 남아있는 크기를 기반(base)으로 달라지게 되고, 시간의 흐름을 따라 바뀌는 진보율을 추정하여 미래의 기술수준을 예측할 수 있다.

이제 이 원리를 수리적으로 표현해보자. 어느 특정 시점을 t라고 하면, 이론적 한계는 L, t 시점까지 이미 이루어진 기술진보의 누적값은 $Y(t)$, 앞으로 이론적 한계까지 남은 값은 $L-Y(t)$로 표기할 수 있다. 일반적으로 그 시점에서의 변화율은 순간의 변화율이기 때문에 미분방정식(differential equation) $\frac{dY(t)}{dt}$로 표현된다(미분방정식에 대한 이해가 없는 독자는 개념만 이해하고 넘어가도 된다). 앞에서 설명한 것처럼 이 변화율은 이론적 한계까지 남은 값 $L-Y(t)$을 기반(base)으로 한다. 나아가 그 시점까지 이미 진보한 크기 $Y(t)$도 미분방정식의 계수로 포함시키게 된다. 왜냐하면 어느 시점에서의 진보율은 앞으로 그 기술이 더 진보할 여지가 얼마나 남았느냐에 의해 달라지기도 하지만 동시에 그 시점까지 이미 진보한 크기에도 영향을 받기 때문이다. 그러면 변화율은 아래 식 (3-2)로 표현할 수 있다.

$$\frac{dY(t)}{dt} = kY(t)[L-Y(t)] \quad \text{여기서 } k\text{는 상수} \tag{3-2}$$

이제 위의 미분방정식을 풀면 아래 (3-3)의 식인 로지스틱 모형이 도출된다.

$$Y(t) = \frac{L}{1+e^{-\alpha t-\beta}} \tag{3-3}$$

이 식에서 모수 α는 곡선의 기울기로서 기술진보가 일어나는 추세를 보여준다. 즉 α의 값에 따라 기술진보가 급하게 일어나는 양상(rapid growth)으로 나타날 수도 있고 천천히 일어나는 양상(slow growth)으로 나타날 수도 있다. 한편 모수 β는 로지스틱 곡선이 중앙의 변곡점에 도달하는 시간을 가리키므로 곡선의 위치를 결정하는 역할을 한다. 결국 로지스틱 모형을 이용한 기술예측은 세 개의 모수, 즉 L, α, β를 추정하는 문제가 된다. 앞에서 보았던 지수함수의 기술진보 곡선과 로지스틱 함수의 곡선을 시각적으로 비교하면 [그림 3-4]와 같다.

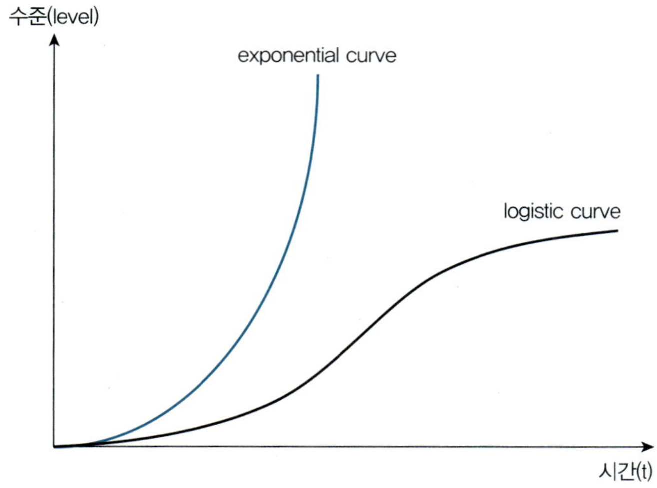

[그림 3-4] Exponential 성장곡선과 Logistic 성장곡선의 비교

② 곰페르츠 함수

곰페르츠 함수는 19세기 영국의 보험통계학자 Gompertz가 제시한 모형이다. 이 모형은 로지스틱 함수의 예측력이 높지 않은 경우에 이를 보완 내지 개선하기 위해 주로 사용된다. 곰페르츠 함수와 로지스틱 함수의 근본적인 차이는 기술의 진보율에 있다. 앞에서 본 것처럼, 로지스틱 함수는 이 비율이 $Y(t)[L-Y(t)]$에 의해 결정된다고 가정한다. 그러나 곰페르츠 함수는 이 비율이 $Y(t)[\ln(L)-\ln(Y(t)]$에 의해 결정된다고 가정한다. 로그값의 유무가 차이를 결정하는 것이다. 이 비율을 바탕으로 미분방정식을 풀면 곰페르츠 함수의 기본 모형은 아래의 식 (3-4)가 된다.

$$Y(t) = Le^{-\beta e^{-\alpha t}} \qquad (3-4)$$

③ 두 함수의 비교

〈표 3-5〉는 두 모형의 기본 함수와 1차 미분 함수를 비교한 것이다. 두 모형 모두 예측치가 가질 수 있는 범위(range)는 동일하다. 즉 시간을 의미하는 t가 $-\infty$일 때 예측치는 0이 되며 $+\infty$일 때 예측치는 이론적 상한치인 L이 된다. 그러나 구체적인 형태에 있어서는 큰 차이를 보인다. 먼저 로지스틱 함수는 대칭(symmetric)인데 반해 곰페르츠 함수는 비대칭(non-symmetric)이다.

보다 중요한 차이는 기술의 변화율을 의미하는 1차 미분식에서 분명하게 드러난다.

1차 미분식을 보면, 로지스틱 함수에 의한 누적수준의 변화는 이미 달성된 기술의 수준인 Y와 상한과 현수준의 차이인 $(L-Y)$에 의해 결정된다. 그러나 곰페르츠 함수는 상한과 현수준과의 비율 즉 Y/L에 의해서만 결정되는 것을 알 수 있다.

〈표 3-5〉 로지스틱 모형과 곰페르츠 모형의 비교

	진보율	함수	1차 미분식
로지스틱 모형	$Y(\mathrm{t})[L-Y(t)]$	$\frac{L}{1+e^{-\alpha t-\beta}}$	$\frac{aY(L-Y)}{L}$
곰페르츠 모형	$Y(t)[\mathrm{In}(L)-\mathrm{In}(Y(t))]$	$Le^{-\beta e^{-\alpha t}}$	$-\beta\alpha L\mathrm{In}\frac{Y}{L}$

다음 [그림 3-5]는 함수 형태에 있어서 두 곡선의 차이를 잘 보여준다. 두 함수는 기술발전의 성숙기에는 유사한 형태를 보이지만 초창기와 성장기의 변화율과 형태는 큰 차이를 보인다. 로지스틱 함수는 기울기가 완만한 점진적(incremental) 진보의 양상을 나타내는 반면 곰페르츠 함수는 기울기가 급한 급진적(radical) 진보의 모습을 나타내고 있다. 따라서 로지스틱 형태의 점진적 기술발전 양상을 보여주는 자료에 곰페르츠 함수를 적용하거나 그 반대로 곰페르츠 형태의 급진적 기술발전을 나타내는 자료에 로지스틱 함수를 적용하는 경우에는 기술예측의 정확도가 크게 떨어지게 된다.

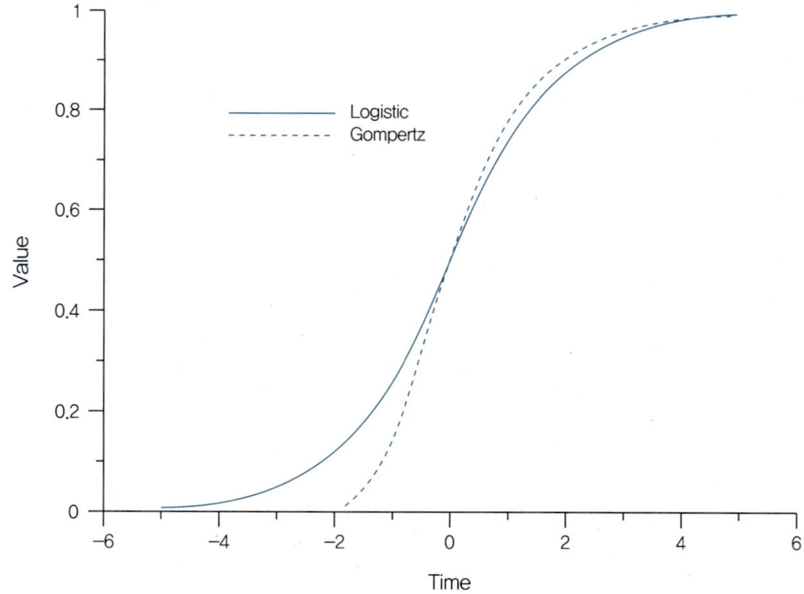

[그림 3-5] 로지스틱과 곰페르츠 함수의 형태 비교

물론 가장 바람직한 성장곡선의 선택이 로지스틱 함수나 곰페르츠 함수로 제한되는 것은 아니다. 예를 들어 로지스틱 모형의 변형인 피셔와 프라이(Fisher & Pry) 모형도 기술예측 실무에서 자주 사용되는 모형이다. 그 외에도 여러 가지 함수가 개발되었고 지금도 새로운 함수들이 제시되고 있으며 이들의 예측 성능이 전통적인 모형보다 더 우수하다는 보고도 나오고 있다. 또 어느 기술분야에 대해 예측력이 높게 나타난 모형이 다른 기술분야에 대해서는 예측력이 낮게 나타날 수도 있다. 따라서 시계열 자료 가운데 일부를 이용하여 다양한 모형의 예측력을 비교한 후 가장 적합한 모형을 선별적으로 적용하는 것이 바람직한 접근이다.

● 단계 3: 모수의 추정

적절한 함수를 선택한 후에는 시계열 자료를 함수의 곡선에 적합(fitting)하게 된다. 어떤 함수의 일반형은 그 값이 알려지지 않은 모수(parameter)를 포함하는 형태로 표현된다. 예를 들어 간단한 선형 함수 $Y=\alpha+\beta X$의 경우, α와 β라는 두 개의 모수가 함수형에 들어가 있다. 당연히 α와 β는 무수히 많은 값을 가질 수 있고 어떤 값을 가지느냐에 따라 곡선의 모양도 달라진다. 앞의 로지스틱 함수나 곰페르츠 함수의 경우에도 α와 β의 모수를 포함하고 있다. 따라서 곡선의 적합이라는 개념은 데이터의 관측치(observation value)를 이용하여 가장 적절한 모수값(parameter value) 즉 α와 β의 값을 추정하는(estimating) 작업을 뜻한다.

추정과정에서는 관측치와 모수값을 대응시키는 기준이나 아이디어의 차이에 따라 여러 가지 추정방법을 사용할 수 있다. 대표적인 방법으로는, 관측치가 모수값과 일치할 가능성 즉 우도(likelihood)가 최대가 되도록 추정하는 최우도추정법(maximum likelihood method)과 관측치와 추정치의 차이인 오차가 최소가 되도록 추정하는 최소제곱법(least square method)을 들 수 있다. 이 중에 오래 동안 회귀분석(regression analysis)의 기본적 방법으로 사용되어 온 최소제곱법에 대해 좀더 자세히 살펴보자. 앞에서 설명한대로, 기본 아이디어는 시계열 데이터의 관측치와 곡선 적합을 통해 얻은 예측치의 차이를 모두 더하여 그 합(sum)이 최소가 되는 곡선을 찾는데 있다. 이때 관측치 $y(t_i)$와 함수에 대입해 얻은 예측치 $Y(t_i)$의 차이는 +와 −가 서로 상쇄되기 때문에 그 합 자체는 아무 의미도 가질 수 없다. 대신 차이를 제곱한 후 모두 더한 제곱합(sum of square)을 최소화하는 방법을 사용한다. 이 방법을 최소제곱법으로 부르는 이유가 여기에 있다(회귀분석의 자세한 내용을 이해하기 위해서는 통계학 교과서를 참조하기 바란다).

이제 최소화(minimization) 문제를 풀기 위해서는 우리가 흔히 최소화의 해(solution)를 구할 때 사용하는 기준과 마찬가지로 먼저 미분한 후 그 식을 0으로 놓은 연립방정식을 풀면 된다. 이 연립방정식을 정규방정식(normal equation)이라고 하고, 이 방정식의 해가 곧 곡선 함수의 모수값이 된다. 로지스틱 함수의 경우 α와 β가 모수가 되며 α와 β의 값을 결정하는 것이 곧 모수의 추정이다. 물론 실제의 모수 추정은 통계 소프트웨어를 이용하여 이루어진다.

- **단계 5: 예측**

곡선함수의 모수가 추정되면 바로 예측을 수행할 수 있다. 예측시점 (t)을 곡선 함수에 대입하면 예측값을 찾을 수 있는 것이다.

- **단계 6: 검증**

마지막으로 곡선 적합의 적합도와 예측결과의 정확도를 검증하는 작업이 필요하다. 즉 회귀분석에 의한 예측값이 실제값과 얼마나 잘 일치하는가를 확인해야 하는 것이다. 이를 위해서는 주로 다음 두 가지의 기준이 사용된다. 하나는 예측에 사용한 회귀 모형(regression model) 자체의 적합성을 평가하는 것이다. 이 작업은 흔히 결정계수(coefficient of determination)라고 불리는 R^2 값을 이용한다. 독립변수 X와 종속변수 Y로 이루어지는 회귀분석의 결정계수는 다음과 같은 식으로 나타낼 수 있다.

$$R^2 = \left[\frac{n\sum XY - \sum X \sum Y}{\{n\sum X^2 - (\sum X)^2\}\{n\sum Y^2 - (\sum Y)^2\}} \right]^2$$

결정계수 값의 범위는 0과 1 사이로 그 값이 클수록 설명력이 높은 것이다. 예를 들어 결정계수의 값이 1이면, 실제값과 추정치가 모두 일치하는 경우이다. 반대로 0이면, 전혀 설명력이 없는 경우이다.

다른 하나는 예측값와 실제값의 차이인 오차(error)의 크기로 평가하는 것이다. 즉 오차의 합(sum)이 작을수록 예측이 정확한 것으로 판단한다. 그러나 오차 자체의 합은 아무 의미가 없으므로 대신 오차 제곱(square)의 합이나 오차 절대값(absolute value)의 합을 평가의 기준으로 사용하게 된다. 오차 제곱의 합을 사용하는 대표적인 평가지표로 아래의 식으로 정의되는 MSE(mean square error)를 들 수 있다.

$$MSE = \frac{\sum_{i=1}^{n}(A_t - F_t)^2}{n}$$, 여기서 A_t: t 시점의 실제값, F_t: t 시점의 예측값

한편 오차 절대값의 합을 사용하는 대표적인 지표로는 MAPE(mean absolute percentage error)를 들 수 있으며 아래의 식으로 정의된다.

$$MAPE = \left(\frac{100}{n}\right)\sum_{i=1}^{n}\left|\frac{A_t - F_t}{A_t}\right|$$

다. 장단점

성장곡선과 같은 곡선 적합의 장점은 시계열 자료가 비선형일 경우 가장 쉽게 사용할 수 있는 예측기법이며 또 많은 경우에 예측력이 우수하다는데 있다. 실제로 지금까지의 실증자료를 보면, S-curve는 다양한 기술영역에서 일관되게 비교적 높은 예측력을 보여주고 있다. 또 바로 뒤에서 설명하겠지만 기술의 세대교체가 일어나는 경우 즉 대체곡선에도 적용이 가능하다는 장점을 가지고 있다. 여러 개별기술의 특성에 따라 기본적인 곡선함수의 식을 변형 내지 확장하여 다양한 함수의 형태를 만들어낼 수 있다는 것도 큰 장점이다.

이러한 장점에 비해 가장 큰 문제는 기술발전의 상한치(upper limit)인 L에 대해 예측전문가가 충분한 지식과 정보를 가지고 있다는 가정의 타당성이다. 특히 기술변화의 속도가 빠르고 수명주기가 짧은 첨단기술의 경우에는 L을 정확하게 추정하는 것이 사실상 불가능한 경우가 많다. 하지만 모형의 특성상 L을 정확히 알지 못한다면 다른 과정을 정상적으로 수행해도 예측력이 크게 떨어지는 것이 불가피하다. 여기서 소개된 로지스틱과 곰페르츠 모형뿐 아니라 더욱 정교한 모형을 사용해도 L을 모르면 예측력을 보장할 수 없다. 또한 S-curve 형태에서 벗어나 다양한 발전 경로를 보여주는 기술들의 경우에는 곡선 적합의 효율이 크게 떨어지게 된다.

마. 예제

본 예제에서는 A 기술에 관한 시계열 자료를 토대로 통계 소프트웨어를 이용하여

곡선 적합을 수행하는 과정을 살펴보도록 한다. 여기서는 SPSS 통계 소프트웨어를 이용하여 비선형 자료의 곡선적합을 수행하였다.

① 시계열 자료의 파악

[그림 3-6]은 A기술의 누적성능에 대한 예제에 사용된 시계열 자료를 보여준다. X축은 시간, Y축은 A 기술의 누적성능으로 두고 일정한 시간간격을 따라 표시한 것이다. 이는 비선형 형태를 띄고 있으며, A 기술은 시간 11 시점에서 급속한 성장의 초기 단계에 접어 들고 있다.

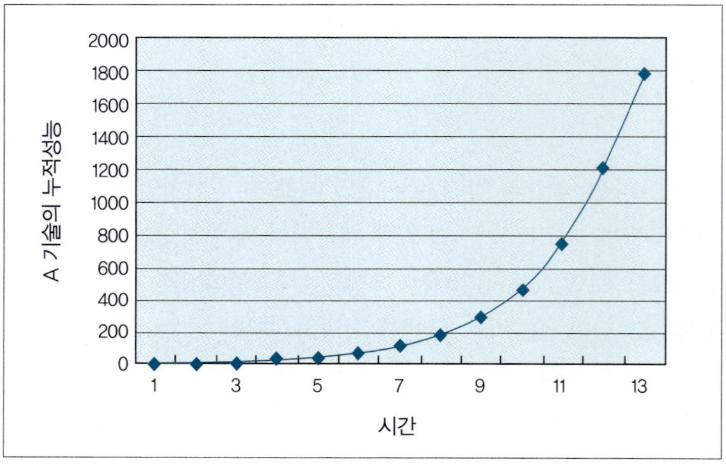

[그림 3-6] A 기술의 시계열 자료

② 성장곡선의 선택

예측력을 높이기 위해서는 시계열 자료의 분포에 가장 적합한 성장곡선을 선택해야 한다. S자 형태의 비선형 곡선의 적합에는 앞서 이야기한 바와 같이 로지스틱 곡선과 곰페르츠 곡선이 자주 사용된다. 로지스틱 곡선은 초기에 상대적으로 긴 기간 동안 완만하게 상승한 후 급상승을 시작하며 곰페르츠 곡선은 상대적으로 초기에 빠르게 정점에 도달한 후 정체하는 패턴을 보인다. [그림 3-7]에서와 같이 A 기술의 누적성능 곡선을 로지스틱 곡선 및 곰페르츠 곡선과 함께 그려놓고 비교해 보면 로지스틱 곡선이 A 기술의 곡선형태와 훨씬 잘 부합되는 것을 확인할 수 있다.

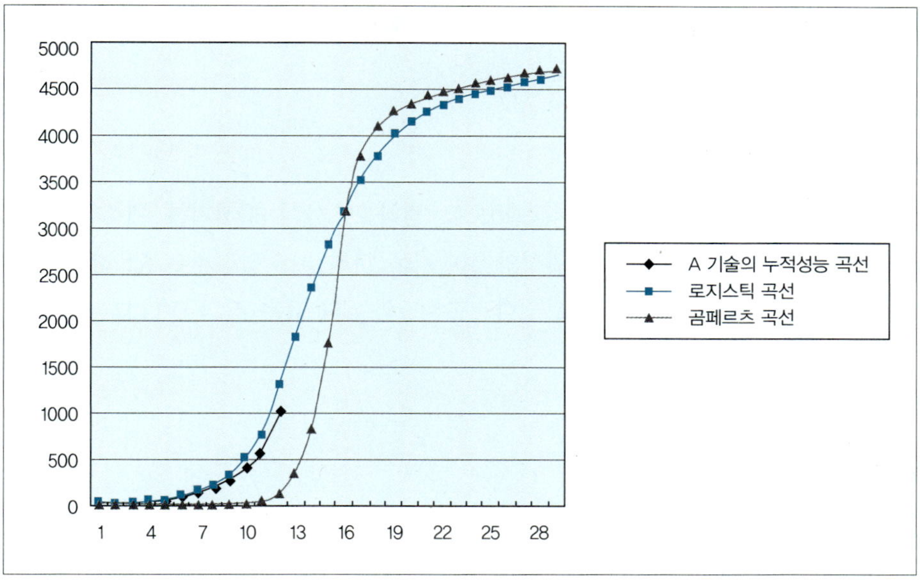

[그림 3-7] A 기술의 누적성능 곡선, 로지스틱 곡선, 곰페르츠 곡선의 비교

③ 자료의 적합

이제 통계 소프트웨어(SPSS)를 이용하여 실제로 곡선 적합을 수행한다. SPSS의 분석 → 회귀분석 → 곡선추정에서 로지스틱 분석을 선택한 후 확인을 누르면 최소

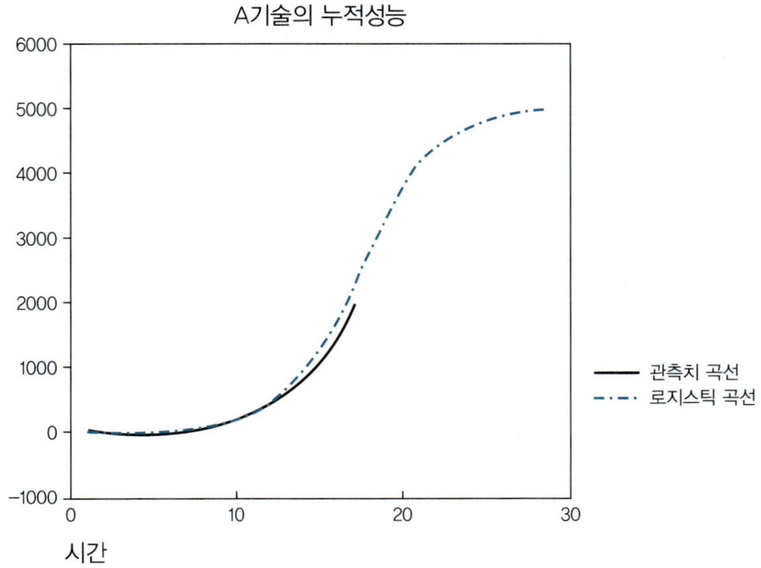

[그림 3-8] 시계열 자료의 곡선 적합 결과

제곱법을 이용하여 곡선 적합의 결과가 도출된다. [그림 3-8]은 곡선 적합의 결과를 보여주고 있다.

④ 모수의 확정과 예측

위의 [그림 3-8]은 상한의 값을 5000으로 정하고, 시간 30까지를 예측한 결과를 보여준다. 곡선 적합의 결과, 회귀식의 설명력을 나타내는 결정계수 R^2 값은 0.971으로 충분히 높은 수준을 보이고 있다. 모수 α와 β의 값은 각각 0.1141, 0.6947으로 추정되었다.

2) 대체곡선 모형

대체곡선(substitution curve)은 성장곡선(growth curve)과 비교하여 현상적으로는 유사하지만 개념적으로는 다른 곡선이다. 성장곡선이 처음으로 개발된 기술이 진보하는 양상을 나타내는데 반해, 대체곡선은 새로 개발된 신기술이 이미 시장을 지배하고 있던 기존의 기술을 어떻게 대체해 가는지를 보여주는 곡선이다. 그러나 [그림 3-9]에 도시되어 있는 것처럼, 대체곡선도 성장곡선과 마찬가지로 S-curve 형태로 나타난다.

대체곡선이 S-curve의 모습을 보이는 이유는 무엇일까? 새로 개발된 기술은 처음에는 구기술을 한꺼번에 대체하지 못하고 서서히 잠식하다가, 일단 신기술의 우월성이 시장에서 인식되기 시작하면 매우 빠른 속도로 구기술을 대체하게 되고, 대체과

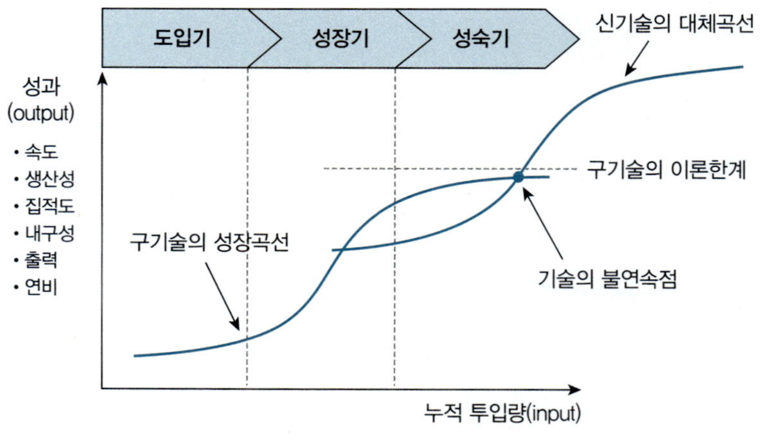

[그림 3-9] 기술진보의 대체곡선

정이 거의 끝나게 되면 더 이상 대체할 여지가 없어지면서 정체 상태가 되기 때문이다. 이러한 변화를 그림으로 표현하면 전형적인 S-curve가 된다.

따라서 대체곡선을 토대로 하는 기술예측도 S-curve의 수학적 모형인 로지스틱 모형과 같은 기본적인 함수 형태를 설정한 후, 여기에 과거의 데이터 값을 대입하여 회귀분석(regression)을 통해 예측을 하게 된다.

3) 추세 외삽 모형

가. 기본개념

추세 외삽(trend extrapolation) 모형은 중장기적 예측에 주로 사용되는 방법이다. 앞에서 살펴 본 성장곡선이나 대체곡선은 어떤 특정 기술을 대상으로 단기적인 기술의 변화과정을 예측하는 경우에 적합한 기법들이다. 그러나 기술혁신의 집합에 대한 '중장기적 예측'의 경우에는 S-curve보다 선형(linear) 곡선 또는 지수 함수(exponential function) 곡선이 더 적합한 것으로 나타난다.

실제로 짧은 기간 또는 같은 세대(generation) 내에서 어느 특정 기술이 진보하는 모습은 S-curve로 나타나는 것이 대부분이지만 오랜 기간 내지 여러 세대를 걸쳐 기술이 발전하는 양상은 직선이나 지수함수 모양을 보이는 경우가 더 많다. [그림 3-10]에서 볼 수 있듯이, 여러 개의 S-curve를 이어보면 장기적인 발전 양상이 어떻게 되는지 쉽게 이해할 수 있다. 이와 같이 중장기적으로 데이터를 길게 외삽시킨(extrapolate) 경우의 기술진보는 지수함수나 선형함수의 모습을 보이는 것이 일반적이다.

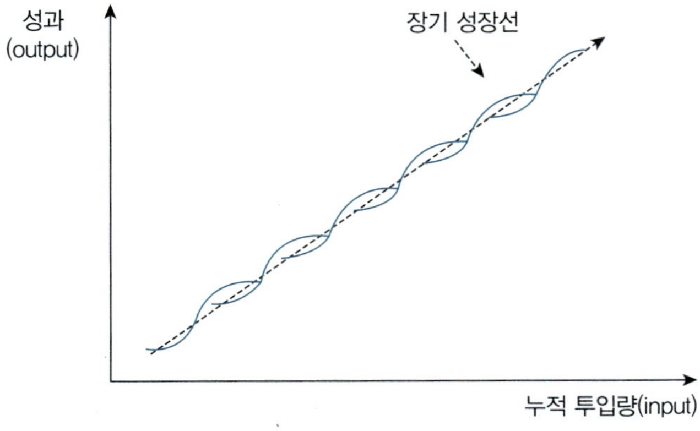

[그림 3-10] 중장기적 기술진보의 추세: S-curve의 연결도

메모리 반도체의 집적도가 진보하는 추세가 중장기적 대체곡선의 좋은 예이다. 한 세대 안에서는 작은 S-curve를 그리지만 세대를 연결한 중장기 진보추세는 선형 내지 지수함수 모양의 추세선을 보인다. 초음속(supersonic) 항공기의 개발은 또 다른 사례이다. 초기의 가솔린 엔진은 초음속이라는 이론적 한계에 한참 못 미쳤다. 가솔린 엔진의 기술적 한계를 넘기 위해 출현한 것이 제트 엔진이었다. 그러나 초기의 제트 엔진이 마하 1의 이론적 한계를 극복하지 못하면서 터보 제트 엔진이 출현하였다. 하지만 이번에는 마하 3이라는 이론적 한계가 나타났다. 그러자 램(ram) 제트 엔진이 개발되었다. 여기에도 마하 5라는 이론적 한계가 드러났다. 이 한계를 극복하기 위해 최근에는 스크림(supersonic combustion ram) 제트 엔진이 개발 중에 있다. 이 과정을 길게 이어놓으면 선형이나 지수함수 모양의 기술진보 곡선이 나타나는 것이다.

나. 구조와 절차

과거의 데이터가 선형함수로 나타나는 경우에는 바로 선형 회귀분석(linear regression)을 하는데 아무 문제가 없다. 그러나 데이터가 지수함수와 같은 비선형(non-linear) 함수의 형태로 나타나는 경우에는 바로 회귀분석을 수행하기 어렵다. 따라서 지수함수에 대한 기술예측은 먼저 데이터를 로그(log) 변환을 통해 선형 함수로 바꾼 후 회귀분석을 하는 것이 일반적이다.

앞에서 본 것처럼, 지수함수의 원형은 다음의 식으로 표현된다.

$$Y(t) = y_0 e^{\alpha t}$$

여기서 t는 시간, $Y(t)$는 t시점에서 기술의 누적수준을 나타내는 모수, α는 기술발전 속도를 나타내는 모수, y_0는 기술이 처음 개발되었을 때의 기술수준을 의미한다. 기술의 수준은 속도, 생산성, 집적도, 내구성, 출력, 연비 등이 될 수 있고, α의 값이 클수록 기술발전의 속도도 빨라진다.

위의 지수함수를 로그 변환하게 되면 다음의 선형 식(linear line)으로 바뀌게 된다.

$$\log Y(t) = Y = \log y_0 + \alpha\, t$$

이 선형 식에 대해 회귀분석을 하면 시간(t)의 변화에 따른 기술성과(Y)의 값을 추정하는 기술예측을 할 수 있다. 이때 주의할 점은, 선형으로 변환한 회귀분석을 통해 예측을 수행하였기 때문에 선형 모형에서 얻은 값으로 바로 예측을 할 수 없다는 사실이다. 따라서 최종적인 예측값은 다시 원래의 지수모형에 대입한 값이 된다.

다. 장단점

외삽법은 과거의 데이터를 토대로 중장기적인 미래를 예측한다는 점에서 합리적인 방법이라고 할 수 있다. 하지만 과거에는 없었던 사건이 발생한다거나 어떤 이유로 인해 변수들간의 관계가 미래에는 성립하지 않는다면 예측의 정확성이 현저히 떨어지게 된다. 또한 선형 외삽법은 변수들간의 관계를 선형으로 가정하기 때문에 비선형의 관계를 가지는 변수들에는 적용할 수 없다는 한계가 있다.

라. 예제

정보통신 기술(ICT)의 급속한 발전은 꿈의 컴퓨터라 불리는 제5세대 컴퓨터의 등장을 예고하고 있다. 제5세대 컴퓨터는 주로 하드웨어적 발전에 기반을 둔 기존의 컴퓨터와 비교하여 혁신적인 구조와 처리능력을 지닌 컴퓨터로, 인간과 같은 유연한 사고 판단을 할 수 있는 인공지능(artificial intelligence)을 갖게 될 것으로 기대된다. 만일 5세대 컴퓨터가 등장한다면 인간생활 전반에 걸쳐 엄청난 변화를 몰고 올 것이 분명하며, 따라서 그 출현시기를 예측하는 작업도 큰 관심을 끌고 있다.

컴퓨터의 발전은 한 마디로 중앙처리장치(CPU)의 발전이라고 할 수 있다. CPU는 컴퓨터의 두뇌에 해당하는 것으로서 1971년 인텔사에서 최초의 마이크로 프로세서인 4004를 출시한 이후 비약적인 발전을 거듭해왔다. CPU의 성능은 집적도(integration density)인 트랜지스터(transistor)의 수에 의해 좌우되는데 4004가 약 2,300개의 트랜지스터를 보유한 반면, 2010년에 출시된 펜티엄 i7 프로세서(식스코어)는 약 12억 개의 트랜지스터를 보유할 정도로 그 집적도는 빠르게 증가하고 있다. 이러한 증가추세는 1965년에 발표된 무어의 법칙(Moore's Law)에 의해 잘 설명된다. 무어의 법칙은 마이크로 프로세서의 처리 능력은 24개월마다 2배로 늘어난다는 법칙을 말한다. 반도체 기술의 혁신이 가속화되면서, 무어의 법칙은 90년대 중반에는 24개월이 아니라 18개월마다 2배로 늘어나는 것으로 수정되기도 하였다. 그래서 60년대의 법칙을 무어의 법칙-1(Moore's Law-I)으로, 90년대의 법칙을 무어의 법칙-2(Moore's Law-II)로 부르기도 한다. 어쨌든 이러한 추세면 10년 후에는 1조 개 이상의 트랜지스터를 보유한 CPU의 개발이 가능할 것으로 예상된다.

그렇다면 제5세대 컴퓨터의 시대는 언제 도래할 것인가? 일반적으로 논리와 감정에 관련된 인간의 뇌세포 수는 350억 개로 컴퓨터가 인공지능을 갖추기 위해서는 최소한 350억 개 이상의 트랜지스터가 집적된 CPU가 필요할 것으로 예상된다. 따라서 무어의 법칙이 계속 유효하다면 머지않아 제5세대 컴퓨터의 등장을 가능하게 할 CPU를 개발할 것으로 예측된다. 그러나 무어의 법칙은 이론적인 주장에 불과하며 결국은 물리적, 기술적 한계로 인하여 지속되기 어려울 것으로 보는 전문가들도 많이 있다. 이 문제에 대해 실제 자료를 활용하여 정량적인 예측을 해 보자. 이를 위해 〈표 3-6〉과 [그림 3-11]에 정리된 기술 발전 추세를 참고한다.

〈표 3-6〉 CPU 집적도의 변화 추세

CPU 세대(generation)	Transistors 수(number)	시장화 시점(marketed time)
4004	2,300	1971
8008	3,500	1972
8080	6,000	1974
8088	29,000	1982
80286	134,000	1988
80386	275,000	1991
80486	1,200,000	1993
Pentium	3,100,000	1994
Pentium Pro	5,500,000	1996
Pentium II	7,500,000	1997
Pentium III	9,500,000	1999
Pentium 4	42,000,000	2001
Pentium D	230,000,000	2005
Core 2 Duo	291,000,000	2006
Core 2 Quad	582,000,000	2007
Core i7 Quad	731,000,000	2008
Six-Core Core i7	1,170,000,000	2010

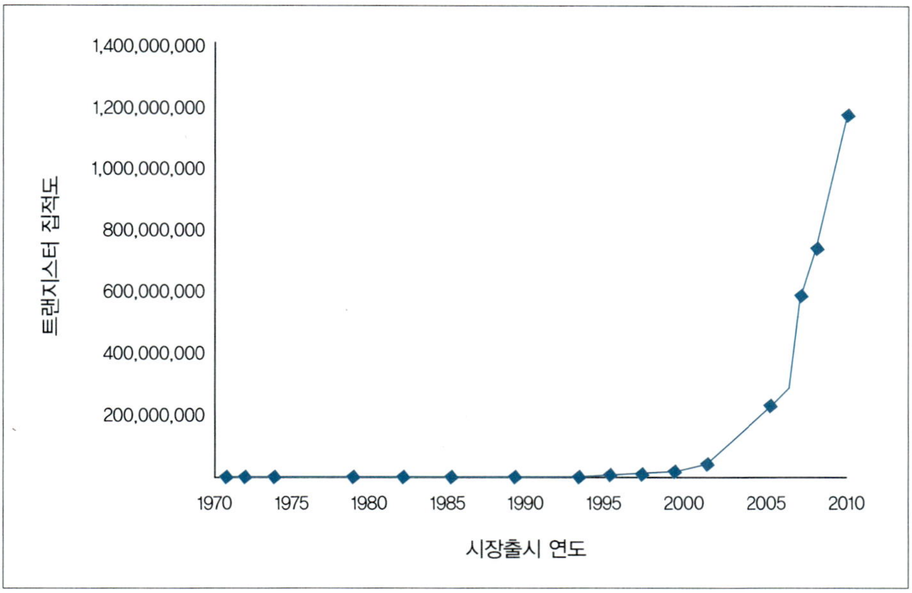

[그림 3-11] CPU 집적도의 변화 추세

앞에서 지적한 대로, 일반적으로 먼 미래에 대한 장기적 예측의 경우에는 그 추세가 S-curve보다 선형 또는 지수함수의 모양을 보인다. CPU의 기술추세 역시 그림에서 볼 수 있는 것처럼, 시간에 따라 급격하게 증가하는 지수함수의 형상을 띠고 있다. 따라서 중앙처리장치 기술 추세를 예측하기 위해서는 실증자료에 따른 지수함수 식을 도출하는 것이 필요하다. 그러나 지수함수는 비선형(non-linear)이기 때문에 로그 변환을 통해 아래와 같은 선형함수 모형으로 전환한 후 회귀분석을 하게 된다.

$$\log Y(t) = Y = \log y_0 + \alpha\, t$$

실제로 로그 변환을 통해 지수함수 형태를 지닌 곡선을 선형함수로 변환시키면 [그림 3-12]와 같은 선형 회귀선(linear regression line)을 도출할 수 있다.

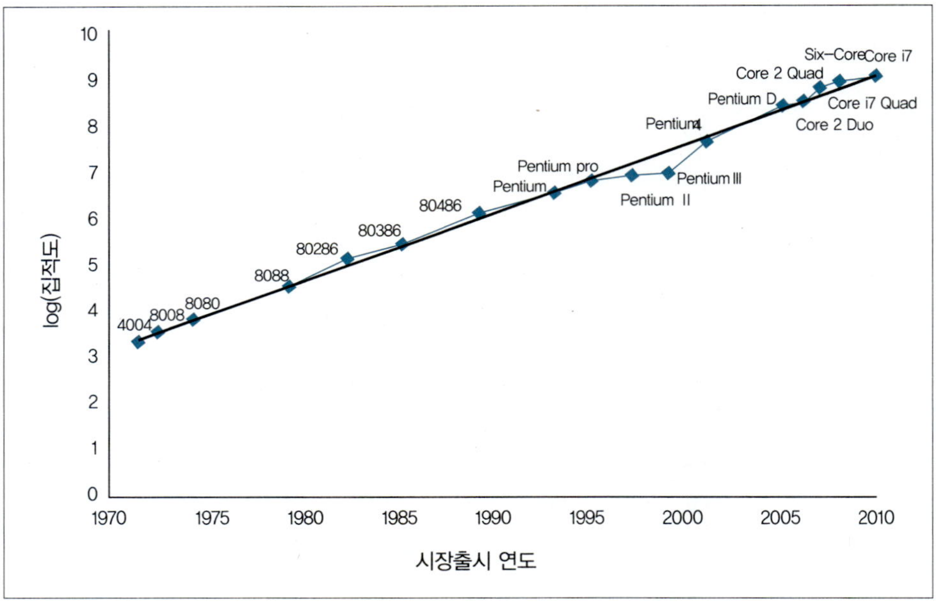

[그림 3-12] CPU 집적도 진보의 선형함수 모형

선형함수에 대한 선형 회귀분석을 수행하여 CPU 집적도의 장기적인 추세를 살펴보면 제5세대 컴퓨터에 필요한 350억 개 이상의 트랜지스터를 보유한 중앙처리장치는 약 2029년경에 개발되어 시장에 출현할 것으로 예측된다.

4) 상관관계 분석

가. 기본개념

상관관계 분석은 예측대상 기술의 변화 과정을 직접 분석할 수 있는 자료가 없거나 부족한 반면 그 기술과 상관관계(correlation)가 매우 높은 다른 기술의 자료는 얻을 수 있을 때, 다른 기술에 대한 추세 분석을 토대로 대상기술의 미래를 간접적으로 예측하는 방법을 가리킨다. 경우에 따라서는 직관적 예측 방법보다 이러한 간접적 예측 방법이 더 정확하고 유용할 수도 있다. 그러나 이 방법은 두 기술간의 상관관계가 미래에도 지속된다는 가정에 기초하기 때문에 이 가정에 대한 검증이 필요하다.

앞에서 설명한 추세 분석과의 근본적인 차이는, 추세 분석은 한 가지 기술만을 놓고 그 기술의 추세를 결정하는 변수간의 인과관계(causality)를 가정하지만 상관관계 분석은 두 가지 기술을 두고 두 기술의 추세에서 나타나는 단순한 상관성(correlation)만을 가정한다는 점이다.

나. 선행지표 분석

상관관계 분석의 대표적 기법으로는 선행지표(leading indicator) 분석을 들 수 있다. 여기서는 먼저 기술의 진보가 앞서 일어나는 선행기술과 그 뒤를 따라가는 후행기술을 선정한다. 후행기술이 예측 대상기술이라고 하면, 이 기술과 상관관계가 높으면서 동시에 자료의 수집이 상대적으로 쉬운 선행기술에 대한 추세 분석을 수행한 후 그 결과를 이용하여 후행기술의 미래를 예측하게 된다. 특히 선행-후행 상관성(lead-lag correlation) 분석은 가장 자주 사용되는 방법이다.

예를 들어, 상업용 항공기 속도의 발전 추세를 예측하는 경우를 보자. 상용 항공기 자체의 데이터는 별로 없기 때문에 자체적으로 추세 분석을 하기는 어렵다. 그러나 항공기와 밀접한 상관관계를 맺고 있는 군용 전투기 속도의 발전 추세에 관한 데이터는 비교적 충분히 얻을 수 있다. 여기서 군용 전투기 기술이 선행기술이 되고 상업용 항공기기술이 후행기술이 된다. 이제 두 기술 사이의 시간적 거리(time lag)를 추정할 수 있으면, 추세 분석을 이용하여 선행지표인 전투기 속도의 변화를 예측한 후 그 값에 거리(lag)를 더하여 후행지표인 항공기 속도의 변화 추세를 간접적으로 예측할 수 있다.

5) 특허 분석

기술정보를 담은 텍스트(text) 데이터도 추세 분석에 사용할 수 있다. 텍스트 자료는 그 자체로서는 문서의 형식으로 되어있지만 적절한 처리과정을 거치면 정량적 데이터로 변환할 수 있다. 특히 특허문서는 풍부한 기술정보를 포함하고 있기 때문에 특허분석(patent analysis)은 기술의 변화 추세를 예측할 수 있는 효과적 수단이 될 수 있다.

특허분석에서는 앞의 전문가 예측에서 간략하게 설명한 텍스트(text) 분석을 주로 사용하게 된다. 특허문서 자체가 방대한 텍스트 정보로 이루어져 있어서 정량적인 분석을 위해서는 텍스트 마이닝(text-mining) 기법들을 활용해야 하기 때문이다. 추세 분석과 비교한 근본적 차이는, 추세 분석의 정량값이 기술성능의 수준인데 반해 텍스트 분석의 정량값은 기술내용에 관한 핵심단어(keywords)나 특허간 인용관계(citation relationship)를 나타내는 빈도(frequency)라는 점이다. 이 값들은 기술내용의 변화나 기술간의 연결관계나 파생관계를 예측할 수 있는 중요한 단서를 제공한다. 따라서 시간의 흐름을 따라 빈도의 변화를 보면 기술이 어느 방향으로 진보내지 확장되어 왔는지, 또 앞으로 어느 방향으로 움직여 나갈지를 예측할 수 있다.

예를 들어 아래의 [그림 3-13]에는 기술진화 특허지도가 도시되어 있다. 1995년부터 5년 단위로 특허의 인용관계를 분석하여 그 빈도의 변화를 시각적 형태로 표현하면 최근의 특허가 과거의 특허를 어떤 패턴으로 인용해 왔는지를 알 수 있다. 이 관계를 네트워크 모양의 지도로 만들면 기술의 발전 추세를 유추할 수 있고 나아가 미래의 진행 방향도 간접적으로 예측할 수 있다.

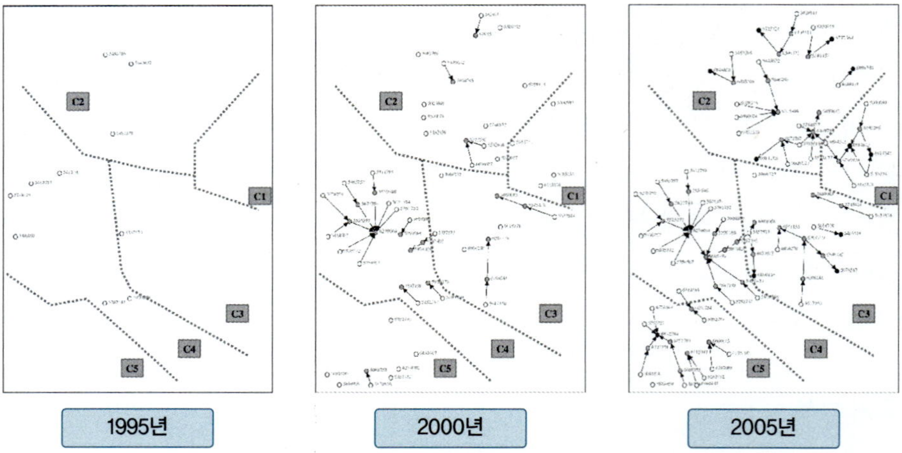

[그림 3-13] 기술진화 특허지도의 예시

1.5 신축적 분석

(1) 기본개념

지금까지 살펴본 예측기법들은 대부분 예측 대상 기술의 성격과 내용이 명확하고, 변화의 방향도 비교적 일정하며, 외부환경도 어느 정도 안정적 수준으로 유지되는 상황을 가정하고 있다. 그러나 다음의 경우에는 전문가 예측이나 정량적 추세분석을 사용하기 어려울 수 있다.

- 대상 기술의 변화가 다른 기술들의 변화와 밀접하게 연계되어 있을 때
- 대상 기술의 변화가 여러 기술적 요인들의 복잡한 상호작용을 통해 나타날 때
- 대상 기술을 둘러싼 외부의 사회적, 경제적, 정치적 환경이 불안정할 때
- 대상 기술의 진보가 다른 기술적, 사회적 사건들로부터 큰 영향을 받을

이러한 상황에서는 기술 변화의 방향과 속도가 확정적(deterministic) 성격보다는 확률적(probabilistic) 성격을 보이게 된다. 따라서 기술예측도 단순히 특정기술의 미래 수준을 예측하는 것보다 다양한 요인들간의 상호작용과 각 요인들이 미치는 영향에 초점을 맞추게 된다. 또한 이러한 상호관계는 시간의 흐름에 따라 달라질 수 있기 때문에 동태적(dynamic) 변화 추세도 분석해야 한다. 나아가 외부환경의 변화에 대응하여 기술전략이 어떻게 달라져야 하는지도 검토해야 한다.

신축적 예측기법(flexible forecasting methods)은 이러한 경우에 사용될 수 있는 기법들을 모두 묶어서 부르는 비공식적 용어이다. 따라서 각 기법의 수리적 이론이나 실무적 방식은 서로 다를 수 있다. 하지만 공통적 특성은 어느 기법이나 모두 다양한 요인을 포함하고, 상호작용이나 영향관계를 고려하고, 외부환경의 변화에 대응하는 전략을 모색한다는 점이다. 신축적 분석에 사용되는 대표적 기법들을 알아보자.

(2) 복수대응 분석

1) 기본개념

복수대응 분석(multi-optional analysis) 또는 복수시나리오 분석(multiple-scenario analysis)은 미래에 대한 예측을 한 가지 경우로 하지 않고 여러 가지 가능한 경우(alternative outcomes)의 복수로 예측하는 접근이다. 주로 민간분야에서 사용되는 이 방법은 미래의 불확실성이 매우 높은 상황에서 미래에 대한 대응방안도 복수로 준비함으로써 잠재적 위험에 유연하게 대처하고자 하는 목적으로 제시되었다. 따라서 복수대응 분석은 좁게 보면 기술예측 기법이지만 넓게 보면 시장환경이 급속하게 변하거나 정치적 상황, 제도적 기준, 산업과 시장조직 등과 같은 외부환경의 변화가 심한 상황에서 종합적인 경영전략을 수립하는 방법이라고 할 수 있다.

실제로 복수대응 기법이 큰 관심을 끌게 된 계기도 70년대 오일쇼크(oil shock)의 혼란 속에서 Royal Dutch/Shell이 석유수급의 예측에서 뛰어난 성과를 거두면서이다. 그 후 경제성장의 추이, 인구의 변화, 환경오염의 수준 등과 같은 사회경제적인 변수와 유망기술의 출현, 하이테크 기술의 상업화, 기술융합의 범위와 같은 기술적 변수들의 미래를 복수의 상황으로 설정한 후, 각각의 상황에 따라 구체적으로 어떤 현상이 일어나며 어떤 방식으로 대응해야 하는지를 모색하는 복수대응 접근이 활발히 이용되어 왔다.

2) 시나리오 플래닝

가. 기본개념

복수대응 분석의 대표적 기법으로는 시나리오 플래닝(scenario planning) 또는 시나리오 분석(scenario analysis)을 들 수 있다. 시나리오 플래닝은 그 용어가 의미하는 것처럼 단순히 미래의 상황을 여러 개의 서로 다른 시나리오로 설정하는 예측기법에 그치는 것이 아니라 각각의 시나리오에 대한 차별적 대응전략의 수립까지를 포함한다. 시나리오 플래닝 작업은 크게 세 개의 단계로 이루어진다. 첫 번째는 기획(research) 단계로 시나리오를 만드는데 필요한 사회적, 기술적 변수들을 도출하고 각각에 대한 정보를 수집, 정리하게 된다. 두 번째는 예측(forecasting) 단계로 기술과 사회의 미래를 여러 가지의 경우로 나누어 복수의 예측 시나리오를 만들게 된다. 세 번째는 전략수립(strategy) 단계로 각각의 시나리오에 적합한 대응전략이나 계획을 수립하게 된다. 따라서 이 기법은 좁은 뜻에서는 기술예측 기법이라고 볼 수 있지만 넓은 뜻에서는 전략수립 기법으로 볼 수도 있다.

시나리오 플래닝의 구체적 프로세스를 통일된 기준과 방식으로 제시할 수는 없다. 예측의 규모가 크고 상황이 복잡하면 프로세스도 복잡하게 설계해야 하고 반대로 규모가 작고 범위가 좁으면 단순하게 설계할 수도 있기 때문이다. 이 책에서는 가장 폭넓게 사용되고 있는 일반적 프로세스를 간략히 설명하고자 한다. [그림 3-14]에 시나리오 플래닝의 전체적 프로세스가 도시되어 있다.

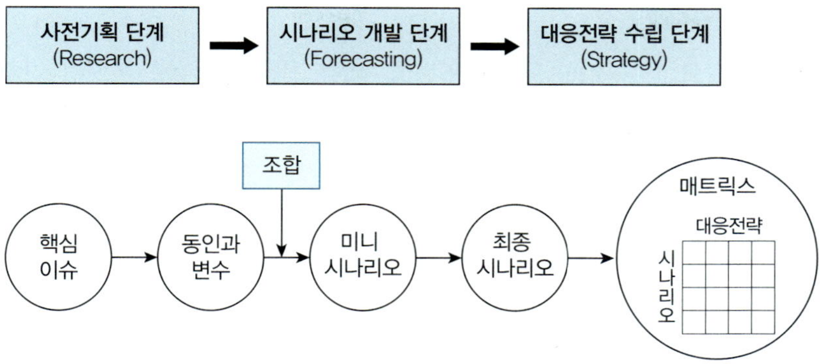

[그림 3-14] 시나리오 플래닝의 전체적 프로세스

나. 과정과 절차

● 단계 1: 핵심 이슈 선정

먼저 시나리오 플래닝을 통해 달성하거나 해결하려고 하는 과제 즉 핵심 이슈를 설정해야 한다. 예측작업을 수행하는 근본적 목적이 무엇인가를 명확하게 정하는 것이 프로세스의 첫 단계가 되는 것이다. 예를 들어 어느 시장에 새롭게 진출해야 하는가? 어떤 기술분야를 집중적으로 개발해야 하는가? 등이 전형적인 핵심 이슈가 된다.

● 단계 2: 동인의 설정

다음으로는 미래 환경의 변화나 불확실성을 결정하는 중요한 동인(driver) 내지 변수(variable)를 설정해야 한다. 여기서 동인이라고 부르는 이유는 그것이 미래의 변화를 이끌어내는 요인이기 때문이고, 변수라고 부르는 이유는 시간을 따라 그것의 상태나 수준이 달라지기 때문이다. 물론 동인의 내용은 어느 상황에서 어떤 대상에 대한 예측을 하느냐에 따라 달라진다. 예를 들어 유가의 변동이나 환율의 변동은 어떤 상황에서는 매우 중요한 동인이 될 수 있지만 다른 상황에서는 고려할 필요가 없는 변수일 수도 있다. 동인과 변수들은 광범위한 영역에 퍼져있기 때문에 기술적 요인, 시장적 요인, 환경적 요인, 사회적 요인 등으로 나누어 가능한 한 다양한 동인과 변수들을 도출해야 한다.

● 단계 3: 핵심동인의 추출

시나리오 플래닝의 1차 결과물은 여러 개의 예측 시나리오이다. 여기서 각각의 시나리오는 앞 단계에서 도출한 동인이나 변수들의 조합(combination)으로 표현된다. 하지만 도출된 모든 동인들의 조합으로 시나리오를 만들면 시나리오의 수가 너무 많아지는 문제가 발생하게 된다. 따라서 먼저 다양한 동인들 가운데 가장 핵심적인 동인만을 추려내야 한다. 핵심동인은 서로 독립적이면서 동시에 각각의 영향력이나 파급효과가 큰 동인을 가리킨다. 이 단계에서는 그러한 동인들만을 찾아내는 작업을 한다.

핵심동인을 추출하기 위해서는 동인들간의 상관관계도를 만들어서 상호영향(cross impact)을 평가해야 한다. 흔히 매트릭스(matrix) 형태의 표를 만들어서 동인들간의 관계를 부호(긍정적 영향 또는 부정적 영향)와 크기(큰 영향 또는 작은 영향)의 점수로 평가한다. 이 과정을 거치면 서로 중복 또는 종속의 관계를 가지는 많은 동인들이 탈락하고 점수의 합이 큰 몇 개의 핵심적 동인들만 살아남게 된다.

● 단계 4: 1차 시나리오 도출

다음 단계의 작업은 앞에서 추출한 핵심동인들의 조합(combination)을 통해 시나리오들을 만들어 내는 일이다. 조합은 다음 두 가지 방식을 통해 이루어질 수 있다. 첫째, 각 동인 자체에서 만들어지는 조합이다. 예를 들어 어느 동인의 규모가 미래에 커질 수도 있고 작아질 수도 있다면 서로 다른 경우들을 어떻게 조합하느냐에 따라 복수의 시나리오들이 만들어질 수 있다. 둘째, 동인과 동인간의 결합으로 만들어지는 조합이다. 서로 독립적인 동인들을 연결하면서 여러 개의 시나리오들이 도출될 수 있는 것이다.

당연히 이 과정에서도 많은 수의 조합이 만들어질 수 있다. 특히 핵심동인의 수가 많을수록 만들어지는 시나리오의 수도 많아지게 된다. 대부분의 경우 이 단계에서 10개 이상의 시나리오들이 도출된다. 각각의 시나리오는 그 규모가 상대적으로 작기 때문에 미니 시나리오(mini-scenario)로 부르기도 한다.

● 단계 5: 최종 시나리오 도출

이제는 최종 시나리오를 만들 차례이다. 앞에서 만든 미니 시나리오들을 줄여서

3~4개 정도의 대규모 시나리오를 만들어내는 것이다. 이 작업은 크게 두 단계를 거치게 된다. 먼저 앞 단계에서는 만든 작은 시나리오들을 묶어서 큰 시나리오를 만드는 작업이다. 흔히 참여자들의 브레인스토밍을 통해 묶는(grouping) 작업을 하게 된다.

다음 단계에서는 구체적인 시나리오를 작성하는(writing) 작업을 한다. 핵심 동인들의 조합이라는 뼈대 위에 미래 상황을 자세하게 묘사한 내용을 적어 넣어서 말 그대로 시나리오(scenario)를 만드는 것이다. 예를 들어 향후 10년간 시장규모는 늘어나다가 정체를 거쳐 점점 줄어들고 원유 가격은 초반에 상승하다가 후반에는 하락하는 시나리오, 이와는 달리 시장규모는 계속해서 늘어나고 원유 가격은 초반에 안정적이다가 후반에는 상승하는 시나리오 등이 나올 수 있다. 이 작업은 예측(forecasting) 작업이자 마케팅(marketing) 작업이다. 시나리오가 곧 미래에 대한 예측을 보여주는 것이기 때문에 기술예측의 의미도 있지만 동시에 시나리오는 외부의 이해당사자들에게 미래에 관한 유익한 정보를 제공하는 역할을 하기 때문에 마케팅의 의미도 있는 것이다.

● 단계 6: 전략대안 도출

시나리오 플래닝의 마지막 단계에서는 전략대안 내지 대응방안을 제시하게 된다. 전략대안도 당연히 전략요소들의 조합을 통해 복수로 준비하게 된다. 예를 들어 기술투자를 늘릴 수도 있고 줄일 수도 있으며, 이 표준에 부합하는 기술을 선택할 수도 있고 저 표준에 맞는 기술을 선택할 수도 있다. 시나리오도 여러 개이고 전략대안도 여러 개이므로 양쪽에 가장 잘 맞는 쌍(pair)을 찾아야 한다. 시나리오와 전략대안간의 적합도를 평가하여 둘 사이에 가장 적절한 조합을 선택하는 것이다.

이것을 매트릭스 형태로 표현한다면, 행(row)에 시나리오들을 배치하고 열(column)에 전략대안들을 배치한 후 각 셀(cell)에 시나리오-대안간의 적합도를 평가한 결과표를 작성하는 식이다. 예를 들어 〈표 3-7〉에서 보듯이 시나리오가 4개이고 전략대안도 4개라면 각각의 시나리오 행(row)에 4개의 전략 열(column)이 배치되고 각 셀(cell)에는 적합도 점수가 표기된다. 당연히 각각의 시나리오에 대해 적합도 점수가 가장 높은 전략대안을 선택하게 된다.

〈표 3-7〉 시나리오-전략대안간 적합도 평가 매트릭스

	전략대안 1	전략대안 2	전략대안 3	전략대안 4
시나리오 A				
시나리오 B				
시나리오 C				
시나리오 D				

(3) 실험적 시뮬레이션 방법

1) 기본개념

오늘날의 기술은 진보의 속도가 매우 빠를 뿐 아니라 여러 요인들이 복잡하게 얽혀 있기 마련이다. 따라서 전문가의 직관에 의존하거나 과거의 데이터를 분석하는 것보다는 여러 가지 변수들을 포함시킨 컴퓨터 시뮬레이션(simulation)을 통해 미래를 예측하는 것이 효과적일 수 있다. 더구나 시뮬레이션에서는 각각의 변수에 대해 값을 바꾸어 가면서 어떤 변화가 나타나는지를 살펴보는 이른바 민감도 분석(sensitivity analysis)이 가능하다는 장점도 있다.

일반적으로 시뮬레이션은 아래의 여러 단계를 거치면서 수행된다.

- **단계 1: 문제의 정의(problem definition)**
  - 기술예측의 목표와 범위를 명확하게 설정

- **단계 2: 기술예측 모델의 수립(model building)**
  - 기술예측 요인들과 변수들을 설정하고 변수들간의 관계를 표현하는 모델 수립
  - 모델의 타당성에 대한 검증 작업(validation) 수행

- **단계 3: 자료 수집(data collection)**
  - 시뮬레이션에 투입될 자료(input data)를 수집

- **단계 4: 프로그램 작성(coding)**
  - 시뮬레이션이 작동하는 알고리즘을 프로그램으로 코딩(coding)

- 알고리즘에 대한 검증 작업(verification)을 수행

- 단계 5: 실험계획 수립(experimental design)
  - 시뮬레이션 실험의 전략을 수립하고 방식을 결정

- 단계 6: 시뮬레이션 수행(simulation)
  - 초기조건, 수행시간, 수행횟수, 성능지표 등의 값을 설정하고 프로그램을 작동하여 시뮬레이션을 수행

- 단계 7: 결과 분석(analysis)
  - 시뮬레이션 결과에 대한 분석을 통해 기술예측 정보를 수집

- 단계 8: 결과 활용(implementation)
  - 시뮬레이션 결과의 분석으로부터 얻은 예측 정보를 전략적, 실무적으로 활용

묶어서 시뮬레이션 기법이라고 했지만 그 안에는 다양한 시뮬레이션 모형(기법)들이 포함되어 있다. 규모가 작고 범위가 좁은 기술의 예측이라면 직접 설계하고 코딩하는 소규모의 시뮬레이션 모형으로 접근해도 충분하지만, 복수의 기술들이 서로 영향을 미치는 복잡한 양상을 예측한다면 상호영향 분석(cross impact analysis)이 적합한 대안이 될 수 있다. 기술예측의 규모가 더 커져서 시장환경이나 기술생태계 전체와 관련되는 정도가 된다면 시스템 다이내믹스(system dynamics) 시뮬레이션이 좋은 선택이 될 수 있다. 만일 기술진보의 과정에 다양한 주체들이 개입되고 그들간의 상호작용이 기술의 변화에 큰 영향을 미친다면 에이전트 기반 모델링(agent-based modeling: ABM) 시뮬레이션이 적합할 수도 있다. 이러한 시뮬레이션 기법들을 제대로 사용하려면 이 책의 수준을 벗어나는 전문적 지식이 필요하기 때문에 여기서는 핵심적인 내용만 간략하게 알아보기로 한다.

2) 상호영향 분석 시뮬레이션

가. 기본개념

일반적으로 하나의 시스템이 변화하거나 발전하는 과정은 여러 개의 사건(event)들

의 집합이라고 볼 수 있다. 상호영향 분석((cross impact analysis: CIA)은 사건들간의 상호작용을 고려하여 각 사건이 발생할 확률을 예측하는 분석적 접근방법이다. 대부분의 경우 여러 사건들은 서로 긍정적 또는 부정적인 영향을 미치고 있기 때문에 특정 사건의 발생 유무는 또 다른 사건의 발생 확률에 영향을 주게 된다. 따라서 사건의 발생 확률을 예측하는데 있어서 그 사건만을 독립적으로 고려하는 것은 비현실적이다.

모든 사회적 변화와 마찬가지로, 기술적 변화와 진보도 여러 개의 사건들의 발생을 통해 일어난다. 각 사건을 특정 기술 또는 제품의 개발이라고 한다면 사건간의 상호작용은 더욱 분명해진다. 예를 들어 오디오 플레이어 제품의 개발은 플래쉬 메모리 기술의 개발 및 발전과 매우 밀접한 상관관계가 있다.

이와 같이 기술적 사건들이 서로 상호작용을 통해 발생할 때 한 사건과 다른 사건이 서로에게 미치는 영향을 상호영향(cross impact)이라고 한다. 기술의 변화가 여러 사건들간의 상호영향을 토대로 발생하는 상황에서는 미래에 발생할 기술적 사건의 발생확률을 예측하는 데 상호영향을 고려하는 것이 필요하다. CIA는 예측의 대상이 되는 사건들간의 상호영향을 고려함으로써 각 사건의 발생확률을 추정하는 기술예측 방법으로 1960년대에 Gordon과 Helmer에 의해 처음 제안된 이후 활용도가 지속적으로 올라가고 있다.

CIA에 의한 기술예측은 앞에서 설명한 정성적 기법이나 정량적 기법과는 그 성격이나 목적이 상당히 다르다. 정성적 또는 정량적 기법들이 예측대상 기술의 성능수준이나 실현가능성이 언제 어느 정도까지 될 것인가를 예측하는데 근본적인 목적이 있다면, CIA는 어느 특정기술의 변화가 다른 관련기술들의 변화에 어떠한 영향을 미칠 것인가를 추정하는데 그 목적이 있다. 따라서 엄밀한 의미에서 CIA는 예측기법이라기 보다는 영향평가 기법이라고 하는 것이 더 정확한 표현일 수 있다. 나중에 기술 파급효과 평가에서 다시 언급하겠지만 CIA는 기술예측을 넘어 복수의 사건들이 서로 상호작용을 하는 다양한 문제의 분석에 범용적으로 쓰일 수 있는 것이다.

나. 구조와 절차

CIA는 상호영향을 어떻게 추정하는가에 따라 다양한 방법이 존재하지만 여기서는 odds 비를 이용한 방법을 소개한다. CIA는 크게 사건 정의, 확률 추정, odds 비 계산, 시뮬레이션, 사후 분석의 5단계로 이루어진다.

● 단계 1: 사건 정의

예측에 포함될 사건들을 정의하는 단계이다. 기존문헌 연구와 전문가들에 대한 인터뷰를 바탕으로 고려할 사건들을 정의한다. 이 단계에서 얼마나 적절하게 사건들을 선택했는가에 따라 예측 전체의 성공 여부가 결정될 수 있다. 만일 다른 사건들에 큰 영향을 주는 중요한 사건이 제외되면 예측의 신뢰성도 크게 저하될 수 있지만 반면에 너무 많은 사건을 포함시키는 것도 바람직하지 않다. 일반적으로 n개의 사건이 포함될 경우 상호작용을 고려해야 하는 사건의 쌍이 $n(n-1)$개가 되기 때문에, 사건의 수가 증가함에 따라 추정해야 할 확률의 수가 급격히 증가한다. 따라서 적절한 수의 사건을 포함시키는 것이 매우 중요하다.

● 단계 2: 확률 추정

예측에 포함될 사건이 정의되고 나면 각 사건의 초기확률과 조건부 확률을 추정하게 된다. 대부분의 경우 확률 추정은 전문가 집단에 의해 이루어지며 Delphi 설문조사나 인터뷰 등의 방법을 통해 전문가들의 의견을 수집하게 된다. 그러나 최근에는 보다 과학적이고 객관적인 자료의 분석을 통해 확률을 추정하는 방법들도 제안되고 있다.

먼저 CIA에서 말하는 확률의 기본개념을 정리하고 넘어가자. 초기확률(initial probability)이란 미래의 특정 시점에 특정 사건이 발생할 가능성을 의미한다. 따라서 초기확률은 다른 사건이 발생하지 않는다는 가정하에 추정된다. 다음으로 조건부 확률(conditional probability)은 다른 사건의 영향을 고려하였을 때의 각 사건의 발생확률을 의미한다. 즉 '사건 A가 발생했을 때 사건 B가 발생할 확률'이 사건 B의 조건부 확률이 된다. 만약 사건 A가 없는 상황에서 사건 B의 초기확률이 0.3이라고 하자. 이제 사건 A가 발생하고 사건 A가 사건 B의 발생에 긍정적인 영향을 미친다면 사건 B가 발생할 확률은 조건부 확률이 되며 그 값은 0.3보다 크게 될 것이다.

당연한 얘기지만 조건부 확률 값은 합리적인 범위 내에서 추정되어야 한다. 예를 들어, 0.5의 초기확률을 가지는 사건 A와 0.8의 초기확률을 가지는 사건 B가 있다고 하자. 만약 100개의 가상적인 미래가 있다고 하면 초기확률에 의해 사건 A는 50번, 사건 B는 80번 발생하게 될 것이다. 따라서 두 사건이 동시에 발생하는 경우는 최소 30번이 되어야 하기 때문에 사건 A가 발생했을 때 사건 B가 발생할 확률을 0.2라

고 추정하는 것은 명백한 오류이다. 일반적으로 사건 A가 발생했을 때 사건 B가 발생할 조건부 확률을 $P(B|A)$라고 한다면 그 확률의 범위는 아래와 같다. 즉 조건부 확률의 값은 아래의 식 (3–5)가 정한 범위 안에서 추정되어야 하는 것이다.

$$\frac{P(B)-1+P(A)}{P(A)} \le P(B|A) \le \frac{P(B)}{P(A)} \qquad (3-5)$$

확률의 범위가 위의 식으로 나타나는 것은 확률이론에서 나오는 (3–6)의 전확률 정리(total probability rule)를 보면 쉽게 알 수 있다. 먼저 $P(B/A)=\frac{P(A\cap B)}{P(A)}$로 정의되므로 $P(A\cap B)=P(A)P(B/A)$가 된다. 또한 사건 A는 발생하거나(A) 발생하지 않거나($\overline{A}$)의 두 가지 경우만 있을 수 있다. 따라서 $P(B)=P(A\cap B)+P(\overline{A}\cap B)$가 되면서 아래의 식이 성립한다.

$$P(B)=P(A)P(B|A)+P(\overline{A})P(B|\overline{A}) \qquad (3-6)$$

위의 식으로부터 $P(B|A)=\frac{P(B)-P(\overline{A})P(B|\overline{A})}{P(A)}$가 된다.

여기서 모든 확률은 반드시 $P\ge 0$이므로 분자의 $P(\overline{A})P(B|\overline{A})\ge 0$이 되고 따라서 다음이 성립한다.

$$P(B|A)\le \frac{P(B)}{P(A)}$$

또한 $P(B|A)=\frac{P(B)-(1-P(A))P(B|\overline{A})}{P(A)}$로 표현할 수도 있다. 여기서 $P(B|\overline{A})\le 1$이므로 역시 다음이 성립한다.

$$P(B|A)\ge \frac{P(B)-1+P(A)}{P(A)}$$

초기확률과 조건부 확률이 추정되면 이를 바탕으로 상호영향 확률 매트릭스를 작성할 수 있다. 아래 〈표 3–8〉은 네 가지 사건에 대한 상호영향 확률 매트릭스를 예시로 나타낸 것이다. 상호영향 확률 매트릭스의 첫 번째 열(column)은 각 사건의 초기확률로 구성된다. 이후의 열들에는 조건부 확률이 표시되는데, 행의 사건이 발생하였을 때 열의 사건이 발생할 조건부 확률을 해당하는 셀에 표시한다. 예를 들어 (사건 2, 사건 1)에 해당하는 값 0.60은 사건 2가 발생했을 때 사건 1이 발생할 조건부 확률을 나타낸다.

〈표 3-8〉 상호영향 확률 매트릭스의 예시

	초기확률	사건 1	사건 2	사건 3	사건 4
사건 1	0.25		0.50	0.85	0.40
사건 2	0.40	0.60		0.60	0.55
사건 3	0.75	0.15	0.50		0.60
사건 4	0.50	0.25	0.70	0.55	

다시 한번 강조하지만 여기서 추정한 초기확률 값은 다른 사건들의 영향을 고려하지 않은 상태에서 전문가들의 주관적인 판단으로 얻은 값이다. 따라서 CIA는 이 값을 초기값으로 하여 다른 사건들의 조건부 확률을 고려하면서 발생 확률을 계속하여 수정해 나가는 과정으로 요약할 수 있다.

● 단계 3: Odds 비 계산

초기확률은 다른 사건이 발생되지 않았다는 가정하에 추정된 값이므로 단계 3에서는 다른 사건의 영향을 반영하여 초기확률을 수정하게 된다.

한 사건이 다른 사건에 미치는 영향을 표현하는 방법은 다양하게 제시되어 있다. 가령 영향의 크기를 '+', '0', '−'의 정성적인 값으로 표현하는 방법, 1~5점 스케일로 표현하는 방법, 수학적 함수를 이용하여 표현하는 방법, 영향이 있을 것으로 응답하는 응답자의 비율로 표현하는 방법 등이 대표적인 예이다.

여기에서는 odds값의 비를 바탕으로 영향을 표현하고 사건의 발생확률을 추정하는 방법을 소개한다. 이 방법은 CIA의 개발 초기에 Gordon에 의해 제시된 방법으로, 전문가들에 의해 추정된 사건의 초기확률과 조건부 확률로부터 odds 값을 계산한 후 odds 값의 크기로 영향의 크기를 파악한다.

odds라는 용어는 아래의 식에 정의된 것처럼, 어떤 사건이 있을 때 그 사건이 발생할 확률 p가 발생하지 않을 확률$(1-p)$보다 상대적으로 몇 배 높은가 즉 '배율'을 나타내는 것이다. 따라서 확률과 배율의 관계는 아래의 식 (3-7)로 표현할 수 있다.

$$\text{배율(odds)} = \frac{\text{발생확률}}{\text{미발생확률}} = \frac{p}{1-p} \qquad (3-7)$$

그러면 한 사건이 다른 사건에 미치는 영향의 크기로 odds 값을 사용하는 이유와 근거는 무엇일까? 두 가지 사건만 일어날 수 있는 상황에서 하나가 다른 하나에 영향을 미칠 확률이 어느 정도이다라고 말하는 것보다 몇 배 더 큰 영향을 미친다 또는 반대로 몇 배 더 작은 영향을 미친다라고 말하는 것이 훨씬 명확하게 의미를 전달할 수 있기 때문이다.

또한 로지스틱 회귀분석(logistic regression)에 대한 기본지식이 필요하기 때문에 여기서는 자세한 설명을 생략하겠지만, odds에 로그를 붙인 값은 여러 변수들의 선형 결합(linear combination) 형태로 나타낼 수 있다. 만일 사건1, 사건2, …, 사건 k를 X_1, X_2, …, X_k의 변수로 생각하면 다음의 식으로 표현할 수 있는 것이다.

$$\ln\left(\frac{p}{1-p}\right) = \beta_0 + \beta_1 X_1 + \beta_2 X_2 + \cdots + \beta_k X_k$$

이렇게 되면 각 변수의 계수인 β_1, β_2, … β_k은 곧 각 사건의 상대적 영향도를 나타낸다고 볼 수 있다.

이제 위의 식 (3-7)을 이용하여 확률값을 odds 값으로 바꿀 수 있다. 예를 들어 사건 1의 경우 초기확률이 0.25이므로 초기 odds는 0.33(=0.25/[1−0.25])이 된다. 마찬가지로 사건 2가 발생했을 때 사건 1이 발생할 조건부 확률의 odds는 1.50(=0.6/[1−0.6])이다. 이러한 방법으로 모든 확률에 대한 odds를 계산함으로써 앞의 〈표 3-8〉의 상호영향 확률 매트릭스를 〈표 3-9〉와 같은 상호영향 odds 매트릭스로 변환시킬 수 있다.

〈표 3-9〉 상호영향 odds 매트릭스의 예시

	초기 odds	사건 1	사건 2	사건 3	사건 4
사건 1	0.33		1.00	5.67	0.67
사건 2	0.67	1.50		1.50	1.22
사건 3	3.00	0.18	1.00		1.22
사건 4	1.00	0.33	2.33	1.22	

odds 값이 계산되면 그 다음에는 이 값을 토대로 하여 한 사건이 발생한 것을 전제로 그 사건이 다른 사건에 미치는 영향의 크기를 추정하게 된다. 사건 A의 사건 B에 대한 영향은 아래와 같이 odds 값의 비를 이용하여 구한다.

사건 A의 사건 B에 대한 영향 = 사건 A의 사건 B에 대한 odds비
= 사건 A가 일어났을 때 사건 B의 odds / 사건 B의 초기 odds

예를 들어 사건 2의 사건 1에 대한 영향은 사건 2가 일어났을 때 사건 1의 odds인 1.50과 사건 1의 초기 odds인 0.33의 비인 4.50(=1.50/0.33)으로 계산된다. 이와 같은 방법으로 위의 〈표 3-9〉의 상호영향 odds 매트릭스를 〈표 3-10〉과 같은 '발생' odds 비 매트릭스로 변환시킬 수 있다.

〈표 3-10〉 발생 odds 비 매트릭스

	초기 odds	사건 1	사건 2	사건 3	사건 4
사건 1	0.33		1.50	1.90	0.67
사건 2	0.67	4.50		0.50	1.22
사건 3	3.00	0.55	1.50		1.50
사건 4	1.00	1.00	3.50	0.41	

앞에서 '발생' odds 비라고 표현한 이유는 무엇일까? 어떤 사건은 일어날 수도 있고 일어나지 않을 수도 있다. 따라서 다음으로는 사건이 발생하지 않았을 경우의 '미발생' odds 비를 계산해야 한다. 왜냐하면 영향은 그 사건이 발생한 경우와 발생하지 않은 경우 모두에 나타나기 때문이다. '미발생' odds비 매트릭스는 발생 odds비 매

트릭스를 구성한 것과 유사한 방법으로 만들 수 있다. 먼저 아래 식을 이용하여 별도의 추정 없이 사건 A가 발생하지 않았을 때 사건 B가 발생할 확률인 $P(B|A^c)$을 계산할 수 있다.

$$P(B) = P(A) \times P(B/A) + P(A^c) \times P(B/A^c)$$

위의 식을 바탕으로 상호영향 미발생 odds 매트릭스를 구성할 수 있으며, 발생 odds비 매트릭스로의 변환과 같은 방법으로 미발생 odds비 매트릭스를 얻을 수 있다.

● 단계 4: 시뮬레이션

CIA는 궁극적으로 시뮬레이션을 통해 발생확률 즉 예측치를 도출하는 방법이다. 앞에서 설명한 확률의 추정과 매트릭스의 작성도 결국은 시뮬레이션에 필요한 정보를 수집하는 예비단계라고 할 수 있다. 따라서 발생 odds비 매트릭스와 미발생 odds비 매트릭스를 바탕으로 본격적인 시뮬레이션을 수행하게 된다.

시뮬레이션 과정을 자세히 알아보자. 우선 포함된 사건들 중 한 사건을 임의로 선택하고, 0과 1 사이의 난수(random number)를 발생시킨다. 발생된 난수와 사건의 초기확률을 비교하여 난수값이 초기확률값의 범위에 포함되면 해당 사건이 발생했다고 간주한다. 예를 들어 초기확률이 0.4인 경우, 0.0과 1.0 사이를 움직이는 난수값이 0.4보다 작으면 발생, 0.4보다 크면 미발생으로 한다. 사건이 발생한 경우 다른 사건들의 odds를 수정함으로써 사건의 발생에 따른 영향을 반영한다. 앞에서 이미 설명한 것처럼, 사건 A의 사건 B에 대한 odds비=사건 A가 일어났을 때 사건 B의 odds/사건 B의 초기 odds가 된다. 따라서 만약 사건 A가 발생하였을 경우 사건 B의 odds는 아래와 같이 수정된다.

$$\begin{aligned}&\text{사건 } B\text{의 } odds \\ &= \text{사건 } B\text{의 초기 } odds \times \text{사건 } A\text{의 사건 } B\text{에 대한 발생 } odds\text{비}\end{aligned}$$

예를 들어 앞의 〈표 3-10〉에 제시된 네 가지 사건 중, 사건 2가 선택되었다고 하자. 만약 발생된 난수가 0.3이라면 이는 사건 2의 초기확률 0.4보다 작으므로 사건 2가 발생되었다고 간주한다. 따라서 사건 1, 사건 3, 사건 4의 odds는 각각 1.485(=0.33×4.50), 1.50(=3.00*0.5), 1.22(=1.00*1.22)으로 수정된다.

만약 사건 A가 발생하지 않았다면 미발생 odds비를 이용하여 동일한 계산을 수행한다. 위와 같은 과정을 모든 사건이 선택될 때까지 수행하면 1회의 시행이 끝나게 된다.

이러한 시행 과정을 반복하면서 odds비 매트릭스를 수정하고, 수정된 결과를 가지고 사건의 발생확률도 수정한다. 이렇게 구한 새로운 확률은 다른 사건들의 영향을 고려한 각 사건의 발생확률을 뜻한다.

그러면 시뮬레이션을 언제까지 수행할 것인가? 한 번의 시뮬레이션 수행과 다음 번의 수행 간에는 확률값의 변화가 일어나고 따라서 변화율을 계산할 수 있다. 만일 이 변화율이 미리 정한 어느 값보다 더 작은 경우가 나타나면 시뮬레이션을 종료하게(terminate) 된다. 즉, 더 이상 시뮬레이션을 시행하여도 확률이 변할 가능성이 거의 없을 만큼 안정되었다(stabilized)고 판단하는 것이다.

● 단계 5: 사후 분석

사후 분석은 곧 민감도 분석(sensitivity analysis)을 의미한다. 어떤 변수나 요인 값의 변화에 최종값이 얼마나 민감하게 반응하는가를 살펴보는 것이다. 예를 들어, 예기치 않은 어떤 사건이 발생했다고 가정하고 그 사건이 최종 발생확률에 어느 정도의 영향을 미치는가를 분석할 수 있다. 만약 초기확률 및 조건부확률의 변화에 따른 최종 발생확률의 변화가 크다면 확률의 추정에 더 많은 주의를 기울여야 할 것이며 반대로 변화가 미미하다면 확률 추정의 정확도는 별로 중요하지 않은 것으로 판단할 수 있다.

다. 장단점

CIA의 가장 큰 장점은 다른 사건들의 영향을 고려하여 사건의 발생확률을 추정할 수 있다는 점이다. 사건들간의 상호작용을 고려하지 않은 채 사건의 발생확률을 추정하는 다른 예측기법과 비교하였을 때 CIA는 더 현실적인 결과를 도출해낼 수 있는 것이다. 하지만 CIA를 수행하기 위해서는 초기확률 및 조건부확률에 대한 대량의 데이터와 전문가들의 정보가 필요하다. 특히 사건이 하나 추가될 때 마다 추정해야 하는 조건부확률의 수가 증가하므로 이러한 확률 추정에 많은 시간과 비용이 소모된다는 단점이 있다.

라. 예제

● 단계 1: 사건 정의

정보통신 분야의 유망기술을 대상으로 기술예측을 한 예를 생각해 보자. 이 예제는 선정된 유망기술 중, 기술간의 상호작용을 고려할 때 가장 중요한 기술을 찾기 위하여 CIA를 수행한 과정을 다루고 있다. 어느 기술의 개발 내지 상용화는 CIA의 관점에서 보면 하나의 기술적 사건이 된다. 설명의 편의를 위하여 4개의 기술만을 사건에 포함시켰다. 〈표 3-11〉은 각 기술 즉 사건에 대한 설명이다.

〈표 3-11〉 기술(사건)의 설명

사건	설명
A	차세대 이동통신
B	디지털 TV/방송
C	홈네트워크
D	텔레메틱스

● 단계 2: 확률 추정

예측에 포함될 사건을 정의한 후, 각 사건의 초기확률과 조건부확률을 추정하게 된다. 확률 추정은 전문가 집단의 의견에 의해 이루어졌으며 그 결과가 아래 〈표 3-12〉에 제시되어 있다.

〈표 3-12〉 상호영향 확률 매트릭스

	초기확률	사건 A	사건 B	사건 C	사건 D
사건 A	0.60		0.40	0.20	0.60
사건 B	0.40	0.70		0.15	0.70
사건 C	0.20	0.10	0.20		0.15
사건 D	0.50	0.60	0.70	0.30	

● 단계 3: Odds비 계산

〈표 3-12〉의 상호영향 확률 매트릭스를 바탕으로 먼저 〈표 3-13〉과 같은 상호영향 odds 매트릭스를 구할 수 있다.

〈표 3-13〉 상호영향 odds 매트릭스

	초기 odds	사건 1	사건 2	사건 3	사건 4
사건 A	1.50		0.67	0.25	1.50
사건 B	0.67	2.33		0.18	2.33
사건 C	0.25	0.11	0.25		0.18
사건 D	1.00	1.50	2.33	0.43	

이를 이용하여 각 사건간의 영향을 나타내는 발생 odds비 매트릭스를 〈표 3-14〉와 같이 얻을 수 있다.

〈표 3-14〉 발생 odds비 매트릭스

	초기 odds	사건 1	사건 2	사건 3	사건 4
사건 A	1.50		1.00	1.00	1.50
사건 B	0.67	1.55		0.72	2.33
사건 C	0.25	0.07	0.37		0.18
사건 D	1.00	1.00	3.48	1.72	

유사한 방법으로 상호영향 미발생 odds 매트릭스를 구하고, 미발생 odds비 매트릭스를 얻을 수 있다.

〈표 3-15〉 상호영향 미발생 odds 매트릭스

	초기 odds	사건 1	사건 2	사건 3	사건 4
사건 A	0.67		1.50	4.00	0.67
사건 B	1.50	0.43		5.67	0.43
사건 C	4.00	9.00	4.00		5.67
사건 D	1.00	0.67	0.43	2.33	

〈표 3-16〉 미발생 odds비 매트릭스

	초기 odds	사건 1	사건 2	사건 3	사건 4
사건 A	0.67		1.00	1.00	0.67
사건 B	1.50	0.64		1.42	0.43
사건 C	4.00	1.34	2.67		5.67
사건 D	1.00	1.00	0.29	0.58	

- **단계 4: 시뮬레이션**

발생 odds비 매트릭스와 미발생 odds비 매트릭스를 바탕으로 시뮬레이션을 수행한다. 시뮬레이션은 적합한 범용언어를 사용하여 구현할 수 있다. 아래 〈표 3-17〉은 시뮬레이션 결과 추정된 사건들의 최종 발생확률을 나타낸 것이다. 초기확률과 발생확률의 차이는 사건들간의 영향을 고려함으로써 발생한 것이다.

〈표 3-17〉 추정된 최종 발생확률

	초기확률	최종확률	변화
사건 A	0.60	0.63	+0.03
사건 B	0.40	0.47	+0.07
사건 C	0.20	0.13	−0.07
사건 D	0.50	0.62	+0.12

마. 사후분석

다음으로 초기 확률 변화에 따른 최종 발생확률의 변화를 살펴보자. 최근의 정보에 의하면 어떤 벤처기업에서 홈네트워크 관련 기술의 개발에 성공해서 상업화를 앞두고 있다고 한다. 따라서 사건 C가 이미 발생했다고 할 수 있다. 이에 따라 사건 C의 초기확률을 1로 바꾸고 CIA를 다시 수행한다. 이 경우 사후분석을 위한 초기확률 즉 검증확률은 (0.60, 0.40, 1, 0.50)이 된다. 검증확률을 바탕으로 CIA를 수행한 결과를 〈표 3-18〉에 나타내었다. 사건 C의 발생이 확정됨에 따라 각 사건의 발생 확률이 바뀌었음을 알 수 있다.

〈표 3-18〉 사건 C 발생에 대한 사후분석결과

	초기확률	최종확률(1)	검증확률	검증최종확률(2)	변화(2-1)
사건 A	0.60	0.63	0.60	0.65	+0.02
사건 B	0.40	0.47	0.40	0.35	-0.12
사건 C	0.20	0.13	1.00	1	-
사건 D	0.50	0.62	0.50	0.72	+0.10

3) 시스템 다이내믹스 시뮬레이션

가. 기본개념

시스템 접근(systems approach)이라는 용어와 개념은 특정한 기법을 지칭하는 것이 아니라 하나의 개념적인 틀이나 포괄적인 접근방법을 의미한다. 시스템 접근은 문제해결 과정에서 전통적으로 많이 사용되어 온 단순화 접근(reductionist approach)과 상반된 개념 내지 그것을 대체하는 개념이라고 할 수 있다.

기존의 단순화 접근은 대규모의 문제를 더 작은 문제들로 분해한 후 각 부분에 대해 최적해(optimal solution)를 구하는 원리에 기초하고 있다. 그러나 외부환경이 빠르게 변화하고, 다양한 이해관계와 상호작용이 존재하며, 제한된 자원 하에서 의사결정을 해야 하는 문제에 대해서는 전통적인 접근방법이 불가능하거나 비현실적인 경우가 자주 발생한다. 이러한 경우에 주어진 문제의 구조와 내용을 분해하거나 축소하지 않고 그 문제에 관련된 다양한 요소를 모두 고려하여 합리적이고 현실적인 해답을 구하는 접근방법을 포괄하여 시스템 접근이라고 한다. 따라서 시스템 접근은 단순화된 문제에 대한 최적해(optimal solution)를 찾기보다는 현실적인 문제에 대한 합리적인 해결책(reasonable solution)을 도출하는 것을 목표로 한다.

오늘날의 기술예측은 위에서 언급한 문제의 주요한 특성을 모두 가지고 있다. 현대 기술은 진보의 속도가 매우 빠를 뿐 아니라 여러 당사자들의 이해관계가 복잡하게 얽혀 있다. 또한 기술개발에 필요한 비용의 제약이 항상 뒤따른다. 따라서 시스템 접근은 최근의 기술예측 문제를 다루는데 매우 유용하고 실질적인 방법이라고 할 수 있다.

시스템 접근에 의한 분석방법론 가운데 가장 많이 알려지고 또 자주 사용되는 기법이 시스템 다이내믹스(system dynamics)이다. 시스템 다이내믹스는 문제를 시스템적으로 접근한다는 시스템(system)과 시스템 내에서 연결된 구성요소들이 시간의 흐름에 따라 변화하는 행태를 다룬다는 다이내믹스(dynamics)를 합성한 용어이다. 크고 복잡한 문제에 대하여 직접 또는 간접으로 관련된 변수들로 구성된 시스템을 정의하고, 변수들 간의 관계를 모델로 표현한 후, 시뮬레이션을 통하여 시스템의 동적인 특성을 밝혀냄으로써 문제해결을 돕는 기법이다.

시스템 다이내믹스는 다양한 분석 문제에 범용적으로 적용할 수 있다. 1961년 Forrester의 저서 '산업동태론(Industrial Dynamics)'에서 처음 제시된 이래, 70년대에는 주로 정책의 설계 도구로서, 그리고 80년대에 들어서면서 기업조직의 동태적 의사결정을 지원하는 도구로서 활용되어 왔다. 현재에는 모든 산업분야에서 폭넓게 응용되고 있으며 그 가운데에서도 특히 그 성격과 목적이 기술예측과 잘 맞기 때문에 예측기법으로도 자주 사용된다. 그러나 시스템 다이내믹스는 앞에서 설명한 CIA와 마찬가지로, 예측대상 기술의 출현 시점이나 상용화 시점을 추정하는 것보다는 어느 기술의 변화가 다른 관련기술들의 변화에 어떠한 영향을 미칠 것인가를 시뮬레이션을 통해 예측하는데 그 목적이 있다. 따라서 시스템 다이내믹스도 예측 기법이라기 보다는 영향평가 기법이라고 하는 것이 더 정확한 표현이다.

나. 구조와 절차

시스템 다이내믹스는 크게 문제 정의, 인과지도 작성, 정량적 모형 작성, 시뮬레이션의 네 단계로 이루어진다.

● 단계 1: 문제 정의

시스템 다이내믹스 시뮬레이션을 수행하기 위해서는 먼저 시스템을 구성하는 다양한 요소들을 도출해야 한다. 이 때 도출된 요소들은 나중에 작성되는 인과지도 및 정량적 모형에서 변수(variable)의 역할을 하게 된다. 이를 위해서는 먼저 시스템 사고를 토대로 문제를 분석하여 문제의 범위가 어디까지이고, 시스템의 경계는 어디이며, 어느 수준까지 분석할 것인지를 명확하게 설정해야 한다. 또한 분석할 시간축의 길이와 각 요소들의 상태, 시스템 전체의 상태를 정기적으로 변화시킬 단위시간을 정해야 한다. 이 내용들은 시뮬레이션을 통해 전체 시스템의 구조와 변화 양상을 정확히 묘사할 수 있는 수준까지 상세하게 정의되어야 한다.

● 단계 2: 인과지도(causal loop diagram) 작성

문제 정의 단계에서 주요한 변수들이 도출되면 그 다음에는 이 변수들이 서로 어떤 관계를 가지고 있는지를 파악해야 한다. 단순히 몇 가지 변수들이 다른 한 변수의 원인이 되는 경우의 분석이나 예측이라면 회귀분석과 같은 통계적 접근으로 충분하다. 그러나 한 변수가 동시에 여러 변수의 원인이자 또 결과도 되는 복잡한 관계로 이루어져 있을 때는 시스템 다이내믹스와 같은 시뮬레이션 접근을 사용해야 한다. 이러한 경우에 변수들간의 관계를 인과관계 사슬(chain of causes and effects)이라고 부른다. 이 복잡한 관계를 방정식과 함수 형태로만 표현하는 경우, 전체 시스템의 인과관계나 논리 측면에서 오류가 생기기 쉽고 또 직관적인 이해가 어려운 문제가 생긴다. 따라서 흔히 시각적인 그림으로 표현하게 되는데 이 그림을 인과지도(causal loop diagram), 인과관계도(causes and effects diagram), 또는 영향관계도(influence diagram)라고 한다.

인과지도는 원인이 되는 변수로부터 결과가 되는 변수로 화살표를 연결하고 두 변수의 변화 방향이 같으면 양의 부호(+)를, 다르면 음의 부호(−)를 표시하는 방식으로 변수간 상호관계를 표기한다. 변수들 간의 상호관계가 단방향의 폐쇄된 루프 형태로 나타났을 경우 이를 피드백 루프(feedback loop)라고 하며 그 부호와 방향을 루프의 중앙에 표시한다. 이때 피드백 루프를 구성하는 인과관계에서 음의 부호의 개수가 짝수일 경우를 양의 피드백, 홀수인 경우를 음의 피드백으로 하여 피드백 루프의 부호를 부여하게 된다. 이 외에도 다양한 형태의 루프가 존재할 수 있다. 피드백 루프는 인과지도의 작성 과정에서 가장 핵심적인 요소로 피드백 루프의 형태에 따라

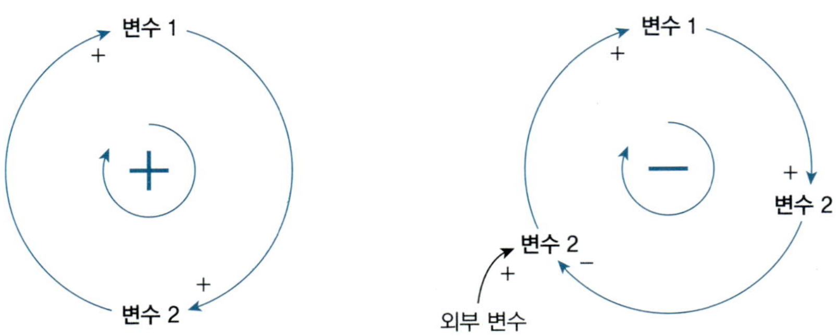

(a) 양의 피드백 루프 (b) 음의 피드백 루프

[그림 3-15] 피드백 루프의 형태

시스템의 전반적인 행태 패턴을 예측할 수 있다. [그림 3-15]는 시스템의 구조에서 나타나는 대표적인 피드백 루프를 보여준다.

● 단계 3: 정량적 모형 작성

작성된 인과지도를 바탕으로 컴퓨터 기반 시뮬레이션을 위한 정량적인 모형을 작성한다. 정량적 모형은 시스템 다이내믹스 분석을 위해 어떤 소프트웨어를 사용하느냐에 따라 그리는 방법이 조금씩 달라진다. 여기에서는 자주 사용되는 Vensim의 스톡 & 플로우(stock & flow) 기반 방법을 예시적으로 소개한다.

먼저 스톡(stock) 또는 저량 변수는 시스템의 상태 변화를 나타내는 변수로서 시간에 따라 누적된 값을 가진다. 특정 시점에서의 스톡 값을 수준(level)이라고 한다. 이에 반해 플로우(flow) 또는 유량 변수는 스톡의 상태 변화를 일으키는 흐름으로서 시간에 따른 스톡의 변화율(rate)로 나타난다. 그리고 이러한 스톡과 플로우 기반의 정량적 모형을 저량 유량 흐름도(stock and flow diagram)라고 한다.

혁신적인 신제품을 시장에 출시하는 간단한 예를 생각해 보자. 먼저 개념적인 모형을 보자. 전체 잠재소비자 중 일부가 이미 제품을 구매하였다면 아직 제품을 구매하지 않은 남은 소비자가 현재의 잠재소비자가 된다. 현재의 잠재소비자 수가 클수록 구매소비자는 많아지고, 반대로 구매소비자가 많아지면 현재의 잠재소비자는 적어진다. 이 경우의 인과지도는 [그림 3-16]과 같이 단순하게 표현되고 이것을 토대로 시장 내 소비자 수의 변화 패턴을 파악하게 한다.

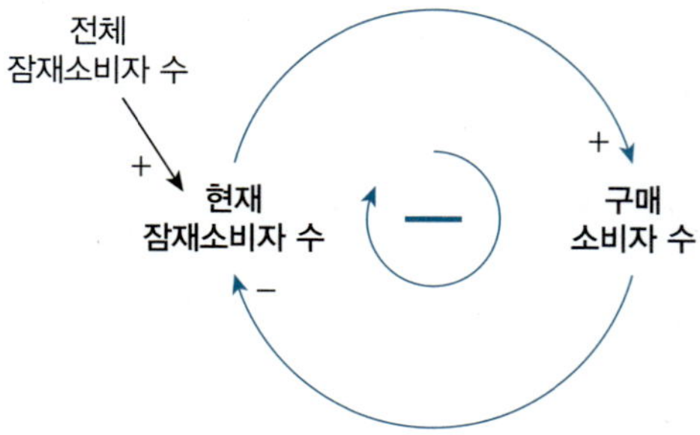

[그림 3-16] 시스템 다이내믹스 인과지도의 예시

이제 시뮬레이션을 위해서는 개념적 모형을 바탕으로 정량적인 모형이 수립되어야 한다. 전체 잠재적 소비자 수를 M, t 시점에서의 구매소비자 집단의 수를 N(t), 실제 제품을 구매하는 소비자의 수가 늘어나는 비율을 c라고 하자. 전체 잠재소비자 수 M은 일정하기 때문에 구매소비자 수 $N(t)$가 늘어날수록 남은 잠재소비자 수 $M-N(t)$는 줄어들게 된다. 따라서 변화율 계수인 c는 계속 바뀌게 된다. 인과지도에 나타난 인과관계와 설명된 구체적인 수식적 접근에 기반하여 저량 유량 흐름도를 그려보자.

먼저 주요변수인 소비자와 잠재소비자의 수는 스톡(stock)이 되며 아래의 [그림 3-17]에서와 같이 사각형의 상자로 표현된다. 여기서 원인이 되는 변수는 잠재소비자의 수이고 관심의 대상이 되는 결과 변수는 구매소비자의 수이기 때문에 두 겹의 화살표가 잠재소비자에서 구매소비자로 그어지게 된다. 이것을 플로우(flow)라고 부르며 실제로는 잠재소비자에서 구매소비자로 이동해가는 고객들의 수를 의미한다. 즉 스톡은 시스템의 상태 변화를 나타내고 플로우는 그 상태 변화를 일으키는 흐름을 가리킨다.

이제 식에서 표현하지 못한 마지막 값은 변화율을 나타내는 조절계수 c이다. 변화율 계수 c는 기본적으로 잠재소비자 수에 영향을 받는다. 또한 구매소비자 집단의 크기가 크면 클수록 소문이나 평판에 의해 잠재적 소비자 집단의 일부가 이 제품을 구매하게 되므로 구매소비자 수에도 영향을 받는다. 물론 제품이나 시장의 특성이 달라지면 C의 값도 달라지게 된다. 실선으로 된 한 줄짜리 화살표는 어떤 변수 혹은 요소들이 조절계수의 변화에 영향을 미치느냐를 나타낸다. 이 경우에는 조절계수 c가 잠재소비자 수, 구매소비자 수, 시장유형의 세 요소 모두로부터 영향을 받는 것으로 나타나고 있다. c의 값에 따라 플로우가 변하기 때문에 이 부분을 밸브(valve)라고 부르며 플로우의 중간에 그리게 된다. 최종적인 저량 유량 흐름도는 [그림 3-17]과 같이 나타난다. 저량 유량 흐름도에서는 스톡과 플로우의 기본 속성 및 구체적 수식화로 인해 인과지도에서 나타났던 변수들이 수정되거나 새로운 변수들이 추가되어 상호관계가 명확해짐을 알 수 있다.

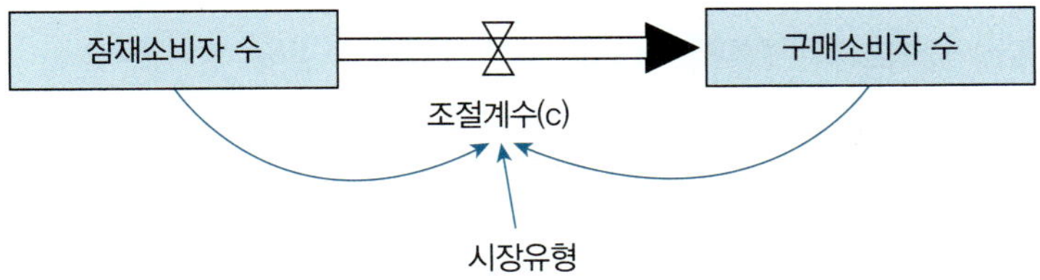

[그림 3-17] 시스템 다이내믹스 저량 유량 흐름도

● 단계 4: 시뮬레이션

작성된 정량적 모형을 토대로 시뮬레이션 모형이 만들어진다. 시뮬레이션의 수행을 위해서 각 변수들의 초기치를 설정한 후, 변수들을 업데이트할 단위시간 간격(unit time period)을 설정하고 총 시뮬레이션 기간도 설정한다. 실제로 시스템 다이내믹스에 의한 시뮬레이션을 수행하는 과정은 일반적인 시뮬레이션의 수행과 크게 다르지 않다. 이미 언급한 것처럼 여러 종류의 상용화된 시뮬레이션 패키지들이 사용된다. 그러나 상용 패키지의 활용이 적절하지 않은 경우에는, 직접 프로그래밍을 하여 특수 상황에 적합한(customized) 시뮬레이션을 수행할 수도 있다.

다. 장단점

넓은 의미의 시스템 접근법, 그리고 좁은 의미의 시스템 다이내믹스는 대상이 되는 문제의 규모가 크고 구성 요소들이 다양할 때, 넓은 시각에서 문제를 파악하고 분석하는데 적합한 방법이다. 또 시스템이 안고 있는 동태적 불확실성에 대해서도 신축적으로 대응할 수 있는 장점이 있다. 기술예측의 관점에서 보면, 새롭게 출현하는 유망기술(emerging technology)의 성장 추세를 기술적 측면뿐 아니라 경제적, 사회적 요인들도 고려하고, 나아가 관련기업뿐 아니라 정부, 시장, 해외 등의 다양한 이해당사자들의 행동을 모두 파악해 구조화한다면 예측의 정확도와 활용도가 제고될 수 있다.

기존 예측방법들의 정확도와 신뢰도가 데이터의 양과 질에 크게 영향을 받는 반면, 시스템 다이내믹스는 데이터가 부족하거나 환경적 변화가 심한 경우에도 비교적 안정적인 예측 결과를 보여주는 장점이 있다. 또한 시스템의 변화를 관찰하면서 기존 시스템에 포함되어 있지 않은 새로운 요인 또는 사건의 출현을 신속하게 파악할 수 있다는 장점도 있다.

그러나 현실적으로 복잡한 시스템 구조에 대해 모든 것을 이해하기도 어렵고 데이터의 수집에 한계가 있기 때문에 실용적인 활용도가 제한될 수밖에 없는 단점이 있다. 또 시스템 다이내믹스의 이론적 배경과 시뮬레이션 기법에 대한 전문적 지식이 필요하다는 사실도 시스템 다이내믹스가 안고 있는 한계로 지적된다.

마. 예제

우리나라 IT 기반시설에 대한 기술예측을 시스템 다이내믹스를 통해서 수행하는 과정을 예제로 살펴보자. 이 예제는 시기적으로는 오래 된 것이지만 시스템 다이내믹스의 과정을 살펴보기에는 적합한 사례라고 할 수 있다.

● 단계 1: 문제 정의

먼저 국내의 IT 기반시설 문제를 구성하는 요소들을 분석하여 변수를 정의한다. 국내의 IT 기반시설은 크게 A 기술(B-ISDN), B 기술(CATV), C 기술(Mobile network)의 세 가지 기술로 나눌 수 있다. 이 중 A 기술과 B 기술은 경쟁관계에 있다. 이 두 기술의 현재 상황과 앞으로의 전망을 위해 수요, 사용자 수, 시장 점유율, 잠재성, 가격, 투자 등이 변수로 정의되었다. 시스템 다이내믹스에 필요한 방정식의 구성을 위해 변수들은 정량적으로 측정 가능한 지표들로 구성되었다. 단위시간 간격은 가입자수의 시간에 따른 변화를 명확히 살펴볼 수 있도록 8년 9개월로 설정하였다.

● 단계 2: 인과지도 작성

문제 정의 단계를 통해 도출된 변수들 간 인과관계를 파악하여 인과지도를 작성한다. A 기술과 B 기술의 가입자 수는 잠재적 수요의 규모에 따라 변화하므로 수요 → 가입자 수의 인과관계가 성립한다. 이때 수요가 증가하면 가입자 수가 증가하고 수요가 감소하면 가입자 수가 감소하는 방식으로 두 변수의 변화 방향이 동일하므로 인과관계의 화살표에 + 기호를 표시해준다. 수요는 다시 서비스의 가격, 품질과 같은 자체속성, 경쟁서비스의 시장점유율, 현재 서비스의 시장점유율에 영향을 받게 되므로 이들 변수간 인과관계를 차례대로 표시하면 [그림 3-18]와 같은 인과지도가 작성된다.

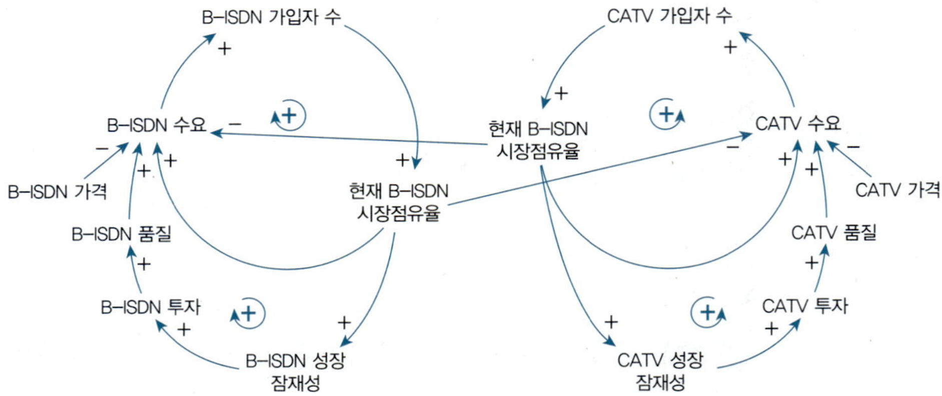

[그림 3-18] A 기술과 B 기술의 인과지도

● 단계 3: 정량적 모형 작성

앞서 작성된 인과지도를 바탕으로 시뮬레이션을 위한 정량적 모형을 작성한다. 이때는 보다 구체적인 정량적 관계 설정을 위해 앞서 작성된 인과지도에 나타나지 않은 보다 구체적인 변수들이 추가될 수 있다. 우선 시간의 흐름에 따른 누적량을 파악하고자 하는 변수들을 스톡으로 설정한다. 여기서의 관심사는 향후 A 기술과 B 기술의 가입자 수가 어떻게 변화할 것인가이므로 이 두 개의 기본 변수가 스톡이 된다. 스톡은 플로우에 의해 그 값이 변화하므로 연도별 각 서비스에 대한 가입자 증가량이라는 새로운 변수가 추가되어 플로우로 정의된다. 잠재적 가입자 수는 스톡 값의 변화에 영향을 주는 원인으로서 시스템 내에서 시작점 또는 끝점을 의미하는 구름(cloud) 형태로 표현된다.

스톡과 플로우의 기본적인 관계가 정의되고 나면 이제 이 값에 직접 또는 간접으로 영향을 미치는 외부변수들을 추가하게 된다. 추가되는 변수들과 기본 변수들과 관계는 인과지도에 기반하여 설정하게 된다. [그림 3-19]는 예시적으로 A, B 두 기술의 저량 유량 흐름도를 나타내고 있다. 이 그림에서 사각형의 상자로 표시된 A 기술의 가입자 수와 B 기술의 가입자 수는 스톡 변수를 의미하고 밸브는 스톡 변수의 상태를 변화시키는 플로우를 의미한다. 다음으로 플로우를 정량적으로 수식화 하는 작업에 필요한 변수들로 총 인구수, 시장 점유율, 품질, 가격 등을 설정한다. 최종적으로 선정된 변수들 사이의 영향관계를 기입한다. 예를 들어 현재 A 기술의 시장점유율은 A 기술의 가입자 수와 총 인구수의 비율로 나타낼 수 있으므로 화살표를 이용하여 이들 사이의 영향관계를 나타내 준다.

이와 같은 방법으로 모든 변수들 사이의 영향관계를 화살표를 이용하여 표시하면 저량 유량 흐름도를 완성할 수 있다. [그림 3-19]에서 좌, 우측 상단은 관심의 대상인 A 기술과 B 기술의 스톡 & 플로우 기본관계를 나타낸 것이며 나머지 부분은 외부변수 및 조건들의 인과관계를 나타낸 것이다.

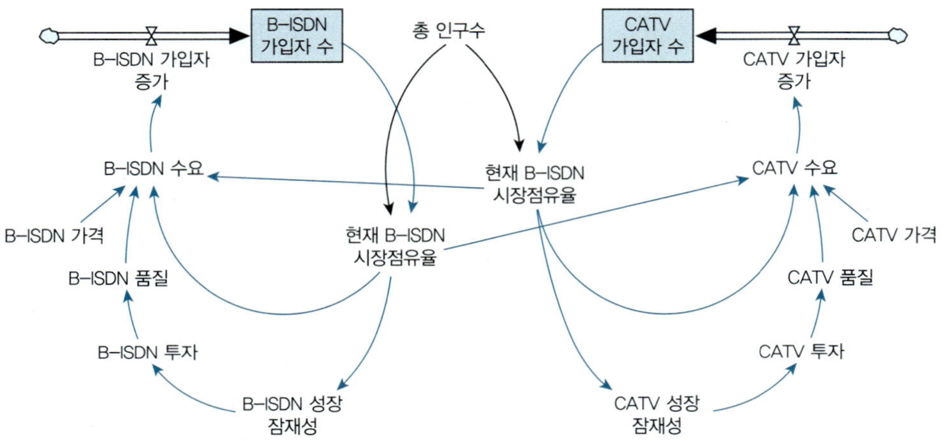

[그림 3-19] A 기술과 B 기술의 저량 유량 흐름도

● 단계 4: 시뮬레이션

앞서 작성된 저량 유량 흐름도를 바탕으로 소프트웨어를 활용하여 방정식들을 구성하고 시뮬레이션을 수행하였다. 각 변수들의 관계를 정량적인 함수들로 표현하고 초기값을 설정하여 시뮬레이션을 수행하면 각 변수의 시간에 따른 변화를 그래프 형태로 나타낼 수 있다.

주요한 변수 중 하나였던 A 기술의 가입자수 변화를 시스템 다이내믹스 시뮬레이션을 통해 2030년까지 살펴본 결과가 [그림 3-20]에 나타나 있다. A 기술의 가입자수는 꾸준한 증가 이후 2021년부터 시장이 포화상태에 빠져 가입자수가 정체하는 양상을 보여주고 있다. 기업은 이 결과를 바탕으로 A 기술에 대한 연도별 투자규모, 대체기술의 개발시기 등에 관한 전략을 수립하게 된다.

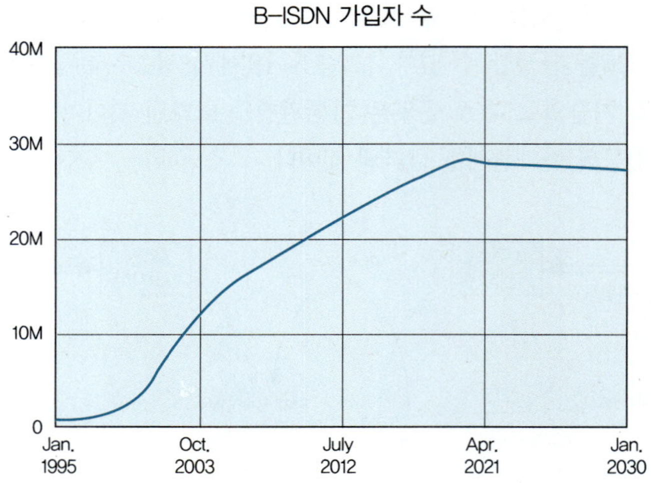

[그림 3-20] A 기술 가입자 수에 대한 예측 결과

5) 행위자기반 모형

행위자기반 모형(agent-based modeling: ABM)도 기술예측이나 시장예측 문제에 효과적으로 사용될 수 있다. ABM은 시스템 구성원의 의사결정 행동 양식을 모델로 표현한 후, 시뮬레이션을 통하여 시스템의 동적 변화를 예측하는 기법이다. 앞에서 설명한 시스템 다이내믹스(SD)가 거시적 시스템 안에서 구성요소들간의 상호관계에 초점을 맞춘다면, 행위자기반 모형(ABM)은 개별 행위자(agent)의 미시적 행동을 모형화하는데 초점을 맞춘다. 따라서 SD가 전체에서 출발하여 부분을 들여다보는 top-down 방식의 시뮬레이션이라면 ABM은 거꾸로 부분에서 시작하여 전체를 알아보는 bottom-up 방식의 시뮬레이션이라고 할 수 있다.

ABM에서는 행위자 개개인의 의사결정을 바탕으로 시스템의 동태적 상태를 분석하게 된다. 이때 행위자(agent)는 자신의 행동을 스스로 결정하는 자율성(autonomy), 다른 agent와 상호작용한다는 사회적 능력(social ability), 외부환경을 지각하고 그것에 반응한다는 반응성(reactivity)을 갖는다고 가정한다. 또한 이러한 속성을 바탕으로 일정한 규칙(rule)에 의한 의사결정을 하게 되고 각 개인의 행위들이 모여 시스템 전체의 상태가 정해지게 된다. ABM을 제대로 사용하기 위해서는 별도의 학습과 실제의 사용경험이 필요하기 때문에 여기에서는 자세한 설명을 생략하기로 한다.

SD와 ABM은 시뮬레이션을 기반으로 한다는 공통점이 있지만 그 원리와 절차는 서로 다르다. 따라서 기술예측이나 기술영향 평가에서 ABM과 SD는 흔히 독립적(independent) 기법으로 따로 사용된다. 하지만 상호보완적으로 함께 사용하는 것이 더 바람직한 접근이 될 수도 있다. 즉 미시적 측면에서 개별행위자들의 이질적 행동을 모형화하는 ABM과 시스템의 거시적인 측면을 통합적으로 분석하는 SD를 결합함으로써 보다 효과적인 동적 분석이 가능할 수 있는 것이다. 예를 들어 전체의 시뮬레이션 과정을 순차적(sequential)으로 설계하면, SD의 산출값(output)을 ABM의 입력값(input)으로 활용하거나 반대로 ABM의 산출값을 SD의 입력값으로 활용할 수 있다. 또는 상호적(interactive)으로 설계하여, SD 모델 안에 agent들의 행동을 포함시키거나 반대로 ABM 모델 내부에 SD를 하위 모델로 포함시킬 수도 있다.

제2절 기술혁신의 기획

2.1 기본개념

앞 절에서 살펴본 기술예측은 그 자체로서는 미래에 대한 객관적 정보를 제공할 뿐이지 전략적이고 규범적인 방향과 지침을 제시하지는 못한다. 기술예측의 결과를 토대로 필요한 기술지식 활동을 도출하고 그 활동들이 수행되어야 할 순서나 시점을 결정하는 작업을 기술기획(technology planning)이라고 한다. 따라서 기술예측과 기술기획은 서로 보완적인 관계를 맺고 있다.

여기서 전략(strategy)과 기획(planning)이라는 두 용어의 관계에 대해 살펴보자. 두 용어 모두 포괄적 의미를 지니기 때문에 한마디로 정의하기 어렵지만, 순서로 치면 먼저 전략이 수립되고 뒤이어 기획이 이루어진다고 할 수 있다. 전략은 본질적으로 의사결정(decision making)과 선택(choice)의 문제이다. 복수의 대안(alternative)이 존재하고 대안들간의 우열에 대한 명확한 평가가 어려운 상황에서, 나름의 기준을 토대로 최적의 대안을 선택하는 의사결정의 과제인 것이다. 따라서 같은 상황과 조건에서도 전략의 방향과 내용은 달라질 수 있다. 이러한 이유 때문에 전략의 수립에는 유일한 정답도 없고 표준화된 절차도 있을 수 없다.

이에 비해 기획(planning)은 구체적이고 실천적인 활동계획의 문제이다. 전략의 수립에서 어떤 대안을 선택하든 불확실성과 위험이 따르게 마련이다. 따라서 전략적 선택의 성공 가능성을 올리고 동시에 실패 위험을 줄이기 위한 작업들이 보완적으로 이루어져야 한다. 이 과정에서 구체적으로 어떤 활동(activity)을 어느 시점(time)에 수행할지를 정하는 계획서를 만드는 것이 기획이다.

전략의 수립과 마찬가지로 기획이라는 활동은 정성적이고 직관적인 성격을 지닌다. 따라서 기획 활동의 프로세스를 표준화되고 자동화된 프로그램에 의해 수행하는 것은 불가능하기도 하고 불합리하기도 하다. 그러나 기술과 시장이 변화 속도가 빠르고 범위가 확대되면서 기획 활동을 지원하고 보조하는 수단(tool)의 필요성은 갈수록 커지고 있다. 이 과정에서 사용되는 다양한 수단 가운데 최근에 폭넓게 사용되는 도구가 뒤에서 설명할 기술로드맵(TRM)이다.

2.2 기술전략

(1) 기본개념

앞에서 언급한 것처럼, 기술전략의 수립에 공통적으로 사용될 수 있는 절차와 기준은 없다. 더구나 전략의 수립은 현장중심의 실무적 작업이기 때문에 교과서에서 이론이나 원리를 제시하는 것은 매우 어려운 일이다. 여기에서는 하나의 예시적인 접근으로, 모듈형(modular) 기술전략 수립의 체계와 과정에 대해 설명한다. 모듈형이라는 용어를 사용하는 이유는 기술전략 수립의 전 과정을 몇 개의 모듈(module)로 나누어 단계적으로 수행해 나가는 방식을 사용하기 때문이다. 물론 모듈의 구성에도 절대적 기준은 없다. 각 모듈의 규모를 크게 하여 모듈의 수를 줄일 수도 있고, 반대로 모듈을 작게 만들어 모듈의 수를 늘릴 수도 있는 것이다.

이 예시에서는 기술전략의 수립과정을 크게 기술선택 모듈, 전략수립 모듈, 기술기획 모듈로 나누기로 한다. [그림 3-21]에 기술전략 수립의 전체적 구조가 도시되어 있다. 각 단계의 내용을 간략히 정리하면 다음과 같다.

- **모듈 1: 기술선택 모듈**

첫 번째의 기술선택 모듈에서는 '어떤 기술을 개발하거나 조달할 것인가'를 결정하는(decision-making) 작업을 한다. 이 결정의 평가를 위해 기술 분석, 시장 분석, 경쟁 분석의 하위 모듈들을 차례로 거치게 된다.

- **모듈 2: 전략수립 모듈**

두 번째의 전략수립 모듈에서는 기술전략의 구조와 체계를 수립하게(structuring) 된다. 앞에서 선택한 기술의 획득을 위해 언제, 어떤 활동을 수행하여 누가 무슨 역할을 수행할지를 정하게 된다.

- **모듈 3: 기술기획 모듈**

세 번째의 기술기획 모듈에서는 구체적인 활동계획(action plan)을 세우게 된다. 앞에서 수립한 기술전략의 실현을 위해 언제 어떤 활동을 수행할지를 나타내는 계획서를 작성하는 것이다.

[그림 3-21] 기술전략 체계의 전체적 구조

(2) 기술선택 모듈

이 모듈에서는 다양한 기술대안 가운데 '우리가 얻으려고 하는 또는 얻어야 하는 기술'을 선택하게 된다. 물론 그 기술은 내부에서 자체적으로 개발할 수도 있고 외부에서 outsourcing을 통해 조달할 수도 있다. 기술대안이 여러 가지 있으므로 선택을 위한 평가가 필요하다. 평가의 기준은 기술적 측면, 시장적 측면, 경쟁적 측면을 들 수 있다. 따라서 이 모듈은 다시 기술분석 모듈, 시장분석 모듈, 경쟁분석 모듈로 나뉘어진다.

기술분석 모듈의 핵심 질문은 '기술대안들의 매력과 위험은 무엇인가?'이다. 각각의 기술대안은 장점과 단점이 있고 기술적 매력이 있는가 하면 기술적 위험도 있게 마련이다. 따라서 다양한 요소와 기준을 바탕으로 각 기술대안의 우열을 평가하게 된다. 예를 들어 기술의 혁신성, 유용성, 성장성, 트렌드 적합성 등은 기술의 매력 요소이지만 개발 실현성(feasibility), 경쟁도/대체성, 지식재산권 저촉 위험, 정책적 규제 등은 위험 요소가 된다. 이러한 요소들을 평가하는 과정에서 여러 가지 분석기법들을 활용하게 된다

시장분석 모듈의 핵심 질문은 '진출하려고 하는 시장의 매력과 위험은 무엇인가?'이다. 어느 시장이든 진출해도 좋을 만큼의 매력이 있는가 하면 진출하는 것을 피해야 할 위험도 있다. 따라서 다양한 요소와 기준을 바탕으로 해당시장의 상대적 장점과 단점을 평가하게 된다. 예를 들어 시장규모, 시장 성장성, 고객니즈 만족도 등은 시장의 매력 요소이지만 진입장벽, 시장붕괴, 지역적 위험, 문화적 차이, 규제제도 등은 위험 요소이다. 이러한 시장 요소들을 평가하는 과정에서도 여러 가지 분석기법들을 사용한다.

경쟁분석 모듈의 핵심 질문은 '우리의 역량과 수준이 경쟁기업과 비교하여 어느 정도인가?'이다. 전략적 선택을 할 때 내부의 역량만을 보고 의사결정을 할 수는 없다. 왜냐하면 어느 선택을 하더라도 항상 시장에는 경쟁기업이 있고 경쟁제품이 있기 마련이고 따라서 우리의 역량도 절대적인 것이 아니라 상대적인 것이기 때문이다. 따라서 이 모듈에서는 먼저 자사의 역량을 분석하고 이어서 경쟁기업과 비교한 경쟁우위를 평가하게 된다. 예를 들어 보유기술 수준, 기술개발 역량, 기술인프라, 마케팅 역량 등은 내부역량 요소들이고, 경쟁자 역량이나 자사-경쟁자 경쟁력 비교 등은 경쟁우위 요소가 된다. 물론 이 요소들을 평가하는 과정에서도 다양한 분석기법들을 사용한다.

(3) 전략수립 모듈

앞에서 설명한 기술선택 모듈을 통해 가장 적합하고 필요한 기술대안을 선정하게 된다. 일단 기술대안이 정해지면 그 다음 모듈에서는 그 기술을 획득하기 위한 기술전

략을 수립하는 작업을 수행하게 된다. 이 모듈의 핵심 질문은 '어떤 활동과 프로세스를 통해 필요한 기술을 얻을 것인가?'이다.

필요한 기술을 얻는 방법은 내부획득과 외부획득의 두 가지이다. 먼저 내부의 자체개발(in-house R&D)을 통해 기술을 획득한다면 기술전략 모듈에서는 사업전략과 연구개발전략의 연계, 연구개발 자원의 조달과 배분, 연구개발 조직의 설계와 운영 등이 기술전략의 주요 내용에 포함된다. 만일 외부에서 기술을 조달한다면 outsourcing 전략과 방식, 오픈 이노베이션 전략, 기술거래 전략 등이 기술전략의 주요 내용이 된다.

(4) 기술기획 모듈

앞에서 수립한 기술전략은 기술획득의 방식과 과정을 보여주는 큰 그림이자 가이드라인이므로 그 안에 세부적인 활동 하나하나의 시점과 순서 등을 모두 담을 수는 없다. 따라서 마지막의 기술기획 모듈에서는 세부적인 활동계획, 즉 action program을 만드는 작업을 하게 된다. 이 모듈의 핵심 질문은 '현실적이고 체계적인 계획서가 만들어졌는가?'이다.

기술기획은 언제 무엇을 할 것인가를 정하는 일이기 때문에 시각적 형태로 보여주는 것이 효과적이다. 언제(when)를 나타내는 시간의 축 위에 무엇(what)을 나타내는 활동들을 배열하는 것이다. 이 목적으로 사용되는 여러 가지 도구(tool) 가운데 최근에 각광을 받고 있는 것이 바로 기술로드맵(Technology RoadMap: TRM)이다. TRM은 아직 모든 기업들이 사용하고 있는 것은 아니지만 기획 작업에 유용하게 쓰일 수 있는 도구이기 때문에 바로 뒤에서 자세하게 알아보기로 한다.

2.3 기술로드맵

(1) 기본개념

바로 앞에서 언급한 것처럼 기술기획에서는 주로 시각적 도구를 활용하게 된다. 이 목적으로 자주 사용되는 도구로는 [그림 3-22]에서 볼 수 있는 간트(Gantt) 차트나 네트워크(network) 차트를 들 수 있다. 이미 20세기 초반과 중반에 개발된 이런 형태의 도구들은 만들기 간단하고 이해하기도 쉬운 장점이 있지만 시간 축이 길어지고 활동이 많아지면 하나의 그림 안에 모든 정보를 담기 어려운 한계를 안고 있다. 따라서 크고 복잡한 기술기획에 적합한 방식으로 최근에 각광을 받고 있는 것이 기술로드맵(Technology RoadMap: TRM)이다.

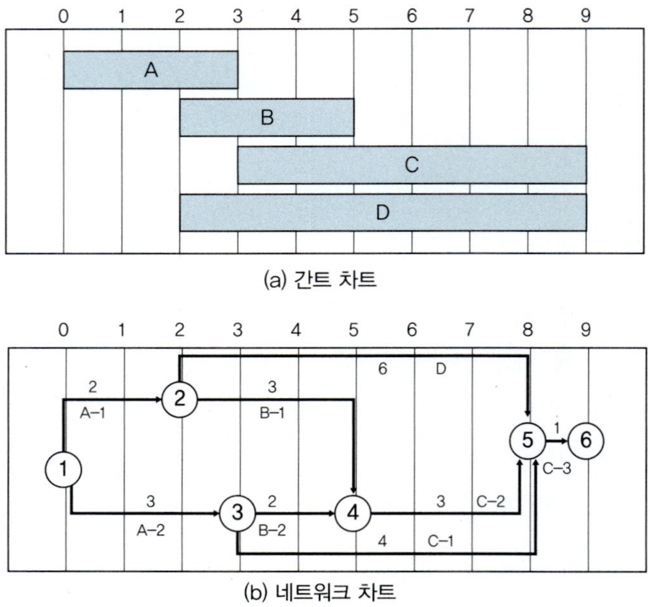

[그림 3-22] 간트 차트와 네트워크 차트의 기본 형태

일반적으로 로드맵(roadmap)이란 지리적 공간에 존재하는 길 혹은 경로를 나타내는 이정표로서 특정 목적지로 향하는 여행자들이 그 곳에 도착하는 여러 경로 중 하나를 선택하는 과정에 활용된다. 이러한 로드맵의 일반적인 특성과 목적이 기술기획 과정에 사용되었을 때 그것이 곧 기술로드맵이 된다.

TRM은 80년대 후반에 Motorola에서 처음 개발되었고 초기에는 주로 가전부문 기업들을 중심으로 활용되어 왔으나, 90년대 초반부터 그 활용 범위가 크게 확대되어 현재는 거의 모든 산업 분야에 확산되고 있다. 실제로 국제적인 선진기업에서는 이미 오래 전부터 TRM의 작성이 일반화되었으며 기술변화와 전략변화를 반영하여 2~3년 단위로 이를 갱신하고 있다. 국내의 경우 대기업 연구소를 중심으로 R&D 기획과정에서 TRM이 작성되고 있고 정부의 국가연구개발사업의 기획과정에서도 사용되고 있으며 갈수록 활용도가 크게 올라가고 있는 실정이다.

TRM은 크게 세 가지 목적으로 작성된다. 첫째는 시장, 제품, 기술 등의 변화 추세와 상호작용에 대한 예측(forecasting) 목적이다. 주로 공공부문에서 작성되는 TRM의 경우 미래의 기술이 어떻게 될 것인가에 초점을 맞춘 탐색적(exploratory) 예측의 목적이 많은 반면, 민간기업에서 작성되는 TRM의 경우 미래의 기술이 어떻게 되어야 하는가에 초점을 맞춘 규범적(normative) 예측의 목적이 많다. 둘째는 신제품이나 신기술 개발의 계획(planning) 목적이다. 특히 민간기업에서 작성되는 TRM은 중장기적인 시각에서 차세대 신기술과 신제품을 기획하거나, R&D 일정을 수립하거나, R&D 자원을 배분하는 과정에 주로 이용된다. 따라서 앞에서 살펴본 기술예측이 미래기술의 객관적 가능성을 조사하는 목적에 그친다면 TRM은 미래의 목표기술을 정한 뒤 이를 달성하기 위한 단계별 이정표를 제시하는 작업까지를 포함한다. 셋째는 경영부문간 소통과 교류의 목적이다. TRM은 기업내 여러 부문의 인력이 모여 공동으로 작업을 수행하기 때문에 인력의 교류, 정보의 교환, 브레인스토밍 토론 등이 활발하게 이루어진다. 이 과정에서 부문간의 커뮤니케이션을 통한 다양한 시너지 효과를 기대할 수 있는 것이다.

(2) TRM의 유형

TRM의 유형은 작성의 기준과 관점에 따라 다양하게 제시될 수 있다. 그러나 크게 본다면 대상산업의 범위를 어디까지로 하는가, 작성 작업을 누가 주도적으로 하는가, 작성 대상이 무엇인가에 따라 다음의 몇 가지 유형으로 나눌 수 있다.

1) 대상산업 범위에 따른 분류

가. 복수산업 TRM(multi-industry level roadmap)

대상기술이 여러 산업에 걸쳐 복합적으로 요구되는 경우에 작성되는 TRM이다. 예를 들어 시스템형 제품의 제조기술은 여러 산업에서 요구되는 기술이므로 제조기술 로드맵이 이에 해당한다.

나. 단일산업 TRM(single-industry level roadmap)

대상기술이 한 산업에만 필요한 경우에 작성되는 TRM이다. 예를 들어 반도체기술은 주로 반도체산업에서만 필요한 기술이므로 반도체기술 로드맵이 이에 해당한다.

다. 개별기업 TRM(individual company level roadmap)

특정 기업의 목적에 초점을 맞추어 작성되는 TRM이다. 예를 들어 Motorola에서 작성한 TRM, GE가 만든 TRM, 삼성이나 LG가 작성한 TRM이 여기에 해당한다.

2) 작성 주체에 따른 분류

가. 정부주도 TRM(government-led roadmap)

정부 주도하에 많은 기업, 공공연구소, 대학의 참여로 작성되는 TRM으로 주로 정부와 관련 산업주체들이 효과적인 의사결정을 할 수 있도록 지원하기 위해 작성된다.

나. 산업주도 TRM(industry-led roadmap)

동일산업에 속하는 기업들이 공동으로 참여하고 해당산업의 협회나 기업 컨소시엄이 핵심적인 역할을 하여 작성되는 TRM으로 사전에 기술표준을 협의함으로써 기술개발의 위험을 최소화하고 시장에서 공생할 방향을 제시하기 위한 목적으로 작성된다.

다. 기업주도 TRM(company-led roadmap)

개별기업이 독자적으로 작성하는 TRM으로 동종 산업 내 타기업보다 높은 경쟁우위를 확보하기 위한 목적으로 작성된다.

3) 대상 내용에 따른 분류

가. 과학기술 TRM(science technology roadmaps)

일반적인 기술의 경향을 파악하고 미래에 대한 정확한 예측을 통해 과학기술을 전반을 이해하는 목적으로 작성되는 TRM이다.

나. 제품기술 TRM(product technology roadmap)

가장 대표적인 TRM으로, 향후 출시될 신제품들과 그 제품을 생산하기 위해 확보해야 하는 필요기술을 연계한 TRM이다. 제품이나 공정에 대한 기술수요와 시장수요를 감안하여 작성되며 기술적 기회와 위협을 확인하고 탐색하기 위해서 작성된다.

다. 유망기술 TRM(emerging technology roadmap)

잠재적 가능성은 인식되지만 아직 탐색적 연구 수준에 머무르고 있는 유망기술(emerging technology)의 개발 과정이나 속도를 예측하는 TRM이다. 제품에 대한 구체적 특성을 제시하지는 않으며 기술의 확보 및 개발 전략에 초점을 두고 작성된다.

라. 이슈관련 TRM(issue-oriented roadmap)

사회적 관심을 끄는 특정이슈와 관련된 기술개발 프로젝트의 계획 수립 및 예산 배분을 위해 작성되는 TRM이다. 주로 정책적 의사결정과 공공 프로그램 계획수립에 대한 도움을 주고 기술평가를 위한 정보를 제공하는 것을 목적으로 한다.

(3) TRM의 구조와 절차

유형에 관계없이 TRM은 [그림 3-23]에 도시되어 있는 것처럼 다음의 세 단계를 거쳐 작성된다. 물론 작성하고자 하는 TRM의 산업범위, 작성주체, 작성대상, 작성목적 등에 따라 일부 단계가 추가되거나 생략될 수 있다.

첫째는 준비활동 단계로서, TRM 작성을 위한 기본적 조건을 만족시키는 작업을 수행한다. 먼저 TRM의 필요성을 인식하고, 조직 내 각 부서들의 참여 가능성을 확인한 후 실제로 TRM의 작성에 참여할 작업 팀을 구성한다. 다음에는 TRM 작성의 기간(time horizon)을 결정한다. 대부분의 경우 산업수준의 TRM은 10년 내외, 기업수준의 TRM은 3년 정도의 기간에 대해 작성하게 된다. 그러나 시장과 기술의 변화가 심한 상황에서는 2년 이내의 기간을 설정하기도 한다.

둘째는 작성 단계로서, 실제로 TRM의 내용을 작성하는 작업을 하게 된다. 우선 TRM의 구체적인 대상분야를 선정한다. 일반적인 대상분야는 제품이지만 만일 제품의 구조가 너무 복잡하면 부품 수준에서 선정할 수도 있다. 반면에 산업수준에서 작성되는 TRM이라면 제품군에 대해 선정할 수도 있다. 다음으로 선정된 대상분야에 대해 시장과 고객의 니즈를 토대로 대상분야의 특성과 성능을 결정한다. 이어서 가능한 기술대안들을 탐색한 후, 경제성, 실현시기, 가능성 등의 기준에서 가장 적합한 대안을 선정하고, 이 대안을 수행하기 위한 R&D 프로젝트를 기획한다.

셋째는 후속활동 단계로서, 작성된 TRM의 타당성을 검증하고 수정하는 작업을 하게 된다. 이 작업은 주기적으로 수행되어야 하며 적절한 점검 주기는 기술 진보와 시장 수요의 변화 정도에 맞추어 결정된다.

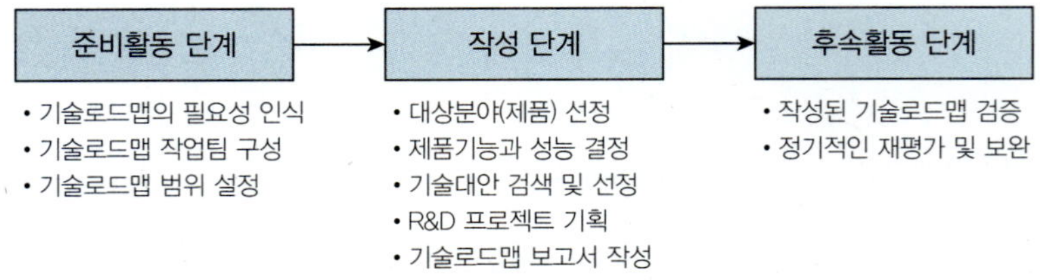

[그림 3-23] TRM의 작성 과정

(4) TRM의 실제

앞에서 살펴본 다양한 유형의 TRM 가운데 민간기업에서 가장 폭넓게 활용되는 제품기술 TRM의 구체적 내용과 절차를 살펴보자.

1) 제품기술 TRM의 형태

제품기술 TRM은 다양한 형태로 작성될 수 있지만 가장 일반적으로 작성되는 형태는 [그림 3-24]에 나타난 것처럼 시간(time)과 계층(layer)의 양 축으로 구성

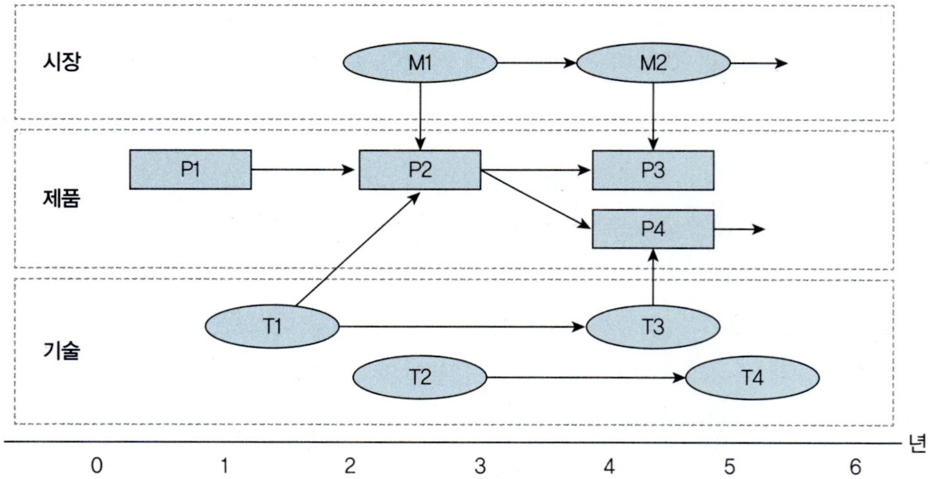

[그림 3-24] 제품기술 TRM의 전형적 구조

된 네트워크 형 차트이다. 이때 Y축은 시장, 제품, 기술의 세 가지 계층(three-layer)으로 나누는 것이 보편적이다. 이 경우의 TRM은 3-계층 구조(three-layer structure)로 나타나게 된다. X축의 기간(time horizon)은 예시적으로 3년으로 설정하여 0에서 6까지의 6개월 단위로 나누어 표기하였다. 그러나 전체 기간의 길이와 단위 시간의 설정은 제품과 산업의 특성, 시장과 기술의 변화 속도에 맞추어 신축적으로 이루어진다. 특히 기술진보의 속도가 빨라지고 시장환경의 변화가 심해지면서 TRM의 길이(time horigon)도 짧아지는 추세이다.

2) 제품기술 TRM 예시

T 전자는 스마트폰 제품을 생산하는 기업으로 지금까지 우수한 기술력과 브랜드 인지도를 기반으로 지속적인 성장을 유지하여 왔다. 그러나 최근 무선통신 기술이 급속히 발전하고 경쟁기업들의 추격이 심화되면서 신제품 출시주기가 3개월 이하로 단축되고 있어 TRM에 기반한 사업 기획 및 R&D 기획의 필요성이 커지고 있다. 이러한 상황에서 T 전자는 R&D 부서, 마케팅부서, 사업부서, 제조부서 등으로부터 핵심인력을 지원받아 TRM 작업 팀을 구성한 후, 집중적인 브레인스토밍 과정을 거쳐 향후 3년에 대한 제품기술 TRM을 작성하기로 하였다.

● 단계 1: 대상분야 선정

먼저 TRM 작업 팀은 대상분야를 선정하기 위해 스마트폰 제품의 시장환경과 경쟁전략을 분석하였고 스마트폰에 대한 소비자 니즈를 파악하였다. 특히 T 전자의 경영전략과 연계하여 목표시장(target market)을 '10대 고객 시장'으로 선정하였고, 시장조사를 통해 10대 고객들이 스마트폰에 있어 가장 중요하게 생각하는 요소는 '디자인', '가격', '액정의 성능', '카메라·화음 등의 부가기능', '총 통화 시간', '모바일 기능' 등의 순서라는 사실을 파악하였다. 따라서 TRM의 목표시장을 먼저 '디자인이 우수한 스마트폰'으로 하고 이어서 '가격경쟁력이 있는 스마트폰'으로 선정하였다. 이 단계에서는 TRM의 계층구조에서 제일 상위의 계층인 '시장' 영역이 결정된다.

● 단계 2: 제품 기능과 성능 결정

다음 단계로 마케팅 부서의 주관 하에 고객 니즈를 어떻게 제품에 반영할 것인가를 결정하였다. 이를 위해 [그림 3-25]에 나타난 것처럼 고객의 니즈와 관련된 제품의 특성들을 파악하였다.

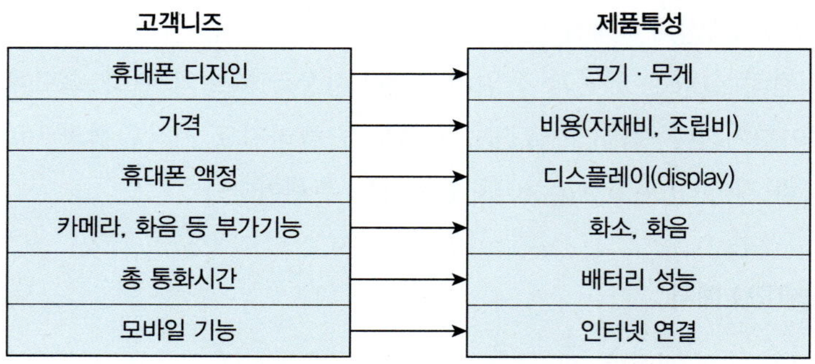

[그림 3-25] 고객 니즈(needs)와 관련된 제품 특성

그 다음으로 [그림 3-26]에 제시된 것과 같이 향후 3년간의 제품출시 계획을 세웠다. 구체적으로, 출시 예정인 네 가지 신제품 모델인 애니폰, 애니폰 1.0, 애니폰 1.1, 애니폰 1.2 각각에 대해 크기, 비용, Display, 화소 등의 측면에서 제품성능 목표치를 설정하고 출시 시점을 결정하였다. 이 단계에서는 TRM의 두 번째 계층인 '제품' 영역이 정해진다.

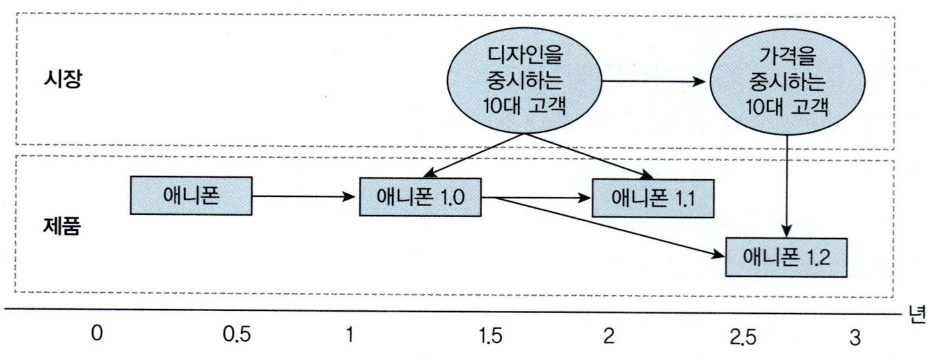

[그림 3-26] 시장계층과 제품계층에 대한 설계

제품출시 계획에서는 순서(sequencing)를 정하는 것이 중요하다. [그림 3-27]에 나타나 있는 것처럼 출시전략(sequencing strategy)은 크게 세 가지로 나눌 수 있다. 첫 번째는 steady stream 전략이다. 이 전략은 A라는 신제품라인이 만들어지면,

다음에 B라는 새로운 제품라인을 내놓기 전까지 A라인의 후속제품들을 '일정한 간격'으로 출시하는 전략이다. 신제품의 새로움을 적절한 시차를 두고 지속적으로 살려나간다는 의도이다. 두 번째는 derivative flurry 전략이다. 이 전략은 A라인의 신제품이 나온 후 얼마 안되어 후속제품(derivative)들을 '줄줄이' 출시하는 전략이다. 신제품의 새로움이 가장 강하게 남아있을 때 그 새로움을 집중적으로 이용한다는 생각이다. 세 번째는 secondary wave 전략이다. 이 전략은 A라인의 최초제품이 나온 후 조용히 있다가 B라인 신제품의 출시가 가까워진 때에 이르러 A라인 후속제품들을 '몰아서' 출시하는 전략이다. 최초제품의 새로움이 거의 사라진 시점에서 후속제품을 내놓음으로써 약해진 새로움을 되살리는 것을 목적으로 한다.

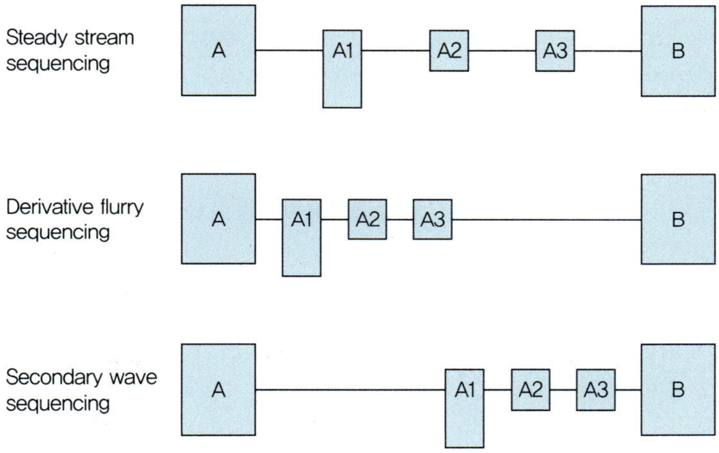

[그림 3-27] 출시전략(sequencing strategy)의 유형

● 단계 3: 일차적 TRM의 작성과 최적 기술대안의 선정

시장계층과 제품계층에 대한 설계가 완성된 후, R&D 부문 부서와 제조 부문 부서의 주도로 최적의 기술대안을 선정하기 위한 정보의 수집과 분석 작업이 이루어진다. [그림 3-28]에 나타나 있는 것처럼, 이 단계에서는 제품의 특성에 관련된 기술 영역이 정의되고 각 기술 영역별 실현시기가 제시된다. 부가적으로 기술 영역별 중요도와 T 전자의 상대적 경쟁 우위 등의 정보도 포함한다. 이 단계에서 도출된 결과는 그 자체로 TRM의 형태를 나타내기 때문에 기술계층 TRM이라고 부르기도 한다.

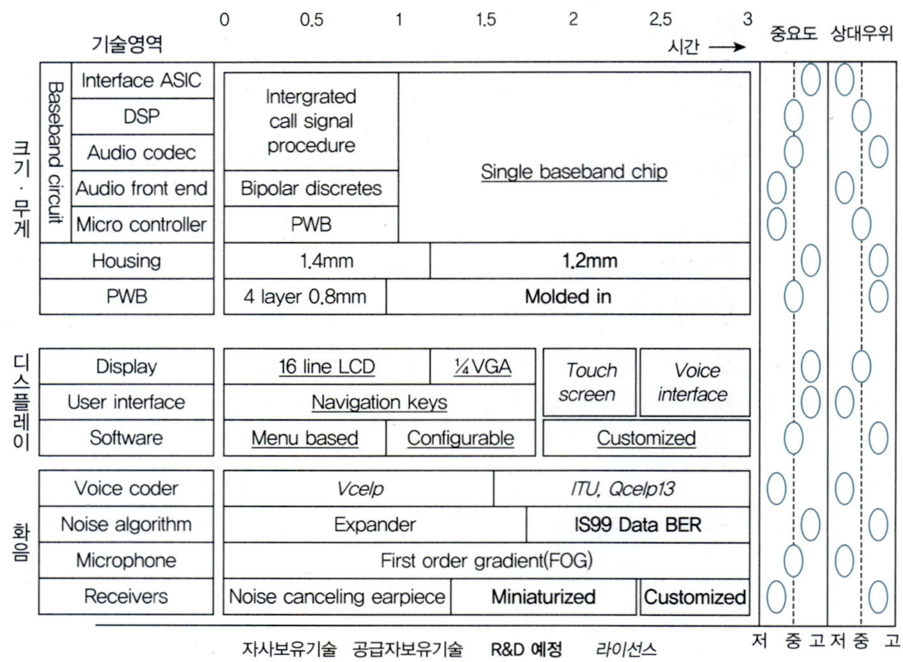

[그림 3-28] 기술계층 TRM의 구조와 내용

다음으로 앞에서 만들어진 기술계층 TRM을 토대로, 출시 예정인 네 가지 신제품이 당초에 계획했던 제품 성능을 구현할 수 있는 최적의 기술대안들을 선정하게 된

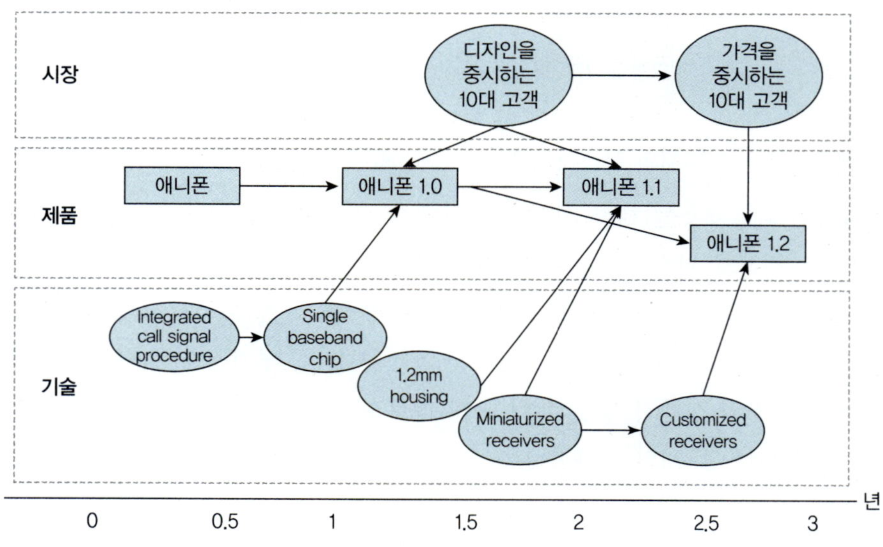

[그림 3-29] 시장계층, 제품계층, 기술계층에 대한 TRM

다. 이 작업까지를 통합하면 [그림 3-29]에 도시되어 있는 것처럼 시장-제품-기술의 세 계층을 연계한 TRM이 만들어진다. 여기서 보여주는 로드맵은 설명의 편의를 위해 단순한 모양으로 작성한 예시이다. 그러나 실제 현장에서 작성하는 TRM은 각 활동의 위치, 시점, 시차, 화살표 등이 정확하게 표시되어야 한다.

● 단계 4: 최종적인 TRM의 작성과 R&D 프로젝트의 기획

마지막 단계의 시작은 선정된 기술대안을 확보할 수 있는 R&D 계획을 수립하는 일이다. 즉 시장-제품-기술의 세 계층에 더하여 R&D 계층을 추가한 네 계층(four-layer) 구조의 TRM을 만드는 것이다. 여기서 말하는 R&D 계획은 자체 개발은 물론 외주(outsourcing)를 통해 개발할 기술, 라이센스를 통해 확보할 기술 등을 포함한다.

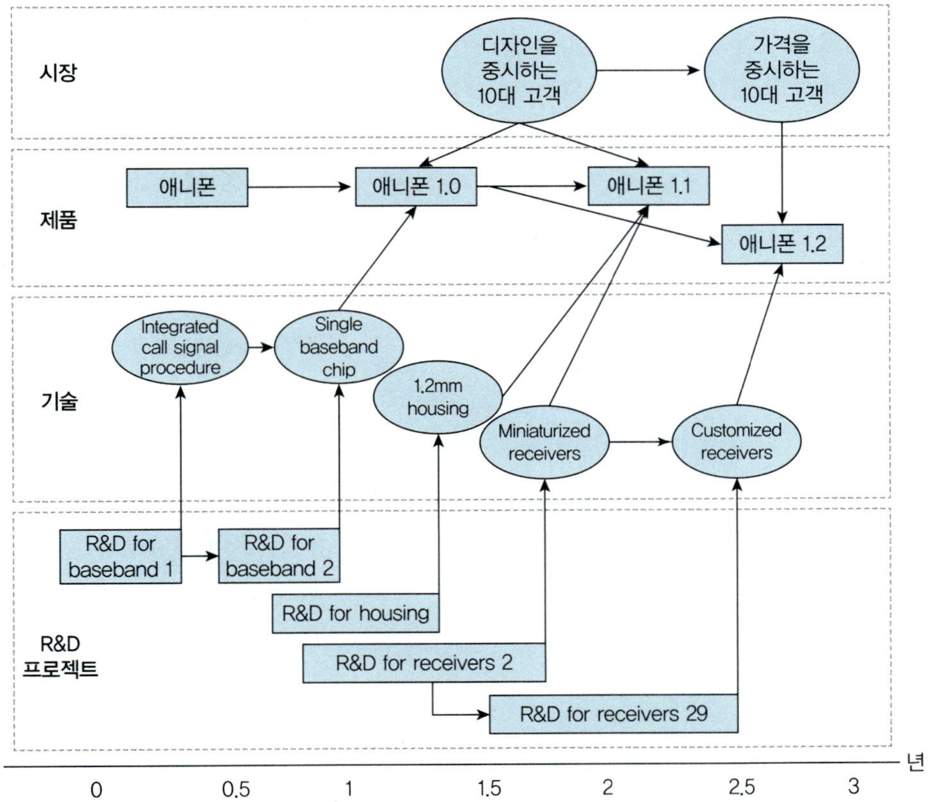

[그림 3-30] 최종적인 TRM과 R&D 기획도

이 과정에는 CTO를 포함한 경영진의 참여 하에 기술의 중요도, 경쟁우위, 개발기간과 개발비용 등의 기준들이 고려되어야 한다. 예를 들어 '1.2mm housing 기술'의 자체개발 소요기간은 약 3개월, 'Miniaturized receivers 기술'의 개발 소요 기간은 약 1년으로 예측되었고, 'Baseband 기술'의 경우 외주(outsourcing)를 예정하고 있지만 자사 제품에 적용되기 위해서는 테스트 과정을 거쳐야 하기 때문에 1개월 정도의 R&D 프로젝트가 필요한 것으로 파악되었다면 이러한 정보들이 TRM 위에 정확하게 반영되어야 한다.

이러한 분석과 결정을 거쳐 최종적으로 [그림 3-30]과 같은 TRM이 작성된다. 최종적인 TRM에는 목표 시장, 출시 예정 제품, 필요 기술, 그리고 필요 기술을 개발하기 위한 R&D 일정들이 계층적인 네트워크 형태로 나타나 있다.

(5) TRM의 유지

TRM이 전략적 제품기획과 체계적 기술관리를 보조해 줄 수 있는 유용한 수단이기는 하지만 동시에 지속적인 유지와 보수가 필요한 도구이기도 하다. TRM은 고객 니즈를 기초로 작성되는 경우가 많기 때문에 환경의 변화에 대응할 수 있도록 주기적으로 수정, 보완하는 작업이 반드시 필요한 것이다. 특히 TRM 작성에 투입(input)된 정보에 변화가 생겼을 때는 그 변화가 즉시 반영되어야 한다. 오늘날과 같이 기술과 시장의 변화가 심한 상황에서는 수정과 보완의 필요성이 더욱 커진다. 나아가 시장과 기술분야에서 쏟아져 나오는 빅데이터의 수집과 가공을 통해 얻어지는 최신의 정보를 적시에 반영하는 활동도 이루어져야 한다.

실무적인 관점에서 최소한 일년에 한 번 이상 주기적으로 TRM의 정보시스템을 갱신하여야 한다. 물론 기간(time horizon)이 짧은 TRM의 경우에는 그에 맞추어 갱신 주기도 단축되어야 한다. 또 한번 작성된 TRM의 지속적인 수정과 갱신을 보조할 수 있는 프로세스가 지원되어야 한다. TRM을 생성하는 초기 단계에서는 단순한 Spreadsheet이나 Graphic package만으로 충분할 수 있지만 TRM 작성 이후 단계에서는 갱신 및 공유의 편의를 위한 자동화 시스템의 개발과 활용이 필요하다.

토의문제

1. 다음과 같은 경우에 어떠한 기술예측 방법을 적용하는 것이 바람직할 것인지에 대해 구체적인 근거를 바탕으로 의견을 제시하시오.

(1) 21세기 나노(nano) 기술 전반에 대한 예측

(2) DVD 플레이어의 향후 5년간 성능예측

(3) 마이크로 기계 미세 가공 실용화 기술에 대한 예측

(4) 디지털 컨버전스(digital convergence)를 고려한 네 가지 분야의 신기술 출현 확률의 예측

2. 기술예측 방법들은 각기 장단점을 가지고 있으므로 한 가지 기법 만을 사용하는 것보다는 다양한 기법들을 섞어서 사용하면 보다 효과적인 예측이 가능하다고 한다면, 여러 예측기법들을 어떻게 통합하여 사용할 수 있을지에 대한 의견을 제시하시오.

3. 다음 표는 2015년 생산을 시작한 A사 제품의 용량 증가 추세를 분기말을 기준으로 하여 나타낸 것이다. 이를 바탕으로 향후 이 제품의 용량에 대한 예측을 추세외삽 모형을 이용하여 수행하시오.

시장화 시점(marketed time)		용량(GB)
2015년	1분기	2
	2분기	2
	3분기	3
	4분기	5
2016년	1분기	8
	2분기	10
	3분기	15
	4분기	20
2017년	1분기	25
	2분기	30
	3분기	50
	4분기	60

(1) 제품 용량의 증가 추세를 도식화(plotting) 하시오.

(2) 각 분기별 용량을 로그함수로 나타내었을 때는 어떤 모형을 사용하여 정량적으로 표현할 수 있는지를 설명하고, 가장 적절한 함수를 수리적으로 도출하시오.

(3) 이 제품의 성능이 지금과 같은 추세로 발전한다면 향후 10년 후의 성능이 어느 수준에 이를 지를 예측하시오.

4. 성장곡선에 바탕한 기술예측에서, 로지스틱 함수와 곰페르츠 함수의 예측 성능이 달라지는 두 가지 기술(제품)을 찾아서 예측 성능의 차이가 나타나는 원인과 배경에 대해 설명하시오.

5. 델파이 기법에서 라운드를 거듭하면서 발생하는 신뢰성과 경제성의 상충(trade-off)을 설명하시오.

6. 델파이 기법, 상호영향분석(CIA), 시스템 다이내믹스(SD))의 세 기법의 장단점을 비교분석의 관점에서 설명하시오.

7. 시장 전체의 변화와 사용자 개개인의 행동에 대해 시뮬레이션(simulation)을 이용하여 미래예측 내지 영향분석을 할 경우, 시스템 다이내믹스(SD)와 행위자기반모델(ABM)을 어떻게 사용할지에 대해 설명하시오.

8. 시나리오 플래닝(scenario planning)에서 다음의 활동(단계)들을 순서대로 나열하시오.

   핵심동인 추출, 최종 시나리오 도출, 전략대안 도출, 미니 시나리오 도출

9. TRM은 기본적으로 시장에 대한 정확한 예측을 바탕으로 미래의 니즈를 충족시키기 위한 기술기획 방법론이다. 그러나 고객의 니즈가 모호하여 시장에 대한 예측이 어렵고 심지어 예측 자체가 거의 불가능한 산업이나 기술 분야에서는 TRM 작성 원리와 과정이 어떻게 달라져야 할 것인지에 대해 토의하시오.

10. 미래에 대한 기술을 기획한다는 점에서는 동일하지만 국가수준에서 작성하는 TRM과 개별 기업 수준에서 작성하는 TRM은 작성주체, 작성목적, 작성형태 등에서 분명한 차이점들을 보인다. 이러한 차이점들에 대해서 토의하시오.

조사분석 문제

1. 이 책에서 제시되지 않은 기술예측 방법론을 찾아보고, 그 성격과 내용을 간략히 설명하시오.

2. 기술 포사이트(foresight)의 원리와 방법을 사용하여 기술과 사회의 미래를 예측한 사례를 하나 찾아서 예측의 원리, 과정, 해석에 대해 서술하시오.

3. 기술전략을 수립하고 기술지식을 기획하는 과정에는 TRM 이외에도 여러 가지 기법이 활용될 수 있다. 다양한 기술기획 방법론들을 조사해 보고 각 기법의 장단점에 대해서 논의하시오.

4. 로지스틱 모형, 상호영향분석 모형, 시스템 다이내믹스 모형을 이용한 기술예측의 실제 사례를 하나씩 찾아서 그 내용과 의의를 비교의 관점에서 설명하시오.

5. 국내외에서 TRM이 실제로 작성되어 활용된 공공부문 사례와 민간기업 사례를 각각 하나씩 찾아서 목적, 과정, 방식, 활용 등에 대해 서술하시오.

6. 기술의 미래에 대한 전문가(사용자) 빅 데이터를 수집-분석하여 기술예측이나 기술기획에 활용한 사례를 찾아보시오.

CHAPTER

04

기술지식의 창출

contents

이 장(Chapter)의 배경과 내용

기술예측과 기술기획으로부터 이어지는 아이디어의 창출은 본격적인 MOT 활동이 시작되는 단계이자 신제품 개발(NPD)이나 신서비스 개발(NSD)의 핵심적 역할을 담당하는 활동이다. 또한 기술혁신 작업이 본격적으로 전개되는 출발점이기도 하다.

아이디어라는 것이 정해진 틀이나 이론에 따라 만들어질 수 있는 것은 아니지만 새로운 아이디어의 원천도 이미 만들어진 아이디어에 뿌리를 두고 있는 것이 일반적이다. 하지만 개인이 보유하고 있는 데이터베이스에는 한계가 있고 인간이 분석할 수 있는 능력도 제한적일 수 밖에 없다. 따라서 아이디어의 창출과정을 전적으로 개인의 자율과 직관에 맡기기보다는 정보의 수집과 사고의 정리를 지원하고 보조할 수 있는 도구가 필요하게 된다

이러한 수요에 대응하여, 아이디어 창출을 위한 다양한 기법들이 개발되어 사용되고 있다. 이 가운데 많은 기법들은 처음부터 아이디어의 창출을 목적으로 설계되고 개발된 것이지만 상당수의 나머지 기법들은 처음에는 다른 목적이나 용도로 개발되었으나 기법의 성격이나 기능상 신제품 아이디어의 창출 과정에도 직접적 또는 간접적으로 활용될 수 있기 때문에 도입된 것들이다. 이 다양한 기법들은 아이디어 원천의 차이에 따라 기술중심적 방법, 제품중심적 방법, 고객중심적 방법 등으로 나눌 수 있고, 아이디어를 도출하는 방법론의 차이에 따라 지식의 공유나 자유로운 토론에 의한 직관적 방법, 시장이나 특허 등으로부터 정보를 수집하는 조사적 방법, 인공지능이나 형태분석 등의 알고리즘을 이용하는 분석적 방법 등으로 세분할 수도 있다.

이 책에서는 아이디어 창출방법들을 크게 직관에 의존하는 기본적 방법(basic methods), 설계원리를 이용하는 설계적 방법(design methods), 조사분석 및 가공 알고리즘을 사용하는 분석적 방법(analytical methods)으로 나누어 그 내용과 기준을 알아보기로 한다.

CHAPTER
04

기술지식의 창출

제1절 아이디어 창출

앞 장에서 살펴본 기술지식의 예측과 기획의 궁극적인 목적은 신제품과 신기술의 창출에 있다. 따라서 예측과 기획 과정에서 얻은 정보와 지식도 결국은 신제품 아이디어의 도출을 위해 사용된다. 아이디어의 창출(idea generation)은 신제품 개발(new product development: NPD)과 신서비스 개발(new service development: NSD)이 가시적으로 시작되는 첫 번째 단계이자 가장 핵심적인 역할을 하는 활동이다. 또한 기술혁신이 본격적으로 전개되는 출발점이기도 하다.

그러나 아이디어라는 것은 정해진 틀이나 이론에 따라 만들어질 수 있는 것은 아니다. 또 아이디어의 원천(source)은 외부에 있을 수도 있고 내부에 있을 수도 있다. 따라서 현장에서 신제품 아이디어를 창출하는 과정은 정형화된 표준 절차나 이론적인 알고리즘을 따르는 것이 아니라, 대부분 연구개발 분야나 마케팅 분야의 직관이나 경험에 의존하게 된다. 좀더 적극적인 방법으로는 복수의 참여자들이 자유롭게 의견을 교환하는 브레인스토밍(brainstorming)이 사용되기도 한다.

이러한 접근은 창의성과 자율성을 보장한다는 측면에서 나름대로의 장점을 가지고 있다. 그러나 대부분의 신제품이 기존제품의 연장선상에서 나오듯이, 새로운 아이디어의 원천도 이미 만들어진 아이디어에 뿌리를 두고 있는 것이 일반적이다. 그야말로 전혀 새로운 혁신제품(breakthrough product)이 아닌 이상에는 이미 존재하는 데이터베이스를 분석하고 가공하는 과정에서 신제품 아이디어가 도출되는 것이다.

하지만 개인이 보유하고 활용할 수 있는 데이터베이스에는 한계가 있고 또 인간이 분석하고 가공할 수 있는 능력도 제한적일 수 밖에 없다. 따라서 아이디어의 창출 과정을 전적으로 개인의 자율과 직관에 맡기기보다는 정보의 수집과 사고의 정리를 지원하고 보조할 수 있는 도구(tool)가 필요하게 된다. 실제로 기술경영 연구와 교육에 있어 기업 현장에서 제기하는 가장 크고 중요한 수요 중의 하나가 신제품 아이디어를 발굴하고 도출할 수 있는 체계적이고 과학적인 방법론의 제공이다.

이러한 수요에 대응하여 아이디어 창출을 위한 다양한 기법들이 개발되어 사용되고 있다. 이 가운데 일부 기법들은 처음부터 아이디어의 창출을 목적으로 설계되고 개발된 것이지만, 상당수의 나머지 기법들은 처음에는 제품설계나 시장분석 목적과 용도로 개발되었지만 기법의 성격이나 기능상 신제품 아이디어의 창출 과정에도 직접적 또는 간접적으로 활용될 수 있기 때문에 도입된 것들이다.

따라서 아이디어 창출 기법들은 그 배경이나 방법이 매우 이질적이고 복합적이다. 만일 다양한 기법들을 아이디어의 원천에 따라 분류한다면 기술중심적(technology-based) 방법, 제품중심적(product-based) 방법, 고객중심적(customer-based) 방법 등으로 나눌 수 있다. 또 아이디어를 도출하는 방법론의 차이에 따라 지식의 공유나 자유로운 토론에 의한 직관적 방법, 시장이나 특허 등으로부터 정보를 수집하는 조사적 방법, 인공지능이나 형태분석 등의 알고리즘을 이용하는 분석적 방법 등으로 세분할 수도 있다.

여기에서는 다양한 방법들을 크게 기본적 방법(basic methods), 설계적 방법(design methods), 분석적 방법(analytical methods)으로 나누어 그 내용과 기준을 설명하기로 한다.

한 가지 더 언급할 것은 신제품(new product)이라는 개념과 신서비스(new service)라는 개념의 차이이다. 지금까지 살펴본 기술혁신이론과 기술예측 그리고 여기서의 주제인 아이디어의 창출 등은 대부분 제조업의 신제품 개발(NPD)을 전제로 한 것이었다. 그러나 이미 오래 전에 거시 경제시스템의 중심이 제조업에서 서비스업으로 이행한 상황에서, 새로운 서비스의 창출(NSD)도 신제품의 개발 못지 않은 전략적 중요성을 지닌다.

하지만 신서비스의 창출은 신제품의 창출에 비해 아직 기본적인 개념조차 불분명한 새로운 연구 영역이다. 체계적이고 정형화된 방법론을 토대로 새로운 서비스를 창출하는 일은 이론의 측면에서도 그렇고 실무의 측면에서도 그렇고 아직 본격적인 연구 주제로 자리매김하지 못하고 있는 실정인 것이다. 대신 신서비스의 창출에서도 신제품 개발에서 사용하는 공통적 요소와 방법을 많이 공유하고 있다. 제품과 비교하여 서비스가 지니는 차별적 특성도 반영해야 하지만 아이디어의 창출이라는 본질적인 목표와 기능은 유사하기 때문이다. 따라서 여기서 말하는 신제품의 창출은 신서비스의 창출이라는 개념도 동시에 담고 있다.

제2절 기본적 창출방법

기본적 방법은 말 그대로 간단한 방식과 단순한 원리로 아이디어를 도출하는 기법들을 가리킨다. 이해하기도 쉽고 적용하기도 어렵지 않아서 오래 전부터 폭넓게 사용되어 왔으며 오늘날에도 가장 활발하게 이용되고 있는 기법들이다. 직관적 사고에 의존하고 지식의 전문성이 떨어진다는 한계는 있지만 일차적 아이디어를 수집하기에는 효과적인 접근법이다.

2.1 직접적 조사방법

(1) 설문지법

설문지법(survey method)은 신제품 개발에 관련된 설문지(questionnaire)를 발송하고, 일정 시간이 지난 후 회수된 설문지의 응답을 토대로 고객요구 사항을 수집하는 방법이다. 많은 고객을 대상으로 한 신제품 아이디어를 도출하는데 현실적으로 가장 많이 쓰이는 방법이 설문지법이라고 할 수 있다.

설문조사의 성공 여부는 효과적이고 효율적인 설문지의 설계에 달려 있다. 설문지는 먼저 필요한 정보의 리스트를 작성한 후 각 정보의 목적과 성격에 맞게 설문 내용, 질문 방식 그리고 질문 순서를 결정해야 한다. 또한 설문지는 가능한 간결하게 작성되어야 하며 누구나 쉽게 이해하고 답할 수 있는 형태로 만들어져야 한다. 실제로 효과적이고 효율적인 설문지를 작성하기 위해서는 상당한 수준의 전문성과 함께 마케팅 부문과 기술 부문의 유기적인 협조가 이루어져야 한다.

설문지법은 표본설계에 따라 설문대상을 과학적으로 선별할 수 있고 다양한 고객을 대상으로 여러 가지 정보를 수집할 수 있다는 장점이 있으나 상대적으로 비용 및 시간이 많이 든다는 단점이 있다.

(2) 관찰법

관찰법(observation method)은 고객의 행동 혹은 선호도 등을 직접적으로 관찰하거나 기계적인 도구를 사용하여 모니터링 함으로써 자료를 수집하는 방법이다. 이 방법은 정확하고 객관적인 정보를 수집할 수 있으며 고객의 응답과 상관없이 필요한 정보를 획득할 수 있는 장점이 있다. 그러나 겉으로 드러난 피상적인 정보만을 수집하기 때문에 그 행동을 유발한 태도나 동기 등의 내면적이고 실질적인 정보를 얻기가 힘들다는 단점이 있다.

(3) 인터뷰

인터뷰(interview)는 고객과의 일대일 접촉을 통하여 요구사항을 수집하는 방법으로, 주로 고객이 실제로 제품을 사용하거나 시험하는 환경에서 이루어진다. 인터뷰가 성공적으로 수행되기 위해서는 고객이 능동적으로 인터뷰에 응할 수 있는 분위기나 인센티브의 제공, 조사 제품에 대한 적절한 정보의 제공 등이 필수적으로 요구된다.

인터뷰는 다른 방법과 비교하여 직접적이고 심층적인 요구 사항을 수집할 수 있다는 장점이 있으나 정보수집의 대상과 범위가 매우 제한적이라는 단점이 있다.

2.2 브레인스토밍 기법

브레인스토밍(brainstorming)은 1940년 미국의 광고회사 임원이었던 오즈본(Osborn)이 전문성이 다른 여러 사람이 모여 자유로운 토론을 통해 새로운 아이디어를 찾아내기 위해 고안한 회의 방식에서 출발한 것이다. 브레인스토밍이란 용어는 말 그대로 서로가 서로의 두뇌를 폭풍처럼 자극하여 연쇄적으로 새로운 아이디어를 창출하는 원리를 의미한다. 브레인스토밍 실무에서는 일반적으로 6~12명 정도의 구성원으로 토론 그룹을 구성하게 된다. 구성원이 너무 많으면 아이디어의 범위가 넓어지고 내용이 다양해지기 때문에 오히려 역효과가 날 수 있다.

브레인스토밍은 네 가지의 기본 규칙을 바탕으로 한다. 제일 먼저 만들어진 규칙은 '비판금지'이다. 상대방의 아이디어를 절대로 비판하지 말라는 것이다. 그 다음에 만들어진 규칙은 '자유분방'이다. 모든 아이디어를 환영하고 심지어는 엉뚱한 생각을 권장하라는 것이다. 다음의 규칙은 '수량추구'이다. 아이디어는 많으면 많을수록 좋다는 것이다. 마지막이자 가장 중요한 규칙은 '결합개선'이다. 자신의 아이디어와 남의 아이디어를 결합하여 새로운 아이디어를 찾으라는 것이다. 이 원칙은 브레인스토밍에 기반한 아이디어 창출의 뼈대를 제공한다.

브레인스토밍은 하나의 기법을 가리키는 것이 아니라 일반적인 원리를 포괄하는 용어이다. 따라서 브레인스토밍의 기본 원리에 기반한 수많은 실제 기법들이 개발되어 활용되고 있다. 여기서 다양한 기법들의 내용을 일일이 알아볼 수는 없고, 가장 대표적인 기법에 대해서만 간략히 살펴보도록 하자.

(1) 집단토론법

집단토론법(focused-group discussion)은 소수의 고객들을 외부에서 관찰할 수 있게 설계된 독립적인 공간에 모아놓고, 조정자(moderator)의 진행 하에 제품개발과 관련된 자유로운 토론 즉 브레인스토밍을 유도함으로써 새로운 아이디어와 고객니즈를 수집하는 방법이다. 참여고객의 수에 대한 절대적 기준은 없으나 일반적으로 8명 내외가 가장 적절한 것으로 알려져 있다.

이 방법은 토론의 주제와 진행 방식을 사전에 설계함으로써 효과적인 정보수집이 가능하고 또 적극적이고 창의적인 토론과정을 통해 기대하지 못한 새로운 아이디어가 도출될 수 있다는 장점이 있다. 하지만 조사대상자의 수가 한정되어 있기 때문에 조사결과를 시장 전체의 의견이나 아이디어로 확대하여 해석하기 어렵다는 한계가 있다.

(2) 아이디어 개발법

아이디어 개발법은 공식적인 기법으로 개발된 것은 아니고 사람들이 새로운 것을 찾아내기 위해 생각하는 방식(way of thinking)을 이 책에서 몇 가지의 전형적인 유형으로 정리한 것이다. 이 방법의 뿌리는 앞에서 설명한 브레인스토밍의 원칙 가운데 마지막 규칙인 '결합개선'에 있다. 즉 신기술이나 신제품은 무에서 유를 창조하는 식으로 만들어지는 것이 아니라 기존에 있던 기술이나 제품을 개선하거나 변화시키는 과정에서 도출된다는 것이다. 따라서 기존의 것을 묶어서(결합) 새로운 길을 찾아보면 더 좋은 것(개선)이 만들어진다.

이 원칙을 바탕으로 오즈본 자신도 새로운 아이디어를 창출할 수 있는 체크리스트(checklist)를 다음과 같이 제시하였다. 처음부터 백지 상태에서 출발하는 것보다 여기서 제시된 가이드라인을 바탕으로 새로운 아이디어를 찾아보라는 것이다.

- Break up the problem into smaller pieces
- Search for alternatives
- What other uses?
- What can be borrowed or adapted?
- Modify with new twists
- What can be added or multiplied?
- Is there something that can be magnified or minified?
- What can be substituted?
- What can be re-arranged?
- Consider the vice versa.

이제 오즈본의 체크리스트를 토대로, 쉽게 생각할 수 있고 또 실제로 자주 이용되는 대표적인 아이디어 도출 방법을 정리해 보면 다음과 같다.

1) 더하기 접근

더하기 접근(additive approach)은 기존에 있는 것들을 더하여 새로운 것을 만드는 접근방법이다. [그림 4-1]에 나타나 있는 것처럼 더하기 접근에는 기능의 추가(functional addition), 물리적 추가(physical addition), 화학적 추가(chemical addition) 등이 있을 수 있다.

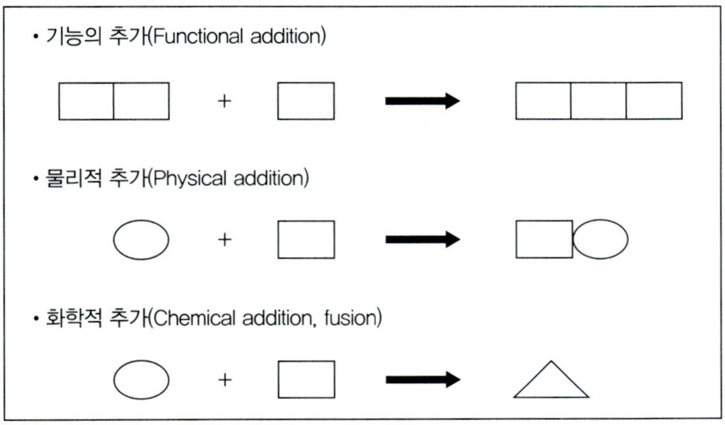

[그림 4-1] 더하기 접근의 방식

2) 빼기 접근

빼기 접근(subtractive approach)은 반대로 기존에 있는 것을 빼서 새로운 것을 만드는 접근 방법이다. [그림 4-2]에 도시되어 있는 것처럼, 빼기 접근에는 분리(separation)와 단순화(simplification)가 있을 수 있다.

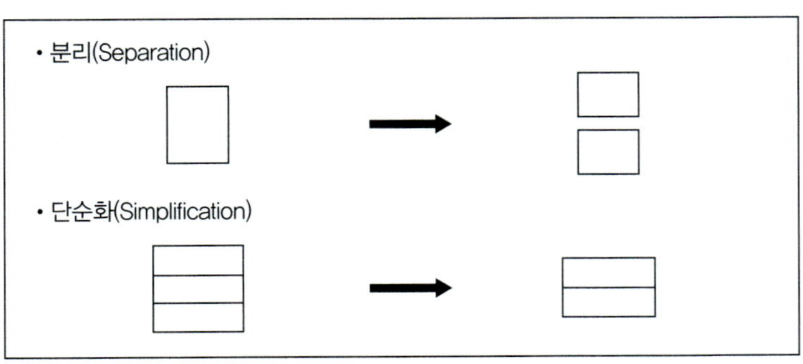

[그림 4-2] 빼기 접근의 방식

3) 바꾸기 접근

바꾸기 접근(change approach)은 기존에 있는 것들을 바꾸어 새로운 것을 만드는 접근 방법이다. [그림 4-3]에서 볼 수 있듯이 바꾸기 접근에는 모양 바꾸기(shape change), 방법 바꾸기(method change), 부품 바꾸기(component change) 등이 있다.

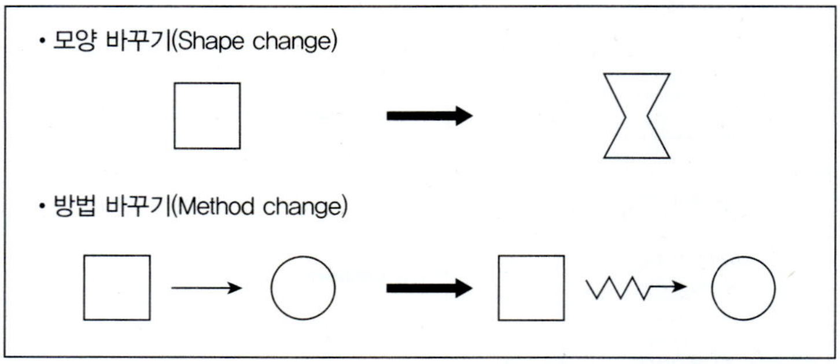

[그림 4-3] 바꾸기 접근의 방식

4) 거꾸로 접근

거꾸로 접근(converse approach)은 기존에 있는 것들을 거꾸로 하여 새로운 것을 만드는 접근 방법이다. [그림 4-4]에서 제시되어 있는 것처럼, 거꾸로 접근에는 반대 방향(reverse direction)으로 하기와 반대 동작(opposite movement)으로 하기 등으로 나눌 수 있다.

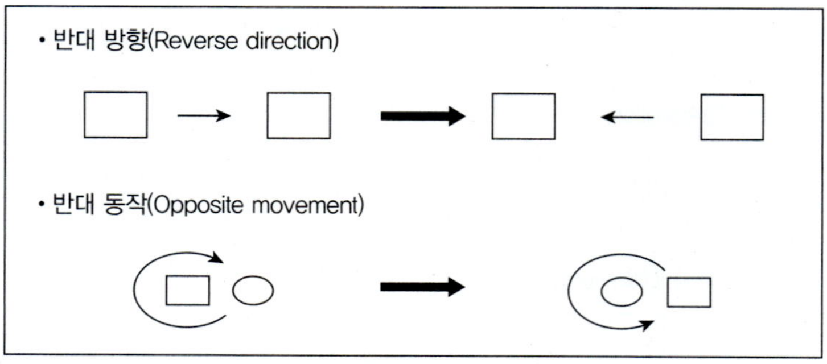

[그림 4-4] 거꾸로 접근의 방식

5) 동시 접근

동시 접근(concurrent approach)은 기존에 여러 번에 나누어 순서대로 하던 것을 한꺼번에 동시에 하는 접근이다. 동시에 한다는 것은 시간의 개념(concurrent)일 수도 있고 공간의 개념(parallel)일 수도 있다. [그림 4-5]에 동시에 접근의 방식이 도형으로 설명되어 있다.

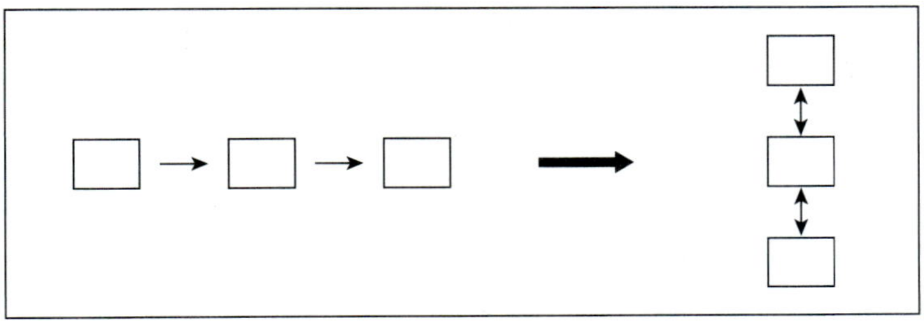

[그림 4-5] 동시 접근의 방식

제3절 설계적 창출방법

설계적 방법은 제품설계(product design)에 사용되는 원리와 방식을 아이디어 개발에 적용하는 기법들을 가리킨다. 신제품의 개발이나 기존제품의 개선 과정에서는 제품 구성요소들의 조합, 제품의 기능과 효용, 사용자의 기대와 요구 등이 필수적 고려사항이 되고 이 사항들을 적절하게 반영하는 것이 곧 제품의 설계(design)가 된다. 따라서 좋은 제품을 설계하는 일은 곧 좋은 아이디어를 발굴하는 일로 연결될 수 있다. 여기서 말하는 제품(product)의 설계는 서비스(service)의 설계를 포함하는 개념이다.

3.1 계층과정 설계

(1) 기술구조 접근

1) 기본개념

계층적 설계의 대표적인 기법은 기술 트리(technology tree)이다. 신제품의 궁극적 목적은 고객이 요구하는 기능의 만족에 있다. 또한 제품의 기능은 상위의 기능에서 출발하여 계층을 따라 하위의 기능으로 이어진다. 이러한 속성을 바탕으로 아이디어의 도출문제를 계층적 관계의 기능들을 차례대로 만족시켜 나가는 설계 문제로 접근하는 것이 기술 트리이다. 즉, 기술트리가 점점 크고 넓게 퍼져나가면서 개선해야 할 아이디어, 보완해야 할 아이디어, 새로 추가해야 할 아이디어들을 찾아낼 수 있는 것이다.

따라서 신제품 개발을 하나의 문제해결(problem-solving) 과제로 설정하고 문제(problem)와 기술(technology) 간의 연결고리를 통해 새로운 아이디어나 연구주제를 찾아낸다. 실제로 기술 트리는 일반적인 문제해결 트리를 연구개발 과정에 적용한 방법이다.

먼저 시장의 니즈를 하나의 목적 기능과 그 기능을 구체적으로 정량화시킨 성능 특성으로 전환한다. 그러면 그 기능과 성능을 만족시키는 과제가 하나의 문제가 된다.

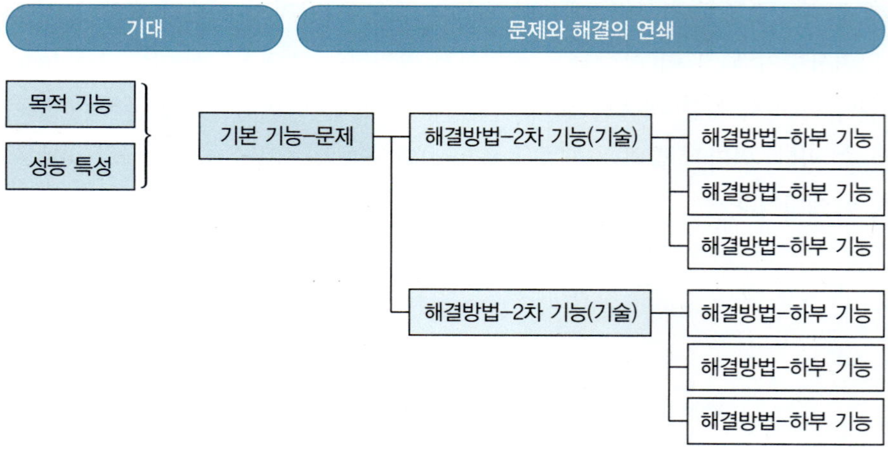

[그림 4-6] 문제 해결 접근에 의한 기술 트리의 원형

문제가 제시되면 그 문제를 해결하는 방법을 찾게 되는데 그 해결방법이 곧 기술이 된다. 이러한 문제-기술의 연결고리를 연쇄적으로 정리한 도형이 곧 기술 트리이다. 아래의 [그림 4-6]은 문제해결 접근에 의한 기술 트리의 기본구조를 나타낸 것이다.

2) 과정과 절차

가. 기술 트리의 표현

기술 트리에서는 신제품의 성능과 특성을 기능으로 표현한다. 일반적으로 기능은 대상물의 목적을 나타내는 명사와 역할을 나타내는 타동사로 결합된 문장의 형식으로 표현된다. 예를 들어 '필요한 정보를 언제 어디서나 전송한다'는 문장은 전형적인 기능의 표현 방식이다. 이때 기능은 단일 기능별로 정의되어야 한다. 2개 이상의 기능이 하나의 정의에 포함되면 문제해결 방법의 도출이 매우 어려워지기 때문이다. 또한 자동사를 이용한 표현이나 부정적인 표현도 문제해결 방법을 기술적으로 설명하기 어렵게 만들기 때문에 피하는 것이 좋다. 만일 자동사를 꼭 써야 하는 경우에는 '~을 ~시킨다'라는 식의 타동사를 전환시켜 표현하며, '~ 않는다'라는 표현도 다른 형태의 동사로 바꾸어 쓰는 것이 좋다. 명사와 동사만으로 기능을 표현하기 어려운 경우에는 형용사나 부사의 사용도 가능하다.

나. 기술 트리의 구조

기술 트리의 최상위 부분에는 시장의 니즈가 제시되며, 그 다음 부분은 그 니즈를 만족시키기 위한 기술 방식이 제시된다. 이 기술 방식을 세부 기능별로 나누고 각 기능의 구현 방식을 연쇄적으로 전개하면 하나의 기술 트리가 된다. 기능적으로 전개하는 기술 트리의 예시적 구조가 [그림 4-7]에 도시되어 있다.

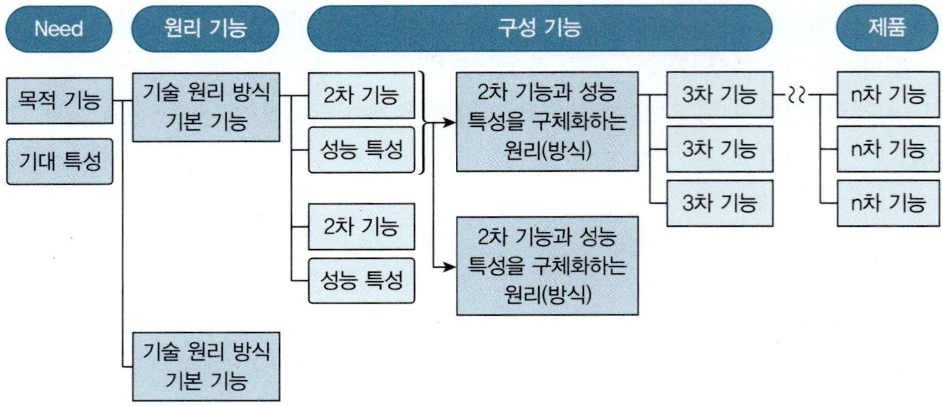

[그림 4-7] 기술 트리의 기본구조

그림에서 보듯이 기술 트리에서 시장의 니즈는 먼저 목적 기능으로 표현된다. 이 목적 기능을 구체적이고 정량적인 형태로 나타낸 것이 기대 특성이다. 다음으로 기본 기능은 앞에서 제시된 목적 기능과 기대 특성을 실현하는 기술원리 방식으로 표현된다. 결국 신제품의 구조와 내용은 어떠한 기술원리 방식을 선택하느냐에 따라 결정된다. 일단 상위 수준에서 기술원리 방식을 선택하면 해결 방식을 그 다음 기능으로 전개한다. 이러한 절차의 연쇄적 반복을 통해 기술 트리의 마지막에는 제품의 구성 기능으로까지 세분화된다.

3) 예제

차세대 이동통신을 사례로 기술 트리를 작성하는 과정을 살펴 보자. 차세대 이동통신이란 기존기술보다 더 진화된 신기술을 이용한 이동통신 서비스로 하나의 단말기를 통해 위성망, 무선랜, 인터넷 등의 다양한 유/무선 네트워크를 사용할 수 있는 서비스를 의미한다. 차세대 이동통신 기술이 실현되면 하나의 이동전화 단말기를 통하여 음성·화상, 멀티미디어·인터넷, 음성메일, 인스턴트 메시지 등 다양한 종류의 정보를 언제 어디서나 빠르고 간편하게 획득할 수 있다. 차세대 이동통신은 정보 전송속도가 훨씬 빠르고 동영상 등의 대용량 데이터도 주고 받을 수 있으며 글로벌 서비스도 완벽히 지원할 수 있을 것으로 예상된다. 위와 같은 내용을 바탕으로 차세대 이동통신의 목적 기능을 도출해 보면 다음과 같다.

- 먼저 목적 기능을 설정한다. 여기서 목적 기능은 하나의 단말기를 통하여 언제 어

디서나 필요한 정보를 빠르고 간편하게 전송하는데 있다.

- 목적 기능을 도출하였으면 그에 대한 성능 특성으로 기본 기능을 표현한다. 목적 기능으로부터 기본 기능을 전개하면 아래의 [그림 4-8]과 같다.

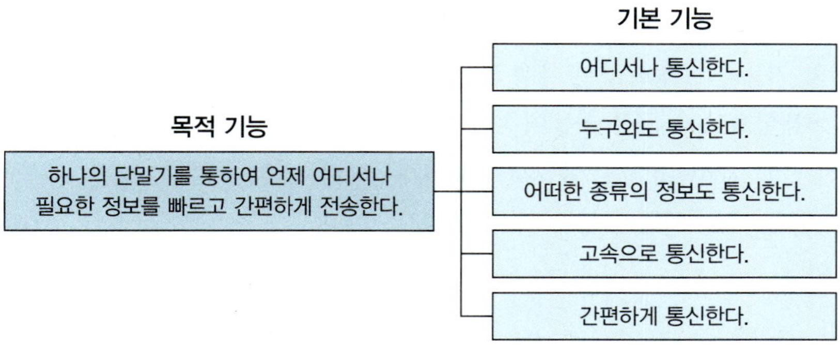

[그림 4-8] 차세대 이동통신의 목적 기능과 기본 기능

- 다음은 각 기본 기능에 대해서 2차 기능을 도출한다. 앞에서 목적 기능으로부터 기본 기능을 도출한 것처럼 기본 기능으로부터 이를 해결할 수 있는 2차 기능을 전개한다. 마지막 기본 기능인 '간편하게 통신한다.'를 대상으로 2차 기능을 도출하면 [그림 4-9]와 같다.

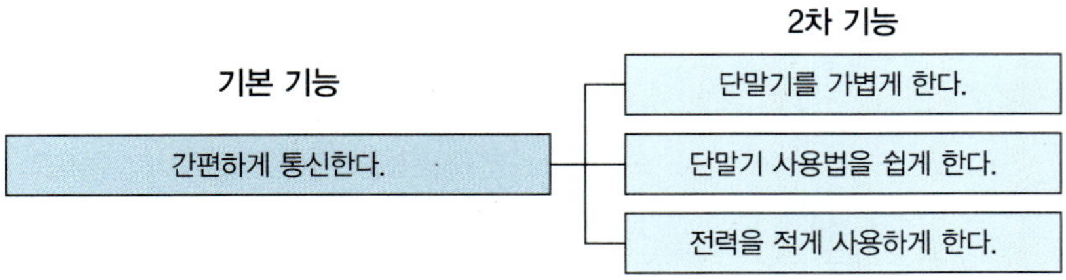

[그림 4-9] 2차 기능 전개: 간편하게 통신한다

- 위와 같은 방법으로 모든 기본 기능에 대해서 2차 기능을 전개하면 최종적으로 차세대 이동통신에 대한 기술 트리를 완성할 수 있다.

(2) 제품구조 접근

1) 기본개념

기술 트리 접근법과 개념적으로 유사하지만 내용적으로는 상이한 설계방법으로 FAST(Function Analysis System Technique)를 들 수 있다. FAST는 제품이나 시스템의 기능을 모형화하는 계층적 접근방식으로, 제품의 기능(function)을 정의, 분석, 이해함으로써 특정 기능이 다른 기능과 어떻게 연결되어 있는지를 파악하고, 제품 전체의 가치(value)를 향상시키기 위해서 어떤 기능을 개선, 보완, 추가해야 할지를 도출해 내는 기법이다. 따라서 FAST는 하나의 기능 트리(function tree)라고 할 수 있다.

기술 트리 방법과 비교할 때, FAST 방법은 기본 아이디어나 전개방식은 매우 유사하지만 다음의 측면에서 근본적인 차이를 보인다. 기술 트리가 신제품 아이디어의 도출을 하나의 문제로 설정하고 그 문제를 해결하기 위한 방법으로 기술적 기능을 찾아 나가는데 반해, FAST는 이미 존재하고 있는 제품의 기능들을 분해하여 상대적으로 중요한 기능을 찾아냄으로써 신제품의 아이디어를 도출한다. 따라서 기술 트리가 기술구조적 접근이라면 FAST는 제품구조적 접근이다.

FAST에서 제품의 기능을 표현하는 도구가 곧 FAST 다이어그램이다. FAST 다이어

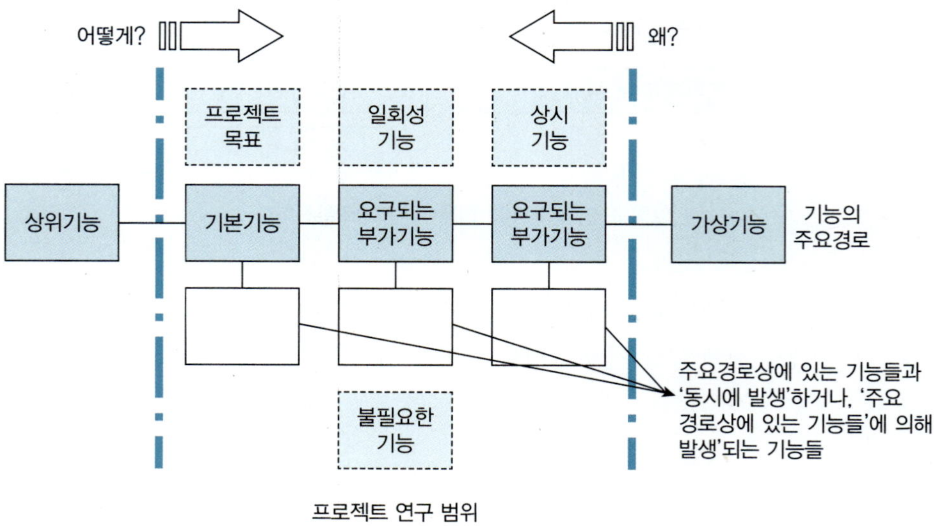

[그림 4-10] FAST 다이어그램의 기본모형

그램은 어떤 제품의 구조를 기능적 계층에 따라 상위기능에서 하위기능까지 단계별로 분석한 도형이다. 따라서 FAST 다이어그램은 하나의 기능 트리(function tree)라고 할 수 있다. FAST 다이어그램에서는 개발하고자 하는 제품에 대해 최상위의 핵심기능을 가장 왼쪽에 배치시킨 후 오른쪽으로 옮겨가면서 보다 구체적인 하부기능으로 분화시켜 나간다. 그 과정을 반복하면 그 제품의 전체적인 구조와 구체적인 내용을 시각적으로 표현할 수 있다. 따라서 [그림 4-10]에 도시되어 있는 것처럼 FAST 다이어그램은 제품 기능을 논리적 순서로 나열하고, 우선 순위를 매기며, 기능들간의 종속관계를 평가하는데 사용된다.

2) 과정과 절차

FAST 다이어그램은 다음과 같은 순차적인 단계를 통해 작성된다.

● 단계 1

브레인스토밍(brainstorming)을 통해 제품의 모든 기능들을 찾아낸다. 찾아낸 기능 중 가장 포괄적인 것을 기본기능(basic function)으로 선택한다. 기본기능은 고객관점에서 보았을 때 제품이 가지는 가장 중요한 기능으로 이를 제외한 나머지 기능은 모두 기본기능을 보조하는 부가기능(secondary function)이 된다. 이 때 각 기능의 명칭은 '동력의 발생', '동력의 전달' 등과 같이 '목적어 + 동사'의 형태로 표현하는 것이 일반적이다.

● 단계 2

우선 기본기능을 FAST 다이어그램의 가장 좌측에 표시한다. 좌측의 기능이 '어떻게(How) 구현되는가'라는 관점에서 우측의 기능을 나열한다. 예를 들어 자동차 안전벨트의 기본기능은 '자동차에 사람을 고정하는 기능'이고, 이 기능을 구현하기 위해서 '고정끈이 나와서 조이는 기능'이 필요하다. 제품 자체의 기능이 아니라 사용자에 의한 행위가 필요한 시점까지 이 과정을 반복한다.

● 단계 3

'어떻게 구현되는가'라는 질문에 따른 나열이 끝나면, 다음에는 가장 우측에 표시된 기능에서부터 그 기능이 '왜(Why) 필요한지'의 관점에서 좌측의 기능을 확인해 본다. 부자연스럽게 나열된 기능이 있다면 이를 수정한다. 인접한 기능들은 서로 'how'와 'why'에 대한 대답이 될 수 있어야 한다. 이런 과정을 거쳐 완성된 기능들을 연결하면 그것이 주요경로(critical path of function)가 된다. 특히 기본기능이 왜 필요한지에 대한 대답은 제품 자체의 기능이 아닌 제품 사용 목적에 대한 기능을 의미하며 이를 상위기능(higher order function)이라고 한다. 상위기능은 제품의 기본기능이 필요한 원인을 말하며 이는 제품 자체를 이해하는데 매우 중요하다.

● 단계 4

남아있는 부가기능들을 기본기능 혹은 주요경로 상의 부가기능의 하단에 나열함으로써 시스템 내 다른 기능들과 연결시킨다. 이러한 부가기능은 주요경로 상에 있는 부가기능과 동시에 발생하거나 그 기능들에 의해 야기되는 기능들이다.

● 단계 5

기본기능 상단에 제품개발의 목적을 명시한다. 또한 제품의 사용과정에서 단 한 번만 필요한 1회성 기능(one-time function)과 지속적으로 필요한 상시 기능(all-time function)을 찾아 주요경로 상단에 추가한다.

● 단계 6

주요경로 상에서는 찾을 수 없지만 현재 기존 제품이 수행하고 있는 불필요한 기능(unwanted function)이 있다면 도표의 가장 하단에 표시한다. 이 기능의 경우 제품성능을 개선하거나 생산비용을 절감하기 위해 가장 우선적으로 고려해야 할 기능이다.

이러한 과정을 거치면서 FAST 다이어그램을 토대로 제품의 기능을 분해하면 기존 제품에 있어 기능 구조와 성능의 문제점을 발견할 수 있다. 또 추가 내지 보완할 기능도 찾아낼 수 있다. 따라서 기존제품의 문제점 해결이나 새로운 기능의 추가를 통해 신제품 아이디어가 도출될 수 있다.

3) 예제

자동차의 신제품 개발과정에서 작성된 FAST 다이어그램을 살펴보자. 자동차의 상위목적은 이동을 보조하기 위한 것이므로 자동차의 기본기능은 사람이나 사물의 이동이 된다. 이동을 위해서는 동력이 전달되어야 하고, 동력이 전달되기 위해서는 우선 동력을 발생시켜야 하며, 동력을 발생시키기에 앞서 화학에너지를 운동에너지로 변환시켜야 한다. 화학에너지를 운동에너지로 변환시키는 기능은 사용자가 자동차 시동을 거는 행위에 의해 시작된다. 따라서 주경로 상에는 사람/사물 이동, 동력전달, 동력발생, 화학에너지의 운동에너지로의 변환이라는 네 가지 기능이 존재하게 된다.

다음으로 주경로 상에 있는 기능들과 관련된 부가기능들, 프로젝트의 목적, 일회성 기능, 상시 기능, 불필요한 기능 등이 적절한 위치에 적절한 방식으로 표현된 결과는 [그림 4-11]과 같다.

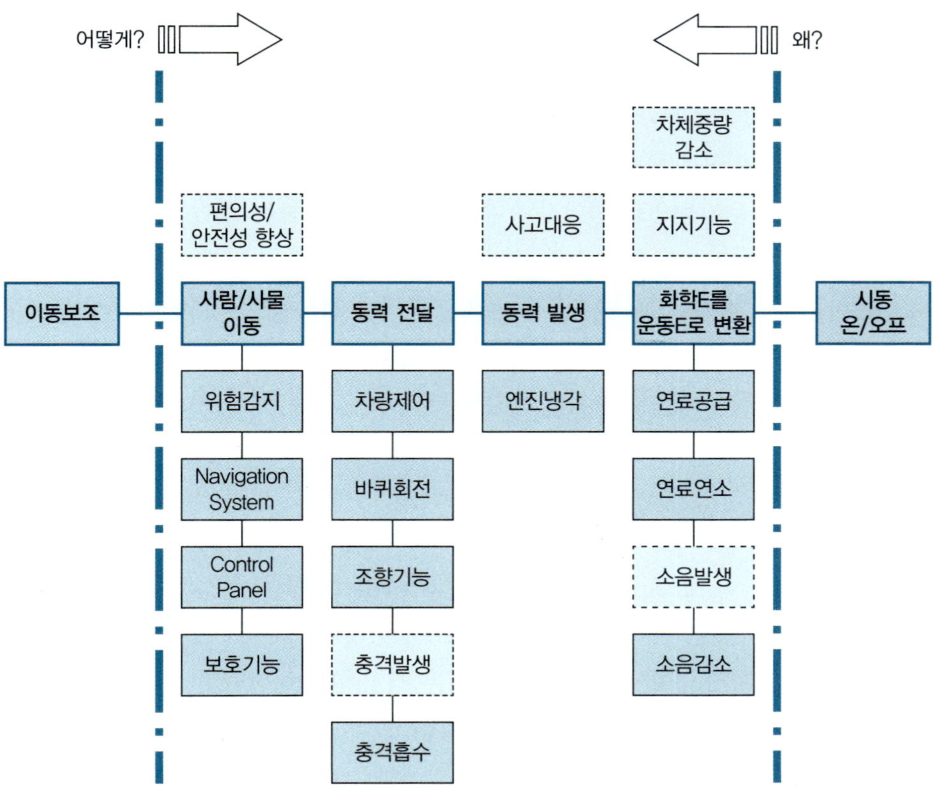

[그림 4-11] 자동차 설계 및 개발에 대한 FAST 다이어그램

3.2 욕구속성 설계

(1) 기본개념

신제품의 궁극적 목적은 사용자의 잠재적 요구를 만족시키는데 있다. 따라서 고객의 요구가 지니는 본질적 속성을 파악하여 각 속성에 맞추어 차별적 기능과 효용을 제품(서비스)의 설계에 반영하는 것도 효과적인 접근법이 된다. Kano 모형은 고객의 요구사항을 신제품 아이디어의 창출과 제품 설계에 반영하는 대표적 방법이다. 1980년대 초 일본의 Kano 교수에 의해 처음 제시된 이 기법은 당초에는 그 활용이 제한적이었으나 최근에 와서 유용성에 대한 인식이 늘어나고 있는 추세이다. 특히 제품에 비해 고객 요구사항의 속성이 복잡하고 이질적인 서비스의 개발과 설계에 자주 사용된다.

앞에서 살펴본 방법들이 주로 제품과 기술의 구조나 기능에 바탕을 두었다면 Kano 모형은 고객의 요구에 토대한다는 점에서 근본적인 차이가 존재한다. 또 앞의 기법들이 고객의 요구를 상위기능-하위기능의 계층적 구조로 나눈데 반해 Kano 모형은 만족요인-불만족요인의 이원화 구조로 나뉜다. 실제로 Kano 모형은 동기부여이론(motivation theory)에서 만족(행복)과 불만족(불행)을 본질적으로 서로 다른 욕구로 보는 2요인이론(Herzberg, 1968)을 기반으로 한다. 즉, 신제품(신서비스)를 상위기능에서 하위기능으로 이어지는 순서를 따라 설계하는 것이 아니라 처음부터 만족을 높여주는 요소와 불만족을 줄여주는 요소로 나누어 서로 다른 기준과 원리로 설계하는 것이다. 따라서 Kano 모형은 공학적인 전문성보다 마케팅 관리나 심리학적 전문성이 더 강조된다.

(2) 과정과 절차

Kano 모형의 수행은 크게 다음의 세 단계로 구성된다. 첫 번째 단계는, 고객 요구사항(customer requirement: CR)을 수집하여 각 사항을 특성별로 분류하는 작업이다. 두 번째 단계는, 고객에 대한 설문조사를 통해 각 요구사항을 뒤에서 분류한 유형 가운데 가장 적합한 유형에 배치하는 작업이다. 마지막 단계는, 분석결과를 아이디어의 창출이나 제품의 설계에 반영하는 일이다. 각 단계의 구체적인 내용을 자세히 알아 보자.

● 단계 1: 고객 요구사항의 분류

Kano 모형은 먼저 고객의 요구사항(CR)을 네 가지 유형으로 분류하는 것에서 출발한다. 앞에서 언급한 것처럼, 분류의 기준은 고객의 만족에 관한 요구인지 아니면 불만족에 관한 요구인지가 된다. [그림 4-12]에 각 요구사항의 성격과 위상이 Kano 다이어그램으로 제시되어 있다.

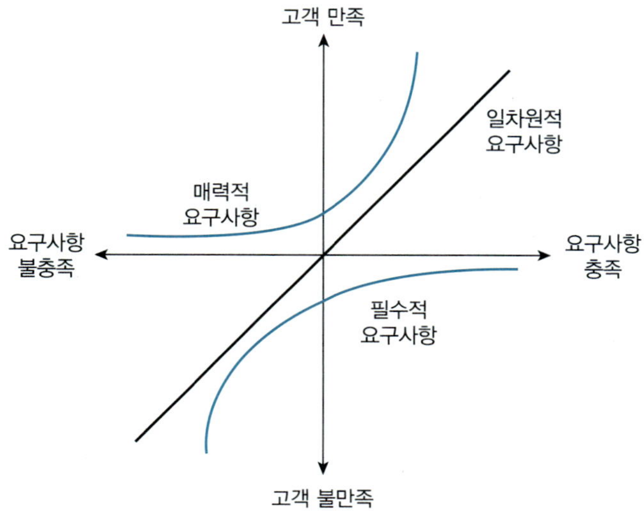

[그림 4-12] Kano 다이어그램

- 필수적 요구사항(must-be requirements): 제공되지 않으면 고객이 강한 불만을 느끼면서 제품을 선택하지 않는 기준이 되는 요구 사항을 말한다. 예를 들어 자동차의 브레이크 성능은 좋으면 당연하게 느끼지만 나쁘면 큰 불만을 갖게 되는 사항이다.
- 일차원적 요구사항(one-dimensional requirements): 기능이 제공되는 수준에 따라 고객의 만족도가 다르게 결정되는 요구사항이다. 예를 들어 자동차의 연비는 높으면 만족을 느끼고 낮으면 불만을 느끼는 사항이다.
- 매력적 요구사항(attractive requirements): 기능이 제공되는 경우 고객이 강한 만족을 얻을 수 있는 요구사항이다. 예를 들어 스마트 키 기능은 있으면 만족하지만 없다고 불만을 느끼지는 않는 사항이다.
- 무관심 사항(indifferent requirements): 기능의 제공 여부가 고객의 만족도에 어떤 영향도 미치지 못하는 요구사항이다. 따라서 설계 과정에서 고려할 필요가

없는 사항이다.

한편 위에서 분류한 네 가지 유형 외에 다음의 두 가지 유형이 추가적으로 제시된다.

- 모순적 요구사항(reversal requirement): 만족과 불만족에 대한 사전적(apriori) 예측과 실제 소비자 반응이 반대로(reverse) 나오는 요구사항이다.
- 회의적 요구사항(questionable requirement): 동일한 사항에 대해 상반된 반응(contradiction)을 동시에 제시하는 요구사항이다.

● 단계 2: 고객 반응의 조사

고객의 요구사항이 앞에서 제시한 분류체계의 어느 경우에 해당되는지를 파악하기 위해서는 실제로 설문지를 토대로 고객의 반응을 조사하여야 한다. 물론 직관적으로 판정하는 것도 가능하겠지만 의사결정의 신뢰도를 확보하기 위해서는 설문지를 통한 현장 조사가 필요하다.

Kano 모형에서 사용하는 설문지는 특정 기능 즉 고객의 요구사항이 제품에 실현되는 경우(functional)의 반응과 실현되지 않는 경우(dysfunctional)의 반응을 대칭적 쌍(pair)으로 묶어 설계한다. 여기서 functional 반응과 dysfunctional 반응을 동시에 물어보는 이유는 응답의 일관성을 확인하기 위해서이다. 〈표 4-1〉에 자동차의 연비라는 사항에 대한 설문지 양식이 예시적으로 도시되어 있다.

〈표 4-1〉 자동차 연비에 대한 Kano 설문지 양식

Functional 양식	연비가 좋으면 어떻게 느끼십니까?	1. 아주 좋아한다. 2. 좋다고 느낀다. 3. 모르겠다(중립적이다). 4. 싫다고 느낀다. 5. 아주 싫어한다.
Dysfunctional 양식	연비가 나쁘면 어떻게 느끼십니까?	1. 아주 좋아한다. 2. 좋다고 느낀다. 3. 모르겠다(중립적이다). 4. 싫다고 느낀다. 5. 아주 싫어한다.

표에서 알 수 있듯이, 연비라는 동일한 요구사항에 대해 functional 양식과

dysfunctional 양식이 동시에 주어진다. functional 양식에서는 연비가 '높으면' 어떻게 느끼는가를 물어보고, dysfunctional 양식에서는 '낮으면' 어떻게 느끼는가를 물어본다. 각 질문에 대한 응답은 주로 5점 척도에서 하나를 선택하는 방식으로 설계한다.

● 단계 3: 요구사항의 판정

설문지가 수집되면 그 다음 작업은 설문 결과를 분석하여 각각의 요구사항(CR)이 어느 경우에 해당되는지를 판정하는 일이다. 즉 각각의 CR이 필수적 사항인지 아니면 매력적 사항인지 등을 결정해야 하는 것이다.

이 결정은 주어진 요구사항에 대해 functional 양식과 dysfunctional 양식에 대한 반응 두 가지를 모두 보고 판단한다. 〈표 4-2〉에 제시된 결과를 예시적으로 살펴보자. 어느 고객은 자동차 연비라는 사항에 대해 연비가 높은 것을 물어보는 functional 양식도 1로 만족한다고 말하고, 낮은 것을 물어보는 dysfunctional 양식도 1로 만족한다고 답변했다고 하자. 그러면 이 사항은 동일한 사항에 대해 상반된 의견이 제시되었기 때문에 회의적 요구사항, 즉 Q로 판정한다. 두 양식 모두 5로 답변한 경우도 Q가 된다. 만일 functional 양식에서는 1로 dysfunctional 양식에서는 5로 나왔다면, 이 사항은 일반적인 예상과 일치하는 일차원적인 요구사항 즉 O로 판정한다. 다른 셀(cell)도 동일한 기준을 바탕으로 가장 적합한 사항으로 분류한다.

〈표 4-2〉 Kano 평가기준

CR		Dysfunctional				
		1	2	3	4	5
Functional	1	Q	A	A	A	O
	2	R	I	I	I	M
	3	R	I	I	I	M
	4	R	I	I	I	M
	5	O	R	R	R	Q

주: O = one-dimensional 요구사항
A = attractive 요구사항
M = must-be 요구사항
I = indifferent 요구사항
R = reversal 요구사항
Q = questionable 요구사항

● 단계 4: 평가표의 작성과 활용

Kano 모형의 마지막 작업은 설문의 결과를 바탕으로 세부적인 요구사항에 대한 평가표(evaluation table)를 작성하는 일이다. 이 평가표는 신제품의 아이디어 창출과 구체적인 설계과정에서 어떤 요구사항이 어떤 목적과 우선순위에 의해 반영되어야 하는지를 제시하는 기본 자료가 된다.

평가표는 설문에 참여한 모든 고객들의 응답결과를 집계하여 종합적인 평가를 한 결과이다. 즉 앞 단계에서 이미 분석한 개별고객들의 판정 결과를 모두 모아서 전체적인 표로 정리한 것이다. 예를 들어 〈표 4-3〉은 설문에 참여한 30명의 고객이 응답한 결과를 정리한 것이다. 요구사항 1에 대해서는 O로 판정된 고객이 24명으로 압도적으로 많고 나머지는 1명에서 2명으로 분산되어 있다. 따라서 이 CR에 대한 최종적인 판정은 O가 된다. 마찬가지로 CR 2는 M으로 평가한다.

〈표 4-3〉 최종 평가표: 30명 고객의 분석 사례

CR	A	M	O	R	Q	I	합계	최종평가
1	1	2	24	1	1	1	30	O
2		28			1	1	30	M
·	·	·	·	·	·	·	·	·
·	·	·	·	·	·	·	·	·
·	·	·	·	·	·	·	·	·

Kano 모형의 궁극적인 목적과 용도는 위의 분석 결과를 아이디어의 창출이나 제품의 설계에 활용하는데 있다. 다른 기법과 비교하여 Kano 모형의 가장 큰 장점과 비교우위는 고객의 요구사항을 특성 별로 나누어 접근한다는 점이다. 따라서 각각의 요구사항이 지니고 있는 특성을 토대로 어느 기준과 방향으로 아이디어를 찾거나 설계하는 것이 효과적인지에 대한 지침을 얻을 수 있다.

(3) 예제

핸드폰을 사례로 Kano 모형을 수행하는 예제를 살펴보도록 하자. 설명의 편의상 핸드폰에 대한 고객의 요구사항을 크기, 무게, 통화품질, 통화지속시간(배터리), 카메라 기능의 유/무의 5가지로 한정하기로 한다. 그 중 예시적으로 크기, 통화품질, 카메라에 대하여 설문을 작성한 것만 보면 아래의 〈표 4-4〉와 같다.

〈표 4-4〉 핸드폰에 대한 Kano 설문지 양식

크기	Functional 양식	크기가 작으면 어떻게 느끼십니까?	1. 아주 좋아한다. 2. 좋다고 느낀다. 3. 모르겠다. 4. 싫다고 느낀다. 5. 아주 싫어한다.
	Dysfunctional 양식	크기가 크면 어떻게 느끼십니까?	1. 아주 좋아한다. 2. 좋다고 느낀다. 3. 모르겠다. 4. 싫다고 느낀다. 5. 아주 싫어한다.
통화품질	Functional 양식	통화품질이 좋으면 어떻게 느끼십니까?	1. 아주 좋아한다. 2. 좋다고 느낀다. 3. 모르겠다. 4. 싫다고 느낀다. 5. 아주 싫어한다.
	Dysfunctional 양식	통화품질이 나쁘면 어떻게 느끼십니까?	1. 아주 좋아한다. 2. 좋다고 느낀다. 3. 모르겠다. 4. 싫다고 느낀다. 5. 아주 싫어한다.
카메라	Functional 양식	카메라 기능이 추가되면 어떻게 느끼십니까?	1. 아주 좋아한다. 2. 좋다고 느낀다. 3. 모르겠다. 4. 싫다고 느낀다. 5. 아주 싫어한다.
	Dysfunctional 양식	카메라 기능이 추가되지 않으면 어떻게 느끼십니까?	1. 아주 좋아한다. 2. 좋다고 느낀다. 3. 모르겠다. 4. 싫다고 느낀다. 5. 아주 싫어한다.

총 50명을 대상으로 설문조사를 실시하였으며 각 설문지에 대해서 Kano 평가기준에 의해 고객의 요구사항을 분류하였다. 이를 바탕으로 최종 평가표를 작성하면 다음의 〈표 4-5〉와 같다.

〈표 4-5〉 핸드폰에 대한 최종 평가표

CR	A	M	O	R	Q	I	합계	최종평가
1	4	2	39	2	1	2	50	O
2	3	3	42		1	1	50	O
3	2	47	1				50	M
4	1	2	44	1	1	1	50	O
5	34	3	11		1	1	50	A

위의 최종 평가표를 보면 크기, 무게, 통화지속시간은 일차원적 요구사항이고 통화 품질은 필수적 요구사항인 것을 알 수 있다. 그리고 카메라 기능은 있으면 좋으나 없다고 불만을 느끼지 않는 매력적 요구사항으로 나타났다. 이러한 평가의 결과는 신제품의 개발과 설계과정에 반영된다. 각 요구사항이 지니고 있는 특성에 맞추어 신제품의 설계 방향과 초점이 결정되는 것이다.

3.3 대응관계 설계

(1) 기본개념

제품의 본질은 고객의 요구사항과 제품의 기능을 적절히 대응(correspondence)시키는데 있다. 따라서 둘 사이의 대응관계를 분석하면 어느 부분에서 문제가 존재하는지를 알아낼 수 있고 나아가 그 정보를 아이디어의 도출로 연결시킬 수 있다. 이 원리를 바탕으로 하는 기법이 바로 QFD(Quality Function Deployment) 즉 품질기능전개이다. QFD는 원래 품질개선을 위한 현장의 도구로 개발되었지만 그 원리나 절차는 새로운 아이디어의 도출에도 적용될 수 있다. QFD를 한마디로 요약한다면, 고객의 요구사항을 제품이나 서비스 개발의 각 단계에서 요구되는 기술적 기능으로 전환시켜 제품 개발이나 품질 개선에 유용한 정보를 도출하는 체계적 방법이다. 즉 한편으로는 고객의 요구사항을 놓고 다른 한편으로는 기술적 기능을 놓은 후, 둘 사이의 대응관계로부터 아이디어를 도출하는 설계 방법이다. 따라서 앞에서 설명한 FAST가 제품구조적 설계 접근이라면 QFD는 제품기능적 설계 접근이라고 할 수 있다.

QFD의 기본 개념은 1960년대 말 일본에서 제시되었고, 그 후 1980년대에 미국과 유럽에 소개되어 많은 관심을 불러 일으키면서 다양한 분야에 활용되고 있다. 국내의 경우에는 70년대 말에 처음 소개된 후 한동안 주목을 받지 못하다가 90년대에 들면서 본격적인 관심을 끌기 시작하였고 현재는 폭넓은 분야에서 활용되고 있다.

(2) 전체적 구조

아이디어 창출이나 신제품 설계에 활용되는 대부분의 다른 방법들과 마찬가지로, QFD의 핵심 작업은 크게 두 가지로 제시될 수 있다. 첫째는 주관적이고 정성적인 고객의 요구를 공학적이고 실질적인 제품 변수로 전환시키는 일이다. 둘째는 다양한 변수들간의 우선 순위를 정하여 설계의 효과성과 효율성을 높이는 일이다.

먼저 QFD는 고객의 요구사항을 파악하는 일로부터 출발한다. 고객의 요구사항은 일반적으로 고객의 소리(Voice of Customer: VOC)로 일컬어지는데, 이것은 고객 자신의 언어로 표현된 요구 사항을 말한다. 일반적으로 고객의 소리는 주관적이고 정성적인 생활용어의 형태로 제시되기 때문에 신제품 개발 과정에 반영하기 위해서는 이를 먼저 엔지니어링 특성(engineering phrase)으로 전환시켜야 한다.

다음으로 고객의 소리를 엔지니어링 특성과 비교하여 이들간의 관계를 매트릭스 상에 표현하고, 또한 엔지니어링 특성들간의 상관관계를 매트릭스의 윗부분에 나타냄으로써 고객의 소리가 엔지니어링 특성으로 전개된다. 엔지니어링 특성은 다시 제품 개발의 다음 단계에서 요구되는 특성으로 변환되고, 이와 같은 여러 단계의 변환 과정을 거치면서 제품 개발 전 과정에 고객의 요구사항이 반영된다.

좁은 의미의 QFD 프로세스는 고객의 요구사항 수집에서 제품의 설계 단계까지 위에서 설명한 핵심적 작업을 수행하는 일들로 구성된다. 그러나 넓은 의미의 QFD 프로세스는 고객의 요구사항 수집으로부터 출발하여 이를 제품의 개발, 부품의 개발, 공정의 계획 및 생산 활동과 관리의 전 과정에 체계적으로 반영하는 과정으로 이루어진다. 즉 앞 단계의 요구사항이 다음 단계의 요구사항으로 연결됨으로써 전체적인 일관성과 연계성을 유지하는 것이다. 이 연계구조를 좀더 구체적으로 살펴 보면, 넓은 의미의 QFD는 [그림 4-13]에서와 같이 4개의 단계로 구성되며, 각 단계의 목적과 내용은 아래와 같다. 좁은 의미의 QFD는 이 가운데 첫 번째 단계만을 가리킨다.

- 제품 계획 단계: 고객의 요구사항을 설계 요구사항으로 변환

- 부품 계획 단계: 설계 요구사항을 부품 또는 제품 특성으로 변환
- 공정 계획 단계: 제품 또는 부품 특성을 제조공정 요소로 변환
- 생산/작업 계획 단계: 제조공정 요소를 구체적인 작업 및 통제 사항으로 변환

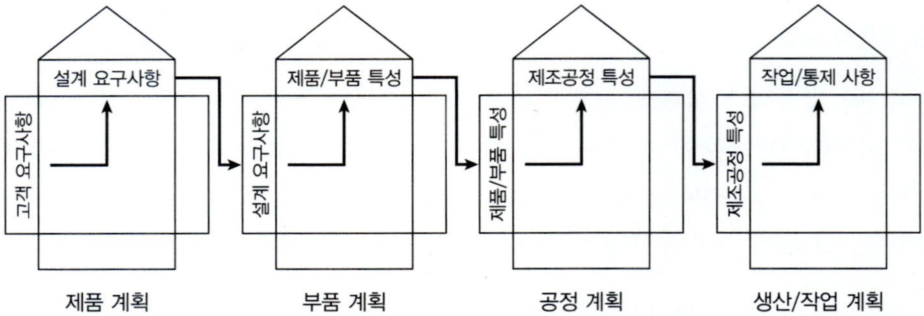

[그림 4-13] QFD의 전체적 프로세스

(3) 품질의 집(House of Quality: HoQ)

이제 QFD를 수행하는 구체적 절차를 알아보자. QFD 프로세스의 전개에 있어 가장 기본이 되는 작업은 품질의 집이라고 불리는 HoQ(House of Quality)를 작성하는 일이다. HoQ는 고객의 요구조건이 무엇이며, 고객 요구조건에 대한 자사와 경쟁사의 기술 능력과 수준은 어떠하며, 경쟁우위를 확보하기 위한 목표 수준은 어느 정도이며, 이러한 요구조건을 만족시키기 위해 검토해야 할 요소들은 무엇인지를 체계적으로 분석하고 도출하기 위해 만드는 일종의 매트릭스를 뜻한다.

이 매트릭스가 HoQ로 불리는 이유는 매트릭스의 모양이 여러 개의 방(room)과 지붕(roof)으로 구성되어 있어 집(house)의 모양과 유사하기 때문이다. [그림 4-14]에 HoQ의 전체적인 형태와 기본적인 구성 요소가 나타나 있다. 그림에서 보는 것처럼 집의 왼쪽 축에는 고객의 요구사항이 나열되고, 위쪽 축에는 설계의 요구사항이 되는 기술 특성들이 나열된다. 이 두 축이 결합되면 집의 중심이 되는 공간이 매트릭스 형태로 만들어진다. 마지막으로 아래쪽 부분에는, 제품 특성들간의 중요도를 표시하고, 오른쪽에는 고객 요구사항간의 중요도를 표시하면 HoQ가 완성된다.

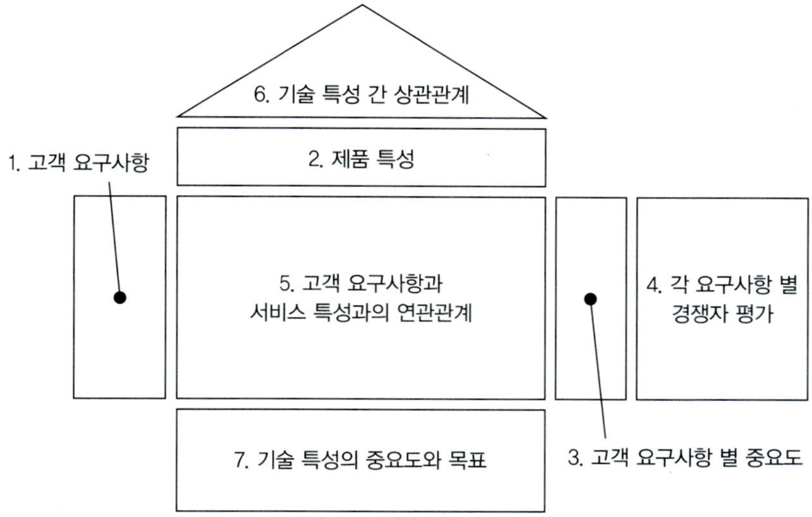

[그림 4-14] HoQ 매트릭스

(4) 단계별 내용

QFD의 핵심이 HoQ를 작성하는 일이라고 한다면 QFD 프로세스는 한마디로 HoQ의 세부적인 내용을 완성해 나가는 과정이라고 할 수 있다. 구체적으로 HoQ를 작성하는 절차를 알아보자. 먼저 고객 요구사항과 제품 특성과의 연관관계를 파악하고, 그 특성이 고객의 요구사항을 만족시키기 위해 얼마나 중요한 역할을 하는지를 상대적인 점수로 평가한다. 또한 엔지니어링 특성간의 상관관계도 분석한다. 이러한 개별적인 평가 결과의 가중치 합을 구하여 최종적인 기술 특성의 중요도 점수를 구한다. 이 과정과 방법을 통해 도출된 최종적인 QFD 매트릭스는 신제품 아이디어 도출의 핵심적인 영역을 파악하고 엔지니어링 특성 간의 상대적 중요도를 판단할 수 있는 유용한 자료로 활용된다. 각 단계의 세부적인 내용을 자세히 살펴보자.

● 단계 1: 고객 요구사항의 수집과 정리

먼저 HoQ의 한 축을 구성하는 고객의 요구사항을 수집하고 이를 정리하는 작업을 수행한다. 고객의 요구를 수집하기 위해서는 인터뷰, 설문조사, 전문가집단법 등을 선택적 또는 복합적으로 사용한다. 이 때 수집된 고객 요구사항의 전체 집합은 무수히 많은 항목들이 단순히 나열되어 있으므로 설계나 생산 전문가들이 모여서 체계적으로 분류해야 한다. 분류작업은 요구사항을 몇 개의 계층적 단계로 나누는 일로 이루어진다. 먼저 고객 요구를 최상위 단계의 대항목으로 나눈 후, 각 대항목을 다시 소항목으로 나누고, 소항목을 다시 세항목으로 나누는 식이다.

다음으로는 각 항목간의 상대적 중요도를 결정해야 한다. 이 작업은 앞의 고객요구 수집과정에서 직접 할 수도 있지만 대부분은 나중에 설명할 AHP와 같은 상대비교 방법이나 통계적 분석 방법을 통해 판정하게 된다. 상대적 중요도는 일반적으로 1~10점(10점이 최고로 중요함을 의미) 또는 1~7점의 가중치로 표시한다.

● 단계 2: 설계 요구사항의 정리

다음 단계는 고객의 요구사항을 반영할 수 있는 제품의 특성을 정리하는 작업이다. 제품 특성은 곧 설계 요구사항을 의미한다. 이 단계에는 물론 공학적 전문성을 가진 설계 전문가들이 참여하게 된다. 또 앞에서 고객 요구사항 간의 상대적 중요도를 결정한 것처럼 각 설계 요구항목간의 상대적 중요도도 결정되어야 한다. 상대적 중요도를 판정하고 표시하는 방법은 위에서 설명한 고객 요구사항 중요도를 정하고 나타내는 방법과 같다.

● 단계 3: 관계 매트릭스(relationship matrix) 작성

고객 요구사항과 설계 요구사항이 정리되면 두 요구사항을 결합하여 관계 매트릭스를 구성하는 작업을 수행하게 된다. [그림 4-15]에 도시되어 있는 것처럼 관계 매트릭스는 고객 요구사항과 설계 요구사항이 교차하는 셀(cell)들로 구성된다. 따라서 매트릭스를 작성한다는 말은 곧 각 셀에 적당한 값을 채워 넣는다는 말과 같다.

각 셀의 값은 두 요구사항간의 상관관계로 측정된다. 고객 요구사항과 설계 요구사항 간에는 높은 정(+)의 상관관계를 지닐 수도 있고 반대로 높은 부(−)의 상관관계를 지닐 수도 있다. 정의 상관관계가 있는 셀에는 ○의 표시를, 부의 상관관계가 있는 셀에는 ×의 표시를 한다. 양자간에 아무런 관계가 없으면 공백으로 남겨두면 된다.

				설계 요구사항								
				개폐기술					밀폐기술			
			중요도 (1~7)	문을 닫는 에너지	평지에서의 정지력	언덕에서의 정지력	문을 여는 에너지	언덕에서 문을 닫는 힘	문짝 밀폐 저항	변속기 소리	도로 소음 감소	물의 저항력
고객 요구사항	개폐 편의성	밖에서 문을 닫기 용이	7	◎	×	×		◎	◎			
		언덕에서 개문 유지	3		◎	◎						
		밖에서 문을 열기 편리	7		×	×	◎		○			
		개폐 시 반동 없음	1				○		◎			
	외부격리	비가 새지 않아야 함	5						◎			◎
		주행 중 소음 없음	3						○	○	◎	

관계: ◎ 높은 정(+)의 상관관계
○ 정(+)의 상관관계
× 부(−)의 상관관계
×× 높은 부(−)의 상관관계

[그림 4-15] 자동차 문짝에 대한 관계 매트릭스

● 단계 4: 지붕 매트릭스 작성

그 다음은 제품 특성 즉 설계 요구사항간의 상관관계를 분석하여, [그림 4-16]에 예시되어 있는 지붕 매트릭스(roof matrix)를 작성하는 단계이다. 앞에서 고객 요구사항과 설계 요구사항간의 관계를 판정한 것과 마찬가지로 개별 제품 특성간에 정(+)의 상관관계가 있는지, 부(−)의 상관관계가 있는지, 아니면 아무런 관계가 없는지 등을 알아 본다. 지붕 매트릭스의 상관관계에 대한 표기도 관계 매트릭스 작성시의 표기와 유사한 방식으로 하게 된다.

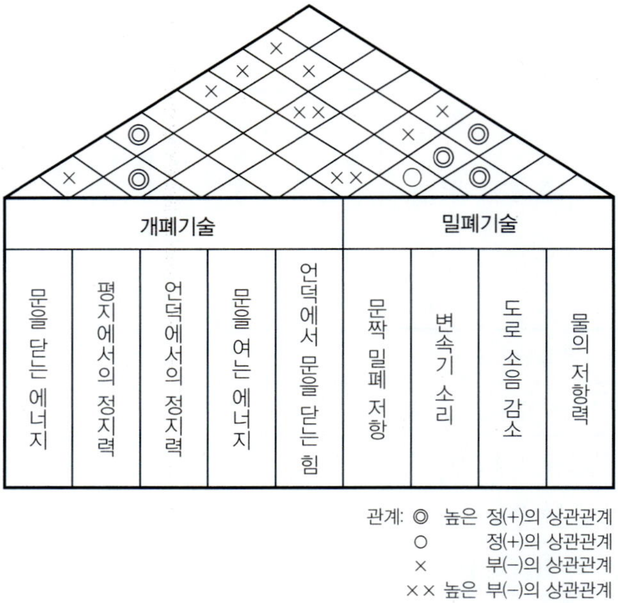

[그림 4-16] 자동차 문짝에 대한 지붕 매트릭스

(5) HoQ의 활용

마지막 단계는 앞에서 작성한 매트릭스들을 아이디어의 창출이나 제품의 설계 과정에 활용하는 일이다. 요구사항이 적절히 구성 되었는지, 어느 요구사항을 중점적으로 반영해야 하는지, 어느 사항은 다른 사항과 묶어서 설계한다든가 반대로 반드시 분리시켜 설계한다든가 등의 문제에 대한 지침이나 정보를 얻을 수 있는 것이다.

관계 매트릭스는 고객 요구사항의 수집이 설계 과정에 적절히 반영되고 있는지를 판단할 수 있는 유용한 정보를 제공한다. 가장 바람직한 구조는 각 셀들의 값이 골고루 균형 있게 배치되어 있는 경우이다. 그러나 만일 어느 고객 요구사항에 대해 설계 요구사항 행(row) 전체가 공백으로 되어 있다면 이는 반드시 필요한 제품 특성이 설계 요구사항에 포함되지 않았다는 것을 뜻하며, 반대로 어느 설계 요구사항에 대해 고객 요구사항 열(column) 전체가 비어 있다면 이는 불필요한 설계 요구사항이 포함되었다는 것을 뜻한다.

지붕 매트릭스는 설계 과정에서 개별적인 제품 특성들의 결합이나 분리에 관한 정보를 제공한다. 예를 들어 두 특성간에 높은 정(+)의 상관관계가 있다면 두 사항을 동시에 반영해야 성능도 더 좋아지고 설계비용도 줄일 수 있다. 반대로 부(−)의 상관관계가 있다면 설계 과정에서부터 두 특성을 분리시키는 것이 필요하다.

(6) 예제

여기에서는 가상의 오디오 플레이어 제조업체의 사례를 통해 간단하게 QFD 전개 과정을 살펴보기로 한다. 오디오 플레이어 제조업체인 X 사는 고객의 요구사항을

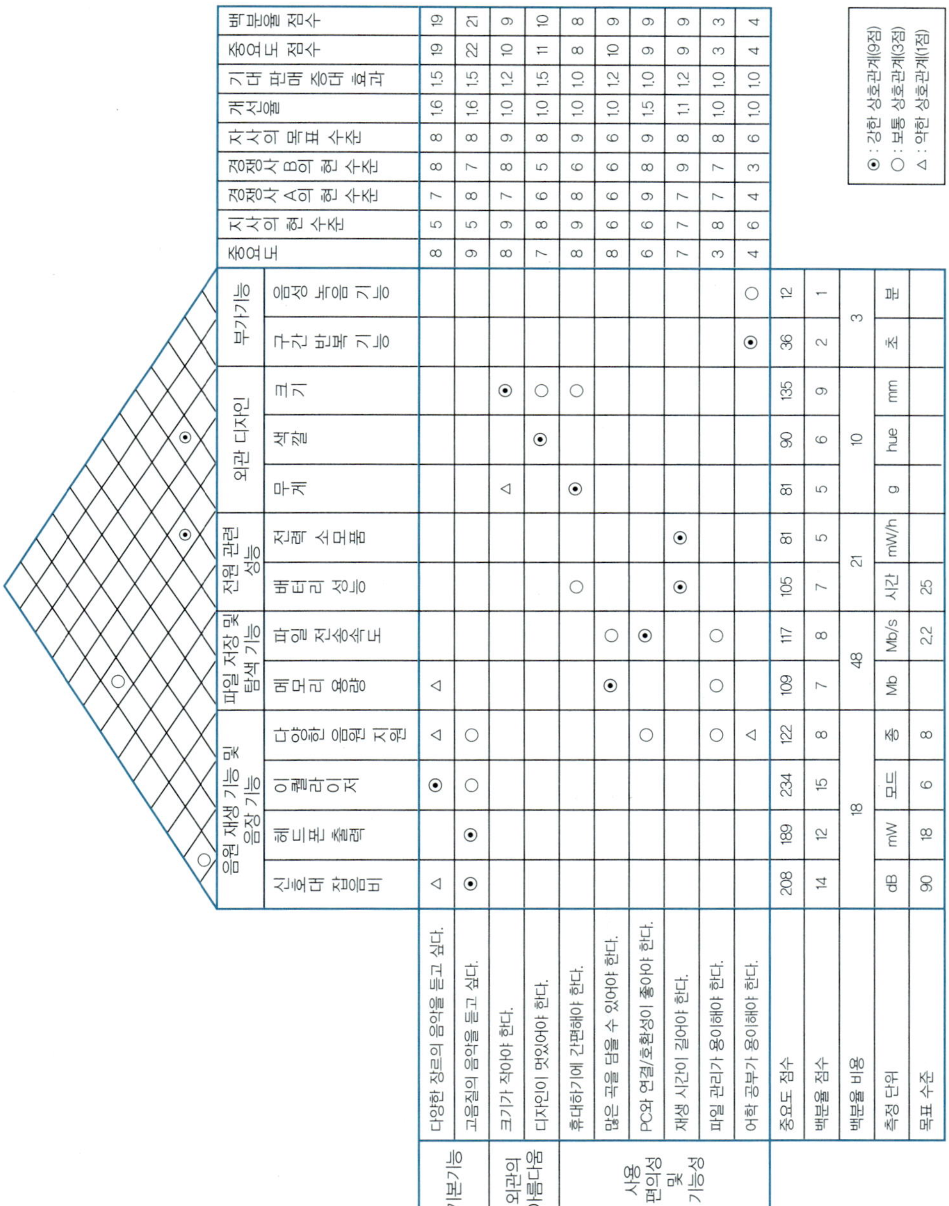

[그림 4-17] MP3 제품을 개발하기 위해 작성된 HoQ

적절히 반영한 신제품을 설계하려 한다. 이를 위해 QFD 기법을 적용하는 첫 단계로서 HoQ를 작성하고, 이 HoQ를 통해 오디오 플레이어에 대한 고객의 요구사항을 반영하여 제품의 기능측면과 성능측면의 사양을 결정하려 한다. [그림 4-17]은 신제품 개발을 위해 완성된 HoQ를 보여주고 있다. 이 과정을 좀더 자세하고 알아보자.

가. 고객 요구사항

먼저 고객으로부터 직접 조사한 고객 요구사항과 이에 대한 분류를 수행한다. 고객 요구사항으로는 '다양한 장르의 음악을 듣고 싶다', '디자인이 멋있어야 한다', '휴대하기가 간편해야 한다' 등의 총 10개가 도출되었으며, 이들은 크게 '기본 기능', '외관의 아름다움', '사용 편의성 및 기능성' 세 개의 그룹으로 분류된다.

나. 제품 특성

고객의 요구사항을 만족시키기 위한 엔지니어링 특성, 즉 제품 특성으로 '신호 대 잡음 비', '헤드폰 출력', '메모리 용량' 등이 도출되었다. 이들은 모두 정량적 측정이 가능한 엔지니어링 특성이며 이들의 목표수준 및 기능적 명세를 결정하는 것이 HoQ의 궁극적인 목적이다.

다. 고객 요구사항 별 중요도

고객의 요구사항에 대한 중요도를 조사하여 이를 표시한다. 고객의 요구사항 중 '고음질의 음악을 듣고 싶다'가 가장 중요한 것으로 나타났으며, '파일관리가 용이해야 한다'가 상대적으로 가장 낮은 중요도를 보이고 있다.

라. 각 요구사항 별 경쟁자 평가

자사 또는 경쟁사가 고객 요구사항을 만족시키는 정도를 고객의 인지(customer perception)에 의한 평가를 토대로 정량화한다. 자사 제품의 현 수준과 경쟁사 제품의 현 수준이 조사되었다면 다음에는 자사 제품의 목표 수준을 결정해야 한다. X사의 경우 '크기가 작아야 한다', '디자인이 멋있어야 한다', '휴대하기에 간편해야 한다' 등의 고객 요구사항에 대해 타 경쟁사에 비해 상대적으로 높은 수준의 만족도를 보이고 있으나, '다양한 장르의 음악을 듣고 싶다', '고음질의 음악을 듣고 싶다', 'PC

와 연결/호환성이 좋아야 한다'는 고객 요구사항은 상대적으로 뒤떨어져 있다는 결과가 나왔다.

따라서 상대적으로 경쟁력이 떨어지는 고객 요구사항에 대해서는 최소한 경쟁사 수준으로 제품을 설계한다는 목표를 설정하고, 이미 충분한 수준으로 제공되고 있는 고객 요구사항에 대해서는 기존 수준을 유지한다는 목표를 설정하였다. 즉 '다양한 장르의 음악을 듣고 싶다(5→8)', '고음질의 음악을 듣고 싶다(5→8)', 'PC와 연결/호환성이 좋아야 한다(6→9)' 등의 고객 요구사항들에 대해서는 경쟁사 수준으로 만족도를 높이는 목표를, '크기가 작아야 한다(9→9)', '디자인이 멋있어야 한다(8→8)', '휴대하기에 간편해야 한다(9→9)' 등의 고객 요구사항은 현수준을 유지하는 목표를 설정하였다.

그리고 개선율은 목표수준을 현수준으로 나눔으로써 몇 배의 개선이 필요한 지를 나타내는 비율로 계산한다. '고음질의 음악을 듣고 싶다'는 고객 요구사항은 현수준이 5, 목표수준이 8이므로 1.6배의 개선을 필요로 한다. 다음으로 기대 판매증대 효과는 각 고객 요구사항의 개선을 통해 기대되는 판매량의 증가 효과를 HoQ를 작성하는 팀이 평가하여 기록한다. 이 매트릭스의 최종 결과는 엔지니어링 특성의 중요도 점수를 평가할 때 가중치로 적용될 고객 요구사항의 점수이다. 이 점수는 각 고객 요구사항의 중요도, 개선율, 기대 판매증대 효과의 곱으로 계산한다. 예를 들어 '고음질의 음악을 듣고 싶다'라는 고객 요구사항의 점수는 9(중요도)×1.6(개선율)×1.5(기대 판매증가 효과)=22로 구해진다. 이렇게 구해진 점수는 백분율 점수로 정규화하여 최종적으로 가중치로 사용된다.

마. 고객 요구사항과 제품 특성과의 연관관계

HoQ의 가운데에 위치한 연관관계 매트릭스에는 고객 요구사항을 만족시키기 위해 엔지니어링 특성이 얼마나 중요한 역할을 하는지 판단하여 그 정도를 표시한다. 예를 들면, '신호 대 잡음 비'라는 엔지니어링 특성은 '고음질의 음악을 듣고 싶다'라는 고객 요구사항을 만족시키는데 많은 기여를 한다고 판단하여 ⊙(9점)의 관계가 표시되었다. 이러한 관계는 전문가의 평가를 통해 도출된다. 여기에서는 9점(⊙), 3점(○), 1점(△)의 관계점수를 사용하였다.

바. 기술 특성간 상관관계

HoQ의 루프를 구성하는 매트릭스에는 구현하고자 하는 제품의 엔지니어링 특성간에 예상되는 상관관계를 표시한다. 이 관계는 일반적으로 전문가의 경험적 지식으로부터 도출된다. 여기서는 '헤드폰 출력'과 '신호 대 잡음 비', '헤드폰 출력'과 '전력 소모율', '배터리 성능'과 '무게', 그리고 '무게'와 '크기' 사이에 상관관계가 존재하는 것으로 나타나 있다. 엔지니어링 특성간의 상관관계는 각 특성들간의 상충관계(trade-off)를 검토하는 기본정보가 된다. 예를 들어 '헤드폰 출력'은 '전력 소모율'과 서로 상충관계에 있기 때문에 고음질의 음악과 긴 재생시간이라는 두 가지 고객 요구를 동시에 만족시킬 수 없다는 사실을 설계단계에서 고려해야 한다는 점을 알려준다.

사. 기술 특성의 중요도와 목표

HoQ의 맨 아래 매트릭스에는 최종적인 평가 및 목표수준을 정리한다. 각 엔지니어링 특성의 중요도 점수는, 정규화된 고객 요구사항의 중요도 점수를 가중치로 하여 고객 요구사항과 제품 특성과의 연관관계 매트릭스에 나타난 관계점수를 가중 합을 통하여 구한다. 예를 들어 '신호 대 잡음 비'라는 엔지니어링 특성은 '다양한 장르의 음악을 듣고 싶다'라는 고객 요구사항과 1점의 관계를 가지고, '고음질의 음악을 듣고 싶다'라는 고객 요구사항과는 9점의 관계를 가진다. 또한 '다양한 장르의 음악을 듣고 싶다'라는 고객 요구사항의 중요도 점수는 19이고 '고음질의 음악을 듣고 싶다'라는 고객 요구사항의 중요도 점수는 21이므로 19×1+21×9=208과 같은 방법으로 엔지니어링 특성의 중요도 점수를 구한다. 이렇게 구한 중요도 점수는 백분율 값으로 환산하여 정규화한다.

목표수준은 앞에서 개선이 필요하다고 판단된 고객 요구사항과 관계를 가지는 엔지니어링 특성에 대해서만 설정하면 된다. 각 엔지니어링 특성의 중요도 점수와 비용 등을 고려하여 목표수준을 정량적인 수치로 기록하고 그 값의 측정단위를 명시해야 한다. 예를 들어 '신호 대 잡음 비'는 90dB 수준으로 높이는 것을 목표로 정했다. 이 목표의 결정과정에는 매트릭스에 포함된 정보 외에도 경쟁사의 대응전략, 기술적 문제 등 다양한 요소가 함께 고려되어야 한다.

기술특성의 중요도와 목표 외에도 각 엔지니어링 특성과 관련된 비용 내용이 추가

된다. 비용은 백분율로 표시되는데, 여기에서는 파일저장 및 탐색기능이 전체 비용의 48%를 차지하는 것으로 나타났다.

HoQ를 이용하여 신제품의 기능 및 성능에 대한 수준을 결정하는 것은 고객의 요구사항을 직접 반영하면서 동시에 경쟁사와의 대응전략까지 고려할 수 있다는 장점이 있다. 이러한 장점 때문에 QFD는 신제품 설계과정에서 자주 이용된다. 더욱 세부적인 제품 설계를 위해서는, 여기서 설명한 제품 수준을 넘어 부품–공정–생산의 하위 수준에 이르기까지 QFD를 전개해야 한다.

3.4 요소조합 설계

(1) 기본 개념

제품이나 서비스의 구조는 구성요소들의 조합(combination)으로 이루어진다. 따라서 서로 다른 제품(서비스)이라는 말은 결국 구성요소들이 다르거나 조합방식이 다르다는 것을 뜻한다. 새로운 제품(서비스)를 설계 및 개발할 때 구성요소들의 선정과 조합방식의 결정에 사용되는 대표적 기법이 바로 형태 분석(morphological analysis)이다.

Morphology라는 용어는 고대 그리스어로부터 유래된 것으로 shape 또는 form을 의미한다. 따라서 넓은 의미의 형태 분석은 시스템 또는 개체의 형태나 패턴에 관한 연구로 정의할 수 있다. 형태 분석은 1960년대 후반에 스위스의 천체물리학자 Zwicky에 의해 처음 제시된 후 다양한 기초학문 분야에서 널리 활용되어 왔다. 대표적 활용 분야인 언어학(linguistics)에서는 각 단어의 형성 및 단어의 구성요소간의 관계를 파악하는데 사용되어 왔으며 동물학(zoology), 식물학(botany), 지질학(geology) 등에서도 매우 유용하게 활용되어 왔다. 최근에는 미래연구와 같이 정량적 분석이 어려운 사회과학 분야에서도 활발히 적용되고 있다

형태 분석에서는 먼저 하나의 시스템이란 이를 설명할 수 있는 몇 개의 차원(dimension)으로 구성되며, 각 차원은 다양한 형태(shape)를 가질 수 있다고 가정한다. 이 가정을 토대로 형태 분석은 시스템을 설명하는 각 차원들이 취할 수 있는 다양한 형태를 정의한 후 이 형태를 조합함으로써 시스템이 채택할 수 있는 모든 가능한 대안들을 도출할 수 있다.

이 가정과 아이디어를 신제품 개발에 적용하면, 차원은 제품의 속성(attribute)을 뜻하며 형태는 해당 속성의 값(value)으로 해석할 수 있다. 또 다양한 신제품 컨셉은 다양한 형태의 상이한 조합(combination)을 의미한다. 따라서 제품 속성들의 수준을 바꾸어 가면서 복수의 가능한 신제품 아이디어를 도출한 후, 불가능하거나 불합리한 대안을 제거하고 남은 대안들만을 신제품 개발과정에 포함시키는 접근법이다.

(2) 구조와 절차

형태 분석은 일반적으로 형태 매트릭스의 작성, 상호일관성 평가, 대안 도출의 3 단계로 이루어진다. 각 단계의 구체적 내용을 살펴보자.

● 단계 1: 형태 매트릭스(morphological matrix)의 작성

형태 분석은 주어진 시스템의 속성을 설명하는 차원을 도출하고 정의하는 것에서부터 시작된다. 다음으로는 각 차원이 가질 수 있는 다양한 형태를 정의한다. 만약 차원의 수가 n개라면, 이를 통해 n-차원의 매트릭스를 구성함으로써 각 차원의 형태로 구성되는 모든 관계를 파악할 수 있다. 이때 매트릭스를 구성하는 개별 셀(cell)은 각 차원의 특정 형태의 조합(configuration)을 나타낸다.

예를 들어 신차 개발을 위해 자동차의 형태 분석을 수행한다고 하자. 자동차의 주요한 차원으로 스타일, 엔진, 색상의 세 가지 차원(dimension)을 선정하였다. 스타일

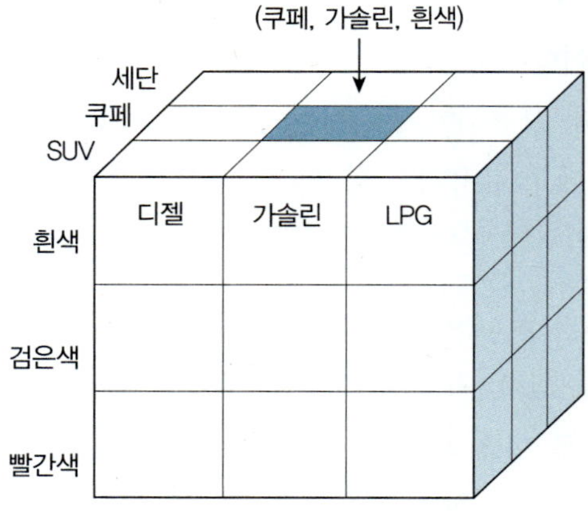

[그림 4-18] 자동차에 대한 3차원 형태 매트릭스

의 형태(shape)로는 세단(sedan), 쿠페(coupe), SUV(Sports Utility Vehicle), 엔진의 형태로는 디젤, 가솔린, LPG를 고려하기로 했으며, 색상의 형태로는 흰색, 검정색, 빨간색을 선정하였다. 그러면 아래 [그림 4-18]과 같은 3차원의 형태 매트릭스를 구성할 수 있다.

이 매트릭스에는 총 27(=3×3×3)개의 셀이 존재하며, 각각의 셀은 서로 다른 형태의 조합을 나타낸다. 예를 들어 위 [그림 4-18]의 색칠된 부분은 쿠페 형태의 가솔린 엔진의 흰색 자동차에 해당한다. 하지만 이처럼 n차원 형태로 표현할 경우 차원이 4개 이상이 되면 매트릭스를 시각적으로 표현하는 것이 불가능해진다. 그런 경우에는 아래 〈표 4-6〉과 같은 2차원의 표(table)로 형태 매트릭스를 표현할 수도 있다.

〈표 4-6〉 자동차의 2차원 형태 매트릭스

	스타일	엔진	색상
1	세단	디젤	흰색
2	쿠페	가솔린	검정색
3	SUV	LPG	빨간색

● 단계 2: 상호일관성 평가(cross-consistency assessment)

위의 예제에서는 차원이 3개임에도 불구하고, 가능한 형태의 조합이 27가지나 존재한다. 일반적으로, 형태 분석에서는 시스템의 차원 및 형태의 개수가 증가함에 따라 가능한 형태의 조합이 급격하게 증가하게 된다. 그러나 이 중에서는 어떤 이유로 인해 실질적으로 불가능한 조합이 존재할 수 있다. 따라서 이러한 조합을 미리 제거함으로써 이후의 분석에 소요되는 시간과 비용을 줄일 수 있다. 이러한 목적으로 수행하는 활동이 상호일관성 평가이다.

각 차원의 형태들 중에는 서로 공존(coexistence)할 수 없는 형태의 쌍, 즉 비일관성(inconsistency)을 가지는 형태의 쌍이 존재한다. 비일관성이 발생하는 이유로는 크게 세 가지가 있다. 첫째, 개념 자체가 근본적으로 서로 배타적인 관계를 가지고 있는 경우 즉 논리적 모순(logical contradiction)이 존재하는 경우이다. 둘째, 논리적 모순은 없으나 현실에서 적용하기에는 부적절하거나 구현하기 어려운 실증적 제약(empirical constraints)이 있는 경우이다. 마지막으로, 윤리적, 정치적, 법률적인 문제 등으로 인해 구현이 어려운 규범적 제약(normative constraints)이 존재하는 경우이다.

상호일관성 평가는 각 차원의 형태들을 쌍으로 비교함으로써 위에서 언급한 세 가지 이유로 인해 비일관성을 가지는 쌍을 찾아내는 작업이다. 이 때 형태들과의 인과관계 또는 시너지효과 등은 고려하지 않으며 단지 두 형태가 공존할 수 있는가의 여부만으로 판정하게 된다. 아래 [그림 4-19]는 위의 자동차 사례에 대한 상호일관성 평가를 나타낸 것이다.

		스타일			엔진		
		세단	쿠페	SUV	디젤	가솔린	LPG
엔진	디젤	X	X				
	가솔린			X			
	LPG		X				
색상	흰색						
	검은색						
	빨간색	X					

[그림 4-19] 자동차에 대한 상호일관성 평가

● 단계 3: 대안 도출

앞에서 설명한 형태 매트릭스와 상호일관성 평가를 통해 최종적으로 새로운 대안이 도출된다. 즉, 모든 가능한 조합 중에서 한 쌍 이상의 비일관성을 가진 형태의 쌍이 포함된 모든 조합을 제거하고 남은 대안들이 곧 최종 대안들이 된다. 최종 대안들로 구성된 집합을 솔루션 공간(solution space)이라고 부른다. 위의 예제에서는 원래의 총 27가지 형태 조합 중 13가지 대안이 솔루션 공간에 포함된다. 상호일관성 평가를 통해 이론적으로 가능한 모든 조합의 개수가 현실적으로 고려할 수 있는 반 이하의 개수로 줄어든 것이다.

반면에 이 단계에서 새로운 대안이 도출되어 그것이 최종 대안에 추가될 수도 있다. 이미 솔루션 공간에 포함된 조합에서 한 가지 형태의 값을 바꾸어서 생기는 새로운 조합이 만일 솔루션 공간에 포함된다면 그것이 곧 새로운 대안으로 추가될 수 있는 것이다.

(3) 장단점

형태 분석의 가장 큰 장점은 모든 가능한 대안들을 다양하게 도출할 수 있는 신축성에 있다. 형태 분석을 통해 도출한 대안들 중에는 기존의 정형화된 아이디어 도출 방법으로는 발견할 수 없었던 획기적인 새로운 조합이 만들어질 수 있다. 특히 기존 제품(서비스)에서 고려하지 않았던 새로운 차원을 반영하게 되면 아이디어의 다양성은 훨씬 커지게 된다. 또한 불가능하거나 불합리한 아이디어를 제거함으로써 개발과정에 소요되는 비용과 시간을 절감할 수도 있다.

반면에 형태 분석의 가장 큰 단점은 형태 분석의 핵심적 내용인 차원과 형태를 정의하는 체계적 방법이 없다는 것이다. 시스템의 차원을 어떻게 구성하고, 각 차원의 형태를 어떻게 정의할 것인가는 전적으로 전문가의 직관적인 판단에 의존하게 된다. 따라서 이 과정을 보다 객관적이고 체계적으로 수행하기 위한 다른 방법론과의 연계가 필요하다. 또한 형태분석을 통해 도출된 다양한 대안들간의 우선순위를 도출할 수 없다는 점도 문제점으로 지적된다. 도출된 모든 대안들을 고려하기에는 시간과 비용이 많이 소요되므로 대안들간의 우선순위를 결정할 수 있는 추가적인 방법론이 수반되어야 한다.

(4) 예제

가. 형태 매트릭스의 작성

본 예제에서는 디스플레이 기술에 대해서 형태 분석을 수행하는 과정을 살펴보자. 먼저 차원과 형태를 정의하여 형태 매트릭스를 작성해야 한다. 디스플레이 기술에 대한 2차원 형태 매트릭스는 다음과 같이 표현할 수 있다.

〈표 4-7〉 디스플레이 기술의 2차원 형태 매트릭스

	정렬	발광모드	보상필름
1	평행	백라이트	없음
2	수직	반사	한 개
3	트위스트	반투과	두 개

나. 상호일관성 평가

위의 형태 매트릭스를 보면 총 27개의 조합이 존재한다. 이 중에서 상호일관성 평가를 통해 가능한 조합만을 찾아낸다. 아래 [그림 4-20]은 디스플레이 기술의 상호일관성 평가 결과를 나타낸 것이다.

		정렬			발광모드		
		평행	수직	트위스트	백라이트	반사	반투과
발광모드	백라이트						
	반사		X	X			
	반투과	X	X	X			
보상필름	없음			X			
	1개						
	2개	X					

[그림 4-20] 디스플레이 기술에 대한 상호일관성 평가

다. 대안 도출

상호일관성 평가를 통해 총 27개의 조합 중 비일관성을 가진 조합을 제거하고 남은 9가지 대안이 솔루션 공간에 포함된다. 고려해야 할 대안의 수가 1/3로 줄어든 것이다. 설계 팀은 이 9개의 대안들에 대해서 최종적으로 신제품 개발 가능성을 평가하게 된다.

이와 같이 차원의 수와 형태의 수가 적을 경우에는 대안을 도출하는 것이 어렵지 않다. 모든 가능한 조합을 추출한 뒤 비일관성을 가진 조합을 제외시키면 되는 것이다. 그러나 현실에서는 형태 매트릭스로부터 도출되는 대안의 수가 수천 개에 이를 수도 있기 때문에 형태 매트릭스로부터 대안을 뽑아내는 것이 쉽지 않다.

이 경우에는 솔루션 공간에 있는 특정 대안 하나를 우선적으로 선택한 뒤, 이 대안으로부터 다른 대안들을 도출해 낼 수 있다. 즉 솔루션 공간에 있는 하나의 조합에서 특정 형태의 값을 바꾸었을 때 생기는 새로운 조합이 또 다시 솔루션 공간에 포함된다면 이는 또 다른 대안이 될 수 있는 것이다. 예를 들어 '수직–백라이트–한 개의 보상필름'이라는 조합은 솔루션 공간에 존재하는 대안이다. 여기에서 보상필름의

형태를 '한 개'에서 '두 개'로 바꾸어서 생기는 '수직-백라이트-두 개의 보상필름' 조합은 여전히 솔루션 공간에 들어간다. 따라서 이 조합도 고려해야 하는 새로운 대안이 되는 것이다. 이와 같은 작업을 여러 번 반복함으로써 가능한 대안들을 뽑아낼 수 있다.

제4절 분석적 창출방법

분석적 방법은 기술정보나 시장정보를 분석하여 새로운 아이디어를 발굴하는 기법들을 뜻한다. 특허와 같은 기술정보 안에 녹아있는 문제해결의 원리나 사용자 조사에서 드러날 수 있는 선호도 정보 등을 아이디어의 개발에 활용하는 것이다. 또한 빅 데이터 수집과 가공기술의 발전은 데이터기반 분석의 새로운 가능성을 열고 있다.

4.1 특허분석 접근

(1) 기본개념

다양한 기술정보 중에서도 특허(patent)는 가장 풍부한 정보원이고 따라서 특허분석은 새로운 아이디어 개발의 유용한 수단이 될 수 있다. 특허분석에서 얻은 지식을 아이디어 개발로 연결시킨 대표적 기법이 바로 트리즈(TRIZ)이다. 트리즈는 '창조적인 문제해결을 위한 이론(Theory of Inventive Problem Solving)'이라는 뜻을 가진 러시아어의 첫 글자를 조합한 용어로, 러시아의 과학자인 알트슐러(Altshuller)에 의해 처음 개발된 후 지금까지 지속적으로 개선 내지 확대되고 있는 문제해결 방법론이다. 트리즈는 기본적으로 방대한 특허 정보에 대한 과학적이고 체계적인 분석을 토대로 기술적 문제의 해결방법과 아이디어 창출의 원리를 제시한다. 서구에 소개된 초기에는 큰 관심을 끌지 못하였으나 후계자들의 적극적인 홍보와 사용기업의 긍정적인 평가에 힘입어 최근에는 많은 기업이 신제품 아이디어 창출, 제품개선과 공정관리 등의 목적으로 도입하고 있다.

트리즈는 기업이 신기술의 개발이나 기술적 문제해결 과정에서 만나게 되는 특정 문제를 표준 문제로 전환한 후 표준 해답을 찾는 '표준화의 원리'를 핵심으로 한다. 문제의 해결을 시행착오나 직관에 의존하지 않고 정형화된 절차에 따라 체계적으로 수행할 수 있는 도구인 것이다.

트리즈는 매우 포괄적이고 종합적인 프레임워크로 여러 개의 세부적인 기법들로 구성되어 있다. 아래 [그림 4-21]은 이러한 트리즈의 대표적인 기법들을 트리즈의 기본 원리와 함께 표현한 것이다. 그림을 토대로 트리즈에서 사용하는 몇 가지 핵심개념을 살펴보자. 트리즈에서 문제를 해결한다는 것은 시스템(system)에 존재하는 모순(contradiction)을 제거한다는 의미이다. 이 때 시스템(system)은 도구(tool)와 대상물(object)로 구성되며, 모순은 시스템 내의 갈등을 의미한다. 모순을 해결하기 위해서는 자원(resource)을 활용하게 되며 모순을 제거한 후에 이상적인 최종결과(Ideal Final Result: IFR)를 얻게 된다.

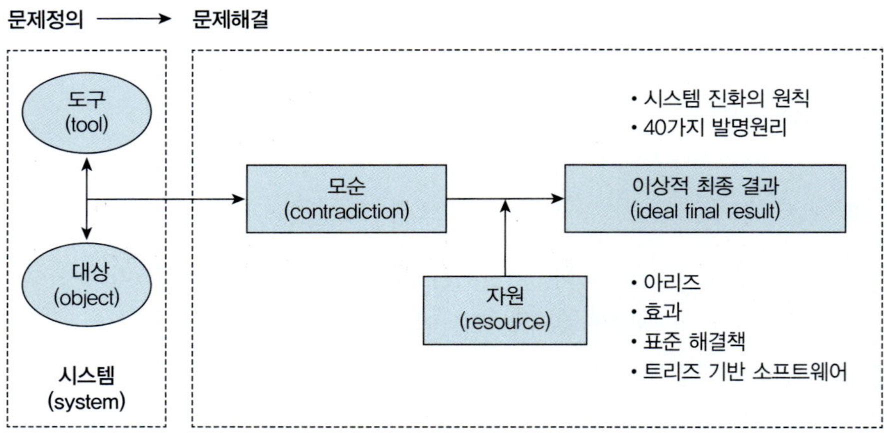

[그림 4-21] 트리즈의 기본 원리와 대표적인 기법들

예를 들어 도끼로 나무를 자르는 절단 시스템을 생각해 보자. 이 시스템에서 도구인 '도끼 날'은 대상물인 '나무'를 자르는 작용을 한다. 절단 과정에서 만약 도끼를 무겁게 만든다면 나무를 내리치는 데는 효과적이겠지만 사용자가 도끼를 다루기가 힘들게 된다. 반대로 도끼를 가볍게 만든다면 사용자가 도끼를 다루기는 쉬우나 나무를 내리치는데 드는 힘이 작아져 절단이 어렵게 된다. 이것이 '모순'이다. 모순을 해결하기 위해 이용할 수 있는 사물, 정보, 에너지, 특성들이 '자원'이다. 자원을 이용하며

모순을 제거한 후 최종적으로 얻는 것이 '이상적인 최종결과'이다. 이 문제에서 나올 수 있는 이상적인 최종결과는 '빈 손잡이의 도끼'이다. 빈 손잡이의 도끼를 사용하면 무게 중심이 도끼 쪽으로 이동하여 도끼질이 더욱 강력해면서 무거운 도끼의 기능을 할 수 있다. 반면 빈 손잡이 때문에 가벼운 도끼의 기능도 할 수 있다.

위에서 설명한 네 가지 핵심개념과 함께 문제 해결에 보다 직접적인 도움을 줄 수 있는 두 가지 원리로 '시스템 진화의 원칙'과 '발명의 원리'가 있다. 시스템 진화의 원칙은 기술 시스템이 진화하는 패턴을 크게 8가지로 정리한 것이고, 발명의 원리는 다양한 분야에서 문제해결에 사용되었던 원리를 40가지로 정리한 것이다. 두 원리 모두 방대한 특허문서를 분석한 결과를 바탕으로 하고 있다.

이외에도 트리즈는 아리즈, 표준해, 효과 등의 다양한 도구들로 구성된다. 아리즈(ARIZ)는 창의적 문제해결을 위한 알고리즘으로, 모순을 분석하고 해결하기 위한 단계별 지침이다. 표준해(standard solutions)는 문제를 해결하기 위해 시스템을 어떻게 변환시켜야 하는지에 대한 76가지 해법을 수록한 목록이다. 효과(effects)는 창의적 문제해결에 사용할 수 있는 물리적, 화학적, 기계적, 생물학적, 기하학적 현상들에 대한 기술 데이터베이스이다.

이와 같이 트리즈는 다양한 원리와 기법으로 구성된 하나의 시스템이다. 따라서 트리즈의 모든 내용을 이해하기 위해서는 전문적인 교육과 실질적인 경험을 필요로 한다. 여기에서는 트리즈의 기본적 기법인 '시스템 진화의 원칙', '발명 원리'의 두 가지에 대해서만 좀더 자세히 살펴보자.

(2) 시스템 진화의 원칙

기술 시스템이 진화하는 과정에는 일관성이 있고 그것은 8 가지의 법칙으로 정리할 수 있다. 이 법칙은 문제해결을 위해 직접적으로 사용되기도 하지만 기술의 발전 방향을 예측하고 미래 제품의 특징을 파악하기 위해 유용하게 활용된다. 이 중 대표적인 법칙 네 가지에 대해서만 간략하게 알아보자.

① 시스템 요소 완전성의 법칙(Law of completeness of parts of a system)

기술 시스템은 네 가지 기본요소인 엔진(engine), 작동기관(working organ), 전달장치(transmission), 조절기관(control organ)으로 이루어지며 이 중 하나라도 문제가 있으면 제대로 작동할 수 없다.

④ 효용성 증가의 법칙(Law of increasing ideality)

기술 시스템은 효용을 증가시키는 방향으로 진화한다. 시스템의 효용성은 시스템의 유익한 효과의 합(ΣU_i)을 비용, 공간, 소요 에너지, 소음 등의 유해한 효과의 합(ΣH_j)으로 나눈 값으로 정의된다.

⑤ 구성요소의 불균등 발전의 법칙(Law of uneven development of parts)

기술 시스템이 전체적으로 발전할 때, 각각의 구성요소들은 동시에 모두가 균등하게 발전하기 보다 개별적으로 불균등하게 개선된다.

⑥ 상위 시스템으로 전이 법칙(Law of transition to a supersystem)

하나의 시스템이 자체의 발전 한계에 도달하면 더 상위의 시스템으로 전이함으로써 진화를 계속한다.

(3) 발명의 원리와 공학적 모순의 해결

트리즈에서 말하는 발명의 원리는 곧 모순 해결의 원리를 뜻한다. 일반적으로 기술 개발이나 문제 해결의 과정에는 항상 하나 이상의 모순(contradiction)이 존재한다. 하나를 좋게 하면 다른 하나가 나빠지게 되거나, 하나의 대상에 대해 한편으로는 무거울수록 좋고 다른 한편으로는 가벼울수록 좋은 모순이 발생하는 것이다. 이러한 모순을 찾아내는 것이 트리즈의 첫 단계라 할 수 있으며, 트리즈의 궁극적인 기능은 모순을 해결함으로써 전체적인 기술 시스템을 개선하는 것이다. 트리즈가 신제품 아이디어 창출의 도구로 활용되는 이유는 공학적 모순의 해결이 곧 신제품의 아이디어로 연결될 수 있기 때문이다.

모순은 크게 기술적 모순(technical contradiction)과 물리적 모순(physical contradiction)으로 구분할 수 있다. 먼저 기술적 모순은 하나의 특성을 개선하면 다른 특성이 악화되는 경우를 가리킨다. 다음으로 물리적 모순은 하나의 특성이 동시에 상반된 값을 가져야 하는 경우를 뜻한다. 트리즈가 내세우는 가장 큰 특성이자 장점은 일반적인 공학적 접근법에서는 모순을 해결하기 위해 모순 관계에 있는 두 특성을 적절한 수준에서 절충하는 반면, 트리즈는 모순을 근본적으로 제거하여 두 특성 모두를 향상시키는 창의적 해결책을 도출하는데 있다. 물론 그것이 항상 가능한지에 대해 검증할 방법은 없다.

1) 기술적 모순의 해결

우선 기술적 모순을 해결하는 방법을 알아 보자. 트리즈는 특허분석을 통해 기술적 모순에는 어떤 것들이 있으며 그 모순을 해결하기 위해 어떤 발명 원리들이 사용되었는지를 정리한 것이다.

그렇다고 TRIZ의 개발에 모든 특허가 사용되는 것은 아니다. 트리즈는 먼저 존재하는 모든 특허를 다음의 〈표 4-8〉에 나타난 것처럼 네 가지 수준(level)으로 나누었다. 여기서는 level이 높을수록 창의성과 기술성이 높은 것을 의미한다. 트리즈는 너무 낮은 level의 특허나 지나치게 높은 level의 특허는 문제해결에 도움을 주지 못한다고 판단하여 제외하고 level 3과 4 정도의 특허만을 분석 대상으로 활용한다. 두 level을 합치면 전체 특허의 약 20% 정도를 차지한다.

〈표 4-8〉 TRIZ 분석특허의 구성

수준	발명의 내용	비율(%)	필요한 지식
Level 1	해당분야 전문가들의 익숙한 방법을 이용한 해결책	32	개인적 지식
Level 2	현재의 시스템에 기능을 추가하여 얻어지는 개선	45	동일 산업 내의 지식
Level 3	현재 시스템의 획기적 개선	18	타 산업의 지식
Level 4	신개념의 시스템 개발	4	기술이 아닌 과학 지식
Level 5	획기적 신개념의 선구자적 발견	1	새로운 과학 지식

트리즈는 이들 특허를 분석하여 문제해결, 즉 새로운 아이디어 도출의 가이드라인을 제공한다. 그러기 위해서 먼저 문제(problem)를 39가지의 '공학적 변수(engineering parameters)'로 명확하게 정의하고, 이어서 문제의 해결을 위한 40가지의 '발명 원리(inventive principles)'를 제시하고 있다. 여기서 공학적 변수는 무게, 속도, 강도 등과 같이 모순을 일으키는 기술적 요인들을 의미하고, 발명 원리는 모순 문제를 해결하는데 사용된 발명의 방식이나 접근법을 뜻한다. 물론 이 원리들은 방대한 특허 정보의 분석으로부터 도출된 것들이다.

공학적 변수의 예

변수 1: 움직이는 물체의 무게, 변수 2: 움직이지 않는 물체의 무게, 변수 3: 움직이는 물체의 길이, 변수 4: 움직이지 않는 물체의 길이, 변수 5: 움직이는 물체의 면적, 변수 6: 움직이지 않는 물체의 면적, 변수 7: 움직이는 물체의 부피, 변수 8: 움직이지 않는 물체의 부피, 변수 9: 속도, 변수 10: 힘 등의 39개

발명 원리의 예

원리 1: Segmentation=나누어라, 원리 2: Extraction=필요한 것만 뽑아내라, 원리 4: Asymmetry=비대칭으로 차별화하라, 원리 5: Consolidation=여러 작업을 묶어서 하라, 원리 13: Do It Reverse=반대로 하라, 원리 24: Intermediary=중간매체를 이용하라, 원리 35: Parameter Change=물질의 속성을 바꾸어라 등의 40가지

기술적 모순의 해결을 위해서는 [그림 4-22]에 도시되어 있는 모순 행렬(contradiction matrix)을 사용한다. 모순 행렬은 앞에서 설명한 39가지 공학적 변수를 열과 행으로 한 39×39 행렬을 의미한다. 이 때 한 축은 문제를 개선시키는 특성으로 배치하고, 다른 축은 악화시키는 특성으로 배치한다. 다음으로 모순 행렬의 행(i)과 열(j)이 교차하는 지점 즉 셀(cell)에는 기존 특허에서 행의 공학적 변수와 열의 공학적 변수간의 모순을 해결하기 위해 사용한 발명의 원리들이 나열되어 있다.

이 원리들은 앞에서 설명한대로 특허 정보의 분석을 통해 도출된다. 40가지의 발명 원리 가운데 어느 셀에는 여러 가지의 원리들이 기입될 수도 있고 다른 셀에는 하나도 기입되지 않을 수도 있다. 예를 들어, 문제를 악화시키는 공학적 변수 29와 문제를 개선하는 공학적 변수 31이 만나 모순 문제를 일으키는 셀에는 4, 17, 26, 34의 네 가지 발명 원리가 해결 방법으로 적용될 수 있다. 이 정보를 토대로 모순된 두 변수에 대해 제시된 발명의 원리들 가운데 적합한 원리들을 선별하여 적용함으로써, 문제를 해결하거나 신제품의 아이디어를 찾아낼 수 있는 것이다.

악화의 특성 / 개선의 특성		1	…	29	…	39
		공학적 변수 1		공학적 변수 29		공학적 변수 39
1	공학적 변수 1					
	…					
31	공학적 변수 31			4, 17, 26, 34		
	…					
39	공학적 변수 29					

[그림 4-22] 모순행렬의 예시

2) 물리적 모순의 해결

다음으로 물리적 모순을 해결하는 방법을 살펴 보자. 물리적 모순은 어떠한 상황에서는 증가되고 또 다른 상황에서는 감소해야 하는 변수가 있을 경우를 의미한다. 예를 들어 하나의 제품을 개발할 때, 한편으로는 길게 만드는 것이 유리한 측면이 있는가 하면, 다른 한편으로는 짧게 만드는 것이 바람직한 측면이 있을 수 있다. 이 때 물리적 모순이 존재한다고 한다.

물리적 모순 문제를 해결하기 위해 트리즈는 분리의 원칙(separation principles)을 적용한다. 분리의 원칙은 다시 시간에 의한 분리, 공간에 의한 분리, 규모에 의한 분리, 조건에 의한 분리의 네 가지로 나누어진다. 문제의 성격에 따라 시간대로 나누거나, 공간대로 나누거나, 규모 별로 나누거나, 조건에 따라 나누어 제품의 모양이나 기능이 달라지도록 설계하는 것이다.

- 시간에 의한 분리(separation in time): 어떤 시간에는 A 기능이 작동하고 다른 시간에는 B 기능이 작동하도록 설계
- 공간에 의한 분리(separation in space) 어떤 공간(장소)에서는 A 기능이 작동하고 다른 공간(장소)에서는 B 기능이 작동하도록 설계
- 규모에 의한 분리(separation in scale): 전체(system) 수준에서의 작동 원리와 부분(component) 수준에서의 작동 원리가 다르도록 설계
- 조건에 의한 분리(separation in condition): 외부 조건(환경)의 변화에 맞추어 작동 원리와 방식이 달라지도록 설계

예를 들어 어떤 제품의 설계에 있어, 성능의 정확성을 위해서는 제품의 길이를 늘려야 하고 동시에 사용의 편의성을 위해서는 길이를 짧게 해야 한다고 하자. 이 경우에는 물리적 모순이 발생한다. 이 문제를 해결하기 위해서는 시간(time)에 의한 분리 원칙을 적용한다. 제품이 작동하는 시간 동안에는 길이를 길게 유지하도록 하고 반면에 제품을 휴대하는 시간 동안에는 길이를 짧게 유지하는 방식으로 신축적으로 설계하여 물리적 모순을 해소하는 것이다.

4.2 고객효용 분석

(1) 기본개념

시장정보 특히 사용자와 소비자들로부터 수집한 정보를 분석하는 것도 아이디어 도출의 효과적 수단이 될 수 있다. 컨조인트 분석(Conjoint Analysis)은 소비자의 욕구와 제품의 효용간의 관계를 통계적으로 분석하는 마케팅 기법 중 하나로 시장조사의 목적을 넘어 아이디어 창출의 기법으로도 사용된다. 컨조인트라는 용어는 Consider와 Jointly를 합성한 것으로 1960년대 다변량 통계분야에서 출발하여 70년대 이후 주로 마케팅 분야에서 활용되기 시작하였다.

컨조인트 분석은 먼저 제품(서비스)의 특성을 정의한 후, 소비자가 각 특성에 부여하는 가치를 산정하여 그 값을 토대로 최적의 제품 프로파일을 구성한다. 즉 제품 구성에 대한 소비자의 선호도 점수를 바탕으로 소비자들이 가장 중요하게 생각하는 속성이 무엇이며, 가장 선호하는 제품의 프로파일은 무엇인지를 알려주는 정보를 신제품 컨셉의 설계과정에 반영하는 것이다.

(2) 구조와 절차

컨조인트 분석의 기본 절차는 아래의 [그림 4-23]에 도시되어 있는 것처럼 제품속성의 결정, 제품프로파일의 설계, 제품자료의 수집, 컨조인트 분석의 수행, 컨조인트 분석의 해석의 5 단계로 구성된다. 각 단계를 좀더 구체적으로 살펴보자.

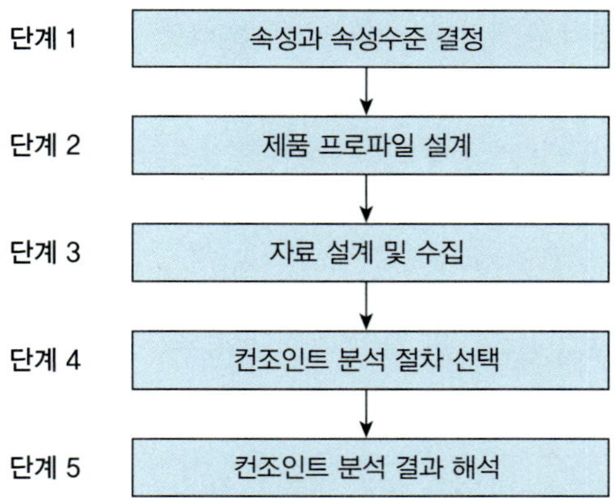

[그림 4-23] 컨조인트 분석의 기본 절차

● 단계 1: 속성과 속성수준 결정

컨조인트 분석을 실시하기 위해서는 먼저 고객들이 제품(서비스)을 구매할 때 중요하게 생각하는 제품의 속성(attribute)을 파악하고 그 속성의 수준(level)을 설정해야 한다. 예를 들어 가격, 색상, 성능, 무게 등이 대표적인 제품의 속성이 된다. 당연히 제품마다 속성이 다르기 때문에 앞에서 설명하였던 인터뷰, 문헌분석, 관찰법, 전문가 토론 등의 조사방법들을 통해 가장 적합한 속성들을 파악하게 된다. 이어서 각각의 속성을 여러 개의 수준으로 나누게 된다. 예를 들어 색상이라는 속성은 red, blue, yellow 등의 서로 다른 수준으로 이루어진다.

이 과정에서 가장 중요하고 어려운 일은 속성(attribute)의 수와 각 속성의 수준(level)의 개수를 결정하는 문제이다. 일반적으로 속성의 수는 6~7개로 결정된다. 일단 제품의 속성이 결정되고 나면 다음으로 각 속성이 취할 수 있는 수준들을 결정하게 된다. 속성수준의 개수는 속성별로 비슷해야 하고 보통 2~4개로 결정된다. 이 때 각 수준은 다른 수준들과 분명히 구분할 수 있게 설정되어야 하고, 가능한 한 현재 출시되고 있는 제품들의 수준을 제대로 반영해 주는 것이 바람직하다. 속성과 수준의 개수가 너무 많으면 명확한 차이를 판별하기 어려워지고, 반대로 너무 적으면 얻을 수 있는 정보량이 줄어들 뿐 아니라 모수의 추정오차가 커지기 때문에 적당한 수준으로 결정하는 것이 중요하다.

● 단계 2: 제품 프로파일 설계

중요한 제품 속성들과 수준들이 정해지면 이를 조합하여 응답자들에게 제시할 제품 프로파일(profile)을 만들어야 한다. 여기서 프로파일은 각 속성에 대해 하나의 수준을 정하여 이것들을 모두 연결(조합)한 것이다. 예를 들어 가격이라는 속성에서는 5만 원대의 수준, 색상이라는 속성에서는 Blue라는 수준, 무게라는 속성에서는 5Kg의 수준을 선택하였다면 5만 원–Blue–5Kg으로 구성되는 하나의 프로파일이 만들어지는 것이다.

제품 프로파일을 구성하는 방법은 여러 가지가 있다. 가장 일차적인 방법은 전체 프로파일 접근법(full profile approach)이다. 이 접근법은 앞 단계에서 선정한 속성과 수준들을 전부 이용하여 가능한 모든 프로파일을 만든 후, 응답자로 하여금 각 프로파일의 선호순위나 선호점수를 매기도록 하는 방법이다. 예를 들어 속성이 4개, 각 속성별 수준이 3개씩이라면 가능한 제품 프로파일의 수는 $3^4=81$개가 된다. 이 방법은 속성 내 모든 수준들이 빠짐없이 포함된다는 장점이 있지만 평가해야 하는 프로파일의 수가 너무 많아질 위험이 있다.

따라서 대부분의 경우에는 프로파일의 숫자를 줄일 수 있는 다른 방법들이 사용된다. 우선 간단한 직관적 방법은 모든 제품 프로파일들을 일일이 검토하여 중복되거나 비현실적인 프로파일들을 제거하는 방법이다. 이 방법은 이해하기 쉽고 적용하기 편한 반면, 시간이 오래 걸리고 또 주관적인 판단이 개입될 소지가 많다.

보다 과학적인 방법으로는 부분요인설계(fractional factorial design)를 들 수 있다. 이 기법의 핵심 아이디어는 속성간의 상관관계(correlation)를 바탕으로 상관성이 낮은 속성들 즉 중복되지 않는 속성들만 프로파일에 포함시킨다는 것이다. 그러나 이 방법에 대한 이론적 설명은 실험설계(experimental design)에 관한 전문적 지식이 필요하므로 여기에서는 생략하기로 한다. 실무적으로는 컨조인트 분석용 컴퓨터 패키지를 통하여 쉽게 수행할 수 있고 통계 패키지에서도 관련된 절차를 활용할 수도 있다.

한편 속성의 수가 많은 경우에 두 개의 속성씩 뽑아서 비교하는 쌍대비교(pair-wise comparison) 접근법을 사용하기도 한다. 이 방법은 평가의 정확도가 올라간다는 장점이 있으나 평가의 횟수가 많아지고 또 평가 결과간에 모순이 생길 위험도 있다.

● 단계 3: 자료 설계 및 수집

제품 프로파일이 선정되면 그 다음에는 설문조사를 통해 소비자들의 선호도를 조사하게 된다. 설문지를 통해 제품을 구성하는 속성들이 무엇이며 속성들의 조합을 통해 어떤 프로파일들이 만들어지는지를 알려준 후, 프로파일들 사이에 선호도의 순위가 어떻게 되는지를 물어보는 것이다. 따라서 제품 프로파일을 구성하는 속성들은 독립변수(X), 그 프로파일에 대한 선호도는 종속변수(Y)의 역할을 하게 된다.

먼저 독립변수를 보자. 각각의 독립변수는 각각의 제품 속성을 가리킨다. 여기서 주의해야 할 점은 속성의 특성에 따라 독립변수가 종속변수(선호도)에 영향이 달라진다는 사실이다. 어떤 속성은 클수록 또는 작을수록 항상 좋은 경우도 있고, 어떤 속성은 개인의 취향에 따라 큰 것을 좋아할 수도 있고 작은 것을 좋아할 수도 있다. 다시 말해 속성별 중요도를 추정하기 위해서는 각 속성의 특성에 맞는 통계 분석 모형이 필요하다. 실무적으로 자주 사용되는 분석 모형으로는 벡터 모형(vector model), 이상점 모형(ideal point model), 부분가치함수 모형(part worth function model)을 들 수 있다.

벡터 모형

벡터 모형은 어떤 속성에 있어서 속성수준의 값이 증가할수록(또는 감소할수록) 소비자의 선호도가 높아진다는 선형(linear) 구조를 가정한다. 예를 들어 가격은 낮을수록 좋아하고 품질은 높을수록 좋아하는 것이 일반적이기 때문에, 가격 혹은 품질이라는 속성에 대해서는 벡터모형을 적용하는 것이 바람직하다. 이 경우의 독립변수는 곧 그 속성의 값이 되며 종속변수에 미치는 영향도 속성값의 크기에 비례하여 달라지게 된다.

이상점 모형

이상점 모형은 소비자가 가장 선호하는 속성수준이 존재한다는 가정 하에서 각 속성수준이 선호도에 미치는 영향을 구하는 모형이다. 가운데에 최고값을 설정한 후 위치가 바뀌면서, 즉 속성의 수준이 달라지면서 선호도가 어떻게 변하는지를 추정하는 식이다. 예를 들어 펜의 경우 너무 굵지도 가늘지도 않은 이상적(ideal)인 굵기가 존재하기 때문에 이 수준을 가장 선호한다. 나머지 수준은 굵은 수준, 가는 수준 등이 된다. 굵기, 크기, 맛 등의 속성에 대해서는 이상점 모형을 적용하는 것이 좋다. 이 경우의 독립변수는 곧 그 속성의 수준이 된다.

부분가치함수 모형

부분가치함수 모형은 개별 속성의 수준에 대해 특별한 가정을 하지 않고 각 속성 수준이 선호도에 미치는 영향을 구하는 모형이다. 이 모형은 세 모형 가운데 가장 자주 사용되는 모형이다 예를 들어 색상이나 모양과 같이 속성 수준이 이산적인 (discrete) 값을 가질 경우에는 속성 수준의 변화와 선호도의 차이에 대한 가정을 세우는 것이 불가능하다. 왜냐하면 개인적이고 주관적인 성향에 따라 선호도가 달라지기 때문이다. 따라서 이 경우에는 부분가치함수 모형을 적용해야 한다. 여기서 독립변수는 그 속성의 이산적인 카테고리, 예를 들어 색상이라면 빨강, 파랑, 노랑 가운데 하나가 된다.

다음으로 종속변수를 보자. 종속변수는 곧 선호도(preference) 또는 구매의도 (buying intention)를 뜻한다. 선호도는 주로 상대평가를 한다. 즉 제품 프로파일들에 대해 비교평가를 수행하여 가장 좋아하는 것을 1, 그 다음 좋아하는 것을 2, 하는 식으로 순위를 매기는 것이다. 그러나 경우에 따라서는 절대평가를 하기도 한다. 절대평가의 경우 응답자는 각 제품 프로파일에 대한 선호도를 수치로 표현하여 선호점수를 부여한다.

프로파일 수가 12개, 응답자 수가 25명인 예를 살펴보자. 〈표 4-9〉에서 보는 것처럼, 각각의 프로파일은 제품 속성을 뜻하는 독립변수 즉 *X*값의 차이에 따라 달라진다. 여기서는 색상, 가격, 두께의 세 가지 속성이 독립변수로 설정되었다. 색상은 부분가치함수 모형, 가격은 벡터 모형, 두께는 이상점 모형이 사용된다고 하면, 그에 맞추어 프로파일 1에서 12까지 각 속성에 맞는 *X*값을 입력한다. 이제 각각의 응답자들로부터 12개 프로파일에 대한 선호도를 뜻하는 종속변수 즉 *Y*의 값을 1부터 12까지의 순위값으로 받는다. 이와 같은 표가 응답자 별로 하나씩 총 25개 만들어지게 된다.

〈표 4-9〉 컨조인트 분석의 입력 데이터

제품 프로파일	독립변수(X)			종속변수: 선호도 (Y)
	색상(X_1)	가격(X_2)	두께(X_3)	
1				11
2				6
3				8
.				
.				
.				
12				3

● 단계 4: 분석절차 수행

평가 데이터가 수집되면 다음 단계에서는 수집된 정보를 분석하는 작업을 수행하게 된다. 자료 분석의 핵심은 크게 두 가지로 요약할 수 있다. 첫째, 속성별 상대적 중요도를 추정하는 일이다. 여러 제품 속성 가운데 어느 속성이 더 중요하고 덜 중요한지를 알아내는 것이다. 둘째, 가장 선호도가 높은, 즉 가장 적합한 제품 프로파일을 선별하는 일이다. 여러 프로파일 가운데 어느 프로파일을 중심으로 제품을 개발해 나갈 것인가를 결정하는 것이다.

데이터 분석은 회귀분석(regression analysis)을 통해 이루어진다. 속성들을 독립변수로 놓고 선호도를 종속변수로 설정한 회귀모형을 만든 후, 회귀분석을 수행하여 각 독립변수의 계수를 추정하는 것이다. 여기서 각 독립변수의 계수가 곧 그 속성의 상대적 중요도를 나타내는 것으로 이것을 부분효용(part-worth)이라고 한다. 회귀모형에서 n이 속성의 수, m_i가 i번째 속성의 수준 수라고 하면, a_{ij}는 i번째 속성의 j번째 속성수준이 갖는 부분효용 즉 부분가치 기여도가 되는 것이다.

이제 회귀분석의 결과를 어떻게 해석할 수 있는지에 대해 알아보자. 첫 번째는 총효용이라는 개념이다. 제품 프로파일 P의 총효용 $U(P)$는 각 속성의 속성수준 x_{ij}에 대한 부분효용 a_{ij}의 합에 의해 결정된다. 즉 제품 프로파일 P의 효용함수(utility function)는 아래의 식으로 표현되는 것이다.

$$U(P) = \sum_{i=1}^{n}\sum_{j=1}^{mi} a_{ij} x_{ij}$$

그러므로 각 속성의 수준별로 부분효용 값을 추정한 후 모든 수준의 값을 합하면 제품 프로파일의 총효용을 산정할 할 수 있다. 여기서 총효용은 곧 선호도의 크기를 가리킨다. 즉 어느 프로파일의 총효용은 그 프로파일의 선호도 정도를 뜻하는 것이다. 따라서 가능한 모든 프로파일 가운데 총효용의 값이 가장 큰 프로파일이 최적의 프로파일이 된다.

두 번째는 부분효용의 범위라는 개념이다. 하나의 속성에 대해 수준별로 부분효용 값은 달라진다. 여기서 부분효용의 범위는 부분효용의 최대값과 최소값의 차이를 가리킨다. 그리고 이 범위가 클수록 그 속성의 상대적 중요도는 커지게 된다. 이 기준의 원리는 매우 단순하다. 부분효용의 범위가 더 크다는 말은 곧 소비자가 수준의 차이에 더 민감하게 반응한다는 의미이고 따라서 그 속성의 중요도도 더 크다는 것으로 해석할 수 있다는 것이다.

이 개념을 수식으로 표현해 보자. 속성 i에 대한 부분효용의 범위를 S_i라고 하자. 그러면 S_i는 아래의 식으로 나타난다.

$$S_i = Max(a_{ij}) - Min(a_{ij})$$

이제 모든 속성에 대해 부분효용의 범위 즉 중요도의 합(sum)이 1이 되도록 정규화하면, 정규화된 상대적 중요도 W_i는 다음과 같이 표현된다.

$$W_i = S_i \div \left(\sum_{i=1}^{n} S_i\right), \quad \sum_{i=1}^{n} W_i = 1$$

그러면 W_i의 크기를 비교하여 그 속성이 다른 속성에 비해 얼마나 더 중요한 속성인지를 판정할 수 있다.

● 단계 5: 분석결과의 활용

분석 절차가 끝나면 마지막으로 분석결과를 어떻게 활용할지에 대해 알아보게 된다. 즉, 컨조인트 분석으로부터 얻은 정보를 아이디어의 개발과 신제품의 설계에 반영하게 되는 것이다. 이 단계는 다음 두 가지의 작업으로 구성된다. 첫째, 앞에서 본 기준을 토대로 속성의 상대적 중요도를 결정한다. 여러 개의 속성 가운데 개발과 설계과정에서 특히 중요하게 고려해야 할 속성들을 선별하는 작업을 하는 것이다. 둘째, 총효용 값을 바탕으로 프로파일의 상대적 선호도를 결정한다. 수많은 프로파일 가운데 향후 개발과 설계의 대상이 될 수 있는 프로파일들을 선정하는 작업을 하는 것이다.

(3) 예제

1) 제품 프로파일 작성

S 자동차의 신제품 개발팀은 팀 내에서 도출된 다수의 제품 컨셉 중에 실제 소비자의 의견을 반영한 제품을 출시하고자 컨조인트 분석을 실시하였다. 전문가 집단과의 토론 결과 자동차를 구매하고자 하는 소비자들은 자동차의 가격, 디자인, 연비, 색상의 네 가지 속성(attribute)을 가장 중요하게 생각하고 있는 것으로 나타났다. 신제품 개발팀은 S자동차의 전략을 반영하여 각 속성에 대한 수준(level)을 다음 〈표 4-10〉과 같이 도출하였다.

〈표 4-10〉 자동차에 대한 속성과 속성수준의 결정

속성	가격	디자인	연비	색상
수준 1	11,000,000	세단(Sedan)	11km/liter	검정(Black)
수준 2	13,000,000	스포츠카(Sports)	13km/liter	흰색(White)
수준 3	15,000,000	SUV	15km/liter	은색(Silver)

여기서 속성이 4개, 속성별 수준이 3개씩이므로 전체 프로파일 접근법에서는 총 $3^4=81$개의 제품 프로파일이 생성된다. 요인설계방법을 통해 이를 27개의 프로파일로 축소시켰으며 이 중 비현실적인 프로파일 15개를 제외한 총 12개의 프로파일에 대해 설문조사를 실시하였다.

2) 선호도 분석

제품 프로파일에 대한 선호도는 1부터 12까지 순위척도로 나열하도록 했다. 이 때 선호도뿐 아니라 성별, 연령, 직업 등의 응답자 정보를 함께 수집하였다. 네 가지 속성의 세 가지 속성수준에 대해 컨조인트 분석을 실시한 결과는 다음 [그림 4-24]와 같다. 일반적으로 가격은 낮을수록(less) 선호되고 연비는 높을수록(more) 선호되기 때문에 두 속성에 대해서는 벡터모형(l)을 적용하였다. 그리고 디자인과 색상의 경우에는 속성수준이 주관적 차이를 나타내기 때문에 부분가치함수 모형(d)을 적용하였다.

속성	모델	속성수준
가격	l(less)	3
연비	l(more)	3
디자인	d	3
색상	d	3

모형 : d = discrete
l = linear(vector)
i = ideal

평균중요도	부분효용	속성	속성수준
0.2667	0.3333 0.6667 1.0000	가격	15,000,000 13,000,000 11,000,000
0.1333	0.3667 0.2000 0.0333	연비	15km/liter 13km/liter 11km/liter
0.6	−0.7500 0.0000 0.7500	디자인	세단 스포츠카 SUV
0.0	0.0000 0.0000 0.0000	색상	검정 흰색 은색

[그림 4-24] 컨조인트 분석 결과: 효용 도표

선호도 분석의 결과, 소비자들은 디자인, 가격, 연비, 색상의 순으로 속성의 중요도를 평가하는 것으로 나타났다. 이러한 상대적 중요도는 효용도표의 부분효용값을 이용하여 계산된다. 이 예제에서, 디자인의 중요도(S_1)는 $0.75-(-0.75)=1.5$, 가격의 중요도(S_2)는 $1-0.3333=0.6667$, 연비의 중요도(S_3)는 $0.3667-0.0333=0.3334$, 색상의 중요도(S_4)는 $0-0=0$이다. 또한 중요도의 합을 1로 정규화한 상대적 중요도의 경우 디자인의 중요도(W_1)는 $1.5\div(1.5+0.6667+0.3334+0)=0.6$, 가격의 중요도($W_2$)는 $0.6667\div(1.5+0.6667+0.3334+0)=0.2667$, 연비의 중요도($W_3$)는 $0.3334\div(1.5+0.6667+0.3334+0)=0.1333$, 색상의 중요도($W_4$)는 $0\div(1.5+0.6667+0.3334+0)=0$으로 계산된다.

따라서 디자인과 가격이 상대적으로 중요한 속성임을 알 수 있다. 실제로 효용 도표를 보면, 디자인과 가격이 속성 수준 간에 부분 효용의 차이가 가장 크게 나타나고 따라서 평균 중요도가 가장 높다는 사실을 알 수 있다. 따라서 신제품 개발팀은 디자인과 가격 측면에 보다 큰 비중을 두고 신제품의 설계를 진행하기로 하였다.

3) 제품 프로파일 선정

[그림 4-24]의 부분효용 값을 12개 제품 프로파일에 대입하여 계산하면 각각이 가지는 총효용 즉 선호도를 파악할 수 있고, 총효용을 기준으로 소비자들이 선호하는 프로파일들을 선별할 수 있다. 예를 들어 P_1=[가격: 15,000,000원, 디자인: SUV, 연비: 15km/liter, 색상: 검정]으로 구성된 제품 프로파일의 경우, 총효용은 $U(P_1)=0.3333+0.7500+0.0333+0=1.1166$로 계산된다. 같은 방법으로 다른 프로파일의 효용함수 값도 계산한다. 그 결과 12가지 제품 컨셉 가운데 3개의 프로파일이 상대적으로 높은 효용값을 나타내었고, 따라서 향후의 신제품 기획은 이 3개의 프로파일을 중심으로 진행하기로 하였다.

4.3 데이터마이닝 분석

(1) 기본개념

넓은 의미의 인공지능(Artificial Intelligence: AI)은 복잡하고 어려운 업무를 기계가 지능을 가진 인간처럼 수행할 수 있도록 도와주는 기술을 통칭하는 개념이다. AI는 문제해결의 속도와 일관성을 올려줄 뿐 아니라, 정보를 요약하거나 해석하는 역할도 수행한다. 또한 방대한 데이터들의 관계를 탐색하여 특정한 규칙을 발견하는 기능을 수행하기도 한다. 이와 같은 용도와 장점으로 인해 AI 시스템은 전문가 시스템(expert system), 자연어처리(natural language processing), 음성이해(voice recognition), 컴퓨터비전(computer vision), 사례기반추론(case-based reasoning) 등 여러 분야로 발전하여 왔다.

이 가운데, AI의 대표적인 분야라 할 수 있는 전문가 시스템(ES)은 특정분야에서 전문가의 축적된 지식과 경험을 시스템화하여 필요할 때 사용하도록 하는 소프트웨어이다. 앞 절에서 우리가 살펴본 것처럼, 신제품 아이디어의 중요한 원천은 해당 분야의 지식과 경험을 보유한 전문가들이다. 따라서 전문가 시스템 특히 사례기반 추론(case-based reasoning: CBR)은 신제품 개발과정에서 효과적 수단으로 활용될 수 있다.

그러나 시장과 기술환경이 급변하고 문제의 성격도 복잡해짐에 따라 해당 분야의 전문가를 찾기가 어려워졌으며, 또 전문가 시스템의 기반이 되는 지식의 획득에 많은 비용과 시간이 소요되는 경제성의 문제가 대두되었다. 이러한 문제를 해결하기 위해 방대한 양의 데이터를 분석하여 정보와 지식으로 전환할 수 있도록 지원하는 기법으로 개발된 것이 바로 데이터 마이닝(Data Mining: DM)이다.

DM은 대량의 데이터에 숨어있는 관계나 패턴, 규칙 등 새롭고 의미 있는 정보를 추출하여 의사결정에 활용하는 활동으로 정의된다. DM의 활용 범위는 매우 넓지만 신제품 개발 분야에서도 유용한 방법으로 활용될 수 있다. 하나의 신제품은 그 제품이 지니는 다양한 속성들의 조합으로 표현된다. 따라서 기존제품들이 보여주는 다양한 속성들의 데이터베이스를 DM 기법을 통해 추출, 분석함으로써 신제품의 아이디어를 도출할 수 있는 것이다. 또, 소비자 분석이나 구매자료 분석으로부터 유용한 패턴을 찾아내 신제품 설계에 적용할 수도 있다.

DM의 활용도는 기술정보의 양이 늘어나고 범위가 다양해질수록 더 커지게 된다. 신제품 아이디어를 찾아낼 수 있는 잠재적 원천이 연구개발 부문으로부터 마케팅 부문, 생산 부문, 기업외부의 수요자와 공급자, 나아가 경쟁기업 등으로 확대되면서 데이터베이스의 규모는 기하급수적으로 방대해진다. 따라서 기술정보를 효율적으로 분류, 분석, 가공하기 위해서는 DM과 같은 자동화 기법의 활용이 필수적이다.

지금까지 알려진 DM 기법들은 매우 다양하다. 이 중 가장 많이 사용되는 대표적 기법들인 연관성 분석(association analysis), 의사결정나무(decision tree), 사례기반 추론(case-based reasoning: CBR), 텍스트 마이닝(text mining)의 내용에 대해서만 간략히 알아보도록 하자.

(2) 연관성 분석

1) 기본개념

연관성 분석(association analysis) 혹은 유사집단화(affinity grouping)는 한마디로 유사한 속성을 가진 품목들을 함께 묶어주는 작업을 의미한다. 연관성 분석의 가장 전형적인 예로 장바구니 분석(market basket analysis)을 들 수 있다. 이 분석은 주로 마케팅 전략에 사용되는 기법이다. 즉 고객의 구매 데이터로부터 장바구니에 함께 담기는 품목들이 무엇인지를 찾아내어 카탈로그 혹은 매장 진열대에서 어떠한 품목을 같이 배치할 것이며 어떻게 제품 패키지나 서비스 패키지를 구성할 것인가를 결정하는 과정에 이용하는 것이다. 그러나 장바구니 분석의 기본 아이디어는 마케팅 분야뿐 아니라 제품간의 연관성 분석을 통해 기존제품-신제품 포트폴리오(portfolio)의 구성이나 신제품 아이디어의 창출에도 유용하게 활용할 수 있다.

2) 과정과 해석

연관성 분석은 소비자의 구매내역에 대한 자료는 있지만 특정한 규칙(rule)을 모를 때 분석의 초기 작업으로 주로 사용된다. 일반적으로 분석의 대상이 되는 데이터는 거래와 품목으로 구성된다. 거래는 한 고객에 의해 발생된 구매를, 품목은 그 구매를 통해 구입된 물건을 의미한다. 연관성 분석은 두 가지 품목이 동시에 발생할 확률이 얼마나 높은지를 측정하여 연관규칙을 생성한다. 연관규칙은 보통 [품목 $X \rightarrow$ 품목 Y]의 형태로 표현되고, [품목 X를 포함한 거래는 품목 Y도 포함한다]라고 해석된다. 이 때 연관규칙을 생성하는 기준으로 활용되는 지표가 지지도(support), 신뢰도(confidence), 향상도(lift)이다. 각 지표는 다음과 같이 정의된다.

$$\text{지지도}(S) = \frac{\text{품목 } X\text{와 } Y\text{를 포함하는 거래 수}}{\text{전체 거래 수}} = P(X \cap Y)$$

$$\text{신뢰도}(C) = \frac{\text{품목 } X\text{와 } Y\text{를 포함하는 거래 수}}{\text{품목 } X\text{를 포함하는 거래 수}} = \frac{P(X \cap Y)}{P(X)} = P(Y|X)$$

$$\text{향상도}(L) = \frac{\text{품목 } X\text{와 } Y\text{를 포함하는 거래 수} \times \text{전체 거래 수}}{X\text{를 포함하는 거래 수} \times Y\text{를 포함하는 거래 수}} = \frac{P(X \cap Y)}{P(X)P(Y)}$$
$$= \frac{P(Y|X)}{P(Y)} = \frac{\text{신뢰도}}{P(Y)}$$

위의 지표(확률)들이 사용되는 순서는 다음의 원리를 바탕으로 한다. 두 개의 품목 X와 Y가 있을 때, 연관성 분석을 위해 가장 먼저 보아야 할 것은 전체 중에 두 품목이 동시에 거래되는 확률이다. 그 다음에 보게 되는 것은 X를 거래하면 Y도 따라서 거래하는 조건부 확률이다. 마지막에 볼 것은 Y를 거래하는 확률에 대비하여 X를 거래하면 Y도 거래하는 조건부 확률의 비율이다.

이 순서에 따라 먼저 지지도는 두 품목이 얼마나 자주 동시에 구매되는지를 나타낸다. 이어서 신뢰도는 품목 X를 구매한 거래가 발생했을 때 그 거래가 품목 Y를 포함하는 조건부 확률을 의미한다. 마지막의 향상도는 신뢰도를 Y를 구매할 기대확률로 나눈 값으로 정의된다.

이제 향상도를 바탕으로 값의 의미를 해석해보자. 만약 향상도의 값이 1에 가까우면 품목간에는 상관관계가 거의 없음을 뜻한다. 반면에 1보다 크면 품목간에 양의 상관관계가, 1보다 작으면 음의 상관관계가 존재함을 뜻한다. 예를 들어 사탕과 세제는 1에 가까운 값을, 커피와 크림은 1보다 큰 값을, 변비약과 지사제는 1보다 작은 값을 가질 확률이 높다. 연관규칙을 도출할 때는 지지도, 신뢰도, 향상도의 임계값(lower bound)을 사전에 정의하고 이 기준을 모두 만족하는 규칙만을 생성하게 된다.

연관성 분석의 기본 아이디어와 분석 방법은 기존제품-신제품의 구성(mix)은 물론 신제품개발 과정에도 유용하게 적용할 수 있다. 예를 들어 위에서 말한 품목을 제품 기능이나 제품 요소로 대체하면 기능이나 요소간에 어떤 관계를 지니는가를 파악할 수 있다. 나아가 이 정보를 고객들의 선호도 분석 문제로 연결시키면 더 많은 정보를 추출할 수 있다.

(3) 의사결정나무

1) 기본개념

의사결정나무(decision tree)는 과거에 수집된 관측치를 분석하여 이들 사이에 존재하는 패턴을 나무의 형태로 작성한 도형을 의미한다. 일단 나무가 만들어지면 새로운 관측치의 속성값을 반복적으로 질문하는 과정을 통해 결과값을 예측하게 된다. 따라서 의사결정나무는 분류와 예측을 하는데 매우 효과적으로 활용할 수 있는 기법이다. 앞의 기술예측에서 다루지는 않았지만 실제로 의사결정나무를 이용하여 기술예측을 수행하는 사례도 있다.

신제품개발 과정에서 의사결정나무를 활용하는 아이디어는 다른 DM 기법과 별 차이가 없다. 신제품은 그 제품이 지니는 다양한 속성들의 조합으로 구성되기 때문에 기존의 구매자료를 분석하면 어떤 속성이 어떤 값을 지닐 때 구매 비율이 높게 나타나는지를 알 수 있다. 이 때 속성의 값과 구매비율간에는 하나의 일관된 패턴이 존재하는데 이것이 곧 규칙(rule)이 된다. 만일 구매 비율을 높일 수 있는 규칙을 도출할 수 있으면 이 규칙을 신제품의 설계 과정이나 마케팅 전략의 수립 과정에 반영할 수 있는 것이다.

2) 과정과 해석

의사결정나무는 크게 나무의 최상단에 위치하는 뿌리마디(root node), 속성의 분리 기준을 포함하는 중간마디(internal node), 마디와 마디를 이어주는 가지(link), 그리고 최종 결과값을 의미하는 끝마디(terminal node) 등으로 구성된다.

하나의 예시를 보자. 다음 [그림 4-25]는 출시를 앞둔 신제품에 대한 구매 의사를 조사한 고객 응답 데이터를 토대로 작성한 의사결정나무이다. 여기서 고객 데이터는 (직업, 성별, 거주지, 나이)라는 네 가지 속성을 포함하고 있고, 결과값에 해당하는 변수는 구매 의사로서 만일 구매 의사가 있을 경우 "예", 없을 경우 "아니오"라고 대답하도록 설계되었다.

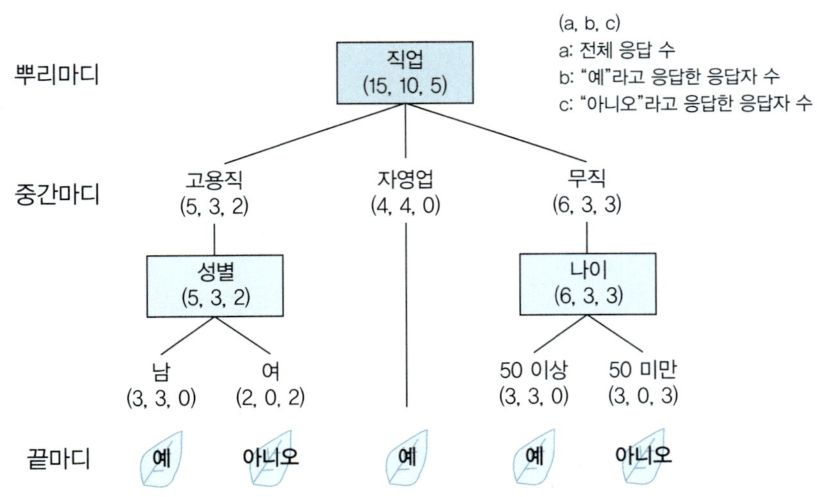

[그림 4-25] 의사결정나무의 예시

의사결정나무의 작성에서는, 먼저 고객의 구매의사 결정에 미치는 영향을 측정하여 가장 영향력이 높은 속성을 나무의 뿌리마디에 지정한다. 이 예제의 경우 직업이 가장 중요한 속성으로 선정되었으며, 고객은 직업의 유형에 따라 다시 3개의 가지로 분리되었다. 여기에서 우선 하나의 규칙(rule)이 발견된다. 자영업을 가진 고객의 경우에 네 명 중 모두가 '예'라고 대답함으로써 다른 변수에 관계없이 '예'라고 응답한다는 규칙이 도출된 것이다. 한편 고객의 직업이 무직인 경우에는 여섯 명의 고객 중 세 명의 고객은 '예'라고 응답한 반면 나머지 세 명의 고객은 '아니오'라고 응답하고 있다. 따라서 이들 여섯 명의 고객을 계속 분류하기 위해 의사결정나무를 확장해야 한다. 이 과정에서 다음으로 영향력이 큰 속성은 '나이'이므로 나이가 중간마디로 지정되었고 분리기준이 되는 값은 50세로 나타났다. 중간마디에서 분석해 보면, 나이가 50 이상인 고객은 세 명 모두 '예'라고 응답한 반면 나이가 50 미만인 고객은 세 명 모두 '아니오' 라고 응답하고 있다. 따라서 여기서 또 다른 두 가지 규칙(rule)이 도출된다. 이와 같은 방식으로 나무를 확장하면 총 5가지의 규칙(rule)이 도출된다.

(4) 사례기반 추론

1) 기본 개념

인공지능 시스템과 관련된 여러 분야 중 하나인 사례기반 추론(case-based reasoning: CBR)도 아이디어 창출의 도구가 될 수 있다. CBR은 과거의 사례에서 현재의 문제와 유사하면서 이미 해결된 문제를 찾고, 그 문제와 현재 문제 간의 차이를 고려하여 이전의 해결책을 현재의 문제에 맞게끔 변형하는 일련의 과정을 나타내는 방법론이다. CBR은 1950년대 철학 및 심리학 분야에서 처음으로 사용되었으나 인공지능 분야에서는 80년대 들어서 문제해결 및 학습에 대한 연구를 수행하면서 도입되었다.

CBR은 일반적으로 아래 [그림 4-26]와 같은 순환적 구조를 가지는 6가지 단계로 이루어진다. 단계 1은 추출(retrieve)이다. 처음 문제가 주어지면 이를 정의하고 이와 유사한 과거의 사례들을 추출한다. 단계 2는 재사용(reuse)이다. 도출된 사례들은 모두 문제상황과 이를 해결하기 위해 적용되었던 해결 방안을 가지고 있는데, 이러한 해결안은 현재 직면한 문제를 푸는데 수정 없이 재사용될 수 있다. 단계 3은 수정(revise)이다. 실제로 새로운 문제가 과거 사례의 문제상황과 정확히 일치하는 경우는 많지 않다. 따라서 대부분의 경우 적절한 수정을 거친 후 수정된 해결안을 바탕으로 문제 해결을 시도한다. 단계 4 및 5는 검토 및 보관(review and retain)이다. 앞의 과정에서 해결된 문제가 새로운 사례로써의 가치가 있는지를 검토한 후 가치가 있다고 생각되는 사례는 기존의 사례 저장소에 보관한다. 단계 6은 조정(refine)이다. 새롭게 보관될 사례는 향후 발생할 문제와의 유사성을 판단하는 기준이 되는 인덱스 설정 등을 위한 조정 과정을 거쳐 하나의 문제해결 사례로서의 역할을 하게 된다.

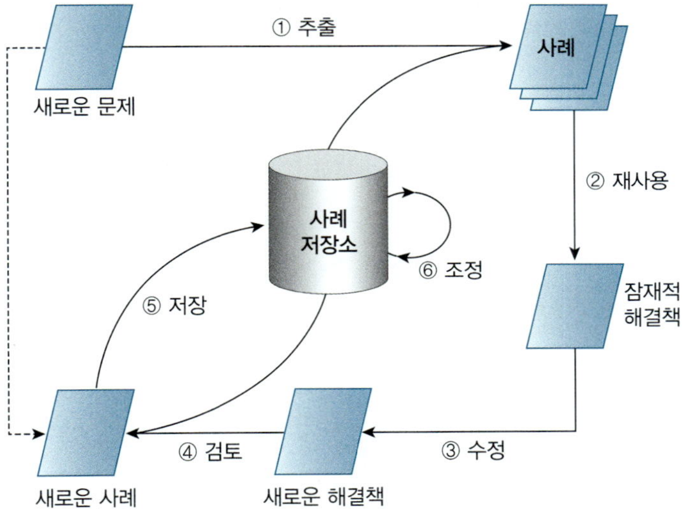

[그림 4-26] 사례기반추론의 순환 구조

CBR의 가장 큰 장점은 문제의 성격이나 해결 방법에 대한 충분한 정보와 완벽한 이해가 없어도 사용이 가능하다는 것이다. 즉 문제의 정의와 해결의 규칙이 정형화되지 않아도 CBR을 쓸 수 있는 것이다. 반면에 CBR의 가장 큰 단점은 새로운 문제에 대한 충분한 이해 없이 맹목적으로 이전의 경험 및 사례에 의지하는 경향을 보인다는 점이다. 특히 신제품 개발과 같이 창의성이 요구되는 분야에서는 기존 사례에 포함되어 있지 않은 새로운 아이디어는 도출될 수 없다는 근본적 한계가 존재한다.

2) 과정과 절차

하나의 예시를 통해 CBR의 과정과 절차를 살펴보자. 신제품 개발 과정의 첫 번째 단계는 고객의 요구사항을 충족시키기 위한 새로운 아이디어를 창출하는 단계이다. 새로운 고객의 요구사항이 발생하였을 경우 이를 새로운 문제로 간주하고, 기존의 제품에 대한 정보를 근거로 CBR을 이용하여 신제품 아이디어를 도출할 수 있다.

이동전화 제조기업인 S사는 새로운 휴대폰 개발을 위해 프로젝트 팀을 구성하였다. 프로젝트 팀은 기존 제품들의 개발 과정을 검토하는 것이 아이디어 도출에 도움을 줄 수 있다고 판단하고, 참고가 될만한 기존의 제품들을 선정하기 위하여 CBR을 사용하였다. 따라서 여기서는 새로운 휴대폰이 신제품이 되고 기존 제품들이 '사례(case)'가 된다.

먼저 제품 특성을 설명해줄 수 있는 총 24가지 특성변수들을 아래 〈표 4-11〉과 같이 설정하였다. 대상 제품이 이동전화이므로 이동전화와 모든 특성변수들 사이의 연관성을 나타내는 값을 0~1 사이의 점수로 나타내었다. 제품과 특성변수 사이의 연관성이 높다고 판단될수록 1에 가까운 점수를, 반대로 연관성이 낮다고 판단될수록 0에 가까운 점수를 부여하였다. 또한 참고할 기존 제품들에 대해서도 변수 별로 연관성 점수를 부여하였다.

〈표 4-11〉 제품 특성변수와 이동전화의 유사성 분석

No	상위 카테고리	카테고리	특성변수	이동전화
1	사용자 인터페이스	사용 감각	시각	0.5
2			청각	1.0
3			미각	0
4			후각	0
5			촉각	0
6		사용 신체 부위	머리	0
7			목-어깨	0.25
8			가슴-허리	1.0
9			등	0
10			손	0.5
11			발	0

12	물리적 특성	크기	최소형	0.25
13			소형	0.75
14			중간형	0
15			대형	0
16			초대형	0
17		이동성	휴대형	1.0
18			고정형	0
19	사용 환경	사용자 수	개인 사용자	1.0
20			그룹 사용자	0
21		실내/실외	실내	0.5
22			실외	0.5
23	사용자	성별	남자	0.5
24			여자	0.5

위의 특성변수들 중 이동전화의 연관성 점수가 0.75 이상인 변수들을 핵심 특성변수들로 선정하였다. 이 기준에 따라 사용 감각 카테고리에서는 '청각', 사용 신체 부위 카테고리에서는 '가슴-허리', 크기는 '소형', 이동성은 '휴대형', 그리고 사용자 수 카테고리에서는 '개인사용자' 변수가 선정되었다.

이어서 새로 개발할 신제품에 대해 '사례(case)'가 되는 기존의 제품들을 찾아낸다. 이 과정에서는 앞에서 추출한 특성변수들의 값을 기준으로 둘 사이의 유사성을 비교할 수 있는 유사도 지표를 이용한다. 즉 유사도가 높게 나오는 기존제품들이 '사례'로 사용되는 것이다. 이제 이 제품들의 외양과 기능을 분석함으로써 신제품 개발을 위한 새로운 아이디어를 도출할 수 있다.

(5) 텍스트 마이닝

1) 기본개념

정량적인 수치 데이터보다는 문자(text) 데이터가 일반적인 데이터 분석에서는 앞에서 설명한 텍스트 마이닝(text mining)이 유용한 도구로 사용된다. 텍스트 마이닝을 활용하여 특허문서나 기술문서를 분석하면 기술적 주제나 그들의 상호 관계, 기술 분류와 주제들과의 관계를 파악할 수 있는 것이다. 또한 기존 문서들 속에 숨어 있는 유망한 연구개발의 주제를 찾아내거나, 기존 연구들이 수행하지 않았던 기술 개발의 영역을 찾을 수도 있다. 예를 들어, 특허문서의 키워드의 빈도수와 관련성을 중심으로 시간의 흐름에 따른 연관성을 찾을 수 있고, 나아가 키워드의 조합으로 이루어지는 형태 분석(morphology analysis)을 통해서 특허의 형태를 매트릭스로 표현하는 것도 가능하다. 특허분석과 관련된 내용은 마지막 부분의 기술지식 분석에서 보다 자세하게 다루기로 한다.

특허, 논문, 보고서와 같은 연구개발 성과물만 기술지식이 되는 것은 아니다. 넓은 의미에서 신기술을 도입한 기업이나 신제품을 구매한 고객들로부터 나오는 사용자 정보(user information)도 기술지식의 일부가 된다. 예를 들어 다양한 원천으로부터 수집할 수 있는 사용자 정보를 분석하여 신제품이나 신서비스 개발의 유용한 지식으로 활용할 수도 있는 것이다. 특히 오늘날과 같이 개방형 혁신(open innovation)과 사용자 혁신(user innovation)의 중요성이 부각되는 시점에서는 외부의 사용자 정보도 새로운 아이디어의 원천이 될 수 있다.

2) 과정과 절차

사용자 정보를 분석하는 과정은 대부분의 텍스트 마이닝과 유사한 절차를 밟게 된다. 먼저 온라인 상에 존재하는 다양한 사이트(site)로부터 사용자 데이터를 수집한다. 대표적인 데이터의 원천(source)으로는 기술혁신 사례 데이터베이스, 사용자혁신 데이터 베이스, 사용자 커뮤니티 데이터베이스, 사용자 평가(review) 데이터베이스, 시장분석 데이터베이스 등을 들 수 있다. 특히 선도적 사용자(lead user)들의 경험과 의견은 중요한 데이터 원천이 된다.

[그림 4-27]에 도시되어 있는 것처럼, 텍스트 마이닝 작업은 크게 다음의 3 단계로 이루어진다. 먼저 1단계에서는 데이터 수집 과정(collecting)을 거친 후 텍스트 데이터를 컴퓨터 작업에 용이한 형태로 변환시키는 일련의 전처리 과정(preprocessing)을 수행하게 된다. 다음의 2단계에서는 전처리 과정에서 만들어진 데이터를 대상으로 분석(analysis)과 발견(discovery)의 알고리즘을 적용한다. 여기에서는 데이터 마이닝, 시각화, 통계학 등의 분야에서 사용되는 다양한 기법들을 활용하게 된다. 마지막 3 단계에서는 앞 단계에서 얻은 지식을 바탕으로 창의적 아이디어를 발굴하거나 문제해결의 답을 도출하는 활동(creation)을 하게 된다.

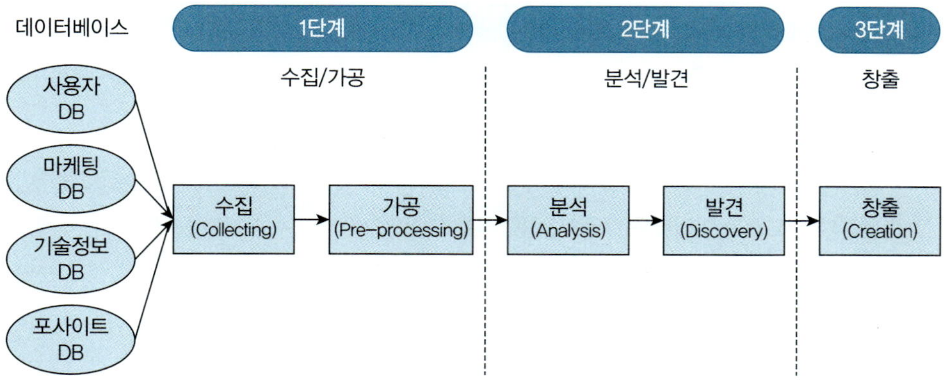

[그림 4-27] 사용자 정보 텍스트 마이닝 절차

토의문제

1. 신제품 아이디어를 창출하는 과정에서는 주로 고객에게 설문지를 배포하거나 고객의 행동을 관찰하거나 고객과 인터뷰를 수행하는 등 주로 고객으로부터 그 아이디어를 확보하는 방법을 사용한다. 이러한 방법 외에 웹(web)을 통해 고객의 요구사항을 수집하고 분석할 수 있는 방법에 대해 토의하시오.

2. 새로운 서비스의 창출과 개발(NSD)은 새로운 제품의 창출과 개발(NPD)과 비교하여 많은 공통적인 요소와 방법을 공유하지만 서비스가 가진 차별적 특성 때문에 서비스 신상품을 기획하는 과정에서 특별히 유의해야 하는 부분이 있다. 제품과 비교하여 서비스가 지니는 차별적 특성을 서술하고 이 특성이 새로운 서비스의 창출 과정에 어떤 영향을 미치는지를 토의하시오.

3. 브레인스토밍은 가장 오래되고 또한 가장 넓게 사용되는 아이디어 개발방법이다. 브레인스토밍을 기반으로 부분적으로 변형되거나 파생되어 만들어진 아이디어 개발기법들은 무엇이 있으며 각각의 특성과 용도는 무엇인지에 대해 설명하시오.

4. "인간의 욕구는 다양한 요인들이 계층적으로 연결되어 있다", "인간의 욕구는 본질적으로 다른 두 가지 요인으로 구성되어 있다", "인간의 욕구는 기능적으로 독립되어 있다"라는 세 가지 주장에 대해, 각각의 주장에 적합한 제품개발 내지 ideation 기법을 한가지씩 제시하고 그 기법이 위의 주장과 어떻게 연결되는지를 설명하시오.

5. 기술 트리는 신제품 개발을 하나의 문제 해결 과제로 설정하고 문제와 기술 간의 연결고리를 통해 새로운 아이디어나 연구주제를 찾아내는 방법이다. 다음의 주제에 대해 토의하시오.
   (1) 연구개발 부서에서 기술 트리는 신제품 개발 과정 뿐 아니라 기존제품의 성능 개선이나 생산기술 개발 분야에서도 유용하게 활용되고 있다. 구체적으로 어떤 목적으로 사용될 수 있을지를 제시하시오.
   (2) '음성 인식 장치'를 개발 중인 A사에서는 '구어 이해 기술'에 대한 기술 트리를 작성해 봄으로써 신제품 아이디어를 도출하고자 한다. 구어 이해 기술이란 소리를 모아 그 의미를 파악하는 기술로, 이 때 소리의 의미라는 것은 소리의 종류, 문자열, 말하는 사람이 전달하고자 하는 정보 등을 말한다. 목적 기능을 '소리를 이해한다'라고 두고, 기본기능과 2차 기능으로 구성된 기술 트리를 작성하시오.

6. S사에서는 아래 그림과 같이 깡통을 찌그러뜨려서 버리도록 하는 쓰레기통을 설계 중에 있다. 이 신제품의 디자인과 관련하여, 한편으로는 공공장소에 적합한 공간 절약형으로 만들면서 동시에 미적 요소도 충분히 고려하려고 한다. 깡통을 찌그러뜨릴 때 힘이 적게 들고, 소음이 생기지 않으며, 버려진 깡통들로부터 나오는 악취를 줄일 수 있는 쓰레기통은 기본적인 요구사항이다. 이러한 니즈를 바탕으로 신제품이 가져야 할 기능들을 도출하고 이를 FAST 다이어그램으로 그리시오.

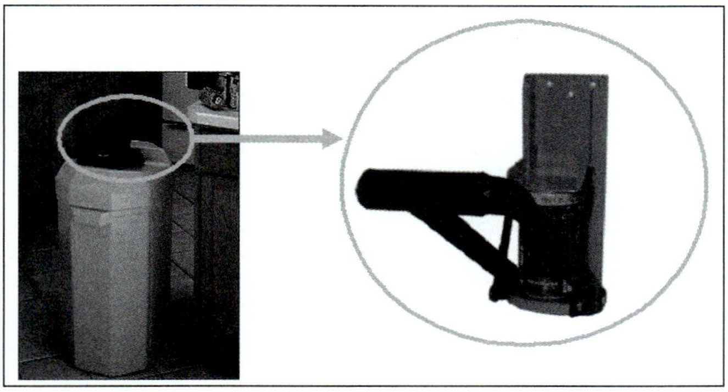

7. 웹 사이트를 제작하는 K사는 고객의 만족도가 가장 높은 사이트를 제작하기 위해 '20대 여성 고객'을 대상으로 컨조인트 분석을 수행하고자 한다. K사는 웹 문서를 읽는 고객이 가장 중요하게 생각하는 요소가 폰트, 크기, 줄 간격의 세 가지라고 가정하고 이 세 가지 요소를 컨조인트 분석의 속성으로 결정하였다. 다음으로 폰트에 대해서는 굴림체, 돋움체, 바탕체의 세 가지 수준을, 크기에 대해서는 12pt와 10pt의 두 가지 수준을, 줄 간격에 대해서는 100%, 150%의 두 가지 수준을 대상으로 총 12가지 조합에 대해 고객의 선호도를 조사하였다.

(1) 컨조인트 분석에서 속성이라는 변수에 적용되는 여러 모형 가운데 어떤 모형을 적용하는 것이 좋을 것인지에 대해 의견을 제시하시오.

(2) 컨조인트 분석의 결과로 도출된 아래의 결과를 토대로 우선 각 속성의 중요도 값을 %로 추정해 보고, 이번에 제작하는 웹사이트에서는 폰트, 크기, 줄 간격을 어떻게 구성하는 것이 좋을지에 대해 의견을 제시하시오.

속성	속성수준	추정치
폰트	굴림체	0.51148
	돋움체	0.09331
	바탕체	− 0.60479

크기	10 pt	− 0.18683
	12 pt	0.18683
줄 간격	100%	− 0.85521
	120%	0.85521

(3) 만일 앞으로 조사의 범위를 넓힌다면 '20대 여성 고객' 외에 어떤 시장을 대상으로 어떻게 확대해 나갈지, 또한 추가적으로 어떤 정보를 얻을 수 있는지에 대해 설명하시오.

8. 다음의 두 가지 기법에서 어떤 제품(서비스)의 모양과 구조를 어떻게 표현하는지를 설명하시오.

(1) Conjoint 분석의 profile

(2) 형태분석의 configuration

9. Y사는 신제품의 아이디어를 창출하기 위한 방법으로 DM 기법을 도입하고자 한다. 즉, 연관성 분석을 통해 자주 함께 구매되는 제품들을 분석하고, 이 제품들의 기능을 하나의 제품에 통합할 수 있을지 생각해 보고자 한다. A, B, C, D, E 다섯 개의 제품에 대한 최근 50회 거래의 판매내역이 아래와 같다.

(ABC) 10건, (ACD) 10건, (BCD) 10건, (ADE) 10건, (BCE) 10건

(1) 판매자료를 토대로 다음 두 가지 조건부 규칙에 대해 지지도, 신뢰도, 향상도를 구한 뒤, 두 가지 규칙이 얼마나 유효한지를 나름의 기준에 따라 평가하시오.

- 규칙 1: A를 구매하면 D를 구매한다.
- 규칙 2: C를 구매하면 A를 구매한다.

(2) 연관성 분석은 구매 관점에서 제품들간의 상관관계(correlation)를 찾아주는 DM 기법이다. 상관관계와 관련된 개념인 인과관계(causation)의 의미를 서술하고 연관성 분석이 왜 상관관계만을 나타내는지를 설명하시오.

조사분석 문제

1. 더하기 접근, 빼기 접근, 바꾸기 접근, 거꾸로 접근, 동시 접근과 같은 아이디어 창출 접근을 통해 만들어지거나 만들어질 수 있는 신제품들을 주변의 사례를 통해 제시하고 각각의 개발 원리를 설명하시오.

2. 트리즈에서는 모순을 크게 기술적 모순과 물리적 모순으로 나눈다. 이 두 가지 모순에 대한 사례를 주변에서 찾아보고 이를 해결하기 위해 실제로 어떤 방법과 원리를 사용하였는지에 대해 설명하시오.

3. 트리즈의 분리의 원칙(separation principle)과 관련하여, 구체적인 원칙 네 가지를 제시하고 각각의 원칙이 적용된 사례를 한 가지씩 찾아서 그 원리와 내용을 설명하시오.

4. QFD를 아이디어 창출이나 문제의 해결에 적용한 사례를 하나 찾아서 그 원리와 내용을 설명하시오.

5. 형태 분석을 아이디어 창출이나 신제품(신 서비스) 개발에 적용한 사례를 하나 찾아서 그 원리와 내용을 설명하시오.

6. 컨조인트 분석을 아이디어 창출이나 신제품 마케팅 전략수립에 적용한 사례를 하나 찾아서 그 원리와 내용을 설명하시오.

7. Kano 모형을 아이디어 창출이나 신제품(신 서비스) 개발에 적용한 사례를 하나 찾아서 그 원리와 내용을 설명하시오.

8. 사용자정보(user unformation)를 수집, 분석하여 신제품(신 서비스) 개발에 활용한 사례를 하나 찾아서 그 과정과 내용을 설명하시오.

CHAPTER 05

기술지식의 평가

MANAGEMENT OF TECHNOLOGICAL INNOVATION: MODELS AND METHODS

contents

이 장(Chapter)의 배경과 내용

다양한 방법이나 과정을 통해 아이디어 즉 기술지식이 창출되면 그 다음의 과제는 그 지식의 경제성을 평가하는 일이 된다. 다양한 대안 가운데 어느 대안을 선택할 것인지, 또 특정 대안을 받아들인다면 어느 정도까지 수용할 것인지에 대한 의사결정이 필요한 것이다.

그러나 평가에 앞서 이루어져야 하는 선행작업은 지식의 양과 질을 측정하는 작업이다. 기술지식의 측정은 관점과 목적에 따라 다양한 기준과 방식에 의해 이루어질 수 있다. 투입단계의 측정도 가능하고 산출단계의 측정도 가능하며, 단기간에 창출된 지식의 양을 측정할 수도 있고 장기간에 축적된 지식의 양을 측정할 수도 있다. 다양한 측정지표에 대해 알아보자.

MOT 실무에서 가장 자주 사용되고 또한 가장 많은 기법이 개발된 분야가 프로젝트의 경제성 평가이다. 경제성 평가 문제의 역사가 오래 되고 범위가 넓은 만큼, 경제성을 평가하는 기법의 종류도 매우 다양하다. 평가의 목적에 따라 복수의 대안 가운데 일부를 고르는 선별 모형, 여러 대안의 경제성의 크기를 계측하는 평가 모형, 한정된 자원을 여러 대안에 배분하는 분배 모형 등으로 나눌 수 있다. 또 평가의 방법론적 특성에 따라 통계학적 모형, 재무관리적 모형, 기술경제적 모형, 경영과학적 모형 등으로 분류할 수도 있다. 이 책에서는 평가 지표의 성격이나 용도에 따라 크게 상대적 순위 모형과 경제적 가치 모형으로 나누어 살펴본다.

한편 개별 프로젝트나 기술대안 자체의 경제성보다 그것이 거시적 경제시스템이나 사회조직 전체에 미치는 파급효과가 더 중요한 평가 기준이나 주제가 되는 경우도 많다. 특히 대형 공공과제의 경우 그 프로젝트가 가져올 파급효과가 경제성을 판단하는 기준이 된다. 또한 신제품의 성공—실패 요인을 분석하는 것도 중요한 주제이다. 이 과정에 사용되는 파급효과 분석 모형과 성공—실패 분석 모형에 대해서도 알아보자.

CHAPTER
05
기술지식의 평가

제1절 기술지식 측정

1.1 기본개념

앞 장에서 기술지식의 창출 방법에 대해 알아 보았다. 다양한 방법이나 과정을 통해 기술지식이 창출되면 그 다음의 과제는 그 지식의 가치를 평가하는 일이 된다. 그러나 평가에 앞서 이루어져야 하는 선행작업은 지식의 양과 질을 측정하는 작업이다. 창출하고 보유한 지식이 과연 어느 정도인지를 알아야 그 값을 토대로 평가를 할 수 있기 때문이다.

기술지식의 측정은 관점과 목적에 따라 다양한 기준과 방식에 의해 이루어질 수 있다. 예를 들어 기술지식을 어느 단계에서 정의하고 측정하느냐에 따라 초기 투입단계의 측정도 가능하고 반대로 후기 산출단계의 측정도 가능하다. 이 때 전자는 투입지표가 되고 후자는 산출지표가 된다. 또 어느 시점이나 일정 기간 내에서 창출된 지식의 양을 측정할 수도 있고 장기간에 걸쳐 축적된 지식의 양을 측정할 수도 있다. 이 때 측정한 지식의 양을 스톡(stock)이라고 한다. 스톡은 연구개발투자의 축적량을 토대로 측정하기도 하고, 특허의 축적량을 기반으로 측정하기도 한다. 기술지식의 다양한 측정지표에 대해 알아보자.

1.2 투입지표

(1) 기본개념

기술지식을 산출(output)이라고 볼 때 투입(input)은 필수 불가결한 조건이다. 투입 없이 산출이 일어날 수는 없기 때문이다. 또한 일반적으로 투입과 산출은 양(positive)의 상관관계를 보인다. 즉 기술지식의 산출량은 투입되는 자원의 규모에 비례하여 증가하는 경향을 나타내는 것이다. 따라서 투입되는 자원의 규모와 가치는 창출된 기술지식 가치의 상당 부분을 설명하는 대용지표(proxy measure)가 될 수 있다는 것이 투입지표(input indicator)의 기본 가정이다.

투입지표로서 가장 자주 사용되는 지표는 연구개발, 교육, 소프트웨어에 대한 지출(expenditure)이다. 이 세 부문에 대한 지출은 신기술, 기술인력, 새로운 소프트웨어라는 체화지식(embodied knowledge)을 만들어내며 현재 가장 널리 수집 및 활용되고 있는 지표이다. 이 지표들의 가장 큰 장점은 무엇보다 화폐가치(monetary value)로 측정할 수 있기 때문에 측정, 비교, 평가가 용이하다는 것이다. 이들 지표 외에도 연구개발 인력의 수, 소프트웨어 수와 같은 지표도 이용되고 있지만 그 효용과 영향력은 상대적으로 작다.

(2) 주요 측정지표

1) 연구개발 지출

연구개발은 '사회적 지식을 창출하고 그 사용(use)과 활용(application)을 촉진시키기 위해 체계적으로 수행되는 창조적 활동'이라고 정의할 수 있다. 연구개발은 일반적으로 기초연구(basic research), 응용연구(applied research), 실험개발(experimental development)의 세 부문으로 분류된다. 이 분류는 각 부문에서 창출되는 기술지식의 이질성에도 근거하지만 기술지식이 생산성에 기여하는 효과의 차이라는 측면에서 실질적으로 더 큰 의미가 있다. 국가나 기업의 입장에서는 연구개발 투자규모의 제약 하에서 최적의 포트폴리오를 구성하는 것이 중요하기 때문이다.

직접적이고 전통적인 연구개발 지출(R&D expenditure)뿐만이 아니라 보다 넓은 의미의 혁신 지출(innovation expenditure)도 최근에는 연구개발 지출로 포함시키는 경향이 나타나고 있다. 지표개발 및 측정에 있어 국제적인 연구와 사업을 선도하고 있는 OECD의 주도로 90년대 후반부터는 투입지표에 혁신 지출을 포함시키고 있다. 제품 및 공정혁신을 위한 마케팅 활동 비용, 산업디자인 비용, 신제품개발 활동 비용, 공정혁신 활동 비용 등이 혁신 지출에 포함되는 대표적 비용이다.

국가수준에서 연구개발 지출 지표로 가장 자주 사용되는 것은 연구개발 부문에 대한 국내 총지출(GERD: gross domestic expenditure on R&D)이다. OECD는 이 지출을 다시 산-학-연의 세 가지 주요 연구개발 주체에 따라 다음과 같이 재분류한 지표를 제시하고 있다. 민간부문 연구개발지출(BERD: business enterprise R&D expenditure)은 기업부문을, 고등교육부문 연구개발지출(HERD: high education R&D expenditure)은 교육부문을, 정부연구개발지출(GOVERD: government R&D expenditure)은 정부관련 연구소를 포함한 정부부문 지출을 나타내는 것이다. 한편 기업수준에서는 기업별 연구개발 부문에 대한 총지출(R&D expenditure)이나 총매출 대비 연구개발투자의 비율인 연구개발집약도(R&D intensity)가 주로 사용된다.

2) 교육 지출

교육지출(education expenditure)은 크게 정규 교육과정의 공공비용, 개별 가계의 교육비용, 기업의 직무훈련 및 교육 프로그램에 대한 지출이라는 세 분야의 비용으로 구성된다. 기술지식 창출을 위한 총 교육부문 지출의 정확한 측정을 위해서는 위의 세 부문별 지출을 모두 고려해야 한다.

위의 지표 중 기업의 직무훈련 및 교육 프로그램에 대한 지출은 자료수집에 어려움이 따르는 경우가 많다. 기업 내 교육지출은 공개자료(public data)가 아닌 경우가 많기 때문이다. 또 기업 내 교육에 대한 정의, 범위, 기간의 정의가 명확하지 않기 때문에 기업별, 국가별로 자료의 편차가 발생하는 문제도 있다.

3) 소프트웨어 지출

정보통신기술의 확산으로 최근에는 소프트웨어 지출(software expenditure)도 중요한 투입지표로 간주하는 추세이다. OECD의 'Frascati Manual(1994)'은 소프트웨어를 '디지털 장치를 이용하기 위한 명령어의 집합'이라고 정의하고 있다. 소프트웨어는 사용하는데 필요한 지식, 사용하는 과정에서 발생하는 지식, 다수 사용자의 상호작용에서 발생하는 지식 등 다양한 측면으로 기술지식의 창출에 기여한다. 따라서 오늘날에는 소프트웨어에 대한 지출도 중요한 투입지표로 간주한다.

4) 연구개발 인력

연구개발에 투입된 비용 대신 연구개발 활동에 투입된 연구인력 자체를 투입지표(R&D personnel)로 측정하는 방법도 많이 사용되고 있다. 가장 단순한 지표는 연구원 수나 관련 종사자 수를 계산하는 것이다.

그러나 교육이나 연구의 질을 객관적으로 평가하고 정량화하기 어렵기 때문에 연구인력 자체를 투입지표로 사용하는 것에는 여전히 많은 문제가 있다. 우선 인력의 질을 어떻게 고려할 지의 문제가 발생한다. 특히 단순기능직 종사자와 전문연구원은 투입가치나 중요도의 측면에서 큰 차가 있으므로 이를 보정할 필요가 있다. 박사학위 이상 소지자나 전문연구원의 수를 별도로 계산하거나 가중치를 달리 적용하는 방법이 가장 흔하게 사용되고 있다. 다음으로 인력 수의 상대적 개념을 어떻게 반영할 것인가 하는 문제도 있다. 절대수로 측정하는 경우 국가와 기업의 인구수준과 경제규모가 다르기 때문에 객관적 비교가 어렵다. 이러한 문제의 해결책으로는 인구 만명당 연구인력의 수, 기업의 종업원수 대비 연구인력의 비율 등과 같은 상대치를 사용하는 접근법이 흔히 사용된다.

(4) 장단점

투입지표의 가장 큰 장점은 자료의 가용성(availability)이다. 연구개발 자료의 경우 OECD 회원국들은 오래 동안 Frascati Manual의 지침에 따라 양질의 자료를 축적해 왔다. 물론 개별 국가들의 특수한 상황과 수집자료의 정의와 범위에 대한 해석의 차이로 자료에 오차가 존재할 수는 있으나 그 오차가 크지 않기 때문에 국가수준에서 투입총액을 추정하는 경우에는 큰 문제가 없다. 물론 기업수준에서는 이러한 요인에 의한 오차가 비교적 크게 작용한다. 더구나 혁신비용의 경우에는 정의와 산정방법에 대한 표준이 아직 명확하게 규정되어 있지 않기 때문에 자료의 이용에 한계가 있다.

가장 큰 단점은 중복 측정의 문제이다. 대표적으로 연구개발 부문의 소프트웨어 지출에서 중복 측정의 가능성이 존재한다. 소프트웨어는 연구개발의 도구로서 사용될 뿐만 아니라 그 자체로서 연구개발의 대상이 되기도 한다. 이러한 중복지출의 문제 때문에 소프트웨어 관련 지출을 추정할 경우에는 면밀한 확인절차가 필요하다. 유사한 중복 측정의 문제는 연구개발 부문의 교육지출, 교육부문의 소프트웨어에 대한 지출 등에서도 발생할 수 있다.

1.3 산출지표

(1) 기본개념

투입지표에 대응되는 지표로서 투입에 의해 생성된 기술지식 자체를 측정하는 것이 산출지표(output indicator)다. 산출지표는 다양한 기술지식 생산활동 결과물의 수, 나아가서는 이 결과물의 가치를 측정한다. 특허, 논문과 같은 저작물이 대표적이며 기술거래에서 발생하는 수지(balance of payment)도 기업이나 국가수준에서 자주 이용된다.

개념적으로 보면 산출지표는 투입지표에 비해 실제의 지식량에 더 가깝다고 할 수 있다. 지식의 양은 곧 연구개발 결과물의 크기이기 때문이다. 그러나 산출지표에 의한 측정의 오차가 투입지표에 비해 반드시 작다고 할 수는 없다. 그 이유는 지식의 무형성(intangibility) 때문이다. 특허나 논문의 기술지식은 언어로 전달 가능한 지식만을 포함하고 있다. 그러나 흔히 노하우(know-how)라고 하는 전달 불가능한 암묵적 지식 또는 무형의 지식은 산출지표의 측정 범위를 벗어나는 것이다. 따라서 산출지표도 투입지표와 같이 실제 지식량의 일부만을 측정할 수 있을 뿐이다. 같은 배경에서 대용지표(proxy measure)라는 용어가 투입지표뿐 아니라 산출지표에서도 쓰이고 있다.

(2) 주요 측정지표

1) 특허 지표

특허자료(patent data)는 기술지식 산출물의 대용지표로서 가장 널리 활용되고 있다. 간단히 말하면 특허는 기술지식의 핵심요소 중 하나인 발명(invention)의 내용과 관련정보를 문서화한 것이다.

특허를 지식의 측정지표로 사용할 경우 특허에 관한 어느 정보를 지식의 양으로 해석할 것인가 하는 문제가 제기된다. 초기에 가장 자주 사용된 지표는 등록된(granted) 특허의 수였다. 짧게는 몇 개월에서 길게는 수 년에 걸쳐 이루어지는 심사를 거쳐 법적 특허권의 보호가 인정된 특허들만이 가치(value)를 지닌다는 것이다.

그러나 등록된 특허 중에도 어떤 특허는 산업현장에 실제로 적용되어 많은 가치를 창출하는 반면 그렇지 못한 특허들도 많다. 이러한 비판으로부터 특허가 다른 특허들에 인용(citation) 받은 회수를 가치의 척도로 사용하자는 주장이 제기되었다. 하지만 여기에는 몇몇 주요 특허들은 과대 인용되는 반면 나머지 특허들은 과소 인용되는 문제가 존재한다. 이러한 문제인식을 토대로 최근에는 기술적 내용을 보다 풍부하게 포함하고 있는 권리청구(claim) 항목을 분석해 이를 기반으로 특허가치를 평가하는 시도도 이루어지고 있다.

특허 지표의 가장 큰 장점은 데이터베이스의 충실성에 있다. 가치 있는 기술지식들이 거의 빠지지 않고 특허 데이터베이스에 포함되어 있으며, 풍부한 관련정보가 체계적으로 기록되어 있다. 더구나 특허관련 정보와 통계량의 국제적 표준화로 국가간 비교가 가능해지면서 특허지표의 가치는 더욱 높아지고 있다. 또한 특허 관련정보들이 전자문서 형태로 웹(web)을 통해 제공되면서 저렴한 비용으로 쉽게 접근할 수 있게 되었다는 점도 큰 장점이다.

이러한 장점에도 불구하고 특허와 이를 사용한 지표들에는 세 가지의 근본적 한계가 존재한다. 첫째, 앞에서 지적한 대로 특허간 가치의 상대적 차이를 고려할 수 있는 뚜렷한 방법이 없다는 것이다. 인용이나 권리청구 정보를 이용한 연구들이 계속되고 있지만 아직 만족할 만한 수준에는 이르지 못하고 있다. 둘째, 통계량의 편중문제를 들 수 있다. 일반적으로 특허는 개인이나 기업이 자국에 출원하는 비중이 크기 때문에 국가 내에서의 기술지식의 변화나 경쟁 양상을 보여주기에는 충분하지만 국제비교에는 적합하지 않은 경우가 많다. 셋째, 특허자료의 시간지연(time lag)문제다. 특허는 출원부터 등록까지 보통 2~4년 최대 5년이 소요되기 때문에 등록된 특허자료는 실제로는 수 년 전의 기술개발 활동을 반영하고 있다.

2) 과학논문 지표

논문은 기초과학 연구의 주요 결과물이며 특히 대학이나 연구기관의 평가제도와 깊은 연관을 맺고 있기 때문에 전통적으로 가장 중요한 산출지표 중 하나로 사용되어 왔다. 이 가운데 과학논문의 수가 가장 일차적인 산출지표로 사용된다.

그러나 특허 지표와 마찬가지로 논문간에도 질적 차이의 문제가 존재한다. 논문의 가치는 기본적으로 각 논문이 받는 피인용수에 기초하여 평가할 수 있다. 그러나 최근에 게재된 논문들은 상대적으로 피인용될 기회가 적기 때문에 과거의 논문들에 비해 과소 평가될 가능성이 높다. 따라서 매년 단위로 논문이 게재되는 학술지(journal)들의 가치를 인용과 피인용 수에 따라 구한 후 이를 기준으로 게재된 논문들의 가치를 평가하는 방법이 제시되었고 현재도 많이 이용되고 있다.

과학논문 지표의 가장 큰 장점은 공공재로서 가치가 높은 과학 또는 기술을 대상으로 한다는 점에서 특허 지표와 비교하여 차별성을 지닌다는 점이다. 그러나 이러한 장점은 동시에 단점이 되기도 한다. 순수한 기술지식이라는 측면에서는 과학논문이 더 좋은 대용지표이지만 실용적 가치의 측정이라는 측면에서 평가하면 오히려 그 반대가 될 수 있는 것이다.

1.4 연구개발 스톡

(1) 기본개념

앞에서 살펴본 연구개발 투입이나 특허는 특정 시점이나 기간 동안에 투입되고 창출된 지식의 양을 측정하는데 유용하고 적합한 개념이라고 할 수 있다. 그러나 지식의 중요한 특성은 그것이 시간의 흐름에 따라 축적(accumulation)된다는 사실이다. 이 사실에 대한 인식을 토대로 기술지식의 측정 과정에서 제시되는 용어와 개념이 이른바 연구개발 스톡(R&D stock)이다. 스톡이라는 용어는 말 그대로 '저장된 양' 즉 오랜 기간 동안 창출되고 축적된 총량을 의미한다. 스톡에 대비되는 개념이 어느 기간 동안만의 '흘러간 양'을 나타내는 플로우(flow)이다. 앞에서 살펴본 특정 연도(기간)의 투입이나 산출지표들은 모두 플로우 개념을 토대로 한다.

연구개발 스톡은 '기업의 실제 생산활동에 직접 이용되면서 장래의 기술혁신을 촉진하는데 기술적으로 유용한 정보와 지식의 보유량'으로 정의된다. 따라서 개념적으로는 투입측면과 산출측면, 정성적 지식과 정량적 지식을 아우르는 포괄적 성격을 지닌다. 그러나 측정의 편의성과 자료의 가용성 때문에 실질적으로는 투입측면의 정량적 지표인 연구개발투자액을 중심으로 측정이 이루어지고 있다. 그러므로 이 측정은 직접적인 계산 작업이 아니라 간접적인 '추계' 작업이 된다. 이러한 개념과 실제의 괴리에도 불구하고 연구개발 스톡은 기술지식 스톡의 대용변수로 가장 널리 오랫동안 이용되어 왔다.

연구개발 스톡이 폭넓게 사용되는 가장 큰 이유는 경제학에서 이미 오랫동안 사용해 온 자본 스톡과 개념이 유사하여 실제로 이해하고 적용하기가 쉽고 편리하기 때문이다. 특히 자본 스톡의 감가상각 방법을 응용하여 진부화율(obsolescence rate), 시차분포, 연구개발 디플레이터(R&D deflator)와 같은 요소들을 계측할 수 있고 이것들을 통해 기술지식의 성장과 진부화를 측정할 수 있기 때문에 동태적인 추세변화를 정량적으로 파악하고 비교할 수 있다는 장점이 있다.

(2) 추계방법

연구개발 스톡의 추계는 다음과 같은 일반적 절차를 거치게 된다.

● 단계 1: 시차분포와 진부화율에 대한 가정

연구개발 스톡을 측정하기 위해서는 다음 두 가지에 대한 기준이 필요하다. 첫째, 시차 문제에 대한 기준이다. 연구개발 과정은 그 자체에 시간이 소요되며 연구개발이 완료되었더라도 실제 기업의 생산성 증가에 영향을 미치기까지는 일정한 시간이 경과해야 한다. 따라서 연구개발이 시작되어 그 결과가 지식으로 변환되기까지의 평균적인 시차를 결정하는 것이 중요하다. 시차는 보통 산업별 평균값을 기준으로 사용한다.

둘째는 진부화율 문제이다. 모든 기술은 아무리 우수하고 새로운 것이라고 하여도 시간의 흐름에 따라 독점적인 전유성(appropriability)이 훼손되고 기술가치가 감소하는 진부화 현상이 발생한다. 시간의 흐름에 따라 기술지식 스톡이 진부화하는 비율의 평균을 추정한 것이 진부화율이며 이 값을 가치 산정의 기준으로 사용한다.

● 단계 2: 연구개발 스톡의 계산

일반적으로 사용되는 연구개발 스톡의 측정을 수리적으로 표현하면 다음과 같이 정의할 수 있다.

$$TS_t = TF_t + (1-\delta) TS_{t-1}$$
$$TF_t = \sum_{i=1}^{n} \mu_i RD_{t-i}$$

첫 번째 식의 TS_t는 t년도의 연구개발(R&D) 스톡을 나타낸다. 이전 연도까지 축적된 연구개발 스톡을 TS_{t-1}이라고 할 때 1년의 시간이 경과하는 동안 지식의 가치가 일부 떨어지게 되는데 그 떨어지는 비율이 δ이다. 이 값을 기술지식의 진부화율로 정의할 때 t년도에 여전히 가치 있게 남아있는 연구개발 스톡의 양은 $(1-\delta) TS_{t-1}$이 된다. 한편 1년동안 새롭게 창출되는 기술지식의 양을 TF_t라고 하면 이것은 그대로 당해년도 연구개발 스톡에 더해진다. 즉 당해년도 연구개발 스톡의 양은 새롭게 공급된 기술지식의 양과 이전 연도의 연구개발 스톡 중 가치를 잃지 않고 남아있는 양의 합으로 정의되는 것이다.

연구개발 스톡은 보통 연구개발 투자액으로 측정되는데 투자된 액수가 실제 기술지식으로 창출되는 데는 어느 정도의 시간이 소요되는 것이 보통이다. 따라서 t년도에 창출된 기술지식의 양은 n년 전부터 이전 연도까지 투입된 연구개발 투자액 중 일부가 창출된 것으로 볼 수 있다. 두 번째 식은 이러한 개념을 시차분포 계수인 μ_i와 연구개발 투자액을 나타내는 RD로 표현한 것이다.

(3) 장단점

연구개발 스톡의 가장 큰 장점은 기술지식의 노후화나 공공재화에 따른 가치의 감소를 진부화율을 통해 정량적으로 반영한다는 점이다. 또한 유량(flow) 개념이 아닌 저량(stock) 개념으로서 축적된 총량을 측정한다는 점도 중요한 장점이다.

그러나 연구개발 스톡의 근본적 문제는 연구개발이 전체 기술지식에 대한 최적의 대용변수(proxy measure)가 아니라는 점이다. 연구개발이 기술지식의 창출에 기여하고 기술진보를 설명할 수 있는 정도는 제한적일 수밖에 없다. 더구나 연구개발과 관련된 투입, 산출, 정량, 정성적 지표들 중 정량적인 투입지표인 연구개발투자액만을 측정대상으로 하기 때문에 대표성과 설명력은 더욱 떨어질 수 있다.

1.5 특허 스톡

(1) 기본개념

앞에서 설명한 연구개발 스톡이 투입지표인 연구개발투자액을 중심으로 기술지식을 측정했다면 특허 스톡(Patent stock)은 대표적 산출지표인 특허를 기반으로 스톡을 추정한 것이다. 따라서 연구개발 스톡이 투입지표 측면을 대표한다면 특허 스톡은 산출지표 측면을 대표한다고 할 수 있다.

특허 스톡을 측정하던 초기에는 단순 특허건수를 기반으로 자본 스톡과 같은 방법으로 특허 스톡을 추정했다. 그러나 특허건수 자체가 특허가치를 제대로 반영하지 못한다는 비판이 제기되면서 특허 스톡의 추계방법에도 상당한 변화가 일어나고 있다. 대표적으로 제시되고 있는 방법으로는 피인용회수 기반 평가법(patent citation based approach), 특허수명에 기반한 평가법(patent life based approach) 등을 들 수 있다. 전자는 개별 특허의 가치가 특허가 등록된 이후 향후 등록되는 특허들로부터 받는 인용회수에 비례한다고 가정한 것이며, 후자는 특허의 법적 권리를 보장받기 위해서 출원자가 기관에 납부하는 특허유지 비용으로 특허의 가치를 산정한다는 논리를 바탕으로 한다. 최근에는 특허 데이터를 분석할 수 있는 새로운 기술과 알고리즘이 도입되면서, 직접인용과 간접인용의 통합, 특허 권리청구(claim)의 넓이와 깊이 등을 반영하는 새로운 방법들도 소개되고 있다.

(2) 추계 방법

앞에서 언급한대로 특허 스톡을 추계하는 방법은 다양하게 제시되어 있다. 그러나 가장 기본적인 방법은 단순특허 스톡 추계방법이다. 이 방법은 가장 오래된 기본적인 방법으로 이후에 제시된 여러 방법들은 이 방법을 부분적으로 변형 내지 확대한 것들이다. 따라서 여기에서는 이 방법에 대해서만 간략히 설명하기로 한다.

단순특허 스톡 추계방법은 앞에서 설명한 연구개발 스톡의 추계방법과 크게 다르지 않지만 특허의 특성상 시차에 대한 고려가 필요하지 않다는 것이 근본적인 차이점이다. 시점 t에서의 단순특허 스톡을 PSC_t 라고 할 때, 특허 스톡은 다음의 식을 통해 얻을 수 있다.

$$PSC_t = (1-\delta)PSC_{t-1} + PC_t$$

위의 식에서 t년도의 단순특허 스톡 PSC_t는 이전 해의 단순특허 스톡에서 기술지식의 진부화에 의해 가치가 떨어진 스톡의 양을 제외하고 남은 양 $(1-\delta)PSC_{t-1}$과 당해년도에 새롭게 등록된 특허 스톡의 양 PC_t의 합으로 정의된다.

제2절 프로젝트 경제성 평가

2.1 기본개념

MOT에서 실무적으로 가장 자주 사용되고 또한 가장 많은 기법이 개발된 분야가 프로젝트의 경제성 평가이다. 넓은 의미의 경제성 평가는 복수의 대안에 대해 경제성을 평가하고, 평가결과를 토대로 최적의 대안을 선정하는 과제를 의미한다. 따라서 경제성의 평가는 비단 기술개발 프로젝트의 선정 문제뿐 아니라, 새로운 설비의 도입 문제, 새로운 사업에 대한 투자결정 문제 등 광범위한 주제와 영역의 의사결정(decision making) 문제를 포괄한다. 실제로 산업공학이나 경영학에서는 경제성 평가를 중요한 연구주제로 다루어 왔고 실무에서도 다양한 기법들이 개발되어 사용되어 왔다.

경제성 평가는 본질적으로 다기준 의사결정 문제이다. 다기준 의사결정(multi-criteria decision making: MCDM)은 복수의 대안이 주어질 때 경제성을 평가하고 비교하는 기준도 여러 가지인 경우, 즉 복수의 대안에 대해 복수의 기준으로 평가하는 경우라는 의미이다. 예를 들어 하나의 대안에 대해 기술적 기준에서는 좋은 평가를 할 수 있지만 시장적 기준이나 환경적 기준에서는 나쁜 평가를 할 수도 있는 것이다. 따라서 MCDM 문제의 경제성 평가는 특히 다음과 같은 잠재적 요인들을 어떻게 반영하느냐에 따라 평가기법의 원리나 방식이 달라지게 된다.

- 자료 성격 요인: 정량적(quantitative) 기준과 정성적(qualitative) 기준이 섞여있는 문제
- 자료 척도 요인: 기준의 척도(scale)가 상이하여 단일지수로 통합하기 어려운 문제
- 상대적 중요도 요인: 기준간에 상대적 중요도가 다를 때 중요도를 가중치(weight)로 표현하기 어려운 문제

2.2 평가모형의 분류

경제성 평가 문제의 역사가 오래 되고 범위가 넓은 만큼 경제성을 평가하는 기법의 종류도 매우 다양하다. 그리고 각각의 기법은 나름대로의 장점과 단점을 지니고 있어 어떤 기법이 최선의 기법이라고 말할 수는 없다. 따라서 기법들의 장단점이나 우열을 비교하기에 앞서 특성에 따른 분류 작업을 먼저 하는 것이 필요하다.

기법의 분류는 기준이나 목적에 따라 여러 가지로 제시될 수 있다. 예를 들어 평가의 목적에 따라 복수의 대안 가운데 일부를 고르는 선별 모형(screening model), 여러 대안의 경제성의 크기를 계측하는 평가 모형(evaluation model), 한정된 자원을 여러 대안에 배분하는 분배 모형(allocation model) 등으로 나눌 수 있다. 또 평가의 방법론적 특성에 따라 통계학적 모형, 재무관리적 모형, 기술경제적 모형, 경영과학적 모형 등으로 분류할 수도 있다.

여기서는 평가 지표의 성격이나 용도에 따라 크게 상대적 순위 모형, 경제적 가치 모형, 파급효과 분석 모형의 세 가지로 나누어 살펴보기로 하자.

(1) 상대적 순위 모형

상대적 순위 모형(relative rank model)은 대안들에 대해 상대적 가치의 순위(rank)를 매긴 후 그 순위에 따라 대안들의 경제성을 평가하는 기법들을 뜻한다. 상대적 가치를 표현하는 방법은 시각적인 도형, 점수, 지표 등 다양하게 설정될 수 있다.

이 모형의 장점은 이해하기가 쉽고 적용하기도 용이하여 실용적이라는 점이다. 그러

나 단점은 단순히 상대적인 순위만을 제시하기 때문에 대안들의 실질적이고 절대적인 경제성이 어느 정도인지를 알기 어렵고, 또한 대안들간의 차이도 명확히 비교하기 어렵다는 점이다.

이 모형에 속하는 대표적인 기법들로는 프로파일(profile)모형, 점수(scoring) 모형, 계층분석과정(analytical hierarchy process: AHP) 모형, 네크워크 분석과정(analytical network process: ANP) 모형, DEA(data envelop analysis) 모형 등을 들 수 있다.

(2) 경제적 가치 모형

경제적 가치 모형(economic value model)은 대안들에 대해 절대적 가치(economic value)를 측정한 후 그 값의 차이에 의해 대안들의 경제성을 평가하는 기법들을 뜻한다. 절대적 가치는 대부분의 경우 화폐 가치(monetary value)로 표현되지만 화폐 가치에 기초한 경제성 지수의 형태로 설정될 수도 있다.

이 모형의 장단점은 상대적 순위 모형과 반대라고 생각하면 된다. 즉 장점은 결과치가 절대적인 가치(대부분 화폐 가치)로 표현되기 때문에 그 의미가 분명하고 또 대안들간의 차이도 명확하게 알 수 있다는 점이다. 하지만 가장 큰 단점은 가치를 측정하기 위해서는 미래의 현금흐름에 대한 정보가 필요한데 이 값을 정확히 추정하기 어렵다는 점이다.

이 모형에 속하는 대표적인 기법들로는 자본예산(capital budgeting) 모형, 비용-효익 분석(cost-benefit analysis) 모형, 경제성 지표(economic index) 모형), 의사결정 이론 (decision theory) 모형, 수리계획(mathematical programming) 모형 등을 들 수 있다.

(3) 파급효과 분석 모형

위에서 설명한 두 모형이 대안들의 비교평가를 위한 것들인데 반해 파급효과 모형(impact analysis model)은 특정 대안의 경제사회적 파급효과를 분석하는 것을 목적으로 한다. 즉 여러 개의 복수 대안 가운데 가장 적합한 대안을 선정하는 것이 목적이 아니라 하나의 대안이 있을 때 그 대안이 가져올 파급효과가 어느 정도인가를 측정하여 그 대안의 경제성을 판단하는 모형이다.

예를 들어 대규모 연구개발 프로그램을 수행할 경우 그것이 경제성장에 미칠 파급효과를 추정한다든가, 원자력 발전소를 건설하면 그것이 미치는 사회경제적 파급효과가 어느 정도인가를 계측하는 과제 등에 사용되는 모형을 들 수 있다. 물론 이 모형도 복수의 대안들을 비교평가 하는데 적용할 수 있다. 위의 예에서 만일 연구개발 프로그램이 여러 개 가능하다거나 원자력 발전소의 후보지가 여러 군데라면 각각의 파급효과를 계산하여 크기가 큰 대안을 선정할 수도 있는 것이다.

이 모형은 주로 대안의 규모가 크고 범위가 넓기 때문에 경제성을 분석하는 방법론도 복잡하다. 또 결과치의 해석에 대해서도 전문적 지식과 이해가 필요하다. 이 모형에 속하는 기법들로는 투입-산출 분석(input-output analysis) 모형, 교차영향분석(cross impact analysis) 모형, 생산함수분석(production function analysis) 모형, 비용함수분석(cost function analysis) 모형 등을 들 수 있다.

2.3 평가모형의 선택

경제성 평가에 사용되는 기법들이 매우 다양하기 때문에 평가과제의 성격과 목적에 따라 가장 적합한 기법을 선정하는 문제가 중요하고도 어려운 문제로 남는다. 이렇게 다양한 기법들이 주어졌을 때, 어느 경우에는 어느 기법을 사용하는 것이 적합하다는 지침(case-wise guideline)을 제시할 수 있을까?

물론 각각의 경우에 대해 절대적으로 최적의 기법을 정하는 것은 불가능하다. 과제의 성격이 이질적인 만큼 평가기법도 성격과 용도도 다르고, 또 나름대로의 장점과 단점을 동시에 지니고 있기 때문이다. 그러나 과제의 성격에 따라 대체로 다음과 같은 기법을 사용하는 것이 바람직하다는 정도의 선정 기준과 지침은 제시할 수 있다.

(1) 연구성(research) 과제

만일 평가대상 프로젝트의 성격이 초기의 탐색적인 연구성 과제라면 상대적 순위 모형 가운데 특히 프로파일(profile) 모형, 점수(scoring) 모형, AHP 모형, ANP 모형 등이 적합하다고 할 수 있다. 왜냐하면 이러한 과제는 아직 프로젝트의 구체적용도나 상업적 가능성을 알기 어렵기 때문에 경제적 가치를 계산하거나 미래의 현금흐름을 예측하기 쉽지 않기 때문이다. 또 이러한 과제는 주로 중장기적 프로젝트이기 때문에 투입과 산출의 기간과 시점을 정하는 것도 쉽지 않다. 따라서 대안들의 우열이나 차이를 프로파일이나 점수 등의 정성적이고 상대적인 차이로 비교하는 것이 바람직하다.

(2) 개발성(development) 과제

만일 평가대상 과제에 대한 기초 및 응용연구가 어느 정도 진행되어 가시적인 개발단계로 넘어간 개발성 과제의 경우라면 좀더 정량적이고 재무적인 분석이 가능해진다. 이럴 경우 경제적 가치 모형 가운데 경제성 지표(economic index) 모형이나 의사결정이론(decision theory) 모형 등이 적합하다고 할 수 있다. 이러한 과제는 앞에서 설명한 연구 목적 과제와 다음에 소개할 상업성 과제의 중간 단계에 해당된다. 따라서 대안의 가치를 금액으로 측정하기는 어렵겠지만 경제적 지표로는 파악할 수 있다. 또 투입과 산출의 기간과 시점도 어느 정도까지는 정확하게 설정할 수 있다.

(3) 상업화(commercialization) 과제

만일 평가대상 과제가 기술적인 개발은 이미 완료되어 시장에 출시될 단계에 있다거나, 바로 공정에 사용될 목적으로 새로운 설비를 도입하는 경우라면 경제적 가치 모형 가운데 자본예산(capital budgeting) 모형이나 수리계획(mathematical programming) 모형이 적합하다. 이 단계에서는 앞으로의 현금흐름(매출증가나 비용감소)의 크기, 시점, 기간 등을 비교적 정확하게 예측할 수 있기 때문에 대안의 가치를 절대적인 금액의 크기로 비교하는 것이 가능하고 또 바람직하다.

(4) 공공성(public) 과제

만일 평가의 목적이 여러 대안 가운데 하나를 선정하는 것이 아니라 특정 대안의 경제사회적 파급효과를 분석하는 것이거나, 여러 개의 복수 대안을 비교한다고 하더라도 대상 과제가 공공성이 큰 대형 과제인 경우에는 경제적 가치 모형 가운데 비용–효익분석(cost–benefit analysis) 모형이나, 파급효과 분석 모형 가운데 투입–산출 분석(input–output analysis) 모형, 상호영향 분석(cross impact analysis)

모형, 생산함수 분석(production function analysis) 모형, 비용함수 분석(cost function analysis) 모형 등이 적합하다.

이상 과제의 성격에 따른 평가방법의 활용 지침을 〈표 5-1〉에 정리하였다.

〈표 5-1〉 과제의 성격에 따른 평가방법의 활용 지침

과제의 성격	과제의 목적	적합한 기법
연구성 과제	• 중장기형 기초연구 • 미래형 탐색단계 연구	• 프로파일 분석 • 점수 모형 • AHP/ANP 모형
개발성 과제	• 기초연구의 응용 • 개념설계의 구현	• 경제성 지표 모형 • 의사결정이론 모형
상업화 과제	• 개발기술의 양산 시험 • 초기시장의 개척	• 자본예산 모형 • 수리계획 모형
공공성 과제	• 사회간접자본 투자 • 대형/공공 기술의 개발	• 비용-효익 분석 모형 • 투입-산출 분석 모형 • 상호영향 분석 모형 • 생산(비용)함수 모형

2.4 평가기법의 내용

지금까지 경제성을 평가하는 다양한 기법들을 분류하고 또 어떤 경우에 어떤 모형을 선택하는 것이 바람직한지에 대해 살펴 보았다. 지금부터는 앞에서 언급한 다양한 기법 가운데 중요한 기법들의 구체적인 내용에 대해 자세히 알아보자.

(1) 프로파일 모형

프로파일 모형(profile model)은 비교대상이 되는 대안들에 대해 중요한 평가항목을 설정한 후, 각 항목의 평가 결과를 직관적인 도형으로 표시하는 방법이다. 이 경우 도형의 형태는 여러 가지로 제시될 수 있다. 가장 대표적인 도형으로는 차트(chart) 방식과 방사형(radial) 방식을 들 수 있다. 도형이 아니라 각 항목에 대해 적정한 값이나 해당 여부를 ○, ×로 표시하는 체크리스트(checklist) 방식도 있다.

간단한 예로 X, Y의 두 프로젝트에 대해 경제성을 평가하는 경우를 생각해 보자. [그림 5-1]에 나타난 것처럼 차트 방식은 왼편에 평가항목을, 오른편에 평가결과를 배치한 차트 모양으로 표현된다. X, Y 각각의 프로젝트에 대해 각 항목별로 적합한 값에 점을 찍은 후 점들을 연결하면 실선과 점선의 두 개의 선으로 표현될 수 있다. 다음으로 두 선의 위치가 어떻게 배치되어 있는가를 보고 상대적인 경제성의 우열을 평가할 수 있다.

[그림 5-2]의 방사형 방식에서는 원형의 바퀴 모양에 바깥에는 평가항목을 배치한 후, 각 대안의 평가 결과를 원형 안쪽의 적합한 위치의 점에 찍고 그 점들을 연결한 선으로 표시한다. 차트 방식과 마찬가지로 선이 안쪽에 위치하는지 바깥쪽에 위치하는지에 따라 경제성의 상대적 우열을 판정할 수 있다.

차트 방식이든 방사형 방식이든 주의할 점은 항목별 우열의 일관성을 유지하는 것이다. 예를 들어 차트 방식이라면 항목의 단위에 상관없이 좋은 것은 오른쪽(왼쪽)으로 나쁜 것은 왼쪽(오른쪽)으로 배치하고, 방사형 방식이라면 좋은 것은 바깥쪽(안쪽)으로 나쁜 것은 안쪽(바깥쪽)으로 배치하는 식의 일관성을 유지해야 한다.

프로파일 모형의 장점은 단순하고 이해하기 쉽다는 점이다. 특히 시각적 효과가 높아 짧은 시간에 평가 결과를 이해해고 판단을 내려야 하는 최고경영자에게 보고하거나 전문적 지식이 없는 일반 대중을 대상으로 설명하는데 적합하다. 그러나 가장 큰 단점은 대안들간의 우열을 쉽게 판단하기 어려운 경우가 많다는 점이다. 즉 하나의 대안이 다른 대안과 비교하여 어느 항목에서는 낫고 어느 항목에서는 못할 경우 최종적인 우열을 가리기가 쉽지 않을 수 있다는 것이다. 또 다른 단점은 여러 개의 대안을 비교하는 경우에 하나의 도형 안에 모든 대안들을 다 표현하기 어렵다는 점이다. 대안의 수가 크게 늘어나면 시각적 효과가 급속도로 낮아질 위험이 높다.

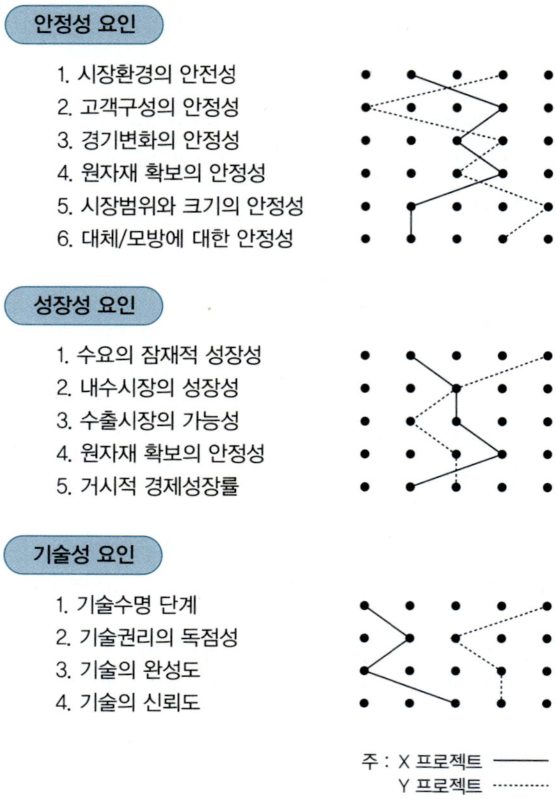

[그림 5-1] 차트(chart) 방식의 예

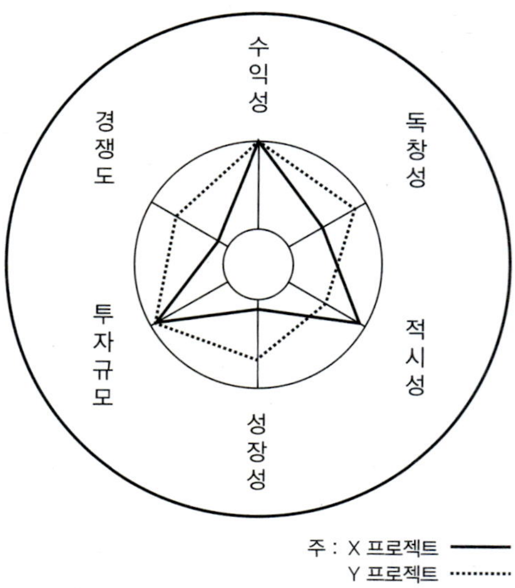

[그림 5-2] 방사형(radial) 방식의 예

(2) 점수 모형

점수 모형(scoring model)은 말 그대로 대안의 경제성을 점수(score)로 측정하여 그 점수의 크기에 의해 대안의 우열을 결정하는 방식이다. 구체적으로 비교대상이 되는 대안들에 대해 중요한 평가항목을 설정한 후, 각 항목에 대해 적절한 점수를 배점하고, 배점한 범위 내의 적절한 평점을 부여한 후, 평점들의 합 내지 곱으로 최종 점수를 계산하는 방법이다. 다기준 의사결정(MCDM)의 관점에서 보면, 점수 모형은 모든 기준들이 서로 독립적(independent) 관계에 있다고 가정하고 또한 모든 기준의 단위는 점수(score)로 통일한다는 원리를 바탕으로 한다.

실제로 점수 모형은 현장에서 가장 폭넓게 사용되는 방법이다. 이 모형의 가장 큰 장점은 이해하기 쉬우면서도 프로파일 모형에 비해 세부적인 항목들을 고려할 수 있다는 점이다. 또한 점수를 도출하는 기준을 신축적으로 조정할 수 있다는 사실도 중요한 장점이 된다.

그러나 앞에서 지적한 대로 점수 모형의 가장 큰 단점은 평가자의 주관적인 판단에 따라 상대적인 순위만을 제시하기 때문에 대안들의 실질적인 경제성이 어느 정도인지를 파악하기 어렵고, 또한 대안들간의 차이도 절대치의 차이로 비교하기 어렵다는 점이다. 특히 대안들간의 점수 차이가 극히 미세할 경우 최종적인 결정을 내리기가 쉽지 않은 문제가 종종 발생한다.

점수 모형의 기본적인 방향이나 원리는 어느 경우에나 동일하지만 실제로 개별항목에 대해 배점을 하고 또 최종적인 점수를 도출하는 기준과 방식의 차이에 따라 다음과 같은 몇 가지 세부 모형으로 나눌 수 있다.

1) 단순가산 방식

가장 기본적인 형태로 각 평가항목의 평점을 단순히 합계하는 방식이다. 최종 점수를 T로, 각 항목의 점수를 S로 하면 최종점수를 도출하는 식은 다음과 같이 표현된다.

$$T = \sum_{i=1}^{n} S_i, \text{ 단, } i : \text{개별항목의 번호}$$

여기서 점수의 합계 즉 T 값의 최대치는 신축적으로 정할 수 있다. 그러나 100점으로 하는 것이 일반적인 관행이다. 따라서 각 대안이 가질 수 있는 점수의 이론적 한계는 하한값 0점과 상한값 100점이 된다.

단순가산 방식의 설계에서는 두 가지의 중요하면서 어려운 문제가 있다. 첫째, 항목의 계층구조를 정하는 일이다. 가장 쉬운 접근은 모든 항목을 동일한 계층(level)에 두는 방법이다. 그러나 평가의 관점이 다양해지고 항목의 수도 늘어나면 복수의 계층으로 설계하는 접근이 필요하다. 즉 상위 계층에 대항목을 설정한 후, 하위 계층에 각각의 대항목을 설명하는 구체적인 소항목들을 설정하는 방식이다. 예를 들어 〈표 5-2〉의 경우를 보면 먼저 상위 계층에 기술성, 경제성, 환경성의 대항목을 설정한 후, 각각의 대항목에 대해 세 가지씩의 소항목을 설정하고 있다.

둘째, 각 항목에 대해 배점을 정하는 일이다. 가장 단순한 접근은 모든 항목에 동일한 배점을 부여하는 방법이다. 그러나 항목간 상대적 중요도가 다른 경우에는 더 중요한 항목에 높은 점수를 부여하고 덜 중요한 항목에 낮은 점수를 부여하는 방식이 바람직한 경우도 많다. 예를 들어 〈표 5-2〉의 경우에는 대항목 자체도 배점의 차이가 있고(기술성은 35점인데 반해 환경성은 30점), 소항목간에도 배점의 차이가 있음(완성도 및 신뢰도는 15점인데 반해 독창성 및 권리성은 10점)을 알 수 있다.

〈표 5-2〉 가산방식의 예

대항목	소항목	배점	평점(S)
기술성	완성도 및 신뢰도 기술수명주기 독창성 및 권리성	15 10 10	
	소계	35	
경제성	시장성 및 성장성 가격/품질 경쟁력 타제품/기술 응용 가능성	15 10 10	
	소계	35	
환경성	대내외 경쟁 환경 상업화 외부조건 기술 인프라 환경	10 10 10	
	소계	30	
총계(T)		100	

2) 가중치가산 방식

가. 기본개념

가중치가산 방식은 단순가산 방식과 기본적인 원리나 기준은 동일하지만 배점의 신축성을 높이기 위해 각 평가항목의 중요도에 따라 가중치(weight)를 부여한다는 점에서 차이가 난다. 따라서 최종 점수를 T로, 각 항목의 점수를 S로, 각 항목의 중요도를 나타내는 가중치를 W로 하면 최종점수를 도출하는 식은 다음과 같이 표현된다.

$$T = \sum_{i=1}^{n} W_i \cdot S_i, \text{ 단, } i : \text{개별항목의 번호}$$

〈표 5-3〉의 예에서 알 수 있는 것처럼 가중치 가산방식은 항목의 배점 자체는 동일하게 설정한 후, 항목별 상대적 중요도에 따라 가중치를 조정함으로써 평가의 신축성을 제고하고 있다. 물론 이 문제는 단순가산 방식에서 처음부터 항목의 배점을 다르게 설정하여 해결할 수도 있다. 그러나 배점을 동일하게 하고 가중치를 조정하는 방식을 사용하면, 평가과정과 절차의 신축성을 높일 수 있다는 장점이 있다.

〈표 5-3〉 가중치가산 방식의 예

대항목	소항목	배점	평점(S)	가중치(W)	가중평점(W·S)
기술성	완성도 및 신뢰도 기술수명주기 독창성 및 권리성	10 10 10		1.5 1.5 1.0	
	소계				35
경제성	시장성 및 성장성 가격/품질 경쟁력 타제품/기술 응용 가능성	10 10 10		1.5 1.5 1.0	
	소계				35
환경성	대내외 경쟁 환경 상업화 외부조건 기술 인프라 환경	10 10 10		1.0 1.0 1.0	
	소계				30
총계(T)					100

나. 가중치 설정 방법

가중치 가산방식에서 가장 중요하고 어려운 과제는 가중치를 설정하는 일이다. 가중치는 단순히 정성적이고 주관적인 판단으로 설정하는 경우가 대부분이지만, 관련 데이터가 충분히 존재할 경우 수리적이고 통계적이고 분석방법을 사용하여 설정하기도 한다. 여기서는 실무에서 가장 자주 사용되는 세 가지 방법에 대해 간략히 설명한다.

① 직관적 방법

직관적 방법은 말 그대로 직관적인 판단과 주관적인 기준에 의해 가중치를 직접 설정하는 방법이다. 물론 직관적이라고 해도 아무런 근거 없이 임의로 정하는 것은 아니고 본인의 경험이나 지식을 활용하고 또 전문가들의 의견을 반영하여 설정하게 된다.

② 순위합 방법

이 방법은 요인간의 상대적 중요도의 순위(rank)에 의해 가중치의 상대적 크기를 달리 설정하는 아이디어에 기반하고 있다. 즉 각 요인의 가중치 값을 직접 설정하기는 어렵지만 요인간 상대적 중요도의 차이는 알 수 있을 때 사용할 수 있는 것이다. 먼저 요인간의 중요도를 비교하여 가장 중요한 요인의 순위를 1로 하고, 그 다음 요인의 순위를 2로 하는 식으로 순위를 정한다. 물론 상대적 중요도의 결정은 위의 직관적 방법과 마찬가지로 본인의 경험이나 전문가의 의견을 토대로 정하게 된다. 그 다음은 상대 순위에 따라 높은 순위의 요인에게는 상대적으로 높은 가중치를, 낮은 순위의 요인에게는 상대적으로 낮은 가중치를 설정하게 된다.

이 방법에서 가중치를 계산하는 공식을 설명하면 다음과 같다.

n = 가중치를 설정해야 할 요인의 수
r_i = 전체 요인 가운데 i 요인의 상대적 순위($rank$)
w_i = 최종적으로 도출된 i 요인의 가중치

그러면, $w_i = \dfrac{n-r_i+1}{\sum_{i=1}^{n}(n-r_i+1)}$

③ 순위역수 방법

이 방법은 기본적으로는 순위합 방법과 동일한 기준에 기초하고 있으나 순위의 차이를 가중치의 차이로 전환하는 기준에서 차이가 난다. 이 방법에서는 각 요인의 순위의 역수 (reciprocal)를 기준으로 가중치를 달리 설정하는 것이다. 어떤 요인의 상대적 중요도가 높으면 당연히 순위는 낮다. 따라서 순위 자체가 아니라 순위의 역수를 기준으로 가중치를 설정하면 중요한 요인(순위가 낮은 요인)의 가중치는 커지게 된다.

이 방법에서 가중치를 계산하는 공식은 아래와 같다.

$$w_i = \frac{1/r_i}{\sum_{i=1}^{n}(1/r_i)}$$

라. 예제

프로젝트의 경제성 평가를 위해 가중치가산 방식에 의한 점수모형을 사용하기로 하였다. 크게 시장성, 기술성, 환경성, 공공성의 네 평가요인을 제시한 후, 각 요인의 상대적 가중치(weight)를 직관적 방법으로 각각 0.4, 0.3, 0.2, 0.1로 설정하였다. 직관적 방법 외에 순위합 방법, 순위역수 방법을 사용하여 각 요인에 주어지는 가중치를 설정한 결과가 〈표 5-4〉에 정리되어 있다.

〈표 5-4〉 각 방법에 의한 가중치 계산 결과

요인	직관적 방법	순위합 방법			순위역수 방법	
		r_i	$n-r_i+1$	w_i	$1/r_i$	w_i
시장성	0.4	1	4	0.4	1	0.48
기술성	0.3	2	3	0.3	0.5	0.24
환경성	0.2	3	2	0.2	0.333	0.16
공공성	0.1	4	1	0.1	0.25	0.12
계	1		10	1	2.083	1

3) 연승 방식

연승 방식은 말 그대로 각 평가항목의 평점을 더하는 것이 아니라 곱하는 방식이다. 따라서 최종점수를 T로, 각 항목의 점수를 S로 하면 최종점수를 도출하는 식은 다음과 같이 표현된다.

$$T = \prod_{i=1}^{n} S_i,\ \text{단},\ i = \text{개별항목의 번호}$$

연승 방식의 가장 큰 장점은 대안들간의 우열이 분명하게 나타남으로써 평가의 민감도(sensitivity)가 높다는 점이다. 실제로 위에서 살펴본 가산 방식은 대안간의 평점이 비슷한 경우 최종점수가 근소한 차이로 나타나 의사결정을 어렵게 만드는 경우가 많다. 그러나 연승 방식은 평점을 곱하기 때문에 항목간의 작은 차이가 최종점수에 큰 영향을 미치게 되고, 따라서 대안간의 우열이 확연히 드러나게 된다. 〈표 5-5〉의 예에서 보는 것처럼, 다섯 개 평가항목에 대해 항목당 배점이 5점인 경우 이론적으로 가능한 최대점수는 3,125점(=5×5×5×5×5)인데 반해, 최소점수는 1점(=1×1×1×1×1)에 불과하다.

그러나 이러한 연승 방식의 장점은 동시에 치명적인 단점이 되기도 한다. 가산 방식과 달리 연승 방식은 총점을 100점으로 제한할 수가 없다. 따라서 항목의 수가 늘어나고 항목별 배점이 커지게 되면 최종점수의 차이가 비현실적으로 크게 나타날 가능성이 높다. 연승 방식이 현장에서 적용되는 사례가 거의 없는 것도 이러한 문제점 때문이다.

〈표 5-5〉 연승 방식의 예

평가항목	배점	평점(S)
기술적 우수성	5	
상업화 가능성	5	
경제적 수익성	5	
가격 경쟁력	5	
시장 환경	5	
총계(T)	3,125	

4) 가승 방식

가승 방식은 앞에서 제시된 가산 방식과 연승 방식의 장점을 적절히 조화시킨 접근 방법이다. 즉 한편으로는 가산 방식의 안정성(robustness)을 채택하면서 다른 한편으로는 연승 방식의 민감도(sensitivity)를 적용하는 접근이다.

가승 방식의 절차를 단계별로 살펴보면 가산 방식과 연승 방식이 혼합되어 있음을 쉽게 알 수 있다. 먼저 다양한 평가항목들을 대항목으로 나눈 후, 각 대항목을 다시 세부적인 소항목들로 나눈다. 다음으로 각 대항목에 대해서 소항목의 평점을 가산 방식으로 합하여 대항목 점수를 계산한다. 마지막으로 각 대항목의 점수를 연승 방식으로 곱하여 최종점수를 도출한다.

최종점수를 T로, 각 소항목의 점수를 a, b, c 등으로 하면 최종점수를 도출하는 식은 다음과 같이 표현된다.

$$T=(a+b+c)\times(d+e+f)\times(g+h+i)$$

〈표 5-6〉에 나타난 가승 방식의 예를 보자. 먼저 기술성, 경제성, 환경성의 대항목에 대해 각각의 소항목을 a에서 i까지 설정한 후 각 소항목별 평점을 더하여 대항목의 평점을 계산하고, 마지막으로 대항목의 평점을 곱하면 최종점수가 도출된다. 가승방식도 곱하기 절차가 포함되므로 총점을 100점으로 제한하는 것은 불가능하다.

〈표 5-6〉 가승 방식의 예

대항목	소항목	배점	평점
기술성	a. 독창성	5	
	b. 기술수명	5	
	c. 독점성	5	
	소계	15	
경제성	d. 시장성장성	5	
	e. 시장점유율	5	
	f. 수익성	5	
	소계	15	

환경성	g. 경쟁 환경	5	
	h. 상업화 조건	5	
	i 인프라 환경	5	
	소계	15	
총계		3,375	

(3) 계층분석과정(AHP) 모형

1) 기본개념

앞에서 살펴본 점수모형도 평가의 기준이 여러 개라는 면에서는 MCDM 문제를 다룬다고 할 수 있다. 그러나 점수모형은 모든 기준이 독립적인 관계에 있다고 가정하고 직관적인 방법으로 평가 점수를 도출하기 때문에 과학적이고 체계적이라고 말하기는 어렵다. MCDM 문제를 보다 분석적이고 수리적으로 접근하는 대표적 방법으로, Saaty(1980)에 의해 제시된 계층분석과정(Analytical Hierarchy Process: AHP) 모형을 들 수 있다.

AHP는 수리적으로는 복잡하고 어렵게 보일 수 있지만 실제로는 매우 단순하고 상식적인 논리에 근거하고 있다. 우선 AHP는 다음의 가정(assumption)을 기본 전제로 한다. 첫째, 크고 복잡한 평가나 의사결정 문제는 평가의 기준이 한 개가 아니라 여러 개 존재한다. 둘째, 여러 개의 평가기준은 모두 동일한 수준에 있는 것이 아니라, 어떤 기준들은 보다 상위의 수준에 있고 어떤 기준들은 보다 하위의 수준에 있는 계층구조를 보인다. 셋째, 계층구조에서 평가를 할 때는 먼저 상위 수준에서 평가를 한 후 그 결과를 하위 기준의 평가에 반영하는 순서로 해야 전체적인 일관성이 유지된다. 넷째, 여러 개의 대상을 평가할 때 일반적인 인간의 인지능력으로는 모든 대상을 동시에 비교하는 것보다 두 개씩 쌍(pair)으로 비교하는 것이 더 정확하다.

위의 가정을 전제로 AHP의 알고리즘을 좀더 자세히 살펴보자. 문제가 크고 복잡해지면 평가기준이 여러 개 필요한 것은 당연한 일이다. 그러나 복수의 기준이나 항목이 존재하는 전형적인 MCDM 평가에서는 다음 몇 가지 문제가 발생한다. 먼저, 평가기준간의 상대적 중요도가 다르다는 문제가 발생한다. 따라서 중요도에 따른 가중치를 설정해야 하는데 복수의 평가기준에 대해서 직관적으로 가중치를 정하는 것은 쉬운 일이 아니다. 예를 들어 5개의 자동차 중 하나를 선택하는 의사결정 문제를 생각해보자. '배기량'이라는 평가기준도 중요하고 '스타일'이라는 기준도 중요하다. 그러나 어느 기준이 얼마나 더 중요하고 덜 중요한지를 정하는 것은 간단한 문제가 아니다. 다음으로, 정성적인 평가기준이 존재하는 문제가 발생한다. 정성적인 기준의 경우에는 각 대안의 수준을 정량적인 값으로 표현하기가 어렵다. 위의 예에서, '배기량'이라는 기준은 정량적 기준이기 때문에 각 자동차의 실제 배기량을 바탕으로 쉽게 평가를 할 수 있지만 '스타일'이라는 기준은 정성적이고 주관적이기 때문에 객관적인 평가가 불가능하다. 마지막으로, 평가기준의 위상이나 수준이 다르다는 문제도 있다. 앞의 점수모형에서 본 것처럼 대안의 가치를 크게 기술성과 경제성으로 나눈다면, 기술성은 다시 신뢰도, 기술수명주기, 독창성 등으로 잘게 나뉘고 경제성도 다시 성장성, 가격경쟁력, 응용 가능성 등으로 세분된다. 이렇게 되면 기술성이나 경제성이라는 기준은 상위에 있는 반면 나머지 작은 기준들은 하위에 존재하게 된다.

AHP는 이러한 문제를 해결하기 위해 정성적인 측면과 정량적인 측면을 동시에 고려하는 접근을 사용한다. 구체적으로 주어진 의사결정 문제를 몇 단계로 이루어진 계층(hierarchy)으로 모형화한 후, 각 계층 내 의사결정 요소들간의 쌍대비교(pair-wise comparison)를 통해 체계적이고 합리적인 의사결정을 할 수 있도록 설계되어 있다.

● 쌍대비교

먼저 쌍대비교의 의미를 알아보자. 쌍대비교란 한 쌍(pair)의 의사결정 요소간의 중요도 또는 선호도만을 비교하는 것으로, 여러 개의 요소들에 대해 동시에 절대적인 평가를 하는 것보다 더 쉽고 단순하다. AHP는 각 의사결정 요소들간의 쌍대비교 결과를 종합함으로써 정성적인 측면의 평가를 정량적인 결과로 변환시킨다.

● 계층화

다음으로 계층화의 의미를 살펴보자. 여러 개의 평가기준을 수준의 차이에 따라 상위 계층과 하위 계층으로 나누고 나서, 먼저 제일 상위 계층에서 평가를 한 후 그 결과를 바로 아래 계층의 평가에 반영하고, 또 그 아래의 계층에 반영하는 순서로 진행하면 평가의 일관성을 확보할 수 있다.

한마디로 요약하면 의사결정 문제를 모형화할 때는 계층을 이용하는 정성적인 접근을 사용하고, 평가를 수행할 때는 쌍대비교를 통해 정량적 결과를 도출함으로써 정성적이고 정량적인 측면을 함께 고려하는 것이 AHP의 기본접근이다. 이와 같은 장점으로 인해 AHP는 공학 및 사회과학의 다양한 분야에서 널리 활용되고 있으며 프로젝트 경제성 평가에도 자주 사용되어 왔다.

2) 과정과 방식

AHP는 계층모형 구축, 쌍대비교, 부분 우선순위 도출, 일관성 평가, 최종 우선순위 도출 및 대안 선택의 5 단계로 이루어진다. 각 단계의 세부적 내용을 알아 보자.

● 단계 1: 계층모형 구축

AHP의 핵심적 아이디어는 복잡하고 규모가 큰 의사결정 문제를 몇 개의 단계로 나누고, 단계마다 따로 평가를 하되 각 단계가 전체적으로 연결되어 하나의 계층(hierarchy) 구조를 만드는 데 있다. 따라서 계층모형의 구축은 AHP의 출발점이자 근간이 된다.

일반적인 계층구조의 형태는 아래 [그림 5-3]과 같다. 계층구조의 최상위 단계는 하나의 의사결정 요소로 구성되며 이는 의사결정의 최종적인 목표(goal)를 나타낸다. 다음 단계는 목표를 달성하기 위한 구체적인 평가기준(criteria)들로 구성되며 각 평가기준은 몇 단계의 하위평가기준(sub-criteria)을 포함할 수 있다. 최하위단계는 의사결정의 대상이 되는 대안(alternative)들로 구성된다.

계층구조를 몇 단계로 할 것인가 즉 평가기준들을 몇 단계로 구성할 것인가는 문제의 규모와 복잡도에 따라 달라진다. 단계의 수가 너무 적으면 주어진 의사결정 문제

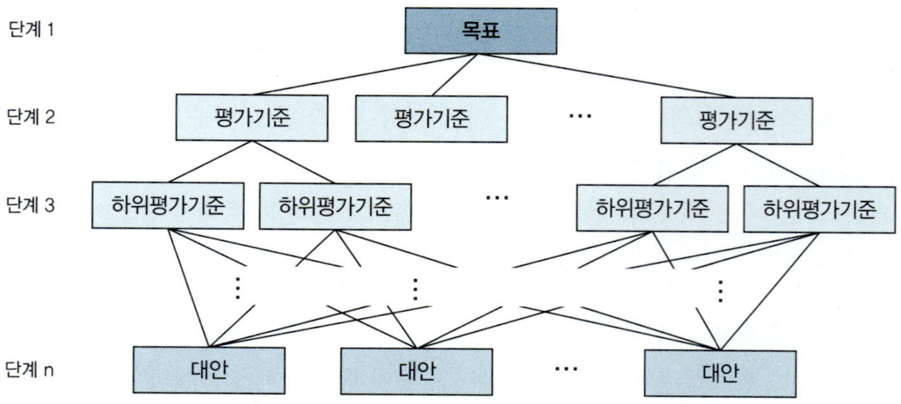

[그림 5-3] AHP 계층구조의 기본적 형태

를 정확하게 반영할 수 없지만, 반대로 단계의 수가 너무 많으면 분석에 소요되는 비용과 시간이 늘어나므로 적절한 단계의 수를 결정하는 것도 중요한 의사결정의 하나가 된다.

● 단계 2: 쌍대비교

다음 단계는 각 단계별로 제시된 의사결정 요소들의 상대적 중요도에 대한 쌍대비교를 수행하는 단계이다. 주어진 기준에 대해 의사결정 요소들을 쌍(pair)으로 비교하여, 의사결정 요소들의 중요도 또는 선호도를 평가하는 것이다.

앞에서 설명한대로 쌍대비교는 계층구조의 위에서부터 아래로 내려가면서 차례로 이루어진다. 우선 목표에 대하여 평가기준들간의 쌍대비교를 수행한다. '주어진 목표를 이루는 데 있어서 특정 평가기준이 다른 평가기준보다 얼마나 더 중요한가'를 평가하는 것이다. 다음으로 하위 평가기준들이 존재하는 경우, 각 평가기준들에 관하여 하위 평가기준들에 관한 쌍대비교를 수행한다. 마지막으로 평가기준 또는 하위 평가기준에 관해서 대안들간의 쌍대비교를 수행한다. '주어진 평가기준 또는 하위 평가기준에 관해서 특정 대안이 다른 대안들에 비해 얼마나 뛰어난가'를 평가하는 것이다.

쌍대비교를 위해서는 일반적으로 아래 〈표 5-7〉에 제시된 9점 척도(scale)를 사용한다. 요소 A와 B에 대한 쌍대비교치는 두 요소의 중요도가 비슷한 경우의 1부터 A가 B보다 극히 중요한 9까지의 값으로 결정된다.

〈표 5-7〉 쌍대비교 척도

척도	정의
1	A와 B가 비슷함(equal importance)
3	A가 B보다 약간 중요함(moderate importance)
5	A가 B보다 상당히 중요함(strong importance)
7	A가 B보다 매우 중요함(very strong importance)
9	A가 B보다 극히 중요함(extreme importance)
2, 4, 6, 8	위 값들의 중간 값

쌍대비교의 결과는 하나의 행렬(matrix)을 이용하여 나타낸다. 쌍대비교 행렬 A의

(i, j) 원소, a_{ij}는 i번째 의사결정 요소와 j번째 의사결정 요소와의 쌍대비교 값, 즉 i번째 의사결정 요소가 j번째 의사결정보다 얼마나 중요한가를 나타낸다. 쌍대비교 행렬 A는 일반적으로 다음과 같은 특성을 가진다.

$$a_{ij} = 1/a_{ji} \qquad i, j=1, 2, \cdots, n$$
$$a_{ij} = 1, \ if\ i=j \qquad i, j=1, 2, \cdots, n$$

자신과의 비교를 나타내는 대각원소(diagonal entry)의 값은 1이며, 같은 쌍에 대한 쌍대비교 값은 기준이 되는 의사결정 요소가 반대가 됨에 따라 역수(reciprocal) 관계를 가지게 된다. 따라서 쌍대비교 행렬의 대각선 위(upper triangular) 부분에 해당하는 쌍대비교만 이루어지면 나머지 대각선 아래(lower triangular)는 자동적으로 결정된다. 일반적으로 n개의 의사결정 요소간의 쌍대비교에 있어서 요구되는 비교 횟수는 $n(n-1)/2$회가 된다.

아래의 〈표 5-8〉은 쌍대비교의 예시로서 목표에 대한 세 가지 평가기준간의 쌍대비교 행렬을 표로 나타낸 것이다. 이 표에서 각 셀(cell)에 표기된 값은 쌍을 이루는 두 기준의 상대적 중요도를 의미한다. 예를 들어 평가기준 3과 평가기준 2로 구성되는 cell(3, 2)에 해당하는 원소값이 3이라는 것은 평가기준 3이 평가기준 2보다 약간 중요함을 나타낸다.

〈표 5-8〉 쌍대비교 행렬 예시

목표	평가기준 1	평가기준 2	평가기준 3
평가기준 1	1	6	4
평가기준 2	1/6	1	1/3
평가기준 3	1/4	3	1

- **단계 3: 부분 우선순위 도출**

쌍대비교는 두 요소들간의 상대적 중요도는 알려주지만 모든 요소들간의 전체적인 중요도의 비교치를 제공하지는 못한다. 따라서 쌍대비교 행렬이 도출되면 그 다음 단계에서는 그 값을 토대로 모든 의사결정 요소들의 상대적 중요도 또는 선호도를 결정해야 한다. 물론, 작은 규모의 문제인 경우 직관적으로도 상대적 중요도를 비교할 수 있다. 위의 예에서는, 평가기준 1이 2와 3에 비해 쌍대비교 값이 모두 1보다 크기 때문에 상대적으로 가장 중요한 기준인 것을 알 수 있다. 반대로 평가기준 2는 1과 3에 비해 쌍대비교 값이 모두 1보다 작으므로 상대적으로 가장 중요하지 않은 기준이 된다. 그러나 규모가 커지게 되면 직관적 비교가 어려워지기 때문에 수리적으로 중요도를 계산해야 한다.

쌍대비교의 결과가 행렬의 형태로 표현되듯이 상대적 중요도는 우선순위 벡터(priority vector)의 형태로 표현된다. 우선순위 벡터를 도출하는 수리적 방법은 고유벡터법(eigenvector method)을 비롯하여 여러 가지 방법이 제안되고 있지만, 실무적인 편의를 위해서는 흔히 산술평균법을 사용한다. 산술평균법은 손쉽게 사용할 수 있으면서도 고유벡터법으로 계산된 우선순위 벡터의 근사치를 얻어낼 수 있는 장점이 있다.

산술평균법의 절차는 크게 두 단계로 구성된다. 먼저 쌍대비교 행렬의 각 열의 원소들을 열의 총합(sum)으로 나눠줌으로써 정규화(normalization)시킨다. 다음으로 각 행의 산술평균을 계산함으로써 의사결정 요소들의 중요도 값으로 이루어진 우선순위 벡터를 얻는다. 아래 〈표 5-9〉는 위의 〈표 5-8〉의 쌍대비교 행렬에 대해 산술평균법을 사용하여 우선순위 벡터를 도출하는 과정을 예시한 것이다.

〈표 5-9〉 우선순위 벡터 도출 예시

목표	평가기준 1	평가기준 2	평가기준 3	평가기준 1 (정규화)	평가기준 2 (정규화)	평가기준 3 (정규화)	산술평균 (우선순위)
평가기준 1	1	6	4	0.706	0.6	0.750	0.685
평가기준 2	1/6	1	1/3	0.118	0.1	0.0625	0.094
평가기준 3	1/4	3	1	0.176	0.3	0.1875	0.221
합계	1.416	10	5.333	1	1	1	1

위의 표에서 먼저 쌍대비교 행렬의 각 열의 합을 구하면 각각 1.416, 10, 5.333이 된다. 각 원소들의 값을 열의 합계로 나누면 정규화가 이루어진다. 정규화를 한다는 말은 곧 그 열의 모든 원소값의 합을 1로 만든다는 것을 의미한다. 여기서 합(sum)이 1이 된다는 것은 중요한 의미를 지닌다. AHP는 중요도 값의 합을 1로 설정한 후, 각 대안의 상대적 중요도 즉 우선순위에 따라 분배하는 방식으로 설계되어 있다.

예를 들어 평가기준 2와 평가기준 1이 만나는 원소값인 1/6을 그 열의 합계인 1.416으로 나누면 0.118이 된다. 이와 같은 방식으로 모든 원소값을 정규화할 수 있다. 마지막으로 각 행의 정규화한 원소값들의 평균을 계산하면 그것이 곧 그 평가기준의 우선순위 값이 된다. 예를 들어 평가기준 1의 우선순위 값은 (0.706+0.6+0.75)/3=0.685가 된다. 같은 방식으로, 평가기준 2는 0.094, 평가기준 3은 0.221이 되고 세 기준의 값을 더하면 1.0이 된다. 앞에서 직관적으로 판단한 결과와 마찬가지로 평가기준 1의 상대적 중요도가 가장 큰 것을 확인할 수 있다. 우선순위 벡터는 각 기준의 우선순위 값을 벡터 형식으로 표현한 (0.685, 0.094, 0.221)이 된다.

● 단계 4: 일관성 평가

AHP에 의한 평가의 신뢰성을 저해하는 가장 큰 요인은 쌍대비교 과정에서 평가자가 내리는 판단의 일관성(consistency) 문제이다. 다양한 요소들로 구성된 의사결정 문제는 항상 평가결과의 모순성이나 상충성의 위험이 존재하기 때문에 판단의 일관성을 검증하는 것은 매우 중요하다. 예를 들어 A가 B보다 중요하고 B가 C보다 중요하다고 평가하였다면 당연히 A는 C보다 중요하다고 평가되어야 하지만, 평가자의 오류로 인해 C가 A보다 중요하다고 평가하는 이른바 비일관성(intransitivity) 문제가 발생할 수 있다. 또 완벽한 일관성을 위해서는 A가 B보다 6배 중요하고 A가 C보다 3배 중요하다면 B는 C보다 2배 중요하다고 평가되어야 하지만, 이처럼 일관성 있는 평가를 수행하기는 쉽지 않다.

AHP에서는 쌍대비교의 일관성을 측정하기 위해 일관성 지수(consistency index: CI)와 임의 지수(random index: RI)를 도입한다. 이러한 접근은 평가의 일관성이 유지된 경우에 얻을 수 있는 CI 값과 평가가 순수하게 무작위로 이루어졌을 때 나타나는 RI 값을 비교하여 그 비율로 일관성을 판단한다는 아이디어에 토대하고 있다.

먼저 CI는 아래와 같이 정의된다.

$$CI = \frac{\lambda_{\max} - n}{n-1}$$

여기서 n은 행렬의 차수로서 쌍대비교에 포함된 의사결정 요소들의 개수를 나타낸다. 예를 들어 의사결정 요소가 5개 이면 차수인 n은 5가 된다. $\lambda_{\max}$는 쌍대비교 행렬의 최대 고유치(eigenvalue)를 의미한다. λ_{max} 값은 n보다 크며, 만일 평가의 완전한 일관성이 이루어진다면 λ_{max} 값과 n은 일치한다. 일반적으로는 λ_{max} 값이 n에 가까울수록 평가의 일관성이 높다는 것을 수리적으로 증명할 수 있다. 따라서 평가의 일관성이 올라갈수록 CI 값은 작아지게 된다.

최대 고유치를 수리적으로 이해하기 위해서는 선형대수(linear algebra)에 대한 기본지식이 필요하지만 설명의 편의를 위해 이 내용은 생략하기로 한다. 왜냐하면 앞에서 산술평균법을 사용하여 우선순위 벡터를 도출한 것처럼 최대 고유치도 근사치를 찾을 수 있기 때문이다. λ_{max}의 근사치는 쌍대비교 행렬과 우선순위 벡터와의 곱을 통해 얻어진 벡터의 각 원소를 다시 우선순위 벡터의 각 원소로 나눈 값들의 산술평균이 된다. 따라서 쌍대비교 행렬과 우선순위 벡터가 주어지면 λ_{max}의 근사치도 쉽게 계산할 수 있다.

RI는 무작위로 추출한 CI 값이라고 할 수 있다. 즉 평가의 일관성에 대한 아무런 기준을 정하지 않고 임의로 쌍대평가를 할 경우에 도출되는 CI 값이 되는 것이다. 이 값은 컴퓨터 시뮬레이션을 통해 얻어진다. 〈표 5-10〉은 시뮬레이션을 통해 얻은 차수 1부터 10까지의 RI를 보여주고 있다.

〈표 5-10〉 차수별 RI

차수(n)	1	2	3	4	5	6	7	8	9	10
RI	0	0	0.58	0.90	1.12	1.24	1.32	1.41	1.45	1.49

앞에서 설명한대로 최종적인 일관성 평가는 CI와 RI의 비율로 판단한다. 이때 CI 값과 RI 값의 비율을 일관성 비율(Consistency Ratio: CR)이라고 하며 다음과 같이 정의된다.

$$CR = CI / RI$$

만일 평가자가 완전한 일관성을 유지하며 쌍대비교를 하였다면 CI 값이 0이 되고 그에 따라 CR 값도 0이 된다. 따라서 CR 값이 작을수록 일관성은 올라간다.

절대적인 기준을 말하기는 어렵지만 일반적인 기준으로는 CR 값이 0.1 미만이면 충분히 일관성이 있는 것으로 판단하며, 0.2 이하까지는 허용할 수 있는 수준으로 간주한다. 그러나 만일 0.2를 넘어서면 일관성에 심각한 문제가 있는 것으로 판단하며 이 경우에는 다시 한번 쌍대비교를 수행하여 일관성을 확보해야 한다.

일관성 평가를 수행하는 과정을 예를 들어 살펴보자. 아래 〈표 5-11〉는 위의 〈표 5-9〉에 제시된 쌍대비교 행렬과 우선순위를 바탕으로 λ_{max}를 구하는 과정을 나타낸 것이다.

〈표 5-11〉 λ_{max}계산 예시

목표	기준 1	기준 2	기준 3	우선순위(A)	행렬 곱(B)	B/A
기준 1	1	6	4	0.685	2.133	3.114
기준 2	1/6	1	1/3	0.094	0.282	2.998
기준 3	1/4	3	1	0.221	0.674	3.051

먼저 행렬 곱으로 표시된 부분(B)은 쌍대행렬 값과 우선순위 값의 곱으로 계산된다. 예를 들어 평가기준 1행의 2.133은 (1×0.685+6×0.094+4×0.221)로 얻은 값이다. 다음으로 주어진 쌍대비교 행렬의 λ_{max}는 〈표 5-11〉의 가장 오른쪽 값(B/A)들의 산술평균인 3.054(=[3.114+2.998+3.051]/3)이다. 그러므로 CI는 0.027(=[3.054-3]/[3-1])이 되며 쌍대비교 행렬의 차수는 3이므로 RI는 위의 〈표 5-10〉에서 보듯이 0.58이다. 따라서 최종적인 CR은 0.047(=0.027/0.58)이 된다. 이 값은 0.1보다 작으므로 쌍대평가의 일관성은 충분한 수준이라고 할 수 있다.

● 단계 5: 최종 우선순위 도출 및 대안선정

각각의 쌍대비교 행렬로부터 얻어진 의사결정 요소들의 우선순위 벡터를 바탕으로 대안들의 최종적인 우선순위를 도출한다. 특정 대안에 대해 각 평가기준의 우선순위와 그 평가기준에 대한 대안의 우선순위를 곱한 값을 모두 더하면 대안의 최종 우선순위 값이 도출된다. 즉 아래와 같이 각 열이 평가기준에 대한 대안들의 우선순위 벡터로 구성된 행렬과 평가기준들의 우선순위 벡터의 곱으로써 대안들의 최종 우선순위 벡터를 도출할 수 있다.

$$\begin{bmatrix} W_{11} & W_{12} & \cdots & W_{1m} \\ W_{21} & W_{22} & \cdots & W_{2m} \\ \vdots & \vdots & \ddots & \vdots \\ W_{n1} & W_{n2} & \cdots & W_{nm} \end{bmatrix} \begin{bmatrix} W_1 \\ W_2 \\ \vdots \\ W_m \end{bmatrix} = \begin{bmatrix} W_1 \\ W_2 \\ \vdots \\ W_n \end{bmatrix}$$

여기서 w_{ij}는 $j(j=1, \cdots, m)$번째 평가기준에 대한 $i(i=1, \cdots, n)$번째 대안의 우선순위를, w_j는 목표에 대한 j번째 평가기준의 우선순위를 의미하며, W_i는 i번째 대안들의 최종 우선순위를 나타낸다. 최종적인 의사결정은 W_i 값이 높은 순서대로 이루어지게 된다.

3) 예제

● 단계 1: 계층 모형 구축

P 기업은 기업성장이라는 궁극적인 목적을 달성하기 위해 A, B, C 세 개의 R&D 프로젝트 중 하나를 선정하여 수행하려고 한다. 사내외 전문가와의 토의를 바탕으로 프로젝트를 평가할 핵심적인 기준으로 성장 잠재력, 시장 우위, 다각화, 경쟁수준, 개발비용, 개발기간의 6가지를 선정하였다. 이를 바탕으로 구축한 계층모형은 아래 [그림 5-4]와 같다.

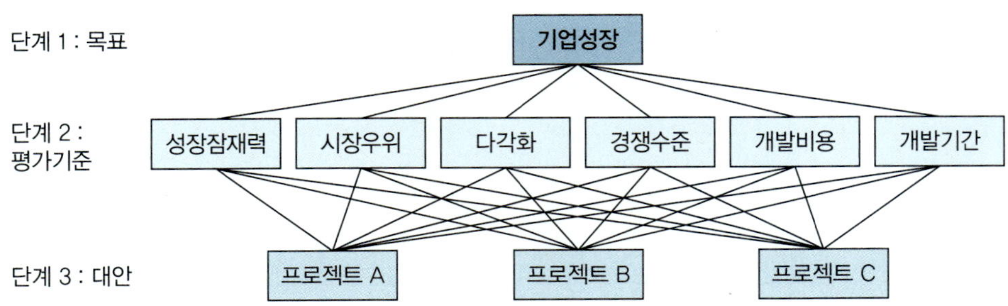

[그림 5-4] R&D 프로젝트 선정 문제의 계층 모형

● 단계 2: 쌍대비교

먼저 단계 1의 기업성장이라는 목표에 대한 단계 2의 평가기준간의 쌍대비교를 수행하였다. 그 결과는 아래 〈표 5-12〉와 같다.

〈표 5-12〉 요소간 쌍대비교 행렬

기업성장	성장잠재력	시장우위	다각화	경쟁수준	개발비용	개발기간
성장잠재력	1	3	7	6	1/3	1/4
시장우위	1/3	1	5	3	1/5	1/7
다각화	1/7	1/5	1	1/3	1/7	1/8
경쟁수준	1/6	1/3	3	1	1/5	1/6
개발비용	3	5	7	5	1	1/2
개발기간	4	7	8	6	2	1

다음으로 단계 2의 평가기준에 대한 단계 3의 대안들간의 쌍대비교를 수행한다. 그 결과를 〈표 5-13〉에 나타내었다.

〈표 5-13〉 평가기준에 대한 대안간의 쌍대비교

〈표 5-13-1〉 성장잠재력에 대한 쌍대비교

성장잠재력	A	B	C
A	1	6	4
B	1/6	1	1/3
C	1/4	3	1

〈표 5-13-2〉 시장우위에 대한 쌍대비교

시장우위	A	B	C
A	1	1/3	1/2
B	3	1	3
C	2	1/3	1

〈표 5-13-3〉 다각화에 대한 쌍대비교

다각화	A	B	C
A	1	1	1
B	1	1	1
C	1	1	1

〈표 5-13-4〉 경쟁수준에 대한 쌍대비교

경쟁수준	A	B	C
A	1	1/2	1
B	2	1	2
C	1	1/2	1

〈표 5-13-5〉 개발비용에 대한 쌍대비교

개발비용	A	B	C
A	1	9	7
B	1/9	1	1/2
C	1/7	2	1

〈표 5-13-6〉 개발기간에 대한 쌍대비교

성장잠재력	A	B	C
A	1	5	1
B	1/5	1	1/5
C	1	6	1

● 단계 3: 부분 우선순위 도출

〈표 5-12〉의 목표에 대한 평가기준간 쌍대비교 행렬을 바탕으로 산술평균법을 사용하여 도출한 각 평가기준의 우선순위 값은 아래 〈표 5-14〉와 같다.

〈표 5-14〉 평가기준의 우선순위

성장잠재력	시장우위	다각화	경쟁수준	개발비용	개발기간
0.167	0.086	0.029	0.052	0.266	0.400

다음으로 〈표 5-13〉의 평가기준에 대한 대안들간의 쌍대비교를 바탕으로 도출해낸 평가기준 별 대안들의 우선순위는 아래 〈표 5-15〉과 같다.

〈표 5-15〉 평가기준 별 대안들의 우선순위

	성장잠재력	시장우위	다각화	경쟁수준	개발비용	개발기간
A	0.685	0.159	0.333	0.25	0.790	0.455
B	0.094	0.589	0.333	0.5	0.077	0.091
C	0.221	0.252	0.333	0.25	0.133	0.455

● 단계 4: 일관성 평가

〈표 5-12〉와 〈표 5-13〉에 제시된 쌍대비교의 일관성을 확인하기 위해 CR값을 계산한 결과를 아래 〈표 5-16〉에 나타내었다.

〈표 5-16〉 쌍대비교 일관성 평가

	CI	RI	CR
〈표 5-16-1〉 기업성장	0.105	1.24	0.084
〈표 5-16-2〉 성장잠재력	0.027	0.58	0.047
〈표 5-16-3〉 시장우위	0.027	0.58	0.046
〈표 5-16-4〉 다각화	0	0.58	0
〈표 5-16-5〉 경쟁수준	0	0.58	0
〈표 5-16-6〉 개발비용	0.011	0.58	0.019
〈표 5-16-7〉 개발기간	0	0.58	0

모든 쌍대비교 행렬의 CR값이 0.1보다 작으므로 쌍대비교의 일관성은 만족할만한 수준이라고 할 수 있다. 따라서 쌍대비교에 대한 별다른 수정 없이 다음 단계로 넘어간다.

● 단계 5: 최종 우선순위 도출 및 대안 선택

〈표 5-15〉와 〈표 5-16〉에 제시된 평가기준 별 대안들의 우선순위로 구성된 행렬과 평가기준들의 우선순위 벡터를 곱하여 다음과 같이 대안들의 최종적인 우선순위를 도출할 수 있다. 여기서 길이가 같은 두 벡터의 곱(product)은 하나의 값(scalar)이 된다. 예를 들어 아래 행렬의 첫 번째 행(row) 벡터인 [0.685, 0.159, 0.333, 0.250, 0.790, 0.455]와 오른 쪽의 벡터인 [0.167, 0.086, 0.029, 0.052, 0.266, 0.400]을 곱하면 0.543이 되는 것이다. 이런 식으로 두 번째 행(row) 벡터와 오른 쪽 벡터를 곱하여 0.158, 세 번째 행(row) 벡터와 오른 쪽 벡터를 곱하여 0.299를 얻게 된다.

$$\begin{bmatrix} 0.685 & 0.159 & 0.333 & 0.250 & 0.790 & 0.455 \\ 0.094 & 0.589 & 0.333 & 0.500 & 0.077 & 0.091 \\ 0.221 & 0.252 & 0.333 & 0.250 & 0.133 & 0.455 \end{bmatrix} \begin{bmatrix} 0.167 \\ 0.086 \\ 0.029 \\ 0.052 \\ 0.266 \\ 0.400 \end{bmatrix} = \begin{bmatrix} 0.543 \\ 0.158 \\ 0.299 \end{bmatrix}$$

대안들간의 우선순위는 프로젝트 A〉프로젝트 C〉프로젝트 B 순으로 나타나고 있다. 따라서 0.543의 가장 높은 중요도 값을 갖는 프로젝트 A를 최종적으로 선택한다. 앞에서 설명한대로, 모든 대안의 중요도 값을 더하면 항상 1(=0.543+0.158+0.299)이 된다. 즉 AHP는 1이라는 전체 중요도 값을 각 대안의 상대적 중요도 즉 우선순위에 따라 분배하는 방식이다.

(4) 네트워크분석과정(ANP) 모형

1) 기본개념

앞에서 설명한 AHP에서는 의사결정 문제를 계층화함으로써 상위 수준의 의사결정

요소들이 하위 수준의 의사결정 요소에 영향을 미치는 것으로 파악한다. 또한 동일한 수준의 의사결정 요소는 서로 독립적인 것으로 가정한다. 그러나 실생활의 많은 의사결정 문제들에서는 이러한 가정이 비현실적인 경우가 많다. 하위 수준의 의사결정 요소가 상위 수준의 의사결정 요소에 영향을 미치기도 하고, 동일한 수준의 의사결정 요소들도 독립적이 아니라 상호간에 연관성이 존재하기도 한다. 즉 평가기준이 대안에 영향을 미칠 뿐만 아니라 대안들이 오히려 평가기준의 중요성을 결정지을 수도 있으며, 평가기준들이 서로 밀접한 연관관계를 가지고 있을 수도 있다. 이러한 상황에서는 AHP의 유용성과 적합성이 떨어질 수 있다.

네트워크분석과정(Analytic Network Process: ANP)은 의사결정 요소들간의 다양한 상호연관성을 반영하여 보다 정교한 의사결정을 수행하기 위해 개발된 평가기법으로, 역시 AHP를 개발한 Saaty(1996)에 의해 제시되었다. 실제로 AHP와 ANP는 평가의 기본적인 기준이나 방식에 있어 여러 가지 공통적인 면이 많다. 예를 들어 쌍대비교 매트릭스나 우선순위 벡터를 통해 기준과 대안간의 상대적 차이를 비교하는 것은 ANP나 AHP나 동일하다.

그러나 AHP와 비교하여 ANP의 핵심적인 차이는 네트워크(network)라는 용어에 있다. 만일 평가요소나 기준들간의 관계가 계층적이고 독립적이라고 가정할 수 없다면, 이를 계층(hierarchy)으로 표현하기 보다는 네트워크로 표현하는 것이 더 정확하다고 보는 것이다. 따라서 ANP는 AHP의 계층을 네트워크로 대체함으로써 AHP를 일반화시킨 것으로 설명할 수 있다. 한마디로 피드백(feedback)이 있는 AHP라고 할 수 있는 것이다.

기본 모형이 일반화될수록 분석방법은 좀더 어려워지게 마련이다. AHP의 계층모형을 ANP의 네트워크 모형으로 전환시키면, 시스템을 좀더 현실적으로 설명할 수 있는 장점은 있지만 분석 과정과 방법이 복잡해지는 단점을 피할 수 없다. 이 본질적인 문제를 염두에 두고 ANP의 구체적 과정과 방법을 자세히 알아보자.

2) 과정과 방법

ANP는 네트워크 모형 구축, 쌍대비교 및 부분 우선순위 도출, 수퍼매트릭스 구성, 수퍼매트릭스 변환 및 우선순위 도출의 4단계로 이루어진다. 각 단계마다의 이론적 개념과 방법론적 내용이 AHP보다 이해하기 어렵기 때문에 각 단계에 대한 기본적 설명이 끝나면 앞의 AHP에서 사용한 예제를 가지고 구체적인 절차를 설명함으로써 이해의 편의를 도모하고자 한다.

● 단계 1: 네트워크 모형 구축

먼저 주어진 의사결정 문제를 네트워크 형태로 구조화시킨다. 네트워크의 기본 단위는 클러스터(cluster)이며, 각각의 클러스터는 몇 개의 의사결정 요소(element)를 포함한다. ANP에 있어 하나의 클러스터는 AHP에 있어 하나의 평가기준일 수도 있고 하나의 대안일 수도 있다. 또 AHP의 계층이 목표–평가기준–대안의 계층으로 구성되는 것과 달리 ANP의 네트워크 상에는 목표가 없을 수도 있으며, 평가기준이 하나의 클러스터에 모두 포함되어 있을 수도 있고 몇 개의 클러스터로 구분될 수도 있다.

어떤 클러스터가 다른 클러스터에 영향을 미치는 경우 이를 화살표로 표시함으로써 클러스터들의 관계를 나타낼 수 있다. 또한 클러스터 내의 의사결정 요소들 간에 상호 연관성이 존재한다면 이를 피드백 고리(feedback loop)를 이용하여 표시한다. 아래 [그림 5–5]는 3단계 계층으로 구성된 AHP 계층구조와 3개의 클러스터로 구성된 ANP 네트워크 구조를 예시적으로 비교한 것이다.

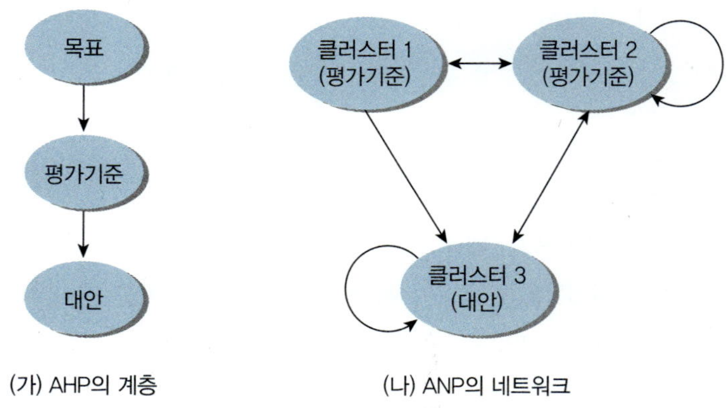

[그림 5–5] AHP의 계층 구조와 ANP의 네트워크 구조의 비교

AHP에서 사용한 예제를 ANP에 적용해 보자. [그림 5–6]은 예제에서 주어진 의사결정 문제를 네트워크로 모형화한 것이다. 네트워크는 평가기준과 R&D 프로젝트라는 두 개의 클러스터로 구성된다. 평가기준 클러스터는 성장 잠재력, 시장우위, 다

각화, 경쟁수준, 개발비용, 개발기간의 총 6개의 의사결정 요소로 이루어져 있고, R&D 프로젝트 클러스터는 프로젝트 A, 프로젝트 B, 프로젝트 C, 총 3개의 의사결정 요소로 이루어진다. 두 클러스터간의 관계를 보면, 평가기준이 프로젝트에 영향을 미치는 반면 프로젝트는 평가기준에 영향을 미치지 않는다. 또한 각 클러스터 내의 의사결정 요소들 간에는 상호 연관성이 존재한다고 보기 때문에 피드백 고리가 존재한다.

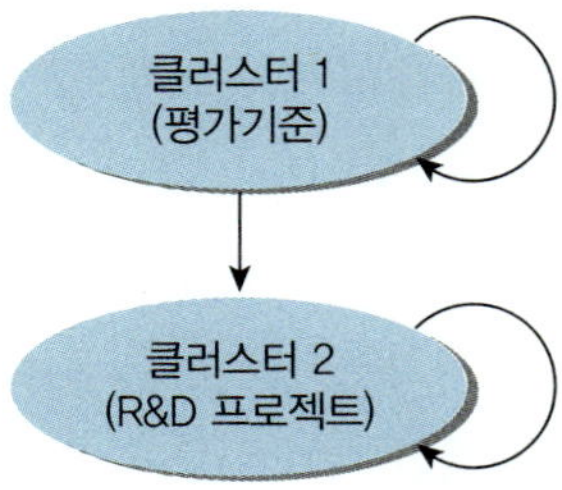

[그림 5-6] R&D 프로젝트 선정 문제의 네트워크 모형

● 단계 2: 쌍대비교(pair-wise comparison) 및 부분 우선순위 도출

다음에는 구축된 네트워크에 따라 쌍대비교를 수행한다. ANP에서 쌍대비교를 수행하는 기본적인 기준과 방법은 AHP와 동일하다. 그러나 화살표의 수 즉 클러스터들의 상호관계가 AHP보다 많기 때문에 더 많은 쌍대비교가 필요하다. 좀 더 구체적으로 말하자면, 화살표가 나가는 클러스터 내의 의사결정요소들 각각에 관해서 화살표가 들어오는 클러스터 내의 의사결정 요소들간의 중요도 또는 선호도에 대한 쌍대비교를 수행한다. 또한 피드백 고리가 존재하는 경우 클러스터 내의 각각의 의사결정 요소에 관해서 나머지 의사결정 요소들간의 쌍대비교를 수행한다. 수행한 모든 쌍대비교에 대해서 산술평균법을 이용하여 의사결정 요소들의 우선순위 벡터를 도출한다. 도출된 우선순위 벡터들은 다음에 설명할 수퍼매트릭스(super matrix)를 구성하게 된다.

필요에 따라서는 가장 상위 수준의 클러스터간의 쌍대비교를 수행할 수도 있다. AHP에서는 클러스터라고 할 수 있는 목표, 평가기준, 대안이 단방향의 계층구조를 이루고 있으므로 각 클러스터의 가중치를 구하는 것이 무의미하지만, ANP에서는 클러스터간의 관계가 수평적이므로 클러스터의 상호연관성에 따른 쌍대비교를 통해 클러스터의 가중치를 도출할 수 있다. 클러스터간 쌍대비교의 수행여부는 클러스터들의 관계에 따라 선택할 수 있다. 만일 네트워크의 형태가 AHP의 계층구조에 피드백 고리 또는 하위 계층의 상위 계층에 대한 영향 정도를 포함한 형태라면 굳이 클러스터간 쌍대비교를 수행할 필요는 없다. 그러나 수평적인 관계에 있는 클러스터들로 이루어진 네트워크라면 클러스터들의 상호연관성을 바탕으로 쌍대비교를 수행하여 클러스터들의 가중치를 도출하는 것이 바람직하다. 이렇게 구한 클러스터의 가중치는 수퍼매트릭스에 포함되는 것이 아니라, 수퍼매트릭스의 변환 과정에 사용된다.

이 과정을 다시 예제를 가지고 수행해보자. [그림 5-6]의 네트워크에 기초하여 쌍대비교를 수행한다. 수행해야 하는 쌍대비교는 크게 세 종류이다. 우선 화살표가 클러스터 1에서 나가서 클러스터 2로 들어가므로 클러스터 1의 각 평가기준들에 대하여 클러스터 2내의 프로젝트간 쌍대비교를 수행한다. 또한 두 클러스터 모두 피드백 고리가 있으므로 클러스터 1의 각 평가기준에 대해 나머지 평가기준들간의 쌍대비교와, 클러스터 2의 각 프로젝트에 대한 나머지 프로젝트간의 쌍대비교를 수행해야 한

〈표 5-17〉 평가기준에 대한 대안간의 쌍대비교

〈표 5-17-1〉 성장잠재력에 대한 쌍대비교

성장잠재력	A	B	C
A	1	5	3
B	1/5	1	1/3
C	1/3	3	1

〈표 5-17-2〉 시장우위에 대한 쌍대비교

시장우위	A	B	C
A	1	5	2
B	1/5	1	1/3
C	1/2	3	1

〈표 5-17-3〉 다각화에 대한 쌍대비교

다각화	A	B	C
A	1	1/5	1/3
B	5	1	3
C	3	1/3	1

〈표 5-17-4〉 경쟁수준에 대한 쌍대비교

경쟁수준	A	B	C
A	1	3	4
B	1/3	1	1
C	1/4	1	1

〈표 5-17-5〉 개발비용에 대한 쌍대비교

개발비용	A	B	C
A	1	1	1/2
B	1	1	1/2
C	2	2	1

〈표 5-17-6〉 개발기간에 대한 쌍대비교

성장잠재력	A	B	C
A	1	2	1
B	1/2	1	1/2
C	1	2	1

다. 여기서는 클러스터간의 쌍대비교는 수행하지 않는다. 네트워크에 포함된 두 개의 클러스터가 각각 대안과 평가기준이므로 두 클러스터 중 어떤 것이 더 중요한가를 평가하는 것은 의미가 없기 때문이다.

우선 6개의 평가기준에 대한 프로젝트들간의 쌍대비교를 수행한 결과는 아래 〈표 5-17〉과 같다.

다음으로 클러스터 1의 각 평가기준에 대해 나머지 평가기준들에 대한 쌍대비교를 수행한다. 아래 〈표 5-18〉은 성장잠재력이라는 평가기준과 관련하여 나머지 평가기준들의 중요성에 대한 쌍대비교 결과를 나타낸 것이다. 이와 같은 방법으로 나머지 5개 평가기준 각각에 대한 평가기준간의 쌍대비교를 수행한다.

〈표 5-18〉 성장잠재력에 대한 평가기준들간의 쌍대비교

성장잠재력	시장우위	다각화	경쟁수준	개발비용	개발기간
시장우위	1	1/3	3	1/5	1/2
다각화	3	1	1/2	4	3
경쟁수준	1/3	2	1	1/2	5
개발비용	5	1/4	2	1	1/5
개발기간	2	1/3	1/5	5	1

마지막으로 클러스터 2의 각 프로젝트에 대한 나머지 프로젝트간의 쌍대비교를 수행한다. 아래 〈표 5-19〉은 프로젝트 A와 관련하여 나머지 프로젝트들의 중요성에 대한 쌍대비교 결과를 나타낸 것이다. 역시 이와 같은 방법으로 이와 같은 방법으로 나머지 2개의 평가기준 각각에 대한 평가기준간의 쌍대비교를 수행한다.

〈표 5-19〉 프로젝트 A에 대한 프로젝트들간의 쌍대비교

A	B	C
B	1	2
C	1/2	1

수행한 모든 쌍대비교에 대해서 산술평균법을 이용하여 의사결정 요소들의 우선순위 벡터를 도출한다. 그 결과를 〈표 5-20〉에 요약하였다.

〈표 5-20〉 우선순위 벡터

〈표 5-20-1〉 평가기준에 대한 대안의 우선순위 벡터

	성장잠재력	시장우위	다각화	경쟁수준	개발비용	개발기간
프로젝트 A	0.637	0.582	0.105	0.634	0.250	0.400
프로젝트 B	0.105	0.109	0.637	0.192	0.250	0.200
프로젝트 C	0.258	0.309	0.258	0.174	0.500	0.400

〈표 5-20-2〉 평가기준에 대한 평가기준의 우선순위 벡터

	성장잠재력	시장우위	다각화	경쟁수준	개발비용	개발기간
성장잠재력	0	0.318	0.192	0.100	0.250	0.138
시장우위	0.138	0	0.174	0.250	0.250	0.184
다각화	0.256	0.105	0	0.333	0.125	0.256
경쟁수준	0.250	0.319	0.159	0	0.275	0.250
개발비용	0.184	0.129	0.317	0.200	0	0.172
개발기간	0.172	0.129	0.158	0.117	0.100	0

〈표 5-20-3〉 대안에 대한 대안의 우선순위 벡터

	프로젝트 A	프로젝트 B	프로젝트 C
프로젝트 A	0	0.725	0.400
프로젝트 B	0.667	0	0.600
프로젝트 C	0.333	0.275	0

● 단계 3: 수퍼매트릭스 구성

ANP에서는 다양한 클러스터들의 상호관계를 수퍼매트릭스(super matrix)를 통해 나타낸다. 수퍼(super)라는 이름을 붙이는 이유는 아래의 설명에서 보듯이 여러 개의 개별 매트릭스가 모여서 하나의 거대한 매트릭스를 구성하기 때문이다.

m개의 클러스터, $C_h(h=1,\cdots,m)$로 구성된 네트워크가 있다고 하자. 각 클러스터는 n_h개의 의사결정 요소를 가지고 있으며, 이를 $e_{h1}, e_{h2}, \cdots, e_{hn_h}$ 라고 하자. 그러면 수퍼매트릭스 W는 [그림 5-7]과 같이 나타낼 수 있다.

$$
W = \begin{array}{c c} & \begin{array}{ccccccccc} & C_1 & & & C_2 & & \cdots & C_m & \\ e_{11} \cdots e_{1n_1} & & e_{21} \cdots e_{2n_2} & & \cdots & & e_{m1} \cdots e_{mn_n} \end{array} \\ \begin{array}{cc} & e_{11} \\ & e_{12} \\ C_1 & \vdots \\ & e_{1n_1} \\ & e_{21} \\ & e_{22} \\ C_2 & \vdots \\ & e_{2n_2} \\ \vdots & \vdots \\ & e_{m1} \\ & e_{m2} \\ C_m & \vdots \\ & e_{mn_n} \end{array} & \begin{bmatrix} W_{11} & W_{12} & \cdots & W_{1m} \\ W_{21} & W_{22} & \cdots & W_{2m} \\ \vdots & \vdots & \vdots\vdots\vdots & \vdots \\ W_{m1} & W_{m2} & \cdots & W_{mm} \end{bmatrix} \end{array}
$$

[그림 5-7] 수퍼매트릭스의 구조

여기서 W_{ij}는 i번째 클러스터와 j번째 클러스터의 상호 관계 즉 i번째 클러스터의 j 번째 클러스터에 대한 중요성을 나타내는 매트릭스로, j번째 클러스터의 의사결정 요소, $e_{j1}, e_{j2}, L, e_{jn_j}$ 각각에 대해 i번째 클러스터의 의사결정 요소간의 쌍대비교를 통해 얻어진 우선순위 벡터($n_i \times 1$)들이 $W_{ij}(n_i \times n_j)$의 각 열을 구성한다. 클러스터들 간의 상호관계가 존재하지 않는다면, W_{ij}의 각 원소는 0의 값을 갖는다.

W_{ii}는 i번째 클러스터 내 의사결정 요소들간의 상호영향을 나타내며 피드백 고리가 존재하는 경우에는 역시 우선순위 벡터로 구성되고, 그렇지 않은 경우에는 0의 값을 갖는다. 단, 다른 클러스터에 영향을 주지 않고 받기만 하는 즉 화살표가 들어오기만 하고 나가지 않는 클러스터의 경우, W_{ii}는 항등행렬 I가 된다.

예를 들어 위의 [그림 5-5]에 나타난 AHP 계층과 ANP 네트워크에 대한 수퍼매트릭스의 형태를 알아보자. AHP 계층의 목표, 평가기준, 대안을 각각 클러스터 1(C_1), 클러스터 2(C_2), 클러스터 3(C_3)라고 한다면 화살표가 C_1에서 C_2로, C_2에서 C_3로 연결되므로, 수퍼매트릭스상에 W_{21}과 W_{32}가 존재한다. 또한 C_3는 화살표가

들어오기만 하고 나가지 않기 때문에 W_{33}은 항등행렬 I가 된다. 이외의 클러스터간의 관계는 존재하지 않으므로, AHP 계층의 수퍼매트릭스는 아래와 같다.

$$W = \begin{bmatrix} 0 & 0 & 0 \\ W_{21} & 0 & 0 \\ 0 & W_{32} & I \end{bmatrix}$$

한편 ANP 네트워크의 경우에는 C_3에서 C_1로의 화살표와 C_1의 피드백 고리만 제외하고는 모든 클러스터간에 상호관계가 존재하므로, 수퍼매트릭스는 아래와 같은 형태를 띠게 된다.

$$W = \begin{bmatrix} 0 & W_{12} & 0 \\ W_{21} & W_{22} & W_{23} \\ W_{31} & W_{32} & W_{33} \end{bmatrix}$$

이제 예제로 돌아가 보자. 각각의 쌍대비교를 통해 얻어진 우선순위 벡터를 바탕으로 수퍼매트릭스를 구성한다. 네트워크의 형태에 따른 수퍼매트릭스의 기본형태는 아래와 같다. 클러스터 1(C_1)이 클러스터 2(C_2)에 영향을 주므로 W_{21}은 존재하지만 C_2에서 C_1으로 화살표가 연결되지 않으므로 W_{12}는 0이 된다. 또한 C_1과 C_2 모두 피드백 고리가 존재하므로 W_{11}과 W_{22} 모두 수퍼매트릭스에 포함된다. 따라서 본 예제의 네트워크에 대한 수퍼매트릭스는 다음과 같은 형태를 띠게 된다.

$$W = \begin{bmatrix} W_{11} & 0 \\ W_{21} & W_{22} \end{bmatrix}$$

W_{21}은 평가기준에 대한 프로젝트들간의 쌍대비교를 통해 얻은 우선순위 벡터들(〈표 5-20-1〉)로 구성된 3×6 행렬이다. 또한 W_{11}은 클러스터 1의 평가기준들간의 쌍대비교를 통해 얻어진 우선순위 벡터들(〈표 5-20-2〉)로 구성된 6×6 행렬, W_{22}는 클러스터 2의 프로젝트들간의 쌍대비교를 통해 얻어진 우선순위 벡터들(〈표 5-20-3〉)로 구성된 3×3 행렬이다. 따라서 다음과 같은 수퍼매트릭스를 얻을 수 있다.

	성장잠재력	시장우위	다각화	경쟁수준	개발비용	개발기간	프로젝트 A	프로젝트 B	프로젝트 C
성장잠재력	0	0.318	0.192	0.100	0.250	0.138	0	0	0
시장우위	0.138	0	0.174	0.250	0.250	0.184	0	0	0
다각화	0.256	0.105	0	0.333	0.125	0.256	0	0	0
경쟁수준	0.250	0.319	0.159	0	0.275	0.250	0	0	0
개발비용	0.184	0.129	0.317	0.200	0	0.172	0	0	0
개발기간	0.172	0.129	0.158	0.117	0.100	0	0	0	0
프로젝트 A	0.637	0.582	0.105	0.634	0.250	0.400	0	0.725	0.400
프로젝트 B	0.105	0.109	0.637	0.192	0.250	0.200	0.667	0	0.600
프로젝트 C	0.258	0.309	0.258	0.174	0.500	0.400	0.333	0.275	0

● 단계 4: 수퍼매트릭스 변환 및 우선순위 도출

다음 단계에서는 최종적인 우선순위가 도출되는데 이를 위해서는 수퍼매트릭스를 변환해야 한다. 먼저 수퍼매트릭스의 각 열의 원소값들의 합이 1이 되도록 바꿔준다. 이 작업은 이후에 수퍼매트릭스의 각 열을 수렴시킴으로써 최종적인 우선순위를 얻어내기 위한 것이다.

기본적인 방법은 각 열의 원소를 열의 합으로 나누어줌으로써 정규화(normalization)시키는 것이다. 하지만 특정 클러스터가 영향을 주는 클러스터가 한 개가 아닌 여러 개일 경우, 그리고 이때 클러스터들간의 중요도가 서로 다른 경우에는 단순합을 바탕으로 정규화를 하는 것은 바람직하지 않다. 예를 들어 C_1에 C_2와 C_3, 두 개의 클러스터가 영향을 주는데 C_2가 C_3보다 훨씬 큰 영향을 미친다고 하자. 그러면 C_2에 포함된 0.7의 우선순위를 가지는 의사결정요소와 C_3에 포함된 0.7의 동일한 우선순위를 가지는 의사결정요소의 영향은 서로 다르게 평가되어야 한다. 하지만 단순히 열에 있는 모든 원소를 합으로 나누어주는 경우 이들은 같은 값으로 변환된다. 따라서 위의 쌍대비교에서 언급한 바와 같이 클러스터간의 중요도를 고려할 필요가 있다면 특정 클러스터에 대한 나머지 클러스터간의 쌍대비교를 통해 각 클러스터의 가중치(weight)를 도출한다. 도출된 가중치를 각 열의 해당하는 부분의 원소에 곱함으로써 열의 합을 1로 만들 수 있다. 이렇게 해서 변환된 수퍼매트릭스를 가중수퍼매트릭스(weighted super matrix)라고 부른다.

가중수퍼매트릭스를 극한수퍼매트릭스(limit super matirx)로 변환시킴으로써 최종적인 우선순위가 도출된다. 이 과정을 이해하기 위해서는 행렬(matrix) 및 그래프(graph)에 관한 상당한 수준의 선형대수 이론이 요구되므로 여기서는 간략히 설명하고 넘어가도록 한다. 가중수퍼매트릭스의 각 원소 값들은 특정 의사결정 요소의 다른 의사결정 요소에 대한 직접적인 영향만을 나타낸다. 하지만 A라는 의사결정 요소가 B에 영향을 미치고 B는 C에 영향을 미친다면, A는 C에 간접적인 영향을 미치게 된다. 이와 같은 의사결정 요소간의 이차적인 영향은 가중수퍼매트릭스를 제곱함으로써 파악할 수 있다. 또한 삼차적인 영향은 가중수퍼매트릭스를 한 번 더 곱함으로써 계산될 수 있으며, 이와 같은 방법으로 의사결정 요소들간의 모든 간접적인 영향을 가중수퍼매트릭스를 무한히 곱함으로써 파악할 수 있다. 어떤 매트릭스를 무한히 곱하는 경우에 있어 매트릭스의 각 열의 원소의 합이 모두 1인 경우 이 매트릭스는 유일한 형태로 수렴되는 것으로 알려져 있다. 따라서 가중수퍼매트릭스의 무한곱 $\lim_{k \to \infty} W^k$는 유일한 형태로 수렴되며, 이때 수렴된 매트릭스 상의 모든 열벡터는 같아진다. 이 매트릭스를 극한수퍼매트릭스(limit supermatirx)라고 부르며 극한수퍼매트릭스 상의 열벡터 값이 각 의사결정 요소들의 최종적인 우선순위가 된다.

예제를 다시 살펴보자. 먼저 위의 수퍼매트릭스를 가중수퍼매트릭스로 변환한다. 클러스터간의 쌍대비교를 통해 클러스터들의 가중치를 도출하지 않았으므로 단순히 열의 합으로 각 원소를 나눠줌으로써 가중수퍼매트릭스를 얻을 수 있다. 예를 들어 수퍼매트릭스의 성장잠재력에 해당하는 열벡터 (0, 0.138, 0.256, 0.250, 0.184, 0.172, 0.637, 0.105, 0.258)를 이들의 합 2로 나눈 새로운 열벡터 (0, 0.069, 0.128, 0.125, 0.092, 0.086, 0.319, 0.052, 0.129)가 가중수퍼매트릭스상의 성장잠재력에 해당하는 열벡터가 된다. 이러한 방법을 통해 도출된 가중수퍼매트릭스는 아래와 같다.

	성장잠재력	시장우위	다각화	경쟁수준	개발비용	개발기간	프로젝트 A	프로젝트 B	프로젝트 C
성장잠재력	0	0.159	0.096	0.050	0.125	0.069	0	0	0
시장우위	0.069	0	0.087	0.125	0.125	0.092	0	0	0
다각화	0.128	0.052	0	0.167	0.063	0.128	0	0	0
경쟁수준	0.125	0.160	0.080	0	0.137	0.125	0	0	0
개발비용	0.092	0.065	0.159	0.100	0	0.086	0	0	0
개발기간	0.086	0.065	0.079	0.058	0.050	0	0	0	0
프로젝트 A	0.319	0.291	0.052	0.317	0.125	0.200	0	0.725	0.400
프로젝트 B	0.052	0.054	0.318	0.096	0.125	0.100	0.667	0	0.600
프로젝트 C	0.129	0.154	0.129	0.087	0.250	0.200	0.333	0.275	0

다음으로 위의 가중수퍼매트릭스를 무한곱하여 극한수퍼매트릭스를 구한다. 가중수퍼매트릭스를 반복하여 자기 자신으로 곱하게 되면 가중수퍼매트릭스의 무한곱 $\lim_{k \to \infty} W^k$는 $k=118$ 즉 W^{118}일 때 아래와 같은 형태로 수렴된다. 가중수퍼매트릭스를 더 이상 곱한다고 하더라도 매트릭스의 각 원소값에는 변화가 없는 것이다.

	성장잠재력	시장우위	다각화	경쟁수준	개발비용	개발기간	프로젝트 A	프로젝트 B	프로젝트 C
성장잠재력	0	0	0	0	0	0	0	0	0
시장우위	0	0	0	0	0	0	0	0	0
다각화	0	0	0	0	0	0	0	0	0
경쟁수준	0	0	0	0	0	0	0	0	0
개발비용	0	0	0	0	0	0	0	0	0
개발기간	0	0	0	0	0	0	0	0	0
프로젝트 A	0.376	0.376	0.376	0.376	0.376	0.376	0.376	0.376	0.376
프로젝트 B	0.391	0.391	0.391	0.391	0.391	0.391	0.391	0.391	0.391
프로젝트 C	0.233	0.233	0.233	0.233	0.233	0.233	0.233	0.233	0.233

극한수퍼매트릭스 상의 열벡터 값이 각 대안들의 최종적인 우선순위가 된다. 즉 프로젝트 A는 0.376, B는 0.391, C는 0.233의 상대적 중요도 즉 우선순위를 가지는 것이다. 따라서 상대적 중요도 값이 가장 큰 프로젝트 B를 선정하게 된다.

(5) DEA 모형

1) 기본개념

일반적으로 프로젝트의 경제성은 그 프로젝트의 수행에서 기대할 수 있는 수익이나 효용의 절대적 크기로 평가한다. 그러나 프로젝트의 성과를 단순히 수익의 절대적 크기를 기준으로 측정하는 것이 바람직하지 않은 경우도 자주 있다. 특히 프로젝트 평가의 성격이 여러 개의 단위조직으로 구성된 하나의 관리시스템을 얼마나 효율적으로 운영하느냐를 분석하는 경우라면 수익의 절대적 크기보다 생산성의 상대적 차이가 더 중요한 의미를 가지게 된다. 예를 들어 2억 원의 수익을 올리는 500명으로 구성된 대규모 조직이 1억 원의 수익을 올리는 5명으로 구성된 소규모 조직보다 성과가 좋다고 말할 수는 없을 것이다. 따라서 이 경우의 경제성 평가나 성과 측정은 투입량과 산출량의 상대적 비율을 의미하는 생산성(productivity)의 개념을 이용하는 것이 바람직하다.

Charnes(1978)에 의해 처음 제안된 자료포락분석 즉 DEA(data envelopment analysis)는 한 마디로 다수의 투입요소와 다수의 산출요소를 갖는 의사결정 단위(decision making unit: DMU)의 효율성을, 투입요소들의 가중합(weighted sum)과 산출 요소들의 가중합의 비율로 측정한 후, 유사한 활동을 수행하는 다른 의사결정 단위들의 효율성과 비교하여 상대적인 효율성을 결정하는 방법이다.

일반적으로 생산성은 투입량(input)에 대한 산출량(output)의 비율로 정의된다. 하지만 한 가지 투입요소에 대한 한 가지 산출요소의 생산성만으로는 여러 가지 투입요소와 산출요소가 동시에 존재하는 시스템 전반의 생산성을 측정할 수 없다. DEA는 이러한 문제점을 보완해 줄 수 있는 방법으로 다양한 투입요소와 산출요소가 존재하는 대규모 시스템의 전반적인 생산성을 평가하는 기법으로 자주 사용된다.

DEA는 다수의 의사결정 단위들이 동일한 목표를 가지고 비슷한 업무를 수행하는 경우의 생산성 비교 평가에 자주 이용된다. 예를 들어 교육 시스템, 공공서비스 기관, 의료 시스템, 금융 시스템, 통신서비스 시스템, 유통 시스템, 도소매 시스템 등 다양한 서비스 시스템의 생산성 평가에 널리 사용되어 왔다.

그러므로 단일 프로젝트의 경제성을 평가하는 다른 기법들과 비교하여 시스템의 생산성을 비교 분석하는 DEA는 엄밀한 의미에서 그 성격이나 용도가 다르다고 할 수 있다. 그러나 앞에서 말한 것처럼 프로젝트의 성격이 주어진 개발과제의 수행이 아니라 복수의 단위조직으로 구성된 시스템의 운영이라면 DEA는 바람직한 평가기법으로 활용될 수 있다. 또 DEA에서 말하는 의사결정 단위를 개별 프로젝트로 해석할 수 있는 경우라면 프로젝트 경제성 평가에도 DEA를 유용하게 적용할 수 있다.

2) 수리모형

수리적 관점에서 보면, DEA는 선형계획(linear programming: LP) 모형의 특수한 형태라고 할 수 있다. 따라서 DEA를 이해하기 위해서는 선형계획 모형과 해법에 대한 기본적인 이해가 선행되어야 한다. 이 부분에 대한 지식이 없는 경우는 경영과학 교과서를 참조하길 바란다.

먼저 평가의 대상이 되는 단위조직 각각을 DMU(decision making unit)라고 한다. 따라서 만일 5 개 조직의 생산성을 상대 평가하는 경우라면 5개의 DMU가 만들어진다. 이어서 DEA의 효율성(efficiency)은 아래와 같이 정의된다.

효율성 = 가중된 산출요소의 합(weighted sum of outputs) /
가중된 투입요소의 합(weighted sum of inputs)

이제 위의 효율성을 최대화(maximize)하는 선형계획 모형을 풀어서 각 DMU에서의 산출요소 및 투입요소의 가중치와 효율성을 계산한다. 여기서 효율성은 0부터 1 사이의 상대적 값으로 표현되는데 1이라는 효율성을 가진 DMU는 다른 단위조직들과 비교했을 때 최고의 효율성을 가지고 있다는 것을 의미하며 따라서 '효율적 조직(efficient unit)'으로 불린다. 반면에 1 이하의 효율성을 가진 DMU는 '비효율적 조직(inefficient unit)'이라고 한다.

DEA의 궁극적인 목적과 용도는 크게 성과 평가(evaluation)와 벤치마킹(bench marking)의 두 가지라고 할 수 있다. 먼저 DEA를 이용하여 효율적 조직과 비효율적 조직을 찾아낸 후, 이들간의 상대적인 비교를 통해 비효율적 조직이 안고 있는 비효율성의 원인을 파악하고 이를 제거할 수 있는 방법을 모색할 수 있다. 또 효율적 조직에 대한 분석을 토대로 벤치마킹의 방향과 전략을 찾을 수도 있다.

DEA는 선형계획(LP) 모형의 하나이므로 변수(variable), 목적함수(objective function), 제약조건(constraints)의 세 가지 요소로 구성된다. 먼저 DEA 모형에는 아래의 〈표 5-21〉과 같은 변수들이 사용된다.

〈표 5-21〉 DEA 모형의 변수

변수	설명
E_k	k번째 DMU의 효율성 ($k=1,2,\cdots,K$. 단, K는 DMU의 수)
u_j	j번째 산출요소의 가중치 ($j=1,2,\cdots,M$. 단 M은 산출요소의 수)
v_i	i번째 투입요소의 가중치 ($i=1,2,\cdots,N$. 단 N은 투입요소의 수)
O_{jk}	k번째 DMU의 j번째 산출요소의 양
I_{jk}	k번째 DMU의 j번째 투입요소의 양

이때 산출요소와 투입요소의 개수가 많으면 대부분의 DMU들의 효율성을 1로 계산할 우려가 있으므로, 일반적으로 DMU의 개수는 산출요소와 투입요소의 개수를 합한 것의 세 배 이상이어야 한다.

다음으로 DEA 모형의 목적함수(objective function)는 DMU의 효율성인 가중된 산출요소의 합에 대한 가중된 투입요소의 합의 비율을 최대화(maximize)하는 함수가 된다. 예를 들어 N개의 투입요소와 M개의 산출요소가 있을 때, e라는 DMU의 효율성은 $\frac{u_1 O_{1e} + u_2 O_{2e} + \cdots + u_M O_{Me}}{v_1 I_{1e} + v_2 I_{2e} + \cdots + v_N I_{Ne}}$가 된다. 따라서 목적함수는 아래와 같이 쓸 수 있다.

$$\max E_e = \frac{u_1 O_{1e} + u_2 O_{2e} + \cdots + u_M O_{Me}}{v_1 I_{1e} + v_2 I_{2e} + \cdots + v_N I_{Ne}}$$

마지막으로 DEA에서 효율성의 값이 1을 넘을 수 없다는 것이 제약조건(constraints)이 된다. 모든 DMU의 효율성을 1보다 작거나 같도록 하기 위해서는 아래와 같은 k개의 제약식이 필요하다.

$$\frac{u_1 O_{1k} + u_2 O_{2k} + \cdots + u_M O_{Mk}}{v_1 I_{1k} + v_2 I_{2k} + \cdots + v_N I_{Nk}} \leq 1 \quad \text{단, } k=1,\ 2,\ \cdots,\ K$$

위의 목적함수와 제약조건으로 이루어진 원래의 모형은 분자와 분모로 이루어지는 비선형 함수(non-linear)의 형태이다. 따라서 선형계획(LP) 해법을 적용하기 위해서는 일반적인 선형계획 모형의 형태로 전환시켜야 한다. 먼저 가중된 투입요소의 합을 나타내는 목적함수의 분모를 1로 대체한 후 이를 제약조건에 추가하고, 제약조건의 분모를 양변에 곱한 뒤 이항하면, 다음과 같은 선형계획 모형을 구성할 수 있다. 흔히 선형계획 모형에서 목적함수를 최대화하는 문제는 max로 최소화하는 문제는 min으로 표시한다. 또 제약조건은 subject to를 줄여서 s.t.로 표기한다.

$$
\begin{aligned}
&\max E_e = u_1 O_{1e} + u_2 O_{2e} + \cdots u_M O_{Me} \\
&s.t.\ u_1 O_{1k} + u_2 O_{2k} + \cdots + u_M O_{Mk} - (v_1 I_{1k} + v_2 I_{2k} + \cdots + v_N I_{Nk}) \le 0 \quad k = 1, 2, \cdots, K \\
&\quad v_1 I_{1e} + v_2 I_{2e} + \cdots + v_N I_{Ne} = 1 \\
&\quad u_j \ge 0 \quad j = 1, 2, \cdots, M \\
&\quad v_i \ge 0 \quad i = 1, 2, \cdots, N
\end{aligned}
$$

일단 선형계획 모형으로 전환하면 최적의 해는 선형계획 모형의 해법인 심플렉스 알고리듬(Simplex algorithm)을 토대로 이용하여 쉽게 구할 수 있다.

3) 예제

잎에서 언급한대로 DEA 모형에서는 프로젝트를 하나의 운영시스템 내지 조직으로 해석한다. P 기업은 전국 6개의 도시에 서비스 지점을 가지고 있는 통신서비스 기업이다. P 기업의 경영자는 각 지점이 가입자 수를 늘리기 위해 자원을 얼마나 효율적으로 사용하고 있는가를 파악하여 비효율적인 지점들의 효율성을 개선시키기 위해 DEA를 사용하고자 한다.

통신서비스 제공의 투입요소로는 직원 수와 운영 비용을 생각할 수 있다. 직원 수는 매니저를 포함한 모든 직원 수를 합한 것이며, 운영 비용은 직원들의 임금, 각종 세금, 광고료, 시설비 등 지점 운영에 사용되는 모든 비용을 합한 것이다.

서비스의 산출요소로는 가입자 수만을 고려하기로 한다. 아래의 〈표 5-22〉는 P 기업 각 지점의 한 달 간 산출요소와 투입요소에 대한 데이터이다. 각 지점 모두 동일한 500명의 가입자를 산출요소로 가지고 있지만 이를 위해 투입된 직원 수와 운영 비용은 서로 다름을 알 수 있다. 현실적으로 지점마다 가입자 수가 다르겠지만 설명의 편의를 위해 모두 500명으로 같다고 가정한다. [그림 5-8]은 〈표 5-22〉를 도형으로 표시한 것이다.

〈표 5-22〉 P 기업 각 지점의 투입요소와 산출요소 데이터

조직	투입요소		산출요소
	직원 수(명)	운영 비용(백만 원)	가입자 수(명)
DMU1	70	120	500
DMU2	50	150	500
DMU3	130	70	500
DMU4	70	70	500
DMU5	100	90	500
DMU6	120	50	500

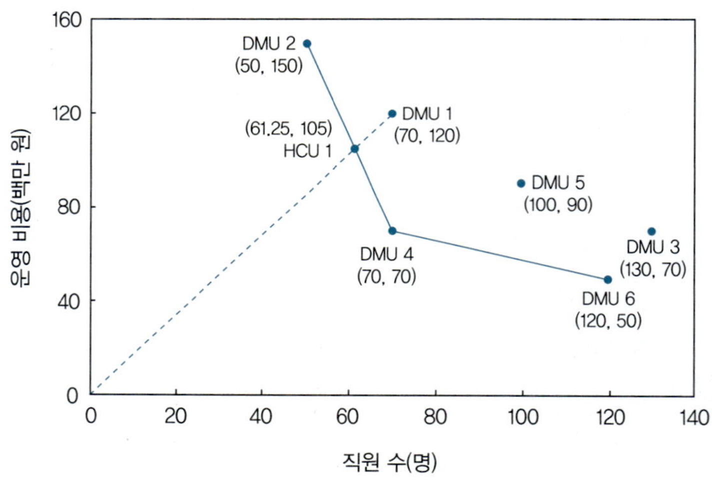

[그림 5-8] P 기업의 효율적 경계선

● 성과 평가(evaluation)

DEA의 수리적 이론을 기하학적 도형으로 설명해 보자. [그림 5-8]에서 DMU2, DMU4, DMU6를 연결한 경계선을 효율적 경계선(efficient frontier)이라고 한다. 효율적 경계선은 동일한 500명의 가입자를 산출하는 투입요소들의 최적의 조합을 나타낸다. 이 경계선을 구성하고 있는 DMU들은 효율적이며, 반면에 나머지 DMU

들은 동일한 산출량을 위해 상대적으로 더 많은 투입요소를 투입하였기 때문에 비효율적이다. 따라서 효율적 경계선이 비효율적 단위들을 감싸게(envelop)되는데 이것이 이 분석방법을 DEA(data envelopment analysis)라고 부르는 이유이다. 위 경우에 DMU2, DMU4, DMU6는 효율적 단위가 되고, DMU1, DMU3, DMU5는 비효율적 단위가 된다.

● 벤치마킹(benchmarking)

그러면 어떻게 비효율적인 조직을 효율적으로 개선시킬 수 있을까? DMU1과 DMU4를 비교해보면, 두 조직은 동일한 직원 수를 가짐에도 불구하고 DMU1의 운영 비용이 DMU4보다 50만큼 많기 때문에 DMU4는 효율적인 반면 DMU1은 비효율적으로 평가된다. 따라서 동일한 가입자 수를 유지하면서 운영 비용을 50만큼 줄인다면 DMU4도 효율적인 조직이 될 것이다. 보다 체계적인 분석을 위해 DEA가 제공하는 정보를 이용해 보자.

〈표 5-22〉을 바탕으로 DMU1의 효율성을 계산하기 위한 선형계획모형은 다음과 같이 표현된다.

$$
\begin{aligned}
&\max E_1 = 500u_1 \\
&s.t.\ 500u_1 - 70v_1 - 120v_2 \le 0 \\
&\quad 500u_1 - 50v_1 - 150v_2 \le 0 \\
&\quad 500u_1 - 130v_1 - 70v_2 \le 0 \\
&\quad 500u_1 - 70v_1 - 70v_2 \le 0 \\
&\quad 500u_1 - 100v_1 - 90v_2 \le 0 \\
&\quad 500u_1 - 120v_1 - 50v_2 \le 0 \\
&\quad 70v_1 + 120v_2 = 1 \\
&\quad u_1, v_1, v_2 \ge 0
\end{aligned}
$$

이 선형계획모형을 풀기 위해서는 다양한 선형계획법 소프트웨어를 사용할 수도 있고 DEA 전용 소프트웨어를 사용할 수도 있다. DEA 전용 소프트웨어를 사용하면 직접 선형계획모형을 구성할 필요가 없기 때문에 편리하다.

나머지 5개의 DMU들에 대해서도 위와 동일한 방법으로 효율성을 계산할 수 있다.

모든 DMU들의 가입자 수가 500으로 같기 때문에 목적함수는 그대로 두고 마지막 제약식의 계수만 수정하면 된다. 아래의 〈표 5-23〉은 DEA 결과를 요약한 것이다.

〈표 5-23〉 DEA 결과

조직	효율성	기준집합	u_1	v_1	v_2
DMU1	0.8750	DMU2(0.4375) DMU4(0.5625)	0.0018	0.0100	0.0025
DMU2	1		0.0020	0.0114	0.0029
DMU3	0.8033	DMU4(0.3115) DMU6(0.6885)	0.0016	0.0033	0.0082
DMU4	1		0.0020	0.0114	0.0029
DMU5	0.7539	DMU4(0.8923) DMU6(0.1077)	0.0015	0.0031	0.0077
DMU6	1		0.0020	0.0041	0.0102

〈표 5-23〉을 보면 [그림 5-8]에서 효율적 경계선을 구성하였던 DMU2, DMU4, DMU6의 효율성이 1임을 알 수 있다. 반면 효율적 경계선에 감싸져 있던 DMU1, DMU3, DMU5의 효율성은 1 미만으로 나타난다.

하지만 DMU1의 관리자에게 '조직의 효율성은 0.875이다'라고 말하는 것만으로는 실무적으로 별다른 도움이 되지 않는다. 효율성 개선을 위해서는 무엇을 얼마만큼 개선해야 한다는 구체적인 정보가 필요한데 이를 위해 DEA는 각각의 비효율 조직에 대해 기준집합(reference set)이라는 정보를 제공한다. 기준집합이란 비효율적 조직의 효율성 개선을 위한 기준이 되는 것으로, 그 조직과 가장 비슷한 효율적 조직들의 집합이다. 즉 비효율 조직은 기준집합을 벤치마킹하여 그 효율성을 개선할 수 있다. 예를 들면 DMU1의 기준집합은 DMU2와 DMU4가 된다. 기하학적으로 설명하면 [그림 5-8]에서 볼 수 있는 것처럼, 원점에서 DMU1까지 그은 선은 DMU1의 기준집합인 DMU2와 DMU4로 이루어진 효율적 경계선과 만나게 된다.

그러면 기준집합을 어떻게 벤치마킹 할 수 있을 것인가? 단순히 기준집합과 동일한 투입으로부터 동일한 산출을 낼 수 있도록 투입량을 조절하는 것도 한 방법이다. 위에서 언급한 것처럼 DMU1이 효율적이기 위해서는 DMU4를 벤치마킹하여 운영비용을 50만큼 줄여야 한다. 이를 좀 더 구체적으로 살펴보자. DMU1

의 효율성은 0.875이기 때문에, DMU1이 효율적이기 위해서는 0.125만큼의 효율성 점수가 증가되어야 한다. DMU1의 운영비용에 대한 가중치(v_2)는 0.0025이므로 50(=0.125/0.0025)만큼 운영비용을 줄이면 효율성이 1이 된다. 따라서 투입요소의 조합은 (70, 70)이 되며, 이는 기준 집합을 구성하는 DMU4와 동일한 조합이 된다. 한편 효율성 개선을 위해 직원 수를 감축하기로 하였다면, 12.5(=0.125/0.01)만큼의 직원 수를 줄여야 1의 효율성을 달성할 수 있다.

그러나 여러 가지 투입요소 중 한 가지 요소만 대폭 감소시키거나 특정 조직과 정확히 동일하도록 투입요소를 조절하는 것은 현실적으로 무리가 있다. 따라서 조직의 상황에 맞게 두 가지 개선안을 적절히 혼합하여 사용한다면, 즉 선형적으로 결합한다면 비효율 조직을 효율적 경계선 위로 옮길 수 있을 것이다. 그 중 기준집합의 두 조직의 가중치에 따라 선형으로 결합한 지점을 가상복합단위(Hypothetical Composite Unit: HCU)라고 하며 이는 [그림 5-8]에서 원점에서 비효율 조직을 이은 선과 효율적 경계선과의 교점으로 나타난다. [그림 5-8]을 다시 보자. DMU1의 가상 비교단위인 HCU1은 원점에서 DMU1까지 그은 선과 DMU2와 DMU4로 구성된 효율적 경계선의 교점이다. HCU1은 직원 수로 61.25(=0.4375×50+0.5625×70), 운영 비용으로는 105(=0.4375×150+0.5625×70)를 가지고 있는 가상조직이다. 즉 DMU1의 직원수를 8.75만큼 줄이고 운영비용을 15만큼 줄이면, 효율성 점수가 0.125(=8.75×0.01+15×0.0025)만큼 증가하게 되어 1의 효율성을 달성할 수 있게 된다.

(6) 경제성 지표 모형

경제성 지표 모형(economic index model)은, 투자수익율(return on Investment: ROI)을 기본 개념으로 하는 지표(index)를 개발하여 그 지표의 값을 토대로 경제성을 평가하는 방법이다. 지표의 구체적인 내용이나 공식은 차이가 있지만 기본적으로는 기대수익(=예상수익×성공확률)을 예상비용으로 나눈 값을 경제성 지표로 정의한다. 이러한 기본 아이디어를 근거로 개인이나 기업의 목적이나 특성에 따라 자체적인 지표를 개발하여 사용하게 되며 경제성 지표 값이 가장 높은 대안을 선정하게 된다. 연구개발 프로젝트의 평가에 사용되는 두 가지 예시적 모형을 간략히 살펴 보자.

1) Olsen 지표

이 지표는 미국 Western Cartridge Corp.의 Olsen에 의해 제안된 지표이다. 이 지표는 흔히 프로젝트 수익지표(Project Value Ratio)라고 불리며 아래의 식으로 정의된다.

프로젝트 수익지표 = 프로젝트 예상수익 / 프로젝트 예상비용

분자의 프로젝트 예상수익은 (신제품 예상매출액의 3%×5년)+(개량제품 예상매출액의 2%×2년)+(공정혁신에 의한 비용감소액×1년)으로 정의된다. 즉 프로젝트에서 얻을 수 있는 수익을 신제품개발, 제품개량, 공정합리화 등 세 가지로 나눈 후 각각의 수익을 신제품은 5년간 해당제품 총매출의 3%, 제품개량은 2년간 개량제품 총매출액의 2%, 공정합리화는 1년간 절약액으로 추정하는 것이다. 분모의 예상 비용은 회계 자료를 토대로 추정한다.

절대적인 기준이 될 수는 없지만 일반적으로 프로젝트 수익지표의 값이 3 이상이면 경제성이 확보되는 것으로 판정한다.

2) Pacifico 지표

이 지표는 미국 Alcolac Corp.의 Pacifico가 제안한 경제성 지표로 프로젝트 지수(Project Index)에 의해 정의된다. 앞의 Olsen 지표와 마찬가지로 프로젝트 지수는 다음과 같이 표현된다.

프로젝트 지수 = 프로젝트 예상수익 / 프로젝트 예상비용

여기서 분자의 프로젝트 예상수익은 [기술적 성공확률×상업화 성공확률×(판매가격−판매원가)×연간 예상매출액×제품수명]의 공식으로 계산한다. 분모의 예상비용은 역시 회계 자료를 토대로 추정한다.

이 지표의 경우도 절대적인 기준은 없지만 지수의 값이 1보다 크면 바람직한 것으로 평가된다.

(7) 기술력 지표 모형

기술력 지표 모형은 개별 프로젝트의 경제성을 평가하기보다는 한 기업이나 국가가 보유하고 있는 기술력의 크기를 평가하는데 사용된다. 그러나 지표 모형이라는 점에서는 동일하기 때문에 여기서 설명하기로 한다.

기술력이라는 개념이 매우 포괄적이고 또 주관적이기 때문에 하나의 지표로서 기술력을 평가하는 것은 사실상 불가능하다. 실제로 기술력이라는 용어 자체가 개발능력을 뜻할 수도 있고 활용능력을 가리킬 수도 있다. 여기에서는 국가나 기업수준의 관점에서 비교적 자주 사용되는 대표적 지표인 RTA에 대해서만 간략히 살펴보기로 한다.

RTA(revealed technology advantage) 지표는 특허보유량의 상대적 비율로 기술수준을 평가하는 거시적(macro) 지표이다. 특히 RTA 지표는 산업분야별 특화수준을 상대적으로 평가함으로써 산업경쟁력을 측정하는데 유용한 지표이다. RTA 지표에서 고려하는 특허는 특정국가나 지역의 특허청에 등록된 것을 기준으로 하는데, 국제비교의 경우 미국특허가 자주 사용된다. RTA 지표는 다음의 식으로 계산된다.

$$RTA = \frac{USP_{ik} / \sum_{k} USP_{ik}}{\sum_{i} USP_{ik} / \sum_{i} \sum_{k} USP_{ik}}$$

여기서, USP = 미국특허의 등록수
i = 산업을 표시하는 index
k = 평가대상이 되는 기업이나 국가를 표시하는 index

RTA 지표의 분모는 미국 전체의 특허에 대비한 특정 국가의 특허의 비율이다. 따라서 그 나라 전체의 상대적 기술경쟁력을 간접적으로 나타낸다고 할 수 있다. 분자는 해당 산업에 있어 미국 전체의 특허에 대비한 특정 국가의 특허의 비율이다. 따라서 분모와 분자를 함께 보면 해당 산업별로 특화된 기술경쟁력을 간접적으로 측정할 수 있다.

(8) 자본예산 모형

앞에서 설명한 것처럼 평가대상 과제가 연구개발과 시험평가를 거쳐 상업화 단계에 있거나, 경제적 효과를 비교적 분명히 예측할 수 있는 투자 문제를 다룬다거나, 외부에서 이미 만들어진 새로운 설비를 도입하는 경우 등이라면 자본예산 모형(capital budgeting model)이 적합하다. 자본예산 모형은 경제성 평가 문제에서 가장 폭넓게 사용되는 기법이기 때문에 반드시 이해하고 넘어가야 한다.

넓은 의미의 자본예산은 재무관리(finance management)의 중요한 두 축 중 하나를 뜻한다. 재무관리를 크게 경영 프로젝트의 수행에 필요한 자금을 나누어 주는 자본예산(budgeting) 과제와 필요한 자금을 만들어 내는 자본조달(financing) 과제로 나눌 때 전자의 문제를 다루는 것이 자본예산인 것이다. 그러나 좁은 의미의 자본예산은 예산 편성 과정에서 경제성의 평가를 통해 수행할 프로젝트를 선정하거나 또는 수행하지 않을 프로젝트를 걸러내는 작업을 가리킨다.

자본예산 모형에서 사용할 수 있는 구체적인 기법들은 여러 가지가 있지만 가장 대표적인 기법으로는 회수기간법, 순현가법, 내부수익률법을 들 수 있다. 먼저 자본예산 모형을 이해하기 위해 필요한 기본 개념과 용어를 알아 본 후 구체적인 기법의 내용을 자세히 살펴 보자.

1) 기본개념

자본예산 모형은 대안의 경제성을 금액(화폐가치)으로 표시한다. 따라서 자본예산 모형을 사용하기 위해서는 먼저 '화폐가치의 시간 개념'을 이해할 필요가 있다. 오늘의 1,000원이 1년 후에는 얼마의 화폐가치를 가지는가? 10년 후에는 어떻게 되는가? 말을 바꾸어, 1년 후의 1,000원은 현재의 화폐가치로 바꾸면 얼마나 되는가? 10년 후의 1,000원은 어떻게 되는가? 이러한 질문이 나오게 되는 이유는 시간의 흐름에 따라 이자(interest), 물가상승(inflation), 위험도(risk) 등의 요인이 화폐가치의 변화를 가져오기 때문이다.

따라서 경제성이 금액으로 표시된 대안을 평가하기 위해서는 화폐가치의 시점을 동일한 시점으로 통일시킬 필요가 있는데 이 개념이 바로 '현재가치(present value: PV)', 즉 '현가'이다. 비교의 객관성과 공정성을 확보하기 위해서는 발생 시점에 상관없이 모든 수입(inflow)과 지출(outflow)을 현재의 화폐가치로 전환시킨 후 평가를 해야 한다는 것이다. 현가에 반대되는 개념은 미래가치(future value) 즉 '종가'이다.

현가를 계산하기 위해서 할인율(discount rate)이라는 개념이 도입된다. 이자나 물가상승의 요인에 의해 일반적으로 미래의 명목상의 화폐가치는 현재의 가치보다 높을 수 밖에 없기 때문에 현재의 가치로 전환시키는 작업을 해야 하는데 이를 할인(discount)이라고 부르며 이때 사용되는 이자율을 할인율이라고 부른다. 할인율은 투자로부터 기대할 수 있는 수익률(required rate of return) 또는 다른 투자 대안과 비교한 기회비용의 의미를 지니기도 한다.

할인을 통해 미래가치를 현재가치로 전환시키는 과정을 수식으로 표현해 보자. 미래가치를 FV, 현재가치를 PV, 할인율을 r, 미래시점을 n으로 할 때 현재가치는 다음과 같다.

$$PV = FV/(1+r)^n$$

위 식에서 $1/(1+r)^n$을 현가이자요소(present value interest factor)라고 한다. 당연한 얘기지만 현가이자요소는 할인율에 따라 달라진다. 할인율이 높을수록 현가이자요소는 올라가고 따라서 현가는 작아지게 된다. 〈표 5-24〉에 현가이자요소의 예시적 경우들이 나타나 있다. 예를 들어 할인율이 5%인 경우에는, 현가이자요소는 0.9524이다. 따라서 1년 후의 10,000원을 현재가치로 전환하면 9,524원이 된다.

〈표 5-24〉 현가이자요소 표

미래시점	할인율(r)			
	5%	10%	15%	20%
1	0.9524	0.9091	0.8696	0.8333
2	0.9070	0.8624	0.7561	0.6944
3	0.8638	0.7513	0.6575	0.5787
4	0.8227	0.6830	0.5718	0.4823
5	0.7835	0.6209	0.4972	0.4019

2) 회수기간법

회수기간법(payback period: PBP)은 자본예산 기법 가운데 가장 단순한 기준이자 가장 먼저 사용되는 방법이다. 이 기법의 핵심적인 아이디어는 초기의 투자를 모두 회수(payback)하는데 걸리는 시간을 평가의 기준으로 하자는 것이다. 따라서 회수기간이 짧을수록 바람직한 대안이 된다.

먼저 다음 〈표 5-25〉의 예제를 보자. A, B, C, D 네 가지의 대안이 있다. 각 대안의 수행을 위해 초기에 투자해야 하는 비용은 1,500으로 동일하다. 그러나 투자의 성과로 나타날 앞으로 5년 간의 수익은 서로 다르다.

〈표 5-25〉 A, B, C, D 대안의 초기투자와 향후 수익의 흐름

연도	A	B	C	D
0	−1,500	−1,500	−1,500	−1,500
1	200	0	150	300
2	1,300	0	300	450
3	500	500	450	750
4	100	1,000	600	750
5	100	2,000	1,875	900

위 대안들의 경제성을 회수기간법으로 평가하여 보자. 여기서는 편의상 미래의 현금흐름을 현재가치(PV)로 변환하지 않고 평가하기로 한다. 물론 조금 더 현실적인 평가를 위해서는 현재가치로 바꾸는 과정을 거쳐야 한다. 〈표 5-26〉에서 알 수 있듯이, 1,500의 초기투자를 회수하는데 걸리는 시간은 대안간에 차이가 있다. 이 예제에서는 대안 A의 회수기간이 2년으로 가장 빠르므로 가장 바람직한 대안이 된다.

〈표 5-26〉 회수기간법에 의한 경제성 비교

대 안	A	B	C	D
회수기간(년)	2	4	4	3

회수기간법의 가장 큰 장점은 이해하고 사용하기 쉽다는 점이다. 또한 오늘날과 같이 외부환경의 불확실성이 높고 기술진보가 급속한 상황에서는 투자한 원금을 얼마나 빨리 회수할 수 있느냐 하는 문제가 경제성 평가의 중요한 기준이 될 수 있다. 따라서 회수기간법은 다른 정교한 기법의 적용에 앞서 경제성 평가의 일차적인 기준으

로 자주 사용된다.

그러나 회수기간법은 동시에 몇 가지 단점을 안고 있다. 먼저 이 기법은 회수에 걸리는 시간만을 따지지 그 시간 동안 발생하는 현금 흐름의 내용을 따지지는 않는다. 예를 들어 똑같이 10,000을 투자한 두 대안의 회수기간이 3년으로 같더라도 하나는 1,000, 1,000, 8,000씩 회수하는 것이고 다른 하나는 8,000, 1,000, 1,000씩 회수하는 것이라면, 당연히 첫 해에 대부분의 투자를 회수할 수 있는 두 번째 대안을 선택할 것이다. 그러나 회수기간만을 본다면 두 대안간에 선호도의 차이는 없다.

다음으로 회수기간법은 회수기간 이후의 현금 흐름을 고려하지 못한다. 앞에서 본 예와 같이 회수기간이 같은 두 대안이 있다고 가정하자. 만일 회수기간 이후의 현금 흐름이 첫 번째 대안은 매년 1,000씩 3년간 지속되고 두 번째 대안은 매년 3,000씩 5년간 지속된다면 두 번째 대안이 더 좋은 것임은 말할 필요도 없다. 그러나 회수기간만을 본다면 역시 두 대안간에 선호도의 차이는 없게 된다.

3) 순현가법

순현가법(net present value: NPV)은 자본예산 기법 가운데에서 가장 폭넓게 사용되는 기법이다. 순현가는 미래의 현금 흐름 가운데 현금유입(inflow)의 현재가치(PV) 합에서 현금유출(outflow)의 현재가치(PV) 합을 뺀 값이다. 현시점을 0으로 하고 미래의 마지막 시점을 n이라고 하면, 순현가의 수식은 아래와 같이 된다.

$$NPV = \sum_{i=0}^{n} PV(\text{inflow}) - \sum_{i=0}^{n} PV(\text{outflow})$$

NPV의 의사결정 기준은 NPV가 클 수록 바람직한 대안으로 평가하는 것이다. 즉 들어오는 돈의 가치에서 나가는 돈의 가치를 뺀 순수 가치의 크기가 가장 큰 대안을 선택한다는 논리이다. 그러나 크기의 비교에 앞서 순현가가 0보다 커야 된다는 기준이 먼저 적용되어야 한다. 만일 순현가가 0보다 작다면 상대적 순위에 상관없이 절대적인 경제성이 없기 때문이다. 따라서 경제성 평가의 구체적인 절차는 먼저 여러 대안들 가운데 NPV가 0보다 큰 대안만을 골라낸 후, 그 가운데에서 NPV가 가장 큰 대안을 선정하게 된다.

NPV 방법의 실제 적용을 이해하기 위해 앞의 예제에서 대안 C의 경우를 살펴 보자. 할인율이 10%로 설정되어 있는 경우 〈표 5-27〉에 정리되어 있는 것처럼 대안 C의 순현가는 796.3으로 계산된다. 같은 계산법을 대안 A, B, D에 대해서도 적용한 후 순현가가 가장 큰 대안을 선정하면 된다.

〈표 5-27〉 대안 C의 순현가 계산표

연도	현금 흐름	할인율	순현가
0	−1,500	1.000	−1,500.0
1	150	0.909	136.4
2	300	0.826	247.8
3	450	0.751	337.9
4	600	0.683	409.8
5	1,875	0.621	1,164.4
합계			796.3

좀더 복잡하고 어려운 문제는 투자규모가 크게 다른 여러 대안의 경제성 평가를 NPV 기준으로 할 경우에 생길 수 있다. 다른 대안에 비해 절대적인 투자규모가 큰 프로젝트가 NPV가 더 크다고 해서 반드시 바람직한 대안이 될 수 있는가? 이 문제는 특히 전체 투자규모가 제한되어 있을 때 중요해진다. NPV만을 기준으로 보았을 때 가장 바람직한 대안이 있다고 하더라도 이 대안에 필요한 초기투자가 다른 대안들과 비교하여 훨씬 더 크면 어떻게 할 것인가? 이러한 문제의 평가에는 투자단위당 가치의 크기라는 상대적 개념이 더 유용하다.

이때 도입되는 평가 지표로는 수익성 지수(Profitability Index: PI)를 들 수 있다. 수익성 지수는 아래의 식으로 정의된다.

PI = 현금유입의 순현가 합계 / 현금유출의 순현가 합계

NPV가 절대적인 크기의 차이를 뜻하는데 반해 PI 값은 비율을 의미하므로 상대적인 크기의 차이 즉 투자단위당 가치의 차이도 알 수 있다는 장점이 있다.

수익성 지수의 실제를 이해하기 위해 〈표 5-28〉에 나타나 있는 간단한 예제를 보자. 대안 A와 B의 초기투자는 각각 2,000과 4,000으로 큰 차이가 있으며, 향후 4년간의 현금 유입도 상당히 차이가 난다.

〈표 5-28〉 두 대안의 현금흐름 표

대안	연도 0	연도 1	연도 2	연도 3	연도 4
A	−2,000	800	700	600	500
B	−4,000	1,500	1,300	1,200	1,100

먼저 두 대안의 경제성을 순현가법으로 비교해 보자. 할인율을 10%로 가정할 경우 A 대안의 NPV가 2,124인 반면 B 대안의 NPV는 4,138로 나타나 B 대안이 더 우수한 것을 알 수 있다. 그러나 PI를 계산하여 비교하면, A 대안의 PI가 1.062인 반면 B 대안의 PI는 1.035로 나타나 A 대안이 더 경제적인 것을 알 수 있다. 즉 A 대안이 투자의 절대적 가치는 낮지만 상대적 가치는 더 높은 것이다. 특히 가능한 투자규모가 한정되어 있을 경우에는 단순한 NPV 분석보다는 PI에 의한 의사결정이 더 유용한 기준이 될 수 있다.

4) 내부수익율법

앞에서 살펴본 것처럼 순현가법에서는 할인율이 알려진 것으로 가정한다. 그러나 실제에서는 할인율을 정하기 어려운 경우도 적지 않다. 내부수익율법(internal rate of return: IRR)은 순현가법에서 적용할 할인율을 결정하기 어려울 때 보완적으로 사용되는 기법이다.

내부수익율 즉 IRR이라는 용어는 미래의 화폐흐름 가운데 유입(inflow)의 현재가치 합과 유출(outflow)의 현재가치 합을 같게 만드는 할인율을 뜻한다. 따라서 내부수익율은 곧 투자수익율의 역할을 한다고 볼 수 있다. 예를 들어 현재 10,000원을 투자하여 1년 후에 20%의 수익, 즉 12,000원을 얻을 수 있는 투자 대안이 있다고 하자. 여기서 현금유출의 현가는 당연히 10,000원이 된다. 이제 현금유입의 현가가 현금유출의 현가와 같아지기 위해서는 1년 후의 12,000원을 20%의 할인율로 할인해야 한다. 따라서 내부수익율이 20%라는 말은 투자에 대해 20%의 수익이 발생한다는 의미로 해석할 수 있는 것이다.

이를 수식으로 표현하면 다음과 같다.

$$\sum_{i=0}^{n} PV(\text{inflow}) = \sum_{i=0}^{n} PV(\text{outflow}),\ \text{단, 할인율 : IRR}$$

IRR의 의사결정 기준은 IRR이 클수록 바람직한 대안으로 평가하는 것이다. IRR의 의미가 초기투자에 의해 창출되는 투자수익율이므로, IRR이 클수록 바람직한 대안이 되는 것은 당연하다. 따라서 경제성 평가의 구체적인 절차는 먼저 각 대안의 IRR 값을 계산한 후, 평가자가 원래 설정한 최소한의 할인율 즉 기대수익율보다 IRR이 높은 대안만을 골라 낸다. 다음에는 그 가운데에서 IRR이 가장 큰 대안을 선정하게 된다.

NPV와 달리 IRR에서는 할인율이 주어지는 값이 아니라 찾아야 하는 값이다. 실제로 IRR이 어떻게 구해지는지를 알아 보자. 이 할인율은 방정식을 바로 풀어서 구할 수는 없기 때문에 실제로는 보간법에 의한 시행착오(trial-and-error)의 반복을 통해 가장 근사한 값을 찾아야 한다. 〈표 5-29〉에 제시된 대안 D의 예를 보자.

〈표 5-29〉 IRR 계산 예

연도	현금흐름	현가 - 25%	현가 - 26%
0	-1,500	-1,500.0	-1,500.0
1	300	240.0	239.1
2	450	288.0	286.2
3	750	384.0	380.3
4	750	307.5	303.0
5	900	295.2	289.8
합계		14.7	-1.65

먼저 몇 개의 할인율을 적용하여 시험적으로 값을 계산한 결과 IRR이 25%와 26% 사이에 있다는 사실을 알게 된다. 즉 25%의 경우에는 현가의 합이 양의 값(+)이 되고 26%의 경우에는 현가의 합이 음의 값(-)이 되기 때문에 0이 되기 위해서는 25%와 26% 가운데의 어느 값이 되어야 하는 것이다. 여기서 보간법을 이용하여 가장 0에 근사한 할인율을 계산하면 25.4%가 되고 이 값이 곧 IRR이 되는 것이다.

앞에서 언급한대로 IRR법은 NPV법에서 할인율을 정하기 어려운 경우에 보완적으로 사용하는 방법이다. 따라서 일반적으로는 NPV법이 IRR법보다 더 자주 사용된다. 그러나 실무적으로 IRR이 제공하는 정보가 NPV가 제공하는 정보보다 더 큰 의미를 가질 수 있다. 예를 들어 NPV가 10억이라고 하는 것보다는 IRR 즉 투자수익률이 10%라고 하는 것이 더 유용한 정보일 수 있고 그 의미를 해석하기 더 쉬울 수 있는 것이다. 하지만 연도별로 현금 흐름의 크기와 방향이 심하게 차이가 나는 경우가 아니면 NPV법을 사용하든 IRR법을 사용하든 경제성 평가의 결과는 동일하게 나오는 것이 일반적이다.

5) 예제

A사는 오디오 플레이어를 생산하여 국내외에 판매하고 있는 기업이다. A사는 변화하는 고객들의 니즈에 부합하는 새로운 종류의 플레이어를 개발하기로 하고 이를 위한 신제품 개발(NPD) 프로젝트 팀을 구성하였다. 이 팀의 첫 번째 과제는 NPD 프로젝트의 경제성을 분석하는 일이다. 경제성 평가의 방법으로는 NPV 법과 IRR 법을 사용하기로 하였다.

가. 기본 정보

먼저 신제품 개발 과정에서 발생하는 현금흐름의 종류에는 다음과 같은 것들이 있다.

- 개발비용: 제품의 설계, 시제품 제작 및 테스트 등에 드는 비용
- 엔지니어링 비용: 본격적인 생산에 앞서 시험 생산을 통해 문제를 해결하고 신뢰성을 제고하는데 드는 비용
- 마케팅 비용: 개발된 제품의 출시, 홍보, 판매 등에 소요되는 비용
- 생산비용: 제품 생산에 필요한 직접비와 간접비
- 판매수익: 제품 판매에 따라 발생하는 수익

향후 4년 간 발생할 현금흐름 정보가 〈표 5-30〉에 제시되어 있다.

〈표 5-30〉 NPD 프로젝트 관련 현금흐름 추정치

항목	추정치
개발비용	50억 원
엔지니어링 비용	20억 원
마케팅 비용	10억 원/년
단위당 생산비용	40만 원
단위당 판매가격	80만 원
생산 및 판매량	2만 개/년

나. 경제성 평가

경제성 평가를 위해서는 현금흐름을 각 기간 별로 파악하여야 한다. 여기서는 좀더 세부적인 분석을 위해 연도별이 아니라 분기별로 현금흐름을 측정하기로 하였으며, 편의상 매 분기의 초에 현금흐름이 발생한다고 가정한다. 따라서 현재 시점인 0기부터 15기까지 4년간 총 16번의 현금흐름이 발생하게 된다. 아래 〈표 5-31〉는 이를 차트 형태로 나타내고 있다.

차트에서 알 수 있듯이 개발은 처음 1년간의 4분기 동안 이루어지며 엔지니어링은 개발단계의 마지막 분기부터 시작하여 2분기 동안 이루어진다. 또 마케팅은 개발이 끝나는 직후부터 시작되며, 생산 및 판매는 엔지니어링이 끝나는 직후부터 시작된다. 〈표 5-30〉의 재무정보 추정치와 〈표 5-31〉의 차트를 종합하면 각 분기의 현금흐름을 예측할 수 있다.

〈표 5-31〉 NPD 프로젝트의 현금흐름 차트

	1차년도				2차년도				3차년도				4차년도			
	1 분기	2 분기	3 분기	4 분기	1 분기	2 분기	3 분기	4 분기	1 분기	2 분기	3 분기	4 분기	1 분기	2 분기	3 분기	4 분기
	0기	1기	2기	3기	4기	5기	6기	7기	8기	9기	10기	11기	12기	13기	14기	15기
개발																
엔지니어링																
마케팅																
생산 및 판매																

총비용은 각 분기별로 균등하게 소요된다고 가정한다. 예를 들면 개발을 위해서는 4분기 동안 총 50억 원이 소요되므로 각 분기에 소요되는 개발비용은 12.5억 원이 된다. 또 1년 간의 생산비용은 단위당 생산비용과 생산량을 곱한 80억 원이며 따라서 각 분기의 생산비용은 20억 원이 된다. 각 분기의 판매수익 역시 같은 방법으로 계산하면 40억 원이 된다. 이러한 방법으로 각 분기에 발생하는 비용과 수익을 모두 합산하면 해당 분기의 현금흐름을 계산할 수 있으며, 이것을 〈표 5-32〉에 나타내었다.

〈표 5-32〉 NPD 프로젝트의 현금흐름 (단위: 백만 원)

	1차년도				2차년도				3차년도				4차년도			
	1 분기	2 분기	3 분기	4 분기	1 분기	2 분기	3 분기	4 분기	1 분기	2 분기	3 분기	4 분기	1 분기	2 분기	3 분기	4 분기
	0기	1기	2기	3기	4기	5기	6기	7기	8기	9기	10기	11기	12기	13기	14기	15기
개발 비용	−1,250	−1,250	−1,250	−1,250												
엔지니어링 비용				−1,000	−1,000											
마케팅 비용					−250	−250	−250	−250	−250	−250	−250	−250	−250	−250	−250	−250
생산 비용						−2,000	−2,000	−2,000	−2,000	−2,000	−2,000	−2,000	−2,000	−2,000	−2,000	w2,000
판매 수익						4,000	4,000	4,000	4,000	4,000	4,000	4,000	4,000	4,000	4,000	4,000
현금 흐름	−1,250	−1,250	−1,250	−2,250	−1,250	1,750	1,750	1,750	1,750	1,750	1,750	1,750	1,750	1,750	1,750	1,750

〈표 5-32〉의 현금흐름을 바탕으로 NPV와 IRR을 계산하여 경제성을 평가해 보자. NPV 계산에 사용되는 할인율은 연 10%로 가정한다. 따라서 설명의 편의를 위해 복리가 아니라 단리로 계산할 경우 각 분기의 현금흐름에 대한 할인율은 분기당 2.5%가 된다. 아래 〈표 5-33〉은 각 분기 별 현금흐름의 현재가치(PV)와 이를 합산한 NPV 그리고 IRR값을 나타낸 것이다.

〈표 5-33〉 NPD 프로젝트의 PV 및 NPV, IRR (단위: 백만 원)

	1차년도				2차년도				3차년도				4차년도			
	1 분기	2 분기	3 분기	4 분기	1 분기	2 분기	3 분기	4 분기	1 분기	2 분기	3 분기	4 분기	1 분기	2 분기	3 분기	4 분기
	0기	1기	2기	3기	4기	5기	6기	7기	8기	9기	10기	11기	12기	13기	14기	15기
현금흐름	−1,250	−1,250	−1,250	−2,250	−1,250	1,750	1,750	1,750	1,750	1,750	1,750	1,750	1,750	1,750	1,750	1,750
PV	−1,250	−1,220	−1,190	−2,089	−1,132	1,547	1,509	1,472	1,436	1,401	1,367	1,334	1,301	1,269	1,239	1,208
NPV	8,203															
IRR	14.3%															

경제성 분석 결과 이 NPD 프로젝트의 NPV는 8,203,000,000원으로 0보다 크고 IRR 역시 14.3%로 할인율인 10%보다 크므로, 이 프로젝트는 투자할 가치가 있다고 할 수 있다.

다. 민감도 분석

NPD 프로젝트는 많은 위험성과 불확실성을 안고 있다. 따라서 경제성 평가 못지않게 중요한 과제는 상황의 변화에 따라 평가 결과가 어떻게 달라지는가를 알아보는 민감도 분석(sensitivity analysis)을 수행하는 일이다.

경제성 평가에 포함된 변수들은 크게 내부요인(internal factor)과 외부요인(external factor)으로 구분할 수 있다. 내부요인으로는 개발비용, 개발시간, 생산비용 등이 있고 외부요인으로는 판매가격, 판매량, 할인율 등이 있다. 경우에 따라서는 경제성 향상을 위해 내부요인을 변화시킬 필요가 있으며, 외부 환경 변화에 따라 외부요인의 값이 변할 수도 있다. 이러한 변수들의 값이 변함에 따라 NPV와 IRR의 값도 바뀌게 된다. 여기에서는 개발비용과 개발시간의 증감에 따른 NPV와 IRR의 변화를 살펴보도록 하자.

개발비용의 변화는 제품개발이 이루어지는 처음 4분기 동안의 현금흐름에 영향을 미치게 된다. 개발비용이 20% 증가하게 되면 각 분기에 2.5억 원의 지출이 더 늘어나게 되고, 20% 감소 시에는 반대로 2.5억 원이 줄어들게 된다. 한편 개발시간의 변화는 개발이 이루어지는 시기의 현금흐름뿐만 아니라 이후의 현금흐름에도 영향을 미치게 된다.

개발기간의 변화도 직접적인 영향을 미친다. 개발기간이 25% 늘어나게 되면 개발비용이 4분기가 아닌 5분기로 배분되므로 각 분기에 소요되는 개발비용이 줄어들게 된다. 또한 개발이 1분기만큼 늦어지게 되므로 이후의 엔지니어링, 마케팅, 생산과 판매 시기도 모두 1분기만큼 늦어지게 된다. 다음 〈표 5-34〉는 개발비용이 20% 증가하거나 감소하였을 경우, 그리고 개발시간이 25% 증가하거나 감소하였을 경우 각각에 대한 현금흐름과 PV를 나타낸 것이다.

〈표 5-34〉 개발비용과 개발시간 변화에 따른 현금흐름과 PV (단위: 백만 원)

	1차년도				2차년도				3차년도				4차년도			
	1 분기	2 분기	3 분기	4 분기	1 분기	2 분기	3 분기	4 분기	1 분기	2 분기	3 분기	4 분기	1 분기	2 분기	3 분기	4 분기
	0기	1기	2기	3기	4기	5기	6기	7기	8기	9기	10기	11기	12기	13기	14기	15기
개발비용 20% 증가																
현금흐름	−1,500	−1,500	−1,500	−2,500	−1,250	1,750	1,750	1,750	1,750	1,750	1,750	1,750	1,750	1,750	1,750	1,750
PV	−1,500	−1,463	−1,428	−2,321	−1,132	1,547	1,509	1,472	1,436	1,401	1,367	1,334	1,301	1,269	1,239	1208
개발비용 20% 감소																
현금흐름	−1,000	−1,000	−1,000	−2,000	−1,250	1,750	1,750	1,750	1,750	1,750	1,750	1,750	1,750	1,750	1,750	1,750
PV	−1,000	−976	−952	−1,857	−1,132	1,547	1,509	1,472	1,436	1,401	1,367	1,334	1,301	1,269	1,239	1,208
개발시간 25% 증가																
현금흐름	−1,000	−1,000	−1,000	−1,000	−2,000	−1,250	1,750	1,750	1,750	1,750	1,750	1,750	1,750	1,750	1,750	1,750
PV	−1,000	−976	−952	−929	−1,812	−1,105	1,509	1,472	1,436	1,401	1,367	1,334	1,301	1,269	1,239	1,208
개발시간 25% 감소																
현금흐름	−1,667	−1,667	−1,667	−2,667	1,750	1,750	1,750	1,750	1,750	1,750	1,750	1,750	1,750	1,750	1,750	1,750
PV	−1,667	−1,626	−2,538	−1,161	1,585	1,546	1,509	1,472	1,436	1,401	1,367	1,334	1,301	1,269	1,239	1,208

위 네 가지 경우에 대한 NPV와 IRR을 계산하여 그 변화를 측정한 결과를 아래의 〈표 5-35〉에 나타내었다. 개발비용 또는 개발시간이 증가함에 따라 NPV와 IRR이 감소하고, 반대로 개발비용 또는 개발시간이 감소하면 NPV와 IRR이 증가함을 알

수 있다.

〈표 5-35〉 민감도 분석 결과

	NPV	NPV 변화	NPV변화(%)	IRR	IRR 변화	IRR변화(%)
기본계획	8,203			14.3%		
개발비용 20% 증가	7,239	−964	−11.8%	12.0%	−2.3%	−16.1%
개발비용 20% 감소	9,167	964	13.3%	17.1%	2.8%	23.3%
개발시간 25% 증가	6,765	−1,438	−15.7%	12.7%	−1.6%	−9.4%
개발시간 25% 감소	9,678	1475	21.8%	15.8%	1.5%	11.8%

(9) 위험분석 모형

1) 기본 이론

프로젝트의 경제성을 평가하는 과정에서 또 하나 중요한 요인 중의 하나가 위험도(risk)이다. 일상생활에서는 흔히 동의어로 사용되지만 경제성 분석에서는 위험(risk)과 불확실성(uncertainty)을 다른 개념으로 인식한다. 미래의 현금 흐름에 대한 확률(probability)을 알 수 있는 경우를 위험이라고 부르고 알 수 없는 경우를 불확실성이라고 부르는 것이다. 따라서 미래의 확률을 추정할 수 없는 상황에서의 평가를 '불확실성하의 의사결정(decision making under uncertainty: DMUU)'이라고 하고 확률을 추정할 수 있는 상황에서의 평가를 '위험하의 의사결정(decision making under risk: DMUR)이라고 한다.

확률에 대한 정보가 주어지지 않는 불확실성의 상황에서는 수리적이고 통계적인 분석이 어렵기 때문에 주로 의사결정자의 주관적 기준을 바탕으로 직관적 기법들을 사용하게 된다. 즉, 의사결정자가 미래를 낙관적(optimistic)으로 보는지 반대로 비관적(pessimistic)으로 보는지에 따라 평가의 결과가 달라지게 되는 것이다. 따라서 여기에서는 위험하의 경제성 평가에 대해서만 알아보기로 한다. 실제로 대부분의 평가 기법에서는 직접적이든 간접적이든 위험도를 반영하고 있다. 예를 들어 점수 모형에서는 위험도를 아예 평가항목의 하나로 설정하기도 하고, 순현가법 같은 경우에는 할인율(discount rate)에 위험도가 간접적으로 반영되어 있다.

그러나 위험도 자체를 평가의 핵심기준으로 고려하는 기법은 위험분석 모형(risk

analysis model)이다. 이 모형은 기본적인 확률이론을 토대로 다음 두 단계를 거쳐 프로젝트의 경제성을 평가한다.

가. 기대수익의 크기 평가

수익의 크기가 다를 것으로 예상되는 여러 가지의 경우를 가정하고, 각 경우가 일어날 확률에 각 경우의 예상수익을 곱한 값을 합계한 결과를 기대수익(expected profit: EP)으로 한다. 여기에서는 기대수익이 최대인 프로젝트를 선정하는 것을 평가의 기준(maximum expected profit criterion)으로 한다.

나. 기대수익에 따른 위험도 평가

예상되는 여러 경우의 분포 모양은 표준편차로 측정할 수 있다. 만일 프로젝트의 위험도(표준편차)에 큰 차이가 있다면, 기대수익과 위험도를 동시에 고려하여 평가한다.

2) 예시

〈표 5-36〉에 제시된 예를 보자. 프로젝트 1과 2는 각각 실패, 보통, 성공의 세 가지 경우가 일어날 수 있으며 각 경우가 일어날 확률과 예상수익이 표와 같이 예측되어 있다. 프로젝트 1은 예상수익의 편차가 작은 반면 프로젝트 2의 편차는 상대적으로 매우 크다.

〈표 5-36〉 프로젝트의 발생 가능한 경우와 관련 정보 (단위: 백만 원)

프로젝트	결과	확률	수익	기대수익
1	실패	0.2	480	96
	보통	0.6	600	360
	성공	0.2	720	144
2	실패	0.2	0	0
	보통	0.6	600	360
	성공	0.2	1,200	240

먼저 두 프로젝트의 기대수익(EP)을 계산하여 보자.

$$EP(\text{Project 1}) = 480(0.2) + 600(0.6) + 720(0.2) = 600$$

$$EP(\text{Project 2}) = 0(0.2) + 600,000(0.6) + 1,200,000(0.2) = 600$$

이 경우 두 프로젝트의 기대수익은 동일하고 따라서 기대수익의 극대화 기준(maximum expected profit criterion)에 의하면 어느 프로젝트를 선택하든 차이가 없다. 그러나 표준편차로 표현되는 위험도를 고려하면 평가는 달라질 수 있다. 각 프로젝트의 표준편차(Standard Deviation: SD)를 계산하면 다음과 같다.

$$SD(\text{Project 1}) = \sqrt{480^2 \times 0.2 + 600^2 \times 0.6 + 720^2 \times 0.2 - 600^2} = 75.9$$

$$SD(\text{Project 2}) = \sqrt{600^2 \times 0.6 + 1200^2 \times 0.2 - 600^2} = 379.5$$

일반적인 경우는 기대수익이 같을 경우 당연히 위험도가 낮은 프로젝트를 선호하기 때문에 이 경우에는 프로젝트 1을 선택하게 된다.

3) 분산계수

만일 기대수익과 위험도의 선호도가 엇갈리게 되면 어떻게 할 것인가? 예를 들어 하나의 프로젝트가 다른 프로젝트와 비교하여, 기대수익은 크지만 동시에 위험도도 높은 경우에는 과연 어느 프로젝트를 선택하여 하는가?

이 경우의 의사결정은 간단치 않다. 여기에는 이른바 의사결정자의 효용함수(utility function) 개념이 도입되어 주관적인 판단을 할 수 밖에 없다. 사람에 따라 기대수익과 위험도를 받아들이는 효용의 크기가 서로 다르기 때문이다. [그림 5-9]에 나타난 것처럼 의사결정자는 크게 위험기피형, 위험중립형, 위험선호형의 세 가지 유형으로 나뉘는데 어느 유형인가에 따라 기대수익과 위험도의 차이를 효용의 크기로 전환시키는 메커니즘이 다르다. 따라서 의사결정은 다분히 개인의 주관적 판단과 선호도에 의존하게 된다.

이런 문제를 부분적으로 해소하기 위해 객관적인 지표로 도입된 것이 분산계수(coefficient of variance: CV)이다. 분산계수는 아래의 식으로 표현된다.

$$CV = SD/EP$$

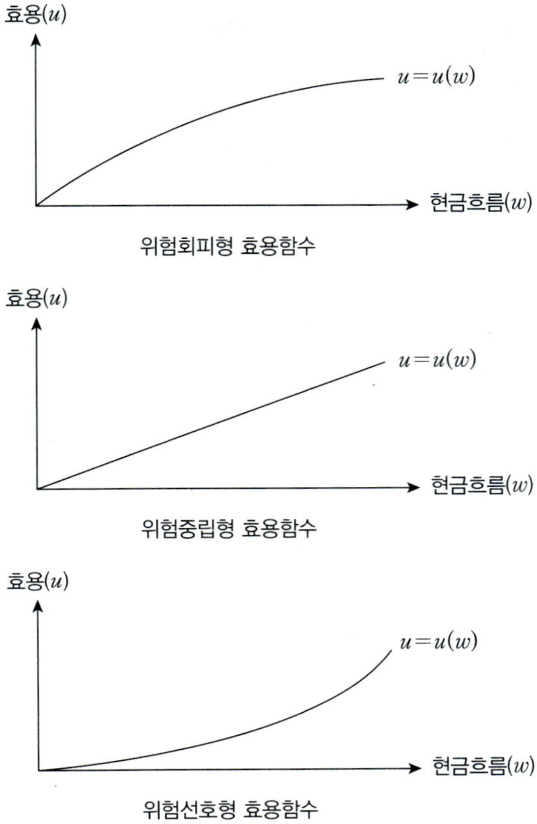

[그림 5-9] 의사결정자 유형과 효용함수

분산계수를 이용한 의사결정의 기준은 어떻게 될까? 분산계수 값이 작을수록 기대수익이 큰 반면 위험도는 낮으므로 그 프로젝트의 경제성은 높은 것으로 평가된다. 따라서 기대수익과 분산의 선호도가 서로 엇갈릴 경우라면 분산계수라는 상대적 비율을 토대로 경제성을 비교할 수 있다.

(10) 수리계획법 모형

수리계획법(mathematical programming) 모형은 여러 개의 프로젝트 가운데 하나를 선정하는 문제가 아니라 제한된 가용자원을 어느 프로젝트에 얼마씩 배분하는 것이 바람직한가 하는 문제를 다루는데 적합한 모형이다. 앞의 DEA에서 언급한 선형계획(LP) 모형은 일반적인 수리계획 모형의 가장 대표적인 모형으로 흔히 사용된다.

앞에서 설명한 것과 같이 수리계획법 모형은 크게 변수(variable), 목적함수(objective function) 그리고 제약조건(constraints)으로 구성된다. 먼저 목적함수(Z)는 개별 프로젝트를 변수(X_i)로 두고 개별 프로젝트의 수익(U_i) 또는 비용(C_i)의 총합을 수리적으로 표현한 함수이다. 따라서 목적함수가 수익으로 표현된다면 궁극적인 목적은 최대화(max) 문제가 되며, 비용으로 표현된다면 최소화(min) 문제가 된다. 제약조건은 프로젝트의 수행에 필요한 자원의 보유량과 사용량의 관계를 표현한 함수이다. 즉 자원의 보유량(B_i)이 개별 프로젝트에 배분된 사용량(A)의 합보다 클 수 없다는 조건을 수리적으로 나타낸 것이다. 가장 아래에 있는 제약조건 $0 \leq X_i \leq 1$는 각 프로젝트의 상대적 중요도(수행의 비율)를 최대 1에서 최소 0까지로 조정하는 것을 뜻한다.

$$
\begin{aligned}
\max\ & Z = U_1X_1 + U_2X_2 + \cdots + U_nX_n \\
s.t.\ & A_{11}X_1 + A_{12}X_2 + \cdots \qquad + A_{1n}X_n \leq B_1 \\
& A_{21}X_1 + A_{22}X_2 + \cdots \qquad + A_{2n}X_n \leq B_2 \\
& \qquad \cdot \qquad\qquad\qquad \cdot \\
& \qquad \cdot \qquad\qquad\qquad \cdot \\
& A_{m1}X_1 + A_{m2}X_2 + \cdots \qquad + A_{mn}X_n \leq B_m \\
& 0 \leq X_i \leq 1 (i = 1, 2, \cdots, n)
\end{aligned}
$$

단, X_i=프로젝트 i의 수행 비율 즉 상대적 중요도

수리모형의 해(solution)는 심플렉스 알고리즘(Simplex algorithm)을 이용하여 쉽게 구할 수 있다. 상세한 설명은 이전의 내용을 참조하길 바란다.

이 알고리즘으로 해를 구했을 때 그 의미는 어떻게 해석할 수 있을까? 변수인 X_i는 프로젝트 i의 수행 비율(상대적 중요도)이므로 다음과 같이 해석할 수 있다.

만일 $X_i=1$ 이면 그 프로젝트 전부를 수행
$X_i=0$ 이면 그 프로젝트를 기각 내지 포기
$0<X_i<1$ 이면 그 프로젝트를 부분적으로 수행

여기서 프로젝트의 부분적 수행($0 \leq X \leq 1$)은 불가능하고, 반드시 수행을 하거나($X=1$), 수행하지 않는($X=0$) 식의 의사결정만 가능하다고 한다면 더 이상 X가

실수의 값을 가질 수 있는 선형계획(LP) 문제로 설계할 수는 없고 반드시 정수의 값을 가져야 하는 정수계획(integer programming: IP) 문제로 설계해야 한다.

(11) 비용-효익 분석

1) 기본개념

비용-효익 분석(cost-benefit analysis)은 주로 공공정책의 수립에서 널리 활용되어 온 계량적 분석기법이다. 이 기법은 19세기 프랑스에서 사회간접자본 투자의 경제성 분석을 위해 초기 모형이 개발된 후 1960년대 미국을 중심으로 공공투자사업의 타당성 분석에 사용되면서 관심을 끌기 시작하였고 최근에는 우리나라를 포함한 다른 나라에서도 활발하게 이용되고 있다.

비용-효익 분석은 정책의 목표를 달성하기 위한 다양한 공공 프로젝트 대안들 중 어떤 대안을 선택할 것인지, 또는 프로젝트 대안이 한 가지라면 이를 수행할 것인지 안 할 것인지의 여부를 결정하는데 효과적으로 활용될 수 있다. 비용-효익 분석이 주로 공공부문에 사용되는 이유는 민간기업의 평가는 그 기업만의 영리(profit)를 기준으로 하는 반면 공공부문의 평가는 사회 전체의 효익(benefit)을 기준으로 하기 때문이다. 또한 순현가법(NPV)은 투자규모의 제약이 없는 경우에 자주 사용되지만 공공부문과 같이 자원의 제약이 많은 경우에는 비용-효익 분석이 더 적합한 기법이 될 수 있다. 그러나 비용-효익 분석도 대안 선택에 관한 의사결정 방법론의 하나이기 때문에 공공분야뿐 아니라 R&D 프로젝트 선정을 비롯한 기업의 투자결정 문제에도 자주 사용된다. 특히 순현가법은 투자규모가 커질수록 순현가 자체도 크게 나타나는 경향이 있으므로 투자규모의 차이가 큰 대안들을 비교하는 경우에는 순현가법과 함께 비용-효익 분석을 동시에 수행하는 것이 바람직할 수 있다.

비용-효익 분석은 각 대안의 수행에 따른 모든 비용과 효익을 추정한 후 그 크기를 비교하는 방법이다. 즉 대안이 여러 개 존재하는 경우에 최소의 비용으로 최대의 효익을 제공하는 대안이 최적의 대안으로 선택되며, 단일 대안의 경우에는 대안의 수행에 따르는 비용보다 그로부터 얻을 수 있는 효익이 큰 경우 대안을 수행하게 된다.

비용-효익 분석에서 가장 중요한 것은 비용과 효익이 화폐단위로 측정되어야 하고, 이때 시간의 변화에 따른 화폐가치의 변화를 반영해야 한다는 점이다. 따라서 비용–효익 분석도 NPV와 마찬가지로 적절한 할인율(discount rate)의 설정이 중요한 과제가 된다.

2) 과정과 방법

비용–효익 분석은 할인율 결정, 비용 및 효익 추정, 비교 및 최종 대안 선택의 크게 세 단계로 이루어진다.

● 단계 1: 할인율 결정

의사결정의 시점은 현재인데 반해 프로젝트 수행에 따른 비용과 효익은 미래에 발생하는 것이므로 이를 현재가치로 환산할 필요가 있다. 앞의 자본예산 모형에서 설명한 것처럼, 현재가치는 미래가치를 할인하여 구할 수 있으며 따라서 할인율(discount rate)을 어떻게 설정하느냐가 최종적인 의사결정에 지대한 영향을 미치게 된다.

할인율의 기본개념은 앞의 순현가법에서 사용한 개념과 근본적으로 다를 바가 없다. 프로젝트의 목적, 주체 등에 따라 다양한 형태의 할인율이 고려될 수 있으며 가장 쉽게 생각할 수 있는 것이 시장이자율(market interest rate)이다. 그러나 공공 프로젝트의 비용–편익 분석에서는 사회 전체를 위한 공공성과 외부효과(externality)가 반영되기 때문에 민간기업의 재무적 할인율과 비교하여 상대적으로 낮은 할인율을 적용하는 것이 일반적이다. 이를 사회적 할인율(social discount rate)이라고 한다. 그러나 다른 한편으로는 공공투자가 민간투자를 위축시킬 수도 있기 때문에 오히려 공공 프로젝트의 수익성(할인률)이 더 높아야 투자의 정당성이 확보될 수 있다는 주장도 나올 수 있다.

● 단계 2: 비용 및 효익 추정

프로젝트 수행에 따른 비용과 효익을 측정하는 것은 쉬운 일이 아니다. 우선 어느 범위까지를 비용과 효익의 항목에 포함시킬 것인가를 결정해야 한다. 관점에 따라서 특정 항목이 포함될 수도 있고 그렇지 않을 수도 있다. 또한 비용과 효익이 무형적(intangible)인 형태를 띠고 있다면 그 가치를 화폐가치로 표현하는 것은 상당히 어려운 일이다. 예를 들어 특정 사업으로 인해 생태 환경이 좋아진다면 이는 관점에 따라 무형적 효익으로 인식할 수도 있고 그렇지 않을 수도 있다.

만약 무형적 효익에 포함시킨다면 이어지는 과제는 그 효익의 크기를 화폐가치를 측정하는 일이다. 무형적 효익을 화폐가치로 측정하기 위해서는 다음 몇 가지 방법이 사용된다. 먼저 잠재가격(shadow price)을 이용해서 추정할 수 있다. 좁은 의미의 잠재가격은 수리계획법(mathematical programming)에서 자원(생산단위)을 한 단위 늘렸을 때 목적함수(이익) 값의 증가분을 의미한다. 그러나 여기서 말하는 넓은 의미의 잠재가격은 시장가격이 존재하지 않거나 존재하더라도 신뢰할 수 없을 때, 주관적으로 부여한 가격을 의미한다. 잠재가격의 산정을 위해서는 시장가격과 비교 가능한 유사한 재화의 가격을 뜻하는 비교가격(comparable price)을 쓰거나, 소비자가 선택하는 행동을 보고 가격을 추정하는 소비자 가격(customer price)을 쓰거나, 설문지로 소비자/사용자들에게 지불 용의가 있는 가격 수준을 물어보고 결정하는 서베이 가격(survey price)을 쓸 수 있다.

경제학에서 말하는 소비자 잉여(consumer surplus) 개념을 사용해서 간접적으로 추정할 수도 있다. 소비자 잉여란 소비자가 높은 가격을 지불하고도 얻고자 하는 재화를 있을 때 그보다 낮은 가격에 구매한 경우에 얻는 순이득(net gain) 내지 잉여만족(surplus satisfaction)을 의미한다.

● 단계 3: 비교 및 최종 대안 선택

비용과 효익의 항목이 선정되고 각각의 가치가 측정되었다면 이를 바탕으로 대안의 경제성을 평가한 후 최종적인 의사결정을 하게 된다. 먼저 각 비용과 항목의 가치를 현재가치로 변환한 후, 이를 합산하여 총비용(C)과 총효익(B)을 측정한다. 다음으로 의사결정의 지표인 효익–비용 비율(benefit–cost ratio) 또는 순효익(net benefit: NB)을 계산한다. 효익–비용 비율은 총효익과 총비용의 비율(B/C)로서 비용대비 효익을 의미한다. 효익–비용 비율이 1보다 클 경우 총비용에 비해 총효익이 큰 것이므로 대안으로서 의미가 있다고 할 수 있지만 1보다 작은 경우는 대안을 수행할 필요가 없다고 할 수 있다. 순효익은 총효익에서 총비용을 뺀 것(B–C)으로 비용에 대한 효익의 규모를 의미한다고 할 수 있다. 순효익이 0보다 크면 대안으로서의 가치가 있다고 할 수 있지만 0보다 작다면 그 의미가 없다고 할 수 있다.

하나의 대안만 존재하는 경우라면 단순히 그 대안의 가치를 파악하여 수행여부만을 결정하면 되므로 효익-비용 비율과 순효익 중 어느 것을 이용하더라도 무방하다. B/C 〉 1이나 NB = B-C 〉 0은 동일한 개념이기 때문이다. 예를 들어 어느 대안 A의 수행여부를 결정하고자 하는데 대안 A의 총비용과 총효익이 아래의 〈표 5-37〉과 같이 측정되었다고 하자.

〈표 5-37〉 대안 A의 총효익과 총비용 (단위: 백만 원)

대안	총편익	총비용
대안 A	1,300	1,000

이 경우 정책 A의 효익-비용 비율은 1.3이며 순효익은 300(백만 원)이다. 따라서 대안 A는 수행할 가치가 있다고 판단할 수 있다.

대안이 여러 개 존재하는 경우에는 문제가 조금 더 복잡해진다. 기본적인 의사결정 기준은 효익-비용 비율 또는 순효익을 측정하여 그 값이 큰 순서대로 대안을 선택하는 것이다. 하지만 문제는 효익-비용 비율에 의한 우선순위와 순효익에 의한 우선순위가 다를 수 있다는 것이다. 예를 들어 대안 4개에 대한 총비용과 총효익이 아래 〈표 5-38〉과 같다고 하자.

〈표 5-38〉 네 가지 대안들의 총효익과 총비용 (단위: 백만 원)

대안	총효익	총비용
대안 A	1,300	1,000
대안 B	3,600	2,900
대안 C	1,600	1,100
대안 D	1,200	1,500

이를 바탕으로 계산된 효익-비용 비율과 순효익 및 그에 따른 우선순위는 아래 〈표 5-39〉와 같다.

〈표 5-39〉 효익-비용비와 순효익에 따른 우선순위

대안	효익-비용 비율	우선순위	순효익(백만 원)	우선순위
대안 A	1.3	2	300	3

대안 B	1.24	3	700	1
대안 C	1.45	1	500	2
대안 D	0.8	-	-300	-

여기서 대안 D는 효익-비용 비율이 1보다 작으므로(즉, 순효익이 0보다 작으므로) 고려할 가치가 없다. 나머지 대안들간의 우선순위를 살펴보면 효익-비용 비율의 경우 대안 C 〉 대안 A 〉 대안 B의 순서인 반면, 순효익 기준으로는 대안 B 〉 대안 C 〉 대안 A의 순서로 나타난다. 즉 효익-비용 비율 기준으로는 대안 C가, 순효익 기준으로는 대안 B가 가장 최적이라고 할 수 있다. 이처럼 두 기준에 의한 결과가 일치하지 않는 것은 대안의 규모가 다르기 때문이다.

그렇다면 두 기준 중 어떤 것을 사용하는 것이 더 바람직한가? 이 질문에 답하기 위해서는 점층 효익-비용 비율(incremental benefit-cost ratio)을 보게 된다. 점층 효익-비용 비율은 대안의 변경에 따른 비용의 한계효익(marginal benefit)을 의미하는 것이다. 즉 두 대안씩 묶어서 한 대안에서 다른 대안으로 변경하였을 경우 발생하는 효익과 비용의 변화를 바탕으로 두 대안 사이의 우선순위를 결정하는 방법이다. 점층 효익-비용 비율을 계산하기 위해서는 먼저 대안들을 비용의 규모에 따라 오름차순으로 정리한다. 점층(incremental)으로 비교하기 위해 작은 것에서부터 차례대로 큰 것으로 올라가는 순서를 따른다는 것이다.

두 대안 P, Q가 있고 P의 비용이 Q의 비용보다 작다고 할 때, 두 대안에 대한 점층 효익-비용 비율은 아래와 같이 정의된다.

$$\frac{DB^{Q-P}}{DC^{Q-P}} = \frac{B^{Q} - B^{P}}{C^{Q} - C^{P}}$$

단, $C^{Q} > C^{P}$

여기서 점층 효익-비용 비율이 1보다 크다면 Q가 P보다 뛰어난 대안이라고 할 수 있다. 앞의 〈표 5-39〉에 대한 점층 효익-비용 비율을 계산한 결과를 아래 〈표 5-40〉에 나타내었다. 비용의 오름차순으로 정렬하면 대안 A, 대안 C, 대안 B의 순서가 된다. 계산 결과 최종적인 우선순위는 대안 B 〉 대안 C 〉 대안 A의 순으로, 순효익 기준의 우선순위와 그 결과가 같음을 알 수 있다.

〈표 5-40〉 점층 효익-비용 비율 계산 결과

비교대상 대안	점층 효익-비용 비율	결과
대안 A – 대안 C	$\frac{1,600-1,300}{1,100-1,000}=3>1$	대안 C 〉 대안 A
대안 C – 대안 B	$\frac{3,600-1,600}{2,900-1,100}=1.11>1$	대안 B 〉 대안 C

3) 예제

S 기업에서는 정보통신기술 관련 사업을 시작하려고 한다. 전문가들의 토의 결과 최종적으로 시스템 기술 개발 프로젝트, 정보첨단화 기술 개발 프로젝트, 단말 첨단화 기술 개발 프로젝트가 대안으로 제시되었다. 이 중 어떤 프로젝트를 선정할 것인지를 비용-효익 분석을 통하여 알아보자.

가. 할인율 결정

먼저 미래에 발생하는 비용과 편익을 할인하기 위한 할인율로 10%를 설정하였다.

나. 비용 및 효익 추정

내부의 실무담당자들과 외부의 전문가들의 분석을 토대로 각 대안에 대해 투자비용과 발생할 효익을 추정하였다. 효익을 예측하기 위하여 총매출 등과 같은 유형적 효익과 기업 이미지의 개선 등과 같은 무형적 효익을 모두 고려 하였다. 예측된 효익과 비용은 〈표 5-41〉과 같다.

〈표 5-41〉 세 가지 프로젝트 대안들의 효익과 비용 (단위: 천만 원)

대안	효익			비용		
	시점	가치	설명	시점	가치	설명
시스템 기술	0기	84.0	기술 라이센싱	0기	300.0	운영비, 무선에이전트 기술 개발비
	1기	110.0	기술 라이센싱, 기술 매매	1기	110.0	운영비, 보안, 인증, 암호화 기술 개발비
	2기	181.5	매출, 기업 인지도 상승	2기	60.5	운영비, 첨단위치인식, 추적 기술 및 정보변환 기술 개발비
	3기	266.2	매출, 기업 인지도 상승			

정보 첨단화 기술	0기	118.0	기술 라이센싱, 기술 매매	0기	310	운영비, 최적경로 정보분석 기술 및 디지털지도 기술 개발비
	1기	165.0	기술 라이센싱, 기술 매매	1기	110	운영비, 고신뢰, 분산제어 기술 개발비
	2기	242.0	기술 라이센싱, 기술 매매	2기	181.5	운영비, 네트워크 부수 운용관리 기술 개발비
	3기	399.3	매출, 기업 인지도 상승	3기	199.7	운영비, 멀티 모드 단말 기술 개발비
	4기	512.44	매출, 기업 인지도 상승, 신제품 개발에서 기술 활용 가능성			
단말 첨단화 기술	0기	200.0	기술 라이센싱, 매출	0기	160.0	운영비, 단말 소형화 장치 기술 개발비
	1기	110.0	기술 라이센싱, 매출	5기	257.7	운영비, 첨단차내 LAN 기술 개발비
	2기	121.0	매출, 기업 인지도 상승			
	3기	306.1	매출, 신제품 개발에서 기술 활용 가능성			

위의 〈표 5-41〉를 바탕으로 각각의 비용과 효익의 현재가치를 계산하여 총비용과 총효익을 계산할 수 있다. 예를 들어 시스템 기술 개발 프로젝트의 총효익은 아래와 같이 계산된다.

$$84.0+\frac{110.0}{(1+0.1)}+\frac{181.5}{(1+0.1)^2}+\frac{266.2}{(1+0.1)^3}=534$$

위와 같은 방법으로 계산한 각 프로젝트 별 총비용과 총효익은 〈표 5-42〉과 같다.

〈표 5-42〉 세 가지 프로젝트 대안들의 총효익과 총비용 (단위: 천만 원)

대안	총 효익	총 비용
시스템 기술	534	455
정보첨단화 기술	1118	710
단말첨단화 기술	630	320

다. 비교 및 최종 대안 선택

앞 단계에서 제시된 대안들의 총효익과 총비용을 바탕으로 효익-비용비와 순효익을 계산한 것을 아래 <표 5-43>에 정리하였다.

<표 5-43> 세 가지 프로젝트 대안들의 효익-비용비와 순효익

대안	효익-비용비	우선순위	순효익	우선순위
시스템 기술	1.17	3	79	3
정보첨단화 기술	1.57	2	408	1
단말첨단화 기술	1.97	1	310	2

효익-비용비가 1보다 작거나 순효익이 0보다 작은 대안은 없으므로 일단은 모두 고려할 만한 가치가 있는 대안들이다. 대안들의 우선순위를 살펴보면 효익-비용 비율의 경우 단말첨단화 기술 〉 정보첨단화 기술 〉 시스템 기술의 순인 반면, 순효익의 경우 정보첨단화 기술 〉 단말첨단화 기술 〉 시스템 기술 순으로 다르게 나타난다. 따라서 최종적인 의사결정을 위해 점층 효익-비용 비율을 계산할 필요가 있다. <표 5-44>은 점층 효익-비용 비율을 계산한 결과를 나타낸 것이다.

<표 5-44> 세 프로젝트 대안간의 점층 효익-비용 비율

비교대상 대안	점층 효익-비용비	결과
단말첨단화 기술 - 시스템 기술	$\frac{534-630}{455-320}=-0.71<1$	단말첨단화 기술 〉 시스템 기술
시스템 기술 - 정보첨단화 기술	$\frac{1118-534}{710-455}=2.29>1$	정보첨단화 기술 〉 시스템 기술
단말첨단화 기술 - 정보첨단화 기술	$\frac{1118-630}{710-320}=1.25>1$	정보첨단화 기술 〉 단말첨단화 기술

점층 효익-비용 비율에 의한 최종적인 우선순위는 정보첨단화 기술 〉 단말첨단화 기술 〉 시스템 기술의 순으로, 순효익 기준의 우선순위와 결과가 같다. 따라서 S 기업이 정보통신기술 관련 사업을 성공적으로 수행하기 위해서는 인력, 비용 등과 같은 제약 조건들을 고려하여 정보첨단화 기술 〉 단말첨단화 기술 〉 시스템 기술의 순으로 투자해야 한다는 결론을 얻을 수 있다.

제3절 파급효과 분석

앞 절에서 이미 언급한대로 평가의 목적이 여러 대안 가운데 하나를 선정하는 것이 아니라 특정 대안의 경제사회적 파급효과를 분석하는 것이거나, 여러 개의 복수 대안을 비교한다고 하더라도 대상 과제가 공공성이 큰 대형 과제인 경우에는 개별 과제의 경제성을 분석하는 기법과는 다른 기준과 방법이 사용되어야 한다. 이러한 목적으로 사용되는 기법들을 흔히 파급효과 분석 모형이라고 한다. 대표적인 모형으로 투입-산출 분석(input-output analysis) 모형, 생산함수 분석(production function analysis) 모형, 비용함수 분석(cost function analysis) 모형, 교차영향 분석(cross impact analysis) 모형, 네트워크 분석(network analysis) 등을 들 수 있다.

3.1 투입-산출 분석 모형

(1) 기본개념

기술이 급속하게 발전하고 경제시스템이 복잡해짐에 따라 산업간에 생산요소와 기술지식을 투입하고 산출하는 관계가 갈수록 밀접해지고 있다. 예를 들어 자동차를 생산하기 위해서는 엔진, 타이어 등 수많은 부품이 필요하고, 엔진이나 타이어의 생산에는 다시 철강, 고무 등의 원재료가 투입되어야 한다. 그 외에도 디자인 산업, 정보통신 산업, 정유산업, 보험/금융산업, 의료산업 등도 연결되어 있다. 이 경우에서 보듯이 산업 상호간의 관계는 서로 복잡하게 얽혀 있다. 한 산업에서 만들어진 물적 자원과 지적 자원은 여러 가지 경로-중간재, 자본재 등 제품에 체화(embodied)되거나 논문, 잡지, 연구원들간의 교류, 이직 등에 비체화(disembodied)되어-를 통해 다른 산업에서 활용되면서 그 산업의 생산비용을 낮추거나, 생산성을 높이는 역할을 한다.

이와 같이 각 산업은 원재료의 거래관계를 토대로 직접적 또는 간접적으로 연관을 맺게 되는데, 생산활동에서 생산요소와 기술지식의 산업간 상호 연관관계를 정량적으로 파악하는 분석방법이 산업연관분석(inter-industry analysis) 또는 투입산출분석(input-output analysis)이다.

예를 들어 한 산업에서 대규모 공공 프로젝트가 수행되면 그 프로젝트가 가져오는 경제적 파급효과가 어느 정도 될 것인가, 어느 부문에서 새로운 기술혁신이 이루어져 그것이 다른 부문으로 폭넓게 확산될 때 그것이 가져오는 파급효과는 어느 정도인가 등을 측정하는 문제가 전형적인 산업연관분석의 예가 된다.

(2) 산업연관분석의 과정

산업연관분석은 산업연관표(Input/Output Table)를 토대로 수행된다. 따라서 산업연관분석에 앞서 산업연관표를 이해하는 것이 필수적이다. 산업연관분석에서는, i 산업이 j 산업으로부터 제품을 많이 구입할수록 j 산업에서 i 산업으로 흘러 들어오는 재화나 기술지식의 양, 즉 투입(input)이 비례해서 늘어난다고 가정한다. 따라서 산업간 기술지식의 흐름을 파악하기 위해서는 기술지식이나 재화의 개발주체와 활용주체간의 연관관계 혹은 흐름의 양을 나타내는 일종의 행렬표가 필요하다. 각 산업별로 재화와 용역이 어떤 부문에서 어떤 부문으로 이전되어 사용되는가를 일정한 형식에 의해 표현한 것이 산업연관표이다.

산업연관분석은 실증적 계량경제학의 한 갈래로 경제학자인 Leontief에 의하여 처음 개발되었다. 산업연관분석이 국가경제 분석의 유용한 방법론으로 자리를 잡으면서 미국정부는 공식적으로 1947년 산업연관표를 최초로 작성하였으며, 이어서 영국에서는 1948년, 일본에서는 1951년 산업연관표를 작성하기 시작함으로써 세계 각국에서 산업연관분석에 관한 연구가 활발히 진행되었다. 우리나라에서 체계적인 형식과 내용을 갖춘 본격적인 산업연관표가 작성된 것은 한국은행이 1962년에 착수하여 1964년에 작성, 공표한 1960년 산업연관표라고 할 수 있다. 또 UN과 같은 국제기구를 중심으로 산업연관표 작성과 분석방법에 관한 규정이나 제도의 표준화 노력도 전개되었다.

산업연관분석의 전체적 과정은 크게 네 단계로 구성된다. 첫 번째 단계에서는 산업연관표(I/O Table)를 작성한다. 이 표는 산업간 투입과 산출의 전체적 구조와 규모를 보여준다. 두 번째 단계에서는 투입계수표를 작성한다. 앞의 산업연관표는 투입-산출의 절대크기만을 보여주기 때문에 이를 상대적 비율(영향도) 즉 계수로 바꾼 것이 투입계수표이다. 세 번째 단계에서는 유발계수를 계산한다. 유발계수는 파급효과의 측정을 쉽게 해준다. 실제 분석에서는 산업부문의 수가 대단히 많기 때문에 수

작업으로 파급효과를 측정하기에는 무리가 따른다. 따라서 이를 행렬을 이용하여 수학적으로 계산하는 방법이 활용되는 것이 일반적인데 이때 multiplier(승수)의 역할을 하는 것이 바로 유발계수(inducement coefficient)이다. 마지막 네 번째 단계에서는 유발계수를 multiplier로 하여 생산이나 고용의 파급효과를 측정한다.

(3) 산업연관표의 구조

산업연관분석의 첫 번째 단계인 산업연관표의 작성에 대해 알아보자. 산업연관표는 일정기간(보통 1년) 동안 국가경제 내에서의 재화와 서비스의 생산 및 처분과정에서 발생하는 모든 거래를 일정한 원칙과 형식에 따라 기록한 종합적인 통계표이다. 산업연관표에서는 재화와 서비스의 거래를 첫째, 산업 상호간의 중간재 거래부분, 둘째, 각 산업부문에서의 노동, 자본 등 본원적 생산요소의 구입부분, 셋째, 각 산업부문 생산물의 최종소비자에게로의 판매부분의 세 부분으로 나누어 기록한다.

이를 도형으로 표시해 보면 [그림 5-10]과 같다. 이 그림에서 세로방향(열)은 각 산업부문의 비용구성 즉 투입구조를 나타내는데, 이는 원재료 등의 투입을 나타내는 중간투입과 자본과 노동의 투입을 나타내는 부가가치의 두 부분으로 나누어지며 그 합계를 총 투입액이라고 한다. 한편 가로방향(행)은 각 산업부문의 생산물 판매 즉 배분구조를 나타내는 것으로, 중간재로 판매되는 중간수요와 소비재, 자본재, 수출상품 등으로 판매되는 최종수요의 두 부분으로 나누어진다. 그리고 중간수요와 최종수요를 합한 것을 총수요액이라고 하고 여기서 수입을 뺀 것을 총산출액이라고 한다. 이때 각 산업부문의 총산출액과 이에 대응되는 총투입액은 항상 일치한다.

한편 재화와 서비스의 산업부문 상호간의 거래인 중간수요와 중간투입을 기록하는 부분을 내생부문이라고 하고 최종수요와 부가가치를 기록하는 부분을 외생부문이라고 한다. 따라서 산업연관표는 내생부문과 외생부문으로 구성된다. 내생부문이란 외생부문의 수치가 모형 밖에서 주어지면 이에 따라 수동적으로 모형 내에서 그 값이 결정되는 부분이란 의미로서, 연관표 작성과정에서 가장 어려운 부문이며 또한 작성된 표의 분석이나 이용에 있어서도 가장 중요한 부분이다. 외생부문이란 내생부문과는 관계없이 모형 밖에서 값이 결정되는 부분이란 의미로, 이 부문의 값의 변동이 국가경제에 어떠한 경제적 파급효과를 미치는가를 알아보려는 것이 산업연관표 작성의 목적이라고 할 수 있다.

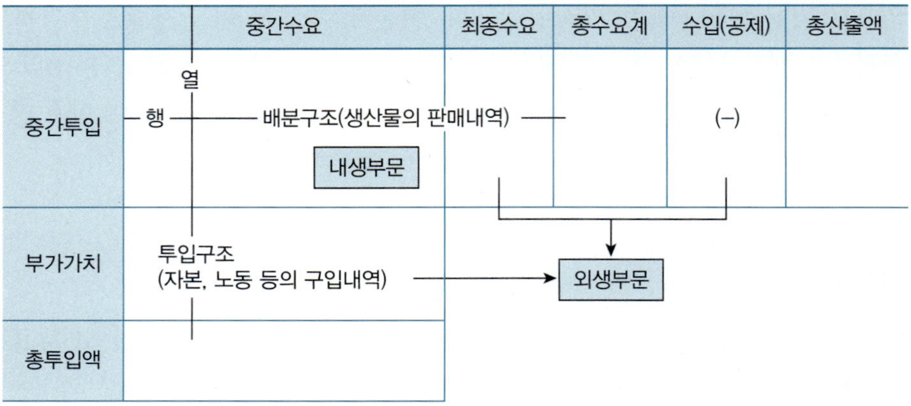

[그림 5-10] 산업연관표의 기본구조

예시의 목적으로 단순화시킨 산업연관표를 보자. 〈표 5-45〉는 2007년 403개 산업부문을 농림어업, 광공업 및 기타산업의 3개 부문으로 통합한 산업연관표이다. 먼저 산업연관표를 열로 보면, 각 산업부문이 생산활동을 위하여 다른 산업부문으로부터 구입한 중간재(중간투입)와 노동, 자본 등의 본원적 생산요소(부가가치)에 대하여 지급한 비용의 내역을 알 수 있는데 이를 투입(input)이라고 부른다. 이 표에서 농림어업부문은 44조 1,840억 원의 생산을 위하여 자체부문인 농림어업부문으로부터 2조 5,910억 원, 광공업부문으로부터 12조 2,670억 원, 기타산업부문으로부터 4조 1,270억 원 총 18조 9,850억 원을 중간재로 구입하였으며 본원적 생산요소의 사용대가로 25조 1,990억 원(임금 2조 7,490억 원, 기타 22조 4,500억 원)을 지급하였다. 국가경제 전체로는 총 2,396조 3,290억 원의 생산을 위하여 1,436조 1,820억 원을 중간재로 투입하였으며 본원적 생산요소에 대하여는 960조 1,470억 원을 지급하였다.

한편 산업연관표를 행으로 보면, 각 산업부문에서 생산된 재화와 서비스가 다른 산업부문의 중간재로 얼마만큼 판매되고 또한 최종재로는 얼마만큼 판매되었는지를 알 수 있는데 이를 생산물의 산출(output)이라고 한다. 농림어업부문의 생산물은 자체부문인 농림어업부문에 2조 5,910억 원, 광공업부문에 27조 2,560억 원, 기타산업부문에 6조 4,700억 원 등 총 36조 3,170억 원이 중간재로서 판매되었으며 소비재(민간, 정부)로 13조 9,900억 원, 투자재(민간, 정부, 재고)로 1조 6,940억 원, 수출로 4,370억 원 등 총 16조 1,210억 원이 최종재로 판매되었다.

따라서 농림어업부문에 대한 총수요는 중간수요와 최종수요를 합한 52조 4,380억 원이 되며 이는 국내산출액 44조 1,840억 원과 수입 8조 2,540억 원에 의해 충당되었다. 국가경제 전체로는 총수요가 2,809조 5,460억 원(중간수요 1,436조 1,820억 원, 최종 수요 1,373조 3,640억 원)에 달하며 이 중 2,396조 3,290억 원은 국내산출액에 의하여, 413조 2,170억 원은 수입에 의하여 충족되었다.

〈표 5-45〉 2007년 산업연관표(생산자가격평가표) (단위: 10억 원)

		중간수요				최종수요				총수요	수입(공제)	총 산출액
		농림어업	광공업	기타산업	중간수요계	소비	투자	수출	최종수요계			
중간투입	농림어업	2,591	27,256	6,470	36,317	13,990	1,694	437	16,121	52,438	8,254	44,184
	광공업	12,267	672,697	210,690	895,653	130,123	89,709	346,766	566,598	1,462,251	343,665	1,118,586
	기타산업	4,127	146,158	353,927	504,213	529,125	195,684	65,835	790,645	1,294,857	61,299	1,233,559
	중간투입계	18,985	846,110	571,087	1,436,182	673,238	287,087	413,039	1,373,364	2,809,546	413,217	2,396,329
부가가치	임금	2,749	114,757	331,488	448,994							
	기타	22,450	157,719	330,984	511,153							
	부가가치계	25,199	272,476	662,472	960,147							
총투입액		44,184	1,118,586	1,233,559	2,396,329							

(4) 투입계수표

1) 투입계수표의 의미

투입계수표(input coefficient matrix)는 생산 파급효과를 중심으로 경제구조를 분석하기 위한 도구이다. 앞의 산업연관표는 투입-산출의 절대크기만을 보여주기 때문에 산업간 상대적 영향도를 알기 어렵다. 따라서 투입-산출의 절대크기(금액)을 상대적 비율 즉 계수로 바꾼 것이 투입계수표이다.

이 표는 산업연관표의 중간투입과 부가가치로부터 투입계수(input coefficient)와 부가가치계수(value added coefficient)를 계산하여 작성된다. 보다 구체적으로, 각 산업 부문에서 재화나 서비스 생산에 사용하기 위하여 다른 부문으로부터 구입한 원재료 및 연료 등 중간투입액을 총투입액으로 나눈 것이 투입계수이며, 부가가치액을 총투입액으로 나눈 것이 부가가치계수이다. 즉 투입계수는 상품 한 단위를 생산하기 위해 사용되는 각 원재료의 투입비중을 나타내는 것이며, 부가가치계수는 총투입액 중에서 부가가치가 차지하는 비중을 나타낸 것이다.

2) 투입계수표의 구성

투입계수표는 각 산업별로 산출된 투입계수를 산업연관표의 내생부문과 같은 모양으로 배열한 행렬이다. 각 산업의 투입계수는 해당 산업 부문의 재화나 서비스 생산에 사용된 다른 산업 부문의 원재료 및 연료 등의 중간 투입액을 총투입액으로 나누어 산출된다. 다음 〈표 5-46〉의 예를 살펴보자.

〈표 5-46〉 산업연관표의 구성

		중간수요				최종수요	수입(공제)	총산출액
		1	2	…	n			
중간투입	1	x_{11}	x_{12}	…	x_{1n}	Y_1	M_1	X_1
	2	x_{21}	x_{22}	…	x_{2n}	Y_2	M_2	X_2
	…	…	…		…	…	…	…
	n	x_{n1}	x_{n2}	…	x_{nn}	Y_n	M_n	X_n
부가가치		V_1	V_2	…	V_n			
총투입액		X_1	X_2	…	x_n			

위 예에서 제1열 즉 1산업의 중간투입내역 x_{11}, x_{21}, …, x_{n1}를 총투입액 X_1로 나눈 값 a_{11}, a_{21}, …, a_{n1}이 투입계수이다. 이는 산업 1에서 생산물 한 단위를 생산하기 위해 필요한 각 산업부문의 중간재의 크기를 나타낸다. 또한 산업 1의 부가가치 V_1을 X_1으로 나눈 것이 부가가치계수가 된다. 이를 일반식으로 나타내면 다음과 같다.

$$a_{ij} = \frac{x_{ij}}{X_j}$$

$$v_j = \frac{V_j}{X_j}$$

여기서, a_{ij} : 산업 i에서 산업 j로의 투입계수
x_{ij} : 산업 i에서 산업 j로의 중간투입액
X_j : 산업 j의 총투입액(또는 총산출액)
v_j : 산업 j의 부가가치계수
V_j : 산업 j의 부가가치액

투입계수표에서 한 산업에서 투입계수와 부가가치계수를 합하면 1이 된다. 이를 일

반식으로 나타내면 다음과 같으며, 투입계수 행렬과 부가가치계수 행렬을 정리한 투입계수표는 〈표 5-47〉과 같다.

$$A = \begin{bmatrix} a_{11} & \cdots & a_{1j} & \cdots & a_{1n} \\ \vdots & \ddots & \vdots & \iddots & \vdots \\ a_{i1} & \cdots & a_{ij} & \cdots & a_{in} \\ \vdots & \iddots & \vdots & \ddots & \vdots \\ a_{n1} & \cdots & a_{nj} & \cdots & a_{nn} \end{bmatrix}$$

$$V = (v_1 \ \cdots \ v_i \ \cdots \ v_n)$$

$$\sum_{i=1}^{n} a_{ij} + v_j = 1$$

여기서, A : 투입계수 행렬

V : 부가가치계수 행렬

〈표 5-47〉 투입계수표의 형식

	1	2	…	N
1	a_{11}	a_{12}	…	a_{1n}
2	a_{21}	a_{22}	…	a_{2n}
…	…	…		…
N	a_{n1}	a_{n2}	…	a_{nn}
부가가치	v_1	v_2	…	v_n
계	1	1	…	1

2007년의 국내 산업연관표 통계를 통해 투입산출계수를 도출한 예를 살펴보자. 〈표 5-48〉은 우리나라의 앞서 살펴본 「2007년 산업연관표」의 생산자가격평가표를 통해 도출된 각종 투입계수표를 나타낸다. 예를 들어 제2열을 보면, 광공업부문의 생산물 한 단위를 생산하기 위해서는 농림어업으로부터 0.0244 단위, 자체부문인 광공업 부문으로부터 0.6014 단위, 기타산업 부문으로부터 0.1307 단위 등 총 0.7564 단위의 중간재 투입이 필요함을 알 수 있다. 또한 이때 광공업부문 생산물 한 단위 생산에 따라 임금 0.1026 단위, 기타 0.1410 단위 등 총 0.2436 단위의 부가가치가 창출되었다. 이 투입계수가 산업간 상호의존관계 분석을 위해 사용된다.

〈표 5-48〉 2007년 투입계수표

	농림어업	광공업	기타산업	중간수요계
농림어업	0.0586	0.0244	0.0052	0.0152
광공업	0.2776	0.6014	0.1708	0.3738
기타산업	0.0934	0.1307	0.2869	0.2104
중간투입계	0.4297	0.7564	0.4630	0.5993
임금	0.0622	0.1026	0.2687	0.1874
기타	0.5081	0.1410	0.2683	0.2133
부가가치계	0.5703	0.2436	0.5370	0.4007
총투입계	1	1	1	1

각 산업부문의 생산활동은 결국 최종수요를 충족시키기 위한 것이다. 물론 다른 산업부문의 중간재로 판매되는 생산재의 경우 직접적으로 최종수요를 충족시키는 것은 아니지만 최종재 생산에 필요한 중간재를 공급하는 것이므로 간접적으로 최종수요를 충족시키는 것으로 볼 수 있다. 가령 의복 생산공정의 경우, 원면→면사→면직물→의복류의 생산공정을 가지게 된다. 이때 의복만이 최종재로서 소비되고 원면, 면사, 면직물은 모두 중간재로만 투입된다. 그러나 이들은 모두 의복류의 생산을 위한 중간투입이므로 궁극적으로는 모두 최종수요를 충족시키기 위해 생산된다. 따라서 모든 재화와 서비스는 직접 또는 간접으로 소비, 투자, 수출 등 최종수요를 충족시키기 위하여 생산되며 그 총 산출의 규모도 최종수요의 크기에 따라 결정된다. 투입계수는 최종수요에 기여하는 각각의 중간재의 수준을 파악하기 위해 사용된다.

(5) 생산 파급효과

1) 파급효과의 계산

이제 투입계수표를 이용하여 생산 파급효과를 계측하는 과정을 알아보자. 생산 파급효과는 앞서 설명하였듯이 특정 산업의 소비, 투자, 수출 등 최종 수요가 증가했을 경우 일어나는 각 산업의 생산 투입량 증가액이다. 이 효과는 각 산업에서 생산하는 규모가 증가한다는 것을 의미하며 GDP 성장에 영향을 미친다. 따라서 어느 산업이 미치는 파급효과가 크다는 의미는 그 산업이 다양한 산업과 연관관계를 맺고 있다는 것을 의미한다. 영화 한편 만드는 것과 자동차 한대 만드는 것을 비교해 보면, 영화 한편의 부가가치는 자동차 한대보다 훨씬 클 수 있지만 파급효과의 측면에서 보면 자동차가 훨씬 큰 효과를 가져온다. 또 자동차의 경우에도 2만 개 이상의 부품이 들어가는 내연기관 자동차가 약 40% 정도로, 부품의 수가 줄어드는 전기자동차보다 전체적인 파급효과는 더 크게 나타난다.

● 1차 파급효과

하나의 예로 농림어업제품에 대한 민간수요 200과 광공업 제품의 수출수요 500이 발생하여 총 700의 최종수요가 발생한 경우를 생각해 보자. 우선 700 단위 생산을 위해서는 농림어업, 광공업, 기타산업에서 농림어업제품으로의 투입과 광공업제품으로의 투입이 발생하게 된다. 각 산업에서의 투입을 계산하면 다음과 같다.

700 단위 생산을 위해 필요한 농림어업에서의 투입
= (농림어업제품 200단위 생산을 위해 필요한 투입) + (광공업제품 500단위 생산을 위한 투입)
= (0.0586 * 200) + (0.0244 * 500)
= 11.72 + 12.2
= 23.92

700 단위 생산을 위해 필요한 광공업에서의 투입
= (농림어업제품 200단위 생산을 위해 필요한 투입) + (광공업제품 500단위 생산을 위한 투입)
= (0.2776 * 200) + (0.6014 * 500)
= 55.52 + 300.7
= 356.22

700 단위 생산을 위해 필요한 기타산업에서의 투입
= (농림어업제품 200단위 생산을 위해 필요한 투입) + (광공업제품 500단위 생산을 위한 투입)
= (0.0934 * 200) + (0.1307 * 500)
= 18.68 + 65.35

= 74.03

1차 생산파급효과 = 23.92 + 356.22 + 74.03 = 454.17

따라서 총 700의 최종재 생산을 위해 필요한 투입은 농림어업, 광공업, 기타산업으로부터 각각 23.92, 356.22, 74.03이 필요하게 된다. 결국 이들의 합인 454.17이 이들 최종수요 700이 미치는 1차 생산 파급효과이다.

● 2차 파급효과

한편 700의 생산을 위해 투입된 중간재 23.92, 356.22, 74.03을 생산하기 위해서는 다시 중간재의 투입이 필요하게 된다. 이것이 2차 생산파급효과가 된다. 각 산업의 2차 생산 파급효과의 계산은 다음과 같다.

454.17 단위 생산을 위해 필요한 농림어업에서의 투입
= (농림어업제품 23.92단위 생산을 위해 필요한 투입) + (광공업제품 356.22 단위 생산을 위한 투입) + (기타산업제품 74.03 단위 생산을 위한 투입)
= (0.0586 * 23.92) + (0.0244 * 356.22) + (0.0052 * 74.03)
= 1.40 + 8.69 + 0.38
= 10.47

454.17 단위 생산을 위해 필요한 광공업에서의 투입
= (농림어업제품 23.92단위 생산을 위해 필요한 투입) + (광공업제품 356.22 단위 생산을 위한 투입) + (기타산업제품 74.03 단위 생산을 위한 투입)
= (0.2776 * 23.92) + (0.6014 * 356.22) + (0.1708 * 74.03)
= 6.64 + 214.23 + 12.64
= 233.51

454.17 단위 생산을 위해 필요한 기타산업에서의 투입
= (농림어업제품 23.92단위 생산을 위해 필요한 투입) + (광공업제품

356.22 단위 생산을 위한 투입) + (기타산업제품 74.03 단위 생산을 위한 투입)

= (0.0934 * 23.92) + (0.1307 * 356.22) + (0.2869 * 74.03)

= 2.23 + 46.56 + 21.24

= 70.03

2차 생산파급효과 = 10.47 + 233.51 + 70.03 = 314.01

● 3차 이상의 파급효과

이와 같이 생산의 파급과정은 3차, 4차 등으로 무한히 계속된다. 이러한 생산파급효과를 모두 합산하게 되면 이것은 최초로 발생한 농림어업제품에 대한 민간소비수요 200과 광공업제품에 대한 수출수요 500을 충족시키기 위해 필요한 각 산업부문의 생산유발효과, 즉 총산출액의 수준을 의미한다. 결국 투입계수는 소비, 투자, 수출 등 외생적으로 결정되는 최종수요와 총산출 수준의 연계를 파악하는 매개 역할을 한다.

2) 생산 유발계수를 이용한 파급효과 측정

투입계수표를 이용하여 생산 파급효과를 구하는 방식은 부문수가 적은 단순한 경우에는 사용이 가능하다. 그러나 부문수가 많아지는 경우 3차, 4차 등으로 무한히 반복되는 생산 파급효과를 측정하기에는 무리가 따른다. 따라서 이를 행렬을 이용하여 수학적으로 계산하는 방법이 자주 사용되는데 이때 사용되는 개념이 생산 유발계수(inducement coefficient)이다. 생산 파급효과가 실제 발생한 총 최종수요량에 대한 생산 파급액이라면, 생산 유발계수는 최종수요 1단위에 대한 파급액을 의미한다. 따라서 생산 유발계수를 미리 도출하면 실제 발생한 최종수요량을 단순히 곱함으로써 생산 파급효과를 쉽게 구할 수 있다. 생산 유발계수를 구하는 과정은 아래와 같다.

산업연관표의 각 산업부문 생산물 수급관계를 보면 중간수요와 최종수요의 합계에서 수입을 차감한 수요액은 총산출액과 일치하므로 다음과 같은 연립방정식을 만들 수 있다.

$$
\begin{array}{c}
a_{11}X_1+a_{12}X_2+\cdots+a_{1j}X_j+\cdots+a_{1n}X_n+Y_1-M_1=X_1\\
\vdots \qquad\qquad \vdots \qquad\qquad \vdots\\
a_{i1}X_1+a_{i2}X_2+\cdots+a_{ij}X_j+\cdots+a_{in}X_n+Y_i-M_i=X_i\\
\vdots \qquad\qquad \vdots \qquad\qquad \vdots\\
a_{n1}X_1+a_{n2}X_2+\cdots+a_{nj}X_j+\cdots a_{nn}X_n+Y_n-M_n=X_n
\end{array}
$$

이 방정식을 행렬로 표현하면 다음과 같다.

$$
\begin{bmatrix} a_{11} & a_{12} & \cdots & a_{1j} & \cdots & a_{1n} \\ \vdots & & & & & \vdots \\ a_{i1} & a_{i2} & \cdots & a_{ij} & \cdots & a_{in} \\ \vdots & & & & & \vdots \\ a_{n1} & a_{n2} & \cdots & a_{nj} & \cdots & a_{nn} \end{bmatrix}
\begin{bmatrix} X_1 \\ \vdots \\ X_i \\ \vdots \\ X_n \end{bmatrix}
+\begin{bmatrix} Y_1 \\ \vdots \\ Y_i \\ \vdots \\ Y_n \end{bmatrix}
-\begin{bmatrix} M_1 \\ \vdots \\ M_i \\ \vdots \\ M_n \end{bmatrix}
=\begin{bmatrix} X_1 \\ \vdots \\ X_i \\ \vdots \\ X_n \end{bmatrix}
$$

그리고 이를 행렬식으로 표현하면 다음과 같다.

$$AX + Y - M = X$$

여기서 A는 투입계수행렬, X는 총산출액 벡터, Y는 최종수요벡터, 그리고 M은 수입액 벡터를 나타낸다. 이 식을 전개하여 X에 대해서 풀면 다음과 같다.

$$
\begin{aligned}
&X-AX=Y-IM\\
&(I-A)X=Y-IM\\
&X=(I-A)^{-1}(Y-IM)
\end{aligned}
$$

이때 역행렬 $(I-A)^{-1}$를 생산 유발계수 또는 레온티에프 역행렬(Leontief's inverse)라고 한다. 이 행렬이 유발계수로 불리는 이유를 알아보자. 산업연관분석은 Y의 증가, 즉 ΔY 에 따른 X의 증가, 즉 ΔX 의 크기를 계산하는 작업이다. 이때 둘 사이에는 $\Delta X=(I-A)^{-1}\Delta Y$ 의 관계가 있으므로 $(I-A)^{-1}$를 multiplier(승수)의 역할을 하는 유발계수라고 부르는 것이다.

I는 주대각요소가 모두 1이고 그 밖의 모든 요소는 0인 단위행렬을 가리킨다. 또한 파급되는 총 산출 X는 최종수요에서 수입을 뺀 수요량에 생산 유발계수를 곱하여 계산한다. 생산 유발계수 행렬은 아래와 같이 행렬의 무한등비급수로 표현할

수도 있다.

$$(I-A)^{-1}=I+A+A^2+A^3+A^4+\cdots$$

이 식의 우변에서 단위행렬 I는 각 산업부문 생산물에 대한 최종수요가 1단위씩 발생하였을 때 이를 충족시키기 위한 각 산업부문의 직접 생산효과가 되며, A는 각 산업부문 생산물 1단위 생산에 필요한 중간재 투입액 즉 1차 생산 파급효과가 된다. A^2은 1차 산업 파급효과로 유발된 각 산업부문 생산물 생산에 필요한 중간재 투입액 즉 2차 생산파급효과가 되며 마찬가지로 A^3, A^4, …는 각각 3차, 4차, … 생산 파급효과가 된다. 따라서 생산 유발계수인 $(I-A)^{-1}$은 1단위 최종수요 증가에 따라 모든 생산 파급과정에서 발생하는 파급효과들을 합한 총 생산 파급효과를 나타낸다.

이제 앞의 예시에 대한 총 생산 파급효과 ΔX를 생산 유발계수를 이용하여 구해보자. 우선 생산 유발계수는 아래와 같이 구할 수 있다.

$$(I-A)=\begin{pmatrix}1&0&0\\0&1&0\\0&0&1\end{pmatrix}-\begin{pmatrix}0.0586&0.0244&0.0052\\0.2776&0.6014&0.1708\\0.0934&0.1307&0.2869\end{pmatrix}=\begin{pmatrix}0.9414&-0.0244&-0.0052\\-0.2776&0.3986&-0.1708\\-0.0934&-0.1307&0.7131\end{pmatrix}$$

$$(I-A)^{-1}=\begin{pmatrix}0.9414&-0.0244&-0.0052\\-0.2776&0.3986&-0.1708\\-0.0934&-0.1307&0.7131\end{pmatrix}^{-1}=\begin{pmatrix}1.0870&0.0749&0.0259\\0.8878&2.7836&0.6733\\0.3051&0.5199&1.5291\end{pmatrix}$$

위의 각 행의 합은 각 산업의 최종수요가 1단위 증가했을 때 무한대까지의 파급과정 동안 발생하는 각 산업의 총 생산 파급효과이다. 이를 통하여 농림어업제품에 대한 민간수요 200과 광공업 제품의 수출수요 500이 발생한 총 700의 최종수요(즉, 최종수요가 700 증가하였을 경우)에 대하여 필요한 중간 투입에 따른 총 생산 파급효과는 다음과 같이 계산할 수 있다.

$$\Delta X=(I-A)^{-1}\Delta Y=\begin{pmatrix}1.0870&0.0749&0.0259\\0.8878&2.7836&0.6733\\0.3051&0.5199&1.5291\end{pmatrix}\begin{pmatrix}200\\500\\0\end{pmatrix}=\begin{pmatrix}254.87\\1569.36\\320.95\end{pmatrix}$$

농림어업의 생산 파급효과: 254.87
광공업의 생산 파급효과: 1,569.36
기타 산업의 생산 파급효과: 320.95
총 생산 파급효과=254.87+1,569.36+320.95=2,145.18

따라서 총 700의 최종재 생산을 위해 필요한 중간 투입은 농림어업, 광공업, 기타 산업으로부터 각각 254.87, 1,569.36, 320.95가 필요하게 된다. 결국 이들의 합인 2,145.18가 이들 최종수요 700이 미치는 총 생산 파급효과이다. 생산 유발계수를 통한 생산 파급효과 계산은 투입계수를 반복하여 사용하는 계산과 비교하여, 행렬곱을 통해 무한히 반복되어 파급되는 생산 파급효과를 쉽게 구할 수 있다는 점에서 매우 효율적이다.

(6) 다양한 파급효과 측정

생산 유발계수는 생산 파급효과 외에도 부가가치 유발효과와 고용 유발효과 등 다양한 파급효과 계산에 활용될 수 있다. 우선 부가가치 유발효과는 재화나 서비스의 생산을 통해 발생하는 피용자보수, 영업잉여, 고정자본 및 순 생산세로 이루어진 부가가치 내역에 대한 파급효과를 의미한다. 즉 최종 수요가 증가했을 경우, 피용자의 보수나 이익 잉여금, 그리고 자본이나 세금의 규모 등의 부가가치 증가액을 나타내며 이는 각 산업의 생산 규모 외에 산업 외적으로 일어나는 투입흐름을 파악하는데 도움을 준다.

● 부가가치 유발효과

생산 유발계수를 활용한 부가가치 유발효과(W)의 계산은 아래의 식을 통해 구할 수 있다. 여기서 V는 부가가치액을 총투입액으로 나눈 부가가치계수의 대각행렬을 의미한다.

$$W = V(I-A)^{-1}\Delta Y$$

● 고용 유발효과

다음으로 고용 유발효과는 최종 수요가 증가했을 때 전체 산업에서 창출되는 일자리의 수를 나타낸다. 이는 곧 실직률을 줄이고 생산 활동을 하는 사람을 늘린다는 정책적 시사점을 준다. 고용 유발효과(N) 역시 생산 유발계수를 이용하여 아래와 같이 나타낼 수 있다. 여기서 고용 유발계수 n은 산업연관표 상 부속표에 포함된 고용표의 취업자수(혹은 피용자수)를 총투입액으로 나눈 고용계수의 대각행렬을 의미한다.

$$N = n(I - A)^{-1}\Delta Y$$

이처럼 산업연관분석은 어떤 재화나 서비스에 대한 최종수요가 발생하는 경우 투입계수와 생산 유발계수를 바탕으로 관련된 모든 산업 제품의 생산에 미치는 생산 파급효과와 함께 부가가치 유발효과, 고용유발효과 등 다양한 유형의 파급효과를 측정하는데 활용된다.

3.2 생산함수 분석 모형

(1) 기본개념

기술진보(technical progress)는 동일한 수준의 생산요소를 투입하여 산출되는 생산량이 상대적으로 증가하는 것을 의미한다. 따라서 신기술이나 프로젝트의 경제적 효과는 기술진보에 의해 생산량이 증가하는 효과로 해석할 수 있다. 유사한 관점에서, 기술진보로 인해 생산비용이 감소하는 효과로 바라볼 수도 있다.

생산량의 변화를 바탕으로 기술개발의 경제적 효과를 분석하기 위해서는 기술진보가 생산량의 증가에 미치는 영향을 설명할 수 있는 수리적 모형 즉 생산함수(production function)가 필요하다. 생산비용의 절감에 미치는 영향을 보기 위해서는 비용함수(cost function)를 이용하게 된다. 생산함수의 기본적 형태로 경제학에서 가장 자주 사용하는 모형은 콥-더글러스 생산함수(Cobb-Douglas production function)이다. 콥-더글러스 생산함수는 신고전학파의 경제학자인 Cobb와 수학자인 Douglas가 1928년 제시한 모형이다. 고전적인 콥-더글러스 생산함수의 기본 형태는 아래와 같다.

$$Y = f(K, L) = AK^{\alpha}L^{\beta}$$

여기서,

Y: 산출량

K: 자본투입량(혹은 자본스톡)

L: 노동투입량

A: 기술적 효율성을 나타내는 계수 ($A>0$)

α: 자본투입량 비율변화에 대한 산출량 비율의 변화를 나타내는 탄력성 ($0<\alpha<1$)

β: 노동투입량 비율변화에 대한 산출량 비율의 변화를 나타내는 탄력성 ($0<\beta<1$)

이 함수가 생산함수 분석에 자주 사용되는 이유는 무엇일까? 경제효과의 분석에 사용되는 변수의 크기는 단위(unit)가 모두 다르다. 따라서 어느 변수의 영향력이나 기여도를 평가할 때는 절대 크기보다는 상대 크기, 즉 탄력성(elasticity)의 개념이 더 유용하다. 어느 변수가 어느 정도 변하면(늘어나면) 성과는 어느 정도 달라지는지(올라가는지)를 변화량의 절대적 크기보다는 변화율의 상대적 크기인 탄력성으로 측정하는 것이 바람직하다는 것이다. 예를 들어 탄력성이 0.1이라면 1% 투입의 증가가 0.1% 산출의 증가로 연결된다는 의미이다. 또한 크기를 추정하기에 가장 편리한 수식은 당연히 1차 선형함수이다. 콥-더글러스 생산함수 형태로 탄력성을 표현한 수식에 로그(log)를 취한 후 미분하면 선형함수로 변환시킬 수 있다. 따라서 회귀분석(regression analysis) 등을 통해 탄력성 즉 경제효과를 쉽게 추정할 수 있는 것이다.

위의 식에서 보듯이 전통적인 콥-더글러스 생산함수에서는 자본(K)과 노동(L)을 내생변수로 보는 반면에 기술요소(A)를 외부의 효율성 계수로 취급하고 있다. 그러나 오늘날의 생산함수에서는 기술요소를 내생변수로 포함시키는 경우가 많다. 즉 '기술진보는 생산증가에 부문적, 간접적으로 기여한다'는 사고에서 '기술진보와 생산증가는 상호작용의 시너지 효과를 가져온다'는 사고로 인식의 변화가 나타난 것이다.

그런 변화가 일어나게 된 계기는 생산함수의 분석에서 새로운 현상이 발견되면서부터이다. 다시 한번 $Y=f(K, L)$의 생산함수에서 출발해보자. 이제 변화율을 측정하기 위해 미분하면 양변이 등식의 관계이므로 다음과 같이 나타나야 한다.

$$\frac{\partial Y}{\partial t} = W_K \frac{\partial K}{\partial t} + W_L \frac{\partial L}{\partial t}$$

그러나 실제 데이터를 이용하여 분석한 결과 아래와 같은 현상이 나타났다. 즉 왼쪽 항이 오른 쪽 항보다 더 크게 나타나면서 자본투입의 증가와 노동투입의 증가만으로는 전체 생산량의 증가를 설명할 수 없게 된 것이다.

$$\frac{\partial Y}{\partial t} > W_K \frac{\partial K}{\partial t} + W_L \frac{\partial L}{\partial t}$$

여기서 둘 사이의 차이 즉 자본과 노동 외의 나머지 기여부분인 잔차(residual)를 흔히 총요소생산성(total factor productivity)이라고 부른다. 총요소생산성을 만들어내는 요인은 여러 가지가 있지만 그 중에 가장 핵심적 요인이 바로 기술진보의 기여도이다. 이러한 사실이 알려지면서 기술 요소가 생산함수의 내생변수로 들어오게 되고 기술진보의 파급효과에 대한 인식도 달라지게 되었다.

(2) 경제성장 효과 분석

생산함수 분석을 국가 수준으로 확대하면 바로 경제성장 분석으로 이어지게 된다. 거시적 경제성장은 곧 미시적 생산량 증가의 합(aggregation)이 되기 때문이다. 이 주제를 성장요인 분석(accounting for economic growth)이라고 한다. 성장요인 분석에서는 다양한 투입요소를 포함시켜 국가수준의 생산함수를 구성하게 된다.

특히 연구개발투자와 경제성장 간의 관계는 오랫동안 중요한 연구주제로 다루어져 왔다. 예를 들어 투입요소를 물적자본 투입, 노동 투입, 연구개발 투입으로 단순화시킨 아래의 생산함수를 생각해보자.

$Y = f(K, L, RD, t)$

여기서,

Y: 산출량

K: 물적자본 투입량(혹은 물적자본 스톡)

L: 노동 투입량

RD: 연구개발 투입량(혹은 연구개발 스톡)

t: 시간

이제 위의 함수에 로그를 취한 후 미분하면 시간에 따른 요소별 기여도를 추정할 수 있다. 70~80년대와 비교하여 2000년 이후의 요소별 기여도가 어떻게 다른지, 선진국과 후진국 사이에 요소별 기여도에 어떤 차이가 나타나는지 등을 살펴볼 수 있는 것이다. 특히 자본투입과 노동투입의 증가에 대비하여 연구개발 투자의 확대가 어느 정도 경제성장에 기여하는지를 추정할 수 있다. 물론 실제로 실증분석을 수행하기 위해서는 이 책의 수준을 넘어서는 전문적 지식과 경험이 필요하다.

3.3 네트워크 분석 모형

(1) 기본개념

지금까지는 주로 경제적 파급효과를 측정하는 기법들에 대해 알아보았다. 그러나 파급효과가 꼭 경제적 측면에서만 발생하는 것은 아니다. 하나의 기술이 다른 기술과 맺는 기술적 연관 관계, 여러 기술들이 하나의 기술군을 이루면서 발전해 나가는 과정, 하나의 기술이 다른 기술들을 끌고 간다든지 기술과 기술간의 연계를 이어준다든지 하는 현상 등은 모두 넓은 의미에서 파급효과의 대상이 된다.

일반적으로 하나의 시스템 내에 다양한 주체들이 포함되면서 각 주체들간에 상호 관계가 존재할 때, 이 관계는 노드(node)와 링크(link)로 구성되는 네트워크(network)로 설명될 수 있다. 여기서 각각의 노드는 시스템의 개별 주체를 나타내고, 링크는 주체들 간의 상호 관계를 의미한다. 따라서 이 관계를 정량적 내지 시각적으로 표현할 수 있으면 파급효과를 분석하는데 유용하게 사용할 수 있다.

네트워크 분석(network analysis)은 그래프 이론(graph theory)에 기반하여 주체들 간 상호 관계를 네트워크의 형태로 시각화(visualization)하고 이를 기반으로 시스템의 구조적 특성을 정량적으로 분석하기 위한 기법이다. 네트워크 분석은 원래 사회를 구성하는 개인 또는 집단들 간의 사회적 네트워크(social network)에 대한 분석을 목적으로 개발되었다. 그러나 다양한 유형의 주체들 간의 직접적 또는 간접적 영향 관계를 분석하는데 유용하다는 장점으로 인해 범용적으로 활용되어 왔다. 특히 최근 들어 기술 발전의 속도가 더욱 가속화되고, 기술 융합과 같이 그 발전 양상이 복잡해짐에 따라 기술파급의 동태적, 구조적 특징을 네트워크 분석을 활용하여 시각적, 정량적으로 분석하는 과정에 네트워크 분석이 유용하게 쓰이고 있다.

방대한 양의 기술 데이터베이스가 구축되고 알고리즘 기반의 처리기술이 일반화되면서 기술 파급효과 분석에 활용되는 네트워크의 형태 및 유형은 점점 다양해지는 추세이다. 그 가운데 가장 많이 알려지고 또 자주 사용되는 기법이 특허인용 네트워크 분석(patent citation network analysis)이다. 특허인용 네트워크 분석의 경우, 개별특허들을 네트워크의 노드로 설정하고 이들 간의 인용관계를 링크로 표현하여 기술지식의 흐름과 기술간의 파급효과를 분석한다.

(2) 구조와 절차

네트워크 분석은 크게 관계 행렬 작성, 네트워크 시각화, 정량적 분석의 세 단계로 이루어진다.

1) 관계 행렬 작성

네트워크 분석을 수행하기 위해서는 우선적으로 네트워크를 구성하는 노드들을 설정하고, 이들의 링크를 관계 행렬(matrix) 상에 정의해야 한다. 관계 행렬은 노드의 수에 따라 크기가 결정되며 관계 행렬의 (i, j)의 값은 노드 i와 j의 상호 관계를 나타낸다. (i, j)의 값은 다음 두 가지 형태로 주어진다. 첫째, 상호 관계가 있는지 아니면 없는지만 의미가 있는 경우에는 (i, j)의 값은 0과 1의 이진수(binary value)로 주어진다. 둘째, 상호 관계의 크기도 의미가 있을 때는 값의 성격에 따라 이산값(discrete value) 또는 연속값(continuous value)을 줄 수 있다. 또한 두 노드간의 관계가 일방적인지 상호적인지에 따라 방향성을 줄 수도 있다.

2) 네트워크 시각화

다음에는 실제로 네트워크를 그리는 작업을 수행하게 된다. 물론 이 작업을 손으로 하기는 어렵기 때문에 대부분 네트워크 분석을 지원하기 위한 프로그램의 시각화 기능을 활용하게 된다. 관계 행렬을 네트워크로 시각화함으로써 네트워크 전체 구조에서 링크가 어느 정도 조밀한지, 링크가 어느 부분에 집중되었는지, 몇 개의 집단(group)이 존재하는지 등을 파악할 수 있다.

이 과정에서 임계치(threshold)의 조정이 필요하다. 두 노드 간의 상호 관계는 값(value)의 크기에 따라 링크가 만들어 질 수도 있고 안 만들어 질 수도 있다. 특히 값이 낮은 경우 주관적인 판단에 따라 링크가 있다고 볼 수도 있고 없다고 볼 수도 있다. 이때 링크가 있다고 판단하는 값의 크기가 바로 임계치이다. 그러므로 임계치에 따라 네트워크의 형태도 달라진다. 임계치를 낮출수록 더 많은 링크를 보여줄 수 있는 장점은 있지만 네트워크가 너무 복잡해지는 단점이 있다. 따라서 링크의 임계치를 조정해가며 네트워크의 구조가 어떻게 바뀌는지, 어느 링크가 제거되면 네트워크가 무너지는지 등의 민감도 분석(sensitivity analysis)을 수행할 수도 있다.

3) 정량적 분석

시각화는 직관적인 해석에는 유용하지만 정량적인 정보를 제공할 수 없는 한계가 있다. 눈으로 보고 알 수 있는 정보의 양에는 한계가 있는 것이다. 따라서 시각화된 네트워크를 바탕으로 주체들 간 상호 관계의 특성을 정량적으로 파악하는 작업이 필요하다. 실제로 정량적 분석을 위해 다양한 지수(index)들이 개발되어 사용되고 있다. 그 가운데 대표적으로 가장 많이 활용되는 지수들은 각 노드들간의 결속 정도를 나타내는 밀집도(density) 지수, 각 노드들이 네트워크의 중심에 위치한 정도를 의미하는 중심성(centrality) 지수, 각 노드들이 다른 노드들을 이어주는 정도를 뜻하는 중개자(brokerage) 지수 등을 들 수 있다. 각 지수들의 실질적 정의(operational definition)는 연구의 목적이나 연구자의 관심에 따라 달리 정해질 수 있다.

(3) 예제

본 예제에서는 이미지 및 디스플레이(image and display) 부문의 특허인용 네트워크를 구축하고 네트워크 분석을 통해서 기술 파급효과 분석을 수행하는 방법을 살펴보자. 이 작업에 활용된 이미지 및 디스플레이 기술은 〈표 5-49〉와 같이 총 10개의 클래스(class)와 230개의 서브클래스(sub-class)로 구성된다.

〈표 5-49〉 이미지 및 디스플레이 기술의 관련 특허

클래스	클래스명	서브클래스의 수
345	컴퓨터 그래픽 처리 및 디스플레이 시스템 (computer graphics processing and selective visual display systems)	10
347	상징 정보의 증분 출력 (incremental printing of symbolic information)	5
348	텔레비전(television)	40
349	액정 결정체, 요소 및 시스템 (liquid crystal cells, elements, and systems)	7
352	영화(motion pictures)	50
353	광학: 이미지 영사기(optics: image projectors)	49
359	광학: 시스템 및 요소(optical: systems and elements)	38
382	이미지 분석(image analysis)	12
385	광통신(optical waveguides)	18
386	실시간 녹화 및 재생을 위한 텔레비전의 신호처리 (television signal processing for dynamic recording or reproducing)	2
	총합	230

1) 관계 행렬 작성

이미지 및 디스플레이 부문의 기술 파급효과 분석을 위해서 최근 15년간 출원된 특허정보를 미국 특허청 데이터베이스로부터 수집하였다. 특허인용 네트워크를 구축하기 위해서는 우선적으로 네트워크를 구성하는 노드들을 설정해야 한다. 여기에서는 서브 클래스를 네트워크의 노드로 설정하여 기술 파급효과를 분석하기로 한다. 또한 서브클래스 간 인용수를 계산하여 관계 행렬 상에서 링크의 값으로 정의하였다. 구축된 관계 행렬은 230×230이며 〈표 5-50〉은 관계 행렬의 일부를 보여주고 있다.

〈표 5-50〉 이미지 및 디스플레이 부문의 인용 관계행렬

	345/418	345/156	345/501	345/530	…	385/141	385/146	385/147	386/1	386/46
345/418	225	19	36	77	…	0	0	0	2	25
345/156	0	160	6	0	…	8	17	20	0	4
345/501	31	0	16	0	…	0	0	0	0	6
345/530	26	0	58	0	…	0	0	0	0	4
345/204	0	8	4	0	…	0	18	1	0	6
…	…	…	…	…	…	…	…	…	…	…
382/173	2	4	0	0	…	0	0	0	0	0
382/181	3	56	2	4	…	0	2	0	0	4
382/232	147	0	38	8	…	0	0	0	4	32
382/254	6	0	8	0	…	0	0	0	0	37
382/276	8	28	18	0	…	1	0	0	6	39

2) 네트워크 시각화

위의 관계 행렬에 대해 소프트웨어를 활용하여 특허인용 네트워크를 구축하였다. 네트워크를 구축하는 과정에서 서브클래스간 인용수의 임계치를 조정해가며 민감도 분석(sensitivity analysis)을 수행하였다. 예를 들어, 임계치가 1000인 네트워크는 밀집도가 0.0041로 상대적으로 많은 정보를 제공하지만 복잡도가 높은 단점이 있다. 반면에 임계치가 1400인 네트워크는 밀집도가 0.0016으로 복잡도는 낮으나 정보 손실이 큰 것으로 나타났다. [그림 5-11]은 임계치가 1200인 특허인용 네트워크를 예시적으로 보여주고 있다. 이 네트워크는 총 10개의 클래스 중 347, 352 클래스를 제외한 8개로 구성되어 있으며, 서브클래스 수준에서는 총 230개의 서브클래스 중 90개의 서브클래스만이 네트워크에 포함된다.

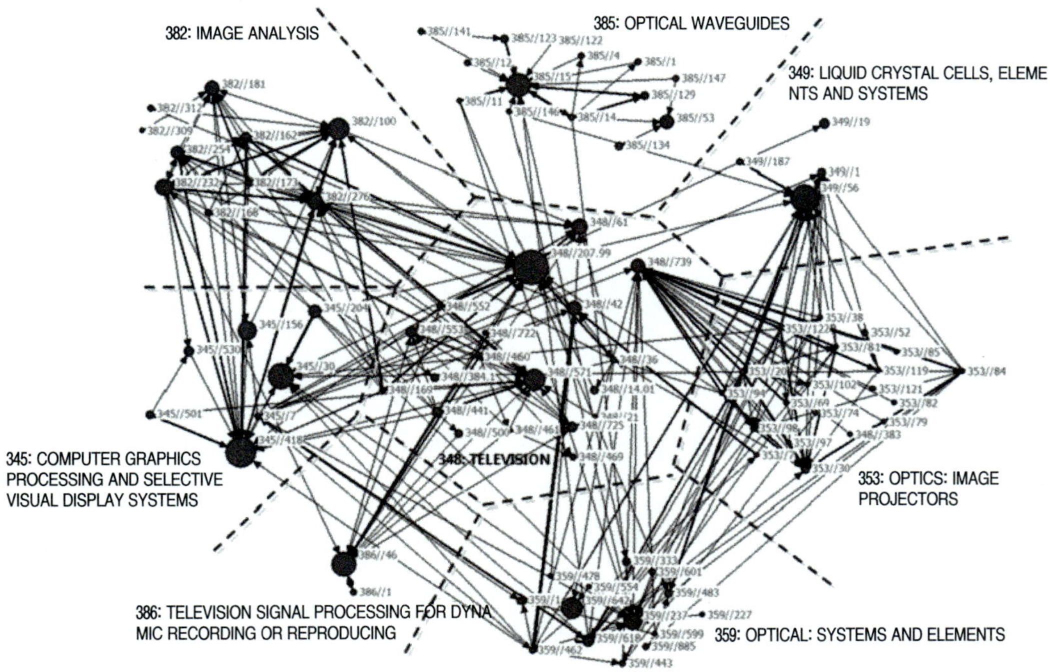

[그림 5-11] 이미지 및 디스플레이 부문의 특허인용 네트워크 (임계치=1200)

3) 정량적 분석

90개 기술의 중심성 지수 및 중개성 지수를 도출하였다. 이 책에서는 각 지수의 정의와 측정치를 수록하지는 않았지만 정량적 분석을 바탕으로 기술 파급효과가 큰 핵심기술을 선정할 수 있다. 또 구조 및 역할에 따라 인용이 집중되는 핵심기술, 중개 역할을 수행하는 핵심기술, 인용이 집중되며 동시에 중개 역할을 수행하는 핵심기술로 구분할 수 있다. 예를 들어 345/418 기술의 경우, 중심성 지수와 중개성 지수를 볼 때, 인용이 집중되는 기술지식 흐름의 중심에 위치하며 다른 클래스로의 기술지식 흐름에 있어서 중개자 역할을 수행하고 있는 것을 알 수 있다. 353/122 기술의 경우, 기술지식흐름에 있어서 인용이 집중되는 중심에 위치하고 있지만 중개 역할은 수행하지 않고 있으며, 반면 382/182 기술의 경우 기술네트워크상 중심에 위치하고 있지는 않지만 같은 클래스 내의 지식을 다른 클래스로 전달하는 중개자 역할을 수행하고 있음을 파악할 수 있다.

제4절 성공-실패 분석

4.1 기본 개념

경제성 평가에 직접 관련되는 주제는 아니지만 기술개발 프로젝트의 성공(success)-실패(failure) 여부는 투자의 성과를 평가하는 중요한 기준이 된다. 실제로 이 주제는 연구개발과 기술경영의 오래된 주제이자 지금도 자주 다루어지는 문제이다.

실무의 관점에서 보면, 성공과 실패의 평가는 본질적으로 주관적인 성격이 강하기 때문에 객관적, 정량적으로 판단하기 어려운 과제이다. 동일한 연구성과에 대해 평가자의 기준에 따라 성공으로 판정할 수도 있지만 실패로 판정할 수도 있기 때문이다. 또 프로젝트의 수행을 통해 직접적으로는 분명한 성과를 거두지 못한 경우라도 간접적으로는 여러 가지 경험과 지식을 축적할 수 있기 때문에 실패로 단정하기는 곤란한 측면도 있다. 더구나 성공-실패 여부가 프로젝트 팀(개인)의 평가 문제로 연결될 경우 실패로 판정하는 것은 현실적으로 쉽지 않은 문제가 된다. 결국 프로젝트의 성공-실패의 판정은 1) 사전적으로 정한 정량적 기준의 달성 여부, 2) 설정한 시한 내 프로젝트의 완료 여부, 3) 사후적으로 프로젝트로부터 얻은 경제적 성과의 크기 정도 등의 기준을 토대로 결정하게 된다.

연구의 관점에서 보면, 어느 특정 프로젝트를 놓고 성공과 실패를 판정하는 문제보다는 이미 성공 또는 실패로 판정된 프로젝트들을 대상으로 성공이나 실패에 미친 핵심 요인들이 무엇인지, 각 요소들의 영향이 어느 정도인지를 추정하는 문제가 중요한 연구 주제가 된다. 또한 어떤 프로젝트의 프로파일(profile)이 주어졌을 때, 지금까지의 경험적 정보를 바탕으로 그 프로젝트의 성공(실패) 가능성을 확률적으로 예측하는 문제도 관심의 대상이 된다.

이 과정에서 자주 사용되는 분석기법이 로지스틱 회귀분석(logistic regression analysis)이다. 로지스틱 회귀분석은 발생할 사건의 경우를 몇 가지로 나눌 수 있을 때, 그 가운데에서 특정 사건이 발생할 확률을 예측하기 위하여 주로 사용되는 통계적 방법이다. 즉 사건의 결과를 의미하는 종속변수(Y)가 여러 경우 가운데 어느 하나로 판정될 때, 그 경우로 판정되는 원인을 여러 개의 요인 즉 독립변수(X)들을 가지고 설명하는 통계적 모형이다. 따라서 일반적인 회귀분석이 연속형(continuous)

종속변수를 대상으로 하는 것과 달리 로지스틱 회귀분석은 범주형(categorical) 종속변수를 대상으로 한다. 독립변수의 경우 일반적인 회귀분석과 마찬가지로 연속형과 범주형 변수를 모두 사용할 수 있다.

이때 종속변수가 두 개의 값, 예를 들어 프로젝트의 결과가 성공이나 실패 가운데 하나로 판정되는 경우를 이항 로지스틱 회귀분석(binary logistic regression analysis)이라고 하고, 세 개 이상의 값, 예를 들어 프로젝트의 결과가 상, 중, 하 가운데 하나로 판정되는 경우를 다항 로지스틱 회귀분석(multinomial logistic regression analysis)이라고 한다.

MOT 분야에서 로지스틱 회귀분석은 다양한 목적을 위하여 활용될 수 있다. 그러나 앞에서 언급한 것처럼 특히 R&D 프로젝트의 성공 여부를 예측하거나 성공/실패의 요인을 분석하는데 유용하게 사용된다. 유사한 목적으로 사용할 수 있는 또 다른 통계 기법으로 판별분석(discriminant analysis)이 있으나 로지스틱 회귀분석은 독립변수들이 다변량 정규분포(multi-variate normality)를 따라야 한다는 가정이 필요하지 않다는 점에서 판별분석보다 더 신축적이기 때문에 손쉽게 사용할 수 있는 장점이 있다. 여기서는 기업의 신제품 개발 성공/실패를 기업 규모를 가지고 설명하는 간단한 예를 통하여 로지스틱 회귀분석의 기본개념과 절차에 대하여 살펴보도록 한다.

4.2 수행과정

(1) 데이터

다음의 〈표 5-51〉은 신제품 개발에 나선 24개 기업의 성공 여부와 기업 규모를 정리한 것이다. SUCCESS는 기업의 성공 여부를 나타내는 변수로 값 1은 해당기업이 성공하였음을, 0은 실패하였음을 의미한다. SIZE는 기업규모를 나타내는 변수로 값 1은 대기업을, 0은 소기업을 나타낸다. 총 24개 기업 중 12개 기업이 성공하였으며 그 중 10개 기업이 대기업임을 확인할 수 있다. 반면 실패한 12개의 기업 중 단 한 개의 기업만이 대기업임을 알 수 있다. 여기서 기업의 성공 여부를 종속변수로, 기업 규모를 독립변수로 하는 회귀모형을 통해 두 변수 사이의 관계를 통계적으로 확인할 수 있다. 이때 기업의 성공 여부를 나타내는 변수 SUCCESS가 1 또는 0을 값으로 갖는 명목척도 변수이므로 로지스틱 회귀분석을 수행하는 것이 적합하다.

〈표 5-51〉 기업의 성공 여부와 기업 규모

성공기업		실패기업	
SUCCESS	SIZE	SUCCESS	SIZE
1	1	0	1
1	1	0	0
1	1	0	0
1	1	0	0
1	1	0	0
1	1	0	0
1	1	0	0
1	1	0	0
1	1	0	0
1	1	0	0
1	0	0	0
1	0	0	0

SUCCESS: 기업의 성공 여부 (1 = 성공, 0 = 실패)
SIZE: 기업 규모 (1 = 대기업, 0 = 소기업)

(2) 기본 이론

로지스틱 모형을 이해하기 위해서는 먼저 확률(probability)와 배율(odds)의 차이를 이해해야 한다. 확률과 배율에 대해서는 이미 앞의 상호영향분석(CIA)에서 설명하였다. 11개의 대기업(L)과 13개의 소기업(S)으로 이루어진 바로 앞의 예로 돌아가 보자. 12개의 성공기업(su) 가운데 10개는 대기업이고 2개는 소기업이다. 반면에 12개의 실패기업 중 1개만 대기업이고 11개는 소기업이다.

여기서 먼저 확률을 보자. 대기업이면서 성공한 경우의 조건부 확률(conditional probability)을 계산하면 Prob(SU/L)=10/11=0.909이 된다. 다음에는 배율을 보자. 대기업이면서 성공한 경우의 조건부 배율(conditional odds)을 계산하면 odds(SU/L)=10/1=10이 된다. 여기서 확률(p)과 배율(odds)의 관계를 잘 들여다 보면 다음의 식이 성립함을 알 수 있다.

$$odds = p/1-p$$

이제 이 관계를 로지스틱 모형에 적용해 보자. 개발과제의 성공(success) 여부를 종속변수 Y로, 기업규모(size)를 독립변수 X로 하는 로지스틱 회귀모형은 다음의 사실에 기반하고 있다. 우선 확률(p)의 경우에는 확률값과 독립변수의 관계가 비선형(non-linear)이어서 바로 $Y=\beta_0+\beta_1 X$ 의 선형(linear) 회귀분석을 하기 어렵다. 하지만 배율(odds)의 경우에는 $odds=e^{\beta_0+\beta_1 X}$ 로 나타낼 수 있음을 보여줄 수 있다. 따라서 아래의 식 (5-1)에서 보는 것처럼, 로그를 취하면 확률값과 독립변수의 관계를 선형(linear)으로 표현할 수 있다. 회귀분석을 하기 쉬워지는 것이다.

$$\ln\left(\frac{p}{1-p}\right)=\beta_0+\beta_1\times SIZE \qquad (5-1)$$

여기서,

$p=prob(SUCESS=1|SIZE)$

$\frac{p}{1-p}=odds(SUCCESS=1|SIZE)$

$SIZE=\begin{cases}1 : \text{대기업} \\ 0 : \text{소기업}\end{cases}$

식 (5-1)에서 좌변은 주어진 기업규모 값에 대한 성공의 배율(odds)에 로그를 씌운 값으로 이를 로짓(logit)이라고 한다. 로짓은 $(-\infty, +\infty)$ 사이의 값을 가지므로 독립변수의 선형결합으로 표현될 수 있다. 즉 로지스틱 회귀분석에서는 1과 0만을 값을 가지는 명목척도 변수인 SUCCESS를 로지스틱 변환(logistic transformation)을 통해 $-\infty$에서 $+\infty$ 사이의 연속값인 로짓으로 변환하고, 이 값을 종속변수로 사용함으로써 회귀분석을 수행할 수 있는 것이다. 이것이 이 기법을 로지스틱 회귀분석이라고 부르는 이유이다.

이제 식 (5-1)을 odds와 probability를 기준으로 다시 쓰면 각각 식 (5-2)와 (5-3)과 같이 표현할 수 있다. 분석의 편의를 위해 로그 변환한 odds의 값은 위의 식들을 통해 원래 구하려고 한 확률값으로 돌아갈 수 있는 것이다.

$$odds(SUCCESS=1|SIZE)=\frac{p}{1-p}=e^{\beta_0+\beta_1\times SIZE} \qquad (5-2)$$

$$P=\frac{1}{1+odds(SUCCESS=1|SIZE)^{-1}}=\frac{1}{1+e^{-(\beta_0+\beta_1\times SIZE)}} \qquad (5-3)$$

지금까지 살펴본 모형은 독립변수가 하나인 가장 간단한 경우이다. 이제 독립변수가 X_1, ···, X_k의 k개이고 종속변수 Y는 1과 0의 값을 갖는 일반적 경우로 확장하면 다음의 식 (5-4)가 성립한다. 이 예제로 보면, 성공에 영향을 미치는 독립변수로 기업규모 외의 다른 변수들도 포함시킨 중회귀 분석(multiple regression)이 가능한 것이다.

$$\ln\left(\frac{p}{1-p}\right)=\beta_0+\beta_1X_1+\beta_2X_2+\cdots+\beta_kX_k \qquad (5-4)$$

여기서,

$p=prob(Y=1|X_1,\cdots,X_k)$

$\frac{p}{1-p}=odds(Y=1|X_1,\cdots,X_k)$

마찬가지로 식 (5-4)를 odds와 확률을 기준으로 다시 쓰면 다음의 식 (5-5), (5-6)과 같다.

$$odds(Y=1|X_1,\cdots,X_k)=\frac{p}{1-p}=e^{\beta_0+\beta_1X_1+\beta_2X_2+\cdots+\beta_kX_k} \qquad (5-5)$$

$$p=\frac{1}{1+odds^{-1}}=\frac{1}{1+e^{-(\beta_0+\beta_1X_1+\beta_2X_2+\cdots+\beta_kX_k)}} \qquad (5-6)$$

(3) 수행 절차

이제 주어진 데이터를 바탕으로 로지스틱 회귀분석을 통해 회귀계수(regression coefficient)인 β_i를 추정하게 된다. 일반적으로 로지스틱 회귀모형에서는 식 (5-4)에 대한 최우도추정(maximum likelihood estimation)으로 β_i를 추정할 수 있다. 여기서 주의할 것은 로지스틱 모형에서는 최소제곱추정(least square estimation)

을 사용하기 어렵다는 점이다. 그 이유는 이 책의 범위를 넘어서는 문제이기 때문에 여기서는 생략하기로 한다.

(4) 해석과 활용

앞서 언급한 것과 같이 로지스틱 회귀분석은 특정 사건이 발생할 확률을 예측하기 위하여 활용될 수 있다. 여기서는 기업규모를 가지고 기업의 성공 여부를 예측한 후 실제 값과 비교하여 보자.

앞의 식 (5-1)의 로지스틱 모형에 기업규모 값을 대입하고 회귀분석을 수행하면 $\beta_0 = -1.704$, $\beta_1 = 4.007$로 추정된다. 이를 다시 식 (5-3)에 넣어 정리하면 총 24개 기업의 성공 확률을 다음과 같이 계산할 수 있다. 보는 것처럼 대기업이 성공할 확률은 0.909, 소기업이 성공할 확률은 0.154로 예측된다.

$$p = \frac{1}{1+e^{-(-1.704+4.007)}} = 0.909 \quad (SIZE=1\text{인 경우})$$

$$p = \frac{1}{1+e^{-(-1.704+4.007)}} = 0.154 \quad (SIZE=0\text{인 경우})$$

이제 어느 기업의 성공 여부를 예측하기 위해서는 어떻게 하면 될까? 그 기준은 간단하다. 로지스틱 회귀모형에 의해 계산된 확률 값과 cut-off 값을 비교함으로써 기업의 성공 여부를 예측할 수 있는 것이다. 여기서 cut-off 값으로는 0.5가 주로 사용된다. 즉 아무런 사전 정보가 없다는 가정 하에서는 일단 성공과 실패의 확률이 동일하다고 보는 것이다. 따라서 추정된 확률 값이 0.5보다 크면 성공 기업으로, 작으면 실패 기업으로 분류하게 된다. 만약 추정 확률 값이 0.5이면 임의로 분류한다.

이 기준에 따르면 대기업은 추정된 확률 값이 0.909로 0.5보다 크기 때문에 모두 성공 기업으로, 반면에 소기업은 추정된 확률 값이 0.154로 0.5보다 작기 때문에 모두 실패 기업으로 분류된다. 따라서 예측하려고 하는 기업이 대기업이라면 성공으로, 소기업이라면 실패로 예측하게 된다. 다음 〈표 5-52〉는 예측 결과와 실제 값을 비교한 결과이다.

〈표 5-52〉 예측 값과 실제 값의 비교

실제 값	예측 값		
	성공 기업 수	실패 기업 수	계
성공 기업 수	10	2	12
실패 기업 수	1	11	12
계	11	13	24

예측의 적중률(hit ratio)은 전체 기업 가운데 정확히 분류된 기업의 비율로 계산된다. 따라서 추정된 로지스틱 회귀모형의 적중률은 21/24=87.5%로 나타난다. 이 정도 값이면 기업의 성공 여부를 비교적 높은 적중률로 예측하고 있다고 할 수 있다. 당연히 적중률이 높을수록 모형의 적합도가 높을 가능성이 높으며 적중률이 매우 낮은 경우 추정된 모형에 문제가 있음을 의미한다.

물론 회귀분석의 용도가 성공과 실패의 예측에만 있는 것은 아니다. 일반적인 회귀모형과 마찬가지로 로지스틱 회귀모형에서도 회귀계수의 값을 통하여 독립변수가 종속변수의 값에 미치는 영향을 알 수 있다. 따라서 성공이나 실패에 큰 영향을 미치는 핵심 요인들이 무엇인지를 찾을 수도 있다. 또한 이 정보를 토대로 성공의 확률을 올리고 실패의 확률을 낮추기 위해서는 어떤 변수를 어느 정도까지 관리해야 하는지도 알아낼 수 있다.

토의문제

1. 기술지식에 사용될 수 있는 다양한 지표가 존재하지만 어떠한 지표를 적용할 것인가는 측정 대상에 따라 달라질 수 있다. 일반적으로 한 국가내의 기술혁신 주체는 산업체(산)–교육기관(학)–공공연구소(연)로 구분된다. 각 혁신주체 별로 어떠한 측정지표를 사용할 수 있을 것인지를 투입측면과 산출측면으로 나누어서 토의하시오.

2. L사는 디스플레이 장치를 생산하는 기업이다. L사는 향후 기술전략 수립을 위해 자사를 포함한 경쟁사들의 기술적 능력을 특허를 이용해서 평가하려고 한다. 이를 위해 미국 특허청(USPTO) 데이터베이스로부터 데이터를 수집하여 각 기업의 관련 기술 특허 보유 수를 조사한 결과, L사는 경쟁사인 M사에 비해 훨씬 많은 특허를 보유하고 있는 것으로 나타났지만 실제 업계에서는 현재L사가 M사에 비해 기술력이 낮은 것으로 평가되고 있다.
   (1) 위와 같은 상반된 결과가 도출된 이유를 찾아보시오.
   (2) 특허를 이용한 기술지식 측정에 있어서 발생할 수 있는 위와 같은 문제를 극복할 수 있는 방법을 제시하시오.

3. 다양한 프로젝트 경제성 평가모형의 장단점을 비교분석의 관점에서 정리하시오.

4. 다음의 각 경우에 있어서 어떤 경제성 평가모형을 사용하는 것이 적합할지에 대해 의견을 제시하시오.
   (1) A기업은 제시된 다수의 신차 개발 프로젝트 중 한 가지를 수행하려고 한다. 개발비용 및 시간 등의 정량적 평가기준뿐만 아니라 신차의 외관, 관련 트렌드와의 부합 정도, 고객 니즈 충족도 등의 정성적인 평가기준을 바탕으로 대안들을 평가해야 한다.
   (2) B기업은 지식경영시스템 도입 프로젝트로 두 가지 대안만을 고려하고 있다. 평가기준으로는 정보의 정확성, 정보의 일관성, 시스템 사용 용이성, 시스템 안정성, 타 시스템과의 호환성 등의 5가지를 고려하고 있으며, 프로젝트 선정 이유를 관련 지식이 없는 주주들에게 짧은 시간 안에 효과적으로 전달해야 한다.
   (3) C기업은 열처리 공정을 위한 새로운 설비투자를 고려 중이다. 세 가지 형태의 설비구축 프로젝트 중 향후 발생하는 수익이 가장 큰 프로젝트를 선정하려고 한다. 하지만 미래에 발생하는 수요가 불확실하고, 수요의 수준에 따라 그 수익의 규모가 크게 달라질 것으로 예측된다.

(4) D기업은 좀 더 효율적인 생산을 위해 기존의 공장을 대체할 새로운 공장의 건설을 계획하고 있다. 그러나 소요되는 비용이 막대하기 때문에 공장 건설 프로젝트를 수행할 것인지, 아니면 하지 않을 것인지에 대한 결정을 내리기가 쉽지 않은 상황이다.

(5) E기업은 5개의 신상품 프로젝트 중 세 가지를 선택하여 수행하려고 한다. 평가기준도 중요하지만, 프로젝트 조합에 따른 프로젝트간의 시너지 효과가 존재할 것으로 예상되므로 이를 고려해야 할 필요가 있다.

(6) 정부에서는 대학의 연구실들에서 제출한 100여 개가 넘는 연구개발 제안서 중 일부만을 선별하여 연구비를 지원하는 사업을 수행하려고 한다. 선별을 위한 평가기준은 참여연구원 수, 특허 수 및 논문 수 등을 포함한 연구실의 기존 연구성과 등으로 모두 정량적인 특성을 가지고 있다.

(7) F기업은 최근에 투자가 결정된 4 개의 프로젝트에 대해 예산 배분을 수행하려 한다. 가장 효과적인 예산 배분은 주어진 예산으로 향후 창출되는 수익을 최대로 하는 것이 될 것이다.

5. P사는 AHP를 이용하여 R&D 프로젝트 A, B, C 중 하나를 선택하려고 한다. 평가기준으로는 개발비용, 개발시간, 개발위험을 고려하고 있다.

(1) AHP 계층모형을 구축하시오.

(2) 목표에 대한 평가기준간 쌍대비교 결과는 아래와 같다. 각 평가기준의 우선순위를 도출하시오.

	개발비용	개발시간	개발위험
개발비용	1	1/8	1/5
개발시간	8	1	6
개발위험	5	1/6	1

(3) 세 가지 평가기준에 대한 각 프로젝트의 우선순위벡터는 아래와 같다. 이를 바탕으로 최종적인 의사결정을 수행하시오.

	개발비용	개발시간	개발위험
프로젝트 A	0.678	0.077	0.653
프로젝트 B	0.259	0.186	0.251
프로젝트 C	0.063	0.737	0.096

6. R사는 RMP 500과 SMP 550 두 가지 신제품 개발 프로젝트를 고려하고 있으며, 두 프로젝트와 관련된 현금 흐름의 예측치는 다음과 같다.

(단위: 억 원)

년(year)	RMP 500	SMP 550
0	−600	−3000
1	800	2200
2	200	1600
4	200	800

R사는 프로젝트의 평가를 위해 할인율(discount rate)을 10%로, 최소 요구 내부수익율(Internal Rate of Return: IRR)은 20%로 설정하였다.

(1) 두 프로젝트 중 어떤 프로젝트를 선택할 것인지를 자본예산모형 중 회수기간법, 순현가법, 내수수익율법을 사용하여 결정하고 결과를 비교하시오.

(2) 두 프로젝트의 초기 투자규모가 크게 다르다는 점을 바탕으로 추가적으로 어떤 분석이나 평가가 필요할 지에 대해 의견을 제시하시오.

7. 다음은 산업연관분석을 위해 2015년을 기준으로 계산된 가상의 투입계수표이다. 이 때 광공업에 대한 최종수요 300억 원과 기타산업의 최종수요 600억 원이 발생하여 총 900억의 최종수요가 발생한 경우에, 이 최종수요 900억 원의 생산파급효과를 2차 생산파급효과까지 계산하시오.

	농림어업	광공업	기타산업	중간수요계
농림어업	0.0481	0.0391	0.0045	0.0219
광공업	0.2226	0.5535	0.1627	0.3467
기타산업	0.1051	0.1323	0.2695	0.2009
중간투입계	0.3758	0.7250	0.4366	0.5695
임금	0.0858	0.1065	0.2762	0.1918
기타	0.5385	0.1686	0.2871	0.2387
부가가치계	0.6242	0.2750	0.5634	0.4305
총투입계	1.0000	1.0000	1.0000	1.0000

8. 아래의 표는 생산함수 모형을 이용하여 선진국 5개국과 중진국 4개국의 경제성장의 주요 요인들을 분석한 가상의 결과이다. 두 그룹의 경제성장 요인의 차이를 비교분석의 관점에서 설명하시오.

국가		물적자본 효과	노동 효과	인적자본 효과	비체화 기술효과
중진국	홍콩	54	20	17	9
	싱가폴	51	19	18	12
	한국	50	20	19	11
	대만	60	14	16	10
선진국	프랑스	34	−1	8	58
	일본	45	6	4	45
	영국	37	4	9	49
	미국	44	11	7	36
	독일	37	−7	9	61

9. 아래의 표는 새로 개발한 기술을 적용한 신제품을 개발 중인 기업이 신제품에 적용할 기술을 선택하기 위해 샘플 테스트를 수행한 결과이다. 24번의 샘플 테스트에서의 성공 여부와 샘플 제품을 정리하였다. SUCCESS는 테스트의 성공 여부를 나타내는 변수로, 값 1은 해당 샘플 제품이 성공하였음을, 0은 실패하였음을 의미한다. SAMPLE은 샘플 제품을 나타내는 변수로, 값 A는 A 기술을 적용한 제품을, B는 B 기술을 적용한 제품을, C는 C 기술을 적용한 제품을 나타낸다.

성공기업		실패기업	
SUCCESS	SAMPLE	SUCCESS	SAMPLE
1	A	0	A
1	A	0	A
1	A	0	A
1	A	0	B
1	A	0	B
1	B	0	B
1	B	0	B
1	B	0	C
1	B	0	C

1	B	0	C
1	C	0	C
1	C	0	C

(1) 신제품에 적용할 기술을 선택하기 위해 성공-실패 분석을 수행하려고 한다. 성공-실패 분석을 위해 사용할 모형을 선택하고, 그 이유를 성공-실패 분석의 목적과 해당 모형의 특성과 관련하여 설명하시오.

(2) 위에서 선택한 모형을 사용하여 성공-실패 분석을 수행하고, 그 결과에 따라 신제품에 적용할 기술을 선택하시오.

조사분석 문제

1. AHP를 이용하여 프로젝트나 투자 대안의 경제성을 분석한 실제 사례를 하나 찾아서 경제성 평가의 원리, 과정, 의미를 설명하시오.

2. 회수기간법(PB), 순현가법(NPV) 내부수익률법(IRR)을 프로젝트나 투자 대안의 경제성 분석에 활용한 실제 사례를 하나 찾아서 경제성 평가의 원리, 과정, 의미를 비교분석의 관점에서 설명하시오.

3. 비용효익(C/B) 분석을 프로젝트나 투자 대안의 경제성 분석에 활용한 사례를 하나 찾아서 경제성 평가의 원리, 과정, 의미를 비교분석의 관점에서 설명하시오.

4. 산업연관분석(I-O Analysis)을 이용하여 대형 인프라 프로젝트나 기술개발 프로젝트의 파급효과를 분석한 실제 사례를 하나 찾아서 경제성 평가의 원리, 과정, 의미를 설명하시오.

5. 생산함수 모형을 이용하여 우리나라 경제성장의 주요 요인들을 기간별로 분석한 조사결과를 찾아서 성장 요인들의 기여도(비중)가 동태적으로 어떻게 변화해 왔는지를 보여주고 그 의미를 설명하시오.

CHAPTER

06

기술성과의 확산

MANAGEMENT OF TECHNOLOGICAL INNOVATION: MODELS AND METHODS

contents

이 장(Chapter)의 배경과 내용 ...

기술지식의 가장 큰 특성 가운데 하나가 바로 확산(diffusion)의 속도가 빠르고 범위가 넓다는 점이다. 따라서 창출된 기술지식의 효과를 극대화하기 위해서는 그 지식의 폭넓은 확산을 통해 지식을 재생산하거나 새로운 기술혁신을 유인하는 활동이 필요하다. 또 기술지식을 토대로 개발한 신제품이 시장에서 어떤 요인에 의해 어떤 패턴으로 퍼져나갈지를 예측하는 것도 전략적으로 매우 중요한 과제이다.

기술확산에 대한 분석이 하나의 독립적인 연구 및 실무주제로 자리잡게 된 근본적인 이유는 크게 두 가지를 들 수 있다. 첫째, 기술진보가 곧 상업적 성공으로 연결되는 것이 아니므로 상업적 성공 즉 시장의 확산을 설명할 수 있는 모형이 필요한 점이다. 둘째, 기술혁신 과정의 지식 창출 못지않게 기술확산 과정의 지식 확산이 중요한 기능으로 부각되면서 기술확산 패턴의 결정요인, 기술확산 채널의 유형과 특성 등의 본질적 문제에 대한 이해가 필요하게 된 점이다.

기술확산의 본질에 대한 이해를 바탕으로, 지금까지 확산현상을 설명하는 다양한 이론과 기법들이 제시되어 왔다. 확산에 관한 모형 가운데 기술확산이 외부의 매스미디어 채널과 내부의 대인 채널이라는 두 가지 채널을 통해 일어난다는 가정에 기반한 Bass 모형이 가장 폭넓게 사용되고 있다. Bass 모형 이후의 새로운 확산 모형들은 주로 기술혁신의 특성이 시간에 따른 확산의 크기에 미치는 영향이나 경쟁이 기술혁신의 확산에 미치는 영향 등과 같은 추가적인 확산 요인들을 반영한 모형들이다. 한편 두 개의 이상의 기술이 공존하는 경우에는 경쟁확산 모형이 사용되기도 한다. 결국 기술확산 모형의 발전과정은 확산에 미치는 다양한 요인들을 확산 모형의 개발 과정에 점진적으로 반영해 온 과정이라고 할 수 있다. 주요한 확산 모형들의 기본 아이디어와 구체적인 내용을 알아보자.

CHAPTER
06

기술성과의 확산

제1절 기술확산 기본이론

1.1 기본개념

기술지식의 중요한 특성 가운데 하나가 바로 확산(diffusion)이다. 지금까지 살펴본 주제들은 주로 기술지식의 분석과 창출을 다루었다. 그러나 내부에서 자체적으로 만들거나 외부에서 획득한 기술지식의 효과를 극대화하기 위해서는 그 지식을 폭넓게 확산시키는 활동이 필요하다. 또 기술지식을 토대로 개발한 신제품이 시장에서 어떤 요인에 의해 어떤 패턴으로 받아들여지는가를 이해하는 것도 전략적으로 매우 중요한 과제이다.

넓은 의미의 확산은 혁신(innovation)이 시간의 경과에 따라 사회체계의 구성원들 사이의 특정채널을 통해 유통되는 과정으로 정의된다(Rogers, 1962). 좁은 의미의 기술확산(technology diffusion)은 '일차적인 기술혁신(technology innovation)이 외부의 기업이나 조직 등 다양한 사용자들에 의해 채택(adoption)됨으로써 기술혁신이 지니는 잠재적 경제효과(potential economic benefits)를 사회 전체적으로 극대화시키는 활동과 과정(OECD, 1996)'이라고 할 수 있다.

따라서 기술확산은 혁신과정의 구성요소인 동시에 자체적인 혁신활동 또는 재혁신의 과정이다. 기술혁신의 수명주기 관점에서 본다면 기술확산은 창출과 개발과정 이후의 후기단계에 위치하는 하나의 구성요소가 된다. 그러나 동시에 확산과정을 통해 신기술 창출 과정에서 미처 발견하지 못했던 문제나 결함들이 수정, 보완, 변형된다는 측면에서 보면 기술확산은 그 자체로서 점진적인 혁신활동이기도 하다. 또한 확산과정을 통해 새로운 활용방식이 개발되거나 또 다른 기술혁신의 동기가 제공되기도 하기 때문에 기술확산은 곧 재혁신의 동력이기도 하다.

기술확산의 개념과 성격은 시간의 흐름에 따라 변화 내지 확대된다. 이 추세를 정리한 것이 〈표 6-1〉에 제시되어 있다. 먼저 초기의 기술확산은 단일기계나 공정에의 활용을 위한 단기적, 소규모 하드웨어기술의 이전(transfer)에 중점을 두었으나 최근에는 생산시스템전체의 개선이나 기업전체의 문제점을 해결하기 위한 기반기술의 확산으로 변화되고 있다. 또한 초기의 기술확산은 선형 모형(linear model)에 기초하여 하드웨어기술의 창출자(creator)가 중심적인 역할을 하는 공급지향적(supply-push) 성격을 보였으나 최근에는 수요자의 실질적 요구를 반영하고 흡수능력을 제고하기 위해 공급자-수요자간의 상호관계 및 시스템적 관점을 중시하는 수요지향적(demand-pull) 방향으로 변화되고 있다.

한편 전통적인 기술확산은 NC기계류와 같은 하드웨어기술의 도입과 확산에 초점을 맞추었으나 오늘날에는 개별기계 및 시스템의 효과적 운용을 위한 소프트웨어기술의 확산이 포함되고 있으며 또한 이에 따른 인력의 교육훈련이나 조직간 네트워크 및 경영조직 전반의 혁신을 중시하는 방향으로 변화되고 있다. 한편 기술확산의 대상도 확대되고 있다. 초기에 일부 전통적 제조업에 제한되었던 기술확산의 대상이 최근에는 제조업 전반 및 서비스업까지로 확대되고 있다. 이러한 현상은 정보통신기술의 급속한 발전과 채택에 의해 더욱 심화되고 있다.

〈표 6-1〉 기술확산 개념의 변화

확산의 방향	주요 내용
단일기술에서 복합기술로	단일기계나 공정에의 활용을 위한 단기적, 소규모 하드웨어기술의 이전으로부터 생산 시스템 전체의 개선이나 기업전체의 문제점 해결을 위한 복합기술 의 확산으로 변화
공급중심에서 수요중심으로	하드웨어 기술 창출자 중심의 선형적 이전으로부터 수요자의 능력제고를 위한 공급자-수요자간의 상호관계를 중시하는 방향으로 변화
하드웨어중심에서 소프트웨어포함으로	NC 기계와 같이 하드웨어기술의 도입, 확산으로부터 시스템운용을 위한 소프트웨어기술을 포함한 인력의 교육훈련이나 조직간 네트워크를 중시하는 방향으로 변화
제한된 수요자로부터 다양한 수요자로	일부 전통적 제조업에 제한되었던 기술확산의 대상이 정보통신기술의 발전과 함께 제조업 전반 및 서비스업까지로 확대되는 변화

기술확산과 관련하여 기술전파(technology spread), 기술이전(technology transfer), 기술파급(technology spillover)과 같은 유사한 개념과 용어들이 혼용되고 있다. 우선 기술전파(spread)는 대부분의 경우 기술확산과 동의어로 사용된다. 그러나 기술이전과 기술확산은 구분해야 한다. 기술이전은 단순히 어떤 한 점(혁신주체)에서 다른 점(주체)으로 기술지식이 이동하는 현상 또는 활동을 뜻하는 좁은 의미의 정적인 개념인데 반해, 기술확산은 한 점에서 나머지 영역으로 이동하는 속도 및 범위와 더불어 이동의 양상까지를 포함하는 폭넓은 동적 개념이다. 기술파급은 어느 산업에서 개발된 특정기술이 그 산업의 생산성 향상 이외에 다른 산업의 기술 진보와 생산성 향상에 미치는 영향을 의미한다. 따라서 특정기술 자체의 전파 및 확산보다 다른 기술분야 및 산업분야와의 연관성에 초점을 맞춘다는 점에서 기술확산과는 차이가 있다.

기술확산에 대한 분석이 하나의 독립적인 연구 및 실무주제로 자리를 잡고 있는 근본적인 이유는 크게 두 가지를 들 수 있다. 첫째, 기술적 진보가 곧 상업적 성공으로 연결되는 것이 아니며 반대로 기술적 진보가 없어도 상업적 성공이 가능하기 때문이다. 다시 말해 기술혁신과 기술확산 간이나 기술적 성공과 상업적 성공 간에는 서로 다른 요인과 과정이 존재하며 따라서 기술적 성공을 설명하는 이론적, 실증적 모형만으로는 상업적 성공을 설명하기 어려운 경우가 다수 존재하는 것이다. 둘째, 기술경영의 초점이 지식경영으로 이행하면서 기술지식의 창출 못지않게 기술지식의 확산이 중요한 기능으로 부각되었기 때문이다. 기술지식의 본질적 속성 가운데 가장 두드러진 특성이 바로 빠르고 넓은 확산효과이다. 이 특성은 특히 최근의 하이테크 신기술과 신제품의 확산에 지대한 영향을 미치고 있다.

1.2 기술확산 결정요인

기술확산 모형을 수립하고 그 모형을 토대로 분석 작업을 수행하기 위해서는, 먼저 기술확산을 결정하는 핵심적인 요인과 변수를 도출해야 한다. 기술확산은 본질적으로 다양한 요인에 의해 결정되기 때문에 이론적으로는 무수히 많은 요인들이 직접 또는 간접으로 작용하고 있다. 그러나 다양한 요인들 가운데 핵심 요인만을 든다면 크게 기술자체의 요인, 커뮤니케이션 채널의 요인, 기술채택자의 요인, 사회 체계의 요인을 들 수 있다.

(1) 기술자체 요인

기술자체 요인은 기술의 본질적 속성을 말한다. 모든 기술은 속성이나 기능이 다르며 이 차이에 의해 기술확산의 양상이 달라진다. 예를 들어 하나의 기술이 도구로서의 하드웨어(hardware) 요소와 지식으로서의 소프트웨어(software) 요소로 구성된다고 하자. 만일 소프트웨어 요소가 지배적인 기술이라면 속성상 기술혁신을 관찰하고 인식하기가 어려우므로 하드웨어 요소가 지배적인 기술보다 기술확산의 속도가 상대적으로 느린 것이 일반적이다.

개별기술(individual technology)과 기술군집(technology cluster)의 차이도 확산의 속도와 양상에 중요한 의미를 갖는다. 기술군집은 서로 밀접하게 관련되어 있는 여러 기술적 요소들의 집합으로 구성되기 때문에 개별기술의 혁신과 비교하여 상대적으로 빠른 속도로 확산된다. 전통적인 기술확산 연구는 독립적이고 개별적인 기술의 확산을 주로 다루어왔다. 그러나 최근의 기술확산은 다양한 기술혁신들의 상호의존적 관계에 의해 결정되는 경향을 보이기 때문에 기술군집의 확산도 중요한 연구주제로 부각되고 있다.

(2) 커뮤니케이션 채널 요인

일반적인 확산 이론에서 커뮤니케이션은 참여자들간의 정보 생산 및 공유를 의미하며 확산의 본질은 정보의 교환에 있다고 가정한다. 이 가정은 기술확산에서도 그대로 적용된다. 즉 커뮤니케이션 채널은 기술혁신에 관한 정보를 한 개인(조직)이 다른 개인(조직)에게 전해주는 수단을 의미하며 기술확산의 핵심적인 요인으로 간주된다.

기술확산 연구에서 커뮤니케이션 채널은 크게 다음 두 가지의 주제를 제공한다. 첫째, 커뮤니케이션 채널의 방식이다. 채널의 방식은 크게 매스미디어 채널(mass media channel)과 대인 채널(interpersonal channel)로 구분한다. 라디오, 텔레비전, 신문 등과 같은 대중 전달 매체와 같은 수단을 매스미디어 채널이라고 하는데, 이들은 잠재적 채택자들에게 기술혁신의 발생과 존재를 알리는 가장 신속하고 효율적인 수단이다. 대인 채널은 개인들 간의 의사교환을 의미하며 한 개인이 다른 개인으로 하여금 새로운 기술혁신을 받아들이도록 설득하는 과정을 의미한다. 확산의 대상이 되는 기술의 성격에 따라 어느 방식을 선택하는 것이 적절한가의 문제가 하나의 연구 주제가 된다.

둘째, 이미 기술혁신에 대한 경험이나 사전지식을 갖고 있는 구성원들과 그렇지 않은 구성원들 간의 구성비율이다. 일반적으로 기술혁신의 결과에 대한 과학적 분석과 객관적 평가보다는 이미 혁신을 채택한 개인(조직)에 의해 전해지는 주관적인 평가가 확산에 더 큰 영향을 미치는 것으로 나타나고 있다. 즉 기술혁신의 확산은 개인 네트워크에 속한 사람들의 행동에서 큰 영향을 받으며 개인들의 모방적인 행동이 확산을 설명하는 핵심적 변수가 된다는 것이다. 따라서 기존의 기술혁신에 대해 사전지식이나 경험을 가진 구성원의 비율이 확산의 속도에 어떤 영향을 미치는가 하는 문제가 또 다른 연구의 주제가 되고 있다.

(3) 기술채택자 요인

새로운 기술혁신을 채택하는 사람들의 개인적 특성도 중요한 요인이다. 특히 개인의 혁신적 성향(innovativeness)과 기술확산의 관계는 중요한 연구 주제로 인식되고 있다. 혁신적 성향은 특정 구성원이 사회체계의 다른 구성원에 비해 혁신을 상대적으로 더 빨리 받아들이는 정도를 의미한다. 따라서 혁신 성향이 높은 구성원과 낮은 구성원의 비율이 기술확산의 속도(시점)에 큰 영향을 미친다. 또한 개인이 신기술을 채택하는 기준이나 용도도 중요한 의사결정 요인이 된다. 기존 기술과 비교한 신기술의 효용(utility), 복잡성(complexity), 호환성(compatibility) 등의 다양한 기준 가운데 어느 기준을 더 중요하게 생각하는지에 따라 채택의 여부가 달라지는 것이다.

이 주제와 관련해서는 앞 부분의 기술혁신 이론에서 언급한 기술채택 수명주기(TALC) 모형이 개념적 틀로 자주 사용된다. 이 모형은 원래 일반적인 확산 연구에서 채택자의 분포가 정규분포(normal distribution)를 따른다는 점에 착안하여, 정규분포의 평균과 표준편차에 근거해 채택자의 분포 모형을 제시한 것을 원형으로 한다(Rogers, 1962). [그림 6-1]에서 알 수 있는 것처럼 새로운 기술혁신이나 신제품이 시장에서 수용되는 과정을 실증적으로 분석해 보면 전체적으로 종 모양의 곡선(bell-shaped curve)으로 나타난다. 이 곡선에 의하면 기술혁신과 신제품을 수용하는 고객 집단(customer group)을 수용의 시점과 성향에 따라 크게 다섯 부류로 나눌 수 있다:

- 혁신자(innovator): 기술혁신의 창출과 거의 동시에 이를 수용하는 집단으로, 이들의 성향은 실험적이며, 비중은 2.5% 정도이다.

- 초기수용자(early adopter): 기술혁신의 구체적 성능과 차별적 특성이 알려지면서 이를 수용하는 집단으로, 이들의 성향은 선도적이며, 비중은 13.5% 정도이다.
- 전기다수(early majority): 기술혁신이 초기수용자들로부터 인정 받고 규격과 품질이 표준화되면 이를 수용하는 다수의 사람들로 구성되며, 이들의 성향은 실용적이고 비중은 34% 정도이다.
- 후기다수(late majority): 기술혁신이 상당히 확산되고 이미 과반수의 구성원이 사용함으로써 신뢰도를 충분히 인식하는 시점에서 이를 수용하는 사람들로 구성되며, 이들의 성향은 보수적이고 비중은 34% 정도이다.
- 비수용자(laggards): 기술확산이 거의 포화상태에 이르러 압도적인 다수가 수용하고 있음에도 여전히 수용을 거부하는 사람들로, 이들의 성향은 지나치게 보수적이며 회의적이고 비중은 16% 정도이다.

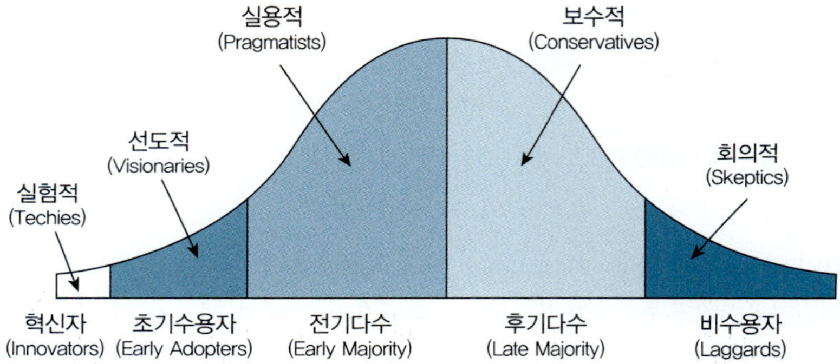

[그림 6-1] 기술수용 수명주기와 고객 집단의 분포

위에서 설명한 모형을 토대로 고객집단(기술채택자)의 분포가 기술혁신의 성격에 따라 어떻게 달라지는지, 고객집단 사이의 거리가 얼마나 가까운지, 고객집단의 수가 몇 개로 나뉘어지는지 하는 문제가 기술확산에 어떤 영향을 미치는지 등을 분석하는 것이 관심의 대상이 된다.

(4) 사회체계 요인

일반적으로 사회체계의 차이에 따라 기술혁신의 확산 속도와 양상은 달라진다. 한 개인이나 조직이 기술혁신을 채택하는데 관련된 공식적 제도나 물리적 장치가 어떻게 되어 있느냐에 따라 확산의 패턴이 달라지는 것은 당연한 일이다. 규범(norm) 또한 기술혁신과 기술확산에 간접적인 영향을 미친다. 규범은 사회체계의 구성원들에게 확립되어 있는 행동양식을 말하는데 구성원들에게 허용되는 행위의 범위를 규정하고 구성원들의 행동 표준을 제시하는 역할을 한다.

사회체계 요인이 기술확산에 영향을 미치는 것은 분명하지만 실제로 기술확산 모형에 이 요인을 어떻게 반영할 것인가 하는 것은 쉽지 않은 문제이다. 대부분의 영향이 간접적이거나 복합적으로 나타나기 때문에 그 크기를 정량적으로 측정하는 것이 매우 어렵다.

1.3 기술수용 분석

미시적인 관점에서 보면, 전체적인 기술확산은 각 개인(기업)이 새로운 기술을 수용하는 활동들의 합(aggregation)을 뜻한다. 따라서 각각의 사용자와 소비자들이 하이테크 기술과 제품을 수용하는 태도와 행동을 분석하는 것도 기술확산의 중요한 주제의 하나이다. 이 주제의 핵심 내용은 크게 각 개인이 신기술을 수용하는 요인과 신기술을 수용하는 과정으로 이루어진다. 즉 신기술과 신제품을 채택하는데 영향을 미치는 요인이 무엇이며, 의사결정은 어떤 과정을 거쳐 진행되는지를 알아보는 것이다.

이 주제와 관련하여 앞 부분의 기술혁신 이론에서 설명한 기술수용(TAM) 모형이 폭넓게 사용되고 있다(Davis, 1989). 이 모형은 1970년대 이후 주로 IT 분야를 중심으로 급속하게 신기술이 쏟아져 나오는데 비해 실제로 기업이나 개인이 신기술을 받아들이는 속도는 늦어지면서 신기술의 수용(acceptance)이 어떤 요인에 의해 어떤 과정으로 진행되는지를 분석하기 위해 제시되었다.

고객들이 새로운 기술을 처음 접할 때 그것을 언제 어떻게 구매할 것인지를 결정하는데 영향을 미치는 요인들은 많다. 예를 들어, 앞의 개술채택 수명주기(TALC) 모형에서 본 것처럼 신기술의 상대적 이점, 복잡성(단순성) 호환성(일관성) 등이 큰 영향을 미친다. 그러나 기술수용 모형에서는 가장 중요한 두 개의 요인으로 인지된 유용성(perceived usefulness)과 인지된 사용 용이성(perceived ease of use)을 가정하고 있다. 여기서 인지된 유용성은 '이 기술을 사용할 경우 내일의 성과가 어느 정도 좋아질 것인가에 대한 믿음'을 의미하고 인지된 사용 용이성은 '별다른 노력이나 어려움 없이 이 기술을 사용할 수 있는가에 대한 믿음'을 뜻한다.

[그림 6-2]에 도시되어 있는 것처럼, 이 두 가지 요인에 의해 고객은 신기술에 대한 태도(attitude)가 정해지고 이것이 다시 행동의도(behavioral intention)를 연결되며 결국 실제 사용(actual use)으로 이어진다고 본다. 아무래도 신기술은 많은 사람들에게 낯설기 마련이고 따라서 실제로 사용하기 전에 그것이 얼마나 쓸모 있으며 또한 얼마나 쉽게 사용할 수 있는지에 대한 믿음이 구매 행동에 큰 영향을 미친다는 것이다. 신기술의 이용자는 그 기술과의 상호작용이 쉬울수록 자신감이 생기고 그 자신감은 곧 신기술의 사용에 긍정적인 영향을 미칠 가능성이 높다.

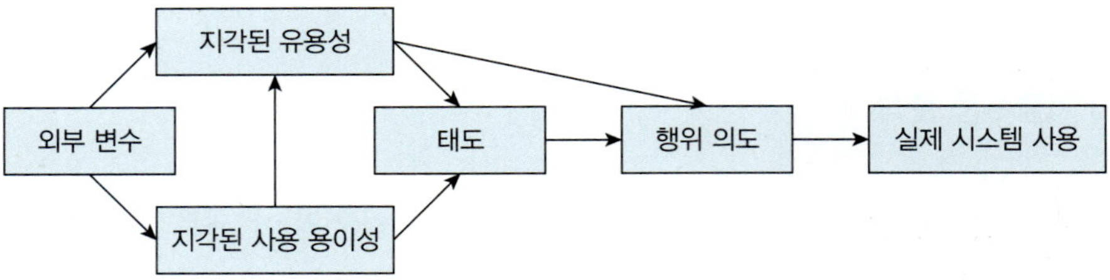

[그림 6-2] 기술수용 모형(TAM)의 기본 구조

위에서 보는 것처럼 원래의 TAM모형은 매우 단순한 구조로 되어 있다. 따라서 처음 이 모형이 제시된 이후 다음 몇 가지 주제를 중심으로 계속해서 보완 내지 확장이 이루어지고 있다. 첫째, 태도-의도-행동으로 이어지는 과정을 좀더 정교하게 만드는 것이다. 각각이 과연 순차적 관계로 되어 있는지 아니면 상호작용 관계로 되어 있는지, 이 과정에 다른 단계가 추가되어야 하는지 등을 알아보는 것이다. 둘째, 인지된 유용성이나 용이성에 영향을 미치는 외부 변수(external variables)가 무엇이냐를 찾는 작업이다. 당연한 말이지만 사용자에게 주어지는 다양한 외부 변수들의 종류나 수준에 따라서 유용성이나 용이성에 대한 인식은 달라질 수 밖에 없다. 셋째, 기술수용 모형이 잘 적용되는 신기술은 어떤 것들이 있으며 반대로 잘 적용되지 않은 신기술은 어떤 것들이 있는지를 알아보는 일이다.

최근에는 새로운 주제에 대한 연구도 활발히 진행되고 있다. 묶어서 신기술이라고 그 안에는 다양한 종류의 기술이 섞여있다. 같은 IT 분야라고 하더라도 소프트웨어 기술일수도 있고 하드웨어 기술일수도 있다. 더구나 온라인 시대를 넘어 모바일 시대로 접어들면 그 종류는 더욱 많아진다. 이때 기술의 유형과 특성에 따라 기술수용 모형이 어느 정도 유효한지를 분석하는 것도 흥미로운 연구주제가 되는 것이다.

제2절 기술확산 분석기법

2.1 기본개념

앞에서 언급한대로 기술확산은 다양한 내부 요인 및 환경적 요인에 의해 그 크기와 속도가 결정된다. 따라서 시간의 흐름에 따라 기술혁신이 어떤 양상으로 확산되는가를 정량적으로 추정 내지 예측하는 기법들의 개발이 이어져 왔다. 실제로 기술확산의 속도에 대한 정보는 기술개발 전략은 물론 마케팅 전략과 생산 전략의 수립에 필수적인 요인이다. 기술확산 모형은 이러한 실무적 수요에 대응하여 이론적, 과학적으로 확산의 속도와 크기를 추정하기 위한 노력을 계속해 온 것이다.

기술확산 모형의 원형은 기본적으로 기술혁신의 확산이 커뮤니케이션 채널(communication channel)을 통해 이루어진다는 가정을 기반으로 한다. 이 채널은 다시 외부의 매스미디어 채널과 내부의 대인 채널이라는 두 가지 채널을 통해 확산된다. 예를 들어 혁신적인 스마트폰이 시장에 나오면, 사람들은 한편으로는 광고나 전문 사이트를 참고하여 나름대로 관련정보를 얻기도 하고 다른 한편으로는 이미 스마트폰을 구매한 사람들이 만들어내는 입소문을 듣기도 한다. 이때 전자가 외부 매스미디어 채널이고 후자가 내부의 대인 채널이다.

따라서 기술확산을 설명하는 기본모형은 크게 내부 채널만을 통해 확산되는 모형, 외부 채널만을 통해 확산되는 모형, 내부와 외부 채널 모두를 통해 확산되는 모형의 세 가지로 나눌 수 있다. 초기의 모형들이 주로 내부 채널이나 외부 채널 가운데 한 가지만을 고려하였다면 두 채널을 모두 고려한 모형이 최근의 기술확산 분석에서 가장 많이 사용되는 Bass 모형이다. Bass 모형 이후의 새로운 확산 모형들은 주로 기술혁신의 특성이 시간에 따른 확산의 크기에 미치는 영향이나 경쟁이 기술혁신의 확산에 미치는 영향 등과 같은 추가적인 확산 요인들을 반영한 모형들이다. 따라서 기술확산 모형의 발전과정은 확산에 미치는 다양한 요인들을 확산 모형의 개발과정에 점진적으로 반영해 온 과정이라고 할 수 있다.

최근에는 단일기술이나 제품의 확산을 넘어 신기술이 기존기술을 대체하면서 확산되는 현상이나 서로 다른 두 기술이 같은 시대에 동시에 창출되어 서로 경쟁하며 확산되는 현상 등이 관심을 끌고 있다. 단일기술이나 제품의 확산만을 고려한 기존 모형은 복수의 기술이나 제품이 경쟁(competition)하거나 상호작용하는 현실적 측면을 반영하기에는 한계가 있다. 이러한 문제의식에서 출발해 경쟁확산 모형(competition model)이 제시되기 시작했다. 이 중 가장 대표적 모형이 Lotka-Volterra 모형이다.

2.2 단일기술의 확산모형

(1) 기본개념

기술확산 모형은 기본적으로 곡선 적합(curve-fitting) 방식을 사용한다. 즉 확산에 관한 과거의 시계열 자료의 점들이 S-curve라는 수리적 모형을 따른다고 가정한 후, 자료에 가장 잘 맞는 곡선의 함수형태를 선택하여 이후의 기술확산 속도를 추정하는 방법이다. 따라서 기본적 아이디어나 방법은 앞에서 살펴본 기술예측의 곡선 적합 모형과 다를 바가 없다. 실제로 초기의 기술확산 분석은 주로 시계열 자료를 로지스틱 모형이나 곰페르츠 모형과 같은 S-curve에 적합하는 방법을 사용했다.

앞의 기술예측에서 이미 살펴본 것처럼, 곡선 적합에 사용되는 함수들의 기본 아이디어는 매우 단순하다. 어떤 현상이 발생하고 확산되는 전체 공간을 모집단(population)이라고 한다면 이 모집단 전체의 크기가 곧 이 현상이 퍼져나갈 수 있는 상한(upper limit)이 된다. 그 이상 확산이 이루어질 수는 없기 때문이다.

기술확산에서 모집단, 즉 상한의 크기가 유한으로 설정되는 것은 매우 중요한 의미를 지닌다. 만일 상한이 없다면, 다시 말해 모집단의 크기가 무한이라면 확산 현상도 아무런 제약 없이 끝없이 이어질 수 있기 때문이다. 하지만 상한이 존재하면 그 값이 하나의 압력 요소가 되면서 확산의 속도를 제어하는 역할을 하게 된다. 이때 어느 시점에서 이 현상이 확산되는 비율은 모집단 안에서 이미 그 현상을 알고 있는 개체들의 크기가 어느 정도인지에 따라 결정된다. 아직 확산의 여지가 많이 남아 있을 때는 빠른 속도로 퍼져 나가다가 더 이상의 여지가 거의 없어지는 수준에 오면 천천히 확산될 것이기 때문이다.

따라서 어느 시점에서의 확산율은 모집단 전체까지 남은 값 즉 모집단의 크기에서 이미 확산이 이루어진 누적값의 차이를 기반(base)으로 한다. 만일 앞으로 남은 값 대신 그 시점까지 이루어진 누적값 자체를 기반(base)으로 하면 확산 모형도 달라지게 된다. 그러나 기술확산 이론에서는 일반적으로 모집단과 누적값의 차이, 즉 앞으로 남은 값을 기반으로 설정한다.

이제 특정 시점의 변화율을 표현하려면 기반이 되는 값 앞에 계수가 붙어야 한다. 문제는 이 변화율의 계수를 어떻게 정량적으로 나타낼 것인가에 있다. 이 계수를 어떻게 설정하는가에 따라 함수의 모형이 달라지게 된다.

(2) 기본 모형

이 원리를 수리적으로 살펴보자. 모집단의 크기를 m이라고 하고, t 시점까지의 누적 확산값을 $N(t)$, 남은 값을 $m-N(t)$라고 하자. 그러면 위에서 말한 변화율인 확산율(rate of diffusion)은 아래의 미분방정식으로 표현할 수 있다. 아직 확산되지 않고 남은 값이자 기반(base)이 되는 값인 $m-N(t)$의 앞에 계수인 $g(t)$가 붙어서 식 (6–1)의 형태로 나타나는 것이다. 이제 계수인 $g(t)$가 어떻게 결정되느냐에 여러 형태의 함수 모형이 제시된다.

$$\frac{dN(t)}{dt} = g(t)[m-N(t)] \qquad (6-1)$$

1) 외부 채널 모형

여기서는 기술의 확산이 외부의 채널에 의해서만 이루어진다고 가정한다. 즉 모집단 내부의 구성원들 사이에 커뮤니케이션이 거의 이루어지지 않고 각각 흩어져 있는(isolated) 상황에 적합한 모형이다. 여기서는 외부의 영향에 의해서만 확산이 일어나기 때문에 확산의 계수는 시점 t와 상관없이, 다시말해 이미 채택한 내부 구성원의 크기에 관계없이 상수(constant)가 된다. 즉 $g(t)=a$ 가 되므로 확산율은 식 (6–2)와 같아진다.

$$\frac{dN(t)}{dt} = a[m-N(t)] \qquad (6-2)$$

이제 이 미분방정식을 풀면 확산의 누적량 $N(t)$는 다음의 식 (6–3)의 형태로 나타난다. 보는 것처럼, 여기에서는 확산함수 안에 지수함수(exponential function)가 들어가 있는 것을 알 수 있다.

$$N(t) = m(1 - e^{-at}) \qquad (6-3)$$

2) 내부 채널 모형

여기서는 기술의 확산이 내부의 채널에 의해서만 이루어진다고 가정한다. 즉 모집단의 규모가 비교적 작고 구성원들의 성향이 동질적인 상황에 적합한 모형이다. 이제는 내부 구성원들의 입소문에 따라 확산율이 달라지기 때문에 이미 그 기술(제품)을 채택하여 사용하고 있는 개체의 크기에 직접적인 영향을 받는다. 따라서 확산 계수가 더 이상 상수(constant)가 될 수 없고 누적값 $N(t)$에 따라 달라지게 된다. 즉 $g(t) = kN(t)$가 되는 것이다. 여기서 남은 값 즉 $m - N(t)$을 어떻게 설정하느냐에 따라 다음 두 개의 모형으로 나눌 수 있다.

가. 로지스틱 함수 모형

로지스틱 모형에서는 아래 식 (6–4)와 같이 남은 값을 $m - N(t)$을 그대로 사용한다.

$$\frac{dN(t)}{dt} = kN(t)[m - N(t)] \qquad (6-4)$$

따라서 확산의 누적량 $N(t)$은 $N(t)[m - N(t)]$의 확산률에 의해 결정된다. 이제 위의 미분방정식을 풀면 $N(t)$는 아래 식 (6–5)의 로지스틱 함수(logistic function) 형태로 나타난다.

$$N(t) = \frac{m}{1 + e^{-\alpha t - \beta}} \qquad (6-5)$$

나. 곰페르츠 함수 모형

곰페르츠 모형에서는 로지스틱 모형과 달리 $m - N(t)$가 아니라 로그를 붙인 $\ln(m) - \ln(N(t))$를 기반(base)으로 사용한다. 따라서 확산의 누적량 $N(t)$는 $N(t)[\ln(m) - \ln(N(t)]$의 확산률에 의해 결정된다. 이제 미분방정식을 풀면 아래 식 (6–6)의 곰페르츠 함수(Gompertz function) 형태로 나타난다.

$$N(t) = me^{-\beta e^{-\alpha t}} \qquad (6-6)$$

3) 복합 채널 모형

여기까지는 앞 부분에서 설명한 기술예측의 기본모형과 기술확산의 기본모형 사이에 근본적인 차이가 없다. 이제부터는 더 나아가 기술의 확산이 내부의 채널과 외부의 채널 모두에 의해 이루어진다고 가정해 보자. 그렇게 되면 외부 채널의 상수(constant)와 내부채널의 변수(variable) 모두가 계수에 포함되면서 새로운 모형이 만들어지게 된다. 즉 확산율이 아래의 식 (6-7)로 표현되는 것이다.

$$\frac{dN(t)}{dt} = (a+kN(t))[m-N(t)] \qquad (6-7)$$

이제 확산의 누적량 $N(t)$는 $(a+kN(t))[m-N(t)]$의 확산률에 의해 결정되는 Bass 함수 형태로 나타난다. Bass 함수의 자세한 내용에 대해서는 바로 뒤에서 설명하기로 한다.

외부채널 모형의 지수함수나 내부채널 모형의 로지스틱 함수는 Bass 함수의 특수한 경우(special case)를 뜻한다. 위의 식 (6-7)에서 보는 것처럼, 만일 $k=0$이 되는 경우에는 Bass 함수가 곧 외부 채널의 지수함수가 되고 $a=0$이 되는 경우에는 Bass 함수가 곧 내부 채널의 로지스틱 함수가 되는 것이다.

(3) Bass 모형

1) 기본개념

1960년대에 나온 Bass 모형은 기술확산의 역학을 모형화하는데 가장 큰 영향을 미친 것으로 평가되고 있다. Bass의 기본 모형이 제시된 이후 많은 연구자들에 의해 수정과 확장이 이루어졌으며 현재도 관련 연구들이 계속되고 있다.

앞에서 언급한대로 Bass 모형과 기존 S-curve 모형들의 핵심적 차이는 커뮤니케이션 채널을 복합적으로 구성한 점이다. 이 사실을 좀더 자세히 알아보자. 기존의 S-curve에서는 확산이 외부의 채널에 의해 결정된다든가 아니면 내부 채널의 모방

효과로 일어난다는 단순한 가정에 기반하고 있다. 그러나 Bass 모형은 잠재적인 신기술의 채택자들은 두 가지 커뮤니케이션 채널 모두에 의해 영향을 받고, 그 영향의 차이에 따라 크게 두 그룹으로 나눌 수 있다고 가정한다. 첫 번째 그룹은 주로 대중매체 채널에 의한 외부 영향(external influence)이 지배적인 그룹이고 두 번째 그룹은 주로 대인 채널에 의한 내부 영향(internal influence)이 핵심적 역할을 하는 그룹이다. 앞의 그룹은 남의 얘기와 상관없이 본인이 얻은 객관적 정보를 토대로 독자적인 구매 결정을 하지만 뒤의 그룹은 이미 구매한 다른 사람들을 모방하여 구매 결정을 하게 된다. 따라서 전자를 혁신자(innovator), 그리고 후자를 모방자(imitator)로 정의할 수 있다. 이렇게 보면 그 이전의 S-curve 모형은 단지 모방 요인만 고려한 것에 비해 Bass 모형은 모방 요인은 물론 혁신 요인도 함께 고려한 점에서 모형의 확장이 이루어졌다고 할 수 있다.

2) 개념적 모형

개념적 모형은 직관적 관점에서 기술확산이 어떤 요인에 의해 어떤 양상으로 나타나는가를 설명한다. [그림 6-3]은 Bass 모형의 개념적 구조를 나타낸 것이다. 보는

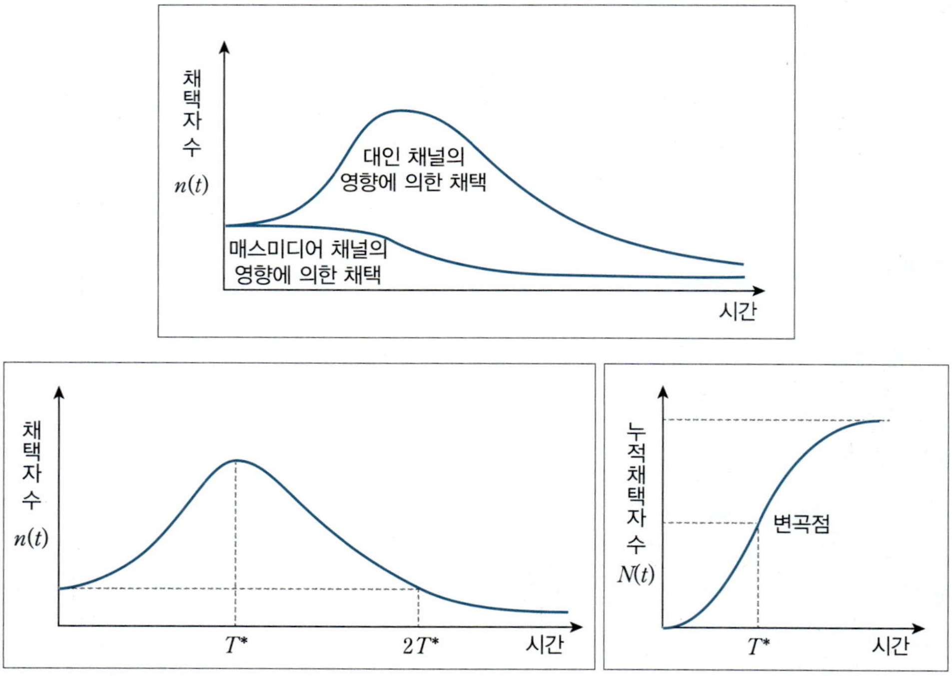

[그림 6-3] Bass 모형의 개념적 구조

것처럼, 시간의 흐름에 따라 채택자의 수 $n(t)$가 변하는 패턴을 보여주는 분포 곡선은 종모양 곡선(bell-shaped curve)으로 나타난다. 채택자의 수는 지속적으로 증가하다가 최고점에서부터 서서히 감소하기 시작한다. 최고점 $T*$는 채택자의 수가 가장 많은 시점이다. 시간의 흐름에 따라 채택자의 수 $N(t)$를 누적함수로 표현하면 S-curve를 얻을 수 있다. 종모양 곡선에서 최고점인 $T*$는 S-curve에서는 변곡점(inflection point)에 해당한다. 또한 시점 0에서 $2T*$까지의 분포는 $T*$ 시점을 중심으로 대칭(symmetric)이라고 가정한다.

3) 수리적 모형

정량분석을 위해서는 개념적 모형을 수리적 모형으로 변환해야 한다. 아래 식 (6–8)은 Bass 모형의 기본개념을 수리적 모형으로 표현한 것이다. 먼저 함수 $h(t)$는 시점 t까지 신기술을 채택하지 않은 잠재채택자가 t시점에서 채택할 확률이다. 따라서 Δt를 무한히 작은 값으로 하면 $h(t)=Prob(t \le T \le t+\Delta t)$로 표현할 수 있다. 이어서 약간의 수리 작업을 거치면 $h(t)=\frac{f(t)}{1-F(t)}$가 되는 것을 보여줄 수 있다. 함수 $f(t)$는 채택까지 걸리는 시간의 밀도함수이고 $f(t)$의 누적함수 $F(t)$는 시점 t에서의 누적 채택자의 비율을 나타내는 함수이다.

이제 $h(t)$를 가장 단순한 1차 선형함수로 표현하면 아래의 식 (6–8)로 나타낼 수 있다.

$$h(t)=\frac{f(t)}{1-F(t)}=p+qF(t) \qquad (6-8)$$

위의 식에서 함수 $h(t)$는 먼저 계수 p의 영향을 받는다. 이 계수는 기존 채택자의 수와는 무관한 다른 요인, 즉 외부 채널의 영향을 반영한다. 이어서 $h(t)$는 기존 채택자의 크기와 관련된 누적함수 $F(t)$에 비례한다. 즉 시점 t에서 발생할 채택자의 비율은 전체 집단 중 이미 혁신을 채택한 구성원의 비율이 증가하면 늘어나게 된다. 따라서 $qF(t)$는 모방이나 학습에 의한 내부 채널의 영향을 받는 부분을 나타낸다. 잠재 채택자의 총 수를 m이라고 가정하면 시간 t에서의 채택자 수는 $mf(t)=n(t)$로 나타낼 수 있고, 누적 채택자 수는 $mF(t)=N(t)$로 쓸 수 있다. 식 (6–8)에서 $f(t)=[1-F(t)][p+qF(t)]$가 되고 이것을 $mf(t)=n(t)$에 대입하여 변형하면 다음과 같은 식 (6–9)가 성립한다.

$$n(t) = \frac{dN(t)}{dt} = p[m - N(t)] + \frac{q}{m}N(t)[m - N(t)] \qquad (6-9)$$

이 식에서 $p[m-N(t)]$는 계수 p가 상수(constant)로서 이미 채택한 사람의 수에 영향을 받지 않는 채택을 나타내며, $\frac{q}{m}N(t)[m-N(t)]$는 계수에 $N(t)$가 들어가 있어 이전의 채택자로부터 영향을 받은 채택을 의미한다. 따라서 앞의 항에 붙는 계수 p를 혁신계수(coefficient of innovation)라고 하고 뒤의 항에 붙는 계수 q를 모방계수(coefficient of imitation)라고 부른다. 또한 이 식은 시간 t에 대한 1차 미분방정식이기 때문에 시간에 대해 적분을 하면 S-curve의 누적 채택자 분포 $N(t)$의 식 (6-10)을 도출할 수 있다. 나아가 $N(t)$를 미분하면, 그 도함수이자 누적채택자의 밀도함수인 $n(t)$와 최고점에 도달하는 시간 $T*$ 그리고 최고점인 $n(T*)$와 $N(T*)$를 도출할 수 있다.

$$N(t) = m \cdot \frac{1-e^{-(p+q)t}}{1+\frac{q}{p}e^{-(p+q)t}} \qquad (6-10)$$

4) 모수 추정

기술확산, 즉 미래의 $N(t)$를 예측하기 위해 Bass 모형을 적용할 때는 위의 식에서 보는 것처럼 세 개의 모수 즉 외부영향의 혁신계수(p), 내부영향의 모방계수(q), 잠재시장 규모(m)를 추정해야 한다. 1980년대에 접어들면서 Bass 모형의 세 가지 모수 추정을 위한 다양한 기법들이 제안되었다. 적용하는 기법에 따라 추정된 모수의 값이 달라지기 때문에 산업별, 기술별, 시장별로 어떤 기법을 적용하는 것이 최적인지에 대한 논란은 계속되고 있다.

기법의 선택에 관한 기본적 원칙은 데이터의 존재 여부나 가용 데이터의 양에 따라 추정 기법을 결정해야 한다는 것이다. 크게 데이터가 존재하지 않는 경우와 존재하는 경우로 나누어 자세히 살펴보자.

가. 데이터가 존재하지 않는 경우

신제품이나 신기술의 경우 확산 현상을 실증적으로 분석할 수 있는 데이터가 존재하지 않는 경우가 많다. 적용 가능한 데이터가 존재하지 않는 경우에 모수를 추정하기 위한 일차적인 방법은 전문가의 판단에 의존하는 것이다. 전문가 혹은 경영자에게 세 가지 모수인 잠재시장 크기(m), 최고점에 도달하는 시점($T*$), 최고점에서의 채택 크기(n^*)에 대한 추정을 하게 한 후 이를 이용해 p와 q를 도출한다. 하지만 확산 모형에서 가장 중요한 목적은 $T*$와 $n*$을 예측하는 것인데 정량적 모형을 사용하면서 전문가의 추정에 의존한다는 것은 모형 자체의 의미가 없는 것이라는 비판 때문에 거의 사용되지 않는다.

이 문제를 해결하기 위한 대안으로 제시된 방법이 과거에 존재한 여러 기술 또는 제품과 분석대상 기술간의 유사도를 측정하여 그 크기에 따라 가중치를 주고 추정을 하는 방법이다. 신제품의 경우 신제품이 과거에 존재했던 유사 제품과 얼마나 유사한지를 외부환경, 시장구조, 소비자 행동, 마케팅 믹스 전략, 혁신성격과 같은 비교기준을 바탕으로 평가하게 된다. 예를 들어 신제품의 p값을 추정하는 경우, 유사제품 1의 유사도가 0.8, 계수가 $p1$이고 유사제품 2의 유사도가 0.2, 계수가 $p2$라면, 신제품의 p값은 $0.8(p1)+0.2(p2)$로 추정된다.

나. 데이터가 존재하는 경우

데이터가 존재하는 경우에는 실증적 자료를 활용하여 추정할 수 있다. 그러나 앞서 살펴본 바와 같이 Bass 모형은 세 개의 모수를 포함하고 있기 때문에 모수 추정을 위해서는 최소한 세 시점의 데이터가 필요하다. 몇 개 시점에 대한 데이터가 존재하는가에 따라 모수 추정의 결과는 매우 민감한 변화를 보인다. 실제로 지금까지의 실증연구들의 경우 채택자 수 분포의 최고점까지 데이터가 활용 가능할 경우에만 안정적인 모수값을 얻을 수 있는 것으로 나타나고 있다.

데이터 확보에 문제가 없는 경우에는 일반적인 회귀분석을 통해 모수를 추정한다. 만일 데이터가 충분하지 않은 경우라면 먼저 부족한 기존 데이터로 추정을 한 후 추가적인 데이터가 얻어질 때마다 추정치를 갱신하는 Baysian 추정법이 자주 사용된다. 추정 방법의 수리적 내용을 이해하기 위해서는 통계학에 대한 전문지식이 필요하므로 관련 교과서를 참고하길 바란다.

5) 예제

S 사는 노트북을 제조하여 판매하는 기업으로 최근 성능이 향상되고 무게가 줄어

든 새로운 모델을 출시하였다. S 사는 다양한 마케팅 활동을 통해 신제품의 출시를 알렸으며, 그 결과 신제품의 초기 판매량은 매우 양호한 것으로 나타나고 있다. 아래 〈표 6-2〉는 지난 21주간의 판매 자료이다. S 사 기획실에서는 향후 10주간의 생산계획을 수립하기 위해 신제품의 초기 판매 자료를 이용하여 Bass 모형을 만들고, 그 결과를 토대로 미래 수요를 예측하고자 한다.

〈표 6-2〉 S 사의 신제품 판매량

주(시간)	누적수요($N(t)$)	수요($n(t)=N(t)-N(t-1)$)
1	108,398	66,063
2	181,798	73,400
3	277,862	96,064
4	454,622	176,761
5	662,825	208,202
6	881,100	218,275
7	1,112,008	230,908
8	1,347,294	235,286
9	1,628,972	281,678
10	1,911,804	282,832
11	2,211,165	299,361
12	2,543,117	331,952
13	2,885,009	341,892
14	3,245,181	360,172
15	3,609,419	364,238
16	3,989,215	379,796
17	4,373,477	384,262
18	4,758,789	385,312
19	5,145,513	386,724
20	5,533,536	388,023
21	5,927,397	393,861

앞에서 언급한 것처럼, Bass 모형을 추정하는 과정에서 곧바로 p, q, m을 구하기는 어렵기 때문에 먼저 아래 식에 대입하여 α_1, α_2, α_3를 구하게 된다. 아래 식 (6-11)

은 앞의 식 (6-9)의 좌변의 $n(t)$를 $N(t+1)-N(t)$로 바꾸고, 우변을 m, $N(t)$, $N(t)^2$에 대한 식으로 풀어 쓴 것이다. 여기서 $\alpha=pm_1$, $\alpha_2=q-p$, $\alpha_3=-q/m$라고 두면 식 (6-11)은 식 (6-12)와 같이 변형된다. 따라서 식 (6-12)를 이용하여 α_1, α_2, α_3를 구하게 되면, α_1, α_2, α_3와 p, q, m의 관계로부터 p, q, m의 값을 도출해 낼 수 있다.

$$N(t+1)-N(t)=pm+(q-p)N(t)-\frac{q}{m}N(t)^2 \tag{6-11}$$

$$n(t)=\alpha_1+\alpha_2 N(t)+\alpha_3 N(t)^2 \tag{6-12}$$

추정 모수(parameter)인 α_1, α_2, α_3의 추정을 위해 통계 패키지를 사용하면 다음 〈표 6-3〉의 결과를 얻을 수 있다.

〈표 6-3〉 Bass 모형의 추정 결과 (α_1, α_2, α_3)

모수	α_1	α_2	α_3
추정치	86269.56	0.130997	−1.39E−08
t-Value	7.90	13.51	−8.44
유의확률	< .0001	< .0001	< .0001
R^2	0.9605		

위의 표를 보면, 결정계수 R^2의 값이 0.9605로 모형의 설명력이 높으며 모수들도 모두 통계적으로 유의한 것으로 나타나고 있다. 이어서 p, q, m과 α_1, α_2, α_3의 관계에 따라 잠재시장 m, 혁신계수 p, 모방계수 q를 구하면 다음 〈표 6-4〉와 같다.

〈표 6-4〉 Bass 모형의 추정 결과 (p, q, m)

모수	p	q	m
추정치	0.008586157	0.14	10,047,517

위의 표에서 보면 올해 S사가 출시한 신제품의 혁신계수는 약 0.0086, 모방계수는 약 0.14, 잠재시장의 규모는 10,047,517 정도로 나타난다. 추정된 모수를 아래의 식 (6-13)에 대입하면 각 시기별 누적수요를 구할 수 있다. 식 (6-13)의 $N(t)$는 t시기까

지 신제품을 구매한 사람의 총 수로 잠재시장의 규모인 m에 t 시점까지 누적 채택자 비율인 $F(t)$를 곱하여 구할 수 있다. 또한 $F(t)$는 앞의 식 (6-8)에서 $f(t)=(1-F(t)(p+qF(t))$에 대한 미분방정식을 풀어서 구하게 된다. 미분방정식을 푸는 문제는 이 책의 범위를 벗어나기 때문에 여기서는 생략하도록 한다.

$$N(t)=m\cdot F(t)=m\cdot\frac{1-\exp(-(p+q)t)}{1+\frac{q}{p}\exp(-(p+q)t)} \qquad (6-13)$$

모형의 설명력과 예측의 정확도가 얼마나 높은지를 검증하기 위해 예측값과 실제값을 비교한 결과가 [그림 6-4]에 도시되어 있다. 그림에서 보면 실제값과 추정치가 거의 일치함을 알 수 있다.

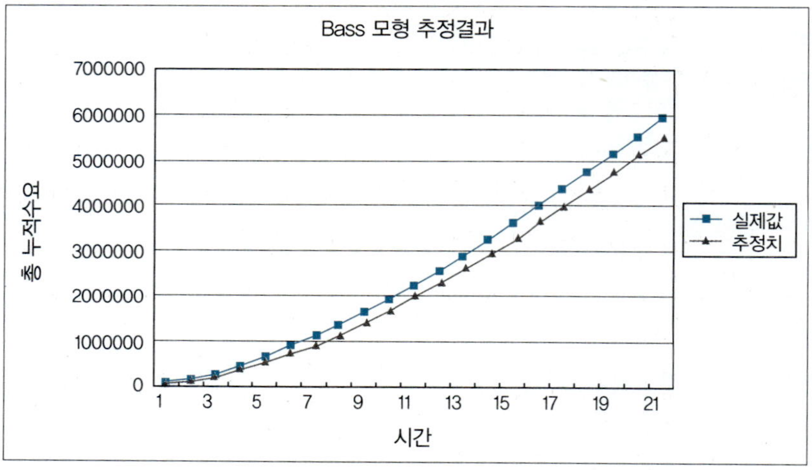

[그림 6-4] Bass 모형의 실제값과 추정치

다음으로 추정결과를 다른 가전제품의 확산 양상과 비교해 보자. 아래 〈표 6-5〉는 다양한 가전제품에 대한 연간 판매 데이터에 대해 Bass 모형을 적용시킨 추정결과를 정리한 것이다.

〈표 6-5〉 11개 내구재에 대한 Bass 모형 추정 결과(Bass, 1969)

제품	$\alpha_1(10^3)$	α_2	$\alpha_3(10^{-7})$	R^2	p	q	$m(10^3)$
냉장고	104.67	.21305	−.05391	.903	.002617	.21566	40,001
냉동고	308.12	.15298	−.07787	.742	.018119	.17110	21,973
흑백TV	2,696.2	.22317	−.02596	.576	.027877	.25105	96,717
정수기	.10256	.27925	−512.59	.919	.017703	.29695	5,793
에어컨	175.69	.40820	−.24777	.911	.010399	.41861	16,895
다리미	1,594.7	.29928	−.05888	.828	.028632	.32791	58,838
S사 제품	86.27	.13100	−.139	.961	.008586	.14	10,048

S사 신제품의 확산효과는 여러 제품 가운데 에어컨과 가장 유사하고 모방효과는 냉동고와 가장 유사한 것으로 나타났다. 즉 광고나 마케팅 활동 등에 의해 수요가 증가되는 부분은 에어컨과 비슷한 반면, 구전효과 등에 의해 수요가 증가되는 부분은 냉동고와 비슷하다고 할 수 있다.

다음으로 미래 수요에 대한 예측을 해 보자. 향후 S사의 신제품 수요가 매주 별로 어느 정도까지 증가할지를 예측하는 것이다. 추정된 p, q, m을 사용하면 미래의 수요를 예측할 수 있다. [그림 6-5]는 향후 10주 동안의 예측치를 나타낸 것이다.

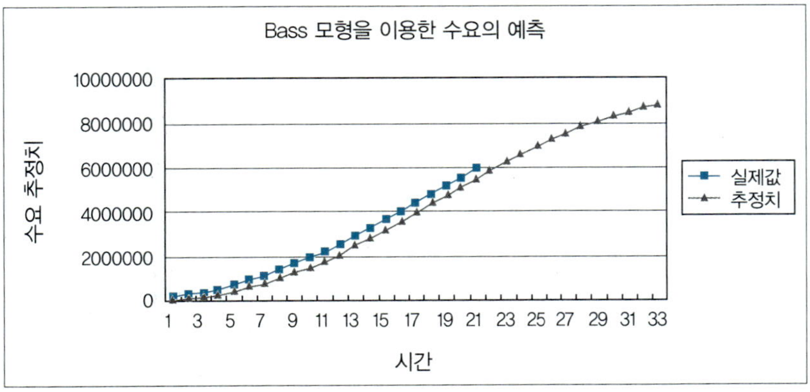

[그림 6-5] Bass 모형의 예측치

2.3 복수기술의 확산모형

(1) 기본개념

지금까지 살펴본 Bass 모형은 개별기술이나 개별제품의 확산과정을 설명하는데 적합한 모형이다. 그러나 오늘날에는 복수의 기술이나 제품이 서로 경쟁하면서 확산되는 경우가 많다. 따라서 기존의 확산 모형에 경쟁요소를 핵심변수로 반영하는 경쟁확산 모형(competition model)이 사용되기 시작하였다.

경쟁확산 모형은 1970년대 중반 이후 경제학의 여러 분야에서 적용되기 시작한 진화론적 게임이론(evolutionary game theory)에 토대를 둔 모형이다. 이 모형은 생물학적 진화든 기술적 진화든 모든 진화는 공진화(co-evolution)의 결과물이라는 가정에 기초하고 있다. 공진화는 생태계 내의 각 개체들이 진화하는 과정은 자신의 행위는 물론 다른 개체들의 행동에 영향을 받는다는 사실을 가리킨다. 따라서 개별 구성원의 선택은 본인의 독자적인 판단뿐 아니라 다른 구성원들의 전략에 대응한 결과물이라는 것이다. 마찬가지로, 기술혁신의 채택 여부를 결정하는 의사결정도 개인적이고 합리적인 선택으로만 이루어지는 것이 아니라 다른 구성원들의 행동이 미치는 영향도 고려하면서 이루어진다. 기존의 확산 모형과 비교하여 경쟁확산 모형의 가장 큰 차이가 여기에 있다.

경쟁확산 모형 가운데 수리적으로도 단순하고 실무적으로도 편리한 모형이 Lotka-Volterra 경쟁 모형(LVC Model)이다. LVC 모형은 동일한 자원을 두고 경쟁하는 생물들의 경쟁과 상호작용을 분석하기 위한 목적으로 1920년대에 미국의 Lotka와 이탈리아의 Volterra에 의해 독립적으로 제안된 이래, 1950년대 이후에는 생물학 분야뿐 아니라 다양한 사회과학 분야에서 활용되고 있다. LVC 모형은 경쟁효과를 비교적 잘 표현하고 있으면서도 수리 모형이 간단하기 때문에 활용가치가 높은 모형으로 평가된다. 더구나 기존의 확산 모형이 고려하는 개인의 행동뿐만이 아니라 집단 전체의 행동 패턴에 대한 영향도 고려할 수 있다는 장점을 갖는다. 따라서 이 모형은 오늘날 경영 시스템이나 사회 시스템의 동태적 변화를 분석할 때도 자주 활용된다.

특히 LVC 모형은 어떤 기술분야 내에서 시간에 따라 복수의 신기술들이 지속적으로 개발되고 상용화되어 확산되는 과정을 묘사하는 다세대 기술진화에 대한 설명력이 높다. 다세대 기술진화의 근본적인 메커니즘은 크게 다음 두 가지 경우로 나누어 볼 수 있다.

첫째, 같은 기술에 대해 구기술과 신기술이 공존하는 경우에 발생한다. 1세대 기술과 2세대 기술은 같은 기술로 분류되지만 동일한 잠재시장 내에서 확산되는 과정에서는 서로 경쟁관계에 있다. 2세대 기술이 1세대 기술을 대체하는 과정을 보면 일반적으로 2세대 기술이 출시 된 이후에는 1세대 기술의 수요가 다소 감소하다가 이후에는 2세대 기술이 1세대 기술을 대체하는 형태를 나타낸다. 이는 2세대 기술이 1세대 기술보다 더 우수한 효용을 제공하면서도 비용에서 큰 차이가 없거나 약간의 차이만 있을 경우에 대부분의 수요가 2세대로 옮겨가면서 발생하는 현상이다. 따라서 이것은 기술경쟁보다는 기술대체로 볼 수 있다.

둘째, 다소 예외적인 경우로 기술의 성능 차이가 명확하지 않은 가운데 구기술과 신기술이 공존하는 경우이다. 예를 들어 2세대 기술이 출시된 이후에도 1세대 기술이 제공하는 효용과 비용의 우위로 인해 2세대로의 완전한 전환이 이루어지고 있지 않는 경우가 이에 속한다. 이 경우에는 수요가 1세대 기술에서 2세대 기술로 이동하기도 하지만 2세대 기술에서 1세대 기술로 이동하기도 한다고 가정한다. 또한 1세대 기술의 잠재시장과 2세대 기술의 잠재시장을 분리할 수 있다고 가정한다. 이 경우에는 신기술이 구기술을 대체한다기 보다 두 기술이 상호 경쟁한다고 보는 것이 더 적절한 표현이다.

(2) 수리적 모형

두 기술간 경쟁을 나타내는 LVC 모형에서는, t시점에 있어서 특정 기술의 수요 증가율은 그 시점까지의 해당기술의 누적 수요와 경쟁기술의 누적 수요 모두로부터 영향을 받는다고 가정한다. 이 가정을 바탕으로 LVC 모형의 함수를 도출해보자. 먼저 t 시점에서 X의 증가율은 일반적으로 $\frac{dX(t)}{dt}=kX(t)$의 미분방정식으로 표현된다. 여기서 계수 k를 가장 단순한 형태의 선형함수로 설정하면 $(a_1-a_2X-a_3Y)$로 할 수 있다(여기서 부호는 양(positive)이 되어도 상관없다). 마찬가지로 Y의 계수도 $(b_1-b_2X-b_3Y)$로 할 수 있다. 경쟁확산이기 때문에 선형함수 안에 X와 Y가 모두 들어가는 것에 유의하자. 그러면 확산율은 아래의 식 (6-14)로 나타낼 수 있다.

$$\frac{dX(t)}{dt}=(a_1-a_2X-a_3Y)X(t)=a_1X(t)-a_2X(t)^2-a_3X(t)Y(t) \qquad (6-14)$$
$$\frac{dY(t)}{dt}=(b_1-b_2Y-b_3X)Y(t)=b_1Y(t)-b_2Y(t)^2-b_3Y(t)X(t)$$

여기서, $X(t)$, $Y(t)$: t 시점에 기술 1, 기술 2에 대한 수요의 누적 값
a_1, b_1: 자신의 수요 규모에 의해 받는 영향
a_2, b_2: 자신의 수요 증가에 의해 받는 영향
a_3, b_3: 경쟁기술에 의해 받는 영향

위 모형은 집단 1(기술 1의 수요자 집단)과 집단 2(기술 2의 수요자 집단)가 성장하는 과정에서 두 집단 상호간의 영향관계를 표현한 것으로 각 집단의 개인이 양쪽 집단 사이에 임의로 이동할 수 있다고 가정한다. 즉 개인은 기술 1과 기술 2 중 하나의 기술을 임의로 채택할 수 있는 것이다. 또한 특정 시점 t에서 기술 1을 채택한 사람의 증가율 $dX(t)/dt$는 t시점까지 기술 1을 채택한 사람의 누적 값 $X(t)$는 물론 경쟁기술인 기술 2를 채택한 사람의 누적 값 $Y(t)$로부터도 영향을 받게 된다.

여기서 a_1, b_1은 각 집단의 성장률이 그 집단의 채택자 규모에 비례하는 것을 의미하는 성장 계수이다. 따라서 이 값이 양(positive)이라면 채택자(수요량)의 규모가 커지면서 채택율도 같이 커진다는 것을 뜻한다. a_2, b_2는 채택율 자체의 변화가 채택의 증가율(감소율)에 미치는 영향을 가리키는 계수이다. 채택율 자체가 올라가고 있을 때(내려가고 있을 때) 올라가는(내려가는) 비율도 함께 증가하고 있는지 아니면 둔화되고 있는지를 나타내는 것이다.

a_3, b_3는 다른 외부집단이 한 집단의 성장에 미치는 영향을 표시하는 계수이다. 즉 집단 1이 집단 2에 대해, 그리고 집단 2가 집단 1에 대해 미치는 영향을 나타내는 것이다. 따라서 a_3, b_3의 부호에 대한 정보를 토대로 집단 간의 경쟁관계의 유형을 다음 〈표 6-6〉과 같이 분류할 수 있다. 각 유형의 특성도 자연의 경쟁 양상을 묘사하는 명칭으로 표현되어 있다.

〈표 6-6〉 집단 간 경쟁관계 유형

a_3	b_3	경쟁관계 유형	설명
+	+	순수경쟁	각 집단이 서로 상대방 집단으로 인해 방해 받는 상황

+	−	포식자–피식자	한 집단이 다른 집단의 직접적인 먹이가 되는 상황
−	−	상호공존	두 집단 모두 상호 공존하는 공생 상황
−	0	일방적 수혜	한 집단은 다른 집단으로부터 혜택을 받으나 다른 집단은 그 집단으로부터 아무런 영향도 받지 않는 상황
+	0	일방적 피해	한 집단은 다른 집단으로부터 피해를 입으나, 다른 집단은 그 집단으로부터 아무런 영향도 받지 않는 상황
0	0	중립	두 집단 간에 서로 영향이 없는 상황

(3) 모수 추정

LVC 모형의 모수를 추정하기 위해서는 우선 대상 기술분야의 수요를 나타내는 시계열 데이터를 수집해야 한다. 이 데이터는 특정 기술이 체화된 제품을 구매한 구매자의 수, 혹은 특정 기술을 기반으로 하는 서비스에 가입한 가입자의 수 등이 될 수 있다. 여기서 유의할 점은 LVC 모형 자체는 시간에 대해 연속적인 모형인데 반해 대부분의 실증 데이터는 이산적이라는 사실이다. 따라서 실제의 추정을 위해서는 $\frac{dX(t)}{dt}$와 $\frac{dY(t)}{dt}$의 미분방정식(differential equation)으로 표현된 기본 LVC 모형을 다음의 식 (6–15)와 같이 $X(t+1)$과 $X(t)$, $Y(t+1)$과 $Y(t)$의 관계로 이루어지는 이산적 형태의 차분방정식(difference equation)으로 변환하여야 한다. 미분방정식과 차분방정식에 대한 지식이 없는 독자는 이 부분의 개념만 이해하고 넘어가도 된다.

$$X(t+1) = \frac{\alpha_1 X(t)}{1+\beta_1 X(t)+\gamma_1 Y(t)} \qquad (6-15)$$
$$Y(t+1) = \frac{\alpha_2 Y(t)}{1+\beta_2 Y(t)+\gamma_2 X(t)}$$

여기에서 원래의 모수인 a와 b로 표현하면 수식이 복잡해지기 때문에 단순화를 위해 $a_1 = \ln\alpha_1$, $b_1 = \ln\alpha_2$ 등으로 치환하는 과정을 거치게 된다.

모수의 추정을 위해서 마지막으로 수행해야 하는 작업이 남아 있다. 위에서 보듯이 변형된 식은 비선형 방정식이다. 따라서 추정의 편의를 위해 두 식의 역수를 취하여 다음의 (6–16)과 같은 선형식으로 변형한 뒤 회귀분석을 수행하게 된다.

$$\begin{aligned}\frac{1}{X(t+1)} &= c_1 + c_2\frac{1}{X(t)} + c_3\frac{Y(t)}{X(t)} \\ \frac{1}{Y(t+1)} &= d_1 + d_2\frac{1}{Y(t)} + d_3\frac{X(t)}{Y(t)}\end{aligned} \qquad (6-16)$$

이제 $X(t+1)$, $Y(t+1)$, $X(t)$, $Y(t)$의 데이터를 이용하여 회귀분석을 수행하면 c_1, c_2, c_3, d_1, d_2, d_3를 추정할 수 있다. 그러면 다시 뒤로 돌아가면서 α_1, β_1, γ_1, α_2, β_2, γ_2를 추정하고, 궁극적으로 a_1, a_2, a_3, b_1, b_2, b_3를 추정하게 된다.

(4) 예제

확산모형에 대한 실증 연구는 주로 마케팅 분야에서 내구재를 대상으로 신제품에 대한 수요를 예측하거나 신제품 출시시기를 결정하기 위한 목적으로 많이 수행되어 왔다. 그러나 최근에는 정보통신 분야의 중요성이 부각되면서 정보통신 서비스의 수요 예측을 위한 방법론으로도 널리 사용되고 있다. 오래된 사례이기는 하지만 이동통신 서비스 산업에서 기술간의 경쟁관계까지를 고려한 수요확산 모형을 살펴보자.

이동통신 서비스는 크게 1세대(1G) 서비스 기술과 2세대(2G) 서비스 기술로 나눌 수 있다. 경쟁 형태를 보면 지배적 선발 사업자인 1세대 서비스 사업자와 후발 사업자로서 상대적으로 규모가 작은 2세대 사업자들 간의 경쟁이라 할 수 있다.

분석에 사용된 자료는 1993년부터 2003까지의 월별 사업자 수와 가입자 수로, [그

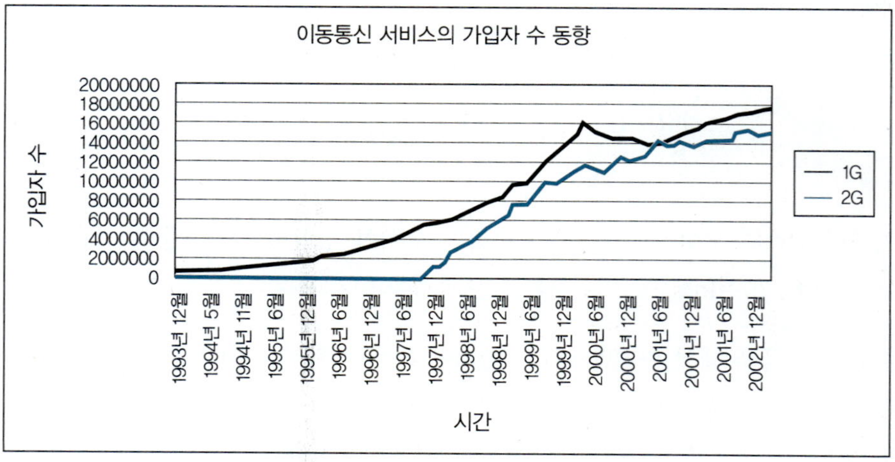

[그림 6-6] 이동통신 서비스의 가입자 수 동향(1993.12~2003.3)

림 6-6]은 1세대 기술과 2세대 기술의 시간에 따른 가입자 수의 동향을 나타낸다.

분석 기간은 동종기술간 경쟁 및 이종기술간 경쟁이 동시에 일어나던 시기로 정하였다. 여기서 동종기술 경쟁이라는 것은 이동통신 서비스 시장 내에 1세대 서비스를 제공하는 사업자 또는 2세대 서비스를 제공하는 사업자가 둘 이상인 경우를 의미하고 이종기술 경쟁이라는 것은 1세대 서비스와 2세대 서비스간의 경쟁을 의미한다.

앞에서 살펴보았듯이 기본적인 LVC 모형에 대한 실증분석 식은 비선형이므로 선형으로 변환된 아래의 LVC 모형을 분석에 사용하였다. 선형모형의 추정을 위해서는 다양한 통계 패키지를 사용할 수 있다. 선형 LVC 모형의 모수 c_1, c_2, c_3, d_1, d_2, d_3 값을 추정한 결과는 아래 〈표 6-7〉과 같다.

〈표 6-7〉 선형 LVC 모형의 모수 추정 결과

모수	c_1	c_2	c_3	d_1	d_2	d_3
추정치	8.658E-9	0.927253	+5.39E-9	2.724E-7	1.83654	+2.78E-7
유의확률	0.0276	<.0001	0.0944	<.0001	<.0001	<.0001
R^2	X: 0.9972 Y: 0.9669					

표에서 보듯이, c_3를 제외한 모든 모수들이 유의수준 5%에서 유의하게 나타났으며 결정계수 R^2 값 또한 높게 나타났다. 유의수준 10%에서는 c_3 또한 유의하다고 할 수 있다. 이때 c_3, d_3의 부호는 기본 LVC 모형에서 1세대 기술과 2세대 기술간의 상호관계를 의미하는 모수인 a_3, b_3의 부호와 반대가 된다. 따라서 유의수준 10%에서 결과를 해석한다면 a_3, b_3 모두 (-)의 값을 가진다. a_3, b_3가 모두 (-)의 값을 가진다는 것은 각 기술의 성장이 상대기술의 성장을 촉진한다는 것을 의미하므로 여기서는 1세대 기술과 2세대 기술이 상호공존 관계에 있다고 해석할 수 있다.

이제 앞서 살펴본 모수들간의 관계를 통해 선형 LVC 모형의 모수로부터 기본 LVC 모형의 모수를 도출해 보자. 모수 c_1, c_2, c_3, d_1, d_2, d_3에 대한 추정치를 이용하여 기본 LVC 모형의 모수인 a_1, a_2, a_3, b_1, b_2, b_3 값을 추정한 결과는 아래 〈표 6-8〉과 같다.

〈표 6-8〉 선형 LVC 모형의 모수 추정 결과

모수	a_1	a_2	a_3	b_1	b_2	b_3
추정치	-0.07553*	+8.989E-09*	-5.60E-09	0.607883*	-1.979E-07*	-2.02E-07*

주: * 유의수준 5%

분석 기간에 대한 LVC 모형의 추정 결과를 보면, 1세대 서비스의 경우에는 기술의 채택자가 증가할수록 수요 증가는 감소하여(a_1<0) 시간에 따른 성장률이 둔화되었음을 보여주고 있다. 이는 시장이 성숙기에 도달하면서 자연스럽게 발생하는 현상이기도 하지만 동시에 해당기술의 독점을 방지하는 정부정책이 효과를 발휘한 것으로도 해석할 수 있다. 또한 기술 채택자의 증가율 자체가 높아질수록 수요 증가의 추세는 점차 둔화되는데(a_2>0), 이것은 일반적인 확산의 양상이다. 특히 유의수준 10%에서는 2세대 서비스의 수요확산이 1세대 서비스의 수요증가를 촉진시키는 형태를 나타내고 있다(a_3<0). 이 현상은 이종기술간에 경쟁이 도입되면서 마케팅이 활발해지고 광고효과 등이 발생하여 기술에 대한 인지도가 높아지기 때문인 것으로 해석할 수 있다. 나아가 가격하락으로 인해 잠재시장의 규모가 확대되면서 자기 자신의 수요뿐 아니라 상대기술의 수요까지도 증가시키는 효과에 기인하기도 한다.

한편 2세대 서비스의 경우에는 서비스 규모가 커질수록 구전효과 등에 의해 서비스의 채택률도 높아지는 양상을 나타낸다(b_1>0). 그러나 확산의 증가율이 높아지면서 서비스의 수요도 저지되는 경향을 보인다(b_2<0). 이것 또한 전형적인 기술확산의 양상이라고 할 수 있다. 한편 1세대 서비스의 수요 증가는 2세대 서비스의 확산에도 긍정적인 영향을 미치고 있다(b_3<0).

(5) 모형의 확장

앞에서 본 Bass 모형이나 여기서의 LVC 모형은 기술의 대상이 늘어나거나 세대(generation)가 이어질수록 활용도가 떨어질 수 밖에 없다. 기술의 수명주기가 짧아지고 시장의 경쟁이 심화되면서 고려해야 할 변수도 많아지고 변수들간의 관계도 복잡해지기 때문이다. 또한 설정해야 할 가정(assumption)도 늘어나게 된다.

예를 들어, 단일기술의 확산에서 복수기술의 확산으로 바뀌면서 시장의 크기 자체는 그대로인지(zero-sum)인지 아니면 시장 규모도 확대되는지(positive sum)의 여부, 신기술이 출시되면서 구기술은 동일한 기술수준을 유지하는 전략을 사용하는지 아니면 구기술도 기술혁신 활동을 통해 경쟁력을 강화하는 전략을 구사하는지 등에 따라 모형의 설계가 달라지게 된다.

실제로 이러한 변화에 대응하여 다양한 모형들이 제시되거나 새로운 기법들이 사용되고 있다. 기존의 Bass 모형이나 LVC 모형을 부분적으로 확장한 모형도 있고 아예 다른 성격의 함수를 이용한 새로운 모형들도 있다. 나아가 방법론 자체를 바꾸어 게임 이론(game theory)이나 시뮬레이션을 활용하는 접근도 고려할 수 있다.

토의문제

1. 기술확산의 매개체를 커뮤니케이션 채널이라고 할 때, 주로 내부 채널에 의해 확산이 이루어지는 상황과 주로 외부 채널에 의해 확산이 이루어지는 상황의 차이를 지역, 구성원, 문화 등의 요인을 중심으로 비교하시오.

2. Bass 모형에서 모방 계수와 혁신 계수가 크게 차이가 나는 제품(기술)들은 어떤 것들이 있는지를 알아보고, 그 차이를 만들어내는 요인(특성)이 무엇인지를 제시하시오.

3. 기술채택 수명주기(TALC) 모형에 대하여

   (1) 고객집단의 구성비율이 크게 차이가 나는 상황(지역, 시점)을 찾아보고 차이가 나는 원인을 비교의 관점에서 설명하시오.

   (2) 고객집단의 수가 5개 보다 많거나 적을 수 있는 상황(지역, 시점)을 찾아보고 차이가 나는 원인을 비교의 관점에서 설명하시오.

4. 93년도에 처음 보급된 이후 97년도에 가입자가 1500만명을 돌파하면서 무선호출기 시장은 전성기를 구가하였지만 PCS사업의 시작과 함께 수요가 급감하면서 2004년도에는 가입자가 14만명에 불과할 정도로 위축되었다. 반면 이동통신시장은 2005년에 이미 3800만명의 가입자를 확보하면서 기술확산이 광범위하게 이루어졌다. 무선호출기의 기술확산 실패와 핸드폰의 기술확산 성공을 기술확산의 주요 결정 요인을 중심으로 설명하시오.

5. 로지스틱 모형, Bass 모형, LVC 모형과 같은 전통적 확산기법을 적용하기 어려운 문제나 새로운 상황과 관련하여

   (1) 그러한 문제가 나타날 수 있는 구체적 상황을 예시적으로 제시하시오.

   (2) 그러한 상황에는 왜 전통적 확산기법을 사용하기 어려운 지에 대해 설명하시오.

   (3) 그 경우에 전통적 기법을 대신할 수 있는 다른 대안들을 제시하시오.

6. 모바일 세계에서 정보의 확산이 이루어지는 상황은 오프라인에서 하드웨어 제품(기술)의 확산이 이루어지는 상황과 비교하여 어떤 차이가 있으며, 그 경우의 확산분석은 어떻게 달라져야 할 지에 대해 의견을 제시하시오.

7. 아래의 표는 1999년-2003년 사이의 국내 일반 인터넷(narrowband)과 초고속인터넷(broadband)의 가입자 추이를 보여주고 있다. 향후 초고속인터넷의 가입자 수를 Bass 모형을 이용하여 분석하고 그 결과를 해석하시오.

No	시기	Narrowband	Broadband	No	시기	Narrowband	Broadband
1	1999년 7월	705186	104307	28	2001년 10월	697658	7559861
2	1999년 8월	683496	187310	29	2001년 11월	685717	7897935
3	1999년 9월	641565	255787	30	2001년 12월	622876	8208378
4	1999년 10월	681853	284641	31	2002년 1월	588489	8433266
5	1999년 11월	794944	339668	32	2002년 2월	578919	8546857
6	1999년 12월	949218	379720	33	2002년 3월	565689	8708079
7	2000년 1월	996098	444221	34	2002년 4월	553866	8973353
8	2000년 2월	998362	608784	35	2002년 5월	546327	8952632
9	2000년 3월	1073998	791920	36	2002년 6월	519802	9114745
10	2000년 4월	1118988	1000185	37	2002년 7월	502850	9491293
11	2000년 5월	1306786	1433412	38	2002년 8월	517438	9665984
12	2000년 6월	1262130	1622118	39	2002년 9월	514791	9805320
13	2000년 7월	1279029	1910671	40	2002년 10월	504356	9980304
14	2000년 8월	1130510	2069666	41	2002년 11월	496846	9818287
15	2000년 9월	1102071	2299464	42	2002년 12월	479837	10197504
16	2000년 10월	1062368	3316028	43	2003년 1월	375125	10373075
17	2000년 11월	1015796	4096352	44	2003년 2월	370543	10428672
18	2000년 12월	1009950	4031351	45	2003년 3월	368161	10294120
19	2001년 1월	973076	4828870	46	2003년 4월	366279	10575156
20	2001년 2월	952808	4974559	47	2003년 5월	363413	10586579
21	2001년 3월	914660	5522747	48	2003년 6월	322635	10880201
22	2001년 4월	821153	5350642	49	2003년 7월	319227	10930990
23	2001년 5월	790253	6239781	50	2003년 8월	317470	10993794
24	2001년 6월	777416	6614600	51	2003년 9월	304956	11315339
25	2001년 7월	779064	6982526	52	2003년 10월	266155	10921925
26	2001년 8월	727927	7102674	53	2003년 11월	259995	10966535
27	2001년 9월	722821	7140223	54	2003년 12월	259058	10977701

8. 위의 표에 나타난 일반 인터넷 가입자 추이와 초고속 인터넷 가입자 추이에 대해 LVC 모형을 적용하여 기술경쟁 확산 과정을 분석하고 그 의미를 해석하시오.

9. 위의 데이터를 몇 개의 구간으로 나누어 분석한다고 할 때 구간(기간)에 따라 결과가 달라질 수 있을지, 만약 달라진다면 그 이유는 무엇인지에 대해 의견을 제시하시오.

조사분석 문제

1. 로지스틱 모형을 이용하여 기술확산 과정을 분석한 실제 사례를 하나 찾아서 분석의 원리, 과정, 의미를 설명하시오.

2. Bass 모형을 이용하여 기술확산 과정을 분석한 실제 사례를 하나 찾아서 분석의 원리, 과정, 의미를 설명하시오.

3. LVC 모형을 이용하여 기술확산 과정을 분석한 실제 사례를 하나 찾아서 분석의 원리, 과정, 의미를 설명하시오.

CHAPTER

07

기술지식의 활용

MANAGEMENT OF TECHNOLOGICAL INNOVATION: MODELS AND METHODS

contents

이 장(Chapter)의 배경과 내용 • • •

기술지식의 활용은 그 활동이나 주제의 범위가 매우 포괄적인 개념이다. 기술지식이 창출된 후 그 최종적인 성과물로 얻어지는 것이 지식 자산이며, 지식 자산을 기술적, 전략적 목적으로 관리하고 사용하는 것은 모두 기술지식의 활용에 포함되기 때문이다.

다양한 기술지식과 지식재산 가운데 특허(patent)가 지니는 의미는 매우 크다. 특허는 창의성, 진보성, 그리고 경제성을 모두 보유하고 있어 기술적 가치와 시장적 가치를 동시에 확보하고 있으며, 공공지식으로 누구에게나 접근이 허용되어 있으면서 동시에 풍부한 정보를 그 안에 담고 있기 때문에 기술지식 데이터베이스로서의 가치도 크다. 따라서 지식자산이나 기술정보의 분석은 곧 특허분석(patent analysis)을 뜻한다고 해도 과언이 아니다. 특히 최근에 큰 관심을 끌고 있고 실용적 가치도 커지고 있는 특허지도(patent map)의 유형과 작성 방법에 대해 알아보자. 특허분석에 사용하는 텍스트 마이닝 기법은 빅 데이터 기술정보를 가공, 분석하는 과정에도 폭넓게 활용될 수 있다.

한편 학문적으로든 실무적으로든 기술가치의 평가(technology valuation)가 지적 자산 관리의 중요한 이슈로 대두되고 있다. 그러나 기술의 가치를 객관적이고 정량적인 지표로 측정하는 일은 본질적으로 매우 어려운 과제이다.

따라서 기술가치의 평가 자체가 주관성을 지니고 있는 것처럼 기술가치를 평가하는 방법도 매우 다양하다. 다양한 방법들은 크게 직관, 인터뷰, 현장조사 등을 통한 정성적 방법과 정해진 공식이나 기준에 의해 점수나 금액을 계산하는 정량적 방법으로 구분할 수 있다. 또 전통적인 기술가치 평가방법의 한계에 대한 인식에서 출발하여 실물옵션 개념으로 기술가치를 평가하는 기법도 등장하고 있다. 다양한 평가기법들의 내용을 살펴보고 장단점을 비교하여 보자.

CHAPTER 07

기술지식의 활용

제1절 기술지식 분석

1.1 기본개념과 배경

기술지식의 활용은 그 활동이나 주제의 범위가 매우 포괄적인 개념이다. 기술지식이 창출된 후 그 최종적인 성과물로 얻어지는 것이 지식 자산(intelletual assets)이며, 지식 자산을 기술적, 전략적 목적으로 관리하고 사용하는 것은 모두 기술지식의 활용에 포함되기 때문이다.

지식자산의 내용과 목적이 다양해지고 복잡해지면서, 지식자산 관리의 체제와 방식도 과거와 다른 양상을 보이고 있다. 새로운 변화의 경향과 주제를 요약하면 다음 몇 가지를 들 수 있다. 첫째, 포괄적 접근이다. 전통적인 하드웨어(hardware) 특허와 더불어 소프트웨어(software) 특허, 개념(concept) 특허 등을 묶어서 특허를 패키지(package)화, 시스템(system)화 하는 경향이 두드러지고 있다. 둘째, 전략적 접근이다. 우선 지식자산이 지니는 기술적, 시장적 가치를 측정하여 그 결과를 전략적 목적에 활용하는 추세이다. 또 미래지향적 선행 출원, 방어특허의 출원, 보완적 거래를 위한 출원 등, 보다 전략적 목적의 특허 관리가 강화되고 있다. 또 이해가 일치하는 여러 기업의 전략적 제휴를 통해 개별기업의 독자적 관리보다 기업연합의 집단적 관리를 모색하는 것도 새로운 추세이다. 셋째, 지식경영적 접근이다. 과거에는 지식자산이 담고 있는 공식적이고 외형적인 정보의 관리가 중심이었다면, 오늘날의 초점은 데이터와 정보를 분석, 가공하여 지식(knowledge) 형태로 전환시키는 작업에 맞추어져 있다. 이러한 작업의 궁극적 목적은, 기존의 지식자산으로부터 신제품의 개발 또는 새로운 서비스의 창출과 같은 미래의 지식자산을 만들어내는데 있다.

(1) 지적재산권 관리

지식자산의 가장 공식적이고 실질적인 형태가 바로 지적재산권 또는 지식재산권(Intellectual Property Rights: IPRs)이다. 지적재산권은 '지적 활동을 통해 얻어진 결과물에 대해 배타적인 소유권을 인정하는 법적, 제도적 장치'로 정의할 수 있다.

지적재산권의 분류체계는 보는 관점에 따라 달라질 수 있지만 크게 전통적 지적 재산과 새로운 지적 재산으로 나눌 수 있다. 전통적인 지적재산권은 다시 산업재산권과 저작권으로 나눈다. 산업재산권은 특허권(patent), 실용신안권(utility model), 의장권(design), 상표권(trademark)으로 구성되며, 저작권은 저작권(copyright)과 저작인접권(neighboring right)으로 구성된다.

새로운 지적재산권은 과거의 산업재산권이나 저작권으로 분류하기 어려운 새로운 기술이나 새로운 주제들을 수용하기 위해 신설된 영역이다. 우선 기존의 저작권이 다루지 못했던 컴퓨터 프로그램, 소프트웨어, 데이터베이스 등의 저작권을 산업저작권으로 분류한다. 이 기술들은 그 명칭이 시사하는 대로 한편으로는 저작권의 성격을 지니고 있고, 다른 한편으로는 특허권의 성격을 지니고 있다. 예를 들어, 소프트웨어에서 알고리즘(algorithm)은 특허의 성격을 지니지만 코딩(coding)은 저작의 성격을 지닌다. 또 생명공학이나 반도체 설계 등의 신기술 분야에서 창출되는 산업재산권을 첨단 산업재산권으로 분리한다. 본질적인 성격은 산업재산권이지만 새롭게 등장한 첨단 기술 영역을 다루기 때문에 특별히 첨단산업재산권으로 부르는 것이다.

마지막으로는 특허로 등록하기는 어렵지만 권리의 보호가 필요한 주제를 위해 신설한 영역인 정보재산권이 있다. 정보재산권은 흔히 영업비밀(trade secret)이라고도 하며 대표적인 암묵적(tacit) 지식의 하나이다. 형식적(explicit) 지식인 특허권은 반드시 등록을 해야 하는데 반해, 정보재산권은 별도의 등록절차 없이 바로 인정된다. 또 특허는 출원 및 보호범위가 제한적이지만, 영업비밀은 기술적 지식뿐 아니라 마케팅 방법, 경영관리 기법 등 기업이나 개인이 보유하고 있는 모든 노하우를 포함한다. 그러나 영업비밀은 독점권이 없기 때문에 같은 기술이나 지식을 다른 사람이 정당한 방법으로 개발하거나 취득할 경우 이를 제재할 방법이 없다.

(2) 기술지식 관리

기술활동의 성과물은 지적재산의 대상이기도 하지만 그 자체로서 유용한 지식이 되기도 한다. 즉, 지식관리의 주제가 되는 것이다.

기술지식의 범위에 특허와 같은 연구개발의 성과물만 포함되는 것은 아니다. 넓은 의미로 보면 신기술을 채택한 기업 내지 신제품을 구매한 고객들로부터 나오는 사용자 정보도 기술지식의 일부로 볼 수 있다. 예를 들어 앞의 기술지식 창출 부분에서 설명한 것처럼, 다양한 원천으로부터 수집할 수 있는 사용자 정보를 수집-분석하여 신제품이나 신서비스 개발의 유용한 지식으로 활용할 수도 있는 것이다. 특히 오늘날과 같이 개방형 혁신과 사용자 혁신과 같은 새로운 기술혁신 패러다임이 부각되는 시점에서는 외부의 빅 데이터 기술정보나 사용자 정보도 지식관리의 주제가 된다.

그러나 다양한 지식자산과 기술지식 가운데 특히 특허가 지니는 의미는 매우 크다. 우선 특허는 이른바 대발명(major invention)이라고 불릴 만큼 신규성(창의성), 진보성, 그리고 유용성(경제성)을 모두 보유하고 있어 기술적 가치와 시장적 가치를 동시에 확보하고 있다. 여기서 신규성은 다른 방식(예를 들어 논문, 보고서 등) 보다 먼저 공개되는 지식이라는 뜻이며, 진보성은 일반인들이 만들어낼 수 없는 높은 수준의 지식을 의미하고, 유용성은 많은 산업적 이용을 통해 객관적 가치가 인정되는 지식을 가리킨다.

또 특허는 공공지식으로 누구에게나 접근(access)이 허용되어 있으면서 동시에 풍부한 정보를 그 안에 담고 있기 때문에 데이터베이스로서의 가치도 크다. 따라서 기술지식의 분석이나 가공은 곧 특허분석을 뜻한다고 해도 과언은 아니다.

1.2 특허분석

특허분석(patent analysis)은 특정한 목적의 달성을 위해 수집, 조사한 특허정보를 대상으로 그 정보의 내용과 가치를 분석하여 유용한 결과를 도출하는 일련의 작업을 의미한다. 특허분석은 방법론적으로도 종류가 다양하고 기술분야나 기술성격에 따라 그 목적과 방식이 달라진다. 따라서 특허를 기본정보로 하여 이루어지는 모든 분석과 가공 활동은 모두 특허분석에 포함된다고 할 수 있다. 다음에 자세히 설명할 특허지도의 작성과 활용도 가장 대표적인 특허분석의 하나이다.

〈표 7-1〉에 특허분석의 중요한 주제와 내용을 예시적으로 정리하였다. 표에서 알 수 있듯이, 특허를 분석하는 작업은 크게 세 가지 관점에서 이루어진다. 첫째, '무엇을' 분석하는가 하는 문제이다. 해당기업의 위상이나 상대적 경쟁력에 관심이 있는지, 시간의 흐름에 따른 변화 추이에 관심이 있는지, 특허간의 연관관계에 관심이 있는지에 따라 분석의 초점과 내용이 달라진다. 둘째, '무엇으로' 분석하는가 하는 문제이다. 예를 들어 출원인이 누구이며, 출원기술은 무엇이며, 키워드는 무엇인가 등 특허정보의 어느 항목이나 주제에 초점을 맞추느냐에 따라 분석의 범위와 방법이 달라진다. 셋째, '어떻게' 분석하는가 하는 문제이다. 같은 데이터베이스를 이용한다고 하더라도 분석의 목적이나 관점에 따라 결과를 문서로 표현할 수도 있고, 표로 정리할 수도 있으며, 도형으로 시각화할 수도 있다.

〈표 7-1〉 특허분석의 주요 주제와 내용

주제	세부내용
빈도 분석	출원국가 / 발명자 / 출원인 / 기술분류 등
점유율 분석	출원국가 / 발명자 / 출원인 / 기술분석 / 세부기술분석 등
변화율 분석	출원증가율 분석 / 출원인수*출원건수 등
시계열 분석	건수 분석/ 국가 분석 / 발명자 분석 / 출원인 분석 / 기술 분석 / 신규출원인수 분석 / 신규 발명자수 분석 등
상관관계 분석	발명자 상관 맵 / 출원인 상관 맵 / 기술상관 맵 등
인용 분석	인용관계 분석/ 핵심특허 분석 등
이차원 분석	발명자*출원인 / 발명자*기술 / 출원인*기술 /기술*연도 / 기술*출원인 / 출원인*연도 등
권리 분석	특허 Family 지도 / 저촉가능성 예측 분석 등

1.3 특허지도

(1) 기본개념

위에서 특허분석의 다양한 종류와 내용에 대해 간략히 살펴보았다. 기업이 지적 자산을 관리하는 목적이 다양한 것처럼 특허를 분석하는 방향과 범위도 다양하다. 이 가운데 최근에 가장 큰 관심을 끌고 있고 실용적 가치도 커지고 있는 주제가 특허지도(patent map)이다.

넓은 의미에서 지도(map)는 길을 찾는 사람들로 하여금 자신이 있는 현재 위치에서 목적지를 찾아 가는 과정을 돕기 위한 용도로 사용된다. 이 과정에서 사람들은 자신의 상황이나 여행의 목적에 따라 서로 다른 길을 선택하게 된다.

일반적인 지도의 개념과 용도를 기술지식의 경영에 적용한 것으로서 기술관리자가 기술개발 목표를 달성하는 과정을 보조하는 수단이 바로 기술지도(technology map)이다. 다양한 기술지도 중에서도 특히 특허정보를 이용하여 기술지도를 작성한 것이 특허지도이다. 특허정보를 이용하면 기술개발에 도움이 되는 다양한 정보들을 다양한 형태로 분석하고 가공할 수 있기 때문에 특허지도는 가장 널리 활용되는 기술지도이다.

특허지도는 1960년대에 일본에서 초보적인 형태와 방식으로 개발되기 시작한 후, 70년대 이후 서구에서도 관심이 높아지면서 본격적인 발전이 이루어지게 되었다. 1974년 WIPO 주관으로 모스크바에서 특허지도에 대한 심포지움이 개최되면서 세계적으로 보급되기 시작하였으며 현재는 연구기획, 연구개발, 기술관리, 특허관리 등의 실무분야에서 널리 활용되고 있다. 국내에서는 1980년에 전자분야에서 특허지도를 활용한 것을 시초로 하여 최근에는 많은 기업들이 다양한 형태의 특허지도를 개발 내지 도입하여 작성하고 있다. 또 특허청의 주도로 2000년부터 다양한 분야에서 특허지도를 매년 발행하고 있다.

일반적으로 특허지도란 서지정보(예 출원인, 발명자, 특허일자 등), 기술정보(예 기술분류, 기술용어, 기술평가 결과 등), 권리정보(예 특허권의 범위 및 기간, 권리이전, 각 국에서의 진행상황 등)로 구성된 특허정보를 구체적인 목적에 따라 분석하여 그래프, 차트, 테이블 등과 같은 시각적 형태로 표시한 것이다. [그림 7-1]은 특허지도의 기본개념을 도형으로 표현하고 있다.

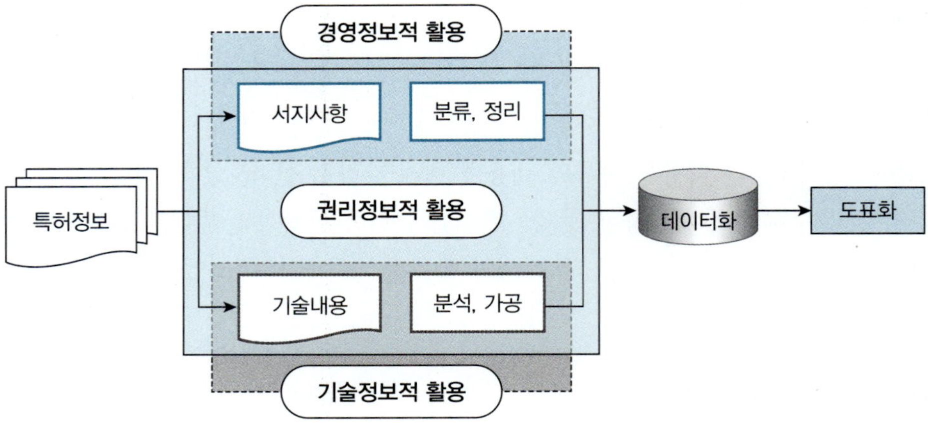

[그림 7-1] 특허지도의 기본개념

따라서 특허지도는 작성 목적에 따라 시각적 효과를 극대화할 수 있는 형태로 작성되어야 한다. 예를 들어 특정기술에서의 연도별 특허출원 개수의 추이를 분석하고자 할 때는 테이블의 형태보다는 히스토그램 형태가 더 이해하기 쉬울 것이며, 기업 간의 분포를 비교할 때는 파이 형태가 더 적절할 것이다.

시각화(visualization)는 다음과 같은 장점을 지니고 있다. 첫째, 정보의 내용과 의미를 이해하기가 용이하다. 특허 데이터베이스와 같이 텍스트나 테이블 형태로 기록되어 있는 자료는 원자료 형태로 분석하는데 많은 시간과 노력이 소요될 뿐 아니라 전체 정보의 내용을 명확히 파악하기도 어렵다. 시각화를 위한 가공 과정을 거치면 정보의 내용과 의미를 파악하기가 훨씬 쉬워진다. 둘째, 가공한 정보를 오랫동안 기억하고 유지할 수 있다. 일반적으로 인간의 뇌는 정보를 형상화했을 때 더 오랫동안 잔상을 가질 수 있다. 셋째, 다양한 정보를 효율적으로 창출할 수 있다. 가공과정을 통해 새로운 정보를 만들 수 있고, 자료의 규모를 축소하거나 불필요한 잡음(noise)를 제거할 수도 있다. 넷째, 문서 형태의 데이터에서는 드러나지 않던 정보가 시각화 데이터에서는 겉으로 나타날 수 있다.

(2) 목적과 기능

특허지도의 작성 목적은 다양하지만 크게 다음의 여섯 가지 정도로 요약할 수 있다. 첫째, 창의적 도구(creative tool)로서의 활용이다. 특허지도의 가장 중요한 목적은 특허정보가 보유하고 있는 잠재적 정보를 가공하여 새로운 아이디어를 창출하는 것이다. 둘째, 지적 도구(intelligent tool)로서의 활용이다. 특허지도는 기술경향, 기업경쟁 동향, 시장 동향을 정의할 수 있기 때문에 기술분석이나 전략수립에 유용한 지식을 획득할 수 있다. 셋째, 관리 도구(management tool)로서의 활용이다. 특허지도는 연구개발의 성과나 생산성을 평가하고 관리하는데 필요한 객관적인 자료를 제공할 수 있다. 넷째, 협상 도구(bargaining tool)로서의 역할이다. 특허지도는 기술자산의 포트폴리오나 기술력의 강·약점을 표시하는 지표가 되기 때문에 기술협상의 자료로 사용할 수 있다. 다섯째, 의사소통 도구(communication tool)로서의 역할이다. 특허지도는 기술, 제품, 경쟁관계 등을 설명하는 데 있어 효과적인 의사소통 도구로서 활용될 수 있다. 여섯째, 교육 도구(education tool)로서의 역할이다. 특허지도는 특허 담당자뿐만 아니라 연구원과 기술자들을 대상으로 기술기획과 기술분석에 중요한 이슈를 설명하기 위한 교육자료로서의 가치도 지닌다.

(3) 유형과 분류

특허지도의 유형은 크게 작성목적과 작성방법의 기준이라는 두 가지 측면에서 분류할 수 있다. 우선 작성목적에 따라 분류한다면 기술정보 지도, 권리정보 지도, 경영정보 지도의 세 가지로 나눈다. 다음으로 지도의 작성방법을 기준으로 분류한다면 통계기법에 의한 특허지도와 전문가 작성에 의한 특허지도 등 두 가지로 나눌 수 있다.

1) 작성목적에 따른 분류

가. 기술정보 지도

기술정보지도는 실제로 기술개발을 수행하는 연구자/기술자에게 유용한 지도로서 기술개발 동향, 신기술 개발주제, 기술융합 가능성 등을 파악하는데 활용되는 도구이다. 특히 특허분석을 통해 공백 기술을 발견하고, 기술의 파급효과를 파악하며 중복연구를 방지하는 목적으로 사용된다. 기술정보 지도의 구체적 유형에는 기술분포맵, 기술동향맵, 신기술개발동향맵, 기술상관맵 등을 들 수 있다. [그림 7-2]는 시간에 따라 해당기술의 변화 추이를 보여주는 기술동향맵의 예시이다.

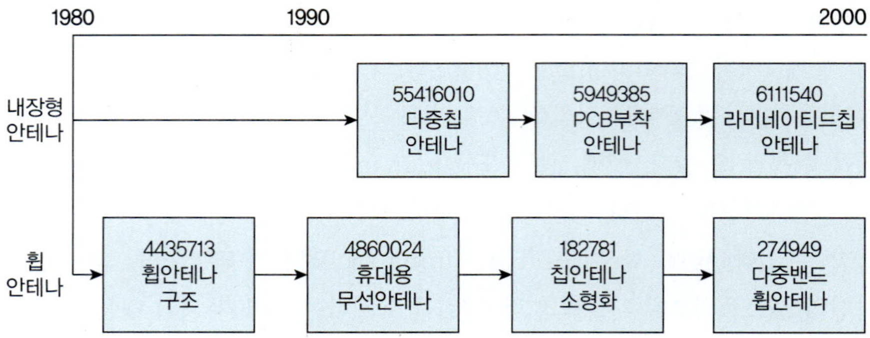

[그림 7-2] 기술동향맵의 예시

나. 권리정보 지도

권리정보 지도는 기업 내에서 특허를 관리하거나 특허소송과 관련된 업무를 수행하는 관리자, 변리사 등을 위한 지도로서 특허권리의 범위, 특허취득 및 침해 가능성 등을 파악하고 특허들의 권리상태와 권리기한과 같은 정보를 확인하는 데 이용된다. 구체적인 형태로는, 기술포인트맵, 인용관계맵, 권리기간맵 등을 들 수 있다. [그림 7-3]은 기술개발의 기획과정에 참고해야 할 권리저촉 정보를 정리한 권리저촉 지도의 예시이다.

Claim 현황지도

순번	권리	Claim 특허				저촉범위	저촉 모델
		출원	공개	공고	해외		
1	특허	52- 142185	54- 75215	57- 3542	한국 미국 서독 영국	Cross Arm	DSG-0972 EL,FL DSE-1422 DSE-1492 DSE-1592 DSE-1692
2	실용	53- 79108	54- 180627	58- 17323		Coil SPT에 Cross Arm을 체결하는 구조	DSG-0972 EL,FL DSE-1422 DSE-1492 DSE-1592

[그림 7-3] 권리저촉지도의 예

다. 경영정보 지도

경영정보 지도는 경영전략 혹은 연구개발전략을 수립하기 위해 작성하는 지도로서 주로 전반적인 기술변화나 경쟁기업의 동향을 파악하여 신시장 개척 전략을 수립하거나 연구개발 경쟁력을 조사하기 위한 목적에 활용된다. 또 기술 협상(negotiation)의 도구로 이용되기도 한다. 기술동향맵이나 신규참여기업맵 등이 대표적인 경영정보 지도라고 할 수 있다. [그림 7-4]는 경영층에서 참고할 수 있도록 연도별로 각 기술 영역의 특허 출원 추이가 어떻게 변화하고 있는지를 보여주는 간단한 형태의 경영정보 지도이다.

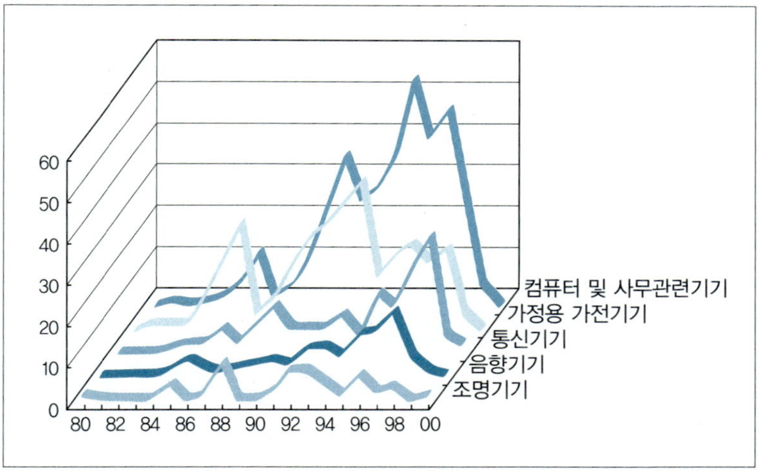

[그림 7-4] 기술동향맵의 예시

앞에서 설명한 특허지도의 종류와 용도, 목적, 세부 유형 등을 〈표 7-2〉에 정리하였다.

〈표 7-2〉 특허지도의 종류와 세부 목적

종류	주요 용도	세부 목적	세부 유형
경영정보 지도	경영/연구개발 전략 수립	• 전반적 기술변화 경향 파악 • 경쟁기업의 동향 파악 • 신시장 개척 전략 수립 • 연구개발 경쟁력 조사	• 기술동향 지도 • 신규참여기업 지도 • 경쟁기업 동향 지도

기술정보 지도	신기술 및 신제품 개발 기획	• 공백기술 발견 • 기술 파급효과 파악 • 중복연구 방지	• 신제품 동향 지도 • 기술분포 지도 • 분류상관 지도
권리정보 지도	기술 권리 강화	• 특허취득 및 침해 가능성 파악 • 특허망 구축 • 특허 position 평가 • 기술권리범위 확인	• 권리기간 지도 • 인용관계 지도 • 특허 패밀리 지도 • 청구항목 지도

2) 작성 방법에 따른 분류

가. 통계적 기법을 활용한 특허지도

특허정보는 일반적으로 서지적 사항, 기술적 사항, 권리적 사항으로 구성된다. 통계적 기법은 이 가운데 서지적 사항을 활용하여 작성하는 지도이다. 대개 2차원이나 3차원 도표를 이용하여 정보들의 변수를 조합함으로써 지도를 생성해낼 수 있다. 예를 들어 주요 업체별 특허등록 건수를 2차원 지도로 표현하면 각 업체의 목록과 특허건수가 특허지도의 양축이 될 것이며, 여기에 시간적 흐름에 따른 변화 추이를 보고 싶다면 업체 목록, 특허건수, 연도의 3차원 그래프를 구성할 수 있다. 통계기법에 의한 특허지도의 작성은 자료와 목적이 분명하다면, 엑셀과 같은 간단한 툴을 이용해서 쉽게 이루어질 수 있다. [그림 7-5]는 통계적 기법을 활용한 특허지도의 예시로서 각 기업의 특정 기술에서의 특허출원 개수를 시각화한 것이다.

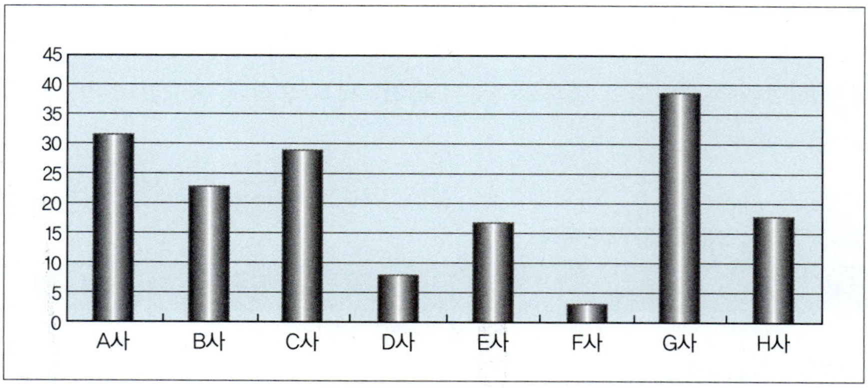

[그림 7-5] 통계적 기법을 활용한 특허지도의 예

나. 전문가 작성에 의한 특허지도

전문가 작성에 의한 지도는 기술적, 시장적 전문지식을 보유한 전문가들의 참여로 작성한 지도를 의미한다. 따라서 지도의 작성과정은 주로 워크숍(workshop) 방식으로 진행된다. 앞에서 말한 통계자료를 통한 특허지도의 작성과 비교해 볼 때, 지도가 제공할 수 있는 정보의 수준과 가치는 높을 수 있지만 시간과 노력이 많이 투입된다는 단점이 있다.

[그림 7-6]은 차세대 반도체 정보기억장치에 대한 기술변화맵을 예시적으로 도시한 것으로서 개별기술 흐름의 패턴을 정의하고 시간의 흐름에 따른 패턴의 변화를 한눈에 보여주고 있다. 이와 같은 특허지도를 그리기 위해서는 각 기술에 대한 전문지식과 실무경험이 필수적이기 때문에 단순한 통계분석만으로는 그릴 수 없다.

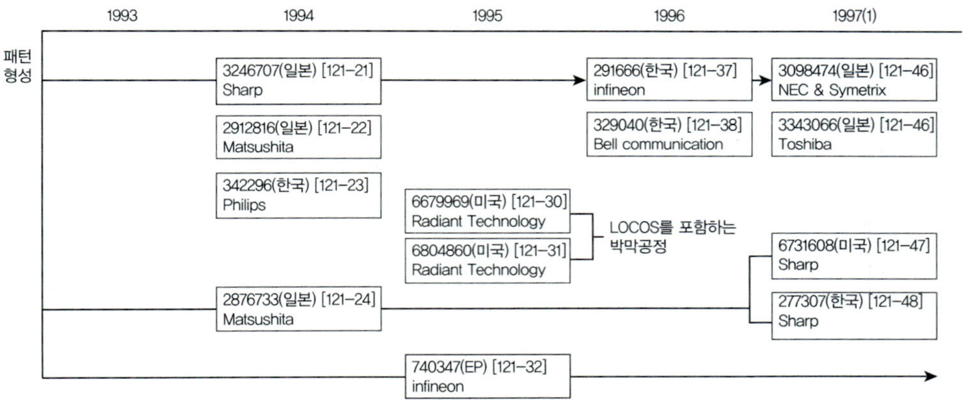

[그림 7-6] 전문가에 의한 특허지도의 예시

(4) 과정과 방법

특허지도의 종류는 매우 다양하지만 작성과정은 준비-작성-사후관리 등의 일반적인 절차를 따르게 된다. 이 과정을 단계별로 정리하면 다음과 같다.

● 단계 1: 작성 주제와 목적의 결정

특허지도를 작성하기 위해서 최초로 수행해야 하는 작업은 작성주제와 목적을 명확히 하는 것이다. 특허지도를 작성하는 목적이 신기술개발인지, 특허관리를 효율화하기 위한 것인지, 단순한 기술동향 파악인지가 결정되어야 한다. 특허지도의 주제와 목적이 결정되고 나면 이 목적을 달성하기 위한 목표가 무엇인지를 결정해야 한다. 예를 들어 반도체 산업에서의 박막기술에서 신기술 개발을 주제로 한다고 하면 박막기술의 기술동향, 특허권리관계 등의 파악이 목표가 된다.

● 단계 2: 조사범위와 조사방법의 결정

두 번째 단계에서는 조사범위를 설정하고 조사방법을 결정하게 된다. 수집될 수 있는 특허들의 개수 범위, 해당 기업의 범위, 조사 연도의 범위 등이 결정되어야 한다. 또 조사방법을 선택하는 것도 중요하다. 특허정보를 수집하기 위한 온라인 방식과 수작업 방식의 선택, 전문가 지식을 수집하기 위한 인터뷰 방식과 설문조사 방식의 선택 등이 이루어져야 한다.

● 단계 3: 특허지도의 작성

세 번째 단계는 수집된 자료를 분석하고 이를 토대로 특허지도를 작성하는 단계이다. 먼저 수집된 특허문서 및 관련정보들을 작성목적에 따라 정리하는 과정이 필요하다. 관련특허의 특허명, 출원연도, 특허번호, 내용, 출원인 등과 같은 정보들이 테이블로 정리된다. 다음으로는 작성목표를 달성하기 위해 분석되어야 할 항목을 선정하고 이 항목에 맞게 데이터를 추출하게 된다. 예를 들어, 연도별로 각국의 출원 추이를 보고 싶다면 해당특허들의 출원국가와 출원연도가 분석항목으로 선택된다. 마지막에는 선택된 분석항목들을 조합함으로써 특허지도를 생성하는 작업을 하게 된다.

● 단계 4: 특허지도의 해석과 활용

네 번째 단계는 작성된 특허지도의 결과를 해석하고 활용하는 과정이다. 앞에서 언급한 것과 같이, 특허지도는 기술적, 권리적, 경영적 목적으로 이용될 수 있으므로 구체적이고 실질적인 목적에 따라 가장 적합한 정보를 선정하고 이를 해석하는 안목과 능력이 필요하다.

특허지도를 활용하는 목적을 달성하기 위해서는 단순히 한 가지 특허지도만을 활용하는 것보다는 다양한 특허지도를 종합적으로 해석하고 나아가 융합, 확대하는 것이 필요하다. 결국 특허지도의 궁극적인 가치는 지도 자체를 만드는데 있는 것이 아니라 만든 지도를 활용하는데 있는 것이다.

● 단계 5: 특허지도의 유지와 보수

마지막 단계는 생성된 특허지도를 유지하고 보수하는 일이다. 유지보수의 최적 주기는 경제적, 기술적 요인에 따라 달라질 수 있다. 그러나 핵심적인 정보는 주기와 상관없이 집중적으로 관리해야 한다. 특히 매년 신규 출원된 특허는 최신 정보를 담고 있으므로 반드시 특허지도의 작성에 반영되어야 한다.

(5) 작성 및 활용 예시

1) 특허지도의 작성

S 반도체회사에서 새로운 연구개발 과제로서 A, B, C 기술이 제안되었다. 이 가운데 어느 기술을 선정할 것인가를 결정하기 위해서 다양한 특허지도를 작성하여 평가하기로 하였다. 관련 담당자들과 기술 전문가들의 논의결과, 출원연도별 특허지도, 출원인별 특허지도, 특허인용 특허지도, 권리요지 특허지도를 작성하기로 결정하였다.

우선 각 기술에 대한 선행기술조사를 위해 한국, 일본, 미국 특허청의 각 특허 데이터베이스에서 온라인 검색을 통해 특허문서를 수집하였다. 검색 결과, A 기술 관련 특허는 330건, B 기술 관련 특허는 470건, C 기술 관련 특허는 270건이 수집되었으며, 전문가들의 검토를 통해 선별작업을 수행한 결과, A 관련특허 272건, B 관련특허 405건, C 관련특허 138건이 최종적으로 선택되었다. 이 데이터를 대상으로 서지적 사항은 주로 통계적 기법을 활용한 특허지도를 작성하는 데 활용하고 기술적, 권리적 사항은 전문가 작성에 의한 특허지도를 만드는데 사용하기로 하였다.

2) 특허지도의 해석

가. 출원연도별 특허지도

출원연도별 특허출원의 추이를 조사한 결과, [그림 7-7]에서 볼 수 있듯이 B 기술 관련특허는 이미 30년 전에 기술이 개발되기 시작해서 90년대 후반 이후에는 거의 출원되고 있지 않은 상태이다. 반면 A 기술 관련특허는 90년대 중반에 특허 출원이 시작되어 2000년 이후에는 매우 활발하게 특허출원 활동이 일어나고 있다. C 기술 관련특허는 90년대 초에 최초로 특허출원이 시작되었으나 간간이 출원활동이 일어나고 있으며 2000년 이후에도 활발한 특허출원 활동은 일어나고 있지 않다.

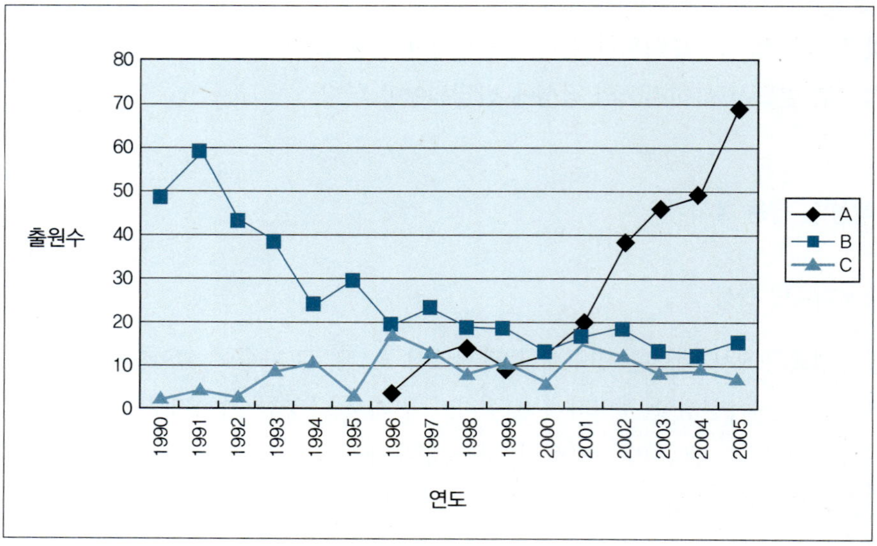

[그림 7-7] 출원연도별 특허지도

나. 출원인별 특허지도

특허출원에 관련된 기업의 수를 조사한 결과 A 기술 관련특허는 19개, B 관련특허는 37개, C 관련특허는 8개 회사가 참여하고 있다. 각 기술별로 주요 회사 5개를 정하여 각 회사의 특허 수와 연도별 특허출원 추이를 보여주는 특허지도를 작성하였다. [그림 7-8]은 A 관련특허에 대해 출원인별 특허수와 연도별 출원인들의 특허출원 추이를 조사한 결과이다.

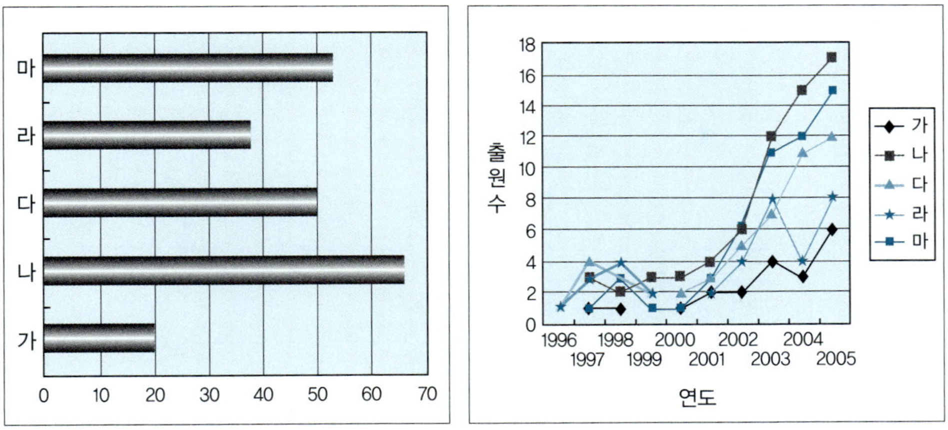

[그림 7-8] A 기술 관련특허 영역에 대한 출원인별 특허지도의 예시

출원인별 특허지도를 도시한 결과, A 특허 영역에서는 '가', '나', '다' 기업이 활발한 특허 출원활동을 수행하고 있다. 다른 특허의 영역에서도 활발한 특허출원 활동을 하고 있는 기업을 도출해낼 수 있으며 이와 같은 과정을 통해 각 기술영역에서의 특허출원의 경쟁상황을 분석할 수 있다.

다. 특허인용 특허지도

수집된 미국 특허들의 인용관계를 지도의 형태로 도시하여 제안된 A, B, C 기술 영역의 특허인용 지도를 작성한다. 이 가운데 A 특허들의 특허인용 지도를 작성한 결과 가장 중요한 특허들을 발견할 수 있었다. 어느 특허가 인용된다는 것은 그 특허를 인용하는 다른 특허의 기술적 기반을 형성하는데 기여했다고 해석할 수 있다. 따라서 특허인용 지도를 통해서 관련 기술영역에서 기반이 되는 핵심특허가 무엇인지를 알 수 있다.

[그림 7-9]는 A 기술 관련특허의 특허인용 지도를 예시적으로 제시한 것이다. 이 지도를 통해 인용되는 횟수가 다른 특허들보다 훨씬 많은 핵심특허들을 쉽게 도출할 수 있다.

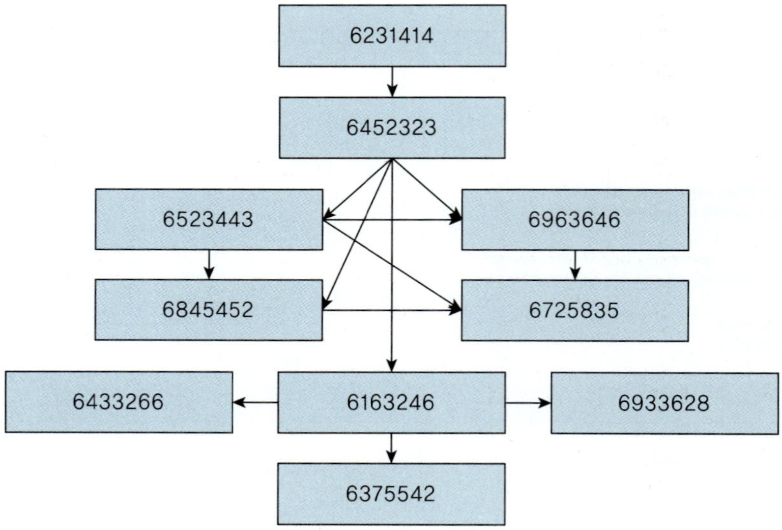

[그림 7-9] 특허인용 지도의 예시

라. 권리청구 특허지도

연구과제의 중요성과 잠재적 가치가 확인되었다 하더라도 실제로 유사한 기술이 이미 개발되어 있거나 이미 등록되어 있는 특허의 권리 청구항목에 속하는 기술 특성이 제안된 연구과제에도 포함되어 있다면 이 과제를 선정하는 것은 위험할 수 있다. 따라서 과제의 선정 이전에 권리청구를 정리한 특허지도를 면밀히 검토하여야 한다. 다음의 〈표 7-3〉은 권리청구 특허지도의 예시이다.

〈표 7-3〉 권리청구 특허지도의 예시

일련번호	공개번호	출원인	주요 청구항목 내용
1	10-1996-XXX	AAA 사	• 절연기판 상에 반도체박막을 성막하는 단계 • 상기 반도체박막을 다결정 반도체박막 으로 변환하는 단계
2	10-1997-YYY	BBB 사	• SiOF 박막을 제조하는 것을 특징으로 하는 저유전율 박막의 제조방법

(6) 확장과 고도화

1) 배경과 필요성

앞에서 설명한 특허지도들은 기업실무에서 이미 사용하고 있는 지도들이다. 이들 지도들은 특허의 출원 경향을 파악하고 이를 기술개발의 의사결정에 활용한다는 점에서 유용하다. 그러나 전통적인 특허지도들은 신제품 개발과 같은 창의적이고 혁신적인 활동에 필요한 정보와 지식을 제공하기에는 한계가 많다. 많은 경우에 특허지도의 용도가 미래지향적 기술개발을 위한 것이기보다는 특허관련 활동을 정리하는 사후적인 목적과 용도로 작성되기 때문이다.

구체적으로 기존의 특허지도 작성과 활용상의 문제점을 지적하면 다음과 같다. 첫째, 대부분의 특허지도 작성 방법은 전문가의 수작업에 의존하고 있어 시간과 비용의 문제를 안고 있다. 둘째, 기존의 특허지도는 주로 테이블이나 그래프와 같은 단순하고 평면적인 형태로 작성되기 때문에 기술개발 우선순위의 선정, 저촉여부의 판단과 같은 전략적 정보를 도출하기 어렵다. 셋째, 평균이나 분산과 같은 기초적인 통계량을 수집하는 수준에 그치고 있어 요약과 정리 이상의 의미있는 지식을 추출하기가 쉽지 않다. 넷째, 특허지도의 생성에 이용되는 자료의 내용이 단순한 서지적 정보에 그치는 경우가 대부분이다. 이러한 정보만으로 공백기술의 발견이나 권리저촉의 판단과 같은 전문적 분석을 하는 것은 불가능하다.

2) 작성 방법

가. 텍스트 마이닝

기존 특허지도의 한계를 해결하기 위해서는 앞에서 간략하게 설명한 데이터 마이닝, 특히 텍스트 마이닝(text-mining)을 활용할 수 있다. 텍스트 마이닝 기법은 특허자료뿐 아니라 텍스트 형태의 모든 비정형(unstructured) 자료의 분석을 위해 만들어진 범용 기법이다. 실제로 사회에서 생성, 저장, 재사용하는 정보 중 약 20% 정도만 정형(structured) 데이터로 구성되어 있고 나머지 80%는 텍스트, 그림, 영상과 같은 비정형 데이터로 되어 있다. 이러한 비정형 텍스트 데이터의 폭발적인 증가는 자연스레 효과적인 데이터베이스 관리 방법과 더불어 그 속에서 유용한 정보를 추출해낼 수 있는 기술에 대한 관심으로 이어지고 있다.

예를 들어 출시 제품에 대한 사용자 인식을 파악하기 위해 다양한 사이트에 올라와 있는 텍스트 데이터를 조사해보면 특정 연관 주제어(keyword)가 얼마나 빈번하게 등장하는지를 확인할 수 있고 이를 바탕으로 제품의 어떤 특성이 사용자들의 긍정적 또는 부정적 의견으로 이어지는지, 향후 신제품 개발에 보완되어야 할 점은 무엇인지 등에 대한 정보를 얻을 수 있다.

텍스트 마이닝을 특허분석에 사용할 경우 특허문서로부터 keyword를 도출하여 해당특허의 특성을 자동적으로 설명할 수 있는 정보를 제공해 준다. 또한 다양한 시각화 기법을 통해 원자료나 텍스트 마이닝에 의해 전환된 자료를 2차원 또는 3차원으로 시각화할 수도 있다.

텍스트 마이닝은 크게 자료 처리과정(data processing)과 자료 분석(data analysis)으로 나눌 수 있다. 자료 처리과정은 구조화되지 않은 비정형 데이터를 분석에 용이하도록 가공 및 정제하는 전처리(preprocessing) 단계이고, 자료 분석은 다양한 알고리즘을 활용하여 텍스트로부터 유의한 정보를 추출하는 단계이다. 그러나 각 단계의 기술적 내용은 이 책의 범위를 벗어나기 때문에 여기에서는 특허분석의 기본적인 원리와 과정만 간략히 살펴보기로 하자.

나. 작성 과정

● 단계 1: 특허 영역의 선정과 특허 수집

우선 첫 번째 단계에서는 특허 데이터베이스(DB)로부터 분석하고자 하는 영역의 특허들을 수집한다. 다양한 원천(source)에 분산 저장되어 있는 문서를 수집하여 검색 대상에 포함시키는 작업을 crawling이라고 한다. 특허 DB에는 워낙 다양한 특허들이 올라와 있기 때문에 모든 특허를 한꺼번에 분석하는 것은 쉽지 않은 일이다. 그러므로 우선 관심의 대상이 되는 특허 영역을 정하여 분석의 범위를 좁혀야 한다. 일단 특허 영역이 정해지면 그 다음 과정은 기존 방법과 다르지 않다. 검색엔진을 활용하여 그 영역의 특허를 나타내는 검색 키워드를 입력한다. 그렇게 하면 관련된 특허 문서들을 수집할 수 있게 된다.

● 단계 2: 구조화 작업

두 번째 단계에는 텍스트 마이닝 툴(tool)을 활용하여 수집된 특허 문서를 구조화(structuring) 한다. 원래의 특허 문서 자체는 흔히 보는 텍스트 형식의 자료이므로 먼저 분석에 쓸 수 형태로 바꾸어 주어야 하는 것이다. 구조화의 기법에는 여러 가지가 있지만 여기서는 키워드(keyword) 중심으로 구조화하는 예를 알아보자.

구조화 작업은 한마디로 키워드 벡터(vector)를 작성하는 일이다. 키워드 벡터는 [그림 7-10]에 도시되어 있는 것처럼, 각 특허 문서들에서 각각의 키워드가 등장하는 빈도(frequency)를 계산하여 이를 벡터화한 것이다. 예를 들어 'Patent 1'의 경우에 'datum'이라는 키워드는 3번, 'memory'라는 키워드는 4번, 'operation'이라는 키워드는 0번 나타난다. 이 숫자를 해당 키워드 밑에 기입하면 첫 번째 행(row)이 만들어진다. 다음 문서들에 대해서도 같은 작업을 반복한다. 이러한 방식으로 구조화되지 않은 문서형태의 특허 정보들은 키워드 벡터 형태의 구조화된 자료로 전환된다. 만약 m개의 특허 문서들에 대해 n개의 키워드가 존재한다면 $m \times n$ 차원의 벡터(매트릭스)가 만들어지게 된다.

Keyword :	datum,	memory,	opration,	whole,	sequence,	…	electronic datum
Patent 1 : (	3,	4,	0,	1,	0,	…	0)
Patent 2 : (	1,	0,	0,	0,	0,	…	0)
⋮					⋮		
Patent 141 : (	2,	5,	3,	0,	31,	…	0)

[그림 7-10] 키워드 벡터의 예

● 단계 3: 특허지도 작성

세 번째 단계에서는 차원을 줄이는 작업이 이루어진다. 앞에서 만든 키워드 벡터는 n차원의 정보로 되어있기 때문에 그대로는 2차원 공간의 지도로 그릴 수 없다. 따라서 n차원의 벡터를 2차원의 정보로 변환해야 한다. 이것이 바로 차원 축소(dimension reduction)이다. 차원 축소를 위해 사용되는 기법들은 여러 가지가 있지만 흔히 SOFM(self-organizing feature map), 주성분분석(principal component analysis: PCA), 요인분석(factor analysis) 등이 쓰인다. 이 기법들의 자세한 내용은 이 책의 범위를 벗어나기 때문에 여기서는 생략하기로 한다.

어느 기법을 사용하든 차원 축소의 기본 아이디어는 차원이 줄어들면서 발생하는 정보의 손실(loss)을 최소화하는 것이다. 이 원리의 알고리즘을 통해 n차원 공간에서 인접해 있던 두 객체는 2차원 공간에서도 가까운 위치에 놓이게 된다. 마찬가지로, 유사한 키워드 벡터를 가진 특허들은 시각화된 특허지도에서 가까운 위치에 존재하게 되고 반대로 유사성이 낮은 특허들 사이의 거리는 멀어진다.

다. 특허지도 유형

고도화된 특허지도의 대표적 예로서는 공백기술 지도, 기술저촉 지도, 기술 포트폴리오 지도, 기술 네트워크 지도 등을 들 수 있다. 먼저 공백기술 지도의 예시가 [그림 7-11]에 도시되어 있다.

경영전략을 수립하거나 R&D 프로젝트를 선정할 때 유망한 기술 영역을 찾기 위해 공백기술을 찾아내는 것은 매우 중요하다. 공백지도는 이미 출원된 특허들을 기술적 특성을 기반으로 2차원 평면에 위치시킨 뒤 기술의 공백영역을 탐색하는 것을 목적으로 한다. [그림 7-11]에서 타원으로 표시된 곳이 기술의 공백이 존재하는 영역이라고 할 수 있다. 따라서 이 영역의 주변에 속해 있는 특허들을 좀더 면밀히 분석함으로써 새로운 기술개발 기회를 발견할 수 있다.

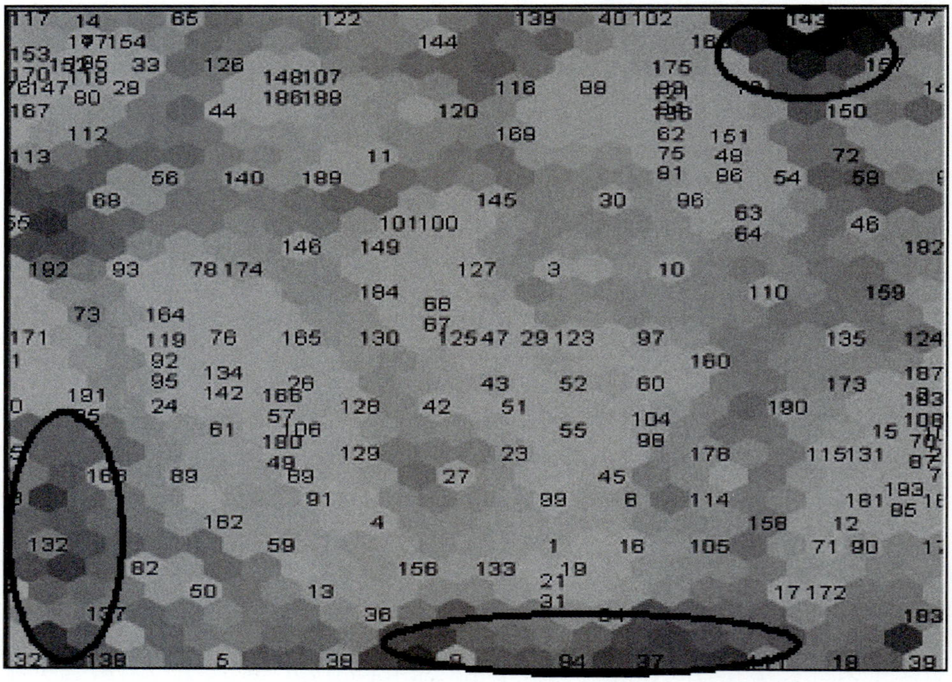

[그림 7-11] 공백기술 특허지도의 예시

다음으로 기존 특허에 대한 기술저촉 여부를 조사할 수 있는 기술저촉 지도를 보자. 새로운 연구개발 과제를 시작하기 전에는 반드시 기존특허의 권리를 침해할 위험이 있는지를 확인해야 한다. 기술저촉 지도는 기존특허들의 관계를 표현하는 지도 위에 새로운 기술의 특성을 위치시킴으로써 권리침해 가능성의 존재 여부를 탐색하는 목적으로 작성한다. [그림 7-12]에 도시되어 있는 것처럼, 기존특허들을 특허지도에 먼저 배치한 다음 새로 개발할 특허를 그 위에 올려놓으면 새로운 기술이 권리를 침해할 소지가 있는 기존특허들을 찾을 수 있다.

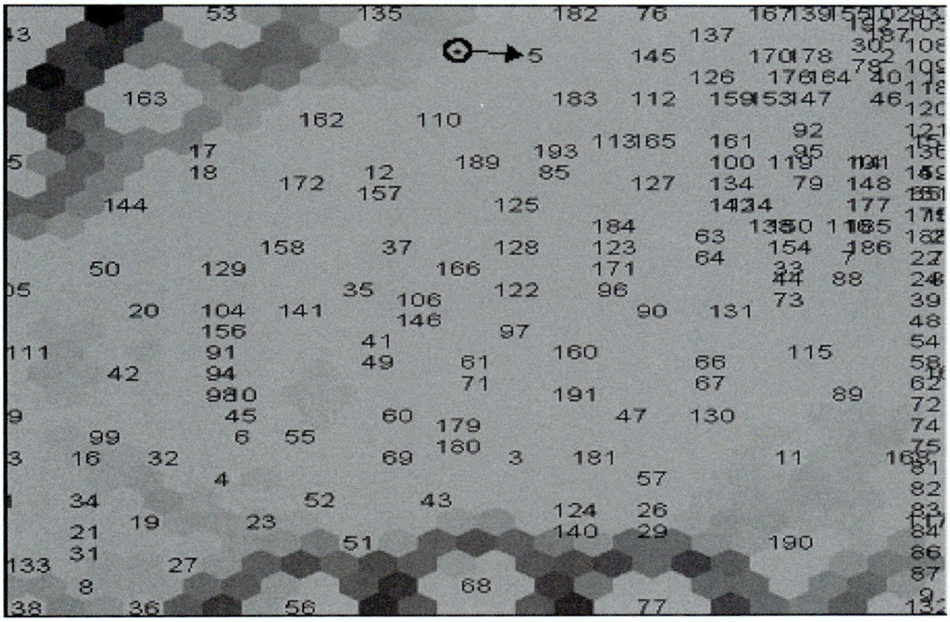

[그림 7-12] 기술저촉 특허지도의 예시

이번에는 유사한 기술을 군집화할 수 있는 기술포트폴리오 지도를 보자. 시스템 기술(system technology)을 개발하거나 기술자산을 라이센싱할 때 관련기술의 군집화 또는 패키지화를 위한 기술 포트폴리오의 작성은 필수적이다. 기술 포트폴리오 지도는 이러한 목적을 위해 작성한다. 기술 키워드의 공통성이 높은 유사한 기술들을 하나의 클러스터로 군집한 후 그 결과를 시각적으로 보여주는 것이다. [그림 7-13]에 나타난 있는 것처럼 기술적으로 유사한 특허들은 특허지도에서 가까운 위치에 모이게 된다. 예를 들어, 그림에서 A라는 표시가 있는 영역의 특허들은 대부분 반도체 생산 공정에서의 'Trench Structure'에 관련된 특허들이다.

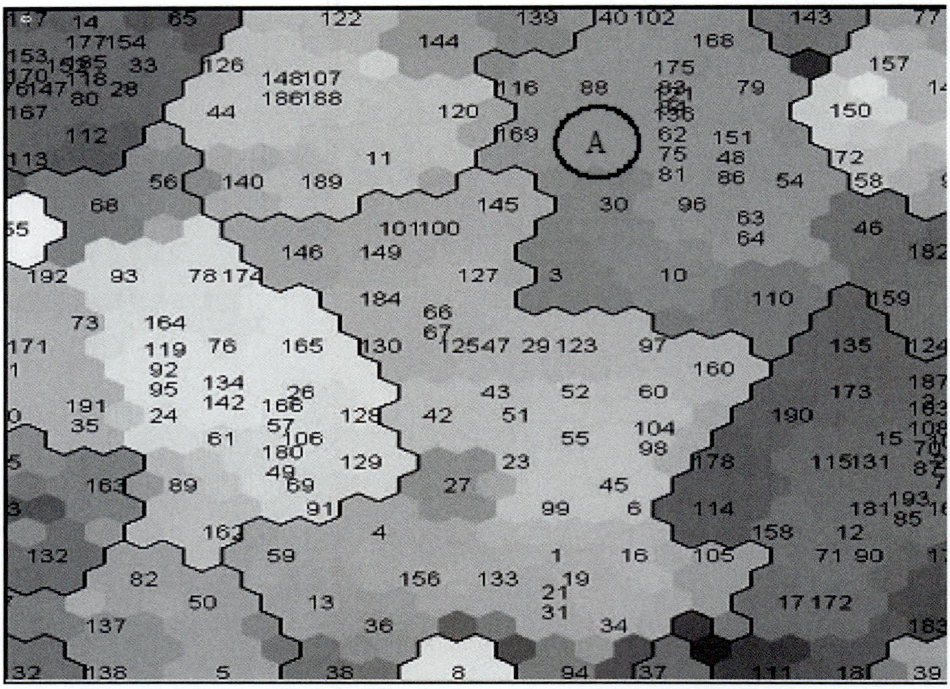

[그림 7-13] 기술포트폴리오 특허지도의 예시

마지막으로 기술 네트워크 지도를 알아보자. 네트워크 지도는 특허간의 연계관계를 토대로 개별특허들이 서로 어떻게 연결되어 있고, 네트워크 상에서 각 특허들의 역할과 위상이 무엇인지를 알려주는 지도이다. 특허간의 연계는 키워드 벡터를 사용할 수도 있고 인용정보(citation information)을 쓸 수도 있다. [그림 7-14]의 네트워크 지도에서 보듯이 개별특허는 서로 복잡한 연계구조를 구성하고 있다. 이 구조를 연도별로 살펴보면 전체적인 기술 변화의 추이를 파악할 도 있고, 기업별 또는 국가별로 분석하면 기업간 내지 국가간 구조의 차이를 비교할 수도 있다. 또 네트워크 상에서 중심(hub)에 위치하는 기반특허가 무엇이며, 특허간의 연계를 중개하는 매개특허는 무엇인지 등도 알 수 있다.

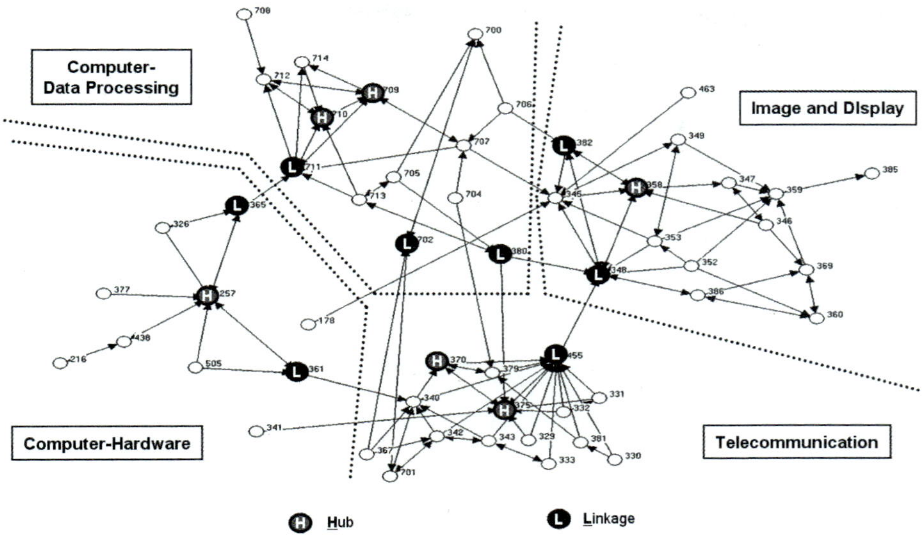

[그림 7-14] 기술 네트워크 특허지도의 예시

제2절 기술가치 평가

2.1 기본개념

학문적으로든 실무적으로든 기술가치의 평가(technology valuation)는 지식자산 관리의 중요한 주제가 된다. 공공기관의 경우 연구개발 과제의 평가와 선정, 정책자금의 지원 대상의 선정, 연구결과의 실용화 및 기술이전 등을 위해 기술가치 평가 사업을 수행하고 있다. 민간부문에서도 기술자산의 가치평가와 투자, 기술시장을 통한 첨단기술의 거래, 기술도입 및 라이센싱 등을 위해 기술가치 평가를 중요한 업무의 하나로 인식하고 있다.

기술가치 평가(valuation)는 특정기술 자체의 가치 또는 그 기술이 중요한 부분을 차지하면서 창출된 관련기술의 경제적 가치(technology property value)를 평가하는 것을 말한다. 그러나 기술의 가치를 객관적이고 정량적인 지표로 측정하는 일은 본질적으로 매우 어려운 과제이다. 심지어 기술가치의 평가는 과학(science)의 영역이 아니라 예술(art)의 영역이라고 말하는 전문가도 있다.

기술가치의 평가가 어려운 이유를 몇 가지 생각해 보자. 첫째, 기술은 무형적(intangible) 특성을 지니고 있다. 볼 수도 없고 만질 수도 없는 대상의 가치를 측정하는 일은 주관적일 수밖에 없다. 둘째, 기술이라는 상품(commodity)은 수요-공급 관계의 불균형으로 인해 시장에서 거래되기가 어렵다. 기술거래는 기술을 가지고 있는 사람이 주도하는 공급자 시장(supplier's market)의 성격을 지니고 있기 때문에 수요-공급의 균형에서 적정한 시장가격이 형성되기 어려운 것이다. 셋째, 첨단기술은 불확실성과 위험도가 높기 때문에 이미 이루어진 기존 투자의 가치와 앞으로 발생할 미래시장의 가치를 측정하기 어렵다. 넷째, 기술거래는 자주 하나의 묶음(package)으로 이루어지기 때문에 개별기술 자체만으로 그 가치를 측정하는 것은 효용성에 한계가 있다. 다섯째, 산업이나 기술 분야마다 그 가치가 달라지는 특성이 있어 한 가지 방법이나 기준을 모든 분야에 일반적으로 적용할 수 없는 문제도 존재한다.

기술가치와 유사한 개념은 무형자산 가치라는 용어이다. 초기의 지식재산 개념은 주로 기술자산에 초점을 맞추었으나 점차 경영조직 전체가 보유하고 있는 자산 개념으로 확장되었고, 최근에는 유형(tangible)의 자산에 대응하는 무형(intangible)의 자산을 통칭하는 개념으로 사용되고 있다. 따라서 무형자산은 기술자산은 물론 지적자본(intellectual capital), 지식 자본(knowledge capital), 비재무적 자산(non-financial assets) 등을 포괄한다.

2.2 평가기법의 분류

기술가치의 평가 자체가 주관성을 지니고 있는 것처럼 기술가치를 평가하는 방법도 매우 다양하다. 이렇게 다양한 방법들은 크게 직관, 인터뷰, 현장조사 등을 통한 정성적 방법(qualitative method)과 공식이나 기준에 의해 수치를 계산하는 정량적 방법(quantitative method)으로 구분할 수 있다. 앞에서 언급한대로 기술가치를 정량화한다는 것은 매우 어렵기 때문에 실제에 있어서는 정성적 기법들이 자주 사용된다. 그러나 최근의 관심은 정량적 평가방법의 개발과 확산에 있고 따라서 여기에서는 정량적 방법을 중심으로 평가기법을 살펴보기로 한다.

〈표 7-4〉는 대표적인 정량적 방법들의 핵심적 내용을 설명하고 있다. 대부분의 방

법들은 앞에서 프로젝트의 경제성 평가 방법론을 설명할 때 이미 다루었던 것들로서 프로파일, 지표, 점수 등의 값을 측정하여 기술의 가치를 간접적으로 표현하는 접근법이다. 예를 들어 A 기술의 가치는 85점인데 반해 B 기술의 가치는 92점이라고 한다든가, 이 기술은 세계 최고 기술과 비교하여 2년 정도 뒤쳐진 수준이라고 한다든가 하는 식으로 가치를 평가하는 것이다. 이러한 방법들은 여러 기술들의 우열을 비교하거나 여러 기술들 가운데 하나를 선정하는 경우에는 유용하게 사용될 수 있다.

그러나 기술가치 평가의 궁극적인 목적은 주어진 특정 기술의 가치를 금액 즉 화폐가치(monetary value)로 측정하는데 있다. '이 기술은 도대체 얼마짜리 기술인가?', '이 기술을 사는 데는 얼마를 지불해야 하는가 또는 파는 데는 얼마를 받아야 하는가?', '이 기술을 담보로 대출을 해주려면 얼마까지 해 줄 수 있는가?' 하는 등의 질문에 답하기 위해서는 기술의 가치를 금액 단위로 평가해야 한다.

〈표 7-4〉 기술가치 평가기법

평가기법	측정기준	세부내용
프로파일법	상대비교 (comparison)	쌍대비교(paired comparison)를 토대로 주요항목에 대한 비교대상 기술간의 우열을 시각적으로 표현
벤치마킹법	비율(ratio), 격차(gap)	선도기술(최고수준)에 대한 기준점을 설정한 후 선도기술과 비교한 평가대상기술의 수준을 비율 또는 격차로 표현
지표법	지표(index)	기술가치를 종합적으로 측정할 수 있는 지표를 개발한 후 주요항목에 대한 평가대상기술의 값을 대입하여 종합적인 지표의 값을 산정
평점법	점수(score)	기술가치를 설명할 수 있는 주요항목을 설정한 후 각 항목별로 평가대상기술의 점수를 부여한 후 이를 합하거나 곱하여 종합적인 평점을 산정
금액법	화폐가치 (monetary value)	기술가치를 직접적인 화폐가치로 산정 – 비용접근법, 시장접근법, 수익접근법 – 실물옵션법

기술가치 평가방법을 크게 정성적 방법과 정량적 방법으로 나누었지만, 정량적 방법도 구체적인 내용과 절차에 있어서는 정성적 요소를 포함하고 있다. 특히 금액법의 경우 평가금액의 산정을 위해서는 정성적인 평가도 반드시 필요하다. 예를 들어 기술의 가치를 결정하기 위해서는 매출액 대비 해당기술의 기여도를 결정해야 한다. 왜냐하면 기술의 가치는 기술 자체의 매출액이 아니라 그 기술을 이용하여 개발한

완제품의 매출액에 기여한 정도를 뜻하기 때문이다. 따라서 이 값을 산정하기 위해서는 그 기술이 사용되는 사업이나 제품 내에서의 유용도, 기술자체의 본질적 특성과 시장적 가치, 경쟁기업과의 상대적 비교 등 다양한 정성적 요인들을 고려해야 한다. 정량적인 금액법이라고 하여도 그 과정에는 정성적 평가가 포함되어야 하는 것이다. 이러한 인식을 토대로 최근의 평가기법은 정성적 요소와 정량적 요소를 구조적으로 결합한 통합적 방법(integrated method)의 성격을 띠고 있다.

2.3 금액법

다른 기법들은 이미 앞의 경제성 평가에서 설명하였기 때문에 여기에서는 금액법에서 대표적으로 사용되는 기법들과 통합적 방법의 예시에 대해서만 알아보자. 금액법은 기술의 가치를 직접적인 화폐가치(monetary value)로 측정하는 접근이다. 이때, 금액의 크기를 설정하는 기준은 관점의 차이에 따라 달라지게 된다. 먼저 판매자(seller)의 관점에서는 기술개발(획득)에 투입된 원가(cost)를 기준으로 삼게 된다. 반대로 구매자(buyer)의 관점에서는 지불 가능 금액(price)을 기준으로 두게 된다. 한편 가운데에 있는 중개자의 관점에서는 객관적 가치(value)를 기준으로 설정하게 된다.

실제로 금액을 단위로 하는 평가방법에는 크게 비용접근법, 수익접근법, 시장접근법 등이 있으며, 최근에는 실물옵션(real option) 기법도 이용되고 있다.

(1) 비용접근법

비용접근법(cost approach)의 기본 개념은, 어떤 기술 자산이 보유하고 있는 가치는 그 기술과 동일한 수준의 가치를 얻기 위해 투입된 금액을 바탕으로 측정할 수 있다는 사고에 근거하고 있다. 쉽게 말해 '이 기술을 개발하는데 얼마 들었으니 이 기술의 가치는 개발비용 $+\alpha$로 하는 것이 합리적이고 현실적이다'라는 주장이다. 구체적으로는 대상 기술자산과 동등한 가치를 갖는 다른 기술자산을 다시 만들기 위해 필요한 비용인 재생산원가(cost of reproduction new: CRN) 또는 다른 곳에서 취득하는데 필요한 대체원가(cost of replacement: COR)가 곧 기술가치가 된다고 가정한다.

비용접근법의 가장 큰 장점은 회계 자료나 시장 자료가 확보되어 있는 경우 측정이 용이하다는 점이다. 즉 평가기술을 개발하기까지 소요된 물적, 인적 자원의 가치를 합산한 후 이를 현재가치로 환산하는 방법이므로 자료의 신뢰도만 보장된다면 측정 과정은 비교적 단순하다. 그러나 비용접근법은 다음 몇 가지의 단점과 한계를 안고 있다. 첫째, 비용접근법은 비용을 근거로 하기 때문에 기술자산에서 얻을 수 있는 미래의 경제적 이익이 어느 정도 되는가를 직접적으로 평가하지 않으며, 또한 경제적 이익을 유지할 수 있는 기간도 평가액의 계산과정에 직접 반영되지 않는다. 둘째, 비용접근법은 미래의 경제적 이익에 관한 추세나 변화요인에 관한 정보도 고려하지 않는다. 즉 사회구조나 시장구조적 요인을 반영할 수 없다. 셋째, 기대수익의 획득에 수반되는 위험을 고려하지 못한다.

(2) 시장접근법

시장접근법(market approach)은 기술거래 시장에서 이루어졌거나 이루어지고 있는 거래의 정보를 종합해서 기술자산의 가치를 평가하는 방법이다. 즉 평가대상이 되는 기술자산과 동등 내지 유사하다고 판단되는 기술자산들이 시장에서 실제 거래되는 가치를 토대로 해당기술의 가치를 간접적으로 결정하는 접근이다. '이 기술과 같은 기술이 이미 얼마에 팔렸으니 이 기술의 가치도 거기에 맞추면 된다'라는 논리이다.

시장접근법은 시장정보가 많고 거래과정이 투명한 시장이 존재하는 경우에는 합리적이고 효율적인 기준이나 방법이 될 수 있다. 예를 들어 부동산이나 자동차 등과 같이 거래시장이 활성화되어 있는 경우에는 매우 유용한 방법이다. 그러나 유사 거래의 빈도가 낮고 관련정보가 부족한 경우, 또는 평가 대상간의 이질성이 높고 호환성이 낮은 경우에는 효용이 떨어지는 단점이 있다.

(3) 수익접근법

1) 기본개념

수익접근법(income approach)은 금액법 가운데 가장 현실성과 유용성이 높은 기법이다. 이 방법의 기본원리는 기술자산의 가치를 해당기술의 내용기간(life cycle)

동안 거둘 수 있는 경제적 이익(현금유입에서 현금지출액을 공제한 것)의 현재가치(present value)로 평가하는 것이다. '이 기술의 가치는 이 기술을 만드는데 얼마가 들었는지, 또는 비슷한 기술이 얼마에 팔렸는지에 따라 결정되는 것이 아니라, 이 기술을 가지고 앞으로 얼마나 많은 돈을 벌 수 있느냐에 달려 있다'는 주장이다.

수익접근법은 전통적인 경제성 평가에서 사용되는 순현가법(NPV)이나 내부수익율법(IRR)의 원리를 기술가치평가에 원용한다. 즉 기술의 활용을 통해 들어오고 나가는 현금의 흐름을 토대로 가치를 측정하는 것이다. 따라서 수익접근법의 주요 구성요소는 기술자산으로 발생되는 현금흐름의 총액, 현금흐름이 일어나는 기간, 그리고 기대수익 실현에 관한 위험도의 세 가지이다.

그러나 위의 세 가지 요소가 해결이 된다고 해도 여전히 남는 중요한 요소가 앞에서 설명한 기술의 기여도라는 개념이다. 어떤 기술도 제품의 수익에 100% 기여할 수는 없다. 따라서 과연 그 기술이 수익(매출)에 어느 정도 기여했는가를 결정하는 것이 중요하고도 어려운 문제가 되며 이 비율이 바로 기술의 기여도이다. 즉, 기술의 가치는 그 기술을 이용한 신제품의 순현가(NPV) 증가분×기술기여도(%)로 결정되는 것이다. 기여도의 산정에는 회계적 요소뿐 아니라 전략적 요소, 시장적 요소 등이 모두 고려되어야 한다. 실제로 지금까지 제시된 다양한 기술가치 평가방법의 차이는 곧 해당기술의 수익 기여도를 결정하는 기준과 방식의 차이에 있다고 해도 과언이 아니다.

수익접근법의 가장 큰 장점은 실용적이고 현실적이라는 점이다. 그러나 단점으로는 다음의 세 가지를 들 수 있다. 첫째, 위험도는 다양한 변수에 의해 결정되기 때문에 정확하게 설정하기가 어렵다는 점이다. 둘째, 미래의 현금흐름에 관한 크기와 시기를 추정하기 어렵다는 점이다. 셋째, 기술자산의 기여도는 실질적인 활용의 범위나 수준에 따라 달라질 수 있기 때문에 명확하게 파악하기가 어렵다는 점이다.

2) 예시

아래의 〈표 7-5〉는 A 기술의 상품화 이후 14년 동안의 매출을 예측한 정보이며 그 이후는 특허권이 만료되어 경제적 수익을 기대할 수 없다. 이 기술이 총수익에 기여하는 기여도는 10%로 설정되어 있으며 이 금액에서 법인세가 공제된다. 할인율이 10%라 가정할 때, A 기술의 가치를 수익접근법을 이용하여 측정하면 얼마가 될까?

먼저 해당기술을 사용한 사업이나 제품의 예상매출액이 제일 왼쪽 열에 제시되어 있다. 다음 열은 매출의 10%로 설정된 수익 기여액을 나타낸다. 수익 기여액이 결정되면 그 후의 과정은 세금을 공제한 순 세후(after-tax) 공헌액을 계산하고, 할인율(discount rate)에 의해 현재가치로 환산한 후, 최종적인 기술가치를 계산하는 순서로 이어진다. 이 예제에서 각 연도별로 현금유입과 유출을 고려한 순현가(NPV)를 계산한 후 이를 합산하면 해당기술의 가치는 1,590,700,000원으로 산정된다.

〈표 7-5〉 수익접근법에 의한 기술가치의 평가표 (단위: 백만 원)

연도	매출예측	수익기여액	세후공헌액	할인율	현재가치
1	1,500	150	90	0.9091	82.27
2	3,000	300	180	0.8265	148.77
3	4,000	400	240	0.7513	180.31
4	4,500	450	270	0.6830	184.41
5	4,700	470	282	0.6209	175.03
6	4,900	490	294	0.5645	165.96
7	5,000	500	300	0.5132	153.96
8	5,150	515	309	0.4665	144.15
9	5,400	540	324	0.4241	137.41
10	5,600	560	336	0.3856	129.56
11	5,800	580	348	0.3505	121.97
12	6,000	600	360	0.3186	114.70
13	6,300	630	378	0.2897	109.51
14	6,500	650	390	0.2633	102.69
현재가치의 합계 = 기술가치					1590.7

(4) 실물옵션법

1) 기본개념

옵션(option)이란 옵션매입자가 일정기간 동안 미리 약정한 가격 즉 행사가격으로 자산을 사거나 팔 수 있는 권리이다. 옵션은 말 그대로 권리일 뿐이지 의무가 아니며 따라서 하나의 선택권이다. 옵션은 미래에 행사할 수 있는 선택권이므로 만일 미래에 전개되는 상황이 의사결정권자에게 유리하면 받아들이고 불리하면 받아들이지 않아도 된다. 이때 살 수 있는 권리를 콜옵션(call option), 팔 수 있는 권리를 풋옵션(put option)이라고 한다. 이때 실물옵션(real options)은 특히 실물자산을 대상으로 한 옵션을 말하고 금융옵션(financial option)은 주식이나 선물과 같은 금융자산을 대상으로 한 옵션을 가리킨다.

기술가치 평가에 실물옵션 개념이 도입된 것은 전통적인 기술가치 평가방법의 한계에 대한 인식에서 출발한다. 기술자산과 같이 당장에는 별로 가치가 없으나 미래에 가치창출 잠재력을 보유하고 있는 자산의 가치를 측정할 때 전통적인 평가기준이나 방법으로는 평가가 곤란한 경우가 많다. 특히 프로젝트의 기간이 긴 경우에는 미래의 매출규모를 정확하게 추정하기도 어렵고 할인율을 적용하기도 쉽지 않다. 뿐만 아니라 R&D 투자는 프로젝트 중간에 확대나 포기의 결정을 하는 것이 가능하다. 따라서 기술가치는 본질적으로 옵션(options)의 요소를 포함하고 있다. 기술가치의 평가를 위해서는 전통적인 접근법보다 옵션 개념으로 접근해야 한다는 주장이 제기될 수 있는 것이다.

실물옵션의 유형에는 여러 가지가 있을 수 있으나 대표적인 유형만을 정리하면 다음과 같다. 연구개발 프로젝트를 하나의 투자 활동으로 생각하면 상황과 여건에 따라 다음의 옵션 가운데 한 가지 내지 여러 가지 옵션을 행사할 수 있다.

- 투자옵션(investment option): 성공여부가 불확실한 상황에서 R&D 투자를 결정할 때 행사하는 옵션이다.
- 성장옵션(growth option): 기존의 연구개발 투자를 확대하고자 할 때 행사하는 옵션이다.
- 전환옵션(switch option): 시장의 수요변화가 발생하거나, 기술의 대체가 나타나는 경우에 후속적인 투자안을 변경할 때 행사하는 옵션이다.
- 축소옵션(scale down option): 연구개발 투자의 성과가 만족스럽지 못하거나, 시장의 수요변화가 있는 경우에 투자규모를 축소할 때 행사하는 옵션이다.
- 철수옵션(exit option): 연구개발 성과가 아주 나쁘거나 혹은 보다 나은 대체기술이 출현하여 투자를 중단할 경우 행사하는 옵션이다.
- 연기옵션(defer option): 기술투자에 따른 불확실성이 감소할 때까지 투자를 연기할 때 행사하는 옵션이다.

2) 전통적 기법과의 비교

먼저 실물옵션 접근법을 이해하기 위해 옵션기법을 이용하여 기술평가를 하는 간단한 예를 전통적인 기술가치 평가 방법과 비교하여 살펴보자. 어떤 기업이 특허권의 구매 여부에 대해 고민하고 있다. 이 특허를 바탕으로 추가적인 R&D를 수행하고 상업화하였을 때 기대되는 이익과 비용에 따라 특허의 구매여부를 결정하고자 한다. 초기의 특허 구매비용은 1억 원이고, 도입기술을 기업의 목적에 맞도록 변형하는데 추가로 1.5억 원의 R&D 비용이 소요된다.

다음으로 상업화 비용은 특허의 구매비용 1억 원을 포함하여 R&D의 결과에 따라 세 가지 경우가 발생한다. R&D 결과가 좋을 경우에는 4억 원(C1), 보통일 경우에는 8억 원(C2), 크게 좋지 않을 경우에는 12억 원(C3)이 소요된다.

마지막으로 기술의 상업화로 발생되는 수익은 시장의 상황에 따라 달라진다. 시장의 상황이 좋지 못할 때(P1)는 5억 원의 수익만이 발생하는 반면, 시장의 상황이 좋을 때(P2)는 13억 원의 수익이 발생한다.

이때 각각의 경우에 따라 기대되는 수입(가치)은 아래와 같다.

- 경우 1: P1C1 = 5억 원 − 4억 원 = +1억 원
- 경우 2: P1C2 = 5억 원 − 8억 원 = −3억 원
- 경우 3: P1C3 = 5억 원 − 12억 원 = −7억 원
- 경우 4: P2C1 = 13억 원 − 4억 원 = +9억 원
- 경우 5: P2C2 = 13억 원 − 8억 원 = +5억 원
- 경우 6: P2C3 = 13억 원 − 12억 원 = +1억 원

여섯 가지 경우가 발생할 확률은 동일하다고 가정하고 전통적인 방법으로 기술평가를 진행해 보자. 여기에서는 어떤 상황에서도 상업화를 진행한다고 가정한다. 각각의 발생확률이 1/6로 동일하기 때문에 투자의 가치는 아래의 식과 같다. 평균 기대수익은 1억 원이고 여기에 추가적인 R&D 비용으로 1.5억 원이 소요되므로 총 투자가치는 음이 된다. 즉 상업화를 하지 않는 것이 바람직하다는 결론을 얻게 된다.

$$EV_{traditional} = \frac{1}{6}(1-3-7+9+5+1)-1.5=1-1.5=-0.5(\text{억 원})$$

다음으로 옵션가격 결정 방법을 적용해 보자. 옵션가격 결정 방식을 이용하게 되면, 기업은 무조건 상업화를 결정하는 것이 아니라 상업화 비용과 기대수익을 예측하여 기대수익이 양의 값을 가질 경우에만 상업화를 진행한다. 즉 투자옵션을 행사하는 것이다. 따라서 만일 상업화를 하지 않는 경우에는 수입은 당연히 0이 된다. 이런 식으로 계산하면 평균 기대수익은 아래 식에서 보듯이 2.67억 원이 되고, R&D 비용으로 1.5억 원이 소요되므로 총 투자가치는 1.17억 원이 된다.

$$EV_{real\_option} = \frac{1}{6}(1+0+0+9+5+1) - 1.5 = 2.67 - 1.5 = 1.17(\text{억 원})$$

위의 예와 같이 전통적인 방법과 실물옵션 방법은 그 결과가 크게 달라질 수 있다. 이런 상황에서는 투자결정 문제이든 가치평가 문제이든 실물옵션 관점에서의 가치평가 기법과 전통적인 평가기법 가운데 하나만을 선택할 것이 아니라 두 방법을 서로 보완적으로 사용하는 것이 바람직한 접근이다.

실물옵션 기법이 지니는 상대적 장점에도 불구하고 현장에서 기업가치나 기술가치를 평가할 때 적용하기에는 여러 가지 한계가 존재한다. 첫째, 이론적으로 이해하기가 어렵다는 점이다. 이 모형을 이해하기 위해서는 수학적, 통계학적 전문지식이 요구되는데 이 지식의 습득을 기업실무에서 기대하기는 어렵다는 것이다. 둘째, 모형에서 요구되는 입력변수에 대한 대응값을 찾기가 어렵고 설사 존재하더라도 시장가치의 신뢰성이 낮아 객관성과 정확성의 측면에서 오류가 발생할 위험이 높다는 점이다.

3) 옵션모형의 유형

가. 기본모형

실용적으로 활용될 수 있는 실물옵션 모형으로는 블랙-숄즈(Black-Scholes model) 모형, 이항 모형, 그리고 옵션나무 모형이 있다. 블랙-숄즈 모형은 실물옵션 모형 가운데 최초로 제안된 모형이며, 이 모형을 개량한 것이 이항 모형이고 또 이항 모형을 개량한 것이 옵션나무 모형이다. 여기에서는 가장 기본이 되는 블랙-숄즈 모형에 대해서만 자세히 알아보자.

실물투자에 대한 블랙-숄즈 방정식은 처음에는 주식투자를 위해 개발된 모형이다.

그러나 기본적으로 실물투자는 주식투자와 동일한 성격을 지니지만 단지 기초자산이 특허, R&D 프로젝트, 또는 벤처기업과 같이 실물이라는 점에서 차이가 있다. 아래 식은 블랙-숄즈 모형을 변형한 기술가치평가 모형을 나타내고 있다. 블랙-숄즈 모형에서의 콜옵션 가치는 기술가치 평가의 실물옵션 모형에서는 기술가치로 변형되었으며, 기초자산의 현재가치는 해당 기술로 인한 미래 이익의 현재가치로 변형되었다. 옵션의 행사가격은 상업화를 위해 필요한 추가적인 기술개발비용 및 적용비용으로, 기초자산의 변동성은 미래 현금흐름의 불확실성으로 변형되어 적용된다.

$$V = SN(d_1) - Xe^{-r_f T}N(d_2), \text{ 단 } V = \text{콜옵션의 현재가치}$$

$$d_1 = \frac{\ln(S/X) + (r_f + \sigma^2/2)T}{\sigma\sqrt{T}}$$

$$d_2 = d_1 - \sigma\sqrt{T} = \frac{\ln(S/X) + (r_f + \sigma^2/2)/T}{\sigma\sqrt{T}}$$

$N(d_1) = P(Z \leq d_1)$=표준정규분포에서 그 값이 d_1 이하일 확률(누적확률)
T=미래 수익발생기간
S=기술 기여이익의 현재가치
X=상업화를 위해 필요한 추가적인 기술개발 비용 및 적용비용
σ=수익률의 변동성(미래 현금흐름의 불확실성)
r_f=무위험 이자율

● 내가격과 외가격

여기서 변수와 수식의 의미에 대해 간단히 살펴보자. 각 항의 수리적 의미를 알기 위해서는 확률이론의 지식이 필요하기 때문에 여기에서는 직관적으로 설명하기로 한다. 우선 d와 $N(d)$을 이해하기 위해서 내가격(in the money)과 외가격(out of the money)의 개념을 알아야 한다. 내가격이란 옵션을 행사했을 때 옵션 보유자에게 이익이 발생하는 경우를 의미하고, 반대로 옵션이 행사되어도 이익을 얻을 수 없을 경우를 외가격이라 한다. 콜옵션의 경우에는 옵션의 행사가격이 자산가치보다 낮을 경우 자산을 구입하면 이익을 얻을 수 있으므로 내가격이 된다. 반대로 옵션의 행사가격이 자산가치를 상회할 때는 외가격이 된다.

이제 내가격과 외가격을 기술가치평가의 관점에서 보자. 상업화를 위해 필요한 기술

개발 비용(행사가격)이 기술개발로 인해 기대되는 이익(자산가치)보다 낮을 때 기술개발 투자를 하면 이익을 얻을 수 있다. 따라서 이때가 내가격이라 할 수 있다. 반면에 상업화 비용이 기술기여 이익보다 낮은데도 상업화를 진행하는 경우는 외가격이 된다.

$N(d)$는 콜옵션이 내가격으로 만기가 될 확률을 의미한다. 따라서 만약 위 식에서 두 개의 $N(d)$인 $N(d_1)$과 $N(d_2)$가 모두 1에 가깝다고 가정하면 옵션이 행사될 가능성이 매우 높을 것이다. 옵션을 행사했을 때 이익을 얻을 확률이 거의 100%이므로 옵션 보유자가 자신의 콜옵션을 행사하려고 할 것이기 때문이다.

● 기술가치

콜옵션의 현재가치(PV)인 V는 옵션이 만기 시점이 되었을 때 자산의 현재가치(PV)에서 옵션 행사가의 현재가치(PV)를 뺀 값으로 계산할 수 있다. 그런데 자산의 가치는 이미 현재시점의 가치인 S로 정의되어 있는 반면, 행사가격은 미래시점의 가치인 X로 정의되어 있기 때문에 X를 현재시점의 가치로 변환해야 한다. 행사가격을 연속복리에 의해 현재가치로 할인하게 하게 되면 $Xe^{-r_f T}$이 된다. 따라서 최종적인 콜옵션의 현재가치인 V는 $V=S-Xe^{-r_f T}$가 되는 것이다.

이를 기술가치 평가의 관점에서 살펴보자. 기술의 가치(V)는 해당기술로 인해 발생할 것으로 예상되는 기대수익에서 기대비용을 뺀 값이다. 즉 현재가치 S에 확률 $N(d_1)$을 곱한 기대수익 $SN(d_1)$에서 그 기술을 상업화하는데 소요될 것으로 예상되는 비용의 현재가치 $Xe^{-r_f T}$에 확률 $N(d_2)$를 곱한 기대비용을 차감한 결과라 할 수 있다. 이 값이 바로 기술로 인해 추가적으로 발생하는 수익이다.

한편 $N(d)$가 0에 가깝다고 가정하면 기술가치가 없다는 것을 의미하므로 옵션이 행사되지 않는다. 기술도입을 고려하고 있었던 기업이라면 그 기술을 구매하지 않을 것이고, 보유하고 있는 기술을 상업화하기 위한 투자를 고려하고 있었던 기업이라면 그 기술에 더 이상 투자하지 않을 가능성이 높다.

그렇다면 $N(d)$가 어떻게 콜옵션이 내가격으로 만기가 될 확률을 의미할 수 있는지 직관적으로 살펴보자. 우선 d_1과 d_2 식의 분자에 나타나는 $\ln(S/X)$는 옵션이 현재 내가격 상태에 있는지 혹은 외가격 상태에 있는지를 나타내는 개략적인 비율이라 할 수 있다. 예를 들어 $S=105$이고 $X=100$이라면 옵션은 5% 내가격이고 $\ln(105/100)=0.049$가 된다. 거꾸로 $S=95$이고 $X=100$이라면 옵션은 5% 외가격이 되고 $\ln(95/100)=-0.051$이 된다. 이 비율값은 0을 기준으로 (−)일 경우 외가격이 될 확률이 높다는 것을 의미하고, (+)일 경우 내가격이 될 확률이 높다는 것을 의미한다. 따라서 이 값에 정규분포를 취하게 되면 내가격으로 만기가 될 대강의 확률을 구할 수 있는 것이다. 만약 $S=X$라면 $\ln(S/X)=0$이고 $N(S/N)=N(0)=0.5$가 되어 내가격으로 만기가 될 확률이 50%가 된다.

그러나 수익률의 변동성, 무위험 이자율 값, 만기까지의 시간에 따라 내가격으로 만기가 될 확률이 변화할 수 있기 때문에 S/X 값을 보정해야 한다. 즉 분모와 분자에 $\sigma\sqrt{T}$과 $(r_f+(\sigma^2/2)T)$ 등을 집어넣어 주는 것이다. 또한 자산의 가치인 S와 행사가격인 Xe^{-r_fT}가 σ와 T로부터 받는 영향이 상이하기 때문에 이를 보정하는 방법 또한 달라지게 되고 결과적으로 d_1과 d_2라는 두 개의 값을 따로 설정하게 된다. 각각에 대한 더 자세한 설명은 복잡한 확률 지식을 필요로 하므로 이 책에서는 생략하도록 한다.

이 내용을 기술가치 평가의 관점에서 해석하면, d_1과 d_2 식의 분자에 나타나는 $\ln(S/X)$는 해당기술이 투자가치가 있는 상태에 있는지 그렇지 않은 상태에 있는지를 나타내는 개략적 비율이 된다. 또한 기대이익의 불확실성(σ), 미래 수익이 발생하는 기간(T), 무위험 이자율(r)을 사용하여 대략적 값인 $\ln(S/X)$을 보정한 것이 d_1과 d_2가 된다. 이제 최종적으로 d_1과 d_2의 표준정규 분포값을 구하면 그것이 곧 해당기술의 상업화가 바람직하게 될 확률을 나타내게 된다.

나. 예제

A 기업은 IT 벤처기업으로 최근에 개발한 신기술을 상업화 할 것인지의 여부를 결정하기 위해 실물옵션 모형을 적용하여 신기술의 가치를 평가하고자 한다. 이 기술을 상업화하였을 때 발생될 것으로 기대되는 잉여현금흐름에 대한 현재가치는 3억 5천 만원이고 3년간 수익이 발생할 것으로 예상된다. 또한 상업화에 소요되는 추가적인 투자비용은 2억5천 만원으로 추정된다. 무위험 이자율이 연 6%이고 변동성이 연 40%일 때 이 기술의 가치를 계산해 보자.

우선 아래와 같이 d_1과 d_2를 구해보자.

$$d_1 = \frac{(\ln(S/X) + (r_f + (\sigma^2/2)T)}{\sigma\sqrt{T}} = \frac{(\ln(35/25) + (0.06 + (0.4^2/2)\cdot 3)}{0.4\sqrt{3}} = 1.092$$
$$d_2 = d_1 - \sigma\sqrt{T} = 1.092 - 0.4\sqrt{3} = 0.399$$

다음으로 $N(d_1)$과 $N(d_2)$를 구하기 위해 표준정규분포에서 d_1이하일 누적확률과 d_2 이하일 누적확률을 구해 보면 다음과 같다.

$$N(d_1) = P(Z \le d_1) = P(Z \le 1.092) = 0.863$$
$$N(d_2) = P(Z \le d_2) = P(Z \le 0.399) = 0.655$$

이제 앞에서 계산된 $N(d_1)$과 $N(d_2)$ 값을 사용하여 기술의 가치를 구하면 다음과 같다.

$$V = SN(d_1) - Xe^{-r_f T}N(d_2) = 35 \times 0.863 - 25 \times e^{-0.06 \times 3} \times 0.655 = 16.5(\text{천만 원})$$

따라서 블랙-숄즈 모형을 이용해 계산한 이 기술의 가치는 16.5천만 원이 된다. 이는 기업이 상업화에 추가투자를 한 경우에 하지 않았을 경우 보다 16.5천만 원의 수익이 더 기대된다는 것을 의미한다. 이 값이 기술의 가치이자 투자옵션의 가치라 할 수 있다.

토의문제

1. 특허와 영업비밀의 장단점을 경영전략적 관점에서 설명하시오.

2. 특허와 실용신안의 차이를 하나의 예시를 이용하여 설명하시오.

3. 특허가 기술정보로서 지니는 장점과 단점을 제시하고 이와 관련하여 특허분석이 가지는 유용성과 한계점에 대해 토의하시오.

4. A사는 세계적인 디스플레이 생산업체로서 최근 새로운 사업에 진출하기 위한 경영전략을 수립하고 있다. CEO는 현재 A사의 기술경쟁력을 파악하고 강점을 가지는 분야에서 새로운 사업을 수행하려고 한다. 이를 위해 필요한 특허분석 시나리오를 제시하시오.

5. B사는 반도체 부분에서 신규 사업을 시작하기 위해 새로운 기술 도입, 새로운 인력 충원, 관련 전문가의 자문 등의 활동을 수행하려고 한다. 이를 위해 필요한 특허분석 시나리오를 제시하시오.

6. 특허지도를 작성하기 위해 다차원 정보를 2차원으로 축소시키는 다양한 방법에는 어떤 것들이 있으며 각 방법의 원리와 장단점을 비교의 관점에서 설명하시오.

7. 기술정보의 텍스트 마이닝 분석을 수행할 때, 유용한 정보의 원천(source)을 어떻게 찾을 수 있을지에 대해 설명하시오.

8. 좁은 의미의 기술가치 평가를 넓은 의미의 무형자산 가치 평가로 확대할 때, 무형자산 가치의 평가에 사용할 수 있는 기준이나 기법들에 대해 토의하시오.

9. 기술가치를 금액법으로 평가할 때 비용접근법, 시장접근법, 수익접근법의 장단점을 비교분석의 관점에서 설명하시오.

10. 기술가치 평가에서 실물옵션 기법의 장점과 단점을 이론적인 관점과 실용적인 관점에서 각각 설명하시오.

조사분석 문제

1. 표준특허의 예를 하나 발굴하여 그 의미에 대해 설명하시오.

2. IT 분야와 BT 분야에서 일어난 특허분쟁의 대표적인 사례를 하나씩 발굴하여 두 사례의 공통점과 차이점을 산업적 특성과 기술적 특성의 관점에서 설명하시오.

3. 하드웨어 분야와 소프트웨어 분야에서 기술표준의 경쟁이 일어나고 있는 사례를 하나씩 찾아서 두 사례의 공통점과 차이점을 산업적 특성과 기술적 특성의 관점에서 설명하시오.

4. 현장에서 실제로 작성되고 있는 다양한 유형의 특허지도들을 찾아서 형태와 목적의 차이를 비교의 관점에서 설명하시오.

5. 실제로 이루어진 기술가치 평가의 사례들을 찾아서 평가의 원리와 기준, 과정과 방식, 목적과 용도의 차이를 비교의 관점에서 설명하시오.

참고논문

Adler, P., Technology Strategy: A Guide to the Literatures, *Research on Technological Innovation, Management and Policy*, 4, 1989.

Allen, T., 50 Years of Engineering Management through the Lens of the IEEE Transactions, *IEEE on Engineering Management*, 51(4), 2004.

Amidon, D., The Challenge of Fifth Generation R&D, *Research-Technology Management*, July/August, 1996.

Asheim, B. and Oughton, C., Regional Innovation Systems: Theory, Empirics and Policy, *Regional Studies*, 45(7), 2011.

Bambury, P., Taxonomy of Internet Commerce, *First Monday*, 3(10), 1998.

Barker, D. and Smith, J., Technology Foresight using Roadmaps, *Long Range Planning*. 28(2), 1995.

Barras, R., Towards a Theory of Innovations in Services, *Research Policy*, 15, 1986.

Bass, F.M., A New Product Growth Model for Consumer Durables, *Management Science*, 15, 1969.

Berger, C. et al., Kano's Methods for Understanding Customer-defined Quality, *Center for Quality of Management Journal*, 2(4), 1993.

Black, F. and Scholes, M., The Pricing of Options and Corporate Liabilities, *Journal of Political Economy*, 81, 1973.

Bontis, N. et. al., A Review of the Tools Available to Measure and Manage Intangible Resources, *European Management Journal*, 17(4), 1999.

Bouchereau, V. and Rowlands, H., Quality Function Deployment: The Unused Tool, *Engineering Management Journal*, 10(1), 2000.

Brooks, H., The Relationship between Science and Technology, *Research Policy*, 23, 1994.

Carlsson, B., et.al., Innovation Systems: Analytical and Methodological Issues, *Research Policy*, 31, 2002.

Charnes, A., Cooper, W. and Rhodes, E., Measuring Efficiency of Decision Making Units, *European Journal of Operational Research*, 2(6), 1978.

Chesbrough, H., Managing Open Innovation, *IEEE on Engineering Management Review*, 32(2), 2004.

Clark, K., The Interaction of Design Hierarchies and Market Concepts in Technological Innovation, *Research Policy*, 14, 1985.

Cobb, C. and Douglas, P., A Theory of Production, *American Economic Review*. 18, 1928

Cooper, R., The New Product Process: An Empirically-Based Classification Scheme. *R&D Management*, 13(1), 1983.

Cooper, R., Stage-Gate System: A New Tool for Managing New Products, *Business Horizons*, 33(3), 1990.

Davis, F. D., Perceived Usefulness, Perceived Ease of Use, and User Acceptance of Information Technology, *MIS Quarterly*, 13(3). 1989.

Dosi, G., Technological Paradigms and Technological Trajectories: A Suggested Interpretation of the Determinants and Directions of Technical Change, *Research Policy*, June, 1982.

Dosi, G. and Nelson, R., An Introduction to Evolutionary Theories in Economics, *Journal of Evolutionary Economics*, 4, 1994.

Downes, L. and Nunes, P., Big Bang Disruption, *Harvard Business Review*, March, 2013.

Ernst, H., Patent Information for Strategic Technology Management, *World Patent Information*, 25(3), 2003.

La Falco, J., Muylder, C. and Toivanen, M., Evolution of The Concept of Innovation and Its Relationship with Productivity and Competitiveness, *International Journal of Economics, Commerce and Management*, 2(12), 2014.

Fagerberg, J., Technology and International Differences in Growth Rates, *Journal of Economic Literature*, 32, 1994.

Fisher, J. and Pry, R., A Simple Substitution Model of Technological Change,

Technological Forecasting and Social Change, 3(1), 1971.

Freeman, C., Networks of Innovators: A Synthesis of Research Issues, *Research Policy*, 20(5), 1991.

Friar, J. and Horwitch, M., The Emergence of Technology Strategy: A New Dimension of Strategic Management. *Technology in Society*, 7(2), 1985.

Godin, B., The Linear Model of Innovation: The Historical Construction of an Analytical Framework. *Science, Technology & Human Values*, 31(6), 2006.

Gompertz, B. On the Nature of the Function Expressive of the Law of Human Mortality, and on a New Mode of Determining the Value of Life Contingencies. *Philosophical Transactions of the Royal Society of London*, 115, 1825.

Gordon, T., Cross Impact Matrices — An Illustration of Their Use for Policy Analysis, *Futures*, 2, 1969.

Gordon, T., and Haywood, H., Initial Experiments with the Cross Impact Matrix Method of Forecasting, *Futures*, 1(2), 1968.

Green, P. and Srinivasan V., Conjoint Analysis in Marketing: New Developments with Implications for Research and Practice, *Journal of Marketing*, 54, 1990.

Herzberg, F., The Motivation-Hygiene Concept and Problems of Manpower, *Personnel Administrator*, 27, 1964.

Hsu, C. and Sandford, B., The Delphi Technique: Making Sense of Consensus, *Practical Assessment, Research & Evaluation*, 12(10), 2007.

Julta, D., Bodorik, P., Hajnal, C. and Davis, C., Making Business Sense of Electronic Commerce, *IEEE Computer*, 32(3), 1999.

Kano, N. et al., Attractive Quality and Must-Be Quality, *Journal of the Japanese Society for Quality Control*, 14(2): ISSN 0386-8230, 1984.

Karki, M., Patent Citation Analysis: a Policy Analysis Tool. *World Patent Information*, 19(4), 1997.

Kocaoglu, D., Research and Education Characteristics of the Engineering Management Discipline, *IEEE Transactions on Engineering Management*,

37(3), 1990.

Kondratiev, N.D, The Long Waves in Economic Life, *Review of Economic Statistics*, 17(6), 1935.

Kostoff, R. And Schaller, R., Science and Technology Roadmaps, *IEEE Transactions on Engineering Management*, 8(2), 2001.

Lee, S. and Park, Y., Customization of Technology Roadmaps according to Roadmapping Purposes: Overall Process and Detailed Modules, *Technology Forecasting and Social Change*, 72, 2005.

Leoncini, R., Maggioni, M. and Montresor, S., Intersectoral Innovation Flow and National Technological Systems: Network Analysis for Comparing Italy and Germany, *Research Policy*, 25, 1996.

Mahajan, V., Muller, E., Bass, F., New Product Diffusion Model in Marketing: A Review and Directions for Research, *Journal of Marketing*, 54(1), 1990

Mansfield, E., Basic Research and Productivity Increase in Manufacturing, *American Economic Review*, 70, 1980.

Martino, J., A Review of Selected Recent Advances in Technology Forecasting, *Technological Forecasting and Social Change*, 70(8), 2003.

Maslow, A., A Theory of Human Motivation, *Psychological Review*. 50 (4), 1943.

Narin, F., Patent Bibliometrics. *Scientometics*, 30(1), 1994.

Niosi, J., Saviotti, P., Bellon, B., and Crow, M., National Systems of Innovation: In Search of a Workable Concept, *Technology in Society*, 15, 1993.

Nieto, M., From R&D Management to Knowledge Management: an Overview of Studies on Innovation Management, *Technological Forecasting and Social Change*, 70(2), 2002.

Nonaka, I., A Dynamic Theory of Organizational Knowledge Creation, *Organization Science*, 5, 1994.

O'Reilly, C. and Tushman, M., The Ambidextrous Organization, *Harvard Business Review*, April, 2004.

Park, Y., Toward the Linkage Between Technology and Social Science: Practical

Disciplines and Educational Models, *Bulletin of Science, Technology & Society*, 19(1), 1999.

Park, Y. and Park, G., A New Method for Technology Valuation in Monetary Value: Procedure and Application, *Technovation*, 24, 2004.

Park, G. and Park, Y., On the Measurement of Patent Stock as Knowledge Indicators, *Technology Forecasting and Social Change*, 73, 2006.

Quinn, J., Technological Forecasting, *Harvard Business Review*, March, 1967.

Rao, H., Salem, A. and DosSantos, B., Introduction: Marketing and the Internet, *Communications of ACM*, 41(3), 1998.

Rappa, M., The Utility Business Model and the Future of Computing Services, *IBM Systems Journal*, 43(1), 2004.

Pavitt, K., Patterns of Technical Change: Towards a Taxonomy and Theory, *Research Policy*, 13(6), 1984.

Rangone, A., An Analytical Hierarchy Process Framework for Comparing the Overall Performance of Manufacturing Departments, *International Journal of Operations & Production Management*, 16(8), 1996.

Romer, P., What Determines the Rate of Growth and Technological Change, *The World Bank Working Papers*, WPS 279, 1989.

Rothwell, R., Successful Industrial Innovation: Critical Factors for the 1990s, *R&D Management*, 22(3), 1994.

Rothwell, R., Towards the Fifth-Generation Innovation Process, *International Marketing Review*, 11(1), 1994.

Rubenstein, A., Technology Management: A Brief Review of the Last 40 Years and Some Thoughts on Its Future. *IEEE Transactions on Engineering Management*, 41(4), 1994.

Saren, M., A Classification and Review of Models of the Intra-Firm Innovation Process. *R&D Management*, 14(1), 1984.

Scherer, F., Inter-industry Technology Flows in the United States, *Research Policy*, 11, 1982.

Sharif, N., Basis for Techno−economic Policy Analysis, *Science and Public Policy*, 15(4), 1988.

Solow, R., Technical Change and the Aggregate Production Function, *Review of Economic Statistics*, August, 1957.

Spohrer, J. and Maglio, P., The Emergence of Service Science: Toward Systematic Service Innovations to Accelerate Co−Creation of Value, *Production and Operations Management*, 17(3), 2008.

Souder, W., A Scoring Methodology for Assessing the Suitability of Management Science Model, *Management Science*, 18, 1972.

Teece, D., Capturing Value form Knowledge Assets, *California Management Review*, 40(3), 1998.

Timmers, P., Business Models for Electronic Markets, *Electronic Markets*, 8(2), 1998.

Tyndale, P., A Taxonomy of Knowledge Management Software Tools: Origins and Applications, *Evaluation and Program Planning*, 25, 2002.

Utterback, J. and Abernathy, W., A Dynamic Model of Product and Process Innovation, *OMEGA*, 3(6), 1975.

Vernon, R., International Investment and International Trade in the Product Life Cycle, *Quarterly Journal of Economics*, 80(2), 1966.

Yoon, B. and Park, Y., A Systematic Approach for Identifying Technology Opportunities: Keyword−based Morphology Analysis, *Technological Forecasting and Social Change* 72(2), 2004.

Yoon, B, Yoon, C. and Park, Y., On the Development and Application of a Self−organizing Feature Map−based Patent Map, *R&D Management*, 34(4), 2002.

Young, P., Technological Growth Curves: A Competition of Forecasting Models, *Technological Forecasting and Social Change*, 44, 1993.

Waks, L., STS as an Academic Field and a Social Movement, *Technology in Society*, 15, 1993.

Weimer, W., Education for Technology Management. *Research−Technology*

Management, 34(3), 1991.

Zott, C. and Amit, R., Business Model Design: An Activity System Perspective, *Long Range Planning*, 43, 2010.

참고문헌 및 사이트

과학기술부-한국과학기술기획평가원, 과학기술예측조사(2005~2030) – 미래사회전망과 한국의 과학기술: 기회와 도전, 한국과학기술기획평가원, 2005.

김상훈, 하이테크 마케팅, 박영사, 2013.

삼성종합기술원-서울대학교, 연구개발전략, 삼성종합기술원, 2003.

서울대학교 산업공학과 기술경영연구실, 기술로드맵: 이론과 실무, 서울대학교 산업공학과 기술경영연구실, 2004.

서울대학교 산업공학과 기술경영연구실, 특허지도: 이론과 실무, 서울대학교 산업공학과 기술경영연구실, 2004.

이원영, 기술혁신의 경제학, 생능출판사, 2008.

통계청, http://www.nso.go.kr

한국은행, 산업연관표, 2009.

Amram, M. and Kulatilaka, N., Real Options: *Managing Strategic Investment in an Uncertain World*, Harvard Business School Press, 1999.

Basalla, G., *The Evolution of Technology*. Press Syndicate of the University of Cambridge, 1986.

Besanko, D., Dranove, D. and Shanley, M., *Economics of Strategy*, John Wiley & Sons, 1996.

Boer, P., *The Valuation of Technology: Business and Financial Issues in R&D*, John Wiley & Sons, 1999.

Burgelman, R. and Maidique, M., *Strategic Management of Technology and Innovation*, Irwin, 1988.

Chandler, A., *Strategy and Structure*, Cambridge, 1962.

Chesbrough, H., *Open Innovation: The New Imperative for Creating and Profiting from Technology*, Harvard Business School Press, 2003.

Clark, K. and Wheelwright, S.(eds.), *Managing New Product and Process*

Development: Text and Cases, The Free Press, 1993.

Clark, K. and Wheelwright, S., *The Product Development Challenge*, Harvard Business Review Book, 1994.

Coombs, R, Saviotti, P. and Walsh, V., *Economics and Technological Change*, MacMillan Education Ltd., 1987.

Cooper, R., *Winning at New Products*, Addison–Wesley Publishing, 1993.

Cooper, W., Seiford, L. and Tone, K., *Data Envelopment Analysis: Theory, Methodology, and Applications, References and DEA–Solver Software*, Kluwer Academic Publishers, 2000.

Crawford, M., *New Products Management*, Irwin, 1994.

Dodgson M. and Rothwell, R., *Handbook of Industrial Innovation*, Edward Elgar, 1994.

Dosi, G., Freeman, C., and Nelson, R.(eds.), Te*chnical Change and Economic Theory*, Printers Publishers, London, 1988.

Edge, D., Reinventing the Wheel. in Jasanoff, J. et. al.(eds.), *Handbook of Science and Technology Studies*, Sage Publications, 1995.

Edquist, C., *Systems of Innovation: Technologies, Institutions and Organizations*. Pinter Publishers, 1997.

Eriksson, H. and Penker, M., *Business Modeling with UML Business Patterns at Work*, John Wiley & Sons, 2000.

EIRMA, *Technology Roadmapping – Delivering Business Vision*, Working Group Report, 52. European Industrial Research Management Association, 1997.

Ettlie, J., *Managing Technological Innovation*, John Wiley & Sons, 2000.

European Commission, *The Need for Innovations in Business Models*, Final Policy Brief, 2014.

Feldman, R. and Sanger, J., *The Text Mining Handbook*, Cambridge University Press, 2007.

Fenn, J. and Raskino, M. *Mastering the Hype Cycle: How to Choose the Right Innovation at the Right Time*, Harvard Business School Press, 2008.

Fitzsimmons, J. and Fitzsimmons, M., *Service Management: Operations, Strategy, and Information Technology*, McGraw-Hill, 1998.

Forrester, J., *Industrial Dynamics*, MIT Press, Cambridge, MA, 1961.

Freeman, C., *The Economics of Industrial Innovation*, Harmondsworth, 1982.

Freeman, C. and Perez, C., Structural Crisis of Adjustment: Business Cycles and Investment Behavior, in Dosi. et. al(eds.), *Technical Change and Economic Theory*, Printer Publishers, 1988.

Godin, B., *Models of Innovation*, The MIT Press, 2017.

Gordon, V. and Russell, L., *Valuation of Intellectual Property and Intangible Assets*, Wiley John & Sons, 1994.

Hall, P., *Innovation, Economics and Evolution*, Harvester Wheatsheaf, 1994.

Hayes, R. and Wheelwright, S., *Restoring Our Competitive Edge: Competing through Manufacturing*, John Wiley & Sons, 1984.

Jaffe, A. and Trajtenberg, M., *Patents, Citations, and Innovations*, The MIT Press, 2002.

Kamber, H., Jaiwei, P. and Jian, M., *Data Mining: Concepts and Techniques*, Morgan Kaufmann, 2011.

Kline, S. and Rosenberg, N., 'An Overview of Innovation' in Landau, R. and Rosenberg, N.(eds.), *The Positive Sum Strategy: Harnessing Technology for Economic Growth*, National Academy Press, 1986.

Kohonen, T., *Self-Organizing Maps*, Springer, 1995.

Kuhn, T., *The Structure of Scientific Revolution*, University of Chicago Press, 1970.

Landau, R. and Rosenberg, N. (eds), *The Positive Sum Strategy: Harnessing Technology for Economic Growth*, National Academy Press, 1986.

Leontief, W., *Input-Output Economics*, Oxford University Press, 1986.

Lotka, A.J., *Elements of Mathematical Biology*, Dover Publications, 1956.

Lundvall, B., *National Systems of Innovation*, Pinter, 1992.

Mansfield, E. and Mansfield, E., *The Economics of Technical Change*, Edward

Elgar Publishing, 1993.

Martino, J., *Technological Forecasting and Decision Making*, North-Holland, 1983.

Merton, R., *The Sociology of Science*, University of Chicago Press,1973.

Miller, W. and Morris, L., *4th Generation R&D: Managing Knowledge, Technology, and Innovation*, John Wiley & Sons, 1999.

Moore, G., *Crossing the Chasm, Marketing and Selling High-Tech Products to Mainstream Customer*, HarperCollins Publishers, 1991.

Myers, P., *Knowledge Management and Organizational Design*, Butterworth Heinemann, 1996.

Nelson, R., *National Innovation System*, Oxford University Press, 1993.

Nelson, R. and Winter, S., *An Evolutionary Theory of Economic Change*, Harvard University Press, 1982.

OECD, *The Conditions for Success in Technological Innovation*, 1971.

OECD, *The Measurement of Scientific and Technical Activity: Frascati Manual*, 1981.

OECD, *Technology and the Economy: The Key Relationships*, 1992.

OECD. *The Measurement of Scientific and Technological Activities: Using Patents as Science and Technology Indicators - Patent Manual*, 1994.

OECD, *The Knowledge-based Economy*, 1996.

OECD, *Research and Development in Industry: Expenditure and Researchers, Scientists and Engineers 1976-1997*, 1999.

OECD, *Special Issue on New Science and Technology Indicators*. 2001.

Ohlin, B., *Interregional and International Trade*. Harvard University Press. 1933.

Osborn, A., *Applied Imagination: Principles and Procedures of Creative Problem Solving*, Charles Scribner's Son, 1963.

Otto, K. and Wood, K., *Product Design*, Prentice-Hall, 2001.

Polanyi, M., *The Tacit Dimension*, The University of Chicago Press, 1966.

Porter, M., *Competitive Strategy*, The Free Press, 1980.

Randhawa, K. and Scerri, M., *Service Innovation: A Review of the Literature*, The

Handbook of Service Innovation, 2015.

Rogers, E., *Diffusion of Innovations*, The Free Press, 1962.

Rosegger, G., *The Economics of Production & Innovation*, Butterworth Heinemann, 1996.

Rosenberg, N., *Inside the Black Box: Technology and Economics*, Cambridge University Press, 1982.

Rosenberg, N., *Exploring the Black Box*, Cambridge University Press, 1994.

Rosenbloom, R., *Technological Innovation, Management and Policy*, Jai Press, 1989.

Rothwell, R. and Zegveld, W., *Reindustrialization and Technology*, Longman, 1985.

Roussel, P., Saad, K. and Erikson, T., *Third Generation R&D: Managing the Link to Corporate Strategy*, Harvard Business School Press, 1991.

Ruggles, R. L., *Knowledge Management Tools*, Butterworth-Heinemann, 1997.

Sahal, R., *Patterns of Technological Innovation*, Addison-Wesley Publisher, 1981.

Salamatov, Y., *TRIZ: The Right Solution at the Right Time: A Guide to Innovative Problem Solving*, Insytec B.V., 1999.

Saaty, T., *The Analytic Hierarchy Procss: Planning, Priority Setting, Resource Allocation*, McGraw-Hill, 1980.

Satty, T., *Decision Making with Dependence and Feedback: The Analytic Network Process*, RWS Publications, 2001.

Scheuing, E., *New Product Management*, Merrill Publishing, 1989.

Schmookler, J., *Invention and Economic Growth*, Harvard University Press, 1966.

Schumpeter, J., *Capitalism, Socialism and Democracy*, Harper & Row, 1943.

Schumpeter, J., *The Theory of Economic Development: An Inquiry into Profits, Capital Interest, and Business Cycle*, Harvard University Press, 1961.

Schumpeter, J., Business Cycles: A Theoretical, Historical, and Statistical Analysis of the Capitalist Process. Mansfield Centre: Martino Pub., 2006.

Shillito, M., *Advanced QFD: Linking Technology to Market and Company Needs*, John Wiley & Sons, 1994.

Sterman J., *Business Dynamics: Systems Thinking and Modeling for a Complex World*, Irwin Professional/McGraw-Hill, 2000.

Stoneman, P. (eds.), *Handbook of the Economics of Innovation and Technological Change*, Blackwell, 1995.

Sundbo, J., *The Theory of Innovation: Entrepreneurs, Technology and Strategy*, Edward Elgar, 1998.

The Task Force on Management of Technology, *Management of Technology: The Hidden Competitive Advantage*, National Academy Press, Washington,D.C., 1987.

Tidd, J., *A Review of Innovation Models*, Imperial College, 2006

Turban, E., *Expert Systems and Applied Artificial Intelligence*, Macmillan, 1992.

Tushman, M. and Anderson, P., *Managing Strategic Innovation and Change*, Oxford University Press, 1997.

Twiss, B., *Forecasting for Technical Decision*, Peter Peregrinus, 1992.

Ulrich, K. and Eppinger, S., *Product Design and Development*, McGraw–Hill, 1995.

Urban, G. and Hauser, J., *Design and Marketing of New Products*, Prentice–Hall, 1993.

von Hippel, E., *The Sources of Innovation*, Oxford University Press, 1988.

Wasserman, S. and Faust, K., *Social Network Analysis: Methods and Applications*, Cambridge University Press, 1994.

Webb, A., *Managing Innovative Projects*, Chapman & Hall, 1994.

Wheelwright, S. and Clark, K., *Revolutionizing Product Development*, Free Press, 1992.

Ziman, J., *An Introduction to Science Studies*, Cambridge University Press, 1984.

Zwicky, F., *Discovery, Invention, Research - Through the Morphological Approach*, The Macmillan Company, 1969.

찾아보기